Klaus Kordon
1848
Die Geschichte von Jette und Frieder

Klaus Kordon

# 1848
## Die Geschichte von Jette und Frieder

Roman
Mit einem Nachwort
des Autors

*Klaus Kordon*, geboren 1943 in Berlin, war Transport- und Lagerarbeiter, studierte Volkswirtschaft und unternahm als Exportkaufmann Reisen nach Afrika und Asien, insbesondere nach Indien. Heute lebt er als freier Schriftsteller in Berlin. Im Programm Beltz & Gelberg erschienen u. a. *Ein Trümmersommer, Die Reise zur Wunderinsel, Die roten Matrosen oder Ein vergessener Winter* (Zürcher Kinderbuchpreis »La vache qui lit«, Preis der Leseratten, Roter Elefant), *Frank guck in die Luft, Monsun oder Der weiße Tiger* (Friedrich-Gerstäcker-Preis, Preis der Leseratten), *Wie Spucke im Sand* (Auswahlliste Deutscher Jugendliteraturpreis, Preis der Ausländerbeauftragten des Senats Berlin, Jenny-Smelik/IBBY-Preis, Silberner Griffel), *Das ist Harry, Mit dem Rücken zur Wand* (Zürcher Kinderbuchpreis »La vache qui lit«, Preis der Leseratten, Silberner Griffel), *Der erste Frühling* (Buxtehuder Bulle, Evangelischer Buchpreis) sowie in der Reihe Biographie die Lebensgeschichte des Erich Kästner *Die Zeit ist kaputt* (Deutscher Jugendliteraturpreis).

2. Auflage, 1998
© 1997 Beltz Verlag, Weinheim und Basel
Programm Beltz & Gelberg, Weinheim
Alle Rechte vorbehalten
Gesetzt nach der neuen Rechtschreibung
Lektorat Ruth Klingemann
Einband Klaus Meyer, München
unter Verwendung einer
zeitgenössischen Lithographie,
bpk Berlin
Gesamtherstellung
Druckhaus Beltz, 69494 Hemsbach
Printed in Germany
ISBN 3 407 79761 3

# 1. Teil
# Des Königs Stiefel

*Rosenstraße 7*

Wieder ist die Schwester die ganze Nacht nicht nach Hause gekommen! Noch im Halbschlaf schaut Jette zu dem kleinen Bogenfenster hin, durch das nun schon die erste Morgenröte dringt, dann zieht sie Fritzchen und sich die Bettdecke über den Kopf und versucht noch ein bisschen weiterzuschlafen.

Doch das geht nun nicht mehr. Es ist wie jeden Morgen, sind die Gedanken erst einmal da, lassen sie sich nicht mehr verdrängen. Diese ewige Angst, Guste könnte eines Morgens gar nicht mehr nach Hause kommen! In der Alexanderstraße waren Jette Wohnung und Nachbarn, Geräusche und Gerüche vertraut, da schob sie so schlimme Ahnungen einfach beiseite. Hier, in diesem niedrigen Schlauch über dem Hausflur, der gar keine richtige Wohnung ist, erscheint ihr alles viel düsterer, viel bedrohlicher, viel hoffnungsloser.

Sie bleibt noch ein Weilchen liegen, dann schiebt sie sich leise aus dem Bett, legt sich das warme Schaltuch um und huscht ans Fenster, vor dem sie sich sogar hinknien muss, um die Mullgardinen beiseite ziehen und hinausschauen zu können. Eine lächerliche Sache, aber natürlich hat Guste Recht: Je trauriger das Mauseloch, desto pietätvoller die Miete.

Es hat mal wieder geregnet. Die schmalen Häuser mit den stuckpuppenverzierten Dächern glänzen vor Nässe, das unebene Kopfsteinpflaster ist pfützenübersät, der Rinnstein ist zum Rauschebach geworden. Würde sie jetzt das Fenster öffnen, stänke es daraus zu ihr hoch, so dicht über den Abwässern wohnen sie nun.

Nie wird sie den Tag vergessen, an dem sie in diese Bückeburg einzogen! Sie glaubte an einen Alptraum, als Guste ihr die neue Wohnung zeigte. Wer nur wenig größer ist als sie beide, muss sich ja ständig bücken. Und nicht mal einen Herd gibt es; in der Ofenröhre müssen sie kochen, auch im Sommer, wenn ihnen der Schweiß in Strömen herunterläuft. Das Einzige, was ihr an dem neuen Zuhause sofort gefiel, war die Adresse: Rosenstraße 7. Rosen und eine Glückszahl! Und zum Schloss muss man nur an der Marienkirche vorbei, einmal quer über den Neuen Markt, zweimal links und einmal rechts und schon steht man davor und kann mit viel Glück den König ausfahren sehen. Aber ist das wirklich ein Vorteil, solange man in einer Höhle wohnt, die einen fast erdrückt? Solange man aus einem Fensterchen schaut, das nur für Zwerge geschaffen scheint? Und es ist ja auch für nichts Platz: Mutters gutes Büfett, Vaters alter Sekretär, das wuchtige Ehebett der Eltern, in dem sie nun zu dritt schlafen, die Kommode, der Spiegel, Mutters Sorgenstuhl mit den auf einmal störend breiten Armlehnen – wie in einem voll gestellten Möbellager leben sie! Guste jedoch gibt nichts weg, sind ja alles Erinnerungsstücke, ob sie in all dem Holz um sich herum noch atmen können oder nicht.

Der erste Milchwagen kommt. Es ist das Wägelchen mit dem mageren Pony des alten Mannes aus Schöneberg. Die beiden kommen immer als Erste durch die Rosenstraße. Nicht lange danach wird ein zweiter und dritter Wagen heranzuckeln, mit Hunden oder Eseln vorgespannt, und dann werden vor fast allen Häusern die Kannen scheppern und die Milchmädchen mit ihren dreieckigen Kopftüchern nach Küchenabfällen fragen.

Ja, diese Morgenstimmung mag Jette auch! Hat der Nachtwächter um vier die Nacht abgepfiffen, geht es los. Erst knarren die Haustüren, werden Fensterläden geöffnet und klirren Riegel auseinander, dann ziehen die ersten Waschfrauen und Handwerksgesellen, Nähmamsells und Putzmacherinnen durch die Rosenstraße. Besonders die Letzteren beobachtet Jette gern. Tuch um die Schultern geschlagen, kesses Hütchen in der Stirn, so hasten sie ihrem Ziel entgegen. Und lässt mal einer der vielen über das Pflaster rumpelnden, mit Kisten und Säcken beladenen Rollwagen Pfützenwasser aufspritzen, erschrecken sie. Und dann freuen sich die Kutscher und rufen den Mädchen lustige Sprüche nach.

Immer noch sehr leise, um Fritzchen nicht zu wecken, entriegelt Jette nun doch das Fenster, versucht möglichst wenig Gestank einzuatmen und beugt sich weit hinaus. Die Putzmacherin Bowitz, das Lederwarengeschäft Hansmeier, der jüdische Friseur, der Weißwarenladen, die Korbflechterei, der jüdische Buchladen mit den seltsamen Schriftzeichen über der Tür und gleich dahinter das graue Gebäude des jüdischen Waisenhauses – so weit ihr Auge reicht, überall beginnt sich Leben zu regen, doch keine Guste ist zu sehen! Und dabei steigt an der Ecke Papenstraße nun schon der Laternenmann auf seine Leiter, um das Gaslicht zu löschen, und direkt gegenüber quietscht laut die Tür zur Bäckerei Nikolaus und Dietz tritt heraus, der ewig morgenmüde Bäckerjunge in seinem blauweiß gesprenkelten Arbeitsanzug. Den hohen Korb mit Schrippen, Broten, Salzkuchen und Semmeln auf dem Rücken, trampelt er mutwillig zwischen eine Spatzenschar, die vor der Bäckerei nach Krümeln pickt. Als die Frechlinge trotzdem nicht aufflattern, stampft er ein paar Mal mit dem Fuß auf, bis sie schließlich doch auseinander stieben und ihm, weil er so heftig wurde, ein Salzkuchen aus dem Korb fällt. Erschrocken blickt er sich nach seinem Meister um. Der aber ist noch nicht vor die Tür getreten. Also hebt er den Salzkuchen nur rasch auf, wischt ihn an seiner Hose ab und beginnt seine Tour von Haus zu Haus und Tür zu Tür.

Ein lustiger Knabe, dieser Dietz! Immer stellt er irgendetwas an. Er hat nur Glück, dass Meister Nikolaus ein so gemütlicher Mann ist, der hin und wieder sogar Gedichte macht, die er mit Kreide auf Schiefertafeln schreibt und zur Freude seiner Kunden zwischen all die Brote und Brötchen ins Schaufenster stellt. Ein anderer Meister hätte ihm seine Morgenmüdigkeit sicher längst ausgetrieben.

Jette schaut dem Bäckerjungen nach, bis er das erste Haus betritt, dann wird in der Dachwohnung über der Bäckerei plötzlich das Fenster geöffnet. Betroffen fährt sie zurück. Das Fenster gehört zu der Wohnung, in der kurz vor Weihnachten der junge Mann starb. An Schwindsucht, wie die Witwe Wuttig, die immer alles weiß, berichtete. Heiligabend-Vormittag war der Leichenwagen vorgefahren und Guste und sie hatten vor dem Fenster gekniet und hinausgeschaut. Schwarze Pferde, schwarze Kutsche, schwarz gekleidete Kutscher, schwarzer Sarg. Ein Leichenzug genau wie vor fünf Jahren, als der Vater starb; das gleiche Bild wie an jenem Sommertag vor noch nicht mal einem Jahr, an dem die Mutter beerdigt wurde. Natürlich musste sie gleich wieder weinen. Guste aber wünschte dem jungen Toten nur kess frohe Weihnachten. »Der hat's hinter sich, sitzt beim lieben Gott auf'm Schoß und isst Pudding. Wir aber fressen Lampentalg.«

Sie haben noch nie Lampentalg gefressen. Und das verdanken sie ganz allein Guste. Dennoch wäre es Jette lieber, die Schwester würde nicht gar so lange wegbleiben. Dirnen passieren ja manchmal die grausigsten Sachen; alle paar Tage wird ein neues, schlimmes Verbrechen bekannt.

Jetzt knarrt die Haustür direkt unter ihr, der Flatow betritt die Straße. Der Flatow ist ihr Hausbesitzer und wohnt gleich neben ihnen; drei richtig hohe Zimmer und eine riesige Küche ganz für ihn allein. Auch in der Königstraße sollen ihm zwei Häuser gehören und dazu noch ein Tabakwaren- und Lotterieladen und eine Zigarrenfabrik, in der ein alter Mann und mehrere Jungen und Mädchen für ihn arbeiten. Der Flatow plansche nur so im Geld, sagt die Wuttig stets anerkennend und man sieht ihm seinen Wohlstand ja auch an. Immer trägt er einen farbigen Frack mit blank geputzten Knöpfen, einen dazu passenden, glänzenden Zylinder, lang geschnäbelte Stiefelschuhe aus teurem, weichem Leder und darüber Bankiersgamaschen. Quer über den ein wenig spitz hervorstehenden Bauch hängt eine schwere goldene Uhrkette und die Krawatte ziert eine kostbare Tuchnadel mit in der Sonne glitzerndem Edelstein.

»Geschmückt wie 'n Pfingstochse und genauso zart besaitet«, lästert die Schwester gern über den Flatow. Unsympathisch aber ist er ihr nicht. Wenn man mit ihm rede, zeige er für vieles Verständnis, sagt sie immer wieder. Und hatte er ihnen nicht die Wohnung über dem Haustor vermietet, obwohl er von Anfang an wusste, auf welche Weise sie ihr Geld verdient? Dennoch, Jette macht dieser eitle Mann Angst. Wenn er sie nur anschaut mit seinen dunklen, stets abwägend blickenden Augen im vom starken Bartwuchs bläulichroten Gesicht, möchte sie schon weglaufen.

Jetzt aber kann er sie nicht sehen, der Herr Hausbesitzer Johann Christian Flatow, der da unter ihrem Fenster steht und die frische Morgenluft in sich hineinpumpt wie ein Maikäfer, der jeden Augenblick losfliegen will, und sich, bevor er dann endlich geht, erst noch in aller Gemütsruhe ein Fusselchen vom Rockärmel schnippt; jetzt kann sie ihn studieren, ohne den Blick niederschlagen zu müssen.

Als gleich darauf erneut die Haustür knarrt, ist es nur die Wuttig, die zum Neuen Markt will. Die kleine, dicke Witwe mit dem dünnen Schnurrbärtchen auf der Oberlippe und dem knallroten Kapotthut wohnt in der Einzimmerwohnung direkt über ihnen und ist schwer zuckerkrank, aber dennoch eine eher lustige Person. Jette würde sie ganz sicher mögen, wenn die Wuttig nicht so ein kaputter Mehlsack wäre, wie Guste immer sagt. Ständig rieselt ihr was aus dem Mund, alles weiß sie, alles muss sie kommentieren. Sogar Gustes Spitznamen hat sie herausbekommen: Sternenkiekerguste. Wenn die Schwester mit ihrem langen Mantel und dem bunten Blümchenhut auf dem Kopf in den Abend hinauszieht und die Wuttig im zweiten Stock aus dem Fenster schaut, kommt unweigerlich der Ruf: »I schönen juten Abend, Justeken! Jehste wieder Sterne kieken?« Und dabei strahlt die kleine Witwe über ihr ganzes, fettig glänzendes Gesicht wie ein gut gelaunter Mond. Guste aber winkt vergnügt zurück und schämt sich nicht mal. Andere Frauen in ihrem Gewerbe heißen Schneckenmarie, Kutscherlotte, Betteljosefa, Kellerkönigin, Bollenluise, Polka-Humpelchen und immer so weiter. Sternenkiekerguste wäre noch der schönste Spitzname, sagt die Schwester immer wieder. Der klänge nicht so sehr nach dunklen Hauseingängen und Kellerkneipen, sondern mehr nach Sehnsucht und Sommerhimmel.

Die Wuttig bleibt nicht erst lange vor dem Haustor stehen, packt nur ihren Schirm fester, den sie sogar bei strahlend blauem Himmel mit sich herumträgt, »falls es doch mal drippelt«, dann stapft sie auf ihren kurzen, stämmigen Beinen davon. Hin zum Neuen Markt. Dort legen die Höker und Hökerinnen jetzt gerade ihre Karotten, Schalotten, Kohlköpfe und Radieschen aus, kann man bald jede Menge Hühner, Gänse, Enten und Kaninchen, Karpfen, Hechte und Aale bestaunen. Der Witwe gehört keiner der Stände, sie hilft nur aus; mal hier, mal dort. Alle kennen sie und ihr nie stillstehendes Mundwerk und es hat noch niemandem zum Nachteil gereicht, sie zu beschäftigen.

Gedankenversunken schließt Jette die Augen. Sie liebt den Markt. Besonders den Duft von Gebackenem mag sie: von Mandel-, Zucker- und Weinbrezeln, von Butter- und Plunderstücken. Nimmt sie Fritzchen mit, landen sie jedes Mal beim Brezelbäcker. Aber natürlich schnuppern sie nur, ihre Einkäufe sind anderer Art: Kartoffeln, Heringe, Knochen. Ist mal ein Stückchen Blutwurst dabei, dann immer die billigste Sorte, die mit den großen Talgstücken. Lieber mal hungern, lieber mal frieren ist Gustes Paradespruch, aber immer ein Dach über dem Kopf!

Doch dann knarrt zum dritten Mal das Haustor und nun hätte Jette sich am liebsten bis in den tiefsten Winkel ihrer kleinen Stube zurückgezogen. Der da jetzt kommt und sofort zu ihrem

Fenster hochschaut, das ist ja der, auf den sie auch fast schon gewartet hat. Frieder heißt er, Frieder Jacobi, und wohnt mit seiner Mutter in der Dachkammer im dritten Stock. Er ist zwei Jahre älter als sie, also siebzehn, wie sie längst herausgefunden hat, und von ihrer ersten Begegnung an ist etwas zwischen ihnen, was sie sich nicht erklären kann und was sie beunruhigt, obwohl es ihr gefällt.

Er ist spät dran heute, der lang aufgeschossene Bursche in der schwarzen Zimmermannskluft, mit dem karierten Bündel in der Hand und dem speckigen Arbeitszylinder auf dem blonden Haarschopf. Trotzdem guckt er zu ihr hoch, als hätte er ewig Zeit und wüsste ganz genau, dass sie hinter der Gardine kniet. Vorsichtshalber rückt Jette noch ein wenig weiter zurück und endlich muss der junge Zimmerer doch gehen. Er tippt sich noch schnell an seinen Zylinder, dann läuft er los, um die verlorene Zeit einzuholen.

Dieses allmorgendliche Hutantippen soll ein Gruß sein und wie jeden Morgen juckte es Jette in den Fingern, mal kurz die Gardine wehen zu lassen, um zurückzugrüßen. Aber damit hätte sie sich ja verraten. Woher soll er denn wissen, dass sie wirklich guckt? Sicher vermutet er es nur, weil sie einmal nicht schnell genug den Kopf zurückzog. Da grinste er gleich wie ein angebissenes Stück Streuselkuchen. Er konnte ja nicht ahnen, dass sie gar nicht seinet-, sondern Gustes wegen schon so früh am Morgen aus dem Fenster sah.

Jetzt ist der lange Bursche schon am jüdischen Friseurgeschäft vorbei, dessen Inhaber ebenfalls Jacoby heißt, nur eben mit einem Ypsilon am Ende, und Jette muss wieder an ihre erste richtige Begegnung denken. Sie wollte gerade die Treppe hinabsteigen, da stand er auf einmal vor ihr. In seinem schwarzen Zimmermannsanzug und mit dem hohen Zylinder wirkte er in dem niedrigen Treppenhaus wie ein schwarzer Riese. Vor Schreck hätte sie beinahe den Korb fallen lassen. Er aber hatte wieder so gegrinst, seinen Zylinder abgenommen und freundlich

»Holla!« gesagt. Mit hochrotem Kopf wollte sie um ihn herum auf die Straße hinunter, da trat er ihr in den Weg und fragte sie nach ihrem Namen. Und sie machte vor lauter Schüchternheit einen Knicks und flüsterte brav: »Henriette Mundt.« Dann lief sie weiter und ärgerte sich Pickel auf die Zunge: Wie hatte sie vor dieser Bohnenstange nur einen Knicks machen können? Am nächsten Morgen aber lagen drei Kartoffeln vor ihrer Tür. Sie wusste gleich, dass sie von ihm waren. Doch durfte sie ein solches Geschenk annehmen? Ein vaterloser Bursche, der mit seiner Mutter so hoch droben in der Dachkammer hauste, dass sie den lieben Gott unter den Füßen kitzeln konnten, hatte doch nichts zu verschenken. Und eine Metze\* Kartoffeln kostet nun doch schon drei Silbergroschen.

Im Treppenhaus liegen lassen aber wollte sie die drei ausgesuchten schönen, großen Knollen auch nicht, also nahm sie sie herein. Tags darauf lagen wieder drei vor der Tür und an allen folgenden Tagen ebenfalls. So erzählte sie schließlich Guste davon und fragte sie, ob sie die Kartoffeln nicht lieber seiner Mutter bringen sollte. Die Schwester jedoch lachte nur über ihren »Kartoffelprinzen«. »Wie willste der armen Frau denn erklären, dass ihr unmündiger Herr Sohn schon auf Freiersfüßen jeht? Außerdem scheint der Knabe Phantasie zu haben. Stell dir vor, er würde dir Blumen vor die Tür legen. Wie wenig sättigend!«

»Jette?« Fritzchen ist aufgewacht. »Jette, komm her. Mir ist kalt.«

Ihm ist nicht kalt unter dem warmen Federbett, er will nur nicht allein sein.

»Komm ja schon!« Gleich nimmt Jette das Schultertuch ab und kriecht wieder zu ihm ins Bett. Und sofort presst er sich so fest an sie, dass sie seine Knie am Bauch spürt und er mit dem Kopf in ihrer Achselhöhle verschwindet. Das ist seine Einschlaf-

---

\* Historische Zusammenhänge, Begriffe und Bezeichnungen werden in der Reihenfolge ihres Auftretens im Anhang erläutert.

haltung, so fühlt er sich am wohlsten und deshalb hält sie still, bis er endlich wieder eingeschlummert ist.

Ein Tagtraum, ein schöner Morgentraum: Sie ist noch sehr klein und geht an Gustes Hand. Beide tragen sie Schleifen im Haar und lachen glücklich. Die Eltern machen mit ihnen eine Torwagenfahrt nach Charlottenburg. Zu Fuß geht's am Schloss vorbei und die Linden entlang, am Brandenburger Tor steigen sie in den großen offenen Kremser, in dem schon andere lustig winkende Ausflügler warten. Der Kutscher schnalzt mit der Zunge und hin geht's zum Lietzensee. Sie begegnen anderen Wagen hinter genauso plumpen Gäulen, überholen Mütter mit Kinderwagen, heftig miteinander debattierende Väter und viele ebenfalls fein gemachte Mädchen und Jungen. Es geht an Gärten und Kaffeelokalen und im Grünen lagernden Gesellschaften vorüber, es riecht nach Pferdeäpfeln, Wiese und Wald und alles ist voll Staub, Lärm und Gewühl. Irgendwann singt die große Schwester den anderen Fahrgästen freche Kinderlieder vor und alle müssen lachen. Also werden Gustes Lieder immer frecher, bis der Vater ihr den Mund zuhält. Darüber wird noch mehr gelacht, nur Guste, gerade elf oder zwölf, guckt böse.

Am Lietzensee sind viele Gärten, die Bäume blühen in den schönsten Farben und der Park, durch den sie spazieren, wirkt sehr geheimnisvoll. Überall efeuumrankte Statuen, mit Entengrütze überwucherte Weiher, auf denen sich Enten, Schwäne und Blesshühner tummeln, und schmale Wege durch dichtes Grün. Und die Mutter lacht mal wieder über ihre Stadtkinder, die keine Blüte, keinen Baum und keinen Strauch vom anderen zu unterscheiden wissen. Sie ist in Treptow aufgewachsen, einem Dorf weit draußen, fühlt sich als Landkind und würde am liebsten gleich wieder rausziehen. Und Guste und sie natürlich mit.

Abends die Heimfahrt im dunklen, rumpelnden Wagen. Diesmal singt Guste anständige Lieder und die Eltern lächeln zufrieden … Jette werden die Augen feucht. War das der schönste Tag in ihrem Leben? Die Eltern hatten so selten Zeit für solche Ausflüge. Der Vater stand ewig hinter dem Schanktisch, dick, behäbig und freundlich, die Mutter kam aus der Küche nicht raus. Ihr ganzes Leben wurde von der *Guten Luise* bestimmt. Für die Eltern gab es einfach nichts anderes als die Gastwirtschaft und so waren die beiden Bilder über dem Stammtisch denn auch Vaters größter Stolz: rechts die Königin Luise, links die Mutter, weil sie ja auch Luise hieß. Beide von einem durchreisenden Künstler gezeichnet; die Mutter »nach der Natur«, die Königin nach einem der vielen Bilder, die es überall von ihr zu kaufen gibt. Und zwischen den beiden Federzeichnungen, an einem Nagel festgemacht, Vaters Juxidee, die dritte »gute Luise«: eine Tafelbirne aus Wachs.

»Ist Mami immer noch nicht da?«

Fritzchen! Mit großen Augen schaut er sie an, der kleine, nun hellwache, ewig rotznasige Kerl mit den so weit abstehenden, roten Ohren.

»Guck mal unters Kopfkissen.«

»Wozu?«

»Vielleicht hat sie sich dort versteckt?«

Doch Fritzchen will sich nicht aufheitern lassen. »Sie soll endlich kommen«, beschwert er sich. »Will nicht immer mit dir allein sein.«

Ich auch nicht, schießt es Jette durch den Kopf. Ich will auch nicht immer mit dir allein sein. Würde lieber Morgen für Morgen aufstehen und fortgehen, so wie die Witwe Wuttig, die Putzmacherinnen oder, noch schöner, das Blumenmädchen vor der Marienkirche. Aber ich muss hier bleiben und auf dich aufpassen. Und darf mich noch nicht einmal beschweren, weil wir ohne Gustes Verdienst schon morgen ins Armenhaus müssten. Doch natürlich sagt sie das Fritzchen nicht, versucht nur weiter ihn aufzuheitern: »Fritzchen hat 'n Floh! Weiß nicht, wo! Krabbelt – so? Vielleicht am Po?«

Beleidigt schiebt er ihre Hand weg. »Du bist doof.«

»Na und? Wenn du wüsstest, wat ick weiß, würd dir kalt und nie mehr heiß!« Sie wirft ihm die Bettdecke übers Gesicht, springt aus dem Bett und tritt an die Waschkommode. Als sie das Wasser aus dem Krug in die Waschschüssel gießt, sind auf der Treppe Schritte zu hören. Sofort flitzt Fritzchen zur Tür und versucht durchs Schlüsselloch zu spähen.

»Das isse nicht.« Jette kennt die müden Schritte, mit denen Guste morgens die Treppe hochsteigt. Der da jetzt kommt, ist der kahle Kerkau, der Nachtwächter aus der Porzellanfabrik. Er wohnt direkt unter der Dachkammer der Jacobis. Seine Frau hat sie noch nie gesehen, sie soll sehr krank sein. Aber das, so die Wuttig, sei kein Wunder bei elf Geburten und immerhin fünf Kindern, die überlebt hätten.

Ein seltsamer Vogel, der Kerkau! Klein und stämmig und mit seinem kugelrunden Gesicht unter der Glatze sieht er aus wie ein Kastanienmännchen. Und immer ist er unterwegs, scheint kaum Schlaf zu benötigen; kommt die Treppe hoch, geht sie wieder runter, hoch, runter, hat aber nie etwas dabei, alle Einkäufe und Besorgungen müssen seine Kinder erledigen.

Fritzchen überlegt, ob er nicht mal ein bisschen heulen soll, da sind schon wieder Schritte zu hören. Und nun, da gibt es keinen Zweifel, ist es Guste. Schnell trocknet Jette sich ab, dann schließt sie die Tür auf.

Wie jeden Morgen ist die Schwester bleich unter der Schminke, ihre Augen blicken leer, die Holzkohlenschwärze, mit der sie sich Wimpern und Augenbrauen färbte, ist verwischt. »Hab ick dir nich schon tausendmal jesagt, dass de nich im Nachthemd öffnen sollst?«, fährt sie Jette gleich an. »Wenn dich nu jemand so sieht?«

Verlegen hebt Jette die drei großen Kartoffeln auf, die vor der Tür liegen und über die Guste hinwegschritt, als hätte sie sie nicht gesehen, dann zieht sie sich ärgerlich die Kattunschürze über. Es ist Gustes allergrößte Sorge, irgendwer im Haus könnte denken, sie, Jette, sei auch so eine Sternenkiekerguste oder Brückenamalie. Ein anständiger Mann heirate nun mal kein Mädchen mit schlechtem Ruf. Dass sie als Schwester einer Dirne sowieso keinen guten Ruf genießt, übersieht sie geflissentlich.

Fritzchen kümmert sich nicht um Gustes schlechte Laune. Wie ein Springfrosch ist er an seiner Mutter hochgehüpft und klammert sich an ihrem Hals fest. Jette nimmt der Schwester noch den Blümchenhut ab und aus der müden Guste wird wieder die zärtliche Guste. »So, mein Söhnchen, Goldbarönchen!«, flüstert sie Fritzchen zu. »Jetzt machen wir aus dem ollen Blumentopp wieder 'ne liebe Mutti.«

»Kommst ja heute so spät«, wagt Jette einen leisen Vorwurf.

»Was willste machen? Wer Zähne hat, braucht wat zu beißen.« Die Schwester seufzt.

Da sagt Jette nichts mehr und Guste wirft sich erst mal nur müde aufs Bett, verstaut ihren Verdienst zwischen den Matratzen und schaut still zu, wie Fritzchen gewaschen wird, bis sie auf einmal nachdenklich fragt: »Wie lange uns dein Kartoffelkavalier wohl noch so verwöhnen wird?« Und als Jette darauf keine Antwort weiß, warnt die Schwester sie wieder: »Lass dich bloß nicht leichtfertig um die Butter bringen, Jetteken! Auch die größte und schönste Liebe kannste dir nich auf die Stulle schmieren. Wer was einzahlt, will was rauskriegen!«

Mit der Butter meint Guste ihre Jungfernschaft, ihr ganzes »Kapital«, das sie nur gegen die Ehe eintauschen dürfe. Erst der Trauring, dann die dunkle Ecke hieße nun mal die goldene Lebensregel für jede Frau, die klüger sein will, als sie, Auguste Mundt, es war.

»Sagst ja gar nichts?« Endlich zieht die Schwester sich die hochhackigen Stiefeletten und die Strümpfe aus, wirft alles in die Ecke und reibt sich stöhnend die schmerzenden Füße. Gleich darauf ist sie wieder bei ihrem Lieblingsthema: »Dass er noch nie bei dir vor der Tür gestanden hat, wenn ich weg bin?«

»Die Wuttig erzählt, dass er sich sehr um seine kranke Mutter kümmert.«

»Ach, die olle Schnackeltante! Was weiß denn die von Männern? Wenn einer von denen dir unter die Arme greift, will er dich kitzeln, nicht etwa stützen.«

Da schweigt Jette wieder. Aber dann, ganz plötzlich, hält sie Fritzchen mit beiden Händen fest, als könnte er ihr davonlaufen, und es bricht wie ein Schrei aus ihr heraus: »Würd auch gern auf dem Markt aushelfen!«

Sofort steht Guste vor ihr. »Aushelfen? Und wat willste aushelfen? Jemüse verkaufen? Bücklingsmädchen werden? Äppel austragen? Dann kannste auch gleich zu den Knirpsen in Flatows Fabrik gehen und die liebe Guste bleibt bei Fritzchen und wartet darauf, dass ihre Ernährerin ihr jeden dritten Tag 'nen harten Sechser nach Hause bringt. – Wat für 'n Fürstenleben! Nichts im Bauch, keen Dach überm Kopp, aber Jetteken kommt unter die Leute!«

Und ich, denkt Jette, ich lebe in diesem Schlauch überm Haustor wie im Gefängnis. Und immer hängt Fritzchen an meinem Rockzipfel, nie bin ich für mich allein. Manchmal ist mir ja schon, als gäbe es zwei Jettes: die in meinem Kopf, die endlich mal rauswill aus diesem ewigen Eingesperrtsein, und die andere, die alle sehen und für brav und lieb und nett halten, die aber gar nicht die wahre Jette ist.

»Und wenn ich in Stellung gehe?«

»Untersteh dich!« Jetzt wird Gustes rundes, sonst so weiches Gesicht wie zu Stein und das ein wenig zu breite Kinn noch breiter. »Bei irgend so 'ner Herrschaft haste doch erst recht keine freie Minute. Und jede Woche dreimal musste dem Hausherrn 's Bett wärmen. Und wenn de danach schwanger bist, wirste aus'm Haus gejagt und deinen Bankert stecken se zu den frommen Frauen.«

Bei dem Wort »Bankert« ist Guste selbst zusammengezuckt. Fritzchen jedoch versteht solche Wörter noch nicht. »Na, ist doch wahr!«, schimpft die Schwester da ein wenig leiser weiter. »Soll unser Fritzchen denn kein Stückchen blauen Himmel und keinen Fussel Sonne mehr zu sehen kriegen, nur weil keine von uns sich um ihn kümmern kann?«

»Ich mein ja nur.« Hilflos zuckt Jette die Achseln. Aber was sie wirklich meint, sagt sie wieder mal nicht.

## Zwischen den Türmen

Es macht Spaß, auf dem Dachfirst zu reiten, wenn die Sonne den Rücken wärmt und das Hämmern und Klopfen von Nante, Flips, Schorsch, Roderich und nun auch wieder Rackebrandt durch die Luft hallt. Wie schwarze Raben im kahlen Wintergeäst hocken sie im fast fertigen Dachstuhl, jeder mit seinem Sparren beschäftigt und doch alle wieder zusammengehörend, seit die stillen Monate ein Ende haben.

Nachdenklich schaut Frieder zu Rackebrandt hin. Den Winter über hatte der Altgeselle in einer Brauerei Eisblöcke zersägt. Für die Kühlräume. In der stillen Zeit mussten sie ja alle was anderes tun: Bäume fällen, Schnee fegen, Botengänge erledigen. Flips, Schorsch, Roderich, Nante und er aber waren schon Ende März zu Meister Langemann zurückgekehrt; der Altgeselle konnte erst jetzt kommen, hatte sich beim Eissägen was weggeholt und war lange krank gewesen. Und so haben seine Familie und er sicher schlimme Wochen hinter sich. Einen Rackebrandt aber bringt einfach nichts um, kein Gefängnis, keine Krankheit, kein Hungern.

Der Altgeselle hat Frieders Blick bemerkt. Ernst nickt er ihm zu und froh über diesen zweiten Willkommensgruß lächelt der junge Zimmerer zurück. Sie beide verbindet mehr als nur die gemeinsame Arbeit. Vier Jahre lang waren er und der Vierzigjährige mit dem rabenschwarzen Haar, den dunklen Augen und dem dichten, breiten Schnäuzer ein Gespann gewesen. Auf Schritt und Tritt hatte er ihm folgen, Handreichungen leisten und von ihm lernen müssen. Im ersten Lehrjahr hatte er den »Zijeuner«, wie Meister Langemann den Altgesellen wegen seines südländischen Aussehens und des riesigen Zimmermannsrings im Ohr nur nennt, noch gefürchtet. Weil der kein einziges unnötiges Wort mit ihm sprach. Im zweiten hatte Rackebrandt ihn schon hin und wieder aufmerksam angesehen, im dritten scherzte er das erste Mal mit ihm, im vierten krönte er ihre Zusammenarbeit, indem er ihn einen Schluck aus seiner Weißbierflasche nehmen ließ. Zum Schluss hatten sie sich schweigend verstanden, der Altgeselle Hermann Louis Rackebrandt und der Lehrling Frieder Jacobi.

»Was 'n los? Je langsamer die Leutlein, desto leerer die Beutlein.«

Flips hat das gerufen, ihr ewiger Witzbold. Still vor sich hin arbeiten liegt ihm nicht. Und so macht er sich, als niemand auf seine Worte eingeht, wieder mal über den kleinen Fürsten Havelberg lustig, den »Schwafelzwerg«, der jeden dritten Tag kommt, um nachzuschauen, wie es mit seinem Palais vorangeht, obwohl er es sich doch in jedem Fingerhut gemütlich machen könne. Als auch dazu niemand was sagt, pfeift er laut das Lied vom schönen Ännchen und dem stolzen Zimmerer. Meister Langemanns missbilligende Blicke stören ihn nicht. Dass Pfeifen auf dem Bau gegen die Zimmermannsehre verstößt, ist für Flips altes Rom.

Eine Zeit lang hört Frieder dem bei allem Pfeifen emsig arbeitenden Flips nur zu, dann summt er leise mit: Sein Ännchen heißt Jette – und wer sollte ihr stolzer Zimmerer sein, wenn nicht er? Sie hat heute Morgen ja schon wieder geguckt – und denkt womöglich, er hätte das nicht bemerkt? Dabei bewegt sich doch jedes Mal ihre Gardine. Und hielte sie nur nach ihrer Schwester Ausschau, müsste sie sich nicht so ängstlich verstecken.

Still vor sich hin grinsend denkt er zum fünfhundertsiebenundneunzigsten Mal an jenen Tag zurück, an dem er sie zum ersten Mal sah! Es war im Sommer, er lehnte im Fenster und fütterte die Tauben, als vor ihrem Haus ein Fuhrwerk hielt. Zwei

Frauen und ein kleiner Junge zogen ein und ein älterer Mann half ihnen die Möbel tragen. Neugierig beobachtete er diese seltsame Familie, bis er entdeckte, dass die schmalere, schlankere Frau, der das dichte braune Haar unter der Schute* hervorquoll und in schweren Flechten über die Schultern fiel, ein ganz junges und offensichtlich sehr schüchternes Mädchen war. Ständig hielt es den Kopf gesenkt, kümmerte sich nur um den kleinen Jungen. Bis sie schließlich doch neugierig wurde und ihre Augen die Fassade entlangwandern ließ. Und wie da ihr Blick immer höher kletterte, bemerkte sie ihn, erschrak, senkte erneut den Kopf und blickte kein einziges Mal mehr auf.

Erst Wochen später, eines Sonntags, sah er sie wieder. Es war schon herbstlich und er kam gerade mit der Mutter aus der Kirche, die die beiden Schwestern scheinbar nie besuchten, da rannte sie mit einem wollenen Schaltuch um die Schultern dem kleinen Jungen über den Neuen Markt nach. Der Kleine musste irgendwas angestellt haben, schrie und stänkerte. Sie fing ihn ein, schrie noch lauter und wurde dabei vor Zorn ganz dunkel im Gesicht. Da sagte der kleine Junge was zu ihr, sie musste lachen, ein Katzenkopf und der Frieden zwischen beiden war wiederhergestellt.

Wenige Tage darauf kam es zu ihrer ersten Begegnung. Im Treppenhaus. Was sie da für erschrockene Augen machte! Und wie rot sie wurde! Er aber spielte den Herrn Grafen. Dabei war ihm nie zuvor beim Anblick eines Mädchens so komisch zumute gewesen. Und nie zuvor war ihm etwas so Albernes eingefallen, wie einem Mädchen Morgen für Morgen drei Kartoffeln vor die Tür zu legen. Doch wenn er abends nach Hause kommt, sind sie jedes Mal weg. Und am Morgen darauf bewegt sich wieder die Gardine.

Mittagspause! Der Meister läutet mal wieder, als wollte er alle Kirchtürme zum Einsturz bringen. Mit ein paar Schwüngen ist Frieder auf der Leiter und dann sitzt er schon im Kreis der anderen, legt sich ein Brettchen auf die Knie und breitet seine Pausenmahlzeit drauf aus: einen Kanten Brot, ein Stückchen scharfen Kuhkäse, einen Zipfel Leberwurst. Er beißt zuerst nur vom Brot ab, sieht, dass Rackebrandt sich neben ihm niederlässt, und kaut zufrieden.

Holz, Sonne und Wind sind gemacht, um den Zimmerer am Leben zu erhalten; Regen, Eis und Schnee, um ihn auf die Probe zu stellen. Er, Frieder Jacobi, hat die Probe mal wieder bestanden, hat den ganzen Winter über beim Fuhrmann Ott auf dem Kutschbock gesessen und bei Regen und Sturm, Glatteis und Schneegestöber Schutt, Brennholz, Torf und allen möglichen anderen Kram auf- und abgeladen. Jetzt darf er endlich wieder »stolzer Zimmerer« sein. Und auch diesen Stolz hat er dem Altgesellen zu verdanken. Nie wird er vergessen, wie Rackebrandt an jenem Tag, an dem er den Gesellenbrief erhielt und alle anderen nur dem von ihm spendierten Bier zusprachen, sein Werkzeugbündel mit Stemmeisen, Axt, Stoßaxt, Winkel und Klöpfel vor ihm ausbreitete und es sein »zweites Paar Hände« nannte. Und wie er dann jedes einzelne Teil streichelte, als wäre es ein lebendiges Wesen, und ihm zum Schluss den Ohrring schenkte, den er seither nicht mehr abnimmt.

Rackebrandt erklärte ihm, dass letzten Endes nur stolz auf sich sein könne, wer auch stolz auf seinen Beruf sei. Er, der Altgeselle, würde die Zimmerei gegen nichts anderes eintauschen. Zwar verdienten sie nicht gerade wie Bankiers, aber dafür lebten sie gesünder. Und die stille Zeit? Nun, die sei nicht allein ihre Sorge.

Der junge Zimmerer lässt den Blick wandern. Auch die anderen scheinen den schönen Tag zu genießen: der kraushaarige alte Schorsch, der die Hälfte seines Lebens als Wandergeselle verbracht hat, ganz Deutschland kennt und nun, da er schon lange keine Zähne mehr hat, nur noch vom Branntwein lebt und auf den Kometen wartet, der eines Tages ganz sicher mit der Erde zusammenstoßen und sie alle vernichten wird; Roderich mit der schwarzen Augenklappe, der viele Jahre Soldat war und als junger Mann »gegen Napoleon« das linke Auge verlor; Nante mit dem gutmütigen, breiten Sommersprossengesicht und dem so feuerroten Haar, dass man ein Licht dran anzünden könnte, der am liebsten von seinen vielen Kindern erzählt und den König verehrt, den aber niemand reizen darf, weil er sonst sehr ungemütlich werden kann; und nicht zuletzt Flips, der eigentlich Philipp heißt, gerade erst zwanzig geworden ist und genau wie der alte Schorsch keine Wohnung, kein Bett, keinen Schrank und keinen Tisch sein eigen nennt, sondern nur eine Schlafstelle gemietet hat. Was aber bei einem jungen Mann etwas Alltägliches ist, hat bei einem wie Schorsch etwas Trauriges an sich; da muss man schon die Kneipen lieben und auf den Kometen warten, um das aushalten zu können.

Der Meister kommt. Ein prüfender Blick in die Runde, dann setzt er sich wie jeden Tag hinter seine *Berlinischen Nachrichten*.

»Was gibt's Neues, Meister?« Flips ist die Gesellschaft mal wieder viel zu schweigsam. »Hat unsre katholische Liese etwa 'nen Thronerben bekommen? Von wem denn? Der dicke Fritze schafft so was ja nicht.«

Alle lachen, nur der Meister und Nante nicht. Rackebrandt jedoch kommt Flips' Witzelei sehr gelegen. »Unser Fritze hat anderes im Kopf«, fordert er den Meister heraus. »Sein Volk geht ihm auf die Nerven. Es will 'ne Verfassung. Unser gottesgnädiger Herr König aber will nicht, dass sich zwischen ihn und uns 'n beschriebenes Blatt Papier drängt.«

»Was du oller Zijeuner mal wieder herummurrst!« Der Meister will sich nicht aus der Ruhe bringen lassen. »Der König weiß schon, was er tut. Immerhin hat er den Landtag einberufen, um mit den Ständen zu beratschlagen.«

Eine Antwort ganz nach Rackebrandts Geschmack. Der König habe den Landtag aber nicht aus Wohlwollen seinem lieben Volk gegenüber einberufen, entgegnet er sofort, sondern weil er Geld brauche, unter anderem für den Eisenbahnbau. Die Herren

Bankiers jedoch hätten ihm diese Geldanleihe nicht bewilligt, weil sie keinen einzigen Fünftalerschein mehr rausrücken wollten, solange der König ihnen nicht mehr Mitspracherechte einräumte – und zwar in einer Verfassung festgeschriebener Rechte! »Unser Fritze aber träumt noch immer von einer Erneuerung des Heiligen Römischen Reiches Deutscher Nation und das bedeutet nichts anderes als die Rückkehr ins Mittelalter.«

Eine kurze Pause, um dem Meister Gelegenheit zu einer Erwiderung zu geben; als nichts kommt, fährt der Altgeselle grinsend fort, ihm sei der ganze Landtag ja herzlich Wurst, weil das Volk von den Schmerbäuchen dort sowieso nichts zu erwarten hätte. Aber interessant sei es schon, wenn der König jede Mitsprache als »undeutsch« bezeichne und noch heute, im April 1847, am Gottesgnadentum festhalte.

Rackebrandt, wie er leibt und lebt! Gleich am ersten Tag geht er den Meister wieder an. Über die Verfassung stritten die beiden ja schon am letzten Arbeitstag, bevor die stille Zeit begann. Der Meister hatte Rackebrandt damals einen Vaterlandsverräter und Revoluzzer geschimpft und der Altgeselle erwiderte frech, er nehme dieses Lob an. Da mussten alle lachen und der beleidigte Meister rief vorzeitig wieder zur Arbeit.

Auch jetzt guckt der Meister beleidigt. »Ja, ja!«, knurrt er, nachdem er sich eine Prise Schnupftabak genehmigt hat. »So isse, die neue Zeit! Jeder Brausekopf will mitregieren. Dabei ist's in der Politik wie im Handwerk: Der Meister sagt, was getan werden muss, und tüchtige Gesellen führen seine Aufträge aus. Politik aber hat keiner von euch gelernt, trotzdem wollt ihr die Welt aus den Angeln heben.«

»Nicht gelernt?« Rackebrandts Schnauzer wird noch breiter. »Vierzig Jahre lang lerne ich nun schon Politik. Einen Nagel darin einschlagen aber habe ich bisher noch nicht dürfen.«

»Weiß der Satan!« Roderich juckt sich mal wieder unter der Augenklappe. »Nicht mal die Ärmel haben wir aufkrempeln dürfen.« Und Flips, dem es Spaß macht, den Meister noch weiter zu reizen, formt seine Hand zur Pistole, macht »Puff! Puff!« und deklamiert laut: »Hatt wohl je 'n Mensch so 'n Pech wie der Bürgermeister Tschech?«

Wieder wird gelacht. Der Reim geht ja noch weiter: »Hatt wohl je 'n Mensch so 'n Pech wie der Bürgermeister Tschech, dass er diesen dicken Mann auf zwei Schritt nicht treffen kann?«

Mit dem dicken Mann aber ist niemand anderes als der König gemeint, auf den der Tschech vor drei Jahren ein Attentat verübte. Und zwar genau an jenem Tag, als die Mutter mit ihm, Frieder, vors Schloss gezogen war, um der Königin eine Bittschrift zu überreichen, in der sie um eine Beihilfe zum Lehrgeld bat. Weil das Königspaar an diesem Morgen nach Schlesien abreisen wollte, wo es aus schlimmer Not zu wütenden Volksaufständen gekommen war, hatte sich zur Verabschiedung im Schlosshof viel Volk versammelt. Er, der damals vierzehnjährige Frieder, stand zwischen all den aufgeregten Leuten und wartete ebenfalls voll Neugier auf den rundgesichtigen Mann, dessen Bild in der Schule an der Wand hing. Doch als der König, im langen Reisemantel, endlich erschien und mit der Königin die Kutsche besteigen wollte, war eine andere, schwarz verschleierte Witwe schneller als die Mutter. Die zögerte erschrocken, weil ihr in diesem Augenblick zumute war, als sähe sie sich selbst, und da war die Königin schon in den Wagen gestiegen und der König ließ eines der Wagenfenster herab, um den jubelnden Leuten im Schlosshof noch einmal zuzuwinken, als mit einem Mal ein Mann aufs Trittbrett sprang, den Mantel zurückschlug und zweimal schoss. Gleich darauf begruben ihn des Königs Lakaien unter ihren Leibern und der König verriet seinem zutiefst bestürzten Volk, dass er nur leicht verwundet worden sei; dennoch hätten die Leute den Attentäter, von dem erst später bekannt wurde, dass er ein Wirrkopf war, am liebsten gelyncht.

Besonders Nante war damals sehr aufgebracht gewesen. Nante, der ja eigentlich Ferdinand Noiret heißt und von Hugenotten* abstammt, die vor über hundertsechzig Jahren nach Berlin kamen, weil sie im katholischen Frankreich verfolgt wurden. Es war ja der Große Kurfürst, ein Vorfahr des jetzigen Königs, der seinen Leuten Zuflucht gewährte. Deshalb lässt Nantes Familie auf das Königshaus nichts kommen, feiert jeden Königsgeburtstag und läuft bei jeder sonntäglichen Militärparade mit. Schimpft irgendwer nur leise auf den König, wird Nante jedes Mal fuchsteufelswild. Ein Attentat auf den König aber ist für ihn das schwerste aller Verbrechen und so schaut er Flips auch jetzt gleich wieder an, als wollte er ihn jeden Moment über die Stadtmauer pusten.

»Die Zeit der väterlichen Regierungen ist abgelaufen, Meister, auch wenn deine *Nachrichten* dir was anderes vorgaukeln.« Der Altgeselle will sich von Flips' Witzen nicht ablenken lassen.

»Bin selbst Volk«, begehrt der Meister ärgerlich auf. »Musst mich nicht belehren. Glaube, Pflicht und Treue aber sind Werte, die nicht verloren gehen dürfen.«

»Einverstanden!« Wieder grinst der Altgeselle, fügt aber gleich hinzu, dass es für ihn noch immer darauf ankomme, woran er glauben, welche Pflichten er erfüllen und wem er treu sein soll. »Ein Zimmerermeister mit Bürgerbrief* in der Tasche mag ja denken und beten, wie es König und Kirche gefällt. Was aber ist mit denen, die nicht wissen, wie sie ihre Kinder ernähren oder einen Arzt bezahlen sollen und deshalb ganz anders denken und auch anders reden wollen?«

»Ach, was!« Der Meister greift wieder zu seiner Zeitung. »Es hat immer ein Oben und Unten gegeben. Und warum? Weil das nun mal die gottgewollte Ordnung ist!«

Da erlischt Rackebrandts Grinsen. »Nicht Gott hält den Fürsten die Throne warm, sondern ganz allein die Langmut der Völker.«

Das ist zu viel. Jetzt wirft der Meister endgültig seine Zeitung fort. »Unruhestifter! Nichts ist dir heilig!«

Der Altgeselle nimmt einen tiefen Schluck aus der Weißbierflasche. »Mir sind viele heilig, Meister«, sagt er dann. »Meine Frau, meine Kinder, meine Freunde und alle, die an diesem unfreien, zersplitterten Deutschland* leiden. Könige allerdings sind in meinen Augen nichts als Parasiten. Sie halten den Fortschritt auf und leben dabei noch ganz prächtig.«

»Schandmaul!« Noch ehe die Männer sich's versehen haben, hat der Meister nach einer Dachlatte gegriffen. Schnell springen Frieder und Nante dazwischen und heben abwehrend die Hände. Roderich aber knarzt nur verständnislos: »Sind doch bloß Worte, Meister! Wie können die dir so weh tun? Bist doch kein König.«

»Gerade vor Worten haben die Verteidiger des Abendlandes den größten Bammel«, widerspricht Rackebrandt. »Weshalb sonst gibt's in Deutschland keine einzige ehrliche Zeitung? Weshalb sonst werden unsere klügsten Köpfe ins Ausland vertrieben? Aus welchem anderen Grund haben sie mich damals ins Gefängnis gesteckt?«

Der Meister starrt den Altgesellen noch ein Weilchen zorngerötet an, dann legt er die Latte beiseite und murmelt nur noch was von Flegeln vor sich hin, die keine Demut kennen, weil sie meinen, die Welt gehöre ihnen.

Das belustigt Schorsch, der nun schon ein wenig zu oft an seiner Branntweinflasche genippt hat. »Wem soll se denn sonst gehören? Etwa dem lieben Jott? Der weeß ooch nicht Rechtet damit anzufangen.«

Günstige Gelegenheit für Flips, mal wieder alles ins Lächerliche zu ziehen. »Nee, denn schon lieber unserm Meester seine tüchtigen Gesellen«, kräht er vergnügt. »Die wissen, wat schön is.« Und damit springt er auf und macht vor dem verblüfften Nante einen Kratzfuß. Und der schwergewichtige Mann spielt mit, lässt sich von Flips im Kreise drehen und ziert sich wie eine verschämte Jungfer im Polka-Lokal. Und da kann dann auch der Meister nicht mehr lange ernst bleiben.

Es ist Feierabend. Zum ersten Mal nach der stillen Zeit treten sie wieder gemeinsam den Heimweg an, der frisch gebackene Zimmerer Friedrich Wilhelm Jacobi und der Altgeselle Hermann Louis Rackebrandt. Bis zur Ecke Kommandantenstraße haben sie denselben Weg, und im Vorjahr hat Rackebrandt das oft ausgenutzt, um Fragen zu stellen und selbst vieles zu erzählen. An diesem Abend hängen sie beide ihren Gedanken nach.

Die Szene mit der Dachlatte will Frieder noch immer nicht aus dem Kopf. Was hat den Meister nur so wütend gemacht? Er schätzt Rackebrandt doch sonst sehr. Geht er fort, um über einen neuen Auftrag zu verhandeln, ist es klar, dass der olle Zijeuner ihn vertritt und nicht etwa Roderich oder Schorsch, obwohl die viel älter sind und Anspruch darauf erheben dürften, die Polierstelle übertragen zu bekommen. Darf der Altgeselle denn keine andere Meinung haben? Und Rackebrandt selbst? Befürchtet er nicht, wieder eingesperrt zu werden, wenn er weiter so gegen den König redet?

Voriges Jahr hatte Rackebrandt auch mal von den Männern erzählt, die mit ihm in der Hausvogtei saßen! Demagogen – Volksverführer – wurden sie genannt. Politische Hetzer. Aufwiegler. Der Altgeselle aber sagte, sie hätten nichts anderes getan, als Fragen gestellt. Und habe er die zehn Jahre in der Hausvogtei anfangs auch als furchtbares Unglück und grausame Strafe empfunden, so sei das Gefängnis später seine Universität geworden. Erst dort nämlich habe er, der junge Zimmerer, der zuvor nur ein bisschen was gelesen hatte und seinen Mund nicht halten konnte, im Gespräch mit anderen, höheren und gebildeteren Ständen angehörenden Gefangenen vieles begriffen. Nacht für Nacht und Tag für Tag hätten sie damals debattiert: über eine Verfassung, die regelt, was im Staat Recht und Unrecht ist, und noch über dem König steht; über eine wahrhafte Volksvertretung, die diese Verfassung beschließt; über ein einiges deutsches Vaterland, das der Kirchturmpolitik der vielen Fürstenhäuser ein Ende bereitet.

Frieder lauschte dem Altgesellen an diesem Abend, als erzählte der ihm spannende Geschichten von Indianern und Westmännern im fernen Amerika, und die Forderungen der Demagogen erschienen ihm ganz und gar nicht verbrecherisch. Zum Schluss aber sagte der Altgeselle, er sei für die Gleichheit aller Menschen, und über diese Worte hatte er, Frieder, den ganzen Winter nachdenken müssen: Waren denn wirklich alle Menschen gleich? War er, der Zimmerer Friedrich Wilhelm Jacobi, tatsächlich genauso viel wert wie ein Baron, ein Herzog oder gar ein König?

»Hast du eigentlich einen Traum?«

Die Frage kommt so plötzlich, dass Frieder fast erschrickt. Natürlich hat er einen Traum, aber der heißt Jette und einen solchen Traum meint Rackebrandt sicher nicht.

»Keinen Traum?« Der Altgeselle lächelt ungläubig. »Wirklich nicht? Und wie stellst du dir dein künftiges Leben vor?«

»Schön!« Frieder grinst verlegen. Was soll er denn sonst antworten?

»Willste nicht irgendwann mal als freier Mensch leben?«

»Doch.«

»Aber du weißt nicht so recht, was frei sein bedeutet?«

»Frei sein heißt, nur das zu tun, was man wirklich will.« Rackebrandt soll ihn nicht für einen Dummkopf halten.

»Und was willste wirklich? Oder anders herum: Was sollte unsereiner denn wirklich wollen?«

Zwei Fragen zum Dummgucken. Rackebrandt aber hat keine Antwort erwartet, sagt nur, dass sie leider von Kindheit an darauf getrimmt worden wären, die Wünsche anderer zu den ihren zu machen. »In der Schule! Im Elternhaus! In der Lehre! Beim Militär! Sogar auf den Universitäten. Der Meister spricht von Glaube, Pflicht und Treue. Auf gut Deutsch aber heißt das bete, arbeite und krieche.«

Er wartet ab, ob Frieder antworten will, als nichts kommt, erzählt er von seinem größten Traum: der Verbrüderung aller Menschen in einem Leben ohne Not und Armut, ganz egal, welcher Religion sie angehören, ob sie schwarz, weiß oder gelb, dumm oder klug, stark oder schwach sind. »Denn die Klugen und die Starken, wozu sollten die wohl auf der Welt sein, wenn nicht, um den nicht so Klugen und den Schwachen beizustehen?«

Ebenfalls keine Frage, die beantwortet werden muss. Und so hört Frieder nur weiter zu, und der Altgeselle redet nun über die Fabriken, die jetzt überall entstünden und immer mehr Handwerkern Lohn und Brot wegnähmen.

»Du hast doch von den schlesischen Webern gehört?«

»Ja.« Die Weber hatten sich gewehrt, hatten einfach alles kurz und klein geschlagen. Bis des Königs Soldaten kamen. Da soll es dann viele Tote gegeben haben. Und wer überlebte, wurde vor Gericht gestellt und zu schweren Festungs- oder Zuchthausstrafen und Peitschenhieben verurteilt.

»Weißte auch, wie sie gelebt haben, diese armen Teufel?«

Auch darüber ist berichtet worden. Fünfzehn Stunden Arbeit am Tag. Und das sieben Tage die Woche! Und alles für drei Taler Lohn im Monat. Doch selbst die wurden nur erreicht, wenn die ganze Familie mitarbeitete. Und heißt es denn nicht, wer weniger als acht Taler verdient, muss verhungern?

»Sie waren im Recht!« Rackebrandt kaut an seinem Schnäuzer. »Aber sie waren dumm! Denn nicht die Maschinen, auf die sie in ihrer hilflosen Wut losgingen, sind Schuld an ihrer Not. Es sind Menschen, die sie ausbeuten: Menschen, die Sonntag für Sonntag in die Kirche gehen und sich sonstwie fromm gebärden, während ihre Geldgier sie immer mehr zu Ungeheuern werden lässt.«

Beunruhigende Worte. Der Altgeselle aber scheint es darauf abgesehen zu haben, seinem ehemaligen Lehrling an diesem Tag einen Vortrag über Unrecht und Gerechtigkeit zu halten. Er erzählt nun vom König, dem Herrn »Schöngeist« und »Kirchenerbauer«, den der Meister und Nante so schätzen und von dem auch er sich mal was versprochen hätte. Immerhin habe der dicke Fritze gleich nach seiner Thronbesteigung die Amnestie verkündet, die ihm zwei Jahre Gefängnis ersparte. Schon bald aber seien andere eingesperrt worden – wegen derselben »Verbrechen«!

»Er mag sich weich und zart besaitet geben, unser Friedrich Wilhelm Nummer vier, in Wahrheit hat er Eisenstiefel an den Füßen. Will er großzügig sein, hebt er sie ein wenig an. Dann dürfen wir uns freuen und für sein Wohlergehen beten. Ist er unzufrieden, drückt er uns damit bis zum Hals in den Morast. Erzürnen wir ihn, stampft er so fest auf, dass wir ganz und gar darin verschwinden.«

Wenn das jetzt jemand gehört hätte! Verwirrt umgeht Frieder eine Pfütze. Er weiß ja, mit den Stiefeln meint Rackebrandt das Militär, des Königs Richter und alle seine Polizisten und sonstigen Beamten.

»Immer wieder schwärmt er von seinem Gottesgnadentum, unser dicker Fritze. Ich aber sage: Wenn es einen Gott gibt, ist es ihm herzlich egal, wer in Preußen König ist.«

Spätestens jetzt hätte der Meister wieder zur Dachlatte gegriffen. Doch was hätte er geantwortet, um Rackebrandt zu widerlegen?

»Kennste das?« Der Altgeselle ist stehen geblieben, schaut Frieder aufmerksam an und zitiert:

»Nicht an den Königen liegt's.
Die Könige lieben die Freiheit.
Aber die Freiheit liebt
Leider die Könige nicht.«

»Von wem ist denn das?«
»Georg Herwegh. Hab ein paar seiner Verse auswendig gelernt.«

Frieder kennt weder dieses Gedicht noch den Dichter. In der Schule wurde so was nicht gelehrt. Und die Gedichte, die gelehrt wurden, hat er nie gemocht. Weil er nicht gern auswendig lernte und die meisten Verse, die er aufsagen musste, auch gar nicht verstand. Diese Zeilen hat er sofort verstanden.

Der Altgeselle spürt die Unruhe, in die er Frieder versetzt hat, und erzählt im Weitergehen von all den Dichtern, die vor der deutschen Unfreiheit ins Ausland fliehen mussten. »Blümchen im grünen Gras oder die große Liebe zu einer schönen Frau durften sie besingen, Ungerechtigkeiten sollten sie verschweigen. Die Hofdichter, die unsere kunstsinnige Nummer vier sich hält, bekommen ansehnliche Pensionen – die unbequeme Wahrheit hat er aus dem Land getrieben.«

Eine Kutsche kommt in schneller Fahrt übers Straßenpflaster gerumpelt, Pfützenwasser spritzt auf. Sie müssen beiseite treten. Kaum ist die Kutsche vorüber, fährt Rackebrandt fort: »Ohne Presse- und Redefreiheit aber gibt's gar keine Freiheit! Zensierte Nachrichten und geheuchelte Verse sind Lügen.«

Was erwartet der Altgeselle denn von ihm? Soll er auch ins Gefängnis wandern? Die Mutter sagt, das Eichhörnchen ernähre sich von Nüssen, die Kuh fresse Gras und der Spatz picke Körner. Keiner habe sich sein Leben selbst ausgesucht, jeder müsse nehmen, was ihm zugeteilt wird. Deshalb sei mit dem Schicksal zu hadern reine Zeitverschwendung.

Jetzt aber haben sie den Hackeschen Markt erreicht, an dem ihre Wege sich trennen. Nachdenklich weist Rackebrandt auf den grünen Turm der Marienkirche, der die hier sehr alten und niedrigen Häuser weit überragt und mit seiner goldenen Spitze in den dunkelblauen Frühlingshimmel sticht. »Meine Mutter hat mal gesagt, ihr ganzes Leben habe sich zwischen zwei Kirchtürmen abgespielt, dem der Marien- und dem der Nikolaikirche. Ist das nicht traurig?«

Das ist traurig. Die beiden Türme stehen ja so dicht beieinander, dass es aussieht, als wollte der eine dem anderen zunicken. Aber wozu erzählt Rackebrandt ihm das? Es gibt sicher noch mehr Leute, die niemals vor die Stadt gekommen sind.

»Wir haben vor drei Jahren einen Handwerkerverein gegründet«, fährt der Altgeselle da wie nebenbei fort. »Zwar dürfen wir dort nicht ›politisieren‹, aber einmal die Woche gibt's einen ›geselligen Abend‹. Und was wir dann reden? Unsere Sache! Jedenfalls solange kein Polizeispitzel was mitbekommt. – Vielleicht besuchste uns mal.«

»Wenn ich Zeit hab! Meine Mutter ist krank.«

Es ist Frieder unangenehm, dem Altgesellen abzusagen. Aber was soll er denn dort? Noch mehr in Unruhe versetzt werden? Und das mit der Mutter ist ja nicht gelogen.

»Überleg's dir.« Rackebrandt ist nicht enttäuscht. »Wenn wir's nicht selbst tun, tritt niemand für uns ein.« Er nickt Frieder zum Abschied noch einmal zu, dann geht er allein weiter.


### Der arme Scherenschleifer

Das Hämmern, Klopfen und Sägen des Polsterers im Haus nebenan ist längst verstummt und auch der Uhrmacher neben der Haustür hat die Riegel seiner Fensterläden schon klirren lassen. Abendrauch steigt aus dem Schornstein gegenüber. Gleich daneben steht Dietz, der Bäckerjunge, und winkt mit einer langen Stange Meister Nikolaus' kreisendem Taubenschwarm heimzukommen. Ein Stockwerk unter ihm schaut, weißer Kopf an weißem Kopf, Arme auf der Schlummerrolle und sich immer wieder auf Besonderheiten aufmerksam machend, das alte Fenstergucker-Ehepaar auf die Straße hinunter. Zeitungsmädchen sind noch unterwegs, ein müder Stiefelputzer mit seinem Kasten Schuhwichse und Bürsten über der Schulter wandert heimwärts, unter der Öllampe über der Tür zur Bäckerei spielen Kinder.

»Ringel-Ringel-Rosenkranz,
setz ein Töpfchen Wasser an,
morgen wolln wir waschen.

Große Wäsche, kleine Wäsche,
wenn der Hahn wird krähen,
schlagen wir 'n auf 'n Brägen«,

singen und tanzen die Kinder und:

»Böttcher, Böttcher, bum, bum, bum,
haut der Frau den Buckel krumm!
Legt se uff de Lade,
haut se wieder grade!«

Und die Öllampe über der Bäckerei schaukelt dazu. Ihr Licht soll die Laterne ersetzen. Wenn im Kalender Mondlicht steht, kommt der Laternenanzünder nicht.

»Und Kriwaneks sind also weg?« Guste mag es nicht, wenn Jette so still ist, und da sie nun schon dabei ist, sich in der vom blakenden Talglicht erhellten Stube das Mieder zu schnüren, verlässt Jette ihren Platz vor dem Fenster, um ihr wie jeden Abend dabei zu helfen. Will Guste richtig verdienen, muss sie sich wie ein Bonbon verpacken; Mädchen, die wie matschiges Obst aussehen, schlagen sich umsonst die Nacht um die Ohren, sagt sie oft. Außerdem kleide sich jede nach ihrem Beruf, Putzmacherin wie Putzmacherin, Hökerin wie Hökerin, Dirne wie Dirne.

Während sie an den Schnüren zieht, um der Schwester eine Wespentaille zu verpassen, erzählt Jette ihr dann, wie die Familie Kriwanek am Vormittag, als Guste noch schlief, nach Amerika aufbrach.

Es war ein seltsamer Anblick. Die Kriwaneks hatten ihr bisschen Habe längst verkauft und die letzten Tage auf Decken und in Kleidern geschlafen. Nur mit ein paar Körben und Säcken und eben diesen Decken bestiegen sie einen Rollwagen, der zuvor Bauschutt geladen haben musste, so schmutzig war er.

»Biste traurig, dass die Lotte jetzt weg ist?«

»Nee!« Lotte und sie waren ja keine Freundinnen. Nur weil

Fritzchen so gern mit Kriwaneks Malchen spielte, waren sie ab und zu miteinander ins Gespräch gekommen. Aber was die Lotte dann so alles erzählt hatte! Einmal von einer Ratte, die mit ihnen in ihrer Kellerwohnung hauste und nachts so lange rumorte, bis sie ihr ein Stückchen Zucker hinlegten. Ein andermal davon, wie ihr kleiner Bruder Johannes von Wanzen angefallen worden war. Von der Kellerdecke herab hätten sie sich auf ihn gestürzt. Sein ganzer Kopf sei bedeckt gewesen; wie ein Gruselhans hätte er ausgesehen. Es hatte Spaß gemacht, sich Lottes Geschichten anzuhören, aber ob sie nicht bloß erfunden waren?

»Na ja!« Die Schwester setzt sich in den Sorgenstuhl, damit Jette ihr das Haar aufstecken kann. »Traurig oder nicht, so isses nu mal im Leben: Tut dir nischt mehr weh, biste dot.«

Jette greift ihr in das dichte, üppige Haar, aus dem leicht ein Fuchsbau zu flechten ist, wie Guste ihre Frisur immer nennt, und denkt dabei weiter an Lotte. Ob die Kriwaneks in diesem weit entfernten Amerika wirklich ihr Glück machen? Indianer sollen da leben, Wilde, aber es soll keinen einzigen Armen geben, weil für alle genug Arbeit ist und jeder einfach irgendwo ein Stück Land besiedeln darf. Guste aber hat die Kriwaneks schon wieder vergessen, trällert ein Lied vor sich hin, um sich in Stimmung zu versetzen, wie sie das nennt, und steht, als sie fertig ist, gleich auf, hält sich das Licht vors Gesicht und betrachtet sich lange im Spiegel. Zeit für Fritzchen, mit dem Quengeln zu beginnen: »Nicht weggehen! Hier bleiben!«

Die ganze Zeit hat er still auf dem Bett gelegen und seine Mutter mit Luchsaugen beobachtet. Jeden Schritt, jede Handbewegung hat er verfolgt; jetzt ist es Zeit für einen letzten, hoffnungslosen Versuch, sie am Fortgehen zu hindern.

Guste hat schon darauf gewartet. »Nicht weggehen!«, äfft sie ihn nach. »Aber morgen wieder großen Hunger haben, was?«

Fritzchen macht ein Gesicht, als würde er jeden Moment zu heulen anfangen. Doch auch das ist nur Zeremonie. Er weiß ja, dass die Mutter trotzdem gehen wird.

»Kommste heut Nacht mal 'n bisschen früher?«, fragt Jette leise.

Die Schwester zuckt die Achseln. »Mal sehen! Ist ja bald wieder die Miete fällig.«

Diese Antwort macht jede weitere Frage überflüssig. Jette hilft der Schwester noch in den Mantel und schaut zu, wie sie sich vor dem Spiegel den Blümchenhut ins Haar drückt, dann heißt es wieder: »Tür absperren und nicht aufmachen! Und wenn hundert Dragoner durchs Treppenhaus reiten, für meine beiden Herzchen ist die Welt an der Wohnungstür zu Ende, verstanden?« Ein Kuss für Fritzchen, ein Nasenstüber für Jette und schon ist die Schwester im Treppenhaus verschwunden.

Rasch laufen Jette und Fritzchen ans Fenster, um ihr noch ein bisschen nachzuwinken, dann drängelt Fritzchen schon: »Zünd noch 'n Licht an.«

»Darf ich nicht. Ist viel zu teuer.«

»Will aber noch nicht schlafen.«

Jette will auch noch nicht schlafen, jedes Talglicht und jedes Fläschchen Schwefelsäure für die Zündhölzer aber kostet Geld. »Mach die Augen zu und träum von der Sonne. Dann haste Licht, so viel de willst.«

Darüber kann Fritzchen nicht lachen. »Wir können ja noch mal Feuer machen und den Rest Knorpelbrühe in die Röhre stellen.«

»Neues Feuer ist viel zu teuer! Und die Brühe gibt's erst morgen.«

Jetzt ist Fritzchen ernsthaft betrübt. Er will noch irgendwas Schönes erleben an diesem Abend. »Dann erzähl 'ne Geschichte.«

»Erst wenn de gewaschen bist.«

Das wirkt immer. Bereitwillig lässt Fritzchen sich waschen; dann liegt er im Bett und Jette neben ihm und sie erfindet für ihn das Märchen vom Scherenschleifer, der so arm ist, dass er nicht mal einen Nachnamen besitzt. Immer wieder schiebt er seine kleine Werkstatt ganz umsonst durch die Straßen, immer wieder klopft er ganz umsonst mit seinem Hammer gegen den großen Nagel im Holzrad, niemand hört sein »Der Scherenschleifer ist da!«. Da muss er Soldat werden und für den König in den Krieg ziehen. In dem Land aber, in das die Soldaten einmarschieren, lebt ein sehr schönes, armes Mädchen, dessen Eltern vor Kummer gestorben sind. Der König dort hat drei Söhne – einen langen Eitlen, einen kleinen Dummen und einen hübschen Jüngsten. Alle drei haben sich in das arme Mädchen verliebt und wollen Hochzeit mit ihm feiern. Sie aber ist wählerisch und beäugt zuerst nur den langen Eitlen. Der steht den ganzen Tag nur vor dem Spiegel. Also beguckt sie sich den kleinen Dummen. Dem muss immer alles nachgeräumt werden. Der hübsche Jüngste jedoch bringt ihr jeden Tag Blumen und andere Geschenke und spielt ihr auf seiner Laute die schönsten Lieder vor. So will sie ihm endlich ihr Jawort geben, als auf einmal der arme Scherenschleifer vor ihrer Tür steht und um ein Glas Wasser bittet, denn er hatte lange nichts zu essen und zu trinken und Durst ist nun mal viel schlimmer als Hunger. Das arme Mädchen sieht ihn an – und vergisst ihren hübschen Prinzen.

»Ist denn der Scherenschleifer noch schöner?«, wundert sich Fritzchen.

»Nein!« Jette ist selbst überrascht von dieser Wendung ihrer Geschichte. »Schön ist er gerade nicht, aber dem Mädchen gefällt er. Außerdem sieht sie gleich, dass er ihr nie etwas Schlimmes tun und sie niemals im Leben verlassen wird.«

»Und das macht er auch nicht?«

»Nein.«

»Und sie werden glücklich miteinander?«

»Ja.«

»Und haben viele Kinder?«

»Ja.«

»Jungen und Mädchen?«

»Ja.«

Zufrieden schließt Fritzchen die Augen, bis er sie wieder aufreißt. »Und wie heißt der Scherenschleifer mit Vornamen?«
»Fritzchen.«
Er lacht. »Und das arme Mädchen?«
»Guste.«
Jetzt ist er enttäuscht. »Jette heißt sie.«
»Nein, Jette heißt ihr erstes Kind.«
Damit kann Fritzchen einverstanden sein. Er redet noch ein bisschen über den Scherenschleifer, das arme Mädchen und den hübschen Prinzen, weil der ihm nun doch Leid tut, dann schläft er ein. Jette aber ist noch immer verblüfft. Was ist ihr da nur eingefallen? In Wirklichkeit hätte das Mädchen doch den jüngsten Prinzen genommen. Wie sollen denn zwei arme Leute glücklich miteinander werden?

Ärgerlich wirft sie sich im Bett herum. Sie muss jetzt an was Schönes denken, sonst kann sie wieder die ganze Nacht nicht schlafen. Am besten an die Alexanderstraße oder den Sandplatz nicht weit von der *Guten Luise*, der im Winter zur Eisbahn wurde. Wie sie da als Kinder immer herumgeschlittert sind, Guste vorneweg, sie hinterdrein ... Oder wie sie im Sommer nicht weit von der Georgenkirche auf die Brandmauer kletterten. Bis in den dritten Stock reichte sie und die Ziegelsteine lagen so uneben, dass, wer kleine Füße hatte, weit daran emporklettern konnte. In Höhe des ersten Stocks wuchs ein Grasbüschel; wer das erreichte, hatte gewonnen. Alle Jungen aus den Straßen ringsherum bewiesen ihre Kletterkünste an dieser Mauer, keiner aber war so schnell wie Guste. Die Schwester konnte klettern wie ein Affe. Und einmal hatte sie, die sechs- oder siebenjährige Jette, es auch versucht. Unter Gustes Aufsicht. Wie stolz war sie da gewesen, als sie so hoch über den Köpfen der anderen schwebte! Zwar kletterte sie sehr ängstlich und langsam, irgendwann aber konnte sie das Grasbüschel mit dem ausgestreckten Arm berühren. Die Katastrophe begann erst auf dem Rückweg. Da fand sie plötzlich keine Fuge mehr, die tief genug war, dass sie die Zehen hineinbekam. Vor Angst begann sie zu weinen und wäre wohl abgestürzt, wenn Guste nicht beide Arme ausgebreitet und ihr zugerufen hätte, dass sie springen solle. Und da sprang sie, die ängstliche, kleine Jette, tatsächlich, so überzeugt war sie, dass ihr in Gustes Armen nichts passieren konnte. Sie prallte auf die Schwester, stieß ihr den Ellbogen ins Gesicht, dass Gustes linke Wange noch Tage danach in allen Farben schillerte, und sie fielen beide hin. Ihr war jedoch nichts passiert; nur Guste, die hatte sich bei dem Sturz auch noch den Fuß verstaucht und bekam vom Vater die schlimmsten Vorwürfe zu hören. Sie, die Große, hatte seinen kleinen Liebling in Gefahr gebracht …

Da! Was war denn das? Hat es nicht eben an ihrer Tür gekratzt? – Schon wieder! Ganz leise, ein Kratzen wie von einer Katze … Erschrocken richtet Jette sich auf und lauscht, bis das Kratzen in ein leises Klopfen übergeht und eine Stimme ihren Namen flüstert.

Der Zimmerer aus dem Dachgeschoss! Der Kartoffellieferant! Aber weshalb klopft er denn bei ihr? Das hat er doch noch nie getan. Hat Guste etwa doch Recht? Schnell legt sie sich wieder hin, zieht sich die Decke über den Kopf und beschließt, einfach nicht zu antworten. Dann muss er ja irgendwann wieder gehen.

Doch das Klopfen an der Tür hört und hört nicht auf. Und auch ihren Namen flüstert der lange Bursche, als sei er irgendwie in Not geraten. Wenn er so weitermacht, wird er noch Fritzchen aufwecken. Sie will schon zornig »Psst!« rufen, da fällt ihr ein, dass das Fritzchen erst recht aus dem Schlaf reißen könnte, und so steht sie schließlich doch auf, schleicht zur Tür und lauscht.

Wieder das leise Pochen. »Jette?«

Er muss ihr ganz nah sein. Sicher hockt er auf den beiden Stufen, die zu ihrer Wohnungstür hochführen. Nur die Türbretter trennen sie voneinander. Jette will nicht antworten, darf es einfach nicht, aber dann flüstert sie doch: »Ja!« Es war fast nur gehaucht, aber er hat es gehört. Das Klopfen hört auf und dann sagt er leise: »Ich bin's – der Frieder Jacobi! Aus dem Dachgeschoss. Erinnerste dich?«

Wieder nur dieses gehauchte Ja.

»Hab dir immer die Kartoffeln hingelegt. Hast ... haste sie gefunden?«

»Ja.«

»Morgen ... wirste keine finden. Aber das ist nicht bös gemeint. Wir haben keine mehr. Meine Mutter ist krank und konnte nicht auf den Markt.«

Er ist sehr verlegen, das hört sie heraus. Bestimmt ist es ihm nicht leicht gefallen, so spät am Abend noch zu ihr zu kommen. Nur seine Angst, sie könnte irgendwas Falsches denken, wenn sie am Morgen keine Kartoffeln findet, hat ihn hergetrieben. Jette schweigt und schämt sich: Müsste sie jetzt nicht höflich fragen, was seine Mutter denn hat? Wenn jemand krank ist, erkundigt man sich doch.

»Morgen geh ich auf den Markt. Und übermorgen leg ich dir wieder welche hin. Ist dir das recht?«

Jetzt hat er ein wenig zu laut gesprochen. Aber weshalb entschuldigt er sich denn? Sie bezahlt ihm seine Kartoffeln ja nicht.

»Ist dir das recht?«

Was räumt sie ihm ein, wenn sie zugibt, dass sie sich über seine Kartoffeln freut? »Warum tuste das denn überhaupt?«

»Was?«

»Uns immer wieder Kartoffeln hinlegen.«

Ein Weilchen ist es still hinter der Tür, dann kommt es leise: »Aus Spaß!«

Eine komische Antwort. Seine Mutter und er kaufen stets nur das Allernotwendigste ein, wie sie längst beobachtet hat, er aber hat Spaß daran, teure Kartoffeln zu verschenken! »Glaub ich dir nicht.«

Da muss er lachen. »Willste's wirklich wissen?«

»Ja.«

»Gut.« Er zögert ein Weilchen, als müsse er erst Mut fassen, dann flüstert er: »Du gefällst mir.«

Das ist es! Sie hatte es schon befürchtet. »So was ... so was darfste aber nicht sagen.«

»Und warum nicht?«

»Weil ich ein Mädchen bin.«

Wieder lacht er. »Einem Jungen würd ich's erst recht nicht sagen.«

Über diese Antwort muss sie kichern, erschrickt und lauscht zu Fritzchen hin. Doch seine Atemzüge bleiben ruhig.

»Gefalle ich dir vielleicht auch ... ein bisschen?«, flüstert es da hinter der Tür.

Eine solche Frage ist zu schlimm. Das ist ja schon richtig unverschämt!

»Ich weiß, dass du morgens immer durch die Gardine schielst ... Und ich freu mich drüber und würd gern mal richtig mit dir reden.«

Ihr wird ganz heiß. Von den Zehen bis zu den Haarspitzen durchflutet es sie. Doch in die Scham mischt sich noch ein anderes Gefühl: eine ganz seltsame, klammheimliche, prickelnde Freude.

»Sag doch, dass ich dir auch gefalle! Dann kann ich heute Nacht gleich viel besser einschlafen. Und morgen auf dem Bau, da pfeife ich den ganzen Tag vor mich hin.«

»Du ... du bist ja 'n richtiger Schmeichel-Casanova.«

»Schmeichel-Casanova?« Beinahe hätte er laut aufgelacht. »Was 'n das für einer?«

Sie hat den Ausdruck von Guste. Sieht die Schwester einen nett angezogenen jungen Mann, der ganz besonders höflich zu Frauen und jungen Mädchen ist, nennt sie ihn so und sagt, solch gefährlich hübschen Fliegenpilzen solle sie lieber aus dem Weg gehen.

»Jette?«

»Ja?«

»Ich mag dich wirklich! Und ... und am liebsten ...«

Neugierig, aber auch ein wenig bang, wartet sie darauf, dass er weiterredet. »Was ... würdeste denn ... am liebsten?«

»Dich heiraten.«

Das kam wie aus der Pistole geschossen und trifft sie mitten ins Herz. Jedenfalls spürt sie den Schreck dort am heftigsten. Sie dachte, er wollte, dass sie zu ihm hinauskäme. Vielleicht sogar einen Kuss oder irgendeine andere schlimme Sache. Aber heiraten? Wie soll sie das denn verstehen? Kann er sich von dem bisschen Gegucke denn tatsächlich so sehr in sie verliebt haben, dass er sie gleich heiraten möchte?

»Bin ja erst fünfzehn«, antwortet sie mehr ärgerlich als traurig, obwohl das natürlich kein Hinderungsgrund wäre; es muss ja nur der Mann alt genug sein.

»Und ich bin erst siebzehn.« Auch seine Stimme klingt bedrückt. »Aber wir können ja aufeinander warten.«

Das klingt schön: aufeinander warten! Da passiert nichts außer heimlichen Blicken und ein bisschen Träumerei.

»Willste denn auf mich warten?«

»Ja.« Sie erschrickt erst, als es schon heraus ist, dieses warme, wieder nur gehauchte Ja.

»Also gefalle ich dir doch 'n bisschen?«

»Ja.« Weshalb soll sie es nicht zugeben? Ist ja alles nur ein Spiel. Ohne Guste zu fragen, dürfte sie weder heiraten noch sich verloben. Und volljährig wird dieser Frieder erst in sieben Jahren. Außerdem ist es noch sehr die Frage, was seine Mutter zur Hochzeit mit der Schwester einer Dirne sagen würde.

»Also sind wir jetzt richtig verlobt miteinander?« Er will ganz sichergehen, sie nicht missverstanden zu haben. Das macht sie stolz und so sagt sie zum dritten Mal Ja. Danach schweigen sie beide lange; doch weder er noch sie gehen fort, sitzen nur jeder auf seiner Seite der Tür und lauschen den Worten nach, die sie eben gesprochen haben, bis Frieder endlich leise »Gute Nacht!« sagt.

»Gute Nacht!« Jette hört noch, wie er die Treppe hinaufsteigt, dann ist es wieder still im Haus.

Mitternacht und sie kann immer noch nicht schlafen! Im Winter, als es so kalt war, hat Guste mal gesagt, die grässlichste Kälte sei nicht die da draußen, die wahre Kälte empfinde man nur, wenn man sehr einsam sei. Ihr aber ist nun so unsäglich heiß zumute. Gibt es das, wahre Kälte, wahre Hitze? Und woher kommt diese Hitze? Die Scham über das ungehörige nächtliche Gespräch allein kann es nicht sein. Ist es vielleicht Stolz und Freude darüber, dass sie diesem Frieder so sehr gefällt, dass er sie sogar heiraten möchte?

»Den Stier erkennste am Horn, den Mann an seinem Zorn.« Einer von Gustes vielen Sprüchen, aber bestimmt kein dummer. Erst wenn ein Mensch zornig wird, weiß man, wie er wirklich ist. Das hat auch die Mutter immer gesagt. Doch wie soll ein Mädchen davor gewappnet sein, auf einen Schuft hereinzufallen, wenn die Männer erst, nachdem man sich in sie verliebt hat und ihnen ganz und gar zu Willen war, ihr wahres Gesicht zeigen. So wie es Guste ergangen ist …

Jener Morgen, an dem die Schwester der Mutter gestand, schwanger zu sein! Die Mutter putzte gerade die Theke, der Vater lebte schon nicht mehr. Zu dritt standen sie im Gastraum und eine war bleicher als die andere. »Wenn das Vater wüsste! Mit Stockschlägen hätte er dich aus dem Haus getrieben, du Schmutzstück von einem Mädchen du!« Mit hilflos herumrudernden Armen schlug die Mutter auf Guste ein. Und dabei weinte sie, weinte und weinte und sagte immer wieder, dass Guste sich mit dem Balg ihr ganzes Leben verdorben hätte. »Kein redlicher Mann wird dich noch nehmen! Gebe Gott, dass ich lang genug lebe, um für dich und dein Kind zu sorgen, bis irgendein alter Witwer sich deiner erbarmt.«

Sie hörte alles mit großen Ohren an und begriff nicht, dass ihre ja noch nicht mal erwachsene Schwester ein Kind bekommen sollte. Wo sollte das denn rauskommen? »Genau da, wo's reingekommen ist«, antwortete Guste nur böse, als sie sie später danach fragte. Und natürlich lacht sie noch immer gern über diese dumme Kinderfrage. Sie kann ja über fast alles lachen, auch wenn die Geschichte in Wahrheit eher traurig ist …

»Jette?«

Fritzchen! Er ist wieder aufgewacht.

»Was ist denn?« Gleich zieht sie ihn an sich, um ihn erneut in den Schlaf zu wiegen. Fritzchen aber atmet nur immer heftiger und dreht sich wie ein Quirl hin und her, bis er plötzlich leise sagt: »Nicht wahr, du lässt mich nie allein?«

»Natürlich nicht! Wie kommste denn auf so was? Haste was Schlimmes geträumt?«

»Ja.« Er schluchzt in ihr Nachthemd.

»Was denn?« Wieder küsst und streichelt sie ihn, doch seinen Traum will Fritzchen ihr nicht verraten. Er schluchzt und schnieft nur noch ein Weilchen und wird davon endlich wieder müde. Sie aber ist nun noch wacher als zuvor. Wenn Guste wirklich mal nicht heimkehrte, bliebe sie mit Fritzchen ganz allein. Und: Ins Waisenhaus zu den frommen Schwestern dürfte sie ihn nicht geben. Das hat sie Guste versprechen müssen, weil die Kinder dort so viel arbeiten müssten und sie trotzdem noch Geld für ihn zu bezahlen hätte. Noch aus dem Grab heraus würde Guste sie verfluchen, täte sie ihr das an.

Aber wovon sollten sie dann leben? Sternenkiekerjette anstatt Sternenkiekerguste?

## *Kartoffeln*

»Jungchen?«

Die Mutter! Schon wieder ruft sie. Frieder schiebt sich das letzte Stück Brot in den Mund und trinkt noch einen Schluck Wasser, dann tritt er zum vierten oder fünften Mal an diesem Morgen an ihr Bett.

Sie sieht schlimm aus. Ganz mager, faltige, trockene weiße

Haut, dunkle Augenränder. »Jungchen! Wenn du auf den Markt gehst, achte aufs Geld, ja? Ist ja alles so teuer geworden ... und ... ein Spitzbube tritt dem anderen auf die Füße.«

»Red doch nicht so viel! Bin ja kein kleiner Junge mehr. Und soll ich nicht doch lieber einen Arzt holen?«

»Die Freimedizin hilft doch nicht! Und alles andere ... ist zu teuer. Wenn's erst richtig warm ist ... geht's mir wieder besser.«

Sachte ordnet er ihr die Nachtjacke und rückt ihr die vom Schlaf zerdrückte Haube zurecht. Es ist seine Schuld, dass die Mutter so früh alt und krank geworden ist. Nur weil er wie der Vater unbedingt Zimmermann werden wollte, hat sie sich so abrackern und viele Jahre für ihn hungern müssen. Tagsüber arbeitete sie als Waschfrau, nachts war sie Näherin. Und das ihr halbes Leben lang. Er hatte hinzuverdient, des Nachts als Botenjunge für die Elisabeth-Apotheke, im Winter als Schneeschipper für den Flatow. Das meiste aber konnte er ihr nicht abnehmen; Wohnung, Kleidung, Essen, sein Werkzeug – weil sie Vaters in der schlimmen Zeit verkauft hatte – und das Lehrgeld, alles musste bezahlt werden. Und nicht nur ihr Versuch, der Königin eine Bittschrift zu überreichen, war fehlgeschlagen, auch dem *Verein für Mildtätigkeit* waren sie nicht bedürftig genug. Jetzt hat er endlich ausgelernt und verdient selbst, da ist sie krank und er kann ihr nicht helfen. Denn sie hat ja Recht: Was soll sie beim Armenarzt? Der würde ihr ja doch nichts verschreiben, weil sie nun erst recht nicht mehr bedürftig sind. Und verschriebe er ihr was, dann nur Lebertran. Das Zeug kann man kleinen Kindern geben oder als Lampenöl benutzen, aber keine Krankheiten damit heilen. Und an einen richtigen Arzt und gute Medikamente dürfen sie nur im alleräußersten Notfall denken.

»Aber du bleibst im Bett, ja?«

»Geh nur, Friederchen.« Dankbar für seine Sorge tätschelt sie ihm die Hand. »Und vergiss die Kartoffeln nicht.« Bei dem Gedanken an die Kartoffeln jedoch kommt ein bitterer Zug in ihr Gesicht. Es verletzt sie immer noch, dass er so viele davon verschenkt hat. Noch dazu an diese beiden »schlimmen Personen«. Sie kann einfach nicht verstehen, dass er so großzügig zu einem Mädchen ist, mit dem er – bis gestern – noch keine drei Worte gewechselt hat. Jeden Tag fragt sie ihn, ob er wieder mit den Dirnen geäugelt habe.

Er hat darauf noch nie geantwortet, weiß gar nicht, was er dazu sagen soll. Natürlich, eine Dirne mit einem Kind ist nicht gerade ein sittsames Frauenzimmer. Und eine jüngere Schwester, die in solcher Umgebung aufwächst, kann die sauber bleiben? Die Mutter ist ja auch nicht die Einzige, die so redet. Es gibt viele, die nicht verstehen können, weshalb der Flatow das Zwischengeschoss ausgerechnet an eine Dirne vermietet hat. Trotzdem ist ihm diese Guste nicht unsympathisch. Hört er am Fenster, wie die Wuttig und sie ihre Witze reißen, muss er oft lachen. Und Jette? Wenn die Mutter sie nur ein einziges Mal richtig anschauen würde, wüsste sie, dass sie keine Dirne ist.

Die Mutter ahnt, was er denkt. Sie kennen sich beide so gut, da kann keiner vor dem anderen was verstecken. »Ist ja nur recht, dass du nach Mädchen guckst«, sagt sie leise. »Aber fall nicht gleich auf die Erstbeste rein. Einem guten Herzen wie dir machen sie doch alle schöne Augen.«

Endlich darf er lachen. »Schöne Augen hab ick selber!« Dann beugt er sich über sie, um sie zum Abschied zu küssen, wirft sein Werkzeugbündel in den Einkaufskorb und ist schon aus der Tür und die Treppe runter.

Vor dem Haus geht der erste Blick zu Jette hoch – und tatsächlich, da ist sie wieder! Doch nun versteckt sie sich nur noch halb und blickt mit großen Augen zu ihm herunter, fast so, als wollte sie ihn etwas fragen. Und da macht er ein ernstes Gesicht und nickt ihr still zu: Ja, es ist alles wahr! – Und nach einigem Zögern nickt sie zurück.

Ihm wird vor Freude ganz komisch zumute. Der Abend im dunklen Treppenhaus, dieses geheimnisvolle Flüstern war sehr schön. Am Morgen aber, beim Darübernachdenken, kam ihm ihr ganzes Gespräch plötzlich sehr albern vor. Wie ein Tulpenverkäufer hat er auf sie eingeredet; heiraten, verloben, aufeinander warten – muss sie ihn da nicht heimlich ausgelacht haben? Doch nein, so wie sie jetzt guckt, verrät, dass sie ihn richtig verstanden hat. Vorsichtig hebt er die Hand, um ihr zum Abschied noch einmal zuzuwinken, und da winkt sie zurück. Mit der Gardine!

Er muss lachen, zieht seinen Zylinder und verbeugt sich tief. Sie fasst sich an den Kopf, findet keinen Zylinder und prustet ebenfalls los.

»Verflucht!« Flips hat sich die Hand eingeklemmt. Wo es ihn doch sowieso schon wurmt, dass ausgerechnet sie, die beiden Jüngsten, mal wieder die Bretter, Balken und Bohlen für den Treppenausbau abladen müssen. Und warum das alles? Nur weil der Meister nach Frieder keinen Lehrling mehr eingestellt hat. Sonst hätte der Frieder helfen müssen. Aber natürlich, auch der Meister muss rechnen. Besonders in schlechten Jahren. Stellt er einen Lehrling ein, muss sich der Altgeselle um den kümmern und das kostet mehr, als das Lehrgeld einbringt.

»Musste pusten«, lästert Frieder, »dann tut's bald gar nicht mehr weh.«

»Haha!« Flips beguckt sich die Hand noch mal, dann klettert er wieder auf den Wagen mit den beiden Grauschimmeln, die aus ihren um den Hals gehängten Trögen fressen und sich nicht im Geringsten um die beiden jungen Zimmerer kümmern, die da im Schweiße ihres Angesichts Hölzer schleppen.

»Haste immer noch kein Mädchen?«

Flips' Lieblingsthema. Über nichts spricht er so gern wie über das jeweilige Mädchen, mit dem er gerade herumliebelt.

»Nee.« Nicht im Traum würde es Frieder einfallen, Flips von Jette zu erzählen. Was zwischen Jette und ihm ist, könnte einer, für den bei einem Mädchen ein dicker Hintern und ein praller Busen das Wichtigste sind, ja gar nicht verstehen.

»Übel, übel, sprach der Düwel!« Missbilligend schüttelt Flips den Kopf. »Ungesund so was! Musst eben doch mal mitkommen auf den Windmühlenberg. Da findet jeder Topf seinen Deckel.« Die Sonntagsvergnügen in den Tanztabagien* vor dem Prenzlauer Tor sind für Flips die schönste Entschädigung für die lange Arbeitswoche. Am Sonntag schläft er lange, schabt sich gründlich den Bart, kämmt und pomadisiert sich wie ein Friseur aus der Friedrichstraße und zieht seinen fliederfarbenen Rock an, dessen Schöße er sich zu Frackschniepeln umschlagen ließ. Dermaßen herausgeputzt wandert er mit vielen anderen jungen Männern auf den Windmühlenberg hinaus. Und damit er jede Woche einmal die zehn Silbergroschen Eintrittsgeld zusammenbekommt, spart er an allen übrigen Tagen wie König Geiz persönlich.

Natürlich wäre Frieder gern mal mitgegangen. Vor allem wegen der Musik. Er liebt ja Musik. Schon als Kind ist er hinter jeder Militärkapelle hergerannt. Aber zehn Silbergroschen für ein bisschen Herumgehüpfe? Und kein Geld für eine gute Medizin? Das würde er sich wochenlang übel nehmen.

Zwölf Uhr; der Meister läutet zur Mittagspause. Sie tragen noch den Balken fort, den sie gerade in den Händen halten, dann schnappt Frieder sich den Einkaufskorb. Er will gleich auf den Markt gehen; nach Feierabend bekommt er ja doch nur das übrig gebliebene Zeug, das die Hausfrauen nicht wollten. Meister Langemann hat auch nichts dagegen, dass er während der Mittagspause mal kurz verschwindet, im Gegenteil, ein Sohn, der für die kranke Mutter Einkäufe erledigt, gefällt ihm.

Der Markt am Oranienburger Tor ist einer der größten der Stadt. Doch Bauersleute, die ihre Waren selbst verkaufen, wie die Werderschen an der Fischerbrücke, gibt es hier nicht, nur Höker und Hökerinnen. Die schlauen Hökerinnen aber wissen, dass die meisten Hausfrauen den Bauersleuten mehr vertrauen. Also kleiden sie sich wie Bäuerinnen, tragen weite Faltenröcke, Leibchen und Kopftuch und reden sogar wie die Frauen aus der

Mark. Die Wuttig hat das der Mutter verraten; auf den Märkten kennt sie sich aus wie keine Zweite.

Die Fischkäthe! Hier muss Frieder kurz stehen bleiben. Was in den Tubben so alles schwimmt! Aale, Barsche, Bleie, Gründlinge, Hechte, Karauschen, Karpfen, Plötzen, Quabben, Schleie, Stinte, Zander, sogar Lachse sind zu entdecken, Nordsee-Heringe und Forellen aus dem Harz.

»Na, junger Mann? Jehn Se nach Schönheit oder nach Verstand?« Gleich kommt die rundliche Käthe mit dem glatt gestrichenen grauen Scheitel und dem vom Wetter kupferroten Gesicht aus ihrem hölzernen Verschlag und mustert ihn hoffnungsvoll. Als Frieder nur bedauernd den Kopf schüttelt, verändert sich ihr Gesicht. »Na, jehört sich denn so wat? Steht da und kiekt, als wär ick 'n Zirkus! Wat schleppste denn die Kiepe mit dir rum, wenn de nischt rin tun tust? Willste bloß, det se mal an de Luft kommt?«

Doch da ist Frieder schon bei den Ochsen-, Kälber- und Schweineteilen, an denen bereits die ersten Frühlingsfliegen kleben. An einem dieser Stände, der auch Würste, Hühner und Eier feilbietet, steht ein kleines Mädchen mit hungrigen Augen. Die Hände hält es unter der schmuddligen Schürze versteckt. Als sie seinen Blick auffängt, erschrickt sie. Er zwinkert ihr zu, weiß ja, was sie getan hat und gleich noch mal tun will, da dringt von den Obst- und Gemüseständen plötzlich wütendes Geschrei zu ihnen hin. Vor den Kartoffelhökern hat sich eine große Anzahl Frauen versammelt. Ihre Handkörbe sind noch leer und beim Nähertreten erfährt Frieder auch, weshalb: Die Kartoffeln sind mal wieder teurer geworden! Und diesmal nicht nur um einen halben Silbergroschen, wie die Hausfrauen und Dienstmädchen es nun fast schon gewohnt sind, sondern gleich um ganze zwei Silberlinge. Fünf Groschen verlangen die Höker jetzt für die Metze! Und reicht eine Metze etwa für mehr als eine Mittagsmahlzeit, wenn eine ganze Familie am Tisch sitzt und außer Salz nichts zum Dazuessen hat?

»Wat soll'n wa machen?« Der Höker, um den sich die meisten Frauen drängen, kratzt sich den traurig herabhängenden Schnäuzer. »De Bauern liefern nu mal nich billiger. De Ernte war schlecht. Und für't Wetter kann ja keener.«

»Und das wisst ihr erst seit heute?«, schreit eine spitznasige Frau höhnisch. Und ein junges Dienstmädchen ergänzt ängstlich: »Wenn ick so viel alleene für de Knollen bezahle, kommt mir die Herrschaft uff 'n Kopp.«

Kurz entschlossen tritt Frieder vor einen Stand, an dem sich noch keine erregte Menge zusammengefunden hat. »Wie viel kostet die Metze?«, fragt er so leise, als könnte er, wenn er nur vertraulich genug verhandelt, einen niedrigeren Preis herausschlagen.

Die Hökerin unter ihrem großen Schirm macht kaum den Mund auf. »Fünf jute Silbergroschen.«

»So viel hab ick nich«, lügt Frieder ihr vor. »Jestern kostete die Metze nur drei.«

»Jestern is lange her und morjen sind se vielleicht noch teurer.« Die Frau hinter ihren Kartoffeln hat Angst, die schimpfende Menge könnte auch zu ihr kommen, doch sie bleibt hart. »Nimmste eben nur 'ne halbe Metze, denn reicht dein Jeld.«

Will die sich etwa noch über ihn lustig machen? »Das ist Wucher!«, empört er sich. »Sind ja nur Winterkartoffeln und auch alle schon ganz weiß vor lauter Keimlingen. Dreieinhalb Groschen geb ich für die Metze und keinen Pfennig mehr.«

»Na, denn eben nich!« Die Hökerin macht keinerlei Anstalten, ihm die Kartoffeln auszumessen. »Bin ja nich deine Mutter! Von mir kriegste nischt umsonst.«

»Wenn so 'ne habgierige Zicke meine Mutter wär, hätt ick mir schon längst 'n Strick jeflochten.«

Was bleibt ihnen denn noch, wenn sie nicht mal mehr Kartoffeln in den Topf bekommen? Wütend läuft er weiter zum nächsten Stand. Und wieder zum nächsten. Überall die gleiche Auskunft: Fünf, fünfeinhalb und einmal sogar sechs Silbergroschen werden verlangt. Und nun, da die Hausfrauen und Dienstmädchen längst in ihren Küchen sein müssten, werden die gegenseitigen Beschimpfungen noch lauter, noch drohender.

»Fresst eure Kartoffeln doch selbst«, schimpft eine weinende Frau. »Fresst sie und erstickt dran!«

»Fresst ihr eure Scheiße, wenna euch nischt Besseret leisten könnt«, lautet die genauso freundliche Antwort. Der Hökerin, die das gerufen hat, hängt das Doppelkinn bis auf den Busen, so fett ist sie. Dieser Anblick macht die Frauen noch wütender. Laut schreiend stürzen sich zwei, drei, vier auf die Dicke, ziehen sie an den Haaren, puffen ihr in den Bauch und wollen sie von ihrem Hocker zerren. Andere Hökerinnen eilen der Bedrängten zu Hilfe, doch auch die Frauen mit den leeren Einkaufskörben erhalten Unterstützung. »Wucherer!«, ertönt es immer lauter. »Spekulationsgesindel! Ausbeuter!«

Es geht hin und her und bald ist der halbe Markt in Aufruhr. Besen fliegen durch die Luft, Holzlatten werden von den Ständen und Karren gerissen und Fuhrwerke, Stände und Kartoffelsäcke gestürmt, bis endlich die so heiß umkämpften Knollen übers Pflaster rollen und von den wütenden Hausfrauen und Dienstmädchen aufgelesen werden können. In den Körben verschwinden sie, in Hüten und Mützen, Jacken und Tüchern. Manche Frauen binden sogar ihre Röcke hoch, um sie mit Kartoffeln füllen zu können. Erschrocken weicht Frieder zurück. Das sind doch alles brave Weiber, die da plötzlich zu solchen Furien und sogar Diebinnen geworden sind. Wie schlimm muss ihre Not, wie groß ihr Zorn sein!

»Holt die Torwachen!« Der Höker mit dem herabhängenden Schnäuzer hat sich hinter seinen Karren geflüchtet. »Schnell! Die Torwachen! Das Kroppzeug treibt uns sonst noch ins Armenhaus.« Und als hätten sie diesen Hilferuf gehört, kommen vom nahen Stadttor her zwei Wachtposten angelaufen. Drohend schwingen sie ihre Säbel, ängstlich stieben die Frauen auseinander und auch Frieder beeilt sich, zur Arbeit zurückzukehren.

Als Flips ihn kommen sieht, muss er gleich wieder witzeln. Ob er seine Einkäufe unterwegs roh gegessen habe? Frieder jedoch ist nicht zum Scherzen zumute. Wegen dieser blöden Kartoffeln hat er nun überhaupt nichts gekauft. Ganz umsonst hat er die Mittagspause vertan. Und morgen muss er ja doch fünf oder gar sechs Silbergroschen für die Metze bezahlen.

»Was ist denn passiert?«, fragt Rackebrandt. Und als er alles weiß, sucht sein Blick sofort den Meister. »Und so was lässt der König zu?«

»Der König macht doch nicht die Kartoffelpreise!«, braust der auf, obwohl er offensichtlich keine Lust auf einen neuen Streit hat.

»Nee, aber er bestimmt die Politik, die zu solchen Preisen führt! – Weshalb kontrolliert denn keiner die Händler? Die Missernten betreffen doch nur das Getreide. Müssen da auch die Kartoffeln teurer werden? Das ist doch Ausnutzung einer Notlage.«

»Ach, du oller Zijeuner! Redest, wie de die Welt verstehst! Aber die Welt richtet sich nicht nach dir. Die ist, wie sie ist. Ob's dir nun passt oder nicht.« Verstimmt darüber, sich doch wieder in einen Disput eingelassen zu haben, beendet der Meister die Pause und Nante, Flips, Schorsch und Frieder folgen ihm still an die Arbeit. Rackebrandt und Roderich bleiben noch sitzen.

»Weiß schon, Meister!« Der Altgeselle grinst mal wieder belustigt. »Wir Unteren sind zu blöd, um die Entscheidungen der Oberen so richtig zu verstehen. Deshalb haben wir alles zu schlucken, egal, ob wir daran krepieren oder nicht.« Und Roderich fügt brummig hinzu: »Wenn's so ist, dann aber nur, weil man uns mit voller Absicht kein Licht aufsteckt. Damit wir nur ja nicht merken, wie sehr wir betrogen werden.«

»Quatschköppe!« Der Meister schaut auf seine Taschenuhr und da steht Rackebrandt schließlich doch auf. »Gut!«, sagt er. »Eigentlich 'ne feine Gelegenheit zu beweisen, dass wir alle zusammengehören. Wollen wir da nach Feierabend nicht mal nachsehen, ob wir für unsern Frieder nicht doch noch 'n paar Kartoffeln bekommen? Oder hat etwa irgendwer was anderes vor?«

Es hatte niemand etwas anderes vor und so ziehen sie an diesem Abend zu sechst durchs Oranienburger Tor: der Altgeselle Hermann Louis Rackebrandt und die Zimmerer Georg Lauterbach, Ferdinand Noiret, Roderich Hauser, Philipp Naß und Friedrich Wilhelm Jacobi. Und sie sind längst nicht die Einzigen, die es an diesem Abend in die Innenstadt drängt. Von überall her quillt es heran: Arbeitsmänner aus den Maschinenfabriken vor dem Tor, Arbeitsfrauen, Arbeitsburschen, Handwerker und Straßenjungen über Straßenjungen! Alle müssen sie von den im Übermaß erhöhten Kartoffelpreisen erfahren haben, allen steht der Zorn ins Gesicht geschrieben.

Am Markt angekommen, macht sich Enttäuschung breit. Die Stände haben längst geschlossen, nur drei Polizisten in ihren dunkelblauen, gelbgeknöpften, mit karmesinroten Kragen verzierten Röcken und streng in die Stirn gezogenen dreieckigen Hüten stehen auf dem in der Dämmerung düster wirkenden Marktplatz und sehen ihnen erschrocken entgegen.

»Kein Erbarmen mit Gendarmen!«, witzelt Flips und erntet dafür viel beifälliges Gelächter. Nante jedoch, der sich erst zum Mitgehen bereit erklärte, nachdem Rackebrandt ihm hoch und heilig versprochen hatte, dass es nur gegen jene ginge, die sich an ihrer Not goldene Klosetts verdienten, und nicht etwa gegen den König, stupst Frieder in die Seite. Er will ihm helfen, seine Kartoffeln zu bekommen; Krawall ist nicht seine Sache.

Doch nun wird irgendwo gerufen, dass es ja noch mehrere Märkte gebe, und es geht weiter auf die Innenstadt zu. Einmal wird aus einem Fenster ein Nachttopf entleert – direkt auf sie herab! –, aber ob das Absicht oder Zufall war, lässt sich nicht herausfinden. So drängt alles weiter; die einen schimpfend, weil sie etwas abgekommen haben, die anderen lachend vor Schadenfreude.

Und Frieder läuft mit, seltsam erregt von all dem, was da um ihn herum passiert. Dass sie nur auf den Markt wollten, um irgendeinen Händler zu zwingen, die Kartoffeln billiger herzugeben, hat er längst vergessen. Die halbe Stadt scheint auf den Beinen zu sein, ein richtiger Menschenstrom hat sich gebildet. Und Rackebrandt, Roderich, Schorsch, Flips, Nante und er immer vorneweg. Hofft der Altgeselle, dass das Volk, von dem er so oft spricht, sich endlich mal wehrt? Und das vielleicht nicht nur gegen die Marktler?

Jetzt sind sie schon über die Weidendammbrücke hinweg und haben die breite Allee Unter den Linden überquert und es werden immer noch mehr, die herandrängen. Und je größer die Menge, desto mutiger werden die Menschen. »Brot! Brot! Brot!«, rufen sie und: »Kartoffeln! Wir wollen Kartoffeln!« Ein kesser Bursche mit schief aufgesetztem, sicher irgendwo gestohlenem, vornehmen neuen Hut und buntem Bindeschlips reißt wütend einen Stein aus dem Pflaster, schreit »Hurra!« und wirft zielsicher die erste Gaslaterne ein.

Verwirrt weicht Frieder zurück. Was soll denn das? Sind nicht alle stolz auf die neuen Gaslaternen?

Weitere Steine werden aus dem Pflaster gerissen, immer mehr Laternengehänge splittern und Flips entpuppt sich als einer der geschicktesten und eifrigsten Werfer. Da begreift Frieder endlich: An normalen Abenden machen die Laternen die Stadt sicherer, heute sind sie die besten Verbündeten der Gendarmen! Ist alles finster, kann niemand mehr erkennen, wer hier durch die Straßen zieht.

Auch Rackebrandt, Schorsch, Nante und Roderich beobachten das wütende Treiben nur stumm. Und als irgendwo geschrien wird, alle Reichen müssten totgeschlagen werden und König und Kronprinz gleich als Allererste, nickt Roderich grimmig. »Wer Unkraut sät, wie will der Veilchen ernten?«

Wenig später zersplittert die erste Schaufensterscheibe und ein Stein findet sein Ziel in einem der vornehmen Fenster darüber.

Und dann will das Krachen und Splittern gar kein Ende mehr nehmen. Je schöner und wohlhabender die Häuser, an denen sie vorüberkommen, desto mehr Scheiben gehen zu Bruch. Manche Jungen laufen sogar weit voraus, um noch heile Fenster und Laternen zu finden, und die Nachfolgenden, von der nun immer hektischer vorwärts stürmenden Menge mitgerissen, müssen befürchten, sich in den Unmengen von Scherben die Stiefel oder gar die Füße aufzuschneiden.

Ein Bäckerladen, ein Schlächter! Wieder fliegen Steine in die Fenster. Und dann ist auch das der Menge nicht mehr genug. Alles drängt in die Läden; Brote, Fleischstücke und Würste werden herausgeworfen und kreischende Frauen beginnen sich um die Beute zu balgen. Kräftige Burschen stoßen sie zur Seite, um selbst die besten Stücke zu ergattern.

»Das ist nicht recht!« Erst hat Schorsch nur mürrisch den Kopf geschüttelt, jetzt will er mit aller Macht heraus aus diesem wilden Treiben. Roderich jedoch schreit ihn an, dass Hunger und Not nun mal keine guten Ratgeber wären. Das müsste ein so alter Zausel wie er doch längst wissen. »Hab gegen Napoleon mein Auge verloren. Und was bekomm ich dafür? Einen einzigen lumpichten Taler den Monat!«

Ein Taler, das sind nur anderthalb Tage Zimmererarbeit! Oder sechs Metzen Kartoffeln. Dennoch plündert Roderich nicht mit, schaut nur düsteren Blicks zu.

»Ab heute gelten keine Gesetze mehr!« Der mit dem schiefen Hut hat das gerufen und zum Beweis dafür steckt er sich einen Stumpen an und pafft vergnügt. Woanders wird der Ruf aufgegriffen und danach aus voller Kehle das Lied vom Räuberhauptmann Rinaldo Rinaldini angestimmt. Ist ja beides verboten – Rauchen auf öffentlicher Straße und lautes Singen nach Einbruch der Dunkelheit.

Gleich darauf werden sie weiter vorwärts geschoben. Frieder sieht noch, wie Flips sich in eine Balgerei um Fleischstücke einmischt und Nante mit zwei Broten um die nächste Ecke verschwindet, dann sind sie schon in der Jägerstraße. Ein Bauzaun wird niedergerissen, eine Konditorei und ein Zigarrenladen werden gestürmt. Wieder fliegen Steine; Torten, Kuchen und Geschirr werden auf die Straße hinausgereicht, Zigarren, Zigaretten und Tabakdosen verteilt. Da ist es dann auch Roderich zu viel des Zerschlagens und Plünderns, bereitwillig lässt er sich von Schorsch zurückhalten, bis Frieder die beiden Alten gänzlich aus den Augen verloren hat.

Im nächsten Moment kommt vom Gendarmenmarkt her eine Droschke auf sie zugeprescht. Die Wagenlichter flackern, so heftig peitscht der Kutscher die Rösser, um sie mitten durch die Menge zu treiben. Viele flüchten, einige Unerschrockene aber springen vor und fallen den vor Erregung laut schnaubenden Gäulen ins Geschirr. »Heraus die Herrschaften! Ab heute wird zu Fuß gegangen.«

Ein kleiner, zitternder Herr im Frack steigt aus, eine bleiche ältere und eine genauso ängstliche junge Frau folgen. Zwei Bürschchen, nicht älter als zwölf oder dreizehn, entreißen den Frauen die Handtaschen und stürzen unter dem Gejohle der Umstehenden damit davon.

Rackebrandts Gesicht verfinstert sich. »Zum Schloss!«, schreit er. »Zum Schloss! Wir wollen dem König zeigen, wessen Regierung für alles die Verantwortung hat.«

Da geht es erneut vorwärts, am Französischen Dom vorüber und in die Französische Straße hinein, hin zum Opernplatz. Unterwegs fliegen immer wieder Steine. Sogar Kirchenfenster werden eingeschmissen. »Der König hat uns verraten!«, wird gerufen und: »Er ist nicht unser König! Er ist der König der Grafen und Prinzen, Soldaten und Polizisten, Fabrikanten und Höker.« Und: »Aufs Schafott mit allen Parasiten! Wir wollen auf ihren Gräbern tanzen.«

Erst auf dem Opernplatz, auf dem noch die Gaslaternen brennen, gerät die Menge ins Stocken. Trommelschlagen vor der Universität? – Und da kommen sie auch schon heranmarschiert: unzählige Reihen von Infanteristen. Ihre Pickelhauben glänzen im Laternenlicht, die Bajonette sind aufgesteckt.

Sofort will alles in die Behrenstraße hinein. Die Nachdrängenden aber haben das Militär noch nicht bemerkt. Ein Tumult entsteht, erstickte Rufe sind zu hören, irgendjemand reißt Frieder zu Boden. Er umklammert seinen Korb mit dem Werkzeugbündel, sieht Hüte und Mützen fallen und erhält einen dumpfen Schlag gegen den Kopf. Augenblicklich versinkt alles im Nebel und schwere Stiefel hasten über ihn hinweg.

## *Eine lange Nacht*

Von der Marienkirche hat es längst zehn geschlagen, der Lärm in den Straßen aber will und will kein Ende nehmen. Immer wieder dringen Geklirr, Geschrei und wilde Rufe zu Jette herauf. Hellwach liegt sie neben Guste und Fritzchen im Bett, versucht sich vorzustellen, was da in der Stadt geschieht, und muss immer wieder an Frieder denken. Den ganzen Abend ist er nicht nach Hause gekommen – und was kann das anderes bedeuten, als dass er mit zu jenen gehört, die da jetzt durch die Straßen laufen und Krawall schlagen?

Die Wuttig war es mal wieder, die erzählt hat, was heute auf den Märkten und vor den Läden so alles passiert ist. Puterrot im Gesicht war sie und ihr Kinn schwabbelte vor Empörung, als sie schon am frühen Nachmittag nach Hause kam. Der Pöbel hätte sich gegen die Obrigkeit erhoben, schimpfte sie dann gleich los. Und es war ihr deutlich anzusehen, dass sie, für die König und Königin und alle Prinzen und Prinzessinnen liebster Unterhaltungsgegenstand sind, felsenfest auf Seiten der Obrigkeit stand. Guste aber lachte nur über die »Krawallanten«; wer sich dermaßen mausig mache, schade letztendlich nur sich selbst. Als aber der Lärm auch am Abend nicht aufhören wollte, entschied sie sich ärgerlich, zu Hause zu bleiben. Auf der Straße sei es ihr zu unsicher. Und als Fritzchen sich darüber freute, rechnete sie ihnen Groschen für Groschen vor, wie viel sie jeden Tag für Miete, Torf, Kartoffeln, Brot, Mehl, Talglichter, Wurst und auch mal den einen oder anderen Fleischknochen brauchten. Sie war nun schon richtig wütend auf den Straßenpöbel, der ihr ihre Einnahmen stahl.

Viertel nach zehn, doch Schritte, die sich dem Haus nähern, sind immer noch keine zu hören. Oder ist nur der Lärm zu laut? Vielleicht sollte sie lieber aufstehen und sich ans Fenster setzen, wenn sie sowieso nicht schlafen kann. Vorsichtig richtet Jette sich auf und lauscht zu Guste hin, dann legt sie sich das Schultertuch um und huscht ans Fenster.

Der Lärm in der Stadt, hier erscheint er ihr noch lauter. In der Rosenstraße aber ist alles still und dunkel.

»Jeduld, Jeduld! Wenn's Herz auch bricht! Mit de Beene strampeln nützt ja nischt.«

Also hat die Schwester doch noch nicht geschlafen!

»Denkste, dein Kater kommt früher nach Hause, wenn de die janze Nacht am Fenster sitzt und miaust?«

Auch darauf antwortet Jette nichts, schaut nur still zu der vor der Bäckerei im Wind schaukelnden Öllampe hinüber. Meister Nikolaus und sein Dietz haben Schaufenster und Tür ganz und gar mit Brettern vernagelt; Bäckereien und Schlächterläden sollen ja besonders gefährdet sein, wie die Wuttig wusste. Sie, Jette, hatte das beobachtet und war daraufhin schnell hinuntergelaufen, um noch ein halbes Brot zu kaufen. Da bekam sie mit, wie der Flatow und der Bäckermeister sich vor der Ladentür miteinander unterhielten. Der Flatow sagte gerade, dass auch er heute früher geschlossen habe; nur die Fabrik arbeite weiter, die liege ja im Hof und sein alter Herr Hempel sei ein Gedienter und wisse, wie man mit Strauchdieben zu verfahren habe. Der Herr Nikolaus antwortete, dass er ein gewisses Verständnis für die Leute hätte, die der Hunger zu solch üblen Taten trieb. »Hab ich einen treuen Hund und geb ihm nichts zu fressen, darf ich mich nicht wundern, wenn er mir ins Bein beißt.« Diese Worte gefielen dem Flatow offensichtlich nicht. Ausweichend antwortete er, in Wahrheit sei an allem nur die Regierung schuld. Die wäre zu weich; keine Rasse, keine Klasse!

»Ist der Flatow eigentlich ein kluger Mann?«

»Er ist nicht mehr der Jüngste.« Die Schwester gähnt. »Doch sagt ein weißer Bart was über Weisheit aus? Alle Ziegen haben weiße Bärte.«

»Was für Ziegen?« Jetzt ist auch Fritzchen wach. Und Guste scheint sich sogar darüber zu freuen. »Bergzicken«, sagt sie gleich. »Die mit den kurzen und den langen Beinen, damit se schräg stehen können.« Und dann kitzelt sie Fritzchen unter den Armen, am Bauch und unter den Fußsohlen, bis er vor Lachen kaum noch Luft bekommt und seine Mutter japsend überredet, noch mal das Talglicht anzuzünden, damit er ihr ein Zauberkunststück vorführen kann. Als das Licht brennt, bläst er immer wieder Spucke auf, bis sie ihm wie eine große Kugel vor dem Mund hängt und, wenn sie zerplatzt, das Kinn runterrinnt. Natürlich spielt Guste mit und schimpft laut über diese »säuische Ferkelei«. Das freut Fritzchen; seinetwegen könnte es die ganze Nacht so weitergehen.

Jette jedoch stört die plötzliche Munterkeit der beiden. »Muss mal zu Tante Meier«, sagt sie und zieht sich auch schon an.

»Tante Meier«, so hat Guste das Klo im Hof genannt. Im Winter, wenn der ewig feuchtkalte Holzverschlag mit einer dünnen Eisschicht überzogen ist, geht sie zur »eisheiligen Loretta«. Dass Jette aber gerade jetzt dort hinwill, verwundert die Schwester. »Mach in den Topf, wenn de's nötig hast. Weshalb willste denn mitten in der Nacht in den dunklen Hof runter?«

»Hab Durchfall.« Muss sie denn immer alles erklären? Guste sagt ihr doch auch nicht alles.

»Wovon denn?«

»Muss mich beeilen.« Sie hat den Kloschlüssel schon in der

Hand, schließt die Tür auf und tritt ins finstere Treppenhaus hinaus.

»Nimm wenigstens ein Licht mit«, ruft die Schwester ihr noch nach, aber darauf antwortet Jette schon nicht mehr. Sie nimmt nie ein Licht mit, wenn sie im Dunkeln auf den Hof muss. Damit sieht sie ja auch nicht viel mehr, doch jeder kann sie sehen und das sogar von weitem.

Als sie sich die finstere Treppe dann endlich hinuntergetastet hat, steht sie ratlos im nachtdunklen Hof mit dem alten Nussbaum, dessen junge Blätter jetzt, im Frühling, schon ein wenig bitter duften, und schaut zu den schwarzblinden Fenstern hoch. Sie wollte nur weg und nun ist sie endlich allein und weiß nicht, was sie tun soll.

Hinter ihr raschelt es! Ein Schauer läuft ihr über den Rücken. Es war sicher nur eine Ratte, Maus oder Katze, dennoch: Hier unten ist's nachts unheimlich.

Beim Flatow wandert ein Licht durch die Küche. Also schläft er auch noch nicht, sorgt sich vielleicht um sein Geschäft oder hat Hunger bekommen mitten in der Nacht.

Die Klotür! Natürlich quietscht sie wieder mal so laut, als wollte sie ganz Berlin aufwecken. Sie geht nicht gern auf dieses Klo. Es stinkt ihr zu sehr. Besonders wenn gerade die Grube gereinigt wurde. Das geschieht zwar immer nur nachts, aber einmal kam sie gerade in dem Moment, als die Nacht-Emmas mit ihren schwankenden Laternen die vollen Eimer wegtrugen. Es war furchtbar. Sie wäre beinahe umgefallen von diesem Gestank, lief gleich wieder die Treppe hoch und musste lange nicht mehr. Erst als sie schon Bauchschmerzen bekam, ging sie doch und Guste lachte sie deswegen aus. Wäre doch alles nur tragbares Gas gewesen! Und immer weiter kichernd schlug sie ihr vor, das nächste Mal ein Schwefelholz an einen solchen Eimer zu halten, dann gäb's im Hof bengalische Beleuchtung …

Die Pumpe im Hof ist ein großer Vorteil, da kann sie sich die Hände waschen und das Gesicht erfrischen. In der Alexanderstraße gab's nur einen Schöpfbrunnen und der war ziemlich weit weg. Alles Wasser musste erst herangeschleppt werden.

Wieder das Geräusch, das sie schon mal gehört hat. Es kam aus der Kellerwohnung, in der bis gestern die Kriwaneks wohnten. Ob das vielleicht die Ratte ist, die ihr Stückchen Zucker sucht? Oder ein Obdachloser, der sich heimlich dort einquartiert hat? Schnell macht sie, dass sie vom Hof kommt, und steigt vorsichtig das dunkle Treppenhaus empor.

Im ersten Stock zögert sie. Soll sie gleich zu Guste und Fritzchen ins Bett, mitalbern, bis sie alle drei müde geworden sind? Oder soll sie mal bis unters Dach hoch und bei Mutter Jacobi lauschen? Die liegt ja nun ganz allein in ihrer Kammer. Und krank ist sie auch. Sicher macht sie sich schreckliche Sorgen.

Sie versucht sich die kleine, hagere, sie immer an ein Heimchen erinnernde Frau Jacobi vorzustellen, die stets nur schwarz gekleidet herumläuft, obwohl ihr Mann doch, wie die Wuttig weiß, schon starb, als ihr Frieder noch ein Säugling war. Dabei tastet sie sich Stufe für Stufe die Treppe hoch. Oben angekommen, hält sie den Atem an, um besser hören zu können. Doch so leise sie sich der Dachkammer genähert hat, irgendein Geräusch muss sie doch gemacht haben.

»Wer ist denn da?«, ertönt es schwach hinter der Tür. »Bitte! – Wer ist denn da?«

Sie muss antworten. Sie hat Frieders Mutter mit ihrem Geschleiche ja noch mehr Angst gemacht. »Ich bin's ... Henriette Mundt. Aus dem ersten Stock. Frie... Frieder hat gesagt, dass Sie krank sind ... und da wollte ich mal fragen, ob ich helfen kann.«

Die Frau hinter der Tür antwortet lange nicht. Und als sie dann endlich etwas sagt, klingt ihre Stimme vorwurfsvoll. »Was ist denn das für 'n Lärm in der Stadt? Und weshalb ist mein Jungchen noch nicht nach Hause gekommen?«

»Es geht um die Kartoffelpreise. Fünf Groschen kostet die Metze jetzt.«

Wieder bleibt es still hinter der Tür. Dann kommt es so leise, dass Jette sich anstrengen muss, alles zu verstehen: »Fünf Groschen? So viel? Und das wollen die Leute sich nicht gefallen lassen?«

»Ja.«

»Und mein Frieder ist auch dabei?«

»Vielleicht.«

»Wenn ... wenn ihm was passiert ist, soll mir der Schreiner den Sarg zimmern. Dann will ich zu ihm. Wozu ...« Die Frau hinter der Tür bricht ab, sagt nichts mehr, schluchzt nur noch.

»Mutter Jacobi!« Jette hat zu laut gerufen, erschrickt selbst und flüstert schließlich nur noch: »Es wird ihm schon nichts passiert sein.«

So was Dummes! Woher will denn ausgerechnet sie das wissen? Die Frau hinter der Tür antwortet auch nichts darauf. So sagt Jette nur noch: »Gute Nacht!«, und steigt vorsichtig die Treppe hinab, bis sie mit einem Mal vor Schreck zu Eis erstarrt: Vor ihrer Wohnungstür wird geflüstert! Zuerst hört sie Gustes Stimme, dann die von Herrn Flatow.

»Komme ja«, antwortet Guste gerade. »Sowie meine Schwester eingeschlafen ist.«

Der Flatow knurrt noch irgendwas Ungeduldiges, dann knarren die Dielen unter seinen Schritten und er schließt leise seine Tür.

Nun wäre Jette am liebsten wieder in den Hof hinuntergelaufen oder raus auf die Straße und immer weiter fort, bis ans Ende der Welt! Doch sie wagt keinen Schritt, steht nur da und will, was sie eben zu hören bekommen hat, nicht glauben. Erst als ihr die Tränen übers Gesicht laufen, wird sie zornig. Im dunklen Treppenhaus stehen und heulen? Das könnte Guste so passen. Laut tritt sie an die Tür heran, stößt wuchtig den Schlüssel ins Schloss und lässt es schnappen.

Es ist ein stummer Zweikampf, von dem Guste aber nichts weiß: Die Schwester wartet darauf, dass sie endlich eingeschlafen ist,

Jette jedoch zeigt ihr immer wieder, wie munter sie noch ist. Doch je öfter die Kirchturmuhr schlägt, desto heftiger werden die Vorwürfe, die sie sich deswegen macht. Hat sie denn nicht immer schon vermutet, dass der Flatow ihnen die Wohnung nicht aus reiner Mildtätigkeit gab? Weshalb hätte irgendeine dahergelaufene Dirne sein doch sonst nicht gerade weiches Herz dermaßen rühren sollen? Und wieso will sie nicht, dass die Schwester auch zum Hausbesitzer geht? Ist das nur, weil sie ihn kennt und all die anderen Männer nicht?

Irgendwann gibt sie ihren Widerstand auf, schließt die Augen und spielt der Schwester tiefe Atemzüge vor. Die wartet noch ein Weilchen, dann kommt es leise: »Jette? – Jette?« Gleich darauf flüstert sie Fritzchens Namen. Und als der ebenfalls nicht antwortet, steht sie leise auf, öffnet die Tür, schlüpft hinaus und schließt sorgsam hinter sich ab.

Sofort starrt Jette wieder in die Finsternis hinein. Weshalb hat Guste ihr nicht gesagt, dass auch der Flatow zu ihren Kunden gehört? Schämt sie sich für den Hausbesitzer? Oder ist das nur, weil sie nicht wissen soll, wie hoch die Miete in Wahrheit ist?

Es ist schon ziemlich lange her, da hat die Schwester mal gesagt, sie gehe nicht mit jedem mit. Wenn einer zu abgerissen oder schmutzig aussehe oder einen gefährlichen Eindruck mache, verzichte sie lieber auf seine Groschen. Vor allem aber würde sie nie mit einem aus der Rosenstraße mitgehen. Es wäre ihr zu »ungeschickt«, diesen Männern oder ihren Frauen auf der Straße zu begegnen. Mit dem Flatow ist das also anders?

Und sie, Jette, hat den Hausbesitzer immer für so streng moralisch gehalten, weil Guste mal sagte, er wolle nicht, dass andere Dirnen sie besuchten. Die Nummer sieben sei ein ehrenwertes Haus! Jetzt ist ihr klar, weshalb die Schwester sich nicht an dieses Verbot hält und ihre Freundinnen doch immer wieder zu sich einlädt – sie weiß, dass es in Wahrheit zwei Flatows gibt!

Sie muss an die Schneckenmarie denken, Gustes älteste Freundin mit den wegen ihrer ständigen Kopfschmerzen stets leidend blickenden Augen und den dünnen, altjüngferlich wirkenden Haarschnecken auf den Ohren. Maries Lieblingsspruch lautet: »Allzu pompös macht nur nervös!«, und sie erzählt gern, wie viele Männer gerade schwache, kränklich aussehende Frauen bevorzugen. Nur denen gegenüber könnten sie sich so richtig stark fühlen. Wenn sie das sagt, guckt sie jedes Mal, als verrate sie der Welt ein ganz abscheuliches Geheimnis. Aber natürlich würde auch sie zum Flatow in die Wohnung gehen; abgerissen, schmutzig oder gefährlich sieht er ja nicht aus.

Die Kutscherlotte aber würde nur laut aufkreischen vor Lachen, wüsste sie von den zwei Flatows. Die strohblonde Frau, die immer die Droschkenplätze nach Kundschaft abklappert, ist längst selbst so laut und derb wie ein Kutscher geworden. Sitzen Guste und sie beisammen, wird mehr gekichert und gelacht als gesprochen.

Allein das Polka-Humpelchen, die dritte der Frauen, die Guste ab und zu besuchen kommen, würde sie wohl verstehen. Aber deshalb würde die junge Frau mit dem Puppengesicht und dem von Geburt an verkürzten Bein, die sich die Haare stets mit Zuckerwasser befeuchtet, bevor sie sich Locken brennt, natürlich dennoch zum Flatow gehen. Geschäft ist Geschäft, würde sie nur freundlich lächelnd sagen ... Das Humpelchen, das so gern Polka tanzt, lächelt ja immer so freundlich, obwohl das Leben es nie gut mit ihr meinte. Sie war noch ein Kind, da hat ihr früh verwitweter Vater sie schon auf die Straße hinausgeschickt, damit sein unnützes Humpelchen wenigstens ihr niedliches Gesichtchen zu Geld machte. Nach seinem Tod hat dann die Schlafstellenvermieterin, die sie bei sich aufnahm, die Rolle der Kupplerin übernommen. Alte Weiber, die von jungen Mädchen leben, gibt's ja viele ...

Ein knarrendes Geräusch dringt von irgendwoher zu ihr hin. Sofort muss Jette daran denken, was vielleicht gerade jetzt in der Wohnung neben ihr passiert, und vor Ekel zieht sie sich die Bettdecke über den Kopf. Guste macht nichts anderes als das, was auch ihre Freundinnen tun würden; dennoch, die anderen sind nicht ihre Schwester, nicht Fritzchens Mutter.

Fritzchen! Wenn er wüsste, was seine Mutter vor allem seinetwegen auf sich nimmt! Und wenn er eines Tages die Wahrheit über sie erfährt! Wird er seine Mutter dann noch lieb haben können? Guste hat ihm ihre ewige nächtliche Abwesenheit damit erklärt, dass sie und alle ihre Freundinnen Nachtwächterinnen wären. Und Humpelchen erzählte ihm daraufhin viele wilde Geschichten von all den Einbrechern, denen sie schon nachgelaufen sein will. Und als Fritzchen bezweifelte, dass sie schnell genug laufen konnte, um »starke Männer« einzuholen, flitzte sie auf dem Heimweg wie ein hinkender Teufel die Straße entlang und Fritzchen blickte ihr, weit aus dem Fenster hängend, nur ganz verdattert nach ...

Das Polka-Humpelchen mag Kinder, hat selbst eine kleine Tochter. Doch was ist, wenn sie nur noch eine humpelnde Alte ist? Wird sie dann, um überleben zu können, ihre Tochter nicht ebenfalls auf die Straße schicken? Und wenn ihre Tochter sie nach dem Vater fragt, wird sie die Kleine dann auch vor ein fremdes Grab führen und ihr sagen, dass darin ihr früh verstorbener Vater liegt, wie Guste es mit Fritzchen getan hat?

Wieder dieses Knarren! Es ist sogar noch lauter geworden; da hilft auch die Bettdecke nicht mehr. Jette langt nach Gustes Kissen, um sich das auch noch über den Kopf zu stülpen, dann muss sie daran denken, dass Gustes Freundinnen immer wieder mal Liebesgeschichten mit »festen Männern« haben, die nicht ihre Kunden sind. Nur Guste nicht. Die Schwester hat noch nie einen Mann mit nach Hause gebracht, spricht auch von keinem, spottet nur über Schneckenmaries Karlchen, Kutscherlottes Fränzchen, Humpelchens Heinrich. Doch was, wenn der Flatow ihr Fester ist? – Nein! Feste Männer bezahlen nicht! Die halten selbst die Hand auf, lassen sich beköstigen und Kleider kaufen und sonstwie verwöhnen. Und so einer ist der reiche Flatow nun ganz gewiss nicht; das hätte er auch gar nicht nötig ...

Aber was wohl aus Guste geworden wäre, wenn Fritzchens Vater sie geheiratet hätte? Eine brave Hausfrau, die auf den Markt geht, wäscht und putzt und ihre Kinder versorgt? Nein, so kann sie sich die Schwester nicht vorstellen! Doch wenn der Hausbesitzer in der Alexanderstraße die Pacht für die *Gute Luise* auf Guste übertragen hätte, eine tüchtige Gastwirtin wäre sie ganz bestimmt geworden. Wer jedoch vertraut einer allein stehenden Frau, die noch nicht mal volljährig und schon mit einem unehelichen Kind belastet ist, wohl einen Gasthof an?

Jetzt ist es Jette unter dem Kissen und der Bettdecke zu heiß geworden. Sie schiebt alles von sich und lauscht. Doch nichts mehr, kein Knarren, kein anderes Geräusch. Dafür wird schon bald an der Tür geschlossen. Sofort stellt sie sich schlafend und bekommt zu ihrer großen Erleichterung mit, wie die Schwester sich an der Matratze zu schaffen macht, also tatsächlich bezahlt bekommen hat. Gleich darauf streckt Guste sich tief seufzend aus und liegt danach ebenfalls noch lange wach.

Wie gern hätte Jette da über alles geredet. Aber die Schwester wird über den Flatow nicht reden wollen. Und darf sie ihr etwa Vorwürfe machen?

### *Wir Lumpengesindel*

»He! Du! Zimmerer! Wach auf! Gleich kommen sie uns holen. Dann musst du wissen, was du ihnen sagen willst und was lieber nicht.«

Frieder hört die fremde Stimme, weiß aber nicht, woher sie kommt. Es ist ein so schöner Tag: Die Mutter und er liegen im Sommergras, blicken auf die Spree hinaus und den mit Getreide, Obst, Kartoffeln, Holz und Torf, Kohlen und Steinen beladenen Spree- und Oderkähnen nach. Ein kleines, Kürbisse transportierendes Dampfschiff aber fährt nicht geradeaus, sondern dreht sich wie ein Brummkreisel immer um sich selbst. Darüber müssen sie lachen und die Mutter wundert sich, dass die Kähne aus Werder schon Äpfel und Birnen bringen, da doch noch Sommer ist ...

»Der hat aber 'nen gesunden Schlaf. Den weckt nicht mal der Henker auf.« Wieder die fremde Stimme. Und eine andere: »Lassen Se den Langen doch schlafen. Wird schon früh genug Kulleraugen kriegen. Sieht nicht aus, als wäre er schon mal hier eingekehrt.«

»Sehe ich etwa so aus, Monsieur?«

»Nee, junger Herr! Sie sehen aus wie 'n Stutzer, der nichts in einem solchen Loch verloren hat – oder erst recht hineingehört.«

Hämisches Lachen ist zu hören und übergangslos schlägt Frieder die Augen auf. Wo ist er? Wie kommt er in diesen finsteren Raum? Und was hat er mit all den Menschen zu tun, die genau wie er auf dem kalten, blanken Steinfußboden liegen oder sitzen?

»Ah, Monsieur begrüßt den neuen Tag!« Die Stimme, die zuerst in seinen Traum vordrang, gehört einem vornehm gekleideten jungen Mann, der direkt neben ihm sitzt, die Beine von sich streckt und den Rücken an die Wand lehnt. »Und jetzt fragt er sich natürlich, wie er Eingang in solch illustre Gesellschaft gefunden hat, nicht wahr?«

»Hier ist der Gasthof zum goldenen Strauß«, deklamiert eine Frau mit Grabesstimme. »Schnell kommt man hinein, aber schwer wieder heraus.«

Wieder wird gelacht, die meisten der Männer und Frauen ringsum aber gucken eher trübsinnig. Mühsam richtet Frieder sich auf und lehnt sich ebenfalls an die Wand. Was ist nur passiert? Ihm tut alles so weh, die steifen Beine, der Rücken, die Arme. Und am schlimmsten sind die Kopfschmerzen. Hinter seiner Stirn hämmert es, als würde ihm jeden Moment der Schädel platzen.

»Weißt du wirklich nicht, wo wir uns hier befinden?« Der junge Mann neben Frieder guckt neugierig.

Gasthof zum goldenen Strauß? So wird die Stadtvogtei genannt, das Verbrechergefängnis mit den bedrückend hohen Mauern und vielen vergitterten Fenstern, an denen sie als Kinder immer ganz schnell vorüberliefen. Nur Mörder, Diebe und andere Verbrecher kämen dort hinein, hatte die Mutter ihn stets beruhigen müssen. Und jetzt haben sie ihn hier eingesperrt? Wegen gestern Abend?

Der junge Mann lässt Frieder nicht aus den Augen. »Tatsächlich!«, sagt er zufrieden. »Monsieur ist wieder bei sich! Die ersten Fragen stellen sich ein. Und natürlich sind wir gern zu jeder Auskunft bereit. Falls es also interessiert, ich bin derjenige, der Monsieur fast wie eine Braut ins Gefängnis getragen hat.«

Er hat einen feinen braunen Überrock an, dieser junge Herr. Zu modern geschnittenen Hosen trägt er glänzende, weiche Stiefel und unter dem Überrock eine gelbe Samtweste. Wie kommt so einer dazu, ihm behilflich zu sein?

»Sehe schon, die Fragen häufen sich!« Dieser junge Reichling scheint nichts ernst zu nehmen. »Gestatten, von Werder! Student der Medizin, einundzwanzig, ledig, nicht sehr religiös. Vorname: Götz. Und Sie, Monsieur?«

»Frie… Frieder Jacobi.«

»Zimmermann, wie ich an der Kleidung erkenne.« Der Student reicht Frieder seinen Zylinder. »Hier! Den hab ich auch gerettet. Sonst hätte ihn der Wind einem glücklichen Lumpensammler zugeweht.«

»Danke!« Frieder nimmt den Zylinder – und erschrickt: Sein Korb! Und das Werkzeug darin! Wo ist sein Bündel mit dem Werkzeug?

Wieder errät der Medizinstudent, was in Frieders Kopf vorgeht. »Falls du deinen Korb suchst, den ich in einer menschenfreundlichen Anwandlung auch noch getragen habe, musst du dich an den Wirt dieses ungemütlichen Etablissements wenden. Man hat ihn mir – oder besser gesagt dir! – in der Ordonnanzstube abgenommen.«

»Aber ich werd doch alles wiederbekommen?«

»Na, wat 'n sonst?«, meldet sich eine Stimme aus dem Hintergrund. »In 'nem preuß'schen Jefängnis kommt nie nich irgendwat weg! Und wenn de zwanzig Jahre sitzen musst, dein Werkzeug heben se dir auf.«

Erneut gibt's Gelächter, und da die Sonne nun schon ein wenig kräftiger durch den schmalen Spalt über der blechernen Sichtblende dringt, die vor dem Gitter angebracht ist, kann Frieder auch weiter entfernte Gesichter erkennen. Der das eben sagte, ist ein buckliger junger Bursche mit langen Haaren und frechen Augen. Gleich neben ihm hockt ein dicklicher Mann, auf dessen Gesicht der Teufel Erbsen gedroschen hat, wie es den Pockennarbigen nachgesagt wird. Neben dem eine abgehärmte Frau, die ihre Hände im Schoß hält, als wüsste sie nicht, was sie sonst mit ihnen beginnen sollte; vor der Zellentür eine Matrone mit brandrotem Haar und mehlig weißem Gesicht und ein Alter mit bläulich welken Lippen und zahnlosem Mund, den er beim Atmen weit aufreißt, als bekäme er nicht genug Luft in dieser mit Menschen voll gestopften Zelle. Und so geht es weiter. Als hätte eine riesige Hand wahllos in die Stadt hineingegriffen und, was sie zu fassen kriegte, in eine enge Tüte gestopft, so sitzen und liegen die Menschen hier beisammen. Da eine Dicke in blauem Kapuzenmantel, die ein viel zu kleines, rotes Atlashütchen auf dem Kopf trägt, dort ein spindeldürrer, schnapsnasiger Kerl in blauer Arbeitsbluse, der so düster vor sich hin starrt, als wollte er gleich jemanden umbringen. Ihm gegenüber ein Zwerg mit Spitzbart und schiefer Mütze und ein Stiernacken im fadenscheinigen Frack, die zusammenzugehören scheinen wie zwei sehr unterschiedliche, aber miteinander befreundete alte Pantoffel.

Was vereint all diese Leute? Nur die gleiche Wut, der gleiche Zorn?

Sachte legt ihm der Herr von Werder die Hand auf die Schulter. »Wirst es nicht glauben wollen, Monsieur, aber du bist der erste Mensch, dem ich die Kotze aus dem Gesicht gewischt habe. Das ist beinahe so, als hätten wir Brüderschaft getrunken, Fritze.«

»Frieder. Mich rufen alle Frieder.«

»Klingt aber nicht sehr preußisch.«

»Mein Vater kam aus Schwaben.« Sagt es und ärgert sich schon: Was geht das diese fremden Menschen an?

»Weshalb entschuldigste dich denn?«, meldet sich der junge Bucklige wieder zu Wort. »In Berlin gibt's sowieso zu viele Fritzen, dicke und dünne. Frieder klingt viel besser.«

Erneut wird gelacht. Dem Studenten aber scheint der Spaß nun zu weit zu gehen. Missbilligend schüttelt er den Kopf.

»War mir denn schlecht?«, fragt Frieder leise.

»Schlecht? Monsieur hat gekotzt wie ein Vollmatrose. Ist aber kein Wunder. Irgendwer hat dich dermaßen vor die Stirn getreten, dass sie ganz grün und blau ist. Ein anderer hat dir die Backe zermanscht. Also diagnostizieren wir mal ganz vorsichtig eine kleine Gehirnerschütterung. Da kommt's schon mal vor, dass man kotzen muss.«

Mühsam versucht Frieder sich zu erinnern: Er war auf dem Opernplatz, ist gestürzt, hat einen Schlag gegen den Kopf erhalten – und war weg. Dann, wie in einen dunklen Nebel getaucht, flackernde Gaslaternen und vor, hinter und neben ihm schattenhafte Gestalten. Und irgendwer stützte ihn und half ihm immer wieder auf …

»Waren aber nicht Infanteristenstiefel, die dich so zugerichtet haben, Monsieur. Es waren deine Leute! Mit den Steinen in der Hand waren sie große Helden, vor den Bajonetten wurden sie zu Hasen.«

»Willst du etwa so 'n Ding in den Bauch bekommen?« Ein apfelbäckiger Bursche meldet sich zu Wort; die zweite Stimme, die ihn aus seinem Traum riss, wie Frieder sogleich erkennt.

»Wer neugierig ist, muss auch mutig sein.«

»Studentengewäsch!« Ärgerlich legt der Apfelbäckige einen Finger an einen Nasenflügel und rotzt aus dem anderen Schleim auf den Steinfußboden. »Unbewaffnet gegen eine bewaffnete Übermacht anzukämpfen ist Selbstmord.«

»Ah! Monsieur kommt aus Charlottenburg.« Der Medizinstudent lacht und viele andere lachen mit: So wie der Apfelbäckige schnäuzen sich sonst nur die Charlottenburger Bauern. »Nun, vielleicht darf ich dann mal den Herrn von Goethe zitieren. Der behauptet nämlich, nur Lumpen wären bescheiden. Und hat er damit nicht Recht? Ein paar Fenster einwerfen, einen Bäckerladen stürmen, Porzellan zertrümmern und dann weglaufen, wem soll diese Bescheidenheit nützen?«

»Bin kein Monsieur und komme auch nicht aus Charlottenburg«, erwidert der andere noch immer missgelaunt. »Heiße Peter Paul Pumm und bin Schustergeselle. Und so will ich auch angesprochen werden.«

»Und wie viele Scheiben haben Ihro Gnaden P. P. P. auf dem Gewissen?«

»Was hätten wir denn sonst tun sollen?« Der Stiernackige tritt dem Apfelbäckigen zur Seite. »Die Gesetze sind doch immer die der Oberen. Wem man die Kehle zudrückt, der kann nur blindlings um sich schlagen.«

Darauf scheint der Student nur gewartet zu haben. Die Gesetze der Oberen, erklärt er sofort, seien nicht vom lieben Gott gemacht, sondern von Menschen. Und bekanntermaßen seien Menschen nicht fehlerfrei. Also gehe es darum, endlich dafür zu sorgen, dass nicht mehr willkürlich regiert werden könne. Nur alles kaputtzuschlagen und hinterdrein dafür eingesperrt zu werden reiche nicht aus. »Unser Ziel muss eine Verfassung sein, die den Staat an die Kandare legt. Nur so kommen wir zu gerechten Gesetzen.«

»Geschwätz!« Der Schuster kann darüber nur lachen. »Verfassung! Gesetze! Doch nicht mit denen, die uns wie Dreck behandeln. Für die ist unsereins doch nur Lumpengesindel, das zu tanzen hat, wenn geträllert wird.«

Beifälliges Gemurmel wird laut und Frieder muss an Rackebrandt denken, der hoffentlich heil zu seiner Familie zurückkehren konnte. Also ist der Altgeselle nicht der Einzige, der so redet?

»Und noch eins, Herr Doktor!« Der Schustergeselle hat noch jede Menge Unmut loszuwerden. »Wozu machen Sie sich unsere Sorgen? Sie sind doch morgen wieder frei. Ihr sicher sehr begüterter Herr Papa wird schon dafür sorgen. Wir aber«, er zeigt im Kreis um sich, »werden vielleicht noch Jahre hier zubringen dürfen. Also haben Sie und wir nichts miteinander gemein.«

»Vorurteile, mein lieber P. P. P.« Der Medizinstudent lächelt traurig. »Könnte Ihnen viele Beispiele liefern von Leuten aus den oberen Ständen, die für ihre Ideale eingekerkert wurden und zum Teil noch heute sitzen. Aber das wäre vergebene Liebesmüh, Sie stören ja bereits mein Rock und meine Bildung.«

Der Schustergeselle antwortet erneut und auch andere mischen sich in den nun immer heftiger werdenden Streit ein. Frieder hört gar nicht mehr zu. Jahre? Wieso wird denn immerzu von Jahren gesprochen, die sie vielleicht hier zubringen müssen? – Und die Mutter! Wie wird ihr jetzt zumute sein? Nie zuvor hat er sie eine ganze Nacht allein gelassen … Bestimmt weiß sie nicht einmal, was tags zuvor in der Stadt passiert ist, liegt in ihrem Bett und ängstigt sich … Und wie soll sie denn überleben, falls er tatsächlich auf Jahre hinaus fortbleiben sollte?

Vor Angst wird ihm ganz flau zumute; er muss sich zusammennehmen, nicht einfach loszuheulen.

»Seid ihr denn sicher, dass man uns verurteilen wird?«, fragt er, als das Durcheinander von Stimmen und Meinungen endlich ein wenig abgeklungen ist.

Der Student zuckt die Achseln. »Das hängt vom König und seinen schlechten Ratgebern ab. Wollen sie ein Exempel statuieren und den Pöbel in die Schranken weisen? Dann wird's harte

Strafen hageln. Wollen sie versöhnen und die Sache nicht auf die Spitze treiben? Dann wird uns wohl nur mit dem Finger gedroht.«

»Von wegen Finger!« Der Bucklige verzieht das Gesicht, als wollte er jeden Moment ausspucken. »Wer die hohen Herren anpfeift, bekommt 'ne Maulschelle. Anders ging's noch nie zu auf der Welt und das wird auch so bleiben, solange die Himmelfahrtsnasen uns regieren.«

Ein junges Mädchen, das die Gespräche bisher nur stumm verfolgte, will etwas sagen, doch dann beginnt es nur laut zu weinen. In Sturzbächen bricht es aus ihr heraus. Das erweckt die abgehärmte Frau zum Leben. »Und meine Kinder?«, fragt sie ungläubig. »Was wird aus meinen Kindern? Wer soll sie versorgen, wenn die Mutter nicht wiederkommt?«

»Das, Teuerste, hätten Sie sich früher fragen sollen.« Der spitzbärtige Zwerg wirft ihr einen giftigen Blick zu, als fürchte er ihre Angst mehr als die Strafe, die ihn erwartet. Und auch Frieder spürt, wie es ihm die Luft nimmt. Jahre in der Stadtvogtei? Aber wofür denn? Er hat doch niemandem Unrecht getan, ist nur voller Neugier mitgelaufen. So etwas ist doch kein Verbrechen.

»Kopf hoch!« Aufmunternd legt der Medizinstudent den Arm um seine Schultern. »Denk immer daran, dass du im Recht bist. Ewig hat man dich geknebelt, jetzt hast du den Knebel endlich mal ausgespuckt. Das ist ein großer Fortschritt, Monsieur!«

»Himmelherrgott, lass den Kerl schweigen oder ich bringe ihn um!« Der Schustergeselle presst sich die Fäuste vor die Stirn und starrt danach nur noch schweigend vor sich hin. Und auch alle anderen haben die Lust am Reden verloren, schließen nur ergeben die Augen oder lauschen stumm in sich hinein. Das Unabänderliche wird kommen, ob sie nun darüber reden oder nicht, ob sie weinen, beten oder fluchen.

Ein Schlüssel fährt ins Türschloss, knackend biegen sich die Federn, kreischend fliegen Riegel zurück und dann steht ein hagerer, backenbärtiger Mann in Polizeiuniform in der Tür. »Zehn zur Aufnahme!«, brüllt er und weist mit strengem Blick auf die zehn Festgenommenen, die ihm gerade in den Sinn kommen. Auch der Student, Frieder, der Schustergeselle und die abgehärmte Frau, die sich um ihre Kinder sorgt, befinden sich unter den Herausgepickten.

Den Zylinder in der Hand, tritt Frieder hinter dem Medizinstudenten auf den Flur hinaus. Dort warten bereits weitere Gefangenenwärter; alle tragen sie Polizeiuniformen und machen ernste, fast beleidigt wirkende Gesichter.

»Mein Werkzeug«, bittet Frieder den Schließer mit dem Backenbart. »Ich muss es wiederhaben, ich ...«

»Ruhe!«, schreit der hochgewachsene Mann, der bereits wieder die Riegel krachen lässt. »Kein einziges Wort mehr! Alles zu seiner Zeit!« Und dann eilt er vor den Gefangenen und den anderen Wärtern her treppauf, treppab durch lange, vom Tageslicht nur dürftig erhellte Flure und Treppenhäuser. Zu beiden Seiten der Flure reiht sich Tür an Tür. Alle sind aus dicken, eichenen Bohlen gezimmert und durch gewaltige Schlösser und zollstarke Eisenriegel gesichert. Der Gedanke, dass sich hinter all diesen Türen, vor denen manchmal ein Schließer steht und dem Zug der Festgenommenen gedankenversunken nachblickt, Strafgefangene befinden und dass vielleicht auch er eine unerträglich lange Zeit hinter einer solchen Tür zubringen muss, lässt Frieder wanken. Sofort wird er von einem der Wärter in die Reihe zurückgestoßen.

»War sicher 'n Fluchtversuch«, spottet P. P. P. und sofort dröhnt wieder das »Ruhe!« des Hageren durch den Flur.

Ein Fenster! Gleißendes Sonnenlicht liegt über der Stadt und Frieder beschleicht Wehmut: Jetzt müsste er längst auf dem Bau sein!

Ein Zug bleichgesichtiger Strafgefangener wird an ihnen vorübergeführt. Alle tragen sie grauleinene Hosen und Jacken mit einer gelben Nummer auf dem Rücken. Neugierig blicken die Sträflinge zu ihnen hin. Gleich darauf geht es quer über einen von zahllosen vergitterten Fenstern umgebenen Hof und eine kleine Treppe hoch. Der Schließer mit dem Backenbart öffnet eine besonders schwere Tür und tritt auffordernd beiseite.

Nacheinander schieben sich die sechs Männer und vier Frauen in den schmalen Raum, an dessen Türseite vier, im Lauf der Jahre von zahllosen Hosenböden blank gescheuerte Holzschemel stehen. An der gegenüberliegenden Seite befindet sich ebenfalls eine Tür, nur sehr viel kleiner und nicht so schwer. Daneben ist eine Glasscheibe in die Wand gelassen.

Der Backenbart deutet an, dass den Frauen die Schemel zugedacht sind und die Männer sich in einer Reihe aufzustellen haben. Beklommen blickt Frieder in den Raum hinter der Glasscheibe. Drei hohe, schräge, mit grünem Tuch bespannte Schreibpulte stehen da quer zu einer Holzbarriere. Auf den Pulten befinden sich Federkiele, mächtige schwarze Tintenfässer und noch größere Löschsandbüchsen, davor jeweils ein hölzerner Reitesel. Im Hintergrund Schränke und ein vergilbter Stadtplan, an der Garderobe drei Polizeimäntel mit goldenen Tressen.

»Hoffentlich bin ich die Erste«, flüstert die abgehärmte Frau. »Bin doch nur mitgelaufen, weil meine Kinder hungern.«

Niemand antwortet etwas, auch die Wärter machen nur gelangweilte Gesichter. Sicher haben sie Ähnliches schon tausendmal erlebt. Frieder spürt, wie neue, noch stärkere Angst ihn würgt. Was wird aus der Mutter, wenn sie ihn hier behalten? Und wird er nicht zugrunde gehen ohne Licht, ohne Luft und mit all der Sorge um die Mutter im Herzen?

Vom Gefängnishof her schlägt es acht und mit dem letzten Glockenschlag betreten drei Männer den Raum mit den Schreibpulten: ein Vorgesetzter, wie an den Rangabzeichen leicht zu erkennen ist, und zwei Untergebene. Der Vorgesetzte trägt seinen hohen Bauch wie eine schwere Bürde vor sich her, die Untergebenen sind bemüht, respektvoll Abstand zu halten.

Der Medizinstudent lacht. »Ein Kriminalrat, ein Referendar und ein Sekretär? Das ist ja fast 'ne Kriegsauszeichnung.«

Der Vorgesetzte, der also ein Kriminalrat ist, tritt an die Glasscheibe und überfliegt traurigen Blicks all jene, die da auf ihn warten. Als seine wässrigen Augen, unter denen dicke Tränensäcke hängen, auf den so wohlhabend gekleideten Medizinstudenten fallen, kraust er verwundert die Stirn. Doch dann zuckt er nur die Achseln und wendet sich dem kleineren seiner beiden Untergebenen zu, der schon bereitsteht, die Tür zu öffnen. Flugs wird die Tür aufgerissen und der kleine Beamte zeigt als Erstes auf den Studenten. Sofort befiehlt der Backenbart: »Eintreten!«

»Danke schön!« Mit einer übertrieben höflichen Verbeugung betritt der junge Herr von Werder den Vernehmungsraum. Die Tür wird wieder geschlossen und die übrigen neun können beobachten, wie die beiden niederen Beamten auf ihren Reiteseln Platz nehmen und die Federkiele spitzen, während der Kriminalrat mit auf dem Rücken verschränkten Armen hinter der Holzbarriere auf und ab geht und seine Fragen stellt. Von dem, was gesprochen wird, ist allerdings kein Wort zu vernehmen.

»Cremerius«, wispert der apfelbäckige Schustergeselle Frieder zu. »Der Kriminalrat heißt Cremerius und is 'n ganz scharfer Hund.«

»Warste denn schon mal hier?«

Der Schuster hält drei Finger hoch – dreimal war er schon hier!

»Und was haste gemacht?«

»Die öffentliche Ordnung verletzt.«

»Was heißt 'n das?«

»Einmal hab ich 'nen Gendarmen auf 'ne falsche Spur gehetzt, einmal 'n betrügerisches Marktweib am Ohr gezogen und beim dritten Mal meinem geizigen Meister die Tür zugenagelt. Hat mich jedes Mal 'n paar Wochen Arrest gekostet. Aber diesmal wird's für länger. Wir haben ihnen Angst gemacht und jetzt machen sie uns Angst.«

»Was ... was haste denn diesmal gemacht?«

»Mit Steinen geworfen. Auf lebende Soldaten. Zur Verteidigung hatten die armen Kerle nur ihre Bajonette, waren also unbewaffnet. – Und du? Was könn' se dir anhängen?«

»Gar nichts. Bin nur dabei gewesen.«

»Oje! Das ist nicht gut. Da werden sie sich was ausdenken. Und Phantasie haben die!« Er wedelt mit der Hand, als hätte er sich die Finger verbrannt.

»Ruhe! Hier wird nicht gesprochen!«

Der Backenbart! Erst jetzt hat er ihr Gewisper mitbekommen. Wütend über so viel Ungehorsam schaut er zu ihnen hin.

Frieder hat es ohnehin die Sprache verschlagen. Darf es so etwas denn geben, sich eine Tat für ihn auszudenken, nur um ihn bestrafen zu können?

»Meine Kinder!« Die abgehärmte Frau weint wieder. »Sie werden sich die Augen aus dem Kopf gucken, ihre arme Mutter aber wird nicht kommen. Niemand wird kommen ...«

Da schaut sogar der Schließer mit dem Backenbart weg. Das bringt er nicht fertig, auch diese Frau anzuschnauzen.

Nach dem Medizinstudenten werden die vier Frauen vernommen, als Sechster wird Frieder in das Zimmer mit den Schreibpulten befohlen. Er stellt sich so vor der Holzbarriere auf, wie er es von dem Studenten und den vier Frauen gesehen hat, und grüßt höflich. Doch natürlich wird sein Gruß nicht erwidert. Dies ist kein guter Morgen für ihn und soll auch keiner werden, besagen die Blicke der drei Beamten, die ihn erst einmal von Kopf bis Fuß mustern, bevor der Kriminalrat ihn mürrisch nach seinem Namen fragt.

»Friedrich Wilhelm Jacobi.«

»Jacoby mit Ypsilon?« Die Augenbrauen gehen in die Höhe.

»Mit I.«

»Schon mal hier gewesen?«

»Nein.«

Wieder mustert ihn der Kriminalrat lange. »Bleiben Sie hübsch bei der Wahrheit! Wenn Sie schon mal hier waren und wir legen extra ein neues Registerblatt an und stellen später fest, dass Sie doch schon mal Gast unseres Hauses waren, werden Sie zusätzlich bestraft.«

»Aber ich war noch nicht hier.«

»Antworten Sie nur, wenn Sie gefragt werden! Und fassen Sie sich kurz.« Der Kriminalrat beginnt von neuem seine Wanderung, während der aus der Nähe noch unscheinbarer wirkende Sekretär den Federkiel neu spitzt und danach fein säuberlich den Namen ins Registerblatt einträgt. Erst als er den Kopf wieder hebt, geht es weiter.

»Friedrich Wilhelm heißen Sie? Ein frommer Name! Und dann solche Untaten?«

»Untaten? Aber ich bin doch nur ...«

»Hab ich Sie was gefragt?« Mit vor Zorn gerötetem Gesicht ist der Kriminalrat stehen geblieben.

»Ich dachte ...«

»Sie – sollen – nicht denken!« Jetzt steht der Mann mit den dicken Tränensäcken so dicht vor Frieder, dass ihre Gesichter sich fast berühren. Nur die Barriere trennt sie noch. »Was sollen Sie nicht?«

»Denken«, antwortet Frieder verblüfft.

»Richtig!« Wieder wird die Wanderung fortgesetzt. »Nicht denken und nicht irgendein Zeug quasseln! Nur Fragen beantworten. Also weiter: Geburtsdatum?«

»3. Februar 1830.«

»Geburtsort?«

»Berlin.«

»Religion?«

»Evangelisch-lutherisch.«

»Familienstand?«

»Ledig.« Eine dumme Frage. Er ist ja erst siebzehn, wie soll er da verheiratet sein? Aber der Kriminalrat stellt wohl nur die üblichen Fragen und der Sekretär trägt alle seine Antworten mit gleichmütigem Gesicht in die entsprechende Rubrik ein.

»Wohnort?«

»Berlin.«

»Straße?«

»Rosenstraße 7.«

»Beruf?«

»Zimmermann.«

»Geselle oder Handlanger?«

»Geselle.«

»Name des Vaters?«

Frieder rasselt auch die Lebensdaten seines Vaters herunter und danach die der Mutter. Als er damit fertig ist, bleibt der Kriminalrat erneut vor ihm stehen. »So, so! Sie haben einen Beruf erlernt und stehen in Lohn und Brot. Trotzdem stoßen Sie Ihre ehrenwerte Frau Mutter mit Ihrem Verhalten in Schimpf und Schande und beschmutzen gar noch das Andenken Ihres rechtschaffenen Vaters.«

»Aber ich habe ...«

»Fällt mir der Kerl doch schon wieder ins Wort!« Fassungslos vor Empörung blickt der Kriminalrat seinen Referendar an, den kleinen Mann mit der Höckernase, der sich bisher nur wenige Notizen gemacht hat. Eilfertig erhebt sich der in seinem Reitesel und erklärt Frieder mit drohend erhobener Fistelstimme ein weiteres Mal, dass er nur zu reden habe, wenn er gefragt werde. Proteste oder irgendwelche anderen Einlassungen seien bei der Einvernahme nicht erlaubt. Er werde später noch Gelegenheit haben, sich zu äußern; höchstwahrscheinlich viel ausführlicher, als ihm lieb sein dürfte.

Während die Frauen vernommen wurden, hatte der Medizinstudent Frieder erklärt, ein Referendar sei so eine Art Lehrling, der mal Kriminalrat werden wolle, aber es meistens nur bis zum Assessor bringe. Trotzdem solle er vor dem besonders auf der Hut sein, die meisten Referendare kitzele der Ehrgeiz.

»Aber …«, versucht Frieder dennoch vorsichtig etwas zu sagen, wird aber vom Donnerton des Kriminalrats sofort wieder unterbrochen. »Ruhe! Verdammt noch mal! Hat Ihnen denn nie jemand Zucht und Ordnung beigebracht?«

Frieder beißt sich auf die Lippen und spürt schon, wie Zorn in ihm aufsteigt: Die machen sich das einfach! Zwar sind des Kriminalrats Vorwürfe tatsächlich keine Fragen, aber wenn er ihm nichts entgegenhalten darf, muss sein Schweigen ja als Eingeständnis gewertet werden.

Seufzend nimmt der Kriminalrat seine Wanderung wieder auf, unterbricht sie jedoch bald und bleibt wiederum so dicht vor Frieder stehen, als wollte er ihm, Auge in Auge, bis auf den Grund seiner Seele sehen. »Weshalb haben Sie sich dem Pöbel denn angeschlossen?«, fragt er nun fast väterlich. »Sind Sie eventuell verführt worden?«

Frieder will antworten, dass er sich niemandem angeschlossen habe und von keinem zu irgendwas verführt worden sei, sondern nur Kartoffeln kaufen wollte; dass die aber zu teuer waren und er deshalb nach Feierabend mit anderen zusammen in die Innenstadt gegangen war, um vielleicht irgendwo billigere zu finden. Doch bevor er den Mund aufhat, fährt der Kriminalrat schon fort: »Also gut, dann mal alles der Reihe nach. Wann, um welche Uhrzeit haben Sie sich dem Pöbel denn angeschlossen?«

»Aber ich habe …«

»Geht das schon wieder los!«, brüllt der Kriminalrat da voll Verzweiflung über diesen Ungehorsam. »Ist das der Dank für meine Geduld? Ich will endlich wissen, wann Sie mit dem ganzen üblen Haufen in die Stadt aufgebrochen sind, und nichts anderes!«

»Um sechs!« Seine Kopfschmerzen! Jetzt werden sie wieder schlimmer.

»Also«, der Kriminalrat beruhigt sich und gibt dem Sekretär ein Zeichen, »am Mittwoch, den 21.4.1847, habe ich, der Zimmermann Friedrich Wilhelm Jacobi, wohnhaft Berlin, Rosenstraße 7, meine Arbeit verlassen, um mich dem plündernden und marodierenden Pöbel anzuschließen, der es letztendlich auf das Leben und die Gesundheit Seiner Majestät, König Friedrich Wilhelm des Vierten, abgesehen hatte.«

»Aber nein! Ich ...«

»Ruhe!« Jetzt macht der Kriminalrat auf einmal ein sehr überlegenes, kühles und beherrschtes Gesicht. »Oder glauben Sie, Sie können uns einen Bären aufbinden, indem Sie immer hübsch neben der Wahrheit herspringen? Schließlich ist der Haufen, in dem Sie sich befanden, schnurstracks aufs Schloss zumarschiert. Und auch beim Prinzen von Preußen, unserem geliebten Thronfolger, wurden Scheiben eingeworfen. Wurden dabei etwa keine dem Königshaus feindlichen Parolen gerufen?«

Da hat Lügen keinen Sinn, die wilden Rufe haben ja alle gehört.

»Wollen Sie nun endlich antworten?« Wieder der Donnerton. »Wir haben noch Dutzende solcher Königsmörder wie Sie zu vernehmen.«

»Ja.«

»Was ja?«

»Ja, die Parolen wurden geschrien.«

»Und? Haben Sie mitgeschrien?« Der Referendar auf dem Reitesel wird etwas größer.

»Nein.«

»Und das sollen wir Ihnen glauben?« Der kleine Mann hinter dem Pult lächelt überlegen. »In allem lügen Sie und ausgerechnet das sollen wir Ihnen glauben? Aber gut! Sie sind jung und dauern uns. Sagen Sie uns nur, wer immer wieder ›Zum Schloss! Auf zum Schloss!‹ geschrien hat, und wir glauben Ihnen vielleicht und lassen Sie laufen.«

Das Dröhnen in Frieders Kopf wird immer schlimmer. Fast

kommen ihm vor Schmerz die Tränen. Doch jetzt darf er nicht schlappmachen; es geht um Rackebrandt – es war ja ausgerechnet Rackebrandt, der das geschrien hat!

»Nun?« Der Referendar kann sich nicht verstellen. Schaut er Frieder an, bekommt sein Blick etwas Lauerndes; blickt er zum Kriminalrat hin, wird er zum Hündchen, das mit dem Schwänzchen wedelt.

»Kenne die nicht, die geschrien haben. Waren alles Fremde.«

»Ach! Dann sind Sie also nach Feierabend allein mit Fremden in die Innenstadt gezogen? Berufsgenossen waren nicht dabei?«

»Doch – aber wir haben uns aus den Augen verloren.«

»Was für ein dummes Märchen! Sie besitzen nicht gerade viel Phantasie.« Enttäuscht blickt der Referendar den Kriminalrat an. Der winkt nur ab, als wollte er sagen: »Machen Sie mal weiter«, und da kommt es auch schon so mild, als würde der kleine Mann auf dem Holzgestell allen Ernstes befürchten, Frieder gar zu sehr zu erschrecken: »Und wo ist Ihr Werkzeug, Herr Zimmerer? Bekanntermaßen tragt ihr Zimmerleute das doch immer mit euch herum.«

»Es lag in dem Korb, den man mir bei der Einlieferung abgenommen hat.«

»Also hatten Sie es dabei, als Sie nach Feierabend mit dem Pöbel durch die Straßen zogen?«

Welch lauernder Unterton bei einer so harmlosen Frage? »Ja! Natürlich!«

»Natürlich?« Der Kriminalrat schlägt die Hände zusammen. »Natürlich? Ja, wissen Sie denn nicht, was Sie soeben eingestanden haben?«

Mit trockener Kehle schüttelt Frieder den Kopf.

»Sie haben eingestanden, dass Sie bewaffnet waren, als Sie das Schloss stürmten. Und die Beweisstücke liegen vor.«

Seine Werkzeuge – Waffen? Und wieso denn Sturm aufs Schloss? Sie waren ja nur bis zum Opernplatz gekommen.

Teilnahmsvoll blickt der Referendar Frieder an. »Aber ich

bitt' Sie! So dumm können Sie doch nicht sein. Was gehört denn alles zu Ihrem Werkzeug?«

»Stemmeisen, Axt, Stoßaxt, Winkel und Klöpfel.«

»Axt! Stoßaxt sogar! Und Stemmeisen! Was Sie damit alles hätten anrichten können!« Jetzt scheint der kleine Mann mit der Fistelstimme sich tatsächlich um Frieder zu sorgen. »Man darf so eine böse Sache ja gar nicht zu Ende denken!«

Soll das etwa heißen, er wollte mit seinem Werkzeug auf die Schlosswachen losgehen? Er, Frieder Jacobi, der nicht mal Spaß an Straßenraufereien hat?

»Nun gestehen Sie schon! Erleichtern Sie Ihr Herz ohne Scheu und Furcht und wir werden sehen, wie wir Ihnen helfen können. Was also beabsichtigten Sie mit Ihrem Werkzeug?«

»Nichts!«, schreit Frieder da auf. »Nichts! Das alles ist ja lächerlich. Das ist …«

»Lächerlich?« Jetzt reißt es den Referendar gänzlich von seinem Esel. Mit hochrotem Kopf kommt er hinter dem Pult hervor. »Sie bezeichnen die Untersuchung der schandbaren Vorfälle, an denen Sie teilhatten, ja, als deren Rädelsführer Sie fungierten, als lächerlich?«

»Ja!«, schreit Frieder, dem nun alles egal ist. »Ja! Mir zu unterstellen, dass ich mit der Axt auf Menschen loswollte, ist lächerlich. Jeder weiß, dass Zimmerleute, die von der Arbeit kommen, ihr Werkzeug bei sich tragen. Meine Mutter soll sich schließlich nicht umsonst Tag und Nacht dafür geschunden haben.«

Den Referendar hat diese ungewohnt lautstarke Widerrede stumm gemacht. Einen Befehl erwartend, blickt er den Kriminalrat an. Der kratzt sich erst mal nur das Kinn, dann sagt er träge: »Wusst ich's doch! Ein übler Bursche! Hält sogar im Gefängnis noch aufrührerische Reden.« Und zum Sekretär gewandt fügt er hinzu: »Überstellung zur Hausvogtei! Mit so was geben wir uns hier nicht ab.« Noch ein letzter Blick aus wässrigen Augen, dann ist Frieder für ihn erledigt. »Soll der Nächste hereinkommen.«

## Geld und Brot

Eine schlimme Nacht! Vom Flatow hat sie geträumt, von der Schwester, von Frieder und seiner Mutter, und so ist Jette am Morgen, als sich erste Grauschimmer durchs kleine Bogenfenster tasten, schon wieder hellwach. Guste aber schläft noch. Und auch Fritzchen liegt so still, als beruhige es ihn noch im tiefsten Schlaf, dass seine Mutter bei ihm ist.

Leise steht Jette auf, wirft sich das Schaltuch um die Schultern und huscht zum Fenster. Ob Frieder in der Nacht vielleicht doch noch nach Hause gekommen ist? Ab Mitternacht wurde es ja ruhig in der Stadt.

Die Straße aber ist noch nicht erwacht, noch kein einziges Milchwägelchen ist unterwegs; alles liegt still, dunkel und wie verlassen da.

»Na? Warteste immer noch auf deinen Pousseur?«

Die Schwester! Also ist sie auch schon wach.

»Ärger dich nicht, Jettchen! Solange dein Kartoffelprinz nicht hier ist, kann er dir nichts tun. Also bleibste rein und unschuldig und er in seiner Zelle muss auch sauber bleiben. Habt ihr beide was davon!« Vorsichtig, um Fritzchen nicht zu wecken, steht Guste auf, setzt sich in der Waschecke auf den Topf und lässt's rieseln.

»Wieso denn Zelle?«, flüstert Jette.

»Na, wenn er die ganze Nacht nicht nach Hause gekommen ist? Wo soll er 'n sonst sein?«

»Vielleicht ist er ja doch noch gekommen.« Merkt Guste denn nicht, was sie da beschreit?

»Wem vielleicht reicht, der hat's leicht!« Die Schwester schiebt den Topf unter die Anrichte, legt sich wieder ins Bett und schließt noch mal die Augen. Jette aber starrt wie betäubt auf die Straße hinunter. Der junge Zimmermann im Gefängnis? Das wäre zu schlimm. Vor allem für seine Mutter, die dann ja niemanden mehr hätte, der für sie sorgt.

»Lieber Gott!«, beginnt sie in Gedanken zu beten. »Bitte mach, dass er längst zu Hause ist!« So hat sie als Kind immer gebetet, wenn sie vor irgendetwas große Angst hatte.

Mitten hinein in ihr Gebet knarrt die Haustür. Rasch beugt sie sich vor – und zuckt gleich wieder zurück: der Flatow! Heute ist er noch früher dran als sonst. Sicher will er gleich in die Königstraße, nachschauen, ob alles heil geblieben ist. Weil sie aber so verwirrt ist, vergisst sie, die Gardine vorzuziehen. Der Flatow muss ihren Blick im Nacken gespürt haben. Ruckartig dreht er sich zu ihr herum, guckt überrascht – und zieht lächelnd den Hut.

Da bleibt ihr nichts anderes übrig, als zurückzugrüßen, und jetzt könnte der Flatow eigentlich weitergehen. Der auch an diesem Morgen wieder wie aus dem Ei gepellte Mann jedoch lächelt nur weiter so freudig überrascht zu ihr hoch. Also zieht sie doch noch die Gardine vor und ärgert sich mal wieder darüber, dass sie keinen Spion am Fenster haben. Alle Leute haben einen, da braucht sie nur die gegenüberliegende Straßenseite entlangzuschauen, kein Fenster ohne den kreisrunden Außenspiegel! Guste aber hat was dagegen, Leute zu beobachten, ohne dass die es merken; hält es für spießig und unsauber.

»Was ist denn? Was hampelste denn so herum?«, murrt die Schwester, die wohl gerade wieder ein wenig eingeduselt war.

»Der Flatow! Er steht vor dem Haus und will einfach nicht weitergehen.«

»Na, dann lass 'n doch stehen! Was geht der uns denn an?«

Das ist zu frech, darauf muss Jette antworten. »Ich weiß, was er uns angeht«, platzt sie heraus. »Weiß es längst!«

»Erzähl keine Märchen! Du weißt es seit ein paar Stunden.« Die Schwester bleibt ganz ruhig. »Hast auf der Treppe gestanden, als er bei mir klopfte.« Und dann sagt sie ihr kühl, dass sie gedacht hätte, ihr Schwesterlein wäre inzwischen alt und klug genug, nicht über Dinge zu reden, die nun mal nicht zu ändern wären. Mit tränenreichen Reuebekenntnissen aber könne sie ihr nicht dienen. »Unser lieber Hausbesitzer is 'n Kunde wie jeder andere auch – nur dass er besser bezahlt und ich's nicht allzu weit habe. Und gestern war ich nun mal zufällig zu Hause …«

»Aber er kennt uns doch! Sieht uns jeden Tag. Und was er dann denkt!«

»Was der denkt und was er nicht denkt, ist mir so egal wie Scheiße, die durch 'n Rinnstein treibt.« Die Schwester gähnt, als wäre sie immer noch müde, in Wahrheit aber ist sie längst hellwach und hält Jette gleich mal wieder einen Vortrag über die einzige Art Liebe, die es ihrer Meinung nach gibt. Die berühmten zwei Herzen, die füreinander schlügen, wären nämlich nur eine Erfindung der Dichter. Weil die damit nun mal ihr Geld verdienten und genau wüssten, dass die meisten Frauen von solchen Geschichten nicht genug bekommen könnten. »Die wahre Liebe is nichts anderes als 'n Geschäft. Ich gebe dir, was du nicht hast, aber unbedingt willst, und du gibst mir, was ich nicht habe. So passiert's jede Nacht in jedem Haus, ob Bettelbude oder Prinzenpalast. Und wie alle anderen, so hopst auch deine liebe Schwester nicht aus lauter Spaß am Vergnügen in fremde Betten. Die eine will Sicherheit, die andere gleich 'n Palais. Justeken will nur Groschen und Taler, denn von schönen Gedanken allein werden Sohnematz und Schwesterchen nicht satt. Und damit du endgültig klar siehst: Weise ick den Flatow 's erste Mal ab, schlafen wir am nächsten Tag alle drei auf der Kohlenkiste und decken uns mit de Müllschippe zu.«

Es sind immer die gleichen Reden und Guste ist immer im Recht – allein wegen der Groschen und Taler! Doch was, wenn der Flatow irgendwann auch nach ihr guckt? Dieser Blick vorhin, das Lächeln, das hatte doch was zu bedeuten. Zögernd erzählt Jette der Schwester davon und sofort macht Guste ein entschlossenes Gesicht. »Wenn er das versucht, ist Qualm in der Küche! Dann fährt ihm der Blitz in die Rippen! Dann lade ick so viel Mist auf ihn ab, dass er daran erstickt!«

Ein Weilchen lauscht Jette den Worten noch nach, dann wird es ihr kalt ums Herz. Das ist ja alles nur Geschimpfe! In Wahrheit könnten sie gar nichts tun – außer wieder wegziehen. Aber wohin? Etwa ins Vogtland*, das Armen- und Verbrecherviertel, in dem die meisten Dirnen leben?

»Guck mich nicht so an!« Guste weiß, was sie denkt, und wird verlegen, weil sie ja in Wahrheit genauso hilflos ist und es nur nicht zugeben will. »Hab dir schon tausendmal gesagt, dass ich nicht zulassen werde, dass du meinen Weg gehst. Nicht aus übertriebener Schwesternliebe, sondern ganz allein Fritzchens wegen. Der Junge muss später mal jemanden haben, der einen anständigen Menschen aus ihm macht. Und das kann nur, wer selbst sauber geblieben ist.«

Immer dasselbe: Sie muss sauber bleiben! Für Fritzchen. Aber sie hat kein Wörtchen mitzureden. Über sie wird einfach verfügt. Fast so, als wäre sie nur ein Tisch oder Stuhl, der keinen eigenen Willen hat. Und sie darf nicht mal widersprechen; eben wegen der Taler und Groschen!

Die Wuttig kommt vom Markt. Ganz erhitzt und aufgeregt ist sie. »Jeht schon wieder los!«, schimpft sie zum Fenster hoch, als sie Guste und Jette darin entdeckt. »Se wollen nu wohl jar keene Ruhe mehr jeben, diese Menschern! Durch alle Straßen und über alle Märkte ziehen se. I nee! Am besten, man verkriecht sich hinter de Tür und nagelt se zu.«

Da guckt auch Guste gleich wieder verdrossen. Soll sie eine weitere Nacht verlieren? »Da haben se woll noch nicht jenug eingesperrt?«, schimpft sie leise vor sich hin, weiß aber, dass Jette es gehört hat, und wollte es wohl auch.

Die erwidert nichts, wendet sich nur wieder Fritzchen zu, der vor seiner heißen Hafergrütze hockt und darauf wartet, dass sie endlich genug abgekühlt ist. Als er immer noch so ein beleidigtes Gesicht macht, steckt sie ihren Finger in die Grütze, um ihn zu Fritzchens Kummer genüsslich abzulecken und ihm mit viel Schadenfreude zu verkünden, dass er eben kräftig pusten müsse, wenn er solch großen Hunger habe.

Fritzchen aber will nicht pusten, stänkert nur: »Jette – Palette, hat am Arsch 'ne Klette!« Darauf gibt's nur eine Antwort: »Fritze! Mit de Ohrenmütze! Reißt die dümmsten Witze!«, dann schaut Jette wieder aus dem Fenster und hört der kleinen dicken Witwe zu. Umringt von anderen Hausbewohnern, schimpft sie nun laut, dass wegen der ollen Krawallanten sogar die Schulen geschlossen und auch die ersten Fabriken schon dichtgemacht hätten. »Aber det Pack schämt sich nich und grämt sich nich und einfangen kann man se ooch nich alle, weil ja sonst de halbe Stadt hinter Jitter muss.«

Kaum hat sie's ausgesprochen, nähert sich wie zum Beweis vom Neuen Markt her eine wild gestikulierende Schar. Vorneweg laut schimpfende Frauen, dahinter Männer in Arbeitsblusen, verwahrlost aussehende junge Burschen und unzählige Lumpenkinder. Sofort verschwinden die Wuttig und alle ihre Zuhörer im Haustor und auch Guste macht einen Schritt vom Fenster weg. Jette hingegen beugt sich nun erst recht vor. Sie hat schon mal so etwas miterlebt, voriges Jahr im Sommer, als Königsgeburtstag gefeiert wurde. Da zogen die Leute ebenfalls in Scharen durch die Straßen. Erst sangen sie »Heil dir im Siegerkranz« und ließen den König hochleben, dann, zum Abend hin, wurden sie immer frecher, um an diesem Tag endlich mal zu tun, was sonst strengstens verboten ist. Besonders die Gassenjungen, Lehrlinge und Handwerksgesellen taten sich dabei hervor, rauchten auf offener Straße, brannten im Tiergarten Kanonenschläge ab und ließen Raketen und Schwärmer in den Abendhimmel aufsteigen. Als dann die Gendarmen und Soldaten die Ersten verhaftet hatten, versuchten die anderen sie zu befreien und wurden mit Säbeln durchs Brandenburger Tor in die Stadt zurückgetrieben. Dort ließen sie ihre Wut an Straßenlaternen, Bänken und sogar Fensterscheiben aus und Guste, sie und Fritzchen ängstigten sich furchtbar. Doch das war nur der übliche Königsgeburtstags-Krawall, der jedes Jahr stattfindet, jetzt geht's um mehr, das kann sie den Männern und Frauen, die nun immer näher kommen, deutlich ansehen. Manche von ihnen halten Stöcke oder Steine in den Händen und rufen immer wieder nach Brot, andere pfeifen nur schrill oder johlen laut.

Bestürzt vergisst Fritzchen seine Grütze, um mit großen Augen ebenfalls auf die Straße hinabzuschauen. Er versteht nicht, was da passiert, spürt aber, dass es etwas Bedrohliches ist. Als er gerade etwas fragen will, klopft es. Sofort reißt er die Augen noch weiter auf und auch Guste nähert sich nur vorsichtig der Tür.

»Wer ist denn da?«
»Icke bin's!«
Die Wuttig!
»Macht schnell auf, bevor se de Treppe hochkommen.«

Und dann kniet die kleine, dicke Frau auch schon mit ihnen am Fenster und schimpft gleich wieder los: »I nee doch! Hab ick's nich jesagt? Die jeben keene Ruh nich, diese Dollbregen! Machen de Straße zum Tollhaus. Ach, unser jeplagtet Königspaar! Dabei sind se doch gerade den Allerärmsten so zugetan! Janz anders als der olle Louis Philippe von de Wulewu-Franzosen. Aber nee! Nischt von Dankbarkeit! Wie de Raben sind se! Wie de Raben!«

Die Wuttig kann nicht anders. Immer muss sie schimpfen, diese schnurrbärtige Witwe, von der jeder weiß, dass sie in Wahrheit nie verheiratet war und sich nur Witwe nennt, damit sie nicht als alte Jungfer verlacht wird. Weshalb sollten die Armen da unten denn bei ihnen die Treppe hochkommen? Wegen der paar Krümel Brot im Schrank? Nein! Jette kennt die Witwe gut genug. Sie will nur jemanden zum Zuhören haben, deshalb hat sie bei ihnen geklopft.

Die Leute auf der Straße haben inzwischen die Bäckerei erreicht. Wütend pochen sie gegen die mit Brettern vernagelte Tür. »Brot raus!«, ruft ein langer, dürrer Mann, der seine blaue Bluse in der Hüfte straff gegurtet hat. Und ein junger Bursche mit kess übers Ohr geschobener Mütze beginnt zu skandieren: »Ni-ko-laus, rück Brot heraus!« Andere fallen mit ein und bald hallt es durch die ganze Rosenstraße: »Ni-ko-laus, rück Brot heraus!«

»I kiek mal eins!« Empört stemmt die Wuttig die Arme in die Seiten. »Brot wollen se haben? – Ja, wächst denn det uff Bäumen? Bezahlemann und Söhne, denn können se Brot haben.«

Im selben Moment hält einer der blaublusigen Arbeitsmänner schon eine Axt in der Hand, um wuchtig auf die Ladentür einzuschlagen. Die Bretter splittern, Jubelschreie sind zu hören und noch lauter hallt das »Ni-ko-laus, rück Brot heraus!« durch die Straße.

Jette stellt sich gerade vor, welche Angst Herr und Frau Nikolaus, ihre Kinder und Dietz jetzt wohl haben, als mit einem Mal der Flatow in der Menschenmenge auftaucht. Mutig zwängt er sich zwischen all den wütenden Männern und Frauen, schreienden Burschen und johlenden Kindern hindurch, bis er vor der Ladentür angekommen ist. Mit herrischer Gebärde befiehlt er dem Blaublusigen, in seiner Arbeit innezuhalten, dann hämmert er mit der Faust gegen die Tür. »Meister Nikolaus! Seien Sie klug! Geben Sie den Leuten, was sie haben wollen, und schützen Sie Ihr Geschäft!«

Und tatsächlich, nach einer kleinen Weile wird die Ladentür geöffnet und der Bäcker, seine Frau und Dietz stehen mit bleichen Gesichtern und den Armen voller Brote vor der Menschenmenge.

Anerkennend wiegt die Wuttig den Kopf. »Jerissen wie 'n Stiefelputzer, der Flatow! Opfer 'nen Groschen, damit se dir nich den Taler nehmen.«

Für eine Sekunde wird die Menschenmenge vor der Bäckerei ganz still, dann stürzen plötzlich alle vor und willig lassen sich Herr und Frau Nikolaus und Dietz abnehmen, was sie herangetragen haben.

»Halt!« Der Flatow ist mit dieser Art der Verteilung nicht einverstanden. Beide Hände hoch erhoben, um die Nachdrängenden abzuwehren, erklärt er laut: »Wenn jeder ein ganzes Brot bekommt, wird's nicht für alle reichen. Wir wollen, was im Laden ist, gerecht verteilen.« Und während vor der Bäckerei noch darüber gestritten wird, ob man diesem im Befehlston geäußerten Ratschlag folgen soll, flüstert der Flatow schon mit den Bäckersleuten und nur wenig später fliegen Viertelbrote in die Menge. Mal nach rechts, mal nach links, mal weiter nach hinten, mal ein bisschen näher nach vorn. Und während Herr und Frau Nikolaus wohl das Zerteilen der Brote übernommen haben, ist es Dietz, der die einzelnen Stücke auf die Straße hinauswirft und immer mehr seinen Spaß daran hat, zuzusehen, wie sich die Menschen vor dem Laden um seine Gaben balgen.

»I, det is richtig! Ei, wat is der Flatow für 'n raffiniertet Stück!« Immer wieder stößt die kleine Witwe bewundernde Rufe aus, so sehr gefällt ihr, wie der Flatow den Bäckersleuten geholfen hat. Und ob es ihr passt oder nicht, Jette muss ihr Recht geben: Hätten Herr und Frau Nikolaus sich die Brote weiterhin laibweise entreißen lassen, wären viele leer ausgegangen und hätten ihnen vor Wut darüber den Laden erst recht zerstört. Die in die Menge geworfenen Viertelbrote bewirken, dass sich alles vom Bäckerladen abwendet, da es Acht zu geben gilt, dass man seinen Anteil Brot auch bekommt. Oft greifen zwei oder drei gleichzeitig zu und raufen danach um die Beute. Und da stets nur einer Sieger bleiben kann, werden die Männer und Frauen, Burschen und Kinder mit der Zeit immer rabiater.

Jetzt hat sich auch der kahle Kerkau unter die Jäger und Fänger und Raufenden gemischt. Und was für ein listiger Kerl er ist! Stürzt sich nicht wahllos ins Getümmel, sondern stößt stets nur Schwächere, Frauen oder Invaliden, zur Seite. Hat er ein Brotstück ergattert, wirft er es Maxe, seinem Ältesten, zu. Das spillrige Bürschchen wartet vor dem Haustor und drückt die Beute jedes Mal einer seiner genauso dünnen Schwestern in die Hand, die damit im Flur verschwindet und gleich darauf wieder neben den anderen steht.

Auch die Wuttig hat das beobachtet. »Igittigitt! Der Kerkau, das Mensch! Janz jelb um die Augen isser vor Gier.«

Fritzchen hat seine Angst inzwischen vergessen und will nur noch wissen, ob Maxes Schwestern das Brot im Hausflur immer gleich aufessen. Da Jette die Frage zu dumm ist, um sie zu beantworten, beugt er sich weit vor, um das selbst herauszufinden, und sie muss ihn am Hemdkragen festhalten, damit er ihr nicht aus dem Fenster fällt.

»Da!« Nun fliegen anstelle der zur Neige gegangenen Brote zu Fritzchens freudigem Entsetzen sogar Semmeln und Schrippen in die Menge. Sofort bettelt er: »Will auch eine! Bitte, Jette, hol mir auch 'ne Semmel!«

»Die Erziehungsfläche werd ick dir ausklopfen!« Endlich macht auch Guste wieder den Mund auf. »Die da unten stehlen den Nikoläusen doch, was sie in fleißiger Arbeit geschaffen haben.«

»Wenn ick aber doch Hunger hab!« Fritzchen zieht eine Schnute.

»Dann ess deine Grütze.«

»Mit 'ner Semmel schmeckt se besser.«

»Sind ja gar keine mehr da!« Schadenfroh zeigt Jette ihm die nun wieder verschlossene Ladentür und da guckt er genauso enttäuscht wie diejenigen, die bis zum Schluss kein Glück hatten und nun langsam einsehen müssen, dass weiteres Warten nicht lohnt.

»Dann hol morgen welche!« Bockig stampft Fritzchen mit dem Fuß auf und erschreckt die Wuttig damit noch mehr.

»I bewahre!« Erst schlägt sie das Kreuz, dann zieht sie ihr geblümtes Taschentuch aus dem Mieder und wischt Fritzchen mit strenger Miene die Tränen fort. »Bist doch 'n Liebeken und keen Böseken! Wirst doch nicht stehlen wollen wie det Kroppzeuch da unten.«

Sofort muss Jette wieder an Frieder denken. Und da sagt sie auch schon: »Wer Hunger hat, macht manches, was er sonst nicht tun würde.«

Bestürzt schaut die kleine Witwe sie an. »Aber Mamsell Jetteken! Se werden sich doch nich mit solchem Plunderpack jemein machen?«

Guste hat die Schwester besser verstanden. »Aber so isses doch nun mal«, spottet sie und Jette weiß, woran sie damit erinnern will. »Geld und Brot heilen alle Wunden! Und wer keins von beidem hat, muss es sich holen. Egal wie, egal wann, egal von wem!«

## Seelenspeise

Stunden sind vergangen, warme Nachmittagssonne liegt über der Stadt und in der Rosenstraße ist es so still, als hätte es all die vielen Menschen und ihre lauten Rufe nach Brot nie gegeben. Geöffnet jedoch haben Nikolaus' ihren Laden nicht wieder. Wozu denn, da sie ja doch nichts mehr zu verkaufen haben?

Jette war, nachdem es von der Marienkirche her eins geschlagen hatte, mal rasch zum Neuen Markt gelaufen, nachschauen, ob es nicht irgendwas zu kaufen gab. Ein bisschen Kalbsgeschlinge oder Knorpel für eine Suppe oder Brühe oder wenigstens für 'nen Dreier Kesselfett. Doch alle Stände hatten geschlossen. Wo sonst die Schlächter mit ihren muskelbepackten Armen halbe Kälber vom Riegel nehmen und sie schwer klatschend auf die Fleischbank fallen lassen, wo sonst an den Budenwänden gleich mehrere Reihen blutiger Rinderviertel und ganzer Hammel hängen oder ellenlange braune und rote Würste von den Holzdecken pendeln und dicht gedrängt die einkaufenden Hausfrauen und Dienstmädchen stehen, war alles still und leer. Kein Beil, das auf einen Hauklotz niederfuhr, um das Fleisch zu trennen; keine blutigen Stücke, die zum Wiegen auf eine Messingwaage geworfen wurden; keine Scherze der rotköpfigen, schwitzenden Schlächtergesellen.

Sie wollte schon zur Schlächterei an der Ecke Klosterstraße weiterlaufen, da entdeckte sie zwischen den Gemüseständen ein schmuddliges, halb zertretenes Bündchen Suppengrün. Gleich daneben noch eins. Und noch eins. Flink las sie, was noch einigermaßen zu verwenden war, in ihren Korb, dann suchte sie weiter. Wo Suppengrün herumlag, fand sie vielleicht noch anderes. Und tatsächlich, inmitten jeder Menge Kehricht lag eine große Kartoffel; halb zertreten, aber brauchbar. Woanders noch zwei. Auch einen halbwegs manierlichen Kohlrabikopf mitsamt Grün entdeckte sie. Alles sehr schmutzig, alles nicht sehr ansehnlich und doch, sorgfältig gewaschen, besser als gar nichts.

Als sie dann in der Klosterstraße ankam, war sie schon gar nicht mehr überrascht, dass der Laden noch geöffnet hatte und nicht geplündert war. Übermütig vor Glück kaufte sie von dem ersparten Geld keinen Knorpel und kein Geschlinge, sondern einen riesigen Rindsknochen. Und jetzt kocht sie aus allem eine herrlich duftende Gemüsebrühe. Die soll es zum Abend geben und wenn Fritzchen dann immer noch meckert, ist er nichts als ein Zankdeibel und gehört ausgelacht.

Guste steht währenddessen vor dem Spiegel und schiebt sich die Haare mal so und mal so zurecht. Sie weiß noch nicht, was sie diese Nacht tun soll, zu Hause bleiben oder Geld verdienen gehen?

Natürlich ist Fritzchen, der auf dem Fußboden hockt und sich aus allerlei Küchengeschirr eine Ritterburg gebaut hat, für zu Hause bleiben. Deshalb guckt er seine Mutter immer wieder bittend an und Jette steht ganz auf seiner Seite. Die Unruhen sind ja noch längst nicht vorüber, jede Minute kann es wieder losgehen. Andererseits weiß sie, mehr als zwei Tage zu Hause bleiben kann Guste sich nicht leisten.

Die Schwester wägt noch ab, was vernünftiger ist, da klopft es zaghaft. Mit dem Rührlöffel in der Hand geht Jette zur Tür und fragt erst mal nur, wer da ist.

»Ich bin's«, flüstert's leise vor der Tür. »Die Marie.«

Die Schneckenmarie? Sofort öffnet Jette und zögernd tritt die blasse Frau mit dem spitzen Gesicht und der altmodischen Schneckenfrisur auf sie zu. »Ich störe doch nicht?«

»Doch, du störst! Wenn de doch nur schon wieder weg wärst!« Guste schiebt der Freundin, der jeder ansehen kann, dass in ihrem Leben mal wieder etwas passiert ist, sofort einen Stuhl unter und setzt sich ihr gegenüber. »Nu? Was is?«, drängt sie gleich darauf.

Die Schneckenmarie streicht sich erst mal nur umständlich den Rock glatt, dann nickt sie Fritzchen und auch Jette noch mal schüchtern lächelnd zu, seufzt leise, als wollte sie endlich etwas sagen, und reibt sich danach doch nur die Stirn. Ein Zeichen für ihre ewigen Kopfschmerzen.

»Hat's was mit Karlchen zu tun?«

Sofort schießen der Schneckenmarie die Tränen in die Augen und da braucht sie nicht mal mehr zu nicken.

»Jette!« Bittend schaut die Schwester auf. »Fritzchen war heute noch nicht an der Luft. Und es ist so schönes Wetter!«

»Bin kein kleines Kind mehr!« Den halben Tag ist sie herumgerannt, um eine Suppe zusammenzubekommen; jetzt hat sie endlich alles in der Röhre und da soll sie mit Fritzchen spazieren gehen? Und das nur, damit sie Mariechens Karlchen-Sorgen nicht mitbekommt, die Guste ihr ohnehin spätestens morgen früh lang und breit auftischen wird?

»Jette!«

»Ja doch! Soll ich gleich aus 'm Fenster springen?«

Ärgerlich nimmt Jette die Suppe aus der Ofenröhre, klatscht den Rührlöffel hinein, dass es spritzt, und will sich gerade, um Guste wenigstens ein bisschen zu ärgern, die breiten Schnallenschuhe anziehen, die sie ihr sonst nur sonntags erlaubt, als es erneut klopft. Verblüfft schaut sie die Schwester an. Wer kommt denn jetzt noch?

»Mamsell Jette?«, ertönt es im Treppenhaus. »Sind Sie zu Hause? Ich ... ich möchte Sie gern was fragen.«

»Mutter Jacobi?« Noch bevor Jette irgendetwas sagen oder tun kann, ist Guste schon an der Tür.

Und tatsächlich: Es ist die kleine Frau aus dem Dachgeschoss! In Haube und Mantille steht sie im halbdunklen Treppenhaus und schaut erschrocken zuerst Guste und dann die Schneckenmarie an, bevor ihr Blick Jette findet. »Liebes Kind«, sagt sie dann leise, bleibt aber vor der Tür stehen. »Sie waren gestern Abend so freundlich, sich nach meinem Wohlergehen zu erkundigen, und ... und ich habe mich nicht einmal dafür bedankt. Das möcht ich jetzt gern nachholen. Es tut gut zu wissen, dass es eine Seele gibt, die nach einem fragt, wenn man krank zu Bette liegt.«

Sie holt tief Luft, die wenigen Worte haben sie offensichtlich bereits sehr erschöpft. Dann fährt sie noch leiser fort: »Jetzt will ich meinen Sohn suchen ... Er ... er ist die ganze Nacht nicht nach Hause gekommen ... Mach mir solche Sorgen!«

Sie sagt das, als wollte sie gleich wieder gehen, bleibt aber vor der Tür stehen; fast so, als erwarte sie von den beiden Schwestern einen Rat.

»Aber das müssen wir doch nicht in der Tür bereden.« Guste macht eine einladende Handbewegung. »Setzen Sie sich einen Augenblick zu uns. Das Treppensteigen hat Sie sicher sehr angestrengt.«

Mutter Jacobi will erst nur den Kopf schütteln, doch dann gibt sie sich einen Ruck, macht zwei, drei Schritte nach vorn, bleibt wieder stehen und blickt sich erst mal nur nach allen Seiten um. Als sie erkannt hat, in eine ganz normale Wohnung geraten zu sein, atmet sie erleichtert auf. Das kann Jette ihr deutlich ansehen. Bestimmt hat sie sich ihre Behausung als furchtbar schändliche Lasterhöhle vorgestellt.

Auch Guste ist Mutter Jacobis Erleichterung nicht entgangen. Höflich bietet sie ihr den Sorgenstuhl an und fragt danach wie nebenbei: »Haben Se denn heute überhaupt schon was gegessen, Frau Jacobi?«

Die will erschrocken abwehren: »Aber nein, nicht doch ...« Da steht plötzlich Fritzchen vor ihr. »Jette hat Suppe gekocht«, erklärt er ernsthaft. »Die schmeckt guuut.«

»Aber sie ist doch noch gar nicht fertig.« Jette ist dieses Angebot unangenehm. Was soll Frieders Mutter denken, wenn sie ihr eine halb gare Suppe vorsetzen? Mutter Jacobi jedoch guckt nur noch Fritzchen an und der sieht sie an, bis die kleine Frau auf einmal ihr Taschentuch aus dem Täschchen nimmt und es sich erst vor die Augen und danach vor den Mund presst. »Mein Frieder, mein Jungchen! Was haben sie ihm nur angetan?«

»Was soll'n se ihm schon getan haben?«, versucht Guste die weinende Frau zu trösten. »Se haben in der Nacht 'n paar Verhaftungen vorgenommen, um Ruhe in die Stadt zu bringen. Wenn der ganze Zinnober erst vorbei ist, lassen se alle wieder frei.«

»Glauben Sie?« Mutter Jacobi hat sich solche Worte erhofft. Und da tut Guste ihr den Gefallen und schildert ihr ausführlich, wie sie sich die Sache mit den Verhaftungen erklärt. Und die Schneckenmarie hört zu, als würden diese Schwindeleien sie ebenfalls beruhigen, bis Jette ihre Suppe nun doch für gar erklärt, einen Teller davon abfüllt und ihn vor Mutter Jacobi hinstellt.

»Aber nein! Das kann ich doch nicht annehmen.« Die kleine Frau versinkt fast in ihrem Stuhl, so sehr schämt sie sich. »In diesen Zeiten! Wo alles so teuer ist.«

»Doch! Doch! Doch! Das können Se ruhig annehmen.« Guste legt den Löffel neben den Teller. »Sie müssen se sogar annehmen! Einem kranken Menschen zu helfen, der den ganzen Tag noch nichts in den Magen bekommen hat, ist schließlich Christenpflicht. Oder etwa nicht?«

Ist das Guste, die so spricht? Jette wagt kaum die Schwester anzusehen. Schwatzt was von Christenpflicht, sie, Auguste Mundt, die seit ihrer Einsegnung nicht mehr in der Kirche war! Hat dieses säuselige Gehabe etwa mit ihr zu tun – mit ihr und Frieder?

Mutter Jacobi ist über Gustes Predigt ebenfalls sehr verwundert. »Teile auch gern«, sagt sie leise seufzend, blickt in die heiße, zu ihr hochduftende Suppe und schweigt dann wieder.

»So, Mutter Jacobi!« Resolut drückt Guste ihr den Löffel in die Hand. »Jetzt machen wa ernst! Bei uns is noch nie jemand verhungert und solche Unsitten woll'n wir auch gar nicht erst einführen.«

»Dann bedanke ich mich recht schön.« Brav beginnt die kleine Frau zu löffeln, sieht aber außer Fritzchen, der sie anstrahlt, als habe er höchstpersönlich ihr diese Suppe gekocht, niemanden an. Als sie fertig ist, bedankt sie sich noch einmal. »Möge Gott es Ihnen vergelten.«

»Wird er schon tun, wenn er Zeit hat.« Zufrieden zwinkert Guste erst der Schneckenmarie und dann Jette zu.

Unschlüssig, was sie nun tun soll, da ja auch die Schneckenmarie noch wartet, räumt Jette den Teller fort und die kleine Frau erhebt sich mühsam aus dem Stuhl.

»Wo wollen Se denn jetzt hin?«, fragt Guste fürsorglich.

»Zur Stadtvogtei. Die Polizei ... die muss doch wissen, was mit meinem Frieder ist.«

»Aber den weiten Weg zum Molkenmarkt, den schaffen Se doch gar nicht, so krank, wie Sie sind.«

»Ich muss ja.« Mutter Jacobi atmet schwer. »Was soll ich denn sonst tun? Zu Hause bleiben und beten reicht nicht.«

»Da haben Se nu wieder Recht!« Guste überlegt kurz, dann zwinkert sie Jette ein zweites Mal zu. »Jetteherz! Liebeken! Willste nicht vielleicht mitgehen und Mutter Jacobi stützen? Du magst den Frieder doch auch, nicht wahr? Da wär's doch nur recht und billig ...«

»Brenn dir bloß keine Locke ins Gemüt!« Jette hat verstanden: So werden zwei Fliegen mit einer Klappe erschlagen.

»Aber das kann ich doch gar nicht annehmen.« Mutter Jacobi möchte zu gern, dass Jette sie begleitet; das ist ihr deutlich anzusehen. Zugeben aber würde sie das nie.

»Das ham wa heute schon mal jehört.« Guste bleibt fest. »Wozu sind wir denn Nachbarn? Und glauben Se etwa, wir hätten nicht gern gewusst, was aus unserem Kartoffellieferanten geworden ist?«

Da blickt Mutter Jacobi erst Guste und dann Jette an, die sich bereits ihr Schaltuch übergeworfen hat, und sagt nur noch leise: »Wenn ich das gewusst hätte! Dann hätt ich ja schon viel früher mal bei Ihnen guten Tag gesagt.«

»I bewahre!«, ahmt Guste die Witwe Wuttig nach. »Wenn wir kleenen Lichter immer alles wüssten, wären wir ja die reinsten Götter. Und von der Sorte gibt's doch nun mal nur den einen, nicht wahr?«

Es ist ein mühseliges Treppenhinabsteigen. Mutter Jacobi ist von ihrer Krankheit ja schon so geschwächt, dass sie kaum noch gehen kann. Jeder Schritt wird ihr zur Qual, jede Stufe nimmt sie nur sehr vorsichtig in Angriff. Im Hausflur angelangt, befürchtet sie dann selbst, dass sie auf diese Weise nie bis zum Molkenmarkt gelangen. »Tut mir Leid, mein Kind!«, entschuldigt sie sich bei Jette. »Aber ich muss doch hin, muss doch wissen, was mit meinem Frieder ist.«

»Und wenn ich nun allein nach ihm frage?«

»Aber dir werden sie keine Auskunft geben. Du bist doch nicht seine Mutter.«

Darauf gibt es keine Widerrede, also tröstet Jette sie nur leise: »Wir haben ja Zeit.«

»Bist ein braves Mädchen!« Die kleine Frau seufzt wieder. »Opferst mir altem Schimmel den schönen Tag.«

Vor dem Haustor erschrickt Jette: der Flatow! Steht vor seinem Haus und guckt mal links, mal rechts die Straße hinunter. Und natürlich hat er sie sofort entdeckt, zieht seinen hohen, gradkrempigen Zylinder, hält ihr die Tür auf und grüßt freundlich. Dann macht er ein betroffenes Gesicht. »Meiner Seel, Frau Jacobi! Wo wollen Sie denn hin? Wissen Sie nicht, dass heut der Pöbel durch die Gassen hetzt?«

»Mein Frieder!«, keucht die Frau an Jettes Arm, zitternd vor Anstrengung. »Muss doch … nach meinem Frieder … sehen.«

»Gehört er denn etwa auch zu den Plünderern?«

»Weiß doch nicht … Will in der Stadtvogtei … nach ihm fragen.«

»Ist er unter den Verhafteten?« Der Flatow spricht mit Mutter Jacobi, schaut dabei aber nur Jette an. »Das muss dann aber ein Irrtum sein, gute Frau. So ein ordentlicher, fleißiger junger Mann tut doch niemandem was zuleide.«

Worte, die Mutter Jacobi in ihrer Entscheidung, sich zu ihrem Sohn auf den Weg zu machen, nur noch bestärken. »Wenn ich bloß nicht … so krank wäre«, beschwert sie sich über sich selbst. »Dann würd ich ihn … schon finden. Aber so …« Sie muss husten, nimmt ihr Taschentuch aus dem Täschchen und kämpft mit den Tränen.

»Und da wollen Sie trotz Ihres Leidens zu Fuß in die Stadtvogtei? Und Mamsell Jette stützt und begleitet Sie?« Der Flatow nimmt noch immer keinen Blick von Jette. »Artig, artig! So eine Tochter wünscht sich mancher Vater.«

Jette spürt, wie sie rot wird, und senkt den Kopf. Dieser Mann sieht sie nicht an wie ein Vater seine Tochter. Er studiert sie wie etwas, das er haben möchte, von dem er aber noch nicht weiß, welchen Preis er dafür zu zahlen hat. Und ihre Verlegenheit schreckt ihn nicht ab, sondern lässt ihn nur noch begehrlicher gucken.

»Liebe Frau Jacobi!« Nun spricht der Hausbesitzer mit fast demütiger Stimme. »Dass Sie und Ihr bezaubernder Beistand den langen Weg zu Fuß machen, darf ein Kavalier nicht zulassen.

Da bricht ja die Dunkelheit über Sie herein, bevor Sie zurück sind. Außerdem ist es viel zu unsicher in der Stadt. Erlauben Sie einem Mann, dem es auf den Groschen nicht ankommt, Ihnen eine Droschke zu spendieren. – Nein! Nein! Keine Widerrede! Das bringt mich nicht ins Armenhaus und Sie wohnen nun schon seit so vielen Jahren bei mir zur Miete. Außerdem müssen wir ja auch an das junge Blut an Ihrer Seite denken. Wie leicht könnte es in schlechte Hände fallen.«

Was für widerliche Gedanken dieser Mann hat! Als ob seine Hände die besseren wären!

»Aber nein! Das geht doch nicht! So ein teures Vergnügen ...« Mutter Jacobi darf das großzügige Angebot nicht abschlagen. Die Fahrt mit der Droschke ist für sie die einzige Möglichkeit, zur Stadtvogtei zu gelangen. Doch natürlich spürt sie, dass diese unverhoffte Großzügigkeit nicht ihr gilt, und das macht sie verlegen. Der Flatow jedoch ist längst davongelaufen, eine Droschke zu holen; als er damit vorgefahren ist, steigt er aus und hält ihnen den Wagenschlag auf.

»Aber wie soll ich mich denn je dafür bedanken?«, murmelt Mutter Jacobi da nur noch.

»Gar nicht!« Der Flatow hilft ihr, das Trittbrett zu erklimmen. »Gottes Lohn ist Dank genug.« Gleich darauf hält er Jette seinen Arm hin.

»Danke! Kann allein.« Rasch will Jette an dem Mann vorüber, der aber packt sie um die Hüften und flüstert ihr, während er so tut, als sei er ihr trotz ihres Einspruchs behilflich, drohend zu: »Spröde wie 'n Stück Gusseisen, was? Aber lass nur, Liebchen, das gibt sich!« Laut sagt er: »Ja, wenn man noch so jung ist, denkt man, im Leben geht alles von allein. Was für ein Irrtum. Nicht wahr, Frau Jacobi? Was für ein Irrtum!«

Bebend vor Wut und Scham setzt Jette sich neben die Frau, die nur traurig geradeaus blickt, dann schnalzt der Kutscher schon mit der Zunge und der Wagen ruckt an.

»Hin- und Rückfahrt und Wartezeit sind bezahlt«, bemerkt

der Flatow noch in die Kutsche hinein, bevor er, strahlend vor Freude über den gelungenen Coup, seinen Zylinder zieht und ihnen ein herzliches »Viel Glück, meine Damen! Viel Glück!« nachruft.

»Ein unangenehmer Mensch!« Mutter Jacobi sagt das erst, als die Droschke schon die belebte Königstraße kreuzt. »Solche Männer treiben Frauen ins Unglück.«

Jette nickt nur still. Mutter Jacobi weiß ja gar nicht, wie Recht sie hat! Doch was soll sie tun? Erzählt sie Guste, was der Flatow ihr beim Einsteigen zugeflüstert hat, schlägt die Schwester Krach – und dann verlieren sie vielleicht die Wohnung. Also ist es besser, sie schweigt und passt selbst auf sich auf? In Wahrheit kann der Flatow ihr ja gar nichts tun, will er nicht Gewalt anwenden. Und ist sie nicht schnell, kann sie nicht weglaufen, notfalls sogar aus dem Fenster springen?

»Ihre Schwester war so nett zu mir. Da weiß ich gar nicht, wie ich mich bedanken soll.«

Mutter Jacobi muss jetzt wohl reden. Doch was soll Jette darauf antworten? Zu einer Hälfte war Gustes Freundlichkeit sicher echt, zur anderen war sie nur gespielt. Doch weshalb gab die Schwester sich solche Mühe? Hält sie Frieder trotz ihres Geredes für einen anständigen Burschen? Oder hat ihre Sinnesänderung nur mit dem Flatow zu tun? Ist es ihr lieber, sie bändelt mit dem Zimmerer an, damit sie vor dem Hausbesitzer geschützt ist?

Mutter Jacobi hat gemerkt, dass Jette nicht zu einem Gespräch aufgelegt ist. Still schließt sie die Augen und scheint tatsächlich ein wenig einzunicken. Erst als die Droschke vor dem Molkenmarkt stoppt und aufgeregte Stimmen zu ihnen dringen, kommt wieder Leben in sie.

Ein mit Bierkästen beladener Rollwagen, der von mehreren jungen Burschen, Blaublusenmännern und Frauen am Weiterfahren gehindert wird, versperrt den Weg. Einige der Burschen sind bereits dabei, die Kästen mit den Flaschen abzuladen. Die drei Polizeidiener, die mit gezückten Säbeln über den Molkenmarkt gelaufen kommen, um sie an ihrem Tun zu hindern, stören sie offensichtlich nicht.

»Mein Gott!«, seufzt Mutter Jacobi. »Was ist nur aus den Menschen geworden? So etwas gab's in meiner Jugend nicht.«

Der Kutscher, ein dickbäuchiger, grauschnäuziger Mann mit bronzefarbenem Gesicht, der, die Peitsche in der Hand, vom Bock gestiegen ist, um seine Gäule zu beruhigen, hat das gehört. Auf seinen unförmigen Stiefelklötzern kommt er heranstolziert und grinst neugierig durchs Fenster. »Se fragen verkehrt, Gnädigste! Se dürfen nich fragen: Wat is aus 'n Menschen jeworden? Se müssen fragen: Wer hat so wat Ekliget aus uns jemacht?«

Beleidigt zieht Mutter Jacobi ihren Kopf zurück. »Straßengeschwätz! Was nicht in mir ist, kann auch keiner aus mir machen.«

Inzwischen haben die drei Polizisten den Rollwagen erreicht. »Zurück! Alle Kästen sofort zurück auf den Wagen!«, befiehlt ihr Ältester und dann schwingt er auch schon seinen Säbel, um ein paar besonders dreiste Burschen, die sogar jetzt noch auf den Bierwagen steigen wollen, von ihrem Tun abzuhalten.

»Ach, Opa!« Eine bunt angemalte Frau mit hohem Federhut, die es gerade noch geschafft hat, sich von den Burschen auf den Wagen ziehen zu lassen, streckt ihm die Zunge raus. Und dann fragt sie mit gespielter Freundlichkeit: »Weißte, was de mich mal kannst? – Das kannste mich!« Und damit streckt sie ihm den Hintern hin und schlägt den Rock hoch und alle können sehen, dass sie nichts drunter trägt. Lautes Gejohle setzt ein und Mutter Jacobi verkriecht sich totenbleich in ihren Sitz. »Sitten sind das! Wenn solche Verderblichkeiten die Königin wüsste!«

Auch diese Bemerkung hat der Kutscher gehört. »Die Königin?«, ruft er und lacht laut. »Aber der Adel hält uns doch auch dreimal am Tag den Allerwertesten hin. Und ein paar besonders kluge Leute lecken noch dran.«

»Das ist zu arg! Ich steige aus.« Ernsthaft verletzt öffnet Mutter Jacobi die Tür und versucht ohne jede Hilfe aus der Kutsche zu klettern. Jette will sie zurückhalten, merkt aber bald, dass sich die kleine Frau durch nichts in der Welt von ihrem Entschluss abbringen lassen wird, und so bittet sie den Kutscher nur noch, ihnen zur Stadtvogtei zu folgen, dann muss sie schon zugreifen, um Mutter Jacobi vor einem Sturz zu bewahren.

Dem Droschkenmann tun seine Wort längst Leid. »War doch nicht so jemeint«, ruft er Mutter Jacobi nach. »Wie konnt ick denn wissen, det Se mit 'm Königshaus verschwäjert sind?«

»Pferdeschinder dritter Güte!« ist die einzige Antwort, die er darauf erhält. Und dann schimpft Mutter Jacobi den ganzen, für sie sehr breiten Molkenmarkt lang, auf dem ebenfalls kein einziger Stand mehr geöffnet hat, über den rüpelhaften Kutscher. Erst als ihr Blick auf das große, finstere, drohend wirkende Gebäude fällt, das den Markt begrenzt, verstummt sie. Auch in Jette erzeugt der Anblick des Kriminalgefängnisses mit seinen vielen Häusern und Höfen tiefe Beklemmung. Molkenmarkt 1 lautet die genaue Adresse und wie oft heißt es über einen trüben Gesellen, der wohnt bestimmt noch mal Molkenmarkt 1.

»Wenn ich mein Herz frage«, keucht Mutter Jacobi, als sie die erste Verschnaufpause machen muss, »erhalte ich zur Antwort, dass mein Jungchen dort nicht eingesperrt sein kann. Aber mein Herz ist dumm, es hat sich schon so oft geirrt.«

Dann, nach mehreren solcher Pausen, stehen sie endlich vor dem langen schmutzigen Torweg der Haupteinfahrt. Ratlos blickt Mutter Jacobi sich um. Wo muss sie nun hin? Wo soll sie nach Frieder fragen? Zwar steht vor dem Tor ein Posten und auch vor dem Seiteneingang steht einer, aber darf sie die einfach ansprechen?

Zu ihrer Erleichterung kommt schon bald ein großer, würdig gekleideter Herr in zimtbraunem Gehrock aus dem Tor. Sicher ein höherer Beamter, wie Mutter Jacobi leise vermutet. Sie schaut den Mann zaghaft an, dann nimmt sie all ihren Mut zusammen und tritt dem erstaunt die Augenbrauen Hebenden in den Weg. »Verehrter Herr!«, beginnt sie und macht einen Knicks. »Ich weiß, es ist ungehörig, Sie auf der Straße anzusprechen. Aber ich bin so verzweifelt. Mein Sohn ... er ist die ganze Nacht nicht nach Hause gekommen ... Und er ist doch meine einzige Stütze ... Wo, bitte schön, kann ich nach ihm fragen?«

Der Herr mustert erst Mutter Jacobi, dann Jette, die vorsichtshalber ebenfalls einen Knicks gemacht hat. »Gehört Ihr Sohn zu den Gestrigen?«

Mutter Jacobi versteht erst nicht, dann macht sie ein bekümmertes Gesicht. »Weiß doch nicht! Er wollte auf den Markt, wir hatten nichts mehr zu essen.«

»Wenn er zu den Gestrigen gehört«, jetzt schaut der groß gewachsene Herr nur noch Jette an, »bleibt er ganz sicher nicht in der Stadtvogtei. Die Politischen werden alle der Hausvogtei überstellt.«

»Aber er ist doch gar nicht politisch.« Mutter Jacobi fasst sich ans Herz. »Mein Frieder ist ein braver, fleißiger Junge mit einem ordentlichen Beruf, der seiner Mutter bisher noch nie Kummer gemacht hat.«

Da lächelt der Herr, als hätte er ein unwissendes Kind vor sich, zieht eine Uhr aus seinem Überrock, blickt stirnrunzelnd drauf und steckt sie wieder ein. »Gute Frau! Das eine hat mit dem anderen leider nicht sehr viel zu tun. Das Beste ist, Sie und Ihre hübsche Tochter machen sich schon mal mit dem Gedanken vertraut, dass Sie Sohn und Bruder nicht so schnell wieder sehen werden. Ein paar Wochen Arrest wird ihm sein gestriges Verhalten zumindest eintragen.«

»Ein paar Wochen?« Mutter Jacobi wird es schwindlig, Jette muss sie stützen. »Aber um Himmels willen, wovon soll ich leben? Ich bin krank, mein Frieder hat mich ernährt.«

»Dann wäre es besser gewesen, er wäre so brav und ordentlich geblieben, wie Sie ihn mir beschrieben haben.« Der Herr zieht seinen Hut und will weitergehen. In ihrer Verzweiflung hält

Mutter Jacobi ihn am Arm fest. »Aber besuchen, besuchen darf ich ihn doch?«

Da guckt der Herr so lange auf Mutter Jacobis Hand, bis sie sie, ganz erschrocken über ihre Tat, wieder weggenommen hat, dann sagt er noch einmal, dass ihr Sohn höchstwahrscheinlich in der Hausvogtei sitzen wird und sie sich mit ihren Fragen dorthin wenden soll, grüßt höflich und geht.

Mutter Jacobi schaut ihm noch ein Weilchen nach, dann bittet sie leise: »Lass mich nicht los, Jette! Lass mich jetzt nur nicht los! Jetzt kann ich nicht mehr.«

Sie stehen noch immer vor dem Gefängnistor und warten auf die Droschke, die sie in die Rosenstraße zurückbringen soll. Inzwischen sind ständig weitere Frauen gekommen, die ratlos zu dem großen grauen Gebäude hinschauen. Und vor ihnen werden auch schon welche hier gewesen sein. Mutter Jacobi aber interessieren die anderen Frauen nicht. Sie blickt nur still zu dem kantigen Spitzturm der Nikolaikirche hin. Schließlich sagt sie, dass sie dort eingesegnet wurde, und staunt lange darüber, wie viele Jahre das nun schon her ist und was inzwischen alles passiert ist. »Damals war ich ein fröhliches Mädchen, nicht mal so alt wie du. Jetzt bin ich eine alte, kranke und unglückliche Frau, die niemand mehr ansieht und niemand mehr braucht.«

Verlegen wendet Jette sich ab. Erst der Flatow, nun dieser zimtbraune Herr; beider Männer Augen hingen nur an ihr. Mutter Jacobi aber soll nur nicht denken, dass ihr das gefallen hat.

»Was soll ich denn jetzt machen, ohne meinen Frieder? Soll ich zur Armenspeisung gehen? Der Weg dorthin kostet mich mehr Kraft, als ich durch die Wassersuppe neu gewinnen könnte … Oder soll ich mich gleich um einen Platz im Armenhaus bewerben? Zum bösen Schluss bleibt mir ja doch nichts andres übrig.«

Jette kennt das Armenhaus. In der Auguststraße liegt es, nicht weit vom »Türmchen«, dem in der ganzen Stadt gefürchteten Leichenschauhaus und ganz und gar umgeben vom Armenfriedhof. Karren, Rollwagen und Droschken rattern ringsherum durch die Straßen, rund um das Armenhaus aber herrscht Totenstille.

»Aber vielleicht ist das ja richtig so.« Wieder schaut Mutter Jacobi zum Kirchturm hoch. »Vielleicht müssen wir Alten weg, damit Platz für die Jungen ist.« Und als Jette auch dazu nichts sagt, gibt sie sich selbst Recht: »Na, ist doch wahr! Wer will denn am Ende seiner Tage von Almosen leben? Und arbeiten? Einem alten, kranken, kraftlosen Schlauch wie mir gibt doch niemand mehr seine Wäsche zu waschen. Und welch andere Arbeit könnte ich wohl finden? Zum Nähen taugen meine Augen nicht mehr.«

Der Gedanke, dass Mutter Jacobi Zeit für Arbeit hätte, wäre sie nur jünger und gesünder, verwirrt Jette. Sie selbst ist jung und gesund, hat aber keine Zeit, eine Arbeit anzunehmen. Und während sie das noch denkt, kommt ihr mit einem Mal eine Idee, die ihr fast den Atem nimmt: Kann Mutter Jacobi denn nicht auf Fritzchen aufpassen und sie, Jette, für sie arbeiten gehen? Damit wäre schließlich beiden geholfen: Mutter Jacobi hätte eine Aufgabe, die sie trotz ihres Alters und ihrer Krankheit erfüllen könnte, und sie selbst käme endlich mal raus aus ihrem Gefängnis. Und so ungestüm, wie ihr der Gedanke in den Kopf gekommen ist, plaudert sie ihn auch schon aus, so aufgeregt ist sie nun. Erst als alles heraus ist, erschrickt sie: Was für ein verwegener Vorschlag! Noch vor wenigen Stunden hat Mutter Jacobi Guste, sie und Fritzchen gar nicht gekannt und jetzt soll sie ihnen schon den Haushalt führen?

Auch Mutter Jacobi ist verwirrt. Sie, die fromme, ehrbare Witwe, Ziehmutter eines Bankerts? Eine Frau, die ihr Lebtag keinen Zentimeter vom Pfad der Tugend abgewichen ist, soll ihre alten Tage in einem Dirnenhaushalt zubringen?

Das Entsetzen über ihren Vorschlag steht der kleinen Frau so deutlich ins Gesicht geschrieben, dass Jette erst Scham und dann Zorn verspürt. »Es ist ja nur, solange Frieder nicht zurück ist«, schränkt sie gleich ein, fügt dann aber trotzig hinzu, dass auf diese Weise wenigstens niemand ins Armenhaus muss. Außerdem sei ihre Schwester keine schlechte Frau, ganz egal, was andere über sie redeten. »Und Fritzchen ist ein lieber Junge. An seine eigene Großmutter kann er sich kaum noch erinnern.«

»Aber ich darf euch beiden jungen Frauen doch nicht zur Last fallen«, versucht Mutter Jacobi sich herauszuwinden. »Wir waren uns ja bis gestern noch ganz fremd.« Doch weil sie selber weiß, dass das nur Ausflüchte sind, schimpft sie gleich darauf wieder auf den Droschkenkutscher, diesen ungehobelten Klotz und grässlichen Grobian, der sie hier wohl die ganze Nacht zubringen lassen will.

Jette aber bleibt hartnäckig. Sie wolle ja nicht nur ihr helfen, sondern auch sich selbst, gesteht sie Mutter Jacobi. Weil sie nämlich immer schon etwas arbeiten, selbst Geld verdienen und wenigstens einmal am Tag richtig rauskommen wollte aus ihrer Bückeburg über dem Haustor. Und wie sie das sagt, so heftig und eindringlich, spürt Mutter Jacobi ihre Angst vor dem Flatow und ihrer ganzen ungewissen Zukunft und da muss sie wenigstens fragen, was sie denn überhaupt arbeiten wolle. Sie müsste ja erst einmal etwas finden.

Doch da ist Jette nicht bange. Auf dem Markt, in einer Putzmacherei oder in einer Fabrik; wer nicht wählerisch ist, kann nicht enttäuscht werden. Und um Mutter Jacobi noch ein bisschen weicher zu reden, erzählt sie noch mehr von der Schwester, die nun wirklich kein gar so schlimmes Frauenzimmer sei und schon als Spulenwicklerin in einer Weberei, in einer Zuckerfabrik und lange in der Löwschen Schnapsbrennerei gearbeitet habe. Aber nirgendwo habe ihr Lohn für drei gereicht und so habe sie eines Tages kurzerhand »nebenbei« verdient. Bis sie merkte, dass sie beides zusammen auf die Dauer nicht aushalten würde. Von da an habe sie dann eben nur noch nebenbei verdient, weil es so für sie gerade reichte. »Wenn ich Arbeit habe, kann sie aber vielleicht auch wieder was anderes machen.«

Als Antwort murmelt Mutter Jacobi nur irgendwas Unverständliches vor sich hin, Jette jedoch gibt immer noch nicht auf. »Wenn ich eine Arbeit finde und dabei vielleicht was lernen kann, ist das aber auch gut für später – falls ich auch mal allein bleiben sollte.«

Dieser Hinweis auf ihr eigenes Schicksal berührt Mutter Jacobi tief. »Bist ein kluges Mädchen, Jette«, gibt sie nach langem Zögern zu. »Ich dachte immer, bist du erst verheiratet, bist du bis ans Ende deiner Tage versorgt. Als ob ich in meiner Jugend nicht auch viele arme Witwen kennen gelernt hätte.« Sie verstummt, als wollte sie Jette Gelegenheit geben, noch ein bisschen länger in sie zu dringen; als nichts mehr kommt, fragt sie: »Magst du den Frieder denn wirklich?«

»Ja.« Eine schnelle Antwort, aber hätte sie nein sagen sollen? Das wäre nicht die Wahrheit gewesen.

»Er ist ein guter Junge. Er muss mal eine gute Frau bekommen.«

War das nun ein halbes Ja oder ein halbes Nein? Jette hätte gern mehr gehört, in diesem Augenblick aber kommt die Droschke vorgefahren. So höflich, als wollte er seinen Spott von zuvor wieder gutmachen, zieht der Kutscher den Hut, steigt vom Bock und öffnet den Wagenschlag. Im Wagen aber schweigt Mutter Jacobi. Erst als sie schon fast in der Rosenstraße angelangt sind, nimmt sie in einer plötzlichen Aufwallung Jettes Hand und drückt sie fest.

Ist das die Antwort auf ihre Frage?

»Was guckste denn so?« Wenn Mutter Jacobi lächelt, kräuseln sich ihre Mundwinkel. »Als Mutter muss man vorsichtig sein. Nicht alle Mädchen sind guten Herzens. Aber dass mein Jungchen dich mag, weiß ich schon lange. Und jetzt weiß ich auch, warum.«

Das Lob macht Jette verlegen. »Und Fritzchen?«, fragt sie nur noch leise.

Da muss Mutter Jacobi fast lachen. »Du gibst wohl nie auf?« Dann aber zuckt sie ergeben die Achseln. »In meiner Lage muss man für jede Zuwendung dankbar sein. Und das gilt nicht nur für Brot und Kartoffeln. Vor allem anderen braucht unsereins hin und wieder ein Löffelchen Seelenspeise, falls du weißt, was das ist?«

Jette hat dieses Wort noch nie zuvor gehört, aber natürlich kann sie sich denken, was Mutter Jacobi damit meint. »Heißt das – ja?«

Die kleine Frau zögert noch einen Moment, dann nickt sie. »Wenn deine Schwester nichts dagegen hat …« Und nach neuem Nachdenken fügt sie hinzu: »Weißt du, wenn unsere Seele hungert, hungert alles Übrige auch. Dann kannst du keinen Schmerz ertragen und keine Not. Aber hast du genügend Seelennahrung, hältst du mehr aus, als auf einen Rollwagen geht.«

Doch nachdem sie ausgestiegen sind und die Droschke wieder davongefahren ist, fragt sie bang, wie sie denn nun zur Hausvogtei kommen soll. Und als Jette darauf keine Antwort weiß, ist sie so unglücklich wie zuvor.

## 2. Teil
## Mitten im kalten Winter

*Das letzte Lehrjahr*

Die Turmuhr im Gefängnishof hat fünf geschlagen. Im Sommer war um diese Zeit bereits Wecken, jetzt, im Winter, dürfen die Gefangenen eine Stunde länger schlafen. Frieder jedoch wird seinen letzten Tag in der Hausvogtei unausgeschlafen beginnen. Zu viel ist ihm durch den Kopf gegangen in dieser vorletzten Zellennacht und so liegt er noch immer in Jacke und Schal unter seiner Decke, lauscht dem unruhigen Schlaf der anderen und starrt zu dem kleinen, mit Eisblumen verzierten, innen durch starke Gitterstäbe, außen durch eine blecherne Sichtblende geschützten Fenster hoch.

Nur weil die Blende sich nach oben öffnet, glitzern die Eisblumen im Mondlicht. Doch nicht alle Zellen sind dermaßen gegen jedes Tages- und Nachtlicht geschützt. Während der Freistunden konnte er es beobachten: Nur eins von zwei einander gegenüberliegenden Zellenhäusern ist mit Blechschirmen versehen. Das reicht, um jeden Blickkontakt von Haus zu Haus zu verhindern. Und natürlich liegen in den Zellen ohne Sichtblenden die besseren Gefangenen, die aus den höheren Ständen. Fürsten und Grafen, Gelehrte, Staatsbeamte und Minister sollen hier ja schon eingesessen haben. Aber die schlafen nicht auf Strohsäcken, sondern in richtigen Betten, werden keine Eiszapfen in ungeheizten Zellen, erhalten keine Stockhiebe und werden nicht ausgepeitscht und sogar ihre Mahlzeiten dürfen sie sich aus den Gaststätten rund um die Hausvogtei kommen lassen.

Freut er sich? Ja! Doch es ist eine stille Freude, keine laute. Nur am Morgen, als es während der Freistunde plötzlich zu schneien begann und richtig große Flocken vom Himmel fielen, da überkam ihn plötzlich eine so heiße Vorfreude auf die Mutter, auf Jette, Rackebrandt und alle die anderen, von denen er weiß, dass sie auf ihn warten, dass er vor Glück beinahe laut geheult hätte – geheult, nicht gejubelt! Der Schmerz in ihm ist ja noch immer nicht ganz abgeklungen, tut nur nicht mehr so weh wie in jenen ersten, so furchtbar qualvollen Tagen und Wochen.

Aber nun: der Schnee! Es hat ja immer weiter und dichter geschneit. Also ist die Stadt längst in eine im Mondlicht silberweiß glänzende Landschaft verwandelt?

Wenn er sie auch nicht sehen kann, diese weiße Pracht, so kann er sie doch hören. Unter den Stiefeln der Wachtposten im Hof. Auf und ab gehen sie, auf und ab, und unter jedem Schritt knirscht es laut. Ansonsten aber liegt Stille über der Hausvogtei. Kein Rasseln der Ketten der Gefangenen im Keller ist zu hören, keine Anschnauzereien der Gefangenenwärter. Im Sommer, wenn des Nachts alle Fenster offen standen, war es dieses schauerliche Kettenrasseln, das ihn oft nicht schlafen ließ. Bei jeder Bewegung eines der Gefangenen in den feuchten und ewig finsteren Kellerzellen erklang es. Welche Einsamkeit überkam ihn dann oft! Fast so, als wäre er selbst es, der in Ketten lag.

Er schließt die Augen und rechnet nach. Fast acht Monate hat er hier zugebracht, genauer: zweihundertzweiunddreißig Tage und Nächte, morgen zweihundertdreiunddreißig. Einen Frühling, einen Sommer, einen Herbst haben sie ihm geraubt. Keine Fliederblüte in diesem Jahr, keine Sonntagsspaziergänge im Tiergarten, keine Windmühlen auf den Rixdorfer Höhen, keine Drachen auf dem Kreuzberg. Sicher, Rackebrandt hatte viel länger sitzen müssen – unvorstellbare zehn Jahre lang! –, doch er hatte Bücher und Mitgefangene, von denen er etwas lernen konnte. Er, Frieder Jacobi, hatte die meiste Zeit über nur seinen Kopf und deshalb grübelte er so viel, dass er manchmal sogar Fieber davon bekam. Wenn er etwas gelernt hat in diesen acht Monaten, dann vor allem eines: dass es kein wirkliches Recht und keine Gerechtigkeit gibt. Alle, die hier liegen, haben das zu spüren bekommen; der eine weniger, der andere mehr. Aber alle leiden sie gleichermaßen unter ihrer Ohnmacht und Wehrlosigkeit.

P. P. P., dem apfelbäckigen Schuster Peter Paul Pumm, den er schon in der Stadtvogtei kennen lernte und der inzwischen sein Freund geworden ist und in der Nachbarzelle liegt, hat der Richter sechs Jahre aufgebrummt. Und wofür? Dafür, dass er mit Steinen geworfen und andere dazu aufgefordert hatte, es ihm gleichzutun. Lorenz, der junge Bucklige, der ihm ebenfalls schon in der Stadtvogtei aufgefallen war und der nun direkt neben ihm schläft und von Beruf Schneider ist, hat »nur« vier Jahre bekommen. Und wofür? Dafür, dass er sich »in bösester Absicht« unter den Bauch eines Gendarmeriepferdes geduckt und das Ross mit einer Stecknadel gepiekt hatte. Als es wieherte und sprang, stürzte der säbelschwingende Reiter aufs Pflaster und hätte, so der Richter, »auf furchtbare Weise ums Leben kommen können«. Kaspar Klemm, der gerade so ruhig und gleichmäßig atmet wie ein Kind, war anfangs sogar zu acht Jahren verurteilt worden. Und wofür? Dafür, dass er, der damals noch nicht mal fünfzehnjährige Schlosserlehrling, den heranmarschierenden Soldaten leere Fischfässer vor die Füße gerollt hatte. Zwar wurde das Urteil einen Monat später revidiert und auf drei Jahre und zwanzig Stockhiebe herabgesetzt, Kaspar aber kann sich nicht darüber freuen. Acht Jahre oder drei? Schon ein Jahr erscheint ihm unvorstellbar lang; und von den Stockhieben träumt er noch immer.

Am schlimmsten von allen aber hat es Jobst Brennicke getroffen, ihren Zellenältesten. Arbeitssuchend und ohne festen Wohnsitz war er durch die Lande gezogen, kam ausgerechnet an jenem Tag nach Berlin und erlebte gleich hinterm Stadttor mit, wie Soldaten einen in Lumpen gehüllten Mann, der ein Brot gestohlen hatte, in eine Wache zerren wollten und den sich verzweifelt wehrenden Mann immer wieder traten und schlugen. Da sprang er vor und stieß ihrem Offizier die Faust ins Gesicht. Im Nu hingen zwei Unteroffiziere an ihm und wollten ihn ebenfalls festnehmen. Jobst aber ließ sich nicht bändigen, riss einem von ihnen das Lederzeug und dem anderen die Achselklappen von der Uniform und wurde dafür von den Soldaten halb tot geschlagen. Seine Strafe: zehn Jahre Hausvogtei und dreißigmal kalte Kotze, wie er die Peitschenhiebe voll böser Verachtung nur nennt.

Rechtsprechung? Unrechtsprechung! Nichts anderes. Egal ob die Angeklagten sich reue- oder demutsvoll, verzweifelt, verstockt oder frech zeigten, der Richter warf mit Monaten, Jahren, Peitschen- und Stockhieben nur so um sich. Dreihundert Männer und Frauen, so haben sie inzwischen erfahren, waren in jenen drei Apriltagen verhaftet und nur zweihundert wieder freigelassen worden. Einer wie er, der mit Werkzeugen bewaffnet durch die Straßen lief, gehörte natürlich mit zu jenem schlimmen Hundert, das bestraft werden musste. Und so saß er dann zwischen all den anderen »Rädelsführern« auf der Anklagebank und seine Angst wuchs von Urteil zu Urteil, bis das Unfassbare geschah: Er wurde aufgerufen, der Richter sah ihn an – und machte ein mildes Gesicht. Vielleicht, weil ihm der lange Zimmerer sympathisch war, vielleicht, weil er der vielen Jahre, Monate und Züchtigungen, die er zuvor verhängt hatte, gerade in diesem Moment überdrüssig geworden war. Wohlwollend verhörte er ihn und schob dabei sogar die Akten beiseite. Erst als er auf die »Waffen« zu sprechen kam, stöberte er darin herum und dann wischte dieser Richter mit dem Gesicht einer alten Katze, der sich zuvor wahrhaftig nicht als Papa Gnädig erwiesen hatte, alles zuvor Aufgeschriebene mit einer Handbewegung vom Tisch. »Solange der Angeklagte sein Werkzeug nicht zu Waffen missbraucht hat, darf das Gericht diese nicht als solche anerkennen«, verurteilte er die Akten und ließ ihn mit einer äußerst milden Strafe davonkommen: acht Monate wegen Beteiligung am öffentlichen Aufruhr.

Nach all den anderen, böswilligen Urteilen ein kaum noch für möglich gehaltenes Glück! Hätte der Richter sein Werkzeugbündel als Waffenbündel akzeptiert, wäre er nicht unter zwölf Jahren davongekommen. So hingen elf Jahre und vier Monate Strafe mehr oder weniger allein von der Laune eines Richters ab! Ein Gedanke, der ihn beschämt, wenn er an all jene denkt, die so viel schlimmere Urteile hinnehmen mussten, und der ihn immer wieder vor Zorn und Angst schwitzen lässt: Was, wenn den Richter erst bei dem Angeklagten nach ihm diese Anwandlung von Milde überkommen hätte?

Ein Aufseher geht durch die Zellengänge. Frieder ist froh, als er an ihrer Tür vorüber ist. Manchmal öffnet einer der Wärter die eine oder andere Tür und leuchtet die Zellen mit seiner Blendlaterne ab. Um zu prüfen, ob auch alles in Ordnung ist, oder nur aus Schikane. Findet er etwas, das ihn stört, setzt es Strafen; keine Freistunde, Entzug der warmen Kost oder gar mehrere Tage Arrest in der finsteren Nummer, wie die Dunkelzelle im Keller nur genannt wird.

Kaspar hört den Aufseher bis in den Schlaf hinein, wird unruhig, sagt etwas und schluchzt laut auf.

»Alles gut!«, flüstert Frieder ihm über Lorenz hinweg zu. »Alles gut!« Der Junge schluchzt noch ein paar Mal, dann verklingen die Schritte und er beruhigt sich wieder und Frieder darf weiter seinen Gedanken nachhängen.

Jette! Er will jetzt an was Schönes denken und das Schönste in all den Tagen und Nächten in der Zelle waren die Gedanken an Jette. Ohne das Mädchen und Rackebrandts Hilfe wäre die Mutter ja längst verhungert oder obdachlos geworden. Doch für wen opfert Jette sich so, wenn nicht für ihn, den sie in Wahrheit kaum kennt? Wieder schließt er die Augen und stellt sich vor, wie Jette eine Stunde zuvor durch den nachtdunklen Schneemorgen in die große Kattunfabrik an der Köpenicker Straße gegangen ist, und wie sie nun die großen, fertig bedruckten Kattunstoffe zusammenlegt und ihre Hände dabei kaum eine Sekunde zur Ruhe kommen. Sechzehn Stunden dauert ihr Arbeitstag, von fünf Uhr morgens bis abends um neun, ihr Lohn aber beträgt nur einen

Taler die Woche, fünf Groschen am Tag! Die Mutter hat es ihm geschrieben; besuchen konnte sie ihn ja nicht mit ihren kranken Beinen.

Nein, das ist keine Arbeit, wie Jette sie sich gewünscht hat. Sie findet nur keine andere und so ist sie, wie die Mutter schrieb, in den letzten Monaten immer blasser, müder und stiller geworden. Und die Mutter, geplagt vom schlechten Gewissen, bittet die Witwe Wuttig jeden Tag, sich auf dem Neuen Markt umzuhören, ob es denn dort keine Arbeit für ein junges Mädchen gebe …

Schlimme Nachrichten! Und Jette tut ihm unsäglich Leid. Aber es freut ihn auch, dass sie so für ihn da ist. Da kann er gar nichts dagegen machen. Doch er wird ihr seine Dankbarkeit schon noch beweisen; wenn sie will, ein ganzes Leben lang.

Sechs Uhr, die Nacht ist vorüber. Kaum ist der letzte Glockenschlag verklungen, wird schon der Schlüssel ins Schloss geschoben und dann werden – sachte! – die Riegel zurückgezogen.

Das kann nur Vater Riese sein, ein leiser Schließer und gemütlicher Mensch. Als er Frieder vor ein paar Tagen mitteilte, dass er wegen des bevorstehenden Weihnachtsfestes eine ganze Woche früher entlassen würde, freute er sich mit ihm und überbrachte auch der Mutter diese beglückende Botschaft. Über dreißig Dienstjahre in der Hausvogtei haben den Alten abgeschliffen, von dem die Legende berichtet, dass er in jungen Jahren ein wahrer Teufel gewesen sein soll, dienststeifrig und von unerbittlicher Strenge.

»Na, Jacobi?«, fragt er nun sanft in seiner seltsamen vor- oder hinterpommerschen, nieder- oder oberschlesischen und mit einer Prise Berlinisch abgeschmeckten Sprache, während er ihm mit seiner Blendlaterne ins Gesicht leuchtet. »Aufjerecht?«

»Ja – aber nur, weil Sie mich dann nicht mehr wecken kommen.«

Frieder will dem Alten eine Freude machen. Und das gelingt

ihm auch. Der noch immer hoch gewachsene, kräftige Vater Riese lacht über sein ganzes großporiges Gesicht. »Se sind mir e Schelm, Jacobi! Aber jut! Wenn wir uns mal draußen treffen, dürfe Se mir e Bier spendieren. Das reicht dann schon als Dankeschön.«

»Dem Lenz nicht!« Lorenz, der gern in der dritten Person von sich spricht und sich in liebevoller Kameradschaft stets nur Lenz nennt, ist inzwischen ebenfalls aufgestanden. »Wenn der Lenz entlassen wird, machen wir mit ihm einen Umtrunk, dass die ganze Stadt wackelt, was, Vater Riese?«

»Wenn der Lenz entlassen wird«, erwidert der alte Wärter bedächtig, »is der olle Riese längst in Pension. Und denn trinkt er keen Bier mehr, denn sitzta nur noch hinterm Ofen und hört de Fliejen summen.«

Alle lachen, auch Kaspar, auch Jobst, und dann wird es betriebsam in dem engen Raum. Strohsäcke und Decken werden aus der Zelle geschafft und alles, was zur Nacht an die weiß getünchten Wände gerückt wurde, auf die dafür vorgesehenen Plätze zurückgestellt: Tisch, Schemel, Wasserkrug, Zinkbecher, Waschschüssel, Spucknapf, Pisspott, Scheißeimer und die vier irdenen Essnäpfe. Auf ihrem Platz bleiben einzig die in die Wand getriebenen Pflöcke, an denen nicht nur ihre Handtücher, sondern, wenn es nicht gar so kalt ist, auch ihre Jacken hängen.

Frieder öffnet wie jeden Morgen als Erstes das kleine Fenster hinter dem Gitter, damit etwas von der frischen Schneeluft in die enge Zelle dringen kann; dann reichen die Kalfaktoren schon Wasserkanne und Seife hinein und holen alles mit dem Frühstück wieder ab. Nach dem Frühstück – Wasser und Brot und sonst nichts – werden von den Gefangenen die Flure und Höfe gereinigt und der eine oder andere Aufseher schnauzt wütend herum, weil ihm das wieder mal nicht schnell genug geht. Ist das erledigt, wartet alles darauf, dass erneut die Riegel zurückgeschoben werden: Dann geht's zur Freistunde, dem schönsten Augenblick des Tages!

Früher, so heißt es, wurden die Zellen einzeln geöffnet und die Insassen in den Hof hinausgeführt. Fast eine ganze Stunde lang durften sie dann darin herumspazieren. Aber da gab es nie mehr als fünfzig Gefangene in der Hausvogtei, jetzt sind es hundertfünfzig! Also sind die Zeiten gekürzt worden und es werden jeweils gleich zwei Zellen in die Freistunde geführt. Für Frieder und P. P. P. ein Glück, denn so wie Frieder mit Lorenz, Kaspar und Jobst nicht die richtigen Gespräche führen kann, ergeht es P. P. P. mit seinen Zellengenossen: dem Gottlieb Fein, einem ewig Zoten reißenden einbeinigen Hausierer, dem Wenzel Funk mit dem grauen Raubvogelgesicht, der nichts und niemanden fürchtet und sogar schon den Anstaltsdirektor beschimpft hat und dafür drei Wochen in Ketten gelegt wurde, und dem stillen Sebastian, einem jungen Töpfer mit blauen Augen und dünnem, blonden Backenbart, der nur ganz zufällig in die Krawalle geraten ist, als Laternenzertrümmerer denunziert wurde und sich noch immer fragt, weshalb ihm denn niemand seine Unschuld glauben will.

Mit P. P. P. kann Frieder reden und der mit ihm. Und die anderen akzeptieren diese Freundschaft. So gehen im Hof stets der Jobst und der Lorenz mit dem Gottlieb und dem Wenzel und dahinter die vier anderen. Und während Kaspar und Sebastian nur still zuhören, diskutieren die beiden Freunde die Gedanken, die ihnen tags zuvor oder in der Nacht durch den Kopf gegangen sind. An diesem Morgen jedoch geht das nicht. Es ist kein gutes Gefühl zu wissen, dass dies ihre letzte gemeinsame Freistunde ist, weil der eine tags darauf entlassen wird, während der andere noch über fünf Jahre bleiben muss. Dabei wäre es der richtige Tag für ein langes, Mut machendes Gespräch. Die Winterluft ist frisch und klar, die Dächer und die wenigen Bäume im Hof zieren mächtige Schneehauben und die kalte Sonne taucht alles in ein helles Gold.

»Was machste, wenn de draußen bist?«, beginnt der Schustergeselle dann endlich doch noch und meint damit nicht die Arbeit auf dem Bau. Es geht dem Freund allein darum, ob Frieder noch an jene Schlussfolgerungen denkt, die sie aus ihrem »letzten Lehrjahr« Hausvogtei gezogen haben.

»Werd mich umsehen«, antwortet Frieder sofort. »Gleichgesinnte finden.« Und er denkt dabei zuallererst an Rackebrandt und Roderich, Flips und Nante, Schorsch und sogar Meister Langemann. Die haben ja, solange sie Arbeit hatten, immer wieder zusammengelegt, um der Mutter über Rackebrandt Woche für Woche einen kleinen Ausgleich für den entgangenen Lohn zu schicken. Er denkt aber auch an den Medizinstudenten Götz, der tatsächlich, wie von P. P. P. vorausgesagt, noch in der Stadtvogtei aus der Haft entlassen wurde und ihn beim Abschied bat, ihn unbedingt mal in seiner Studentenbude an der Friedrichsgracht zu besuchen. Unter den Studenten gäre es ja schon lange; doch nur gemeinsam mit dem »Lumpengesindel« könnten sie die Welt verändern. Zögernd erwähnt Frieder den Studenten und sofort macht P. P. P. ein ablehnendes Gesicht. Auf Rackebrandt ist er neugierig, über den wollte er in den letzten Monaten alles wissen, Götz und seine Studenten nimmt er nach wie vor nicht ernst. »Die denken doch nur an sich und ihre schlauen Ideen«, sagt er auch jetzt wieder. »Wenn se uns nicht mehr brauchen, werfen se uns auf 'n Müll.«

Darüber werden sie sich nie einigen können. Frieder ist überzeugt, dass der Medizinstudent es ehrlich meint; P. P. P. jedoch ist von einem brennenden Hass auf alle höheren Stände beseelt. Und so kann Frieder ihm nur antworten, was er in vielen endlos langen Zellennächten erkannt zu haben glaubt, nämlich, dass es nicht darum geht, Menschen zu hassen – den König, die Minister, Gendarmen, Gefängniswärter oder irgendwelche anderen Himmelfahrtsnasen von Adel oder mit Bürgerbriefen in der Tasche –, sondern sich mit den Zuständen zu beschäftigen, die solche Ungerechtigkeiten möglich machen.

»Den soll ich nicht hassen?« Ohrenwackelnd, wie nur P. P. P. es kann, weist der Freund auf den Wärter Lemke, der mitten im

Hof steht und sie misstrauisch beäugt. Der Lemke gehört zu den Wärtern, die es noch immer nicht verwunden haben, dass sie nun so viel »Pack« zu bewachen haben; unter den besseren Gefangenen fühlt er sich wohler.

Frieder will antworten, dass auch der Lemke nicht ganz von selbst ein solches Scheusal geworden sein kann und dass niemand wisse, ob die Gefangenen in dreißig Jahren nicht »Vater Lemke« zu ihm sagen werden, da wird dem Gottlieb Fein aus einem der Zellenhäuser ohne Sichtblenden etwas in den Hof hinuntergeworfen. Doch noch bevor der Einbeinige das kleine weiße Papierknäuel, das im Schnee kaum zu entdecken ist, aufgehoben hat, ist schon der Lemke bei ihm, stößt ihn zu Boden und wickelt schadenfroh grinsend das Papier auseinander.

Schniffling! Nichts anderes! Jemand hat dem Gottlieb eine Prise Schnupftabak in den Hof hinuntergeworfen.

Enttäuscht, keine schlimmere Konspiration entdeckt zu haben, steckt der Lemke das Papierknäuel in seine Hosentasche, schreit aber trotzdem los, als hätte er ein ganz furchtbares Verbrechen enthüllt: »Sapperlot! Solche Geschäfte werden hier gemacht! Na, das ist schnell beendet! Die nächste Woche gibt's für die 38 und die 39 keine Freistunde.«

Lorenz, Jobst und Wenzel Funk protestieren lautstark, P. P. P., Kaspar und Sebastian helfen dem Gottlieb nur still aus dem Schnee. Frieder aber, der eben noch so großzügig gedacht hat, kann vor Zorn nicht an sich halten. »Was für 'n Mut!«, sagt er laut. »Welch Heldentat, 'nen wehrlosen Mann niederzustoßen!«

Sofort greift der Lemke zum Säbel. »Was haben Sie gesagt?«

Frieder beißt sich auf die Lippen, sagt aber doch noch mal: »Sie hätten ihn nicht niederstoßen dürfen.«

Da wird der Lemke rot wie eine Tollkirsche. »Sie wollen mir Vorschriften machen? Sie billiger Rinnstein-Revoluzzer wagen es, einen Unteroffizier Seiner Majestät zu beschimpfen? Na, das ist fein! Das ist sogar herrlich! Vor allem für einen, der morgen entlassen werden will. Aber die Suppe versalze ich Ihnen, Sie ausgekotztes Stück Gekröse, Sie! Da können Sie Gift drauf nehmen, Sie ... Sie ... Sie Zimmerer, Sie!«

»Volksfeind!« Der Wenzel Funk klatscht laut in die Hände. »Katzbuckler! Darmkriecher! Schwanzwedler! Königsfurz!«

»Was haben Sie da gesagt?« Das ist zu stark, das will der Lemke nicht glauben, dass solche Worte ihm gelten könnten.

»Zu Ihnen?«, fragt der Wenzel mit harmloser Miene denn auch gleich zurück. »Gar nichts! Wollte Ihnen nur behilflich sein – falls Ihnen noch ein paar Schimpfwörter fehlen.« Doch dann kann er sich ein grinsendes Augenzwinkern nicht verkneifen, so dass auch der Dümmste mitbekommen muss, wie seine Worte gemeint waren.

»Sie Dreck aus Dreck!« Jetzt kann der Lemke ganz und gar nicht mehr an sich halten. Sein schmales, bräunliches Gesicht mit der Napoleon-Locke in der Stirn verzerrt sich zur Grimasse, die Hand am Säbel zittert. »Aber warten Se ab! Noch heute kommen Se in die finstere Nummer. Aber an Ketten! Verstehen Sie, an Ketten!«

»Wenn's dieselben sind wie beim letzten Mal – solche Art Versprechungen klingen mir angenehmer in den Ohren als der österreichische Landmarsch!«

Man darf sich nicht fürchten, hat der Wenzel Frieder mal geraten. »Wenn de dich vor nichts mehr fürchtest, sind se ohnmächtig. Mich zum Beispiel können se totschlagen, ick piss ihnen noch als Leiche direktemang in den Hals. Weil se's wissen, leiden se Höllenqualen – und olle Icke bleibt Sieger.«

»Schnauze!«, kann der vor Wut bebende Wärter als Antwort auf diese vorgespielte Kaltschnäuzigkeit nur noch brüllen. Doch gesagt ist gesagt und so wurde auch in den anderen Zellen der Wenzel Funk mal wieder gehört. Und das freut den Mann mit dem grauen Gesicht. Da hat er gleich wieder das Gefühl, nicht umsonst auf der Welt zu sein.

## *Kutschfahrten*

Montags gibt's Reis, dienstags Kohlrüben, mittwochs Linsen, donnerstags Erbsen, freitags Grützsuppe, sonnabends Sauerkohl, sonntags Kaldaune; Fleisch gibt es nur an einem einzigen Tag im Jahr, am 3. August, wenn der König Geburtstag hat.

»Von dem Zeug kriegste ja grüne Zähne!« Lorenz' üblicher Spruch. Gleich darauf fliegt sein Löffel in die Linsen. Je schneller er isst, desto weniger merkt er, dass es nicht schmeckt, ist seine feste Überzeugung. Doch er löffelt seinen Napf jedes Mal ratzekahl leer und leckt ihn danach auch noch aus. Um im Gefängnis nicht zu sehr zu verkümmern, wie er sagt; weil er zu Hause auch nie etwas Besseres bekommen hat, wie Jobst und Kaspar gern sticheln.

Frieder hebt den Löffel ebenfalls an den Mund – und setzt ihn wieder ab. Ob der Lemke ernst meint, was er ihm angedroht hat? Was war denn sein Vergehen? Beamtenbeleidigung? Aber er hat doch kein einziges Schimpfwort benutzt!

Lorenz ahnt, was in ihm vorgeht. »Wie kann man auch nur so dumm sein?«, spottet er. »Bevor dir der Mund überquillt, musste pfeifen. Und das so lange, bis die Gefahr vorüber ist. Oder haste gedacht, du kannst den Lemke mit deinen edlen Empfindungen ans Herze rühren?«

Frieder und der bucklige Schneidergeselle sind keine Freunde; konnten es nicht werden, weil sie einander weder verstehen noch mögen. Diesmal aber hat Lorenz Recht. Frieder weiß es selbst und das verdirbt ihm den letzten Appetit. Still schiebt er Kaspar seine Suppe hin und beginnt, in der Zelle auf und ab zu wandern. Immer um die anderen herum und von Mal zu Mal schneller. Sich am letzten Tag mit dem Lemke einzulassen! Ausgerechnet mit dem Lemke! Dafür müsste er wirklich bestraft werden.

»Und der Funk ist auch so 'n tapferer Esel.« Lorenz wirft einen begehrlichen Blick auf Frieders Linsensuppe. »Wenn de se nicht mehr fürchtest, sind se ohnmächtig!« Er lacht. »Beim lieben Onkel Teufel in der Hölle! Wir fürchten uns alle und auch der Funk hat keinen Arsch aus Eisen! Im Hof spielt er den starken Mann, aber im Keller wird er zittern und strampeln. Darauf möcht ich meine Großmutter verwetten.«

Jobst gefallen diese Worte nicht. »Wer einmal im Keller war und die Ketten kennen gelernt hat und trotzdem den Mund aufmacht, der kann in der finstern Nummer sitzen und strampeln so viel er will, sein Mut wird dadurch nur noch größer«, widerspricht er mit seiner ewig ein wenig knarrenden Stimme. Und zu Frieder gewandt, fügt er hinzu: »Hast ihn nicht angegriffen! Hast ihn nicht mal beschimpft. Hast nur die Wahrheit gesagt. Daraus kann dir keiner einen Strick drehen.«

Es ist Jobsts grundgütiges Wesen, das ihn hierher gebracht hat. Er kann einfach niemanden leiden sehen, empfindet für alle Schwachen Fürsorge und will immer Mut machen. Doch ob er Recht hat?

»Will deine Suppe nicht.« Kaspar hat bisher nur stumm dagesessen, jetzt schiebt er Frieders Napf von sich fort und den eigenen ebenfalls, wirft die Arme auf den Tisch und beginnt laut zu schluchzen. »Eine ganze Woche keine Freistunde! Das halt ick nich aus ... Da ... da will ick lieber sterben.«

Sofort angelt Lorenz sich Frieders Napf. »Der liebe Lenz will nicht sterben. Diese Freude macht er keinem! Und wenn ihr alle an eurer eigenen Dummheit zugrunde geht, den Lenz kriegen die nicht kirre.«

Das ist zu viel für Jobst. Er will was erwidern und macht schon den Mund auf, vor Erregung aber bekommt er kein Wort heraus. Seine Augen werden größer, wütend beißt er sich in die Fäuste, dann springt er plötzlich auf, wirft Frieders irdenen Napf gegen die Tür, dass er zerspringt und alles durch die Luft spritzt, und schlägt sich immer wieder mit den Fäusten an die Stirn, bis er endlich schreien kann: »Schäm dich, Verfluchter! So red' kein Mensch, so red' der Deibel!«

»Is ja gut! Is ja gut!« Lorenz schiebt sich den nächsten Löffel in den Mund. »Hat der Lenz ja gar nicht so gemeint.« Und dann beschwert er sich, wie zu seiner Verteidigung, mal wieder darüber, dass man sie nicht in der Stadtvogtei gelassen hat. Dort dürften sie wenigstens arbeiten und würden vor Langeweile nicht noch verrückt werden.

Er hat noch nicht zu Ende geschimpft, da krachen die Riegel, der Schlüssel fährt ins Schloss und Vater Riese steht in der Tür. »Was 'n hier los?«, schnauzt er, als er den zerbrochenen Napf und den Rest Linsen auf dem blank gescheuerten Holzfußboden entdeckt.

»Das war ich!«, meldet Frieder sich sofort. »Hab rumgealbert. Aus Vorfreude. Wegen morgen … Und da ist's dann passiert …« Wird er morgen nicht entlassen, muss Vater Riese es ihm nun sagen. Und bekommt er wegen dem Napf eine zusätzliche Strafe, so musste er die Sache dennoch auf sich nehmen: Im Keller würde der Jobst wirklich verrückt werden!

Der alte Wärter blickt erst mal nur von einem zum anderen, dann wendet er sich kopfschüttelnd Frieder zu. »Sind e seltsamer Vogel, Jacobi! Einen Tach vor de Entlassung wer'n Se plötzlich laut.« Gleich darauf schaut er wieder zum Jobst hin, der mit kreidebleichem Gesicht und verstörter Miene abseits steht, und fährt noch nachdenklicher fort: »De Funk wird für sei großes Maul mal wieder in 'n Keller wandern. Isser selbst Schuld dran, de meschuggene Kerl! Unbeugsam wie so 'n jeschnürter Zopf … Sie aber haben noch mal Glück gehabt, Jacobi. Zu wenig Platz in 'n Zellen.«

Das ist kein Stein, der Frieder vom Herzen fällt, kein Berg und kein Gebirge, das ist eine ganze Welt. Am liebsten hätte er den alten Wärter umarmt und abgeküsst. Doch da ist ja immer noch der zerbrochene Napf. »Ist mir wirklich ganz unabsichtlich passiert«, beteuert er noch einmal. Mit dem Eigentum der Hausvogtei haben die Gefangenen sorgsam umzugehen, mutwillige Zerstörungen ziehen zusätzliche Strafen nach sich. In diesem Punkt versteht auch Vater Riese keinen Spaß.

»Da wer'n wa Ihnen de Napf woll in Rechnung stelle müsse, Jacobi. Hatten Se bei Ihrer Verhaftung denn e paar Grosche in de Tasch?«

Frieder nickt nur. Er wollte ja Kartoffeln kaufen.

»Also dann – Ordnung schaffen!« Vater Riese lauscht kurz in den Flur hinaus, kommt zurück und befiehlt: »Los! Los! De Umgang is schon in de 34. Wenn nicht gleich alles wie jeleckt aussieht, tanzen dausend Deibel durchs Jetreide.«

Sofort springen Kaspar und Lorenz Frieder zu Hilfe und im Nu ist der Schmutz fortgeschafft. Vater Riese schließt die Zelle wieder ab, die restlichen Linsen werden ausgelöffelt und Näpfe und Löffel in der Waschschüssel abgespült. Der Umgang erfolgt einmal die Woche und wird vom Direktor der Hausvogtei, seinem Inspektor, einem Sekretär, dem Hausvater und zwei vom Gericht entsandten Kontrolleuren vorgenommen. Betreten die sechs Männer die Zelle, müssen alle Gefangenen ihre Jacken tragen und der Zellenälteste muss vorn stehen, damit die hohen Herren gleich wissen, an wen sie sich zu wenden haben. Hat einer der Gefangenen einen Wunsch, muss er vortreten und ihn laut äußern. Die beiden Herren vom Gericht hören sich alles an und machen sich Notizen. Ja oder nein sagen sie nie und meistens bekommt der Gefangene seinen Wunsch auch nicht erfüllt; ist ja alles nur Zeremonie und keine Weihnachtsbescherung, wie der Lemke mal gesagt hat.

Riegel fliegen und Schlüssel rasseln und damit ist der Umgang schon in der 37. Besorgt blickt Frieder Jobst an. »Reiß dich bloß zusammen!« Ist irgendwas in der Zelle nicht in Ordnung, werden die Wärter gerüffelt und natürlich lassen die dann ihre Wut an den Gefangenen aus.

Aus der Nr. 37 dringen inzwischen laute Stimmen zu ihnen her. Einer der Gefangenen wird böse zusammengeschnauzt. Also hat man irgendetwas Unerlaubtes bei ihm gefunden ... Gleich grinst Lorenz wieder breit; bis jetzt ist der Lenz mit seinem Geheimversteck immer durchgekommen.

Da! Nun fährt an ihrer Tür der Schlüssel ins Schloss, die Riegel fliegen zurück und dann stehen die vier Gefangenen auch schon steif und gerade mit Jobst auf dem Platz des Zellenältesten vor dem Herrn Direktor, einem mittelgroßen Mann in grauer Hose und grauem Überrock und mit braunen Reitstiefeln an den Füßen. Dicht hinter ihm die beiden Schwarzgekleideten vom Gericht. Einer ist eher schmal, trägt aber einen stolzen Kürbisbauch vor sich her, den anderen, groß und kräftig, ziert ein kümmerliches Bärtchen unter der Knollennase.

»Visitation!«, ruft der Inspektor streng, der wie immer als Vierter die Zelle betreten hat, und sofort ziehen die Gefangenen ihre Jacken wieder aus und dazu auch Hosen, Hemden, Unterwäsche und Strümpfe, bis sie völlig nackt vor den sechs Herren und dem sie begleitenden Vater Riese stehen. Hausvater und Sekretär begutachten mit spitzen Fingern jedes einzelne Kleidungsstück, ob auch nichts darin versteckt oder gar eingenäht ist, der Inspektor klopft die Mauern ab und Direktor und Gerichtspersonen schauen mit ernsten Mienen zu, bis der Große mit der Knollennase plötzlich in die Ecke links vom Fenster zeigt. »Was ist denn das?«

Er meint die kleine Kapelle, die Jobst während des Sommers aus weich gekautem Brot geformt hat. Ein Altar ist da zu sehen, sogar mit Jesus am Kreuz, ein Weihrauch schwenkender Pfarrer und jede Menge Sitzbänke und darin kniende und betende Kirchenbesucher. Stolz erklärt der Direktor den Herren vom Gericht, dass der Jobst Brennicke von ihren Vorgängern die Erlaubnis erhalten hätte, dieses kleine Kunstwerk herzustellen. »Wer ein Steckenpferd reitet, kommt wenigstens nicht auf dumme Gedanken, nicht wahr?«

Interessiert beugen sich die beiden Herren über Jobsts Wunderwerk. »Alles aus Brot?«, staunt der mit dem Kürbisbauch. Der mit der Knollennase aber bleibt misstrauisch: »Wo hat er denn die Farben hergenommen?«

»Er nimmt e Stück Besenreisig«, erklärt Vater Riese auf ein

Zeichen des Direktors hin, »macht's feucht und fährt damit über die Wand. So bekommt er Weiß. Jibt's Linsen zum Mittag, wie zum Beispiel heute, hat er sein Braun. Jibt's Sauerkraut, jewinnt er daraus e Art blasses Gelb. Erbsen und Karotten erjibt Grün und Rot.«

Nun ist auch der mit der Knollennase von Jobsts Talent angetan. Überschwänglich lobt er diese Art von sinnvollem Gefangenenzeitvertreib, bis der Hausvater auf einmal erschrocken ausruft: »Hier fehlt ein Napf!«

»Das war de Jacobi.« Vater Riese nickt bekümmert. »Er wird morgen entlassen und da hat er vor Freude e bisschen doll rumjealbert. Wird ihm auf die Rechnung jesetzt. Ist bereits veranlasst.«

»So, so! Sie werden morgen entlassen?« Der Kürbisbauch schiebt sich vor Frieder hin. »Und? Haben Sie was gelernt in den vergangenen Wochen? Oder wollen Sie bei nächster Gelegenheit wiederum plündern und zerstören?«

Frieder spürt, wie ihn Wut ankommt. Dieser Fresssack weiß nichts über ihn, gar nichts, glaubt aber, über ihn urteilen zu dürfen. Und er steht hier, nackt wie das Fleisch beim Schlächter, und darf sich nicht wehren, will er nicht endgültig seine Entlassung aufs Spiel setzen. »Jawohl!«, ruft er nur laut aus, um jede konkrete Antwort zu umgehen.

»Was soll das heißen?« Nun tritt auch die Knollennase vor ihn hin. »Haben Sie was gelernt oder nicht?«

»Hab was gelernt.« Das kann er ruhigen Herzens zugeben; er hat sogar sehr viel gelernt in diesem fünften Lehrjahr.

»Und plündern und zerstören wollen Sie nicht mehr?«

Jetzt müsste er sich mal wieder auf die Lippen beißen – doch da sagt er es schon: »Hab nicht geplündert und auch nichts zerstört.«

»Ach!«, staunt die Knollennase. »Sie sind unschuldig verurteilt worden?«

Sagt er ja, ist der Traum von der morgigen Entlassung vorbei.

Dann wird die Mutter umsonst auf ihn warten, dann wird er auch Jette vorläufig nicht wieder sehen ... »Nein«, flüstert er da nur beschämt und senkt den Kopf. Was nützen all seine hehren Gedanken, wenn er, im Gegensatz zum Wenzel, dermaßen versagt, sowie er etwas zu befürchten hat?

»Na also!« Der Kürbisbauch nickt zufrieden und nun kommt auch Vater Riese Frieder zu Hilfe. »De Jacobi hat sich tadellos jeführt«, erklärt er mit strenger Miene. »Sicher isser damals nur aufjewiegelt worden.«

Jetzt müsste er erst recht widersprechen, schon Rackebrandt zuliebe. Aber er widerspricht nicht.

»Nun, dann will ich hoffen, dass Sie wahrhaftig geläutert sind.« Endlich wendet sich die Knollennase der Tür zu und der Inspektor darf auf die Kleider weisen. »Anziehen!«

Jobst, der die ganze Zeit über nur mit verlorenem Blick dagestanden hat, schreckt auf und auch die anderen greifen zu ihren Kleidern, während die Tür bereits wieder geschlossen wird, der Schlüssel zu hören ist und die Riegel krachen.

»Na? Was hab ich gesagt?« Stolz grinsend schiebt Lorenz sich die nur zwei Zentimeter hohen und einen Zentimeter breiten Spielkarten wieder unters Hemd, die er sich aus alten Hemdfetzen zurechtgerissen, in Salzwasser gestärkt und mit Jobsts Farben bemalt hat. Die ganze Zeit über hatte er sie zu einem Bündelchen verschnürt im Mund versteckt. Überallhin haben ihm die Beamten schon geschaut, besonders oft in den Hintern, aber noch nie in den Mund. Dennoch ist es ein Risiko, selbst gefertigte Karten zu besitzen. Jedes Glücksspiel ist verboten. Hätte man sie bei ihm gefunden, wäre ihm die finstere Nummer oder einen Monat lang kein Strohsack für die Nacht gewiss gewesen. Für nichts anderes als seine Karten hätte der Lenz das riskiert; sie sind das Einzige, womit sie manchmal die Langeweile überbrücken können.

Still zieht Jobst seine Jacke über und bindet sich den Schal um den Hals, dann steht er wieder so ratlos da, bis er auf einmal vorstürzt und seiner Brotkapelle gleich mehrere Tritte versetzt.

»Warum haste das denn getan?«, fragt Frieder behutsam, obwohl er auf diesen erneuten Wutausbruch bereits gewartet hat.
»Will nicht, dass sie Beifall klatschen.« Jobst hebt immer noch nicht den Kopf. »Bin kein Wunderhuhn.« Doch dann schluchzt er schon laut auf, fällt auf die Knie und sucht in der zerstörten Kapelle nach wieder verwertbaren Resten.

Die letzte Nacht in der Zelle. Wie jeden Abend hat Lorenz erst noch lange auf dem Eimer gesessen, gefurzt und gefurzt und sich geärgert, dass nicht mehr kam als warme Luft. Und Jobst hat mal wieder nur starr wie eine Holzpuppe zum Fenster hochgeschaut, bis auch das letzte blasse Tageslicht verdämmert war.
Die kurzen Wintertage, die langen Abende in der Finsternis sind nur schwer zu ertragen. Immer die gleichen Gespräche, immer die gleichen Lebensschicksale, Fragen und Antworten. Alles Wichtige ist längst gesagt, alles Unwichtige beunruhigt. Eine Zeit lang hat Lorenz deshalb Abend für Abend Post gespielt, indem er sich durch Klopfzeichen mit den Gefangenen der Nachbarzellen unterhielt. Eine einfache, aber sehr langwierige Prozedur. Jeder Buchstabe wird der Stelle nach, die er im Alphabet einnimmt, mit ebenso vielen Schlägen an die Wand gepocht – drei Schläge für ein C, sieben für ein G, dreizehn für ein M und immer so weiter. Ist ein Buchstabe beendet, wird einmal mit der flachen Hand über die Wand gewischt, ist ein Wort beendet, zweimal. So dauern auch die kürzesten Gespräche sehr lange und der Abend verrinnt schneller. Aber alle Kontaktaufnahmen sind nur interessant, solange die Bekanntschaften neu sind; beginnen die ausgetauschten Nachrichten sich zu wiederholen, ist es wie mit den Gesprächen in der Zelle.
Einziges Abenteuer, das nach wie vor alle aufmuntert, sind Kutschfahrten. Dann haben die Gefangenen in der Zelle über ihnen Fäden aus ihrer Wäsche gezupft, zu einer langen Schnur verknüpft und ein Stückchen Papier aus einem Gesang- oder Gebetbuch daran festgebunden, in dem irgendetwas auf die Rei-

se geschickt wird; in ihre Zelle hinab oder zum Weiterleiten in den Keller. Meistens ist ein bisschen Schniffling drin oder Salz, als Schnupftabakersatz. Manchmal wird auf diese Weise aber auch ein Kassiber von Zelle zu Zelle weitergefahren. Die Feder, mit der das Briefchen geschrieben wurde, war dann ein Besenreisig, die Tinte reines Blut.

Wegen der Blechschirme sind Kutschfahrten bei ihnen nur von oben nach unten möglich. In den Gebäuden ohne Sichtblenden geht der Kutschverkehr mit geschickten Pendelschwüngen in alle Richtungen; da kommt den Gefangenen die lange Finsternis sogar gelegen. Außerdem stört die »besseren«, Lichtgeld bezahlenden Häftlinge der frühe Abend nicht so sehr, dürfen sie doch bis neun Öllampe oder Kerze brennen haben. In ihrer Zelle jedoch breitet sich schon ab fünf Uhr nachmittags der schwarze Trauermantel der Nacht aus. Das bedrückt Seele und Verstand, dagegen muss man sich mit allen Kräften und all seiner Phantasie wehren. Also versucht Frieder zum zigsten Mal, sich seine Heimkehr vorzustellen – wie er die Mutter umarmt, wie er Jette anschauen wird –, und sofort beginnt sein Herz schneller zu schlagen und da ahnt er schon, dass er auch diese Nacht keinen Schlaf finden wird.

»In der bimbambolschen Kirche
geht es bimbambolisch zu,
tanzt der bimbambolsche Ochse
mit der bimbambolschen Kuh«,

versucht Lorenz Kaspar aufzuheitern, weil der abends immer besonders schwermütig wird und damit auch ihn trübe stimmt. Doch der Spruch hilft nicht, und so sagt er ihm auch noch den von Adam auf, der sieben Söhne hatte, die alle nicht aßen und nicht tranken, sondern nur liederlich waren – genauso wie er, der gute, alte Lenz.

Kaspar reagiert auch darauf nicht, denkt wohl nur daran, dass morgen einer von ihnen entlassen wird und er noch so lange Zeit hier bleiben muss. Und dann wehen vom gegenüberliegenden Gefangenenhaus wieder Mundharmonikaklänge herüber, wehmütige Klänge, die allabendlich zu hören sind und das Herz noch schwerer machen. Sofort muss Frieder daran denken, was Vater Riese ihnen mal über diesen Mundharmonikaspieler erzählt hat. Der junge Mann, Sohn aus gutem Hause, soll Schriften verbreitet haben, in denen er zur Errichtung eines Weltstaates ohne Polizei und Militär aufforderte. Weil seiner Meinung nach dazu auch die Ermordung aller Kaiser, Könige und sonstigen regierenden Fürsten gehört, bekam er für diese verrückte Idee achtzehn Jahre und hat erst vier davon abgesessen. Das Mundharmonikaspiel jedoch, so Vater Riese, sei ihm nur deshalb jeden Abend für eine halbe Stunde erlaubt worden, damit er nicht immerzu mit dem Kopf gegen die Tür rennt.

Für Kaspar sind diese Klänge Gift. Herzzerreißend schluchzt er auf, dann wimmert er wie ein Baby in der Wiege. Solche »Kutschfahrten der Gefühle« aber hält Lorenz nicht aus. »Komm aufs Trockene!«, schreit er Kaspar an, und für wenige Sekunden ist der Junge still und nur die Mundharmonika ist noch zu hören, dann geht das Geschluchze und Geschniefe von neuem los.

Wenn sie ihm in der Kleiderkammer seine Privatsachen aushändigen, denkt Frieder, muss er unbedingt darauf achten, dass er auch den Korb mit dem Werkzeug zurückbekommt. Neues Werkzeug wird er sich im Winter ganz sicher nicht kaufen können, ohne Werkzeug aber wird Meister Langemann ihn im Frühjahr nicht wieder einstellen; ein Zimmermann ohne Werkzeug taugt weniger als ein Stück Holz, sein alter Spruch …

»Rück näher, schöne Eloise, rück 'n großes Stück an Lenz heran!« Jetzt will der bucklige Schneidergeselle Kaspar und den Mundharmonikaspieler endgültig übertönen. Doch er kommt nicht weit mit seinem Gesang, urplötzlich fährt ein Schlüssel ins Schloss, die Riegel krachen und dann wird die schwere Tür so heftig aufgerissen, dass Frieder den Luftzug bis ins Gesicht spürt. Die Abendableuchtung! Und wer hat Dienst? – Der Lemke! Ausgerechnet der Lemke! Frieder hat den Wärter schon am Öffnen der Tür erkannt. Jeder Schließer hat seine Eigenarten; der Lemke tritt jedes Mal auf wie der Teufel, der eine arme Seele heimsucht.

»Wer singt denn hier noch so fröhlich?«

»Der Lenz«, meldet sich Lorenz sofort. »Aber nur, um nicht zu heulen … weil er doch morgen einen guten Freund verliert.« Er sagt das, als heule er wirklich jeden Moment los, und das ist auf zweifache Weise listig: Einerseits bittet er den Lemke damit um Vergebung für seine ordnungswidrige Singerei, andererseits deutet er, ohne dass es ihm nachzuweisen wäre, vorsichtig spöttelnd darauf hin, dass der Lemke sein Ziel, Frieder die Entlassung zu verderben, ja nun doch nicht erreicht hat.

»Sind Sie da so sicher?« Der Lemke hat erst Jobst ins Gesicht geleuchtet, dann Kaspar und Lorenz, zum Schluss Frieder. »Sie auch, Jacobi?«

»Ja.« Frieder gähnt nur gelangweilt und schließt die Augen, als hätte er bereits geschlafen und wollte gleich weiterschlafen.

»Wirklich?«

»Ja.« Nun schafft er es sogar, ein zufrieden-behagliches Grinsen aufzusetzen. Dieser kleine Napoleon soll nicht merken, wie eiskalt sie ihm gleich wieder durch die Glieder geronnen ist, die Furcht, der Mann hinter der Laterne könnte Recht behalten.

»Na dann, bis morgen Abend, Jacobi! Und schlafen Sie schön, damit Se den Entzug der Freistunde morgen besser verkraften.«

»Gute Nacht!« Frieder gähnt noch mal, spürt aber schon, wie ihm vor Zorn die Tränen unter den Augenlidern hervorsickern. Wie konnte er nur schwätzen, man solle die Ungerechtigkeit hassen, nicht aber die Menschen. Den Lemke hasst er doch; den hasst er wie einen Kinderschänder! Wenn er nicht bald die Laterne wegnimmt, kann es sogar passieren, dass er ihm vor Wut und Ekel an die Gurgel springt; und dann wird er die nächsten Jahre ganz bestimmt nicht entlassen ... Doch da verschwindet der helle Schimmer, die Tür fällt zu und er darf die Augen wieder öffnen. Das Schloss, die Riegel, ein paar leise Schritte, dann wird nicht etwa die nächste Zellentür geöffnet, weil man dort ja schon vorgewarnt ist, sondern eine andere, weiter entfernte, in der man noch nicht damit rechnete, bereits an der Reihe zu sein.

»Der Lemke ist kein Mensch«, flüstert Jobst, nachdem lange alles still geblieben ist. »Hat seine Freude daran, andere zu quälen. Wozu ist so einer auf der Welt?«

Keine Antwort! Alle schweigen, alle können sich denken, in welche Angst der Lemke Frieder mit seinen Worten versetzt hat, und spüren nun auch die eigene Angst wieder, die Furcht vor den unsagbar vielen Tagen, Wochen und Monaten Gefängnisleben, die noch vor ihnen liegen.

»Man müsste eben doch mal über einen Ausbruch nachdenken.« Lorenz ist es, der als Erster wieder den Mund aufmacht und damit nun doch endlich die Worte gefunden hat, die Kaspar aus seiner Schwermut reißen. »Wie denn?«, will er gleich wissen und der bucklige Schneidergeselle erklärt ihm zum wiederholten Male, dass der Lenz nur ein kleines Stückchen Glas bräuchte, und seiner Flucht stünde nichts mehr im Wege. Mit dem Glas würde er die Gitterstäbe freikratzen, bis er sie aus dem Mauerwerk brechen könnte. Danach würde er mit demselben Glasstückchen alle Decken und Strohsäcke zu Streifen zerschneiden. Aus diesen Streifen könnten sie ein Seil flechten und sich einer nach dem anderen in den Gefängnishof hinunterlassen. Unten angekommen, würde er dem Wachposten, der da so müde herumspazierte, das Stück Glas an die Kehle setzen und ihm befehlen, das Tor zu öffnen.

»Und die Sichtblende?«, fragt Kaspar nur, damit der Schneider noch ein bisschen weiterredet.

»Das ist kein starkes Blech, das biegen wir mit 'nem Schemelbein so weit auf, dass wir hindurchpassen.«

»Und wenn der Posten im Hof sich wehrt?«

»Dann müssen wir ihn umbringen.«

»Und danach?« Jobst ärgern Lorenz' ewige Fluchtphantasien.

»Danach führen sie uns einen nach dem anderen aufs Schafott.«

Ein Weilchen schweigt Lorenz, bis er schließlich voll Ingrimm sagt, seit der Tod auf der Welt wäre, sei sowieso niemand mehr seines Lebens sicher. Weshalb also solle der Lenz um ein Leben bangen, das sowieso nur Armut, Mühsal und Not für ihn bereithalte?

Wieder ist lange alles still, dann flüstert Kaspar: »Den Lemke, den würd ich schon gern umbringen.«

Sofort vergisst Frieder den eigenen Hass. »Was redeste denn da?«, fährt er Kaspar an. »So einer hat's doch gar nicht verdient, dass wir uns an dem die Finger schmutzig machen.«

Lorenz hingegen wird neugierig. »Und welchem Wärter würdeste noch gern an der Kehle kitzeln?«

»Allen«, schluchzt da der Junge auf seinem Strohsack. »Allen – nur Vater Riese nicht!«

## *Wem's Herze brennt*

Ein Wintertag wie aus dem Märchen. Die Stuckpuppen auf den Dächern der gegenüberliegenden Häuser tragen weiße Hauben, die Steinbank nicht weit von der Bäckerei Nikolaus, auf dem das alte Fenstergucker-Ehepaar im Sommer so oft saß und – Füße auf dem Kissen, Kopf in der Sonne – den Vorübergehenden nachblinzelte, ist dick mit Schnee gepolstert, und immer wieder löst sich eine Schneelast von einem der eiszapfenverzierten Dächer oder Simse und klatscht laut auf die Straße hernieder. Das ärgert die Hauswirte mit den dicken Fäustlingen an den Händen, die gerade erst den Schnee mit Schiebern, Schaufeln und Besen zu hohen Wällen gekehrt haben und nun ihr Werk von vorn beginnen müssen, und belustigt Jette, die alle Augenblicke ans

Fenster läuft, um hinauszuschauen. Zwischendurch hat sie Fritzchen gewaschen, das Schmutzwasser und den Nachttopf runtergebracht und zweimal Torf nachgelegt, um den Ofen nicht kalt werden zu lassen.

Einen so frühen Winter wie diesen haben sie lange nicht mehr gehabt. Seit November friert es Pickelsteine und die Torfweiber, die sonst so gern in jeder Etage stehen bleiben und Zoten reißen, hasten nur wie Gespenster durch die Häuser, um überall ihre schweren Kiepen mit dem schwarzen, in den Herden und Öfen stinkenden Brennmaterial abzuladen. Doch wer kann sich schon einen langen und noch dazu strengen Winter lang teures Brennholz oder gar Kohlen leisten? Und wer kann aufs Heizen verzichten, wenn er in einer Wohnung direkt über dem Hausflur wohnt? Sie können den Ofen bullern lassen, so viel sie wollen, der Fußboden bleibt eine einzige Eisbahn. Also ziehen sie zwei Paar Strümpfe übereinander und Fritzchen manchmal sogar drei und tragen selbst in der Wohnung Schal oder Schultertuch; warm wird ihnen trotzdem nicht.

An diesem Morgen jedoch ist Jette viel zu aufgeregt zum Frieren. Wird Frieder wirklich heute kommen? Oder doch erst nächste Woche? Und wenn er kommt, wird alles so sein wie vor acht Monaten? Oder hat er sich sehr verändert?

Wieder kniet sie sich vors Fenster, um Gucklöcher in die Eisblumen zu hauchen. Sie hat Angst vor dieser ersten richtigen Begegnung. Vielleicht sind sie ja beide sehr enttäuscht voneinander; vielleicht lacht der junge Zimmerer jetzt über seine Worte vom Frühjahr.

Ein Schornsteinfeger, rabenschwarz in all dem Weiß, verlässt das Nikolaus'sche Haus. Doch sein Zylinder ist kein Zimmermannshut und der Kaminjunge mit der Schutzkappe auf dem Kopf und der Leiter über der Schulter, der hinter ihm dreintrottet, als würde er jetzt viel lieber mit den anderen Kindern über die Schlitterbahn flitzen, hat noch weniger Ähnlichkeit mit dem, auf den sie wartet ...

»Wem's Herze brennt, dem qualmt der Hintern.« Die Schwester! Und als Jette den Spott nur still überhört, singt Guste laut: »Lavendel, Myrt' und Thymian, das wächst in meinem Garten. Wie lange bleibt der Freiersmann? Ich kann ihn kaum erwarten.«
»Dummliese!« Nun muss Jette doch lachen. Es ist schön, dass die Schwester wieder so gute Laune hat. Bis gestern befürchtete sie, wieder schwanger zu sein, und starrte die ganze letzte Woche nur niedergedrückt vor sich hin. Die Erlösung kam durch die Schneckenmarie. Sie ließ Guste zwei Tassen mit Weizenkörnern füllen und etwas von ihrem »Morgenpiesel« in die erste Tasse geben. In die zweite kam etwas von ihrem, Jettes, Morgenwasser. Wäre der Weizen in Gustes Tasse schneller gekeimt als der einer Jungfer, so wäre sie, laut Schneckenmarie, wohl wirklich schwanger gewesen. Doch sie hatten Glück, die Körner in beiden Tassen keimten fast zur gleichen Zeit und gestern Abend hatte Guste dann endlich wieder Besuch von »Tante Rosa«.

»Die Liebe is 'n Feuerzeug,
das Herz, det is der Zunder,
und fällt 'n kleenet Fünkchen rein,
denn brennt der janze Plunder!«,

deklamiert Guste munter weiter und dann rollt sie sich viel zu früh an diesem Tag aus dem Bett, um sich in aller Ruhe zur »Brautmutter« ausstaffieren zu können. So fest überzeugt ist sie davon, dass Frieder, sowie er bei seiner Mutter oben war, gleich zu ihnen kommen wird, um vor seinem Opferlamm Jette in die Knie zu fallen.

Da hält es auch Fritzchen nicht länger im Bett. Er pummelt sich an, so gut es geht, und dann hockt er neben Jette und haucht sich mit seinem heißen Fieberatem ein eigenes Guckloch frei.

Ein Stiefelknechtverkäufer eilt durch den Schnee, ein Hundehändler mit einem guten Dutzend kläffenden Mischlingskötern an der Leine zieht unter ihrem Fenster vorbei, ein Kesselflicker geht von Tür zu Tür, ein um und um mit Waren behängter Ratten- und Mausefallenverkäufer lässt sein »Ratzifalli! Mausifalli!« ertönen, dass es bis durch das fest geschlossene und mit Lappen abgedichtete Fenster zu hören ist – ein langer, blonder junger Mann mit Zimmermannszylinder aber ist nirgends zu entdecken. Und so geht es weiter: Ein Stuhlflechter kommt, ein Scherenschleifer, ein Gipsfigurenhändler mit seinem auf Kopf und Händen getragenen Brett, auf dem Hunde, Frauentorsos und die Büsten der verschiedensten Berühmtheiten thronen; auch ein ganz und gar verfrorenes kleines Bücklingsmädchen mit ihrem noch vollen Korb und ein viel zu dünn angezogener Stiefelputzer, der an diesem Tag wohl keinen einzigen Kunden finden wird, kommen so nach und nach an ihrem Guckkasten vorübergezogen. Nur der, auf den sie warten, lässt sich nicht blicken.

»Und wenn er nun doch nicht kommt?«, flüstert Fritzchen und zieht schnarrend die verstopfte Nase hoch. Er ist sehr neugierig auf diesen Frieder, über den Mutter Jacobi ihm inzwischen so viel Staunenswertes berichtet hat und um den auch Jette und seine Mutter so viel Gewese machen, dass er gar nicht anders kann, als sich ihn als heimkehrenden Kriegshelden vorzustellen.

»Er kommt schon noch«, antwortet Jette nur und da glaubt Fritzchen, Mutter Jacobis Wundersohn auch schon entdeckt zu haben. Doch der junge Mann mit dem langen, warmen Mantel und der keck in die Stirn geschobenen schwarzen Pelzmütze, der da Stöckchen schwingend durch die munter rieselnden Schneeflocken spaziert, ist nicht Frieder, sondern nur irgendein schneeverliebter Jüngling aus besserem Hause. Seltsamerweise ist Jette über diese Enttäuschung fast erleichtert und erwischt sich bei dem Gedanken, wie einfach doch alles wäre, wenn Frieder tatsächlich noch nicht kommen würde. Doch da trappelt Fritzchen schon ein zweites Mal los. »Aber der da, das ist er!«

»Nein!« Jette will den Kleinen schon packen und ins Bett zurücktragen, damit er sie nicht ganz und gar verrückt macht, da verharrt sie mitten in der Bewegung: Der blasse junge Mann in dem für diese Jahreszeit viel zu dünnen Rock und mit dem Korb unterm Arm, der da durch den Schnee kommt und sofort zu ihrem Fenster hochschaut, ist ja doch der junge Zimmerer! Er hat sich nur sehr verändert, ist schmaler geworden, ernster und noch ein bisschen länger, wie die viel zu kurzen Jackenärmel und Hosenbeine beweisen. Doch wie an jenem Frühjahrsmorgen, als sie sich das letzte Mal sahen, bleibt er vor dem Haustor stehen und blickt erwartungsvoll zu ihrem Fenster hoch. Und da kann sie nicht anders, trotz der Kälte, die draußen herrscht, trotz des hustenden und schniefenden Fritzchens, das neben ihr steht, reißt sie das Fenster auf, damit er sieht, dass sie auf ihn gewartet hat. Gleich lächelt er zu ihr hoch und zieht wieder seinen Zylinder; alles wie zu jener Zeit, die nun schon so lange zurückliegt und an die sie so oft denken musste, abends im Bett, tagsüber in der Fabrik, beim Wäschewaschen mit Mutter Jacobi, während so vieler langer Sommerabende am offenen Fenster …

»Willste uns umbringen?«, schimpft die halb nackte Guste. »Mach die Luke dicht! Auch Torf kostet Geld!«

Frieder kann, was Guste gesagt hat, nicht gehört haben. Ernst zeigt er zuerst zum Dach und danach zu ihr hoch; wohl um anzudeuten, dass er, nachdem er bei seiner Mutter war, bei ihnen klopfen will.

Jette nickt nur still, dann schließt sie rasch das Fenster.

»Hat er sich verändert, dein Sonnenjunge?«

Er hat sich verändert. Sogar sehr. Aber wie soll sie das beschreiben? Ins Gefängnis ging ein fröhlicher junger Bursche, heraus kam ein ernster, trotzig wirkender Mann?

»Jetzt freut sich Tante Jacobi, nicht wahr?«

Fritzchen! Die ganze Zeit hat er Frieder nur mit großen Augen angeschaut; jetzt weiß er nicht, ob er sich ebenfalls freuen darf oder doch lieber nicht.

»Ja.« Jette wischt sich die Augen.

»Was ist denn?«, fragt der Kleine erschrocken.

»Nichts Besonderes«, spöttelt Guste von der Waschschüssel her. »Ist der Mond blass, wird die Wiese nass. Alte Bauernregel! Trifft nur selten zu, aber wenn, dann gießt 's mächtig.«

Wieder macht Jette sich am Ofen zu schaffen; Fritzchens wegen, damit er es schön warm hat, und um Malzkaffee zu kochen für den Besuch, den sie erwarten und den sie fürchtet, weil sie immer noch nicht so recht weiß, wie sie sich verhalten soll.

Und dann sind auf der Treppe auch schon Schritte zu hören, die vor ihrer Tür Halt machen. Mit feierlichem Gesicht tritt die Schwester, inzwischen fertig angezogen und frisiert, vor Jette hin. »Du hast viel für ihn getan«, flüstert sie. »Er hat dir zu danken. Wenn er das vergisst, ist er keinen schäbigen Dreier wert.«

Wie kann Guste denn jetzt, da schon geklopft wird, damit anfangen? Hilflos blickt Jette zur Tür, während die Schwester sie an beiden Händen festhält und weiter in sie dringt: »Bist noch so jung, Jettchen! Und so sauber. Das ist dein ganzes Kapital. Wirf es nicht achtlos weg, hörste? Bleib bei Verstand, auch wenn er dir Sonne, Mond und Sterne verspricht. Letztendlich sind ja immer wir Frauen die Dummen.«

»Soll ich nicht aufmachen?« Es hat schon wieder geklopft.

»Überlass das Fritzchen. Dann wird's nicht so steif.«

Seufzend nickt die Schwester Fritzchen zu und wie der Blitz springt der Kleine aus dem Bett, läuft zur Tür und öffnet sie weit. Und dann nimmt seine Tante Jacobi ihn auch schon in die Arme und drückt ihn, obwohl sie weiß, wie erkältet er ist. Sind ja ein Herz und eine Seele, die beiden, freuen sich jedes Mal, wenn sie zueinander dürfen. Hinter Mutter Jacobi aber steht der aus der Nähe noch blasser wirkende junge Zimmermann.

»Hereinspaziert!« Guste gibt dem verlegen guckenden jungen Mann gleich die Hand. »Bei uns ist's sicher gemütlicher als in der Hausvogtei.«

Eine Begrüßung, die Jette zusammenzucken lässt. Frieder jedoch lächelt nur und gibt auch Fritzchen die Hand, der ihn wiederum nur bewundernd anstarrt, bis der junge Zimmerer schließlich vor Jette hintritt. Aus sicherer Entfernung nimmt sie seine Hand, er aber hält die ihre fest und drückt sie so lange, als wollte er ihr damit etwas ganz Besonderes zu verstehen geben. »Meine Mutter hat mir alles geschrieben«, stottert er dann nur heraus. »Weiß gar nicht, womit ich das verdient hab.«

»Na, mit deinen Kartoffellieferungen natürlich! Womit denn sonst?« Die Schwester ist froh, nicht von Frieder enttäuscht worden zu sein, das kann Jette ihr deutlich ansehen. Zu viel Ernsthaftigkeit aber mag sie nicht. Deshalb bittet sie Mutter Jacobi und vor allem Frieder, der sehr gebückt stehen muss, um sich in der niedrigen Wohnung nicht den Kopf zu stoßen, sich doch endlich zu setzen und zur Feier des Tages eine Tasse Malzkaffee mit ihnen zu trinken. Mutter Jacobi hat bereits darauf gewartet, schnappt sich gleich den Sorgenstuhl, der längst der ihre geworden ist, und zieht das noch immer schniefende Fritzchen auf ihren Schoß. Frieder zögert erst, dann setzt er sich neben sie, Guste nimmt sich den noch übrig gebliebenen Stuhl und Jette hockt sich auf die Bettkante.

So sitzen sie dann da, jeder eine Tasse Malzkaffee in den Händen, trinkend und schweigend, und Jette wagt kaum, den jungen Mann anzublicken, der ebenfalls nur seine Tasse anstarrt. Ihr fällt ein, was Mutter Jacobi ihnen alles über den Sohn erzählt hat. Darunter auch, dass Frieder ja nur der Jüngste von drei Brüdern ist, die beiden Älteren jedoch so rasch nach der Geburt starben, dass sie von der Hebamme notgetauft werden mussten, damit sie nicht in die Hölle kamen. Und dass Mutter Jacobi sich ja eigentlich immer eine Tochter gewünscht hätte, dass Frieders Vater bald nach der Geburt seines einzig überlebenden Sohnes aber ebenfalls starb und ihr Jungchen seither ihr Ein und Alles ist.

»Und wie soll's nun weitergehen mit unserem starken Mann im Haus?« Endlich macht Guste wieder den Mund auf.

Frieder zuckt die Achseln. »Werd mir für den Winter Arbeit suchen.«

»Und Glück haben?«

»Vielleicht.« Seine Stirn umwölkt sich. »Hab Freunde. Vielleicht wissen die, wo ich noch was finden kann.«

Jette sieht, wie er vor Verlegenheit ganz rot wird, und gleich ist es wieder da, das Gefühl der Zuneigung zu diesem jetzt so schmalen und knochigen Gesicht. Weshalb verhört die Schwester Frieder denn? Was geht es sie an, auf welche Weise er Arbeit finden will? Guste tut ja gerade so, als würden sie morgen schon heiraten wollen, und er müsste seiner zukünftigen Schwiegermutter Pfennig für Pfennig unterbreiten, wie er seine zukünftige Frau ernähren will. Schnell trinkt sie ihren Kaffee aus und dann weiß sie auch schon: Sie wird nicht hier sitzen bleiben und weiter das scheue Küken spielen. Ein langer Blick in Frieders Augen, dann steht sie auf, zieht sich Stiefel und Mantel an und nimmt den Packen Hemden auf, die sie bereits fertig genäht und in ein Tischtuch gewickelt hat. »Muss jetzt weg«, entschuldigt sie sich. »Zum Krause. Die Lieferung ist fällig.«

Er hat sofort verstanden, trinkt ebenfalls aus und steht schon neben ihr. »Begleite dich. Brauch 'n bisschen Bewegung.« Und mit einem spöttischen Blick auf Guste fügt er hinzu: »Natürlich nur, wenn's genehm ist.«

Was bleibt der Schwester da anderes übrig, als zu seufzen und zu nicken? »Wenn ihr artige Kinder bleibt und zurückkommt, bevor's dunkel wird, soll's meinetwegen sein.« Aber dann muss sie über ihre Gouvernantenrolle lachen. »Nu haut schon ab und bringt den Schnee zum Schmelzen. Für etwaige Verluste müsst ihr selbst aufkommen.«

Sie gehen durch die Heiligegeist- und die Poststraße bis über die eisbewachsene Mühlendammbrücke hinweg, halten respektierlich Abstand voneinander und sagen kein einziges Wort. Auf jedem Dach, jedem Fenstersims, jedem Zaunpfahl liegt dickes Weiß und auch die Äste und Zweige der Bäume und die zum Schutz vor dem Winter strohumwickelten Holzbrunnen sind schneeverweht. Begegnen sich zwei Fuhrwerke in den von Schneebergen eng gewordenen Fahrstraßen, geht das nicht ohne Streit und Schimpferei ab, bis sich endlich einer der beiden Kutscher bequemt, seine Gäule mit lauten Hü-hott-Rufen mitten durch die Schneehügel zu jagen. Dann springen die Tiere und die Nüstern dampfen und für kurze Zeit erlebt die Straße ein großartiges Schauspiel.

Jette und Frieder können solche Szenen gleich mehrfach beobachten und Frieder, der diesen Spaziergang im Schnee ganz besonders genießt, macht scherzhafte Bemerkungen über die fluchenden Kutscher. Aber ein richtiges Gespräch, wie Jette es sich gewünscht hat, ist das noch nicht.

Als sie über den weiten, freien Petriplatz gehen, auf dem der noch sehr niedrige, wie schlafend daliegende Neubau der vor vielen Jahren abgebrannten Petrikirche fast gänzlich unterm Schnee verschwindet und pelzbemützte Jungen in Stulpenstiefeln auf Holländer-Schlittschuhen um zwei mächtige Schneemänner herumjagen, wagt Jette dann schließlich, den Mund aufzumachen. »Ist's dir sehr schlimm ergangen?«

»Ja«, gibt er, erleichtert darüber, dass sie den Anfang gemacht hat, nach kurzem Nachdenken zu. »Eingesperrtsein ist was Grausames. Da lebste wie die Maus in der Falle. Aber dir ist's ja auch nicht besser ergangen. Mamchen ... meine Mutter hat mir alles erzählt.« Und nach einer kurzen Pause gesteht er ihr: »Bin so froh, dass es ihr wieder besser geht! Und dass du nicht mehr in die Fabrik musst, gefällt mir auch. Hab das noch gar nicht gewusst.«

Seine Fürsorglichkeit freut sie, aber ob es wirklich gut ist, dass sie die Fabrikarbeit aufgegeben hat? Es waren ja nur Mutter Jacobi und Guste, die darauf drängten, weil sie sonst in zwei, drei Jahren eine alte Frau sei, wie sie sagten. Und dann kam die Wuttig und erzählte von dem Hemdfabrikanten Krause am Spittelmarkt, der Knopflochnäherinnen suche. Also ging sie hin und stellte sich vor. Und nun sitzt sie wieder zu Hause und näht

Knopflöcher in Krause-Hemden. Das ist sicher besser, als jeden frühen Morgen durch Finsternis und Kälte bis fast vors Schlesische Tor in die düstere Fabrik zu laufen und während der Arbeit keine einzige Sekunde zur Ruhe zu kommen, aber natürlich verdient sie mit den Hemden viel weniger.

Ein Polizist mit schneebedecktem Dreimaster auf dem Kopf kommt über den Platz geschlendert und blickt sie streng an. Sofort bleibt Frieder stehen und starrt den Mann mit dem Säbel ebenfalls an, bis Jette Angst bekommt, der Gendarm könnte ihn gleich wieder mitnehmen. Zum Glück geht er weiter und auch Frieder setzt sich wieder in Bewegung, bis er irgendwann erneut stehen bleibt, mit den Füßen im Schnee scharrt und nachdenklich sagt: »Wenn du jetzt wieder zu Hause bist, braucht ihr meine Mutter doch eigentlich gar nicht mehr.«

Sie hatte befürchtet, dass er das sagen würde. Mutter Jacobi hat ja auch schon damit angefangen; nun, da sie als Kleinkinder-Bewahranstalt ausgedient habe, wolle sie ihnen nicht länger zur Last fallen. »Aber Fritzchen hat deine Mutter doch sehr lieb. Und ich hab kaum Zeit für ihn. Wer nichts schafft, verdient nichts.«

Er guckt zweifelnd, geht aber nicht weiter. Wie festgenagelt steht er im Schnee. Und dann kommt endlich die Frage, die auch sie so sehr bewegt: »Weißte eigentlich noch, was wir einander versprochen haben?«

»Ja«, haucht sie nur in den nun noch stärker rieselnden Schnee hinein und wendet vorsichtshalber den Kopf ab.

»Und gilt unser Versprechen denn noch?«

»Gilt deins denn noch?« Fragt es und spürt, wie ihr trotz der Kälte ganz heiß wird. Als sie damals über diese Dinge sprachen, war eine Tür zwischen ihnen; sie konnten sich nicht sehen. Jetzt schaut Frieder sie unentwegt an.

»Natürlich!« Er guckt verblüfft. »Hab doch immerzu an dich gedacht. Jeden Tag, jeden Abend … Wenn du nicht gewesen wärst, hätt ich ja überhaupt nichts Schönes zu denken gehabt.«

Da wird ihr noch heißer. »Hab ja auch … an dich gedacht.« In seinem Gesicht geht die Sonne auf. »Wirklich?«

»Ja.«

»Das ist schön. Hab schon Angst gehabt, 's wär alles nur Spaß gewesen.«

»Ich auch.« Sie muss lachen. Aber dann erschrickt sie. »Ich muss weiter. Sonst komm ich zu spät.«

»Na, dann los!« Endlich wagt er, ihr den Packen mit den Hemden abzunehmen, und dann läuft er mit seinen langen Beinen so schnell vor ihr her, dass sie kaum Schritt halten kann, während die Schneeflocken immer dichter, immer satter auf sie herabrieseln und es unter ihren Füßen knirscht, als wollte der Schnee sich über ihre Eile beschweren. Doch jetzt ist es kein schweigsames Nebeneinander mehr, jetzt redet er viel und erzählt ihr von jenem Tag im April, an dem er zusammen mit so vielen anderen durch die Straßen gelaufen war, von den Bajonetten der Soldaten, seinem Sturz, dem Erwachen in der Stadtvogtei und all der Zeit danach. Sie bekommt fremde Männernamen zu hören und muss sich ihr völlig unbekannte Gesichter, Räume und Situationen vorstellen. Bald hat sie Mitleid mit ihm; aber sie beneidet ihn auch: Wen er alles kennt, worüber er sich Gedanken gemacht und was er alles erlebt hat, während sie immer nur zu Hause saß oder in der Fabrik war! Besonders oft erzählt er von diesem Rackebrandt, der Mutter Jacobi im Sommer manchmal Geld brachte und einmal von einem Stiefel aus Militär, Justiz, Polizei und Beamtenschaft gesprochen hätte. In den letzten acht Monaten hätte er diesen Stiefel zum ersten Mal so richtig zu spüren bekommen, sagt er, und seit heute Morgen, kaum hätte er wieder auf der Straße gestanden, bemerke er ihn überall.

»Aber man kann ja nichts dagegen machen«, hört Jette sich da plötzlich einwerfen und wundert sich über sich selbst: Wie kommt sie dazu, sich zu diesen Dingen zu äußern? Was versteht denn sie davon? Ist es nicht ein ganz anderer Stiefel, unter dem sie leidet?

»Doch! Man kann! Und man muss!«, widerspricht er ihr heftig und nimmt, was sie gesagt hat, also ernst. Das hat sie noch nie zuvor erlebt, schon gar nicht von Guste, und so hört sie ihm ganz gespannt weiter zu, während er von all den Ungerechtigkeiten spricht, die man ändern müsse und die ihm erst in den vielen langen Hausvogteinächten so richtig bewusst geworden wären, obwohl Rackebrandt doch schon öfter mit ihm darüber gesprochen hätte.

Sind es diese Gedanken, die ihn jetzt oft so ernst blicken lassen? Und hat sie nicht ebenfalls schon öfters gedacht, dass sich alles ändern müsste? Nur hätte sie es nie so sagen können: Des Königs Stiefel! – Und Flatows feine Schuhchen! Und die der Gebrüder Barlog in der Kattunfabrik! Und J. Freimut Krauses dick besohlte Latschen.

»Aber wie man alles ändern kann«, fragt sie schließlich, »das weißte nicht?«

Nein, das weiß er nicht. Darüber will er mit Rackebrandt reden. Und das gleich heute Abend, wenn er sich bei ihm für die Unterstützung bedankt, die er und Flips, Schorsch und Nante, Roderich und Meister Langemann der Mutter in den vergangenen acht Monaten zukommen ließen.

»Ihr Männer habt's gut!«, platzt es da aus Jette heraus. »Ihr dürft über alles reden und könnt überall hingehen und niemand findet was dabei.« Dass sie gern mit Frieder mitgegangen und an seinem Gespräch mit diesem Rackebrandt teilgehabt hätte, sagt sie jedoch nicht und deshalb versteht er sie falsch. »Wenn ich über alles rede, werde ich aber vielleicht schon bald wieder eingesperrt.«

Sie erschrickt und schweigt. Frieder aber lässt der Gedanke, irgendwann vielleicht doch wieder eingesperrt zu werden, nicht mehr los. »Würdeste dann wieder auf mich warten?«, fragt er leise.

Erst will sie nur die Achseln zucken, weil es sie noch immer ärgert, dass sie nicht einfach mit zu diesem Rackebrandt gehen kann, doch dann schämt sie sich ihres Trotzes und sagt genauso leise: »Ja.«

»Auch wenn's sehr lange dauert?«

Da sagt sie wiederum nur ja und meint das ernst. Es kann ja nicht richtig sein, dass einer eingesperrt wird, nur weil er über das redet, was ihm nicht gefällt.

»Danke!« Vorsichtig lächelt er sie an und dann bleibt er wieder stehen, kommt ganz nahe an sie heran und lehnt seinen Kopf an ihre Stirn. »Hab dich so lieb! Manchmal hat mir richtig das Herz wehgetan vor lauter Sehnsucht nach dir.«

Das war so schön, was er da gesagt hat, dass sie ihn beinahe geküsst hätte! Schnell macht sie drei Schritte von ihm fort und stapft weiter durch den Schnee.

»Was ist denn?« Er hält sie am Arm fest und nun muss sie aufpassen, sich nicht doch noch an ihn zu schmiegen.

»Das ... das schickt sich doch nicht!«

»Was schickt sich nicht? Dass zwei sich lieb haben?«

»Und wenn uns nun jemand sieht?«

»Dann soll er ein schönes Bild von uns malen.«

Sie muss lachen und will erneut weitergehen, Frieder aber lässt sie immer noch nicht los. »Können wir nicht irgendwo mal ganz allein miteinander sein?«

»Nein.«

»Geht deine Schwester heute Abend denn nicht fort?«

Nun muss sie sich wieder schämen. Denkt Frieder etwa, nur weil sie so eine Schwester hat, lässt sie ihn zu sich in die Wohnung oder kommt zu ihm ins Treppenhaus? »Biste so einer?«, fragt sie enttäuscht.

»Bin kein ›so einer‹. Hab dich nur lieb. Und da möchte ich dich mal alles Mögliche fragen und dir noch viel mehr von mir erzählen dürfen.«

»Wenn's doch aber nicht geht!« Alles, was Guste ihr über Männer gesagt hat, ist plötzlich wieder da.

Enttäuscht lässt er sie los und dann geht er schweigend neben ihr her, bis er mit einem Mal sagt: »Und ich klopfe doch! Und machste nicht auf oder kommste nicht raus, klopfe ich die ganze Nacht. Bis euer Fritzchen aufwacht oder die Wuttig nachschauen kommt.«

»Untersteh dich!«

»Wirst schon sehen!« Ärgerlich stößt er die Luft aus und da fragt sie schließlich: »Und was passiert, wenn ich doch komme?«

»Dann halte ich den ganzen Abend deine Hand, hör dir zu und guck dich an. Und ... und vielleicht streichel ich dich auch mal.«

»Dann komme ich lieber nicht.«

»Und wenn ich dich nicht streichel?«

»Auch nicht.«

»Bitte!«

»Nein.«

»Nur fünf Minuten.«

»Nein!« Sagt es und ärgert sich. Über Guste und sich selbst und die ganze Welt. Aber kein bisschen über Frieder. Ist doch schön, dass er mit ihr zusammen sein will. Oder soll sie sich wünschen, dass er vor ihr davonläuft?

### *Deutsche Krankheiten*

Weinmeisterstraße 3. Ein niedriges, graues, dick mit Schnee bedecktes Haus. Unschlüssig schaut Frieder zu den wenigen von einem Licht erhellten Fenstern hoch. Er war noch nie bei Rackebrandt. Sie haben immer nur auf dem Bau miteinander gesprochen. Oder auf dem Heimweg von der Arbeit. Jetzt, nachdem er am Nachmittag auf Mutters Drängen hin ein paar Stunden geschlafen hat, will er dem Altgesellen danken. Doch wird er nicht wie ein Bittsteller wirken, wenn er gleich am ersten Tag nach seiner Entlassung zu ihm kommt?

Das Haus sieht ärmlich aus und passt damit in diese Gegend. Nicht weit von hier befindet sich das Rosenthaler Tor, gleich dahinter beginnt das Vogtland, das Armenviertel oder auch der Sumpf der Stadt, wie oft gesagt wird.

Wieder blickt er zu den Fenstern hoch, dann stößt er kurz entschlossen das morsche Holztor auf, betritt den finstern Flur und tastet sich an den Wänden entlang die Treppe hoch. Putz bröckelt herab und die Stiege, vom Mondlicht, das durchs Treppenhausfenster dringt, nur schwach beleuchtet, ist wacklig und schief und droht jeden Moment unter ihm zusammenzubrechen. Doch er hat Glück, gleich im ersten Stock erblickt er ein Holzschild: *H. L. Rackebrandt*. Er zögert noch einen Augenblick, dann klopft er und hört sofort Schritte hinter der Tür. Es wird geöffnet und ein großer, vollbärtiger Mann hält ihm sein Talglicht vors Gesicht.

Rackebrandt? Ja! Aber wie sieht er aus? Schwarz zuwachsen lassen hat er sich das dunkle Zigeunergesicht, das doch früher nur ein breiter Schnurrbart zierte.

Auch der Mann in der Tür schaut ihn über sein Licht hinweg erst lange an. »Frieder?«, fragt er dann erfreut. »Frieder Jacobi?« Und als Frieder nur still nickt, zieht er ihn gleich in die enge, sehr verwinkelte Wohnung, in der bei sparsam heruntergedrehter Öllampe Kinder auf dem Fußboden spielen und eine große, hagere Frau am Küchenherd steht und in einer Suppe rührt.

»Das ist der Frieder Jacobi!« Rackebrandt freut sich immer noch. »Hab dir ja schon von ihm erzählt. In der Zwischenzeit aber ist aus dem langen Bürschchen ein richtiger Mann geworden, hätt ihn beinahe nicht wieder erkannt.«

»Ich dich auch nicht«, gibt Frieder verlegen zu, um mehr zu sagen als nur guten Tag.

Sorgfältig wischt Frau Rackebrandt sich die Hand an der Küchenschürze ab, bevor sie Frieder begrüßt. »Ei, die ollen Bärte!«, sagt sie dann. »Die tragen sie jetzt ja alle, die Herren Demokraten. Na, wenigstens spart das Rasierseife.«

Rackebrandt lacht und schiebt Frieder in die kleine, genauso enge Stube und da sitzen sie dann zwischen den auch unter den Betten spielenden Kindern, von denen das älteste der fünf, ein Mädchen, wohl gerade mal sechs ist.

»Wann biste denn entlassen worden?«, will der Altgeselle als Erstes wissen.

»Heute Morgen.«

»Und da biste gleich zu mir gekommen? Danke schön! Ehrt mich sehr!«

Es lag keinerlei Spott in Rackebrandts Stimme, dennoch fühlt Frieder sich bemüßigt, seinen raschen Besuch zu erklären. Und so bedankt er sich zuallererst ausführlich für die Hilfe und Unterstützung, die der Altgeselle der Mutter den Sommer über zukommen ließ.

»War doch selbstverständlich«, wehrt Rackebrandt fast ein wenig ärgerlich ab. »Hättet ihr für meine Familie doch auch getan.«

Hätten sie das wirklich? Es war doch sicher Rackebrandt, der die anderen dazu ermuntert hat ... »Bin aber auch gekommen, weil ich Arbeit suche.«

»Arbeit?« Nachdenklich zieht Rackebrandt eines der kleineren Kinder auf seinen Schoß, einen Jungen, der sich beim Spielen mit einem umgekippten Stuhl den Finger eingeklemmt hat und nun lauthals plärrt. »Was soll ich dir da raten? Gibt ja von Tag zu Tag mehr Arbeitslose. Fabriken haben Pleite gemacht, Banken sind zusammengebrochen, Eisenbahnaktien sind gefallen und haben ganze Eisenbahngesellschaften mit sich gerissen ... Üble stille Monate dieses Jahr! Bin froh, dass ich wieder in der Brauerei untergekommen bin, obwohl ich mir bei der verfluchten Eissägerei bestimmt noch mal 'ne Lungenentzündung hole.«

Er überlegt einen Augenblick, dann will er wissen, was Frieder denn vorigen Winter getan hat. Doch beim Fuhrmann Ott war Frieder schon, gleich nachdem er Jette nach Hause gebracht hatte. Aber natürlich hatte der alte Knaster nicht auf ihn gewartet.

»Tja! Der Winter!« Rackebrandt pustet seinem Sohn immer wieder auf den Finger und wiegt ihn sachte weg von seinem Schmerz. »Das müssen wir uns auch erkämpfen, dass man uns in der stillen Zeit nicht mehr einfach auf den Müll schmeißen und im Frühjahr wieder herauskramen darf.«

Also hat er sich nicht getäuscht, irgendeine Hoffnung ist in Rackebrandt. Vorsichtig beginnt Frieder zu erzählen, was er sich in den vielen schlaflosen Nächten in der Hausvogtei ausgemalt hat und dass er Gleichgesinnte finden will, die ebenfalls für mehr Gerechtigkeit und gegen alle Staatswillkür eintreten wollen. Worte, die Rackebrandt sehr gefallen.

»Schön, dass sie dich nicht kleingekriegt haben!«, sagt er. Dann setzt er seinen Sohn auf den Fußboden zurück, sieht belustigt zu, wie vorsichtig der sich dem Stuhl nähert, der ihm eben erst so böse wehgetan hat, und erzählt Frieder voll Genugtuung, welche Mühe das Militär hatte, jenen Kartoffelkrieg vom Frühjahr zu beenden. Nicht weniger als drei Generäle hätten ihre Truppen in Marsch setzen müssen, denn rechts der Spree, links der Spree und in der Innenstadt, überall war das Volk von der Leine. Erst nach drei Tagen sei alles vorbei gewesen; die einen waren verhaftet, die anderen wieder zur Raison gebracht. Immerhin aber habe der König den »fehlerhaften« Polizeipräsidenten absetzen müssen und auf den Märkten habe es wieder billigere Kartoffeln gegeben. »Nur noch zweieinhalb Groschen die Metze und das per Magistratsverordnung! Hätteste je gedacht, dass so etwas möglich ist?«

Das hätte Frieder wirklich nicht gedacht. Das heißt ja, dass er nicht ganz umsonst in der Hausvogtei gesessen hat. Und alle anderen, die im Frühjahr verurteilt wurden und größtenteils immer noch sitzen, auch nicht.

Rackebrandt hat noch mehr so tröstliche Nachrichten parat. Vergnügt an seinem Bart zupfend, der ihn offensichtlich ebenso stört wie zuvor die Schnurrbartenden, erzählt er von einem Stadtverordneten, der, um das Volk zu beruhigen, noch im April einen ganzen Spreekahn voll mit Kartoffeln in die Stadt bringen ließ und sie nicht teurer verkaufte, als er sie eingekauft hatte. Und die Berliner Kaufmannschaft? Die habe plötzlich »ganz selbstlos« billigen Reis ankarren lassen.

»Jaa!« Der Altgeselle wird wieder ernst. »Für ein paar Tage haben wir sie das große Fürchten gelehrt, all diese satten Herren von und zu und die genauso gemästeten Herren Bürgerbriefbesitzer. Also haben sie uns mit der einen Hand ein paar Körner hingestreut: Pickt nur, ihr armen Spatzen, pickt! Mit der anderen aber haben sie die Zeitungen voll geschmiert und uns darin als Gesindel, liederliche Gesellen, schlechtes Volk, besoffener Haufen, charakterlose Masse beschimpft. Alle gehören wir eingesperrt, um keinen von uns ist's schade.« Er lacht. »So was nennt man wohl hohe Politik: Einen Schritt zurück – und zwei vor! Sie vergessen nur eins: Wer einmal einen Nagel eingeschlagen hat, der kann's wieder tun – und nun vielleicht sogar viel besser.«

Ein Blick auf die Wanduhr über dem Talglicht, dann will Rackebrandt plötzlich wissen, ob Frieder am Abend Zeit habe.

Der nickt nur überrascht. Er hat sogar viel Zeit, muss ja morgen früh nicht arbeiten gehen.

»Dann iss 'n Stück Brot mit uns und komm danach mit in den Tiergarten. Wir treffen uns um acht in den Zelten.«

»Wir?« Frieder versteht nicht.

»Ein paar Leutchen wie du und ich: Handwerker, Kaufleute, Journalisten, Studenten; alles Gleichgesinnte, wie du vorhin so schön gesagt hast.«

»Und warum in den Zelten? Ist doch kein Sommer.«

»Schlauberger!« Der Altgeselle lacht. »Weil der Tiergarten nun mal nicht mehr zu Berlin gehört und wir auf diese Weise dem Zugriff der Polizei entzogen sind. Oder willste etwa morgen schon wieder auf 'nem Strohsack schlafen?«

Es ist ein kalter, wolkenverhangener Abend geworden. Unter den Linden türmt sich der zusammengekehrte und von den Gaslaternen in ein rötliches Gelb getauchte Schnee zu wahren Gebirgen auf. Droschken sind kaum zu sehen; wer dick vermummt einem Ziel entgegenstrebt, beeilt sich.

Nur flüchtig hat Frieder zu dem hell erleuchteten, bunten Weihnachtsmarkttreiben auf dem Schlossplatz hingeschaut, dann haben Rackebrandt und er schon den verschneiten Opernplatz erreicht. Nichts erinnert mehr daran, was im Frühjahr hier geschah, keiner der an ihnen vorüberstrebenden Passanten weiß, dass er, Frieder Jacobi aus der Rosenstraße, hier unter die Stiefel der Flüchtenden geriet und ein junger Medizinstudent ihn stützen musste. Und auch Rackebrandt scheint nicht an jenen Abend zu denken, an dem sie auf so böse Weise auseinander gerissen wurden, marschiert nur, dicken Schal um den Hals, Zimmermannszylinder auf dem Kopf, eifrig vorwärts.

Der Tiergarten liegt hinter dem Brandenburger Tor, also ganz am Ende der Linden, und natürlich kennt Frieder die Zelte, in denen man sich treffen will. Als er klein war, wunderte er sich mal, dass dort, in der äußersten Ecke des Tiergartens, mitten im Grünen und dicht an der Spree, gar keine Zelte aufgebaut waren, sondern sich nur Ausflugslokale befanden, vor denen bei schönem Wetter Militärkapellen musizierten und junge und alte Leute sich bei Kaffee, Bier und Tanz amüsierten. Die Mutter erklärte ihm dann, dass dort früher wirklich Zelte gestanden hätten, in denen Erfrischungen verkauft wurden, und deshalb die inzwischen dort hingemauerten, festen Lokale noch immer so genannt würden. Aber oft waren sie dort nicht, weil nur zugucken und nie einen Groschen für irgendwas Schönes übrig zu haben keinen großen Spaß machte. – Und jetzt treffen sich dort Männer wie Rackebrandt, die den König zur Einsicht in die Nöte seines Volkes oder gar zum Abdanken zwingen wollen?

Frieder würde den Altgesellen gern vieles fragen, der aber wirkt so nachdenklich, dass er nicht wagt, ihn aus seinen Gedanken zu reißen. Als sie die trotz der Schneemassen wie immer sehr belebte Friedrichstraße überqueren, bricht Rackebrandt dann ganz von selbst sein Schweigen und beginnt von jenem Handwerkerverein zu erzählen, zu dem er Frieder einst einlud und den er nun verlassen habe, da ihm dessen Forderungen nicht weit genug gingen.

»Die sind zu lasch. Debattieren in hundert Jahren noch. Man muss den Fuß in die Tür setzen, sonst kriegen die da oben nie mit, dass hier unten jemand ist, der Einlass begehrt.«

Und als Frieder nur erwartungsvoll lauscht, fügt der Altgeselle noch hinzu, dass er und andere in den letzten Monaten immer mehr zu der Erkenntnis gekommen wären, eine grundlegende Veränderung der politischen Zustände erkämpfen zu müssen. Nur gebe es über das Wie sehr verschiedene Ansichten. Einerseits wären da die Konstitutionellen, zumeist Großbürger, Fabrikanten und Handwerksmeister, die schon aus Eigeninteresse die absolute Monarchie ablehnten und dem König die lang geforderte Verfassung aufzwingen wollten, zum anderen sie, die Demokraten, von denen ein Teil eine echte Volksherrschaft verlange und den König gänzlich zum Teufel jagen wolle, Republikaner genannt, während andere den König ebenfalls bloß an die Kandare legen wollten, nur eben ein bisschen fester als die Konstitutionellen.

Frieder braucht nicht lange darüber nachzudenken, zu welcher Gruppierung Rackebrandt gehört – er ist ganz sicher Republikaner. »Und der Adel?«, fragt er. »Was sagt der dazu?«

»Der fürchtet jede noch so klitzekleine Einschränkung seiner überkommenen Rechte. Also wird kampflos nichts zu gewinnen sein. Aber gerade das wollen die Konstitutionellen nicht einsehen. Obwohl sie stark sind wie nie zuvor, setzen sie auf die ›Vernunft‹ des Königs.« Der Altgeselle unterbricht sich, sieht Frieder lange an und nickt dann nachdenklich: »Ein wahrer Kampf aber heißt Revolution!«

Frieder erschrickt, Rackebrandt jedoch zuckt nur die Achseln. »Die Gegensätze zwischen Arm und Reich und die zwischen Können und Dürfen sind zu groß geworden. Sehe keinen anderen Ausweg.« Und nach einer weiteren Pause fügt er hinzu: »Ich will keine Guillotinen, will nur menschliches Leben für alle. Weiß nicht, was daran so schrecklich ist.«

Frieder möchte gern, dass Rackebrandt ihm diese Revolution, die er sich nicht so recht vorstellen kann, näher erklärt, doch nun haben sie schon den Pariser Platz erreicht. An den Soldaten vorüber, die dick verhüllt und mit roten Nasen und trüben Augen auch an diesem hundskalten Tag vor ihren Wachtempeln Posten stehen müssen, gehen sie schweigend durchs Brandenburger Tor und an dem steinernen Zirkusgebäude zwischen Exerzierplatz und Stadtmauer vorüber, in dem nun schon seit über einem Jahr keine Vorstellungen mehr stattfinden.

Hier überfällt Frieder jedes Mal eine Kindheitserinnerung: Wie er eines Sommerabends mit der Mutter vor dem mächtigen Gebäude stand und bitterlich weinte, weil sie nicht mit ihm hineinging. Er wollte so gern die Clowns sehen, die Trapezkünstler und Seiltänzer, vor allem aber die Kunstreiter. Der billigste Platz jedoch kostete sechs Silbergroschen und so drehte die Mutter kurz entschlossen wieder um und zog ihn, den wütend widerstrebenden Knaben, einfach mit sich fort. Bis hin zur Schlossbrücke hat er geschrien und gestrampelt und noch Tage danach hat er kein einziges Wort mit der Mutter gesprochen ...

Aber er war ja nicht nur niemals in diesem Zirkus, er war auch nie im Krollschen Etablissement, in dem es Tanz und andere Arten von Lustbarkeiten gibt und zu dem auch jetzt wieder viele gut gekleidete und unternehmungslustig ausschauende Frauen und Männer durch den Tiergarten eilen. Sorgt es sie nicht, dass andere unter der Ungerechtigkeit leiden und davon träumen, alles, alles, alles – und damit vielleicht auch ihr Leben? – zu verändern? In einer der vielen dicht verschneiten Tiergartenalleen aus uralten Eichen und Linden fragt er Rackebrandt das.

Der lacht nur wieder. »So sind wir Menschen nun mal. Fremde Not lässt uns kalt.«

»Und nicht mal unser nächster Nachbar interessiert uns?«

»Gute Christen müsste er eigentlich interessieren.« Das ist wieder mal ein Gespräch so ganz nach Rackebrandts Geschmack. »Aber wie viele gute Christen gibt's schon? In der Kirche 'n frommes Gesicht machen ist leicht, einem Armen auch nur 'nen Dreier hinzuwerfen fällt schon schwerer. Und sich darum zu kümmern, dass der arme Nachbar seine selbstverständlichen Bürgerrechte bekommt, erscheint vielen wohl als ganz schändliche Verschwörung gegen alle Gotteswünsche.«

Doch nun sind sie schon vor den ersten Lokalen angelangt, Stimmen sind zu vernehmen und Öllampen beleuchten Büsche, Bäume und Schneefelder.

»Jetzt wirste gleich noch mehr Demokratenbärte zu sehen bekommen«, verspricht Rackebrandt Frieder froh gestimmt. »Einer immer wilder als der andere, aber sehr praktisch diese Mode, denn so erkennen wir uns wenigstens gleich, wir Herren Fortschrittler!«

Und tatsächlich, kaum haben sie die Veranda der Gaststätte betreten, die Rackebrandts Ziel ist, sind sie schon von jeder Menge Rausche-, Walle- und Zausebärten umgeben. Zumeist schmücken sie junge, kühn und zuversichtlich dreinblickende Gesichter mit tief in die Stirn gezogenen Studentenmützen. Im von blaugrauen Rauchschwaden durchzogenen Gastraum sitzen aber auch Handwerksgesellen, Arbeitsmänner und nicht wenige eher stutzerhaft oder bieder wohlhabend gewandete Herren; wohl die Kaufleute, von denen Rackebrandt sprach.

Der Altgeselle befreit sich von seinem dicken Schal, dann gibt er Frieder ein Zeichen, ihm zu folgen, und kämpft sich zwischen den dicht an dicht stehenden, voll besetzten Tischen so weit nach vorn durch, bis er endlich einen entdeckt hat, an dem noch zwei Plätze frei sind. Kaum sitzen sie, wird an der Stirnseite des Lokals schon eine Glocke geschwungen, damit endlich Ruhe einkehrt, und ein korpulenter Herr im grauen Überrock und mit ebenfalls wild wuchernde m Demokratenbart erhebt sich und wartet ab, bis auch das letzte Gemurmel verstummt ist. Als es endlich so weit ist, beginnt er eine leidenschaftliche Rede und verlangt schon bald, die »Windstille« zu beenden, die seiner Meinung nach in den letzten Wochen und Monaten in Deutschland eingekehrt sei.

»Nie zuvor war die deutsche Bourgeoisie wirtschaftlich so stark wie gerade jetzt!«, ruft er unter dem Beifall der Anwesenden aus. »Nie zuvor war ihre soziale Stellung so mächtig! Der hochnäsige preußische Junkerstaat kann gar nicht anders, als dem Wirtschaftsbürgertum immer weiter entgegenzukommen, ob in der Zollfrage oder in anderen ökonomischen Problemstellungen. Muss man da Prophet sein, um vorauszusehen, dass Wohlstand und Einfluss des Großbürgertums auch in Zukunft wachsen werden?« Er macht eine bedeutungsvolle Pause, dann schmettert er mit weit ausgebreiteten Armen in den Saal: »Aber was wird aus dem Volk? Soll es sich weiter wie gehorsames Vieh behandeln lassen, das dankbar frisst, was ihm von oben hingeworfen wird?«

Als er darauf zur Antwort nur Protestrufe zu hören bekommt, nickt er zufrieden und spricht von Börsenpapieren, die gesunken seien, von Bankrotterklärungen bekannter Bankhäuser und verantwortungslosen Fabrikschließungen und ruft danach aus: »Wen aber treffen all diese wirtschaftlichen Karambolagen am schmerzlichsten? Den König? Seine Minister? Den ganzen verlotterten Adel, der über die Gräber unserer Ärmsten hinwegtanzt, als ginge das feine Herrenleben ewig so weiter? Nein, sie treffen vor allem die unteren Stände und die Ärmsten der Armen zuallererst.«

Erneute Beifallsrufe, es wird genickt, Fäuste werden geballt. Dann spricht der Korpulente plötzlich von den Richtern, die nicht unabhängig wären, weil sie auf den König verpflichtet seien. »All diese unseligen Urteile aus dem Frühjahr«, ruft er und klopft dabei mit den Fingerknöcheln auf den Tisch, »sind eine Schande. Und das für jeden Einzelnen von uns, da wir diese Willkür geduldet haben, als wären wir damit einverstanden.«

Vor Erregung beginnt Frieder zu schwitzen. Was da eben gesagt wurde, betrifft ja ihn – und Kaspar, Jobst, Lorenz, P. P. P., Wenzel Funk, Gottlieb Fein, den stillen Sebastian und all die anderen »Rädelsführer«, denen diese Richter Jahre ihres Lebens genommen haben. In wie vielen Nächten wünschte er all diesen Wichtigtuern und Himmelfahrtsnasen die Pest an den Hals! Auf die Idee, dass sie einfach abgesetzt werden und andere, vom König und seinen Ministern unabhängige Richter auf ihren Stühlen Platz nehmen könnten, wäre er nie gekommen.

»Und die verfluchten Polizeispitzel müssen weg!«, ruft einer aus dem Saal, als der Redner mal eine kurze Pause macht, um sein Bierseidel an den Mund zu heben. »Damit's endlich mit der Flüsterei ein Ende hat.«

»Jawohl! Und zuallererst diejenigen Herren Spitzel, die sich heute unter uns befinden«, ergänzt ein anderer und erntet dafür neben lautem Beifall auch viel Gelächter.

»Richtig!« Der Korpulente wischt sich den Schaum vom Mund. »Alle Polizeiagenten müssen weg und dazu alle Pressezensoren. Außerdem fordern wir freies Versammlungs- und Vereinigungsrecht, damit wir unsere verdammte Pflicht zur Mitsprache endlich wahrnehmen können, ohne dass unsere Frauen um uns bangen müssen.«

Jetzt prasselt der Beifall noch heftiger los. Frieder aber blickt sich vorsichtig um. Wenn nun tatsächlich Polizeispitzel unter ihnen sind? Dann müssen sie damit rechnen, dass vor dem Brandenburger Tor schon die Gendarmen warten. Was, wenn sie auch ihn festnehmen? Am Morgen erst aus der Hausvogtei entlassen und am Abend schon wieder verhaftet? Da wird er keinen milden Richter mehr finden; für diese Frechheit werden sie ihn doppelt und dreifach bestrafen.

»Keine Angst!« Rackebrandt ahnt, was in ihm vorgeht. »Ich pass auf dich auf. Wir sind ja viel zu viele. Alle können sie nicht festhalten.«

Inzwischen hat der Korpulente seine Rede beendet und ein

anderer, von Frieder nicht zu sehen, hat sich zu Wort gemeldet. »Raus aus dem Staatenbund der achtunddreißig Zwerge und rein in den einen großen Bundesstaat!«, ruft er seine Losung in den Raum. Und bevor die überraschten Anwesenden darauf reagieren können, rechnet er ihnen schon vor, dass das deutsche Volk insgesamt vierhundertneunundvierzig Mitgliedern regierender Fürstenhäuser ihr süßes Leben alimentiere. »Nicht mitgerechnet die etwa tausend fürstlichen Schmarotzer, die mit den Regierungen nur verbandelt oder verschwägert sind.«

Bereits nach den ersten Worten ist Frieder aufgesprungen. Diese Stimme kennt er doch! Das muss der Medizinstudent aus der Stadtvogtei sein, selbst ein Adliger, der hier so laut über die Fürstenhäuser herzieht. Und da entdeckt er ihn auch schon. Inmitten einer Gruppe Studenten steht er und ruft nun voller Empörung aus, dass diese Durchfütterung so vieler unnützer Fresser die verschiedenen deutschen Staaten jährlich insgesamt über siebzig Millionen Taler koste. »Davon könnten bei zweihundert Talern pro fünfköpfiger Familie und Jahr – also dem zweifachen Gehalt eines Schullehrers oder fleißigen Handwerksgesellen! – rund zwei Millionen Menschen leben und nicht bloß ein paar unnütze, bis ins Mark hinein blasierte Parasiten!«

Zur Antwort steht ein weißhaariger, spitzbärtiger Herr auf, der direkt neben dem Korpulenten seinen Platz hat, und gibt dem Studenten erst einmal »aus vollem Herzen« Recht, um danach ebenfalls von der »schmachvollen Zerrissenheit« Deutschlands zu sprechen, die nun mal das größte Hindernis sei auf dem Weg zu einer »neuen, echten, wirklichen« Erhebung.

»Es gibt so viele kluge Köpfe in unserem Land!«, fährt er nach einer kleinen Pause mit trauriger Stimme fort. »Es gibt so viele großmütige Gesinnungen, so tüchtige Arbeiter, so opferbereite Herzen. Doch wohin man auch blickt, überall nur Not und Elend, Mühsal und Unmut; nirgends die Freude der Tat, die Lust des Erfolges. Das Herrscherhaus regiert uns kaputt. Deshalb dürfen wir nicht länger abseits stehen. Eine neue Zeit muss geboren werden! Lasst uns alle anpacken, lasst uns die deutsche Krankheit der ewig währenden Geduld heilen. Lasst uns erkämpfen, was uns aus geistiger, gesetzgeberischer und materieller Not retten kann: eine Verfassung, die das Volk bewilligt, indem es darüber berät und abstimmt.«

Jetzt tost der Beifall. Alle springen auf, klatschen oder stampfen begeistert mit den Füßen. Frieder sieht Rackebrandts dunkle Augen glänzen und auch er ist ergriffen. Wenn ihm gestern Abend, als er frierend in seiner Zelle lag, jemand gesagt hätte, dass er heute solche Worte zu hören bekommen würde, er hätte ihm nicht geglaubt. Und der Jobst, Lorenz, Kaspar, P. P. P. und all die anderen, die noch immer dort eingesperrt sind, wissen nichts von dem, was in der Stadt vor sich geht; könnte er es ihnen nur übermitteln, wie viel Mut würde er ihnen machen!

Die Versammlung hat nicht lange gedauert. Die Furcht vor Polizeispitzeln verhindere immer wieder längere und damit nutzbringendere Treffen, wie Rackebrandt missmutig feststellt, während Frieder und er unter kahlen, schneebedeckten Eichenästen auf den Medizinstudenten warten, den Frieder unbedingt noch begrüßen will. Jener Weißhaarige im altfränkischen Frack, der so klug und mitreißend sprach, sei Ferdinand Maurenbrecher, ein Professor von der Universität, erklärt der Altgeselle Frieder inzwischen weiter. Beinahe achtzig Jahre alt sei er, aber noch immer voll Leidenschaft, wenn es um die Demokratie gehe. Und der korpulente Redner mit den manchmal so listig funkelnden Augen sei ein stadtbekannter Journalist und Schriftsteller namens Bruno Winterstein, der schon mehrfach inhaftiert gewesen wäre; kein konservativer Zeitungsschreiber, der ihn nicht hassen würde.

Frieder hat diese Namen niemals zuvor gehört, Rackebrandt aber spricht mit viel Respekt von den beiden Männern. Und er hat Recht, die beiden waren wirklich die wichtigsten Redner. Sie sagten so vieles, was ihm direkt aus dem Herzen sprach.

Als die Gruppe der noch immer laut diskutierenden Studenten endlich das Lokal verlässt, ist es wiederum der Medizinstudent, der das Wort führt, Scherze macht und Gelächter erntet.

Lächelnd tritt Frieder ihm in den Weg. »Guten Abend – Monsieur!«

Der junge Mann mit der Pelzkappe guckt erst nur verwundert, dann huscht ein erkennendes Lächeln über sein Gesicht. »Stadtvogtei! Zimmermann! Fritz oder Franz oder so! Mein ganz persönlicher Ballast auf dem Opernplatz.«

»Frieder!«

»Ah, ja! Frieder mit dem schwäbischen Vater!« Der Medizinstudent zieht den Handschuh aus, drückt Frieder herzlich die Hand und wendet sich danach seinen Freunden zu. »Liebe Kommilitonen! Hier seht ihr ein Exemplar der Gattung Kartoffelkrieger, das genau wie ich die Ehre hatte, die altehrwürdige Stadtvogtei von innen kennen zu lernen.« Gleich darauf schaut er Frieder prüfend an. »Ich staune, dass du schon wieder draußen bist. Wie lange haben sie dir denn aufgebrummt?«

»Acht Monate.«

»Nicht länger? Wir haben von vielen Jahren gehört, die damals verhängt worden sind.«

Klang da nicht Misstrauen durch? »Hatte einen milden Richter«, kürzt Frieder ab. Er hat keine Lust, erst lange zu erklären, dass sein Richter nicht immer milde war.

»Vielleicht hast du dir diese Milde aber auch erkauft.« Ein rotblonder Student mit dünnem Demokratenbart, Stirn und Nase voller Sommersprossen, hat das gesagt. Ein Schmalgesichtiger mit Stahlbrille unterstützt ihn in diesem Verdacht: »So was ist immerhin möglich. Und vielleicht spitzelst du ja auch weiter und merkst dir schon unsere Gesichter.«

»Ich?« Frieder ist von diesen Verdächtigungen dermaßen überrascht, dass er gar nichts erwidern kann.

Sofort legt ihm der Medizinstudent die Hand auf die Schulter. »Nichts für ungut, Monsieur! Man muss vorsichtig sein, will man nicht unversehens dort landen, wo du gerade herkommst.« Und dann sagt er freundschaftlich, dass er ihm nach wie vor vertraue, und will wissen, ob er noch seine Adresse habe.

»Friedrichsgracht 17«, antwortet Frieder nur.

»Dann komm doch übermorgen Abend kurz nach sieben mal vorbei und erzähl uns, wie es dir ergangen ist. Für Speisen und Getränke ist gesorgt.«

Frieder zögert erst, dann nickt er mehr unlustig als erfreut.

»Also – adieu!« Der Medizinstudent reicht Frieder noch einmal die Hand, dann geht er weiter und seine Freunde folgen ihm. Ein klein gewachsener dunkler Lockenkopf aber, der das Gespräch die ganze Zeit über neugierig verfolgte, tritt auf Frieder zu und stellt sich höflich vor: »Michael Meinecke.« Und dann bittet er ernst: »Nehmen Sie uns die unbedachten Angriffe nicht übel. Nicht wir sind Schuld an diesem vergifteten Klima.« Zieht seinen hohen Zylinder, der ihn wohl ein wenig größer erscheinen lassen soll, und eilt den anderen nach.

Jetzt ist Frieder endgültig verwirrt. Erst eine grundlose Verdächtigung, dann gleich zwei Entschuldigungen? Als Rackebrandt, der sich während dieser Wiederbegegnung abseits gehalten hat, herangekommen ist, fragt er ihn sofort: »Haste alles gehört?«

»Ja.« Der Altgeselle nickt nachdenklich. »Das ist auch so 'ne deutsche Krankheit, diese Unmenge von Kreaturen, die bereit sind, sich als Spitzel zu verdingen.«

»Aber wie will man denn gemeinsam kämpfen, wenn man einander misstraut?«

Rackebrandt überlegt nicht lange. »Solange sich die Verhältnisse nicht ändern, müssen wir mit dieser Pestbeule leben.« Und er erzählt Frieder, dass sogar des Königs Brüder und darunter selbst der Kronprinz hin und wieder überwacht werden sollen.

»Prinz Wilhelm?« Nun versteht Frieder gar nichts mehr.

»Der dicke Fritze und sein Willi sollen ja nicht gerade die besten Freunde sein.« Rackebrandt lacht. Aber dann winkt er ab:

»Gemunkel eingeweihter Kreise, wie der Winterstein das nennt. Was geht es uns an, ob die sich gegenseitig in die Unterhosen gucken oder Gift in die Suppe kippen?« Im Weitergehen aber erklärt er Frieder, dass die Verdächtigung, ein Spitzel zu sein, für einen Demokraten, den kein hohes Amt schütze, eine schlimme Sache sei. Auch wenn sie nur ausgestreut würde, um einen unliebsamen Widersacher loszuwerden. »So einen Verdacht kriegste ja nie wieder los. Da kannste jeden Tag drei Ehrenworte abgeben und die klügsten und mutigsten Reden halten, niemand wird dir mehr glauben. Aber«, und nun klingt seine Stimme fast zufrieden, »so arbeitet nun mal ein Staat, der sich fürchtet. Ist wohl so 'ne Art Pflicht der ›rechtmäßig‹ Herrschenden, ihre Herrschaft mit allen Mitteln des Unrechts zu stützen und zu schützen.«

»Und echte Spitzel? Gibt's wirklich so viele davon?«

»Ja.« Rackebrandt nickt sorgenvoll. »Und da muss unsereins sehr vorsichtig sein. Schließlich trägt man nicht nur für sich Verantwortung.«

Daraufhin fragt Frieder lieber nichts mehr. Die Angst, erneut gefasst und diesmal für viele Jahre in Haft genommen zu werden, schnürt ihm die Kehle zu. Der Altgeselle jedoch fährt nachdenklich fort: »Hast sie ja jetzt kennen gelernt, meine Frau und die Kinder. Trifft's mich, trifft's uns alle sieben.« Und als Frieder noch immer nichts sagt, fügt er leise hinzu: »Liebe meine Frau, liebe meine Kinder, aber oft sind sie mir eine Fessel. Kannste das verstehen?«

Das kann Frieder sogar sehr gut verstehen. Wie hätte er in der Hausvogtei gelitten, hätte er Frau und Kinder zurückgelassen?

»Vergiss es nie«, sagt Rackebrandt dann noch, als sie zu Frieders großer Erleichterung unbehelligt wieder das Brandenburger Tor passiert haben und langsam die Linden entlangwandern. »Wir opfern mehr als nur uns selbst. Doch was sollen wir machen? Würden wir stets und ständig hinter uns blicken, hätten wir längst verloren.«

## *Im Schlesischen Busch*

Über Nacht ist Wind aufgekommen. Eisig fährt er in die Gesichter und unter die Kleidung, wirbelt Unmengen dünner Schneeflocken durch die Luft und hüllt alles in einen dichten, grauweißen Schleier. Mit hochgezogenen Schultern, die Hände in den Taschen, steht Frieder in der breiten und deshalb besonders durchpfiffenen Allee Unter den Linden und schaut dem Schokoladenmädchen der Konditorei Fuchs zu, das gerade neue Torten ins Schaufenster stellt.

Was für eine Arbeit! Den ganzen Tag Sauberkeit, Kaffee-, Schokoladen- und Kuchenduft; wie eine Märchenprinzessin sieht es aus, dieses Mädchen in seiner bunten Tracht.

Drinnen drängen sich wie jedes Jahr um diese Zeit die Menschen. Die große Weihnachtsausstellung hat sie angelockt. Es gibt viele solcher Ausstellungen in der Stadt. Die Konditoreien wetteifern miteinander, wer die Schönste geschaffen hat. Zucker- und Marzipanlandschaften mit Wäldern, Seen, Almen, Sennerhütten, Senner und Sennerinnen kann man bewundern, Schlösser, Burgen und Ritter hoch zu Ross und sogar ein Stück China rings um den prachtvollsten Kaiserpalast. Die beliebteste Weihnachtsausstellung jedoch findet jedes Jahr bei Fuchs statt. Hier, inmitten all der Spiegelherrlichkeit, der Blumen, Vergoldungen und seidenen Gardinen, gibt es nicht nur Landschaften und Paläste zu bestaunen, hier wird auch Marionettentheater aufgeführt. Und die Puppen, so wird erzählt, sind stadtbekannten Persönlichkeiten nachgestaltet und erzeugen deshalb jedes Mal besonders viel Gelächter.

Zwei Dämchen betreten die Konditorei; auch dafür ist Fuchs bekannt: Die zackigen Leutnants finden hier ihre »Orchideen«, für eine ganze Nacht oder eine halbe Stunde. Diese Kokotten aber halten sich für vornehmer als Jettes Schwester, sind »Halbweltdamen«, wie die Mutter solche Frauen voll Verachtung nur nennt.

Das Schokoladenmädchen hat Frieders Grinsen bemerkt. Verächtlich schaut sie auf ihn herab. Er steht schon zu lange vor dem Schaufenster, das verrät ihn. Spöttisch zieht er den Zylinder, dann geht er, Wind und Schneegeriesel missachtend, weiter die Linden entlang.

Er muss Arbeit finden, darf nicht aufgeben. Wenn er keine findet, können die Mutter und er sich gleich den Obdachlosen vom Schlesischen Busch zugesellen. Er hat mal so ein Paar beobachtet. Es hatte sich in einen Misthaufen eingegraben und hauste nun darin, egal ob es stürmte, regnete oder schneite. Der Mann und die Frau sahen selber schon wie Dreckhaufen aus und lebten nur von dem, was sie auf den Feldern fanden … Oder sie machen's wie die »Bammelmänner«, die es, wenn nicht in den Tiergarten, ebenfalls am häufigsten in den Schlesischen Busch zieht; keine Woche, ohne dass wieder so ein düsteres Paket aus einem der Bäume geholt oder ein bereits steif gefrorener Obdachloser aufgefunden wird …

Doch wo soll er jetzt noch suchen? Die stille Zeit gilt ja nicht nur für Zimmerer, Maurer und andere Bauhandwerker, sie gilt für fast alle Berufe. Sogar viele Fabriken schließen im Winter und alles, alles drängt nach Arbeit. Er aber kommt überall zu spät. Wo er auch nachfragte – in Holzhauereien, Fuhrgeschäften, auf dem Weihnachtsmarkt und sogar in Wirtshäusern –, außer Kopfschütteln und verwunderten Blicken über sein viel zu spätes Anklopfen hat er nichts geerntet.

Er geht denselben Weg, den er am Abend zuvor mit Rackebrandt nahm. Unter den Linden aber stellt sich jede Stunde anders dar. Nachts ist alles ruhig, frühmorgens ziehen allein die Milchmädchen durchs Brandenburger Tor, ab zehn drängen die Händler und Hausierer in die Stadt, um feilzubieten, was es nur alles gibt. So richtig aber füllt sich die breite Hauptallee mit den beiden Fahrstraßen und den Reiterpassagen nebenan erst jetzt, um die Mittagszeit. Da quälen sich Droschken und Equipagen durch den Schnee, reiten oder stolzieren Militärs durchs Gewimmel, hasten Dienstmädchen vorüber, streben vornehme Damen berühmten Geschäften zu und dreht trotz des eisigen Windes der halb blinde Leierkastenmann mit der grünen Brille an seiner Kurbel und warm angezogene Gymnasiasten mit bunten Mützen und zu zweit oder dritt untergehakte Mädchen schauen ihm lauschend zu.

Zu Spaziergängen ist Frieder gern in dieser Gegend. Besonders abends macht es Spaß, dem bunten Treiben zuzuschauen und den Leuten, die hier wohnen, in die erleuchteten Fenster zu gucken. Kostbare Möbel, farbige Seidentapeten, Bilder mit Ballett tanzenden Mädchen, riesige Bücherregale und immer wieder vornehm gekleidete Menschen, die Bälle, Festmahlzeiten oder andere Gesellschaften veranstalten, sind dann zu beobachten. Betreten aber hat er ein solches Haus nur ein einziges Mal; da war er neun oder zehn Jahre alt und hatte der Wachparade zugesehen, die jeden Tag um elf mit viel Tschingdarassabum die Linden runterzieht; vorneweg viele Kinder, hinterdrein die Erwachsenen. Es war Sommer und ein sehr elegant gekleideter junger Herr – in seinen Augen mindestens ein Graf – drückte ihm einen riesigen Blumenstrauß und einen ganzen Groschen Dienstlohn in die Hand und bat ihn, die Blumen in einem mit vielen Engelsköpfen verzierten Haus abzugeben. Strahlend über den so leicht verdienten Groschen klingelte er am Eingang, ein livrierter Diener öffnete, las, was auf der Karte stand, die den Blumen beigefügt war, und ließ ihn mitsamt seinem Strauß lange im Vorraum warten. Da war alles voller Gips- und Bronzefiguren und himmelblauer, goldbesetzter Tapeten und er wurde von Minute zu Minute immer kleiner, immer hilfloser, immer ängstlicher. Bis endlich eine ältere Frau die gasbeleuchtete Treppe herunterkam, ihm noch einen Groschen in die Hand drückte und ihn, ohne irgendetwas zu erklären, mitsamt seinen Blumen wieder vor die Tür schob.

Das Brandenburger Tor! Weitergehen hat keinen Sinn. Und umkehren und zurückgehen auch nicht. Die ganze Allee Unter den Linden hat für ihn keinen Sinn; Arbeit wird er hier nicht finden und zum Herumbummeln hat er keine Zeit.

Ein Pferdeschlitten! Mit lautem Geklingel kommt er durchs Tor gefahren und ein großer, ärmlich gekleideter Junge, der einen aus den verschiedenartigsten Brettern zusammengehauenen und mit vielen kleinen Kindern voll besetzten Schlitten hinter sich herzieht, läuft ihm direkt in die Quere. Die Pferde scheuen, der Kutscher schimpft, die Kinder purzeln in den Schnee. Die dick in Pelze gehüllten Frauen hinter dem Kutscher aber, zuvor ganz und gar in ihr Gespräch vertieft, sind erschrocken aufgefahren. Tief betrübt zieht der Junge vor ihnen die Mütze und entschuldigt sich höflich, während die Kleinen sich vorwurfsvoll heulend wieder aufrappeln.

Sofort greift eine der beiden Frauen in ihren Muff, winkt den Jungen heran und drückt ihm eine große Münze in die Hand. Demütig verneigt er sich und die Tränen der Kleinen sind gestillt. Kaum jedoch ist der Schlitten mit den beiden Damen weitergefahren, halten die Kinder nach neuen Opfern Ausschau. Und dann scheuen wieder die Pferde, wieder schimpft der Kutscher, wieder purzeln die Kleinen in den Schnee, wieder gibt es lautstarkes Geheule und eine betrübte Entschuldigung und wieder darf die Hand aufgehalten werden.

Ein Schlaukopf, dieser Bursche mit den frostroten Händen und der vor Kälte schon ganz blauen Nase! Er muss nur aufpassen, dass kein Gendarm ihn beobachtet. Betteln ist verboten. Kinder, die es dennoch tun, werden von der Straße weggefangen und genauso wie ihre erwachsenen Zunftgenossen in den Ochsenkopf gesteckt, wie das Arbeitshaus am Alexanderplatz nur genannt wird. Dort gibt es die berüchtigte Tretmühle, die allein durch Stufentreten in Bewegung gehalten wird. Das ist wie stundenlanges Treppensteigen und alles unter der Knute des Aufsehers. Die Schwindsucht bekommt man davon und jeder sagt, ein halbes Jahr Ochsenkopf sei schlimmer als zehn Jahre Gefängnis.

Frieder beobachtet noch, wie die Kinder ein drittes Opfer finden, dann biegt er in die Wilhelmstraße ein, um im südlichen Teil der Stadt weiter durch die Gassen zu wandern und nach Arbeit zu fragen. Dabei überquert er irgendwann auch den Gendarmenmarkt und sieht den vielen Frauen und Mädchen zu, die sich ums Schauspielhaus drängen. Dort hängt an der Mauer ein Kasten mit der für sie einzig bedeutsamen Seite des allabendlich erscheinenden *Intelligenzblatts*. Weibliches Dienstpersonal wird da gesucht. Deshalb recken die Frauen die Hälse, deshalb stoßen und schubsen sie sich, um schneller als die andere zu sein, und laufen los, sowie sie sich zwei, drei Adressen gemerkt haben. Aber was machen sie, wenn sie nichts finden? Dann bleibt ihnen nur der Dirnenlohn; genau wie Jettes Schwester Guste oder den Dämchen in der Konditorei.

Früher, als Schuljungen, waren sie manchmal in die nur drei Meter breite Bordellgasse An der Königsmauer gelaufen, wo neben Gemüsehändlern und Wäscherinnen vor allem Dirnen ihrem Gewerbe nachgingen. Bestickte weiße Gardinen und rote Vorhänge kündeten von diesen »Geschäften«, die ihre Phantasie so sehr beschäftigten. Aber könnte auch Jette so etwas tun? Wenn die Not sehr groß wäre?

»Kannst du nicht aufpassen, du Klotz!«

Eine ältere Frau mit Federboa und Pelzhütchen auf dem silberglänzenden Haar, er hat sie angerempelt! Sicher glaubte sie, er würde ihr, einer Dame höheren Standes, schon noch ausweichen. »Entschuldigung!«, murmelt Frieder, dann geht er weiter, bis ihm mit einem Mal bewusst wird, dass die Frau ihn geduzt hat, als wäre er einer ihrer Lakaien. Zornig fährt er herum, um ihr noch irgendetwas nachzurufen, doch sie ist schon zu weit entfernt. So geht er nur ärgerlich weiter, vorüber an einer Schlächterei, in der gerade geschlachtet wurde und aus der dampfendes, mit heißem Wasser vermischtes Blut in den Rinnstein fließt und den Schnee an den Rändern rot färbt, und vorbei an einer Wirtschaft, die vornehmlich von Arbeitern und Handwerksgesellen besucht wird. Da war er mal drin, mit dem alten Schorsch. Keine

Teller gibt es dort, nur Vertiefungen in der Mitte der Tische, die nach jeder Mahlzeit ausgewaschen werden, und Messer, Gabel und Löffel an kleinen Drahtketten, die am Tisch befestigt sind. Alles nur, damit nichts gestohlen wird. Er ist nie wieder in eine Wirtschaft gegangen; der alte Schorsch aber findet dort sein wahres Zuhause.

Die Hausvogtei! Wieso ist er denn jetzt zur Hausvogtei gelaufen? Bestürzt schaut Frieder zu dem breiten, zweistöckigen Gebäude mit dem großen Eingangstor hinüber. Will er etwa hier nach Arbeit fragen? – Jobst, Lorenz, Kaspar und Peter Paul Pumm, was würden sie sagen, wüssten sie, dass er sie schon einen Tag nach seiner Entlassung besuchen kommt? Würden sie ihn nicht auslachen, verriete er ihnen die Sorgen, die ihn quälen?

Er steht auf der Mühlendammbrücke. Unter ihm die gurgelnde, schwarze, Eisschollen treibende Spree, verschneite Zillen und der eisbewachsene Stangenwald mit all den Netzwerken und schwimmenden Fischkästen, links verrußte Fabriken und das giebelverzierte Gemäuer des Marstalls, rechts, überragt vom spitzen Turm der Nikolaikirche, die Rückseite der Poststraße, in der zwei seiner Schulkameraden wohnten. Im Sommer sitzen hier die Fischweiber vor ihren Butten, in denen sich Unmengen von Aalen wälzen, die er als Kind immer so fürchtete, weil er sie für Schlangen hielt. Aber was ist das jedes Mal für ein Festtag, wenn die Schleusen geöffnet werden! Wie da alles durch die Straßen flitzt, mit Eimern, Krügen, Körben und Fischnetzen bewaffnet, weil dann die Spree an dieser Stelle nur noch ein dünn rieselndes Bächlein ist, zahllose Fische auf dem Trockenen zappeln und mit bloßer Hand eingesammelt werden können.

Die Schule liegt nicht weit von hier. Und so ist er morgens immer gern hier stehen geblieben, nahm den Schulweg ja sowieso nur widerstrebend in Angriff. Schon als die Mutter ihn das erste Mal hinbrachte, krallte er sich mit beiden Händen am Türpfosten fest. Er dachte, er würde für immer in diesem grauen Gebäude abgegeben, hasste den Ranzen, hasste die Schiefertafel und sogar die Mutter. Doch auch später hat er die Schule nie gemocht. Das ewige Morgengebet! Die geistlichen Lieder, deren Texte er nicht behielt! Die Schönschriftpaukerei! Das Plauderholz, das in den Mund geschoben bekam, wer zu viel schwatzte! Die papiernen Eselsohren, die verrieten, wer wieder mal bei einer Unaufmerksamkeit ertappt worden war! Vor allem aber die Lehrer! Es gab auch freundliche, die meisten aber waren Quäler. Gleich der erste, ein magenleidender Stecken, schlug zu, wo und wie und so oft er nur konnte. Und er, der kleine Frieder, war doch immer so müde, weil er der Mutter bei der Heimarbeit half, damit es fürs Schulgeld reichte. Sie hätte es als Schande betrachtet, ihren Sohn auf der Armenschule anmelden zu müssen.

Später der ewige Kampf, einen Platz heraufzurücken, und der stets und ständig über sie spöttelnde Lehrer Raabe: Ein Junge hat mal in die Spree geheult, bis sie überlief und die ganze Stadt ertrank. Ein Junge hat sich zu sehr herausgeputzt und da wollten alle Kinder ihm die Schleppe tragen. Ein Junge fürchtete sich vor Pferden und da kam der König vorbei und sagte, aus einem Hasenherz würde nie ein guter Soldat.

Bete, arbeite und krieche! Rackebrandts Worte. In der Schule hatte es damit angefangen. Und jetzt? Jetzt darf er nicht mal mehr arbeiten, soll er nur noch beten und kriechen. Heftig stößt Frieder sich vom Brückengeländer ab und wandert weiter durch die Straßen, vorbei an zwei hageren Gestalten in schwarzem Kaftan, mit rundem Käppchen auf dem Kopf und langen Schläfenlocken. Obwohl sie ihm doch ansehen müssen, dass er keinen Dreier zu viel hat, heften sich die beiden bis zur nächsten Straßenecke an seine Fersen, um ihm mit all ihrer Überredungskunst ein paar alte, »fast kostenlose Herrenkleider« anzudrehen. Jüdische Straßenhändler, die immer hier anzutreffen sind und ihn sogar am Arm festhalten, bevor sie einsehen, an einen Habenichts geraten zu sein. Da bleiben sie endlich stehen und nicken schicksalsergeben, als wollten sie sagen: Bleiben wir eben auch ohne Groschen, so hat keiner dem anderen was voraus.

Der älteste Teil der Stadt: Hier gibt es noch keine Gaslaternen, schaukeln immer noch die alten Öllampen im Wind, die, an eisernen, quer über die Straße gespannten Ketten hängend, am Abend vom Laternenanzünder mit einem Schwefelholz zum Leuchten gebracht werden und nachts bei jedem Lüftchen quieken, wie Schweine, die zur Schlachtbank getrieben werden. Es sind enge, finstere und feuchte Gassen, durch die er nun geht und in denen sich manchmal kaum zwei Leute aneinander vorbeidrücken können. Und wo es aus jedem Hausflur anders riecht! Mal nach frisch gegerbtem Leder, mal nach Kattunballen, mal nach Pferde- oder Kuhställen. Auch hier sind sie als Schuljungen gern herumgestreift, weil ihnen die vielen düsteren Kellereingänge, die dickbäuchigen Meister, derben Gesellen, frechen Kinder und bellenden Hunde so schöne Angstschauer über den Rücken jagten. Doch wen soll er nach Arbeit fragen? Etwa den Barbier, der gerade weißen Rasierschaum in den hier längst nicht mehr weißen Schnee kippt? Der wird kein Blutbad wollen in seinem nur handtuchschmalen Laden. Den Holzhauer, der da im Hof hinter dem Sägebock steht und seinem Gehilfen die zersägten Kloben zum Zerspalten hinwirft? – Probieren kostet nichts!

Nein! Nichts! Danke schön! Und weiter. Ein Lumpenmatz, ein Schlosser, ein Wagenbauer, ein Gemüsehändler. Danke schön! Danke schön! Und weiter. Er verlässt auch dieses Viertel, überquert erneut die Linden, läuft den Kupfergraben entlang, am Steueramt vorüber, über die Neue Friedrichsbrücke hinweg, in die Neue Friedrichstraße hinein. An der Ecke Rosenstraße bleibt er stehen. Eine Schar Kinder – Kerkaus Kröten sind auch darunter – hat sich vor einen mit der Tischplatte nach unten in den Schnee gelegten Tisch gespannt. Zwischen den Tischbeinen hocken andere, johlen vor Vergnügen und schwenken kleine, selbst gefertigte Peitschen, um ihre Pferdchen anzufeuern. Die

Kinder vom Y-Jacoby, drei schwarz gekleidete kleine Jungen mit Hüten auf den Köpfen, stehen abseits und lachen.

Nun wären es nur noch wenige Schritte und er wäre endlich raus aus der Kälte, die ihm schon lange durch Jacke, Hose und Hemd dringt. Aber was soll er der Mutter sagen? Und will er sich denn einfach ins Bett legen und den Rest des Tages verschlafen? Und morgen wieder die Beine hochlegen und dem Schicksal nachweinen, bis die Spree übergelaufen ist?

Er geht weiter, immer dem Bogen nach, den die Neue Friedrichstraße macht, bis direkt neben ihm eine Droschke hält, die offensichtlich nur mit viel Mühe durch den Schnee gekommen ist. Der rotgesichtige Kutscher, ein wahrer Hefekloß, schwitzt vor Anstrengung, als hätte er seine Karre selber ziehen müssen. Da durchzuckt es Frieder plötzlich: Hat er nicht des Öfteren beobachtet, wie Burschen Wagenschläge aufrissen und sich auf diese Weise ein Trinkgeld verdienten? Weshalb soll er das nicht auch versuchen? Dann ist er wenigstens nicht ganz umsonst durch die Straßen gerannt. Er hat den Gedanken noch nicht zu Ende gedacht, da stürzt er schon vor und reißt den Schlag auf.

Eine ältere Dame in warmem, braunem Reisemantel und mit einer flaschengrünen, puffigen Samthaube auf dem Kopf sitzt in der Droschke. Mit verwunderten Augen blickt sie ihn an.

»Darf ich Ihnen helfen?«, stottert er. Er dachte immer, Leute, die sich Kutschen leisten können, wären Zuvorkommenheit gewöhnt.

Die grauhaarige Dame betrachtet ihn prüfend, dann nickt sie still, wirft alle Decken von sich und reicht ihm die Hand. Als sie endlich auf dem Bürgersteig angelangt ist, will er schnell weitergehen, kommt sich nun doch dumm vor. Hat er ein Handwerk erlernt, um sich für einen Dreier zum Lakaien zu machen?

»Junger Mann!« Jetzt guckt die Dame noch überraschter. »Ich komme gerade von einer Reise zurück. Würden Sie bitte so freundlich sein, mir meine Körbe in den zweiten Stock hochzutragen?«

Noch ein wenig unentschlossen lässt Frieder sich von dem über die unerwartete Hilfe sehr erfreuten Hefekloß einen der riesigen Reisekörbe auf den Rücken laden, dann geht er langsam hinter der alten Dame her. Zuerst durch eine eichengeschnitzte Haustür mit Messinggriff, dann über eine dunkle Treppe mit muldenförmig ausgetretenen Stufen und löwenkopfverziertem Geländer. Vorsichtig die Schritte setzend, erzählt ihm die alte Dame, dass sie geradewegs von ihrem Sohn komme, der in Potsdam Offizier sei. »Er hat geheiratet. Ich hab seiner jungen Frau geholfen, die neue Wohnung einzurichten. Ich glaub, da hat mein Karl einen wirklich guten Griff getan.«

Im zweiten Stock, vor einer ebenfalls mit Schnitzereien verzierten Tür, wartet schon das Dienstmädchen. Es muss die Ankunft der Kutsche vom Fenster aus beobachtet haben. »Schönen guten Tag, Frau Majorin!«, grüßt es tief knicksend und nimmt seiner Gnädigen gleich den schweren Mantel ab. »Hatten Frau Majorin eine gute Reise?«

»Eine gute Reise und ein freundliches Willkommen.« Die Majorin nickt Frieder noch einmal dankbar zu, dann verschwindet sie in einem der Zimmer.

»Wohin mit dem Korb?«, wendet Frieder sich an das Mädchen.

Sofort zeigt es ein ganz anderes Gesicht. »Stell ihn im Flur ab. Und hol rasch den anderen.«

Er wird rot. »Bin kein Dienstmann. Ist nur 'ne Gefälligkeit.«

»Ach ja!« Das Mädchen verzieht den Mund. »Jefälligkeit für zwei Sechser, wat?«

Am liebsten hätte er ihr eine runtergehauen. »Bin Zimmerer! Hab nur im Winter keine Arbeit.«

»Und da übernimmste Jefälligkeiten? Rein aus edlem Herzen? Also jut, Herr Holzwurm! Hol mal schnell den anderen Korb und verdrück dir wieder.«

Wütend auf sich selbst steigt Frieder die Treppe wieder hinab. Worauf hat er sich da eingelassen? Hat er das nötig? Die zwei Sechser machen die Mutter und ihn doch auch nicht glücklich.

Im ersten Stock kommt ihm der Hefekloß entgegen. Natürlich ohne Korb. »Hab alles unten stehen lassen.« Er kneift ein Auge zu. »Damit de dir ordentlich wat verdienen kannst.«

Also schleppt Frieder auch den zweiten, genauso schweren Korb die Treppen hoch, stellt ihn vor der offenen Tür ab und wartet. Die beiden Sechser will er nun wenigstens noch kassieren. Doch weder die Majorin noch das Dienstmädchen kommen an die Tür. Ungeduldig lässt er seinen Blick über den perlenbestickten Klingelzug gleiten. *W. A. Lietzow* steht an der Tür. Das wird wohl der Major sein, falls er noch lebt.

Die Zeit vergeht, doch niemand kommt. Da reicht es ihm, er zieht am Klingelstrang – und erschrickt: Die Klingel geht nicht, die hat jemand abgestellt! Ärgerlich hustet er ein paar Mal laut, aber noch immer rührt sich nichts.

Hofft das Mädchen etwa darauf, dass er ungeduldig wird und geht, damit es die beiden Sechser für sich behalten kann? Laut betritt er den Flur und hustet noch einmal.

Nichts! Aber was ist das für ein Flur! Alles ist mit Bildern voll gehängt, zumeist Blumensträuße oder Reiter hoch zu Pferde … Doch da, auf einem der vielen kunstvoll verzierten Schränkchen, liegt da nicht ein Geldbeutel? Wie kommt der dahin? Hat ihn die alte Dame liegen lassen, nachdem sie den Kutscher entlohnte? Ihm wird heiß, er wendet sich ab und hustet noch einmal, noch lauter, und noch einmal, bis ihn auf einmal der Zorn übermannt. Wütend greift er nach dem Geldbeutel und dann stürzt er damit auch schon die Treppe hinab und auf die Straße hinaus und immer weiter fort – weg, weg, weg von sich und seiner Schande, bis er an der Ecke Klosterstraße das erste Mal verschnauft. Da muss er sich gegen die Hauswand lehnen, so schwindlig wird ihm auf einmal: Er hat gestohlen! Er, Frieder Jacobi, hat einer netten alten Dame den Geldbeutel gestohlen …

Post- und Lastwagen mit müden Gäulen davor rumpeln durch die Straße, ein langer Leichenzug, von der Parochialkirche kommend, quält sich durch den Schnee. Voran der Leichenführer, neben dem großen, sargförmigen Leichenwagen die zwölf Sargträger. Acht Trauerkutschen folgen. Alles Schwarz in Schwarz; ein seltsamer Kontrast zu dem vielen Weiß ringsherum.

Und nun schlägt es auch noch die volle Stunde und das Spielwerk der Kirche ertönt: Üb immer Treu und Redlichkeit, bis an dein kühles Grab. Wenn die Mutter das hörte, hielt sie ihm jedes Mal eine Moralpredigt: Es gibt nichts Besseres als ein reines Gewissen! Gottes Lohn ereilt jeden, aber nicht jeder erhält den gleichen Lohn! – Wenn sie ihn eben beobachtet hätte! Sie hätte wohl einen Herzschlag bekommen. Ihr Jungchen – ein Dieb?

Und was soll er denn jetzt tun mit seiner Beute? Fast ängstlich schaut Frieder an, was er da in der Hand hält. Es ist ein sehr schöner Geldbeutel, aus schwerem, schwarzem Samt und mit den gleichen Perlen bestickt, die auch den Klingelzug zierten ... Aber nein, er will gar nicht wissen, wie viel drin ist; würde das verräterische Stück am liebsten in die Spree werfen, nach Hause laufen und sich doch noch ins Bett legen. Nur würde das sein Versagen ja nicht ungeschehen machen ...


## *Süße Mandeln*

Der kahle Kerkau ist beim Flatow. Schon seit über einer Stunde. Und zuvor haben die beiden doch nie viel miteinander geredet. Immer wieder geht Jette mit dem Nähzeug in der Hand zur Tür und lauscht. Es macht sie unruhig, dass ausgerechnet diese beiden zusammenstecken.

»Jetzt sei mal lieb! Will dir doch nur gut.« Mutter Jacobi müht sich, Fritzchen Hustensaft einzuflößen. Doch der will und will das süß-bittere Zeug nicht schlucken, stur presst er die Lippen zusammen. Guste beobachtet die beiden schmunzelnd, mit den Ohren aber ist sie ebenfalls an der Tür. »Was die wohl für krumme Eier ausbrüten?«, wundert sie sich, als Jette sich wieder in den trübgelben Schein des Talglichts setzt.

Jette näht nur emsig weiter. Sie weiß gar nicht, weshalb dieses Gespräch der beiden Männer sie so unruhig stimmt. Es hat ja ganz sicher nichts mit Guste oder ihr zu tun. Alles, was mit dem Flatow zusammenhängt, macht ihr von Tag zu Tag mehr Angst. Heute Mittag, auf der Treppe, hat er sogar die Hand nach ihr ausgestreckt. Als sie da zutiefst erschrocken zurückfuhr, bellte er sie an: »Was biste denn so schreckhaft, Liebchen? Ist's vielleicht 'ne Sünde, nett zu dir zu sein? Bist wohl gar 'ne Heilige, was?« Sie lief weiter, er aber lachte ihr nach, als wäre sie nur ein dummes kleines Mädchen, das keinen Spaß verstand. Und als er am Abend aus der Königstraße heimkehrte, sah er lange nachdenklich zu ihrem Fenster hoch.

»Ah! Bravo! Unser Fritzchen will doch noch gesund werden.« Endlich hat Mutter Jacobi etwas Hustensaft durch Fritzchens Zähne bekommen. Er schluckt, verzieht das Gesicht und hustet gleich noch kräftiger.

»Hustensaft heißt Hustensaft, weil er schönen Husten schafft!« Guste lacht. Mutter Jacobi aber hält Fritzchen gleich den nächsten bitteren Löffel an den Mund. »So, mein Söhnchen, Goldbärönchen! Jetzt noch 'n Löffelchen auf den ollen Husten drauf und dir geht's gleich viel besser.«

Die kleine Frau ist richtig aufgelebt, seit ihr Sohn wieder zu Hause ist. Und noch glücklicher macht sie, dass er heute den ganzen Tag nicht nach Hause gekommen ist. Das kann ja nur bedeuten, dass er Arbeit gefunden und gleich dort angefangen hat. Mit viel Stolz in der Stimme hat sie ihnen erst vorhin wieder erzählt, was für ein tüchtiger Lehrjunge ihr Frieder einst war und dass er im Frühjahr, wenn die stille Zeit vorüber ist, ganz bestimmt wieder bei seinem Meister anfangen darf. Der habe sie ja sogar unterstützt, als ihr Jungchen im Gefängnis saß.

Wie man seine Meinung ändern kann, wenn man selbst betroffen ist! Für Mutter Jacobi und auch für Jette waren Leute, die ins Gefängnis kamen, zuvor nur Diebe, Einbrecher und Mörder, die zu Recht dorthin gehörten und so lange schmoren sollten, bis man sie als reuige Sünder wieder entlassen konnte. Jetzt verliert Mutter Jacobi kein böses Wort mehr über die Männer und Frauen in der Stadt- oder Hausvogtei oder gar im Zuchthaus Spandau. Dirnen wie Guste hat sie zuvor auch nur verabscheut; jetzt, da die Not sie mit einer in Berührung brachte, bewundert sie die Schwester fast ein bisschen. »Dass ein Mensch sich so opfern kann«, sagt sie immer wieder, fügt aber stets hinzu: »Na, ich wäre lieber tot!«

»Und noch einmal das Mündchen auf!« Mutter Jacobi hat den Löffel zum dritten Mal gefüllt. »Kriegst auch 'ne Belohnung!«

»Was für eine denn?«, will Fritzchen gleich wissen und schwupp, schon hat er den Löffel wieder im Mund. Alle müssen lachen, nur Fritzchen wird böse. »Will aber 'ne Belohnung!«

»Kriegste ja auch«, beschwichtigt ihn Mutter Jacobi. »Lass nur erst den Frieder nach Hause kommen und schluck brav noch zwei Löffelchen. Dann überlegen wir alle gemeinsam, wie wir dich belohnen können.«

»Wirklich?«

»Wirklich!« Ein viertes und ein fünftes Mal fährt der Löffel in Fritzchens vor Ekel verzogenen Mund und wieder wird er gelobt: »Schöneken, mein Söhneken! Da freut sich Tante Jacobi aber, dass du so brav auf sie hörst.«

In diesem Augenblick werden auf der Treppe plötzlich Schritte laut und beim Flatow tritt jemand aus der Tür. Sofort lauscht Jette wieder. Doch nur undeutliches Gemurmel ist zu hören, bis es auf einmal bei ihnen klopft und der Flatow laut sagt: »Na, aus der Verwahranstalt zurück? Hab Sie gestern schon gesehen, wollte aber die allgemeinen Begrüßungsfeierlichkeiten nicht stören. Man hat ja Taktgefühl.«

Frieder? Hastig öffnet Jette – und erschrickt: Es ist tatsächlich

Frieder, der da im dunklen Treppenhaus steht. Aber wie sieht er aus? Bleich, verstört, die vom Schnee triefenden Haare in der Stirn, als hätte er in all der Kälte auch noch geschwitzt. Und hinter ihm der Kerkau und der Flatow. Der Kerkau guckt neugierig, der Flatow beleidigt. »Ist ja rührend, wie der junge Mann sich um unsere zwei Schwestern kümmert«, spottet er mit harter Stimme. »Kann man nur hoffen, dass er dafür lieben Lohn erhält.«

Weiß der Flatow von Frieder und ihr? Hat ihm Guste über sie beide erzählt, um ihn auf diese Weise von ihr fernzuhalten? Keiner Widerrede fähig, starrt Jette die Männer vor der Tür nur an. Doch da ist Mutter Jacobi schon bei ihrem Sohn. »Jungchen! Was ist denn passiert? Wie siehste denn aus?«

»Nichts, Mamchen! Nichts!« Gebückt tritt er in die Stube, lässt sich auf Jettes Stuhl fallen und reibt sich müde die nasse Stirn. »Hab nur … sehr angestrengt … gearbeitet.«

»Guten Abend!« Rasch schließt Jette die Tür, um den Blicken der beiden Männer die Nahrung zu entziehen. Mutter Jacobi aber hat nur noch Augen für ihren Sohn. Was er denn den ganzen Tag über getan habe, will sie wissen, wo er doch für eine körperlich schwere Arbeit noch viel zu schwach sei.

»Waren entladen«, antwortet er leise. »In einem Fuhrgeschäft.« Und dann starrt er so lange schweigend vor sich hin, bis Fritzchen ihm auf den Schoß gekrochen kommt.

»Wir müssen uns noch eine Belohnung für mich ausdenken«, flüstert er ihm zu.

»Wofür denn?«

»Weil ich so brav Hustensaft getrunken hab.«

»Jetzt lass den Frieder doch erst mal zur Ruhe kommen und vielleicht auch was essen.« Mit einem Griff unter die Arme entfernt Guste das zappelnde und strampelnde Fritzchen von Frieders langen Beinen und setzt es aufs Bett. »Hast heute doch bestimmt noch nichts in den Bauch bekommen, oder?«

Er schüttelt verlegen den Kopf.

»Siehste!« Die Schwester schneidet zwei Scheiben Brot ab und beschmiert sie dicker als üblich mit Leberwurst. Als sie sich wieder umdreht, sitzt Fritzchen erneut auf Frieders Schoß. »Schieb den kleinen Rotzbeutel lieber ein bisschen von dir weg«, warnt sie den jungen Zimmerer da nur noch kopfschüttelnd. »Sonst steckste dich noch bei ihm an. Und wie willste dann morgen arbeiten?«
»Wird schon irgendwie gehen.« Frieder isst und blickt Fritzchen nach jedem Bissen lange in sein von der Erkältung gezeichnetes Gesicht. »Du heißt auch Friedrich Wilhelm, nicht wahr?«
»Meine Oma hat mir den Namen ausgesucht.« Fritzchen ist schon lange stolz darauf, genauso zu heißen wie der König. Und seit er weiß, dass auch Frieder in Wahrheit Friedrich Wilhelm heißt, fühlt er sich ihm noch verwandter als ohnehin.
»Und was für 'ne Belohnung wünschste dir?«
»Was Schönes!« Einem wie Frieder wird schon eine tolle Belohnung einfallen, davon ist Fritzchen felsenfest überzeugt.
»Was nicht schön ist, ist ja keine Belohnung!« Frieder lacht – und dann schaut er Jette zum ersten Mal an diesem Abend an. »Ist schon lange Weihnachtsmarkt. Seid ihr schon da gewesen?«
»Nein.« Sie ist mal dran vorbeigegangen, als sie dem Krause Hemden brachte. Aber das war nur so ein bisschen neugieriges Gegucke.
»Wollen wir hingehen?«
»Au ja!« Bei dem Wort »Weihnachtsmarkt« hat Fritzchen vor Schreck den Atem angehalten. Jetzt platzt er fast vor Begeisterung, quengelt er doch schon seit Tagen, dass er endlich mal dorthin will.
»Aber Jungchen!« Mutter Jacobi ist ganz erschrocken zusammengefahren. »Nach einem so anstrengenden Tag wirste doch nicht noch auf den Weihnachtsmarkt wollen?«
»Warum denn nicht? Abends ist's am schönsten.« Sachte tippt Frieder Fritzchen auf die verschnupfte Nase. »Außerdem: Wofür lebt man denn? Nur für das bisschen Dach überm Kopf?«
»Man lebt, um anständig zu bleiben!« Mutter Jacobi bekreu-

zigt sich schnell. »Damit man, wenn man eines Tages vor Gott tritt, ein reines Gewissen hat.«

»Gott?« Nun lacht Frieder böse. »Der geht in Samt und Seide und will von uns armen Ludern nichts wissen.«

»Frieder!!« Vorsichtshalber schlägt Mutter Jacobi noch ein Kreuz.

»Na, ist doch wahr! Wo war er denn, dein lieber, guter Herrgott, als ich in der Hausvogtei saß?«

»Hier war er!« Streng weist Mutter Jacobi auf Guste, Jette und Fritzchen. »Und auch wenn dein Rackebrandt mich besuchen kam, hat er sich gezeigt.«

Darauf entgegnet Frieder nichts, obwohl ihm eine bittere Erwiderung auf der Zunge liegt, wie Jette ihm deutlich ansehen kann. Guste aber, die den Streit nur still mitverfolgte, ist schon dabei, Fritzchen warm einzupacken.

»Gegen Erkältungen soll frische Luft ja Wunder wirken«, trällert sie fröhlich. »Und wenn der junge Mann nun mal 'nen Dreier zu viel hat, nichts wie raus mit Braut und Zierstengel!«

»Bin ja noch gar nicht mit der Arbeit fertig«, versucht Jette sich gegen diese Bevormundung zu wehren. Irgendwie erscheint es ihr seltsam, dass Frieder jetzt noch eine Ablenkung sucht.

Ein wütender Blick von Fritzchen, ein strenger von der Schwester. »Nichts da, Fräulein Mundt! Jetzt wird sich amüsiert! Die paar Hemden übernehmen Mutter Jacobi und deine liebe, jute Juste.« Und mit festem Blick auf Frieder fügt die Schwester noch hinzu: »Die janze Nacht auf der Straße halt ick bei dieser Kälte sowieso nicht aus. Also jeh' ick heute 'n Momang später und ihr dürft euch Zeit lassen.«

Da zieht Jette sich endlich Stiefel und Mantel an und setzt die gefütterte Haube auf und Frieder nickt Guste nur dankbar zu und tritt danach mit Fritzchen ins Treppenhaus hinaus.

Der Budenzauber beginnt am Molkenmarkt, zieht sich durch die gesamte Breite Straße und über den Schlossplatz hin und endet erst an der Stechbahn. Nicht nur Holzbuden, auch Zelte, Karren und Stände sind hier aufgebaut und eine Unzahl von Kerzen, Öllampen, Blechlaternen und Windlichtern verleiht noch dem allerarmseligsten Bretterverschlag festlichen Glanz. Dazu der Duft von frisch gebackenen Honig- und Schmalzkuchen, gebratenen Würsten, frisch geschlagenen Tannenbäumen und heißem Punsch, der über allem liegt, und der wohl bekannte Weihnachtsmarktlärm: Ein einziges Sausen und Brausen, Pfeifen, Schreien, Trommeln, Rasseln, Schnarren und Knarren. Nirgendwo und nirgendwann sonst wäre solcher Lärm erlaubt!

Die drei aus der Rosenstraße wissen gar nicht, wo sie ihre Augen und Ohren zuerst haben sollen. Bei den vielen Waldteufelbuben, die sich durchs Gedränge quetschen, immer wieder ihre selbst gebastelten Teufel brummen lassen und »Walddeibel! Kooft Walddeibel!« schreien, beim fröhlichen Kunstpfeifer oder bei den Weihnachtslieder singenden Kurrendeknaben[*] in ihren altmodischen schwarzen Kragenmänteln und mit den Dreimastern auf den Köpfen. Beim »billigen Mann«, der aufgeregt seine »jünstigen Jelegenheitskäufe« ausschreit, beim Holzhahnverkäufer – »Vorne nickt er, hinten pickt er!« –, beim Sägemann-Ausschreier, bei dem es »bimmelt und bammelt, zippelt und zappelt, kribbelt und krabbelt«, oder bei der »dicken Madame« von der Losbude, die seit Jahren immer denselben Spruch ins Publikum schmettert: »Ja, wat denn nu, liebe Leute? Heute noch nich Glücksrad jedreht? Au weh! Au weh! Det is 'n Verlust für 't janze Leben!« Macht sie Pause, kräht das spillrige Männchen neben ihr los, von dem vermutet wird, dass er ihr Ehegespons ist und sie ihn abends in ihre Nachttischschublade sperrt und den Schlüssel zweimal umdreht, damit er ihr nicht weglaufen kann. »Wo se Recht hat, hat se Recht, meine Dickmadame! Wer hier mitdreht, hat für alle Zeiten sein Glück jemacht.«

Jette muss oft lachen und Fritzchen kräht jedes Mal lauthals mit, egal ob er die Scherze versteht oder nicht. Kleine glitzernde Eislichter unter seiner Rotznase, reitet er auf Frieders Schultern von einer Herrlichkeit zur anderen und schaut, stolz über allen anderen thronend, am liebsten auf die Auslagen der bunten Buden herab. Hier süß duftendes Marzipangebäck, dort in Goldpapier gewickelte Äpfel, silberne Nüsse und bunte Bonbons. Gleich daneben Harlekin-Hampelmänner und viele nackte Puppen, die, auf eine Schnur gereiht, im Wind klappern, als wollten sie sich über ihre Nacktheit beschweren. Wieder eine Bude weiter alles Mögliche für den kleinen Soldaten: Säbel, Dolche, Pistolen, Gewehre, Schwerter, Speere und Siegesfähnlein. In einer Seitengasse Handwerker, die Gedrechseltes, Getöpfertes oder in Zinn Gegossenes feilbieten. In der nächsten Lichtzieher, Strumpfwirker, Handschuhmacher, Eisenkrämer. In wieder einer anderen Stiefel, Pantoffel, Haus- und Küchengeräte und ein Stand mit den verschiedensten Porzellan-Nachttöpfen. In einer Quergasse Pflaumentoffel: kleine Männchen aus Backpflaumen mit Stoffumhang, grinsender Gesichtsmaske aus Papier, Zylinderhut auf dem Kopf und Leiter in der Hand. Daneben Aprikosen, Pfirsiche, Kirschen, Birnen und Äpfel aus Wachs; viel schöner als in Wirklichkeit. Eine Bude weiter Fritzchens Paradies: Hunderte von Zinnsoldaten mit Festungen, Standarten, Kanonen und allen Fahnen sämtlicher Regimenter der preußischen Armee. Und natürlich sieht der »Soldatenkönig«, wie sich der schnauzbärtige Händler mit dem Federbusch auf der Pelzmütze selbst nennt, Fritzchens begeisterte Augen und lässt, Jette und Frieder mit müdem Kennerblick musternd, unverzagt einen stolzen Kürassier über seinen Handrücken reiten. »Det is der brave Fürchtenix! Der reitet über Stock und Stein und haut er mal zu, kippt er den stärksten Riesen aus 'n Pantinen.«

»Danke schön!« Rasch zieht Jette ihre beiden Jungen weiter. Sie müssen nichts kaufen. Es genügt, einfach nur durchs Gedränge zu laufen und den Trubel zu genießen. Es sind ja nicht nur die Marktschreier und Händler interessant, auch was sich so alles aneinander vorbeischiebt, lohnt den Blick. Manche Weihnachtsmarktbesucher führen kleine oder große Hunde mit sich, die zum Schutz gegen die Kälte Deckchen auf dem Rücken tragen, andere, meist sehr vornehm gekleidete, lassen Diener oder Dienstmädchen ihre Einkäufe oder ihre in warme Umschlagtücher gewickelten Kinder hinter sich her tragen. Dann haben die kleinen Mädchen schwarze Samtkäppchen auf und die Jungen tragen gefütterte Pelzmützchen. Doch auch lustige Gesellschaften, vom Punsch befeuert, stromern herum, reißen Witze, kreischen vor Lachen oder johlen laut.

Für Jette ist das Gucken und Staunen mit das Schönste am Weihnachtsmarkt. Die in dicke Mäntel gehüllten Budenbesitzer aber, die ihre Füße trotz der dicken Stiefel immer wieder dicht an ihre Feuerkieken rücken und trotzdem unentwegt gegen die Kälte antrampeln, die mögen sie nicht, all diese Seheleute, die nichts kaufen können oder wollen, und rufen die Vorbeidrängenden immer wieder mit den freundlichsten Namen an, um ihnen dennoch ihre Groschen aus der Tasche zu locken. Kronprinz, Glückszwerg und Springinsfeld hat Fritzchen schon geheißen, Frieder war mal der Herr Baron, mal der hübsche Kavalier und mal der Herr Schrippenhauptmann, Jette Madamken, Demoiselle Tausendschön, Mamsellchen und Eisprinzessin. Gehen sie trotzdem weiter, ernten sie böse Blicke oder nur ein spöttisch-mitleidiges Achselzucken.

Frieder reichen diese Blicke bald. »Guck dir nur alles an«, flüstert er Fritzchen zu. »Und sag mir nachher, was dir am besten gefallen hat.«

Der nimmt den Auftrag gleich sehr ernst. Er kann ja nur bedeuten, dass er, was ihm gefällt, zum Schluss auch bekommt.

»Haste das als Kind auch gemacht?« Wieder sind zwei Waldteufelbuben an ihnen vorübergerannt und nun will Jette endlich mal über irgendetwas reden. So schweigsam, wie Frieder an diesem Abend ist, macht ja der schönste Weihnachtsmarktbesuch keinen Spaß.

Der junge Zimmerer hat auf eine solche Frage nur gewartet.

Bereitwillig erzählt er, wie seine Mutter und er jedes Jahr schon im November damit begannen, Pappzylinder zu basteln, und welche Mühe es jedes Mal machte, den hölzernen Stiel mit den von der Abdeckerei besorgten Pferdehaaren am Zylinder zu befestigen. Ein Waldteufel müsse ja schon beim ersten kräftigen Schwingen brummen wie eine ganze Bremsenschar. Und er wollte doch immer ganz besonders große und laute Brummer herstellen, damit er gleich auffiel, wenn er damit über den Weihnachsmarkt rannte. Und natürlich hatte er sich auch einen ganz besonderen Spruch ausgedacht, um die Leute zum Kaufen zu bewegen. »Walddeibelverkoof!«, schrie er immer. »Walddeibelverkoof! Wer noch keenen hat, bleibt Bettler. Wer zwee hat, ist Fürst. Wer dreie hat, wird König.«

»Und wer viere hat, ist lieber Gott.« Jette muss lachen und Frieder lacht mit, gibt aber zu, dass er trotzdem immer große Mühe hatte, seine Waldteufel loszuwerden. Es liefen damals schon zu viele Waldteufeljungen über den Weihnachtsmarkt.

Jette versucht, sich den zehn-, elf- oder zwölfjährigen Frieder vorzustellen. Sie hätte gern gewusst, wie er als Kind aussah. Dann sagt sie leise, dass sie nie so etwas machen musste. Wenn der Vater oder auch die Mutter mit Guste und ihr über den Weihnachtsmarkt zogen, ging es immer nur darum, wer was bekam: keine zu viel und keine zu wenig. Und am meisten freute sie sich stets über ein Pfefferkuchenherz mit einem lustigen Spruch darauf.

»Vielleicht sind wir sogar mal aneinander vorbeigelaufen.« Ein Gedanke, der Frieder gefällt und der auch Jette gleich ganz nachdenklich macht. Ein Wunder, wenn Frieder und sie sich als Kinder kein einziges Mal begegnet wären.

»Wenn ich dich wieder erkannt hätte«, flüstert sie, »hätt ich dir bestimmt 'nen Deibel abgekauft.«

Da hat er wieder was zu lachen. »Wie hätteste mich denn wieder erkennen sollen? Biste 'ne Hexe? Kannste in die Zukunft sehen?«

»Jette ist doch keine Hexe«, protestiert Fritzchen von oben.
»Nein!«, gibt Frieder ihm sofort Recht. »Und deshalb kaufen wir ihr jetzt auch ein Pfefferkuchenherz – wie damals, als sie noch Kind war.«
»Aber ich will ja gar keins!«, wehrt sie erschrocken ab. Denkt Frieder etwa, sie wollte nur einen Wunsch äußern?
»Und wenn ich dir nun ganz dringend eins schenken möchte?« Bittend schaut er sie an und Fritzchen über seinem Kopf droht mit der Faust: Sie soll das Pfefferkuchenherz ja nehmen! Sie muss es ja nicht allein essen. Verlegen willigt Jette schließlich ein und Frieder zieht sie gleich vor den nächsten Pfefferkuchenstand. Salzwedler Waffeln gibt es hier, Eberswalder Spritzkuchen, Mehlweißchen, Pflastersteine, Pfeffernüsse und rosafarbenen Honigkuchen. Und an der Budenrückwand, quer über all der anderen Pracht, hängen die mit Zuckerguss beschrifteten Pfefferkuchenherzen; kleine, mittlere, große und riesengroße. Auf einem kleinen steht *Bleibe mich treu*, auf den größeren sind Sprüche wie *In meinem Zimmer rußt der Ofen, in meinem Herzen ruhst nur du* oder *Dein Herz is wie 'ne Leberwurscht, wer davon isst, hat immer Durscht* zu entdecken.

»Such dir 'n großes aus«, bittet Frieder.
»Biste verrückt?«
»Nee. Nur sehr reich.«
Sie zögert. Die mit den Liebessprüchen kommen nicht in Frage und nur lustig ist auch zu wenig.
»Na?«, drängelt der Pfefferküchler mit dem Zickenbart. »Je größer die Wahl, desto schlimmer die Qual, wat?«
Da zeigt sie kurz entschlossen auf das Herz mit dem Spruch *Im Leben wie im Pfefferkuchen sollst du nach süßen Mandeln suchen.*
»Bitte schön, Demoiselle! Allet für det hochverehrte Fräulein Braut!« Die Frau des Pfefferküchlers, ein Bratapfel in Hexentracht, reicht Frieder das Herz. Er bezahlt und hängt es Jette vorsichtig um den Hals.

»Und jetzt 'n Kuss auf den Herrn Bräut'jam!«, kichert zufrieden die zahnlose Alte. »Allet, wie et sich jehört!«
Eine Gruppe bunter Dragoner hat es mit angehört. Neugierig umringen sie Frieder und Jette und zu allem Übel ruft Fritzchen auch noch: »Ja, Jette soll Frieder küssen! Dann müssen sie heiraten und er wird mein Onkel.«
Das ist ein Spaß für die bereits angeheiterten Soldaten! Gleich lassen sie voller Begeisterung ihre künstlichen Nachtigallen tirilieren, Radauflöten tröten und Knarren knarren. Und dann ruft auch schon einer: »Befehl! Jette soll Frieder küssen, damit der Bengel endlich 'nen ordentlichen Onkel bekommt.«
»Später!« Schnell zieht Frieder Jette mit sich fort, während Fritzchen auf seinem Rücken noch lange laut darüber nachdenkt, woher denn die Soldaten Jettes und Frieders Namen kannten.
Erst vor einer Tiermenagerie bleiben sie wieder stehen und da Jette und Frieder nach dem Spott der Soldaten einander nicht anzublicken wagen, beobachten sie jeder für sich ganz interessiert den Menageriebesitzer, einen bindfadendünnen Mann in einem bis zu den Füßen reichenden grünen Mantel, mit roter Pappnase im Gesicht und schwarzem Zylinder auf dem Kopf, der immer wieder laut schreit: »Komm' Se ran! Komm' Se rin! Eenen pimperlichen Dreier kostet et nur, det janze Tiervajnügen!«
»Wat is denn det für 'n Tiervajnügen?«, fragt ein kleiner Junge, der, die Hände tief in den Taschen seiner viel zu dünnen Jacke vergraben, seine Nase schon fast im Zelt hat.
»Tiere aus aller Herren Lända!«, schreit der Dünne als Antwort. »Tiere, wie sie die Welt noch nich jesehen hat!«
»Die Welt nich!« Weiter hinten lacht einer. »Aber icke! Een räud'jer Schäferhund soll den bösen Wolf spielen, 'ne märk'sche Kröte hatta zum südamerikanischen Ochsenfrosch uffjepumpt und 'nem ausjestoppten Storch hatta 'n Schnabel krumm jekloppt, damit er wie 'n Geier aussieht.«

»Doofe Sprüche!«, protestiert wütend der Menageriebesitzer. »Lassen Se det hochverehrte Publikum sich doch selba übazeugen.«

Doch das hochverehrte Publikum zieht schon weiter; es gibt noch andere Attraktionen zu bestaunen.

Auch Jette und Frieder, die sich, ohne so recht zu wissen, wie es kam, auf einmal an den Händen halten, lassen sich bis zum Schlossplatz mit fortschieben. Vor dem in der Dunkelheit fast schwarzen Schloss mit all den unterschiedlich hohen Dächern, Türmen und Zinnen befindet sich der Hauptmarkt, gibt es die größten und vornehmsten Buden: Galanteriewaren und Trikotagen; Ringe, Armbänder, Ketten, Uhren und Spieldosen; teures Porzellan, Kunstgegenstände, Seidenwaren, Musseline und Wolken aus Tüll. Deshalb gehen hier auch die meisten Gendarmen Streife; für Diebe ist der Schlossplatz so etwas wie eine frühe Bescherung.

Fritzchen schaut zuerst nur zu dem Tannenwald hin, der vor den Schlossportalen aufgebaut und schon so geplündert ist, dass nur noch ganz wenige goldene Äpfel und silberne Nüsse in den Zweigen hängen, dann wandert sein Blick die hohen, zum Teil hell erleuchteten Schlossfenster entlang, und er will wissen, ob der König denn auch mal auf den Weihnachtsmarkt geht, um sich was Schönes zu kaufen.

Jette sieht, wie Frieder irgendwas Spöttisches antworten will, da beginnen die Glocken auf einmal acht zu läuten. Und hier, mitten auf dem Schlossplatz, tönt es zugleich von der Parochial-, der Gertrauden-, der Marien- und der Nikolaikirche zu ihnen hin. Das klingt so feierlich, dass Fritzchen seine Frage gleich wieder vergisst und sie und Frieder sich ganz groß angucken müssen; fast so, als hätte dieses Zusammenspiel der Glocken etwas sehr Wichtiges zu bedeuten.

Und wieder läuten die Glocken. Diesmal aber zeigen sie nur die halbe Stunde an. Also ist es jetzt halb neun, und da die drei nun schon am Tannenbaumverkauf an der Stechbahn angelangt sind, müssen sie langsam an den Heimweg denken.

Fritzchen hat zuletzt noch beim Guckkästner schauen dürfen. Die Schlacht bei Leipzig hat er gesehen, den Alten Fritz und das Flötenkonzert von Sanssouci, das brennende Rom, trommelnde Neger in Afrika und Prärie-Indianer auf der Büffeljagd. Danach wollte er unbedingt wissen, wie so große, leuchtend bunte Bilder denn in so einen kleinen Kasten kämen, und Frieder erzählte ihm was von Vergrößerungsgläsern und versuchte ihm zu erklären, dass die Bilder von hinten beleuchtet werden. Doch das konnte Fritzchen sich nicht vorstellen und so gab er es auf weiterzufragen. Jetzt hält er ja auch längst sein Geschenk in der Hand: einen Ritter mit hoch erhobenem Schwert, aus Zinn gegossen und prächtig angemalt; viel schöner als der olle Fürchtenix.

Vor einer Bude mit allerlei Tand drängeln sich die Leute. Nichts von dem, was hier an Tischdeckchen, Gardinenbändern, Lampenschirmen und Weihnachtsdekoration angeboten wird, ist wirklich wichtig, aber alles wird gekauft.

»Was würdest du dir denn als Erstes wünschen, wenn de mal so richtig reich wärst?« Neugierig schaut Frieder Jette an.

Eine komische Frage! Und was er heute nur immer mit dem Reichsein hat? »Einen Kronleuchter«, scherzt Jette, »'nen riesigen, wunderschönen Kronleuchter mit tausend Kerzen.«

»Warum denn gerade den?«

»Wer richtig reich ist, muss doch 'nen Kronleuchter haben. Dann hat er's immer hell in der Wohnung. Auch abends.«

Ein Weilchen denkt Frieder nach, dann sagt er leise: »Der Kronleuchter kommt zuletzt. Erst mal brauchen wir 'ne Wohnung mit Schlafzimmer, guter Stube, Küche und Herd. Die Möbel mach ich, Bettzeug und Gardinen nähst du. So sparen wir viel Geld und können uns irgendwann den Kronleuchter kaufen.«

»Und ich komm zu Besuch!« Fritzchen gefällt Frieders Spinnerei. Am liebsten wäre ihm, er könnte morgen schon kommen.

»Du kommst zu Besuch«, spinnt Frieder seinen Faden weiter.

»Wir stellen Kuchen vor dich hin und süßen Kakao und du isst und trinkst, bis de nicht mehr kannst.«

Gleich wird Fritzchen selbst zum Kronleuchter, so strahlt er Jette an. Gerade in diesem Moment aber kommen sie an mehreren kleinen Mädchen vorüber, die Dreierschäfchen feilbieten. Sie kauern zwischen zwei hell erleuchteten Buden und rufen mit dünnen Stimmchen aus, was sie in tagelanger Heimarbeit aus Holz, Papier, Wolle und Watte angefertigt und in mehreren kleinen Schafherden vor sich aufgebaut haben. Ihre Gesichter sind bleich, die Augen riesengroß. »Eenen Dreier det Schäfchen«, rufen sie immer wieder leise. »Eenen eenz'jen Dreier nur!«

Da bleibt Frieder plötzlich stehen und schaut Jette lange an. Und als sie verwundert zurückguckt, greift er langsam und ohne den Blick zu senken in seine Rocktasche und hält mit einem Mal einen Geldbeutel in der Hand, ganz aus schwarzem Samt und über und über perlenbestickt.

»Was ist denn damit?«, fragt Jette bestürzt. »Wo haste das denn her?« Das ist ja ein Damenportemonnaie, das kann unmöglich ihm gehören. Und Mutter Jacobi besitzt auch kein so kostbares Stück.

Doch Frieder antwortet nichts, guckt nur traurig, öffnet den Beutel und schüttet sich alle Münzen in die Hand. Es sind mehrere Taler und viele Silbergroschen. Und da begreift Jette endlich: Er hat diesen Beutel gestohlen! Tagsüber, als er nach Arbeit unterwegs war. Deshalb war er so anders, als er heimkam, deshalb wollte er so lange nicht reden.

Ein Blick auf die Münzen, noch einer in Jettes Gesicht, dann beginnt Frieder das Geld an die Mädchen mit den Schäfchen zu verteilen. »Ein Weihnachtsgeschenk«, erklärt er den vor Überraschung ganz ängstlich Guckenden, während er jedem von ihnen gleich mehrere Geldstücke in die ausgestreckten Hände drückt. »Nicht von mir, sondern von einer alten Frau, der's gut geht.«

Ein Weilchen starren die Mädchen die großen Geldstücke in ihren Händen nur an, dann läuft eines nach dem anderen fort.

Fritzchen auf Frieders Rücken hat alles mit weit aufgerissenen Augen verfolgt. Er versteht die Welt nicht mehr: Wieso verschenkt Frieder denn Geld an fremde Mädchen? Weshalb haben sie all die vielen Münzen nicht selbst ausgegeben?

Als die beiden dann wieder neben ihr stehen, schaut Frieder Jette lange nicht an. Und als er es endlich doch tut, bittet er sie leise und mit einer Kopfbewegung zu Fritzchen hoch, ihn jetzt lieber nichts zu fragen.

Und sie fragt auch nichts, geht nur wie im Traum neben ihm her und er wagt nicht mehr, ihre Hand zu nehmen.

Neuer Schneefall hat eingesetzt. Aber das ist kein Schnee, mit dem man Schneebälle backen oder Schneemänner bauen könnte; er durchnässt nur die Kleider und wird auf Jettes Haube und Frieders Zylinder sofort zu Wasser. Trotzdem gehen die beiden nur langsam durch die dunklen, von nur wenigen Gaslaternen beleuchteten Gassen zurück zur Rosenstraße.

Fritzchen ist längst eingeschlafen und wird von Frieder im Arm getragen. So hat er Jette alles beichten und zum Schluss auch noch hinzufügen können, dass sie die Einzige bleiben wird, die je von diesem Ausrutscher erfährt. Seine Mutter würde unter einem solchen Geständnis nur leiden und vielleicht sogar wieder krank werden.

Er ist richtig froh darüber, dass er endlich alles los ist. Aber wenn sie an einer Laterne vorüberkommen, schaut er Jette jedes Mal prüfend an. Wird sie ihm sein Versagen verzeihen? Oder ist, was er getan hat, einfach zu schlimm?

Jette verwirrt dieses Vertrauen. Sie sieht es Frieder ja an, im Grunde seines Herzens glaubt er, dass sie trotz allem auf seiner Seite sein muss. Und hat er damit nicht Recht? Sie verurteilt ihn ja nicht, ist nicht empört, ein Pfefferkuchenherz um den Hals zu tragen, das von gestohlenem Geld gekauft wurde. Schließlich ist es nicht seine Schuld, dass er so lange eingesperrt war und sich deshalb nicht rechtzeitig um Arbeit kümmern konnte. Das hat ja alles mit den Zuständen zu tun, von denen er ihr gestern erzählt hat und die er und andere ändern wollen.

»Nein«, sagt sie endlich. »Du musst dich nicht schämen.« Und sie denkt dabei: Auch Guste muss sich nicht schämen; niemand, der unverschuldet in Not geraten ist, muss sich schämen.

»Wirklich nicht?«

»Nein.«

Jetzt ist er doppelt erleichtert, lacht erlöst und schaut sie voll Dankbarkeit an, bis sie auf einmal sagt: »Aber den Geldbeutel, den haste doch noch?«

»Ja.« Er zieht ihn aus der Tasche und betrachtet das kostbare Stück. »Wollte ihn einem der Mädchen schenken, aber die waren ja so schnell weg.«

»Gib her!« Kurz entschlossen nimmt sie ihm den Beutel ab, holt weit aus und wirft das schwarzsamtene, perlenbestickte Prachtstück mit aller Kraft weit hinter sich. »Der Finder darf 'n reines Gewissen haben.«

Ein Weilchen schaut er sie nur an, als hätte er ihr so viel Tatkraft und Entscheidungsfreudigkeit gar nicht zugetraut, dann lehnt er wie tags zuvor seine Stirn an ihre und flüstert heiser: »Bist ja ganz nass! Triefst wie 'ne Wassermaus.«

»Und du wie 'ne Regenrinne.« Rasch will sie ihren Kopf wegziehen, da berührt sein Mund schon ihre Wange und sie zuckt nur noch sehr unentschlossen zurück.

»Wir sollten uns doch küssen«, entschuldigt er sich. »War sogar 'n Befehl!«

»Aber das war ja gar kein Kuss!«

»Nein?«, fragt er mit großen Augen und presst Fritzchen an sich, damit der Kleine sie möglichst wenig stört.

»Nein«, wiederholt sie mutig und dann beugt sie sich ruckartig vor und küsst ihn schnell auf den Mund.

Wieder starrt er sie nur ungläubig an, dann sagt er leise: »Danke!« Und Fritzchen auf seinem Arm, halb im Schlaf, halb wach, bezieht das auf sich und murmelt leise: »Bitte!« So hat er's gelernt: Wenn einer danke sagt, muss der andere bitte sagen.

Da müssen sie beide prusten und werden erst wieder ernst, als ihnen Schritte entgegenkommen und Jette vor Schreck fast das Herz stehen bleibt: der Flatow! Es ist der Hausbesitzer, der da, eingehüllt in einen weiten grauen Tuchmantel mit aufgestülptem Pelzkragen, einem späten Ziel entgegenstrebt. Nun hat er sie auch erkannt und ist offensichtlich nicht im mindesten überrascht, ihnen um diese Zeit noch zu begegnen.

»Guten Abend!«, grüßt Frieder freundlich.

»Guten Abend!«, grüßt der Flatow zurück, fügt aber, als er schon fast vorüber ist, noch spöttisch hinzu: »Und gute Nacht dem jungen Paar!«

»Was hat er denn andauernd?«, wundert sich Frieder, als der Mann im dicken Wintermantel sie nicht mehr hören kann. »Nimmt er mir die Hausvogtei übel?«

Erst will Jette nur die Achseln zucken, dann entfährt es ihr doch: »Vielleicht neidet er uns was!«

»Was denn?«, fragt Frieder noch verwunderter und da weiß sie, dass sie ihm nicht die Wahrheit sagen darf, und nimmt ihre Andeutung wieder zurück. »Vielleicht, dass wir noch so jung sind.«

»So was Dummes!« Lachend schüttelt er den Kopf. »Alles kann se noch werden, sagt meine Mutter immer, sogar Königin von Mesopotamien, nur nicht wieder jung.«


### *Friedrich Wilhelm V.*

Ein zweiter Tag endloser Herumrennerei auf der Suche nach Arbeit. Diesmal hat Frieder es außerhalb der Stadt versucht, auf den Holz- und Kohleplätzen, in den Torfhandlungen und den Maschinenfabriken vor dem Oranienburger Tor – alles umsonst!

Erst am späten Nachmittag ist er zur Mutter heimgekehrt und hat ihr vorgelogen, die Arbeit gestern sei nur eine Tagesbeschäftigung gewesen, heute hätte er nichts gefunden, aber morgen wolle er wieder suchen gehen. Gegen Abend ist er dann zum zweiten Mal aus dem Haus gegangen, hin zur Friedrichsgracht, zu den Studenten, um ihnen von der Hausvogtei zu erzählen.

Und jetzt sitzt er immer noch in dieser Runde gut gekleideter junger Männer, isst von den belegten Broten, trinkt von dem Bier, das ebenfalls in reichlicher Menge vorhanden ist, und hört, schon halb berauscht, mal hier, mal dort in eines der Gespräche hinein. Bis er merkt, dass er der Einzige ist, der noch zulangt. Verlegen schaut er sein Brot an und erntet einen freundlichen Blick von seinem Nachbarn zur Linken. »Wer nicht isst zur rechten Zeit, bringt's im Leben nicht sehr weit.«

Dann hat er in seiner Kindheit wohl kaum etwas gegessen, dieser zierliche Michael Meinecke mit dem großen, hübschen Kopf voll dunkler Locken, der sich vor den Zelten so höflich bei ihm für seine Kameraden entschuldigte und sich auch heute gleich zu ihm gesetzt hat. Im dunklen Tiergarten fiel das Missverhältnis zwischen Körper und Kopf nicht sehr auf, jetzt ist es nicht zu übersehen. Dafür trägt der zierliche Student aber die elegantesten Kleider: einen lilafarbenen Überrock, feine graue Hosen, ein seidenes weißes Schaltuch, schwarze Lackschuhe, eine blitzende Busennadel. Wie ein trauriger Prinz aus einem geheimnisvollen Märchen sieht er aus, dieser junge Mann, der ausgerechnet ihm, dem langen Zimmerer Frieder Jacobi, immer wieder freundlich zulächelt.

Götz, der den Festgenommenen in der Stadtvogtei so stutzerhaft erschien, ist dagegen eher schlicht gekleidet, doch unwidersprochen so etwas wie der Erste unter den Studenten. Sicher hat er solche Abende schon oft gegeben, so selbstverständlich bewirtet er seine Gäste, ohne je den Faden des Gesprächs zu verlieren. Und wie schön sein Chambre garnie*, das er so salopp Studentenbude nannte, eingerichtet ist! Warme Teppiche, blau gemusterte Seidentapeten, ein breites Bett mit hohem Überbau, dazu ein dunkler, reich mit Ornamenten verzierter Eichenschrank, auf dem zahllose Bücher, Hefte und Zeitschriften liegen. Vor dem kleinen, mit geblümtem Kattunstoff überzogenen Kanapee, auf dem Frieder, dieser Michael und ein stämmiger Philosophiestudent namens Martin es sich bequem gemacht haben, ein großer Tisch, um den herum alle sitzen. Eine mit orientalischen Motiven bestickte Tischdecke ziert ihn, zwei Wachskerzen in Porzellanleuchtern erhellen Teller, Flaschen, Gläser und die vom leidenschaftlichen Debattieren schon sehr geröteten Gesichter, und über dem Tisch hängt dichter Pfeifenqualm, denn nur er, Frieder, und Michael rauchen nicht. Dafür hat der freundliche Student aber allen anderen Feuer gegeben, mit einem dieser modernen Fixfeuerzeuge, von denen Flips immer so schwärmt.

Was da so alles geredet, gescherzt, gespottet und geflachst wird, kann Frieder nicht immer verstehen. Fast erscheint es ihm, als sprächen die Studenten eine eigene Sprache. Darf er aber einfach wieder gehen, nachdem er sich dermaßen voll gefressen hat? Er denkt noch drüber nach, da erklärt Götz mit einem Mal feierlich, dass er demnächst eine Zeitschrift herauszugeben gedenke. *Wir Lumpengesindel* soll sie heißen, eine Selbstbezeichnung, die er damals in der Stadtvogtei aufgeschnappt hätte. Der Untertitel aber solle lauten *Mit dem Volk, für das Volk*, denn nur das Volk selbst könne das Volk retten.

»Bravo!« Spöttisch klatscht der zierliche Michael in die Hände und zwinkert Frieder einverständnisheischend zu.

Götz lässt sich davon nicht beirren. »Wir leben in Zeiten finsterster, dumpfester Reaktion. Wer sollte die wohl beseitigen, wenn nicht jene, die am meisten darunter leiden? Wir, das liberale Bürgertum, brauchen die Sympathie der Ärmsten. Sonst werden wir nichts ändern – nicht für sie und nicht für uns.«

»Liberal ist Friedrich Wilhelm auch«, kichert der rotblonde, sommersprossige Student mit dem Demokratenbart, der Frieder vor den Zelten mit so viel Misstrauen entgegenkam und von dem er nun weiß, dass er Adam gerufen wird und Jura studiert. Ein anderer, schmal wie ein Federhalter und trockenhäutig wie eine Heuschrecke, nutzt diesen Einwurf, um sogleich heftigst zu entgegnen: »Aber Gentlemen! Friedrich Wilhelm ist doch nur ein königlicher Komödiant. Hält pathetische Reden und überspielt damit die Unklarheiten in seiner kirchlich-mystizistisch verklärten Weltanschauung.«

Der schon stark angeheiterte Adam widerspricht nicht, klatscht nur laut kichernd Beifall. Auch Götz gibt dem Trockenhäutigen, den er Julius nennt, Recht und verkündet, Schuld am Dilemma des Volkes sei ja nur dieses dumme Vertrauen in den Adel. Dabei sei der doch nur noch eine ehemals schöne Blume, die in Hunderten von Jahren Farbe und Geruch verloren habe. Heutzutage gebe es nichts Widersinnigeres als Standesgrenzen, nichts Dümmeres als Standesdünkel.

»Ich, Götz von Werder, Sohn eines Junkers und selbst ein Junker«, fährt er mit Blick auf Frieder fort, »bin für die Aufhebung aller junkerlichen Privilegien. Wenn ich etwas respektiere, dann allein ein durch Fleiß und Intelligenz erworbenes Verdienst, kein angeborenes. Aber, Monsieur, wenn ich mich an die Stadtvogtei erinnere, liege ich da so falsch, wenn ich sage, dass mir dort auch Standesdünkel entgegenschlug – Standesdünkel von unten?«

Frieder wird rot. Jetzt blicken alle ihn an, jetzt muss er etwas sagen. Und da er weiß, dass Götz in diesem Augenblick an seine Dispute mit P. P. P. zurückdenkt, verteidigt er den Freund. P. P. P. glaube nun mal, dass, wer allein den Adel bekämpft, nicht aber den König, in Wahrheit nur seine eigenen Interessen vertritt, nicht aber die des Volkes, und dass die niederen Stände nur auf sich selbst, aber nicht auf Helfer von oben vertrauen dürfen.

»Bravo!« Wieder applaudiert Michael. Diesmal jedoch ist das nicht ironisch gemeint. Die anderen allerdings machen eher ablehnende Gesichter.

»Und was glaubst du, Monsieur?« Neugierig blickend zieht der Medizinstudent an seiner Pfeife.

Frieder zuckt die Achseln. »Weiß ich noch nicht so genau.« Dann jedoch hebt er den Blick, sieht seinem Gegenüber gerade in die Augen und sagt, dass er ihm ehrlich dankbar sei, weil er ihm in jener Nacht so hilfreich zur Seite gestanden habe. Doch weshalb nenne er ihn immer noch Monsieur? Er wisse doch längst, dass er Frieder gerufen werde.

Wieder verstummen alle Gespräche, wieder heften sich alle Augen auf ihn, wieder ertönt Michaels »Bravo!«. Götz aber ist nicht beleidigt und gibt auch gleich zu, dass er da wohl einen Fehler gemacht habe. Allerdings nur aus Unsicherheit. »Mein Vater, der Herr Geheimrat, von dessen Wechseln ich lebe, hat den Schneider stets nur Schneider gerufen, den Schuster Schuster, den Knecht Knecht. Das hat mir nicht gefallen und so bin ich auf ›Monsieur‹ gekommen. Ein Fehler, den ich hiermit zugebe. Ich bitte um Entschuldigung.«

Das kam so überraschend, dass Frieder sich nun beinahe schämt, überhaupt davon angefangen zu haben. Götz aber will das Thema noch nicht beenden, sondern versichert ihm noch einmal, dass er nichts so sehr hasse wie all die elenden Beamtenseelen, Philister, Höflinge und Speichellecker des Königs, die auf das Volk herabblickten, als wäre es nur Wurzelgemüse. »Vornehme Bildung? – Lächerliche Äußerlichkeiten! Gelehrsamkeit? – Toter Kram! Doch wie sollte ich mich unter euch verhalten? Als bunter Vogel in der – pardon! – grauen Masse? Hab den Leichtfuß und Witzbold ja nur gespielt, damit ihr mir meine Unsicherheit nicht anmerkt.«

Das waren Worte, die einem Geständnis gleichkamen. Michaels leises, wiederum ehrlich gemeintes »Bravo!« ist zu hören und auch die meisten anderen nicken zufrieden und prosten sich zu. Danach ergreift der Student mit der Stahlbrille das Wort, der Frieder in den Zelten ebenfalls mit sehr viel Misstrauen entgegenkam, sich aber inzwischen bei ihm dafür entschuldigt und sich als Felix von Gerlach, Jurastudent, vorgestellt hat. Er will wissen, welche Ziele Götz mit seinem *Lumpengesindel* denn eigentlich anstrebe.

»Erstens geht's mir um Aufklärung«, lautet die prompte Antwort. »Damit in unseren Staatssumpf mal so etwas wie Bewegung kommt. Zweitens muss dem arbeitenden und arbeitslosen Volk Mut gemacht und um Sympathie und Hilfe für die Allerärmsten geworben werden. Drittens: unser Wahlsystem! Es muss endlich möglich werden, dass auch Besitzlose wählen und gewählt werden dürfen, egal, ob es sich um die Stadtverordnetenversammlung oder um die ständischen Vertretungen handelt. Viertens will ich, dass alle blinden, unfähigen oder feigen Staatsdiener, die stets nur tun, was die Obrigkeit verlangt, aber nie darüber nachdenken, was ihr Tun für Auswirkungen hat, und die auf diese Weise jeden Fortschritt behindern, aus ihren Ämtern gejagt werden. Und fünftens, aber nicht zuletzt, gehört der König immer wieder daran erinnert, dass das Wort Fürst von Fürderster, Erster, Vorgesetzter abstammt und alles Gottesgnadentum in die Kirche gehört und nicht in die Politik.«

Er macht eine Pause, wie um den anderen Gelegenheit zu geben, seine sicher schon lange zuvor zurechtgelegten Worte auf sich wirken zu lassen. Dann nimmt er eine dünne Schrift vom Schrank und liest daraus vor: Die meisten Staatsdiener, Gelehrten und Wissenschaftler hielten den Fürsten ständig nur die Reden, auf die jene eingerichtet wären zu antworten, »ohne aufzuwachen. Denn die Wahrheit würde sie wecken. Und sie wären dann keine Automaten mehr, sondern selbständige Herrscher, und die Staatsklugheit würde dann nicht mehr mit Niederträchtigkeit verbunden sein, sondern in Weltklugheit sich verwandeln.«

»Bettina von Arnim!« Michael kennt die Schrift. »Aber immer hat sie auch nicht Recht, die alte Bettine! Der König nur eine Art hilfloser Gefangener falscher Ratgeber? Er hat allein Esel zu Ministern? Da frage ich mich: Weshalb hört der Affe auf die Esel?«

Einige lachen, der zierliche Student aber winkt ab. »Nein, mein lieber Herr Lumpengesindel, die Bettine ist eine gute Alte, vor der ich den Hut ziehe, aber sie ist den alten Zeiten verhaftet und glaubt noch immer an die dümmste Lüge der Welt: Wenn mein Herrscher wüsste, was seine Diener alles falsch machen, würde alles viel besser werden! – Dass unsere Herrscher die Wahrheit aber vielleicht gar nicht hören wollen, weil sie ihnen nicht in den Kram passt, das wagt sie nicht zu denken.«

»Und was ist deine Wahrheit?«, fragt da ein untersetzter Student mit wulstigen Lippen, den die anderen Wolfgang rufen und von dem Michael Frieder anfangs zuflüsterte, dass er ebenfalls Medizin studiere und später mal Armenarzt werden wolle.

Als hätte er nur auf eine solche Aufforderung zur Rede gewartet, springt Michael auf und verkündet voll Leidenschaft, dass es für ihn nur eine einzige gültige Wahrheit gebe, nämlich die, dass sich das Bürgertum in genauso widerwärtiger Weise ans Geld klammere wie der Adel ans Mittelalter. Die Krone solle erhalten und durch mahnende Appelle geweckt und verbessert werden? Aber wozu? Doch nur, damit sie die Besitzenden schütze. »Wir fordern ein einiges Deutschland? Bravo! Aber warum? Aus lauter Idealismus? Aus einer großen Idee heraus? Nein! Allein, damit die Zollgrenzen aufgehoben werden, Handel und Wirtschaft florieren und wir immer mehr Waren produzieren, sprich: Geld, Geld, Geld, Geld, Geld machen können!«

»Richtig!« Der rundäugige Konrad, ein Sitzriese mit dickem braunem Kraushaar, der als Einziger von allen Theologie studiert und auf dessen grünem Rock kein Staubfusselchen zu sehen ist, gibt Michael lautstark Recht. »Was hört man vom Adel? Nichts als schmutzige Geschichten über Liederlichkeit, Engherzigkeit und frechen Stolz! Was hört man von der Bourgeoisie? Nichts als Geschichten über Geldgier, Grobheit und Katzbuckelei! Großmut, Güte, christliche Nächstenliebe? Fehlanzeige!«

Und der bisher so ruhige Felix von Gerlach ruft mit geballten Fäusten: »Das sind ihre Patentrezepte: Christentum als Staatsphilosophie! Kirchliche Anstalten statt soziale Reformen! Das Armenwesen in die ›altbewährten‹, völlig überforderten Hände der Diakonie! Nicht Gerechtigkeit für alle, sondern Mildtätigkeit durch ein paar verheuchelte Damengesellschaften! Was wir brauchen aber ist die Erkenntnis, dass jeder Reichtum zutiefst unsittlich ist, solange andere im Elend zugrunde gehen.«

»Bravo!« Wieder klatscht Michael in die Hände und dann wendet er sich Götz zu, der bei aller Freundschaft so etwas wie sein geheimer Widersacher sein muss. »Du willst den König behalten? Als ordnende Kraft, die das Chaos verhindert? Aber ist Fritzens ganze christliche Philosophie mitsamt ihrer salbungsvoll herablassenden Haltung denn nicht nur eine neue Form von schlimmstem Absolutismus? – Da wäre mir eine kalte Macht, die uns keinerlei falsche Gefühle vorgaukelt, ja beinahe noch lieber.«

Götz ärgert sich nicht, geht nur an seine Anrichte, nimmt sich eine frische Tabakspfeife vom Ständer und spöttelt leise: »Gut gebrüllt, Herr Karl Marx! Meiner Meinung nach aber brauchen wir alle eine oberste Instanz, zu der wir aufblicken können und die uns Staatsmoral lehrt. Friedrich Wilhelm der Vierte hat doch nur den Wandel der Zeiten noch nicht begriffen, denkt immer noch, seine Ideale und die seines Volkes wären identisch. Es ist unsere Aufgabe, ihm beizubringen, dass eine Regierung – auch eine königliche! – in Wahrheit immer eine Volksvertretung sein muss.«

»Wie wahr!« Jetzt applaudiert Julius. Dem späteren Armenarzt Wolfgang jedoch gefallen diese Worte nicht, das ist ihm deutlich anzusehen. Wieder wendet er sich Michael zu. »Deine Konsequenz lautet: Abschaffung des Königtums, Republik! Wer aber sagt uns, dass wir dann keine Barbarei erleben wie vor sechzig Jahren in Frankreich? Erst dein Kopf ab, dann mein Kopf ab, zum Schluss alle Köpfe ab?«

»Aber wessen Schuld ist es denn, dass sich alle wahrhaft neuen und guten Ideen immer nur mit Gewalt durchsetzen lassen?«, fragt der zierliche Student zurück. »Das Volk hat schließlich ein

Recht auf Erlösung vom Hunger, ein Recht auf Bildung und Freiheit!« Und nach einem Augenblick des Nachdenkens fährt er fort: »Alle Welt schreit nach einer Verfassung! Ich auch. Doch wahrhaft voranbringen kann uns nur eine republikanische; eine, in der die Gleichheit aller festgeschrieben wird. Ein König unter der Fuchtel von Kaufleuten und Fabrikanten beschert dem Volk niemals die Freiheit, die es braucht.«

Götz, dessen Pfeife nun endlich wieder qualmt und sich mit dem Tabakrauch der anderen vermischt, winkt nur gelassen ab. »Utopische Träume, die niemand verwirklichen kann! Unser Hauptziel muss die Vereinigung des Königtums mit dem Gedanken der Demokratie in einem großen, einigen Deutschland sein. Wer mehr verlangt, läuft ins Leere.«

»Du träumst von Einheit und du glaubst dich freier, wenn dein Gefängnis größer ist. Herwegh.« Michael lacht.

Herwegh? Das ist doch der Dichter, von dem Rackebrandt ihm erzählt hat! Frieder hat diesen Streit nicht in allen Einzelheiten verstanden, er weiß ja nicht einmal, wer die Leute sind, von denen hier gesprochen wurde – Bettina von Arnim, Karl Marx*. Eines aber ist ihm klar geworden: Die Studenten sind nicht in allem einer Meinung und trotzdem Freunde. Und das gefällt ihm irgendwie.

»Einigen wir uns doch auf folgende Gemeinsamkeit, Gentlemen«, meldet Julius sich wieder zu Wort. »Der Absolutismus ist erledigt, krank, gestorben, mausetot. Eine neue Zeit aber erfordert neues Denken als Grundvoraussetzung für alles Weitere.«

»Wollt ihr denn am Ende auch Freiheit, Gleichheit, Brüderlichkeit?« Wie gern hätte Frieder jetzt Rackebrandt dabeigehabt, den Altgesellen, der mal gesagt hat, die drei Hauptforderungen der Französischen Revolution von 1789 wären in Wahrheit christliche Selbstverständlichkeiten und würden, solange sie noch nicht erreicht wären, ewige Menschheitsträume bleiben.

»Erstens nicht durchsetzbar und zweitens nicht wirklich

wünschenswert.« Das kam von Götz und diesmal macht er ein strengeres Gesicht als je zuvor an diesem Abend. Und der stämmige Martin, der bisher kaum etwas gesagt hat, braust auf: »Gleichheit? Wenn ich das schon höre! Wie sollen denn der Fürst und der Bauer, der General und der Soldat, der Student und der Handwerker, der Gelehrte und der Arbeitsmann jemals gleich sein können?«

»Indem jeder sein Können in die Waagschale wirft«, antwortet Michael bestimmt. »Es ist ja nicht die Arbeit, die den einen vom anderen trennt, es sind die unterschiedlichen Lebensverhältnisse.«

Damit kann endlich auch Wolfgang einverstanden sein. »Ja«, sagt er, »unser oberstes Ziel muss die Gleichheit aller sein – wie vor Gott, so vor dem Gesetz! Und deshalb dürfen in der neuen Verfassung nicht nur Presse- und Redefreiheit, Versammlungs- und Religionsfreiheit und ein unabhängiges Richtertum festgeschrieben sein, es muss auch die soziale Frage behandelt werden: Recht auf Arbeit und Brot für alle.«

Dafür gibt es Beifall von allen Seiten und auch Frieder kann zufrieden nicken: Ja! Solange er jeden Winter fürchten muss, ohne Lohn zu sein, nützen ihm all die anderen Freiheiten nicht viel.

»Nordhäuser Korn, Danziger Goldwasser, Branntwein.«

Der krausköpfige Konrad hat gleich drei Flaschen vor Frieder hingestellt und will wissen, aus welcher er ihm einschenken soll. Frieder schüttelt nur still den Kopf. Er ist es nicht gewohnt zu trinken. Noch einen Schnaps und er kann nicht mehr klar denken.

»Oder einen kleinen Kümmeloffizier?« Martin stellt eine vierte Flasche vor ihn hin. Wenn alle trinken, trinken alle, scheint sein schon etwas benebelter Blick zu besagen.

»Lasst ihn!« Götz schiebt die beiden weg, rückt seinen Stuhl näher ans Kanapee und schaut Frieder forschend an, bis er ihn ganz unvermittelt fragt, ob er nicht Lust habe, mitzuarbeiten an seiner Zeitschrift.

»Ich?« Frieder weiß nicht, ob er lachen soll. Wenn das ein Scherz war, dann jedenfalls ein schlechter.

»Warum denn nicht?« Götz bleibt ganz ernst. »Ich plane, die Thronrede eines echten Volkskönigs zu veröffentlichen. Um unsere regierenden Fürsten darauf aufmerksam zu machen, was das Volk von ihnen erwartet. Würde ich die Rede schreiben, wäre sie nicht echt. Und so viele Handwerker oder Arbeiter kenne ich nicht, um noch andere fragen zu können. Außerdem sind die meisten dermaßen mit ihrer materiellen Not beschäftigt, dass sie gar keinen Sinn für die Ehre und Freiheit ihrer Nation mehr haben.«

»Richtig!«, freut sich Michael, der noch immer neben Frieder sitzt. »Und diese äußerst verständliche Gleichgültigkeit wird von vielen fälschlicherweise als Treue oder gar Liebe zum Königshaus interpretiert.«

Götz scheint keine Lust auf einen neuen Disput zu haben. »Es wäre eine große Sache, wenn jemand aus der Handwerkerschaft, ein mutiger Bursche wie du, diese Thronrede schreiben würde«, fährt er nachdenklich fort. »Sozusagen als Friedrich Wilhelm der Fünfte. Ich und meine Vorstellungen vom Königtum brauchen dich dabei nicht zu interessieren.« Und als Frieder auch weiterhin abwehrend blickt, bittet Götz ihn, doch nur mal daran zu denken, was ihm in seiner Zelle in der Hausvogtei so alles durch den Kopf ging. »Allein wenn du das zu Papier bringst, wird auch dem Letzten klar werden, wie notwendig eine Verfassung ist, die klare Regeln und Gesetze für alle schafft und die Wünsche des Volkes respektiert.«

»Aber ich kann das doch gar nicht!« Frieders Verlegenheit wird immer größer. So was Dummes: Er – einen Zeitungsartikel schreiben! Nicht mal in der Schule hat er gern geschrieben.

»Hast du Angst vor der Rechtschreibung?« Langsam scheint auch Michael zu interessieren, was so ein Zimmermannsgesell als

Friedrich Wilhelm V wohl alles anders machen würde.« In diesem Fall gäbe es hier gleich acht Korrektoren, die dir zur Seite stünden.«

»Hab auch gar keine Zeit für so was«, weicht Frieder aus. »Muss Arbeit suchen.«

»Er ist doch Zimmermann«, sagt Götz da wie nebenbei zu Michael. »Kann dein Onkel Lewinsohn nicht etwas für ihn tun?«

»Kann er!« Michael macht eine Handbewegung, als sei das Thema Arbeitssuche damit bereits erledigt. Und nun weiß Frieder gar nicht mehr, was er denken soll. Wollen diese Bücherwürmer und Klugscheißer ihn etwa auf den Arm nehmen?

Michael bemerkt seine Verwirrung und entschuldigt sich. »Hast Recht, mit so ernsten Dingen spaßt man nicht! Also, ganz egal, ob du für Götz den Volkskönig spielst oder nicht, mit meinem Onkel rede ich. Und wenn du willst, stelle ich dich ihm gleich morgen früh vor. Möbelhaus Lewinsohn am Alexanderplatz: Haben Sie sie nicht schon, kaufen schöne Möbel Sie von Lewinsohn! Wirst du ja schon mal gehört haben, den geistreichen Spruch.«

Das vornehme Möbelhaus *J. M. Lewinsohn* kennt jeder in der Stadt. Auf seiner Suche nach Arbeit ist Frieder auch dreimal daran vorübergekommen; nach Arbeit gefragt aber hat er dort nicht. Wozu denn? Möbeltischler verachten Zimmerleute. Diese Enttäuschung wollte er sich ersparen.

»Also abgemacht!« Michael scheint es nun fast ein wenig peinlich zu sein, einen so stadtbekannten Onkel zu haben. »Du lässt dir das mit der Thronrede noch mal durch den Kopf gehen und ich sorge dafür, dass du Arbeit bekommst. Und danke brauchst du dafür nicht zu sagen. Ich tu's ja nicht für dich, sondern ganz allein für Götz und die Meinungsfreiheit.«

Er lacht und Götz grinst mit. Frieders Verwirrung aber ist durch diese Worte nur noch größer geworden. Sollte dieser elegante kleine Bursche mit dem scharfen Verstand ihm tatsächlich

Arbeit besorgen können? Wenn ja, muss er die Mutter gleich morgen um Verzeihung bitten. Dann haben ihre Gebete doch etwas bewirkt.

## Alte Geschichten

Sie waren beide neugierig aufeinander und so haben sich Frieder und der zierliche Student in seinem kurzen, blauen spanischen Mantel und der grauen Pelzmütze nach dem fröhlichen Abschied von Götz nicht gleich getrennt. Erst haben sie noch ein wenig vor der Haustür herumgestanden und den unter Lachen, Rufen und Winken davonziehenden jungen Männern nachgeschaut, dann sind sie, von einem Gespräch ins andere geratend, immer weiter an der nachtschwarzen Spree entlanggewandert, bis sie an der steinernen Wange der Königsbrücke, direkt am Eingang des Säulenweges, der sich mit seinen vielen Putten scharf gegen den mondhellen Nachthimmel abzeichnet, stehen bleiben. Hier bekennt Michael, dass er öfter solche nächtlichen Spreewanderungen unternimmt, einfach, weil er Flüsse liebe. Sie seien ihm Symbol für das menschliche Leben. Denn wer nicht drin schwimmen könne, ertränke, und wer schwimmen könne, dürfe nie erlahmen, weil er sonst unterginge.

Ein trauriger Vergleich, aber einer, der zu Michael passt. Nie zuvor hat Frieder einen so nachdenklichen jungen Mann kennen gelernt. Wie er inzwischen weiß, studiert Michael Philosophie und kann sich ein solches »Hungerleiderstudium« dank seiner begüterten Eltern auch leisten. Und jetzt, während er, Frieder, kleine nasse Schneebälle formt und damit nach weit entfernt vorübertreibenden Eisschollen wirft, weil er sich nach all der Herumsitzerei ein bisschen bewegen muss, erzählt Michael ihm auf seine Bitte hin auch ein wenig über die anderen sechs, die er an diesem Abend kennen gelernt hat.

Er beginnt mit Adams Vater, weil der ihm eine Zeit lang ganz besonders imponiert habe. Obwohl vermögender Tuchfabrikant, habe er sich in mehreren Schriften mit der Lage der Arbeiterschaft und deren mangelnden Rechten befasst, bis man ihn schließlich wegen Hochverrats in die Hausvogtei warf. Bittbriefe an den König halfen nichts. Darüber erkrankte Adams Mutter, seiner Schwester wurde das Verlöbnis gelöst und er selbst, zuvor ein lustiger Bursche, den alle mochten, wurde immer ernster und nachdenklicher. Zwar sei Adams Vater vor wenigen Monaten – nach zwei Jahren unschuldig erlittener Haft! – endlich freigesprochen worden, doch nun sei er ein gebrochener Mann, der nur noch über sein schlimmes Schicksal nachsinne und von nichts anderem mehr etwas wissen wolle.

Von Felix weiß Michael nicht viel Besseres zu berichten. Da seine Eltern früh starben, sei er, der Freiherr und Jurastudent, bei einem Onkel aufgewachsen, der wegen seiner offen bekundeten Anschauungen über des Königs Politik ebenfalls in Ungnade fiel. Als dann auch noch seine Privatbriefe von der Polizei abgefangen und kontrolliert wurden, habe er, der Offizier, der sich gegen Napoleon mehrere Orden verdient hatte, sich eines Nachts die Pistole an die Stirn gesetzt. »Felix war es, der ihn am Morgen fand. Noch heute träumt er von diesem Anblick.«

Daher das anfängliche Misstrauen der beiden jungen Männer! Nun kann Frieder nicht mehr den großen Jungen spielen. Er wirft den letzten Schneeball fort und hört nur noch still zu.

Und Michael fährt fort, als wären das alles ganz selbstverständliche, immer wiederkehrende Geschichten, die er ihm da erzählt. Julius, so sagt er, sei Sohn eines Potsdamer Textilhändlers und habe ein halbes Jahr im väterlichen Geschäft in London hospitiert. Deshalb sein ewiges »Gentlemen!« Nun studiere er Jura, empfinde Berlin aber als rückschrittlich, verstaubt und langweilig und wünsche sich ins fortschrittliche London zurück. Genauso wie der schweigsame Martin sich fortsehne. Als unehelicher Sohn eines in der Stadt bekannten Kammergerichtsrats sei sein Leben ein einziges Spießrutenlaufen. Deshalb sei er oft so unduldsam zu sich und anderen.

Der oft zögerlich und nachdenklich wirkende Wolfgang hingegen komme aus einer sehr harmonischen Kaufmannsfamilie und leide ehrlichen Herzens unter der Not so vieler Menschen. Sein Entschluss, sich nach dem Ende des Studiums um das Elend der Elenden zu kümmern, sei ernst zu nehmen.

Konrad wiederum, der zum Schluss schon richtig betrunken war, leide vor allem unter seinem Vater. Dieser, ein nach außen hin frommer Mann, kaufe im Erzgebirge holzgeschnitzte Spielwaren ein, um sie in Berlin mit gutem Gewissen und noch besserem Gewinn weiterzuverkaufen. Meistens reise er nicht selbst dorthin, sondern habe dafür seine Verleger. Einmal jedoch, Konrad war noch ein Kind, nahm er seinen Sohn auf eine solche Reise mit. Da sah der Junge die Hungergesichter der Menschen, von deren Arbeit sie so gut lebten, darunter Kinder in seinem Alter und noch jünger, die von der jede Woche sieben Tage währenden Schufterei schon ganz greisenhaft geworden waren, und wurde krank von diesem Anblick. Wollte nichts mehr essen, wollte keine schönen Kleider mehr tragen. Der Vater schimpfte auf den lebensuntüchtigen Sohn und manchmal schlug er ihn, um ihn zur Vernunft zu bringen. Konrad aber wurde dieser Vater, der in seinem Bekanntenkreis so geschätzt wurde und der dem Herrn Pfarrer oft so großzügige Spenden zusteckte, immer unheimlicher. Und so weigerte er sich später, ins väterliche Geschäft einzutreten, und setzte mit Hilfe eben jenes Pfarrers durch, Theologie studieren zu dürfen. Er wollte das wahre Christentum erfahren, denn so, wie sein Vater es ihm vorlebte, konnte es ja nicht sein. Doch im Theologiestudium lerne er es wohl auch nicht kennen, weshalb er sich nun immer öfter berausche, um sich die verheuchelte Welt ein bisschen freundlicher zu trinken.

»Zwei Mediziner, zwei Philosophen, drei hoffnungsvolle Juristen und ein hoffnungsloser Theologe haben da heute auf dich eingeredet«, beendet Michael schließlich den Reigen fremder

Schicksale und Frieder meint seine dunklen Augen im Laternenschein spöttisch funkeln zu sehen. »Aber mach dir nichts draus: Nur wer an sich und der Welt verzweifelt, ist ein ehrlicher Mensch. Und nur wer andere glücklich macht, wird selbst glücklich.«

Sie bleiben noch einen Augenblick stumm stehen, dann gehen sie weiter am schwarzweißen Fluss entlang, während die Nacht immer kälter wird und der Mond manchmal so grell durch die dunklen Wolken bricht, dass alles Weiß zu glänzen beginnt. Irgendwann wagt Frieder dann endlich, nach Michaels eigener Familie zu fragen. Ob der Möbelhändler Lewinsohn der Bruder seiner Mutter sei, da er, Michael, doch Meinecke heiße?

»Geschickt gefragt!« Der kleine Student lacht leise. »Aber in Wahrheit willst du doch nur wissen, ob ich nicht auch ein Jüdlein bin, nicht wahr?«

Er hat Recht. Schließlich weiß die ganze Stadt, dass der Lewinsohn vom Alexanderplatz Jude ist. Frieder aber hat bisher noch mit keinem einzigen Juden je ein ernsthaftes Wort gewechselt, nicht mit dem Y-Jacoby, den jüdischen Waisenhauskindern oder dem frommen Buchhändler aus der Rosenstraße, nicht mit den Groschenfüchsen an der Mühlendammbrücke und erst recht nicht mit den Templern der Synagoge in der Heidereutergasse gleich hinter ihrem Haus. Fast ist es, als lebten sie alle in derselben Stadt, aber doch jeder auf der anderen Seite einer unsichtbaren Mauer.

Michael nimmt ihm seine Neugier nicht übel, im Gegenteil, so bereitwillig, wie er über die anderen berichtete, erzählt er auch von sich. Der Lewinsohn vom Alexanderplatz sei der Bruder seines Vaters, beginnt er, und sie entstammten einer alten jüdischen Bankiersfamilie. Sein Vater habe jedoch eine Christin geheiratet – Maria Meinecke, seine Mutter, die in ihrer Jugend als Opernsängerin recht bekannt war – und sei bereits vor der Hochzeit zum evangelischen Glauben übergetreten. Das aber nicht etwa aus religiöser Überzeugung, sondern allein, um den weiteren gesellschaftlichen Aufstieg der Familie abzusichern. Für Juden gebe es da nun mal gewisse Grenzen. Und damit nichts mehr an ihre jüdische Herkunft erinnere, habe sein Vater nach der Hochzeit den Namen der Mutter angenommen und so hießen nun also auch er und alle seine Geschwister Meinecke. »Ein Name, der mir nicht besonders gefällt. Woran das liegt? Dreimal darfst du raten!«

Unterdessen sind sie an der Spandauer Brücke angelangt und wieder bleibt Michael stehen und blickt in den Fluss, bis er nach einer Weile mit belegter Stimme fragt: »Soll ich dir mal eine sehr alte Geschichte erzählen?«

»Ja«, kann Frieder nur flüstern, denn er ahnt schon, dass er gleich etwas zu hören bekommt, was ihm vieles erklären wird.

Und Michael beginnt: Anfang des 16. Jahrhunderts, so habe ihm seine jüdische Großmutter mal erzählt, wäre in Berlin noch geglaubt worden, alle Juden tränken mit Vorliebe das Blut von Christenkindern. Eines Nachts nun hätte der Stadtschreiber im Kleinen Jüdenhof, dem einzigen Ort, wo Juden leben durften, ein Kind wimmern hören und sei sofort überzeugt gewesen, dass dort mal wieder ein Christenkind geschlachtet wurde. Er rief die beiden Stadtwächter, die, nachdem sie lange genug gelauscht hatten, das Kind ebenfalls hörten, und sofort liefen alle drei vor Gericht und klagten die Juden im Jüdenhof des Kindsmords an. Etwa zur gleichen Zeit waren in einer Dorfkirche im Havelland zwei geweihte Hostien und eine Monstranz gestohlen worden und der gefasste Dieb behauptete, eine der Hostien an einen Spandauer Juden verkauft zu haben. Also kam es auf dem Neuen Markt, direkt vor der Marienkirche, zu einem großen Judenprozess. Und obwohl kein einziges Kind vermisst wurde und der Spandauer Jude hoch und heilig beteuerte, niemals eine solche Hostie gekauft zu haben, und man auch keine bei ihm finden konnte, wurden an Ort und Stelle Schafott und Scheiterhaufen errichtet und nur wenig später mussten sie heranmarschieren, all die Kindsmörder und der Hostienschänder. In lange weiße Gewänder gehüllt, barfuß, papierne Mützen auf dem Kopf, brennende Kerzen in der Hand.

»Natürlich habe ich meiner Großmutter zuerst nicht geglaubt. Kinder hoffen ja immer auf die Gerechtigkeit. Später aber habe ich in der Universitätsbibliothek in alten Schriften herumgestöbert und da stand es! Genaues Datum: 19. Juli 1510. Anzahl der Opfer: einundvierzig. Herkunft: Berlin, Spandau und ein paar märkische Orte. Und das Schlimmste: Zwei der angeklagten Juden hatten sich zuvor taufen lassen, was alle anderen trotz schlimmster Folter standhaft verweigerten. Was aber war ihr Lohn? Während die Ungetauften lebendigen Leibes den Flammen übergeben wurden, ›schonte‹ man die beiden neu gebackenen Christen, indem man sie zuvor gnädigst enthauptete.«

»Aber weshalb denn auch die Getauften?« Frieder weiß nicht recht, was er zu dieser schauderhaften Geschichte sagen soll. Wie oft ist er in seinem Leben über den Neuen Markt gelaufen – und hat von alldem nichts gewusst!

»Wohl weil ein Jude eben doch immer ein Jude bleibt, ganz egal, ob getauft oder nicht.« Michael lacht bitter. »Und weil der regierende Kurfürst und mit ihm das gesamte ehrbare Brandenburger Volk der Meinung waren, dass wir Juden eine Pest sind und ausgeräuchert gehören.«

Er verstummt kurz, dann singt er Frieder ein Lied vor, das ebenfalls aus dieser Zeit stammt:

»Hallo! Hallo!
Kein Jude ist von Stroh!
Und kommt er auf den Scheiterhauf,
so brennt er doch wie Grashalm auf.
Hallo! Hallo! Hallo!
Dann ist der Teufel froh!«

»Aber warum wurden die Juden so gehasst, wenn sie niemandem etwas getan haben?« Frieder kann nur noch den Kopf schütteln.

»Weil wir Menschen immer was zu hassen brauchen, damit wir nicht über uns selbst nachdenken müssen.«
Eine böse Schlussfolgerung. »Nein! Ich hasse niemanden. Das kann ich beschwören.«
»Nicht mal die Wärter in der Hausvogtei?«
Der Lemke! Den hat er gehasst – aber doch nur, weil er ihn fürchtete. Fürchten die Christen die Juden?
Freundschaftlich legt Michael ihm die Hand auf den Arm. »Natürlich gibt's Ausnahmen. Aber die Mehrheit liebt es geradezu, Andersdenkende oder Andersgläubige abzulehnen.« Und er erzählt Frieder von dem wahrhaft christlichen Dichter Lessing, den alle Juden sehr schätzten, weil er in seinen Schriften und Theaterstücken stets für die Gleichheit aller Religionen eintrat. »Aber wie viele Christen denken so wie der christliche Dichter Lessing? Wie viele kennen ihn überhaupt?«
Verlegen schweigt Frieder. Er kennt auch diesen Lessing nicht. In der Schule wurde der Name nie erwähnt. Und hatten die Mutter und er etwa Geld für Bücher oder gar fürs Theater?
Michael hat nichts anderes erwartet. Deshalb erzählt er nun von dem seiner Meinung nach wichtigsten Stück dieses Dichters, in dem es um einen weisen, alten Juden geht, und sagt, das Vorbild für diesen Nathan sei Lessings Freund Moses Mendelssohn gewesen, ein tatsächlich weiser Mann, den auch er sehr verehre.
Frieder hat auch den Namen Moses Mendelssohn noch nie gehört. Aber das hat Michael erst recht nicht erwartet und so spottet er nun lieber über den Alten Fritz, unter dessen Regierung es ein Gesetz gegeben habe, nach dem alle Juden, die sich in Preußen niederlassen, ein Haus bauen, eine Handelserlaubnis erlangen oder auch nur heiraten wollten, verpflichtet waren, eine bestimmte Menge Berliner Porzellan zu kaufen. Denn der »große Friedrich« sei ja auch Besitzer der Königlich Preußischen Porzellanmanufaktur gewesen und habe auf diese Weise sein Geschäft am Laufen gehalten. Und vorbeugend denkend, wie er

nun mal war, habe er auch noch dafür gesorgt, dass diese »Sondersteuer« nicht hintergangen werden konnte, indem er allen Juden strengstens untersagte, ihr zwangserworbenes Porzellan innerhalb Preußens weiterzuveräußern.

Auch das hat Frieder nicht gewusst. Aber was soll er dazu sagen? So seltsame Geschichten hat er noch nie zuvor gehört.

Der zierliche Student jedoch scheint auch weiterhin keine Antwort zu erwarten und erzählt nun davon, dass Juden früher je nach Wohlstand nur Handel treiben, Hausierer, Bankiers, Ärzte oder freie Künstler werden durften und noch heute von allen Anstellungen an Universitäten, Schulen oder gar Regierungsämtern ausgeschlossen blieben. Sogar »kluge Köpfe« wie Gelehrte und bedeutende Schriftsteller wollten keine Juden in ihren Gesellschaften dulden, weil von ihnen als »Fremdlingen« angeblich keine Erneuerung Deutschlands ausgehen könne. Dabei würden in vielen jüdischen Salons weit fortschrittlichere Gedanken diskutiert als in den meisten christlichen Häusern.

»Und dein Onkel?«, will Frieder da nur noch wissen. »Ist der nicht Christ geworden?«

»Nein! Aber nur aus Trotz! Für den sind alle Religionen Krücken, an denen sich die Schwachen festklammern.« Andere jüdische Freigeister wie zum Beispiel der Dichter Heinrich Heine hätten anders gehandelt. Der, ebenfalls ein sehr verehrungswürdiger Mann, habe sich taufen lassen, um promovieren zu dürfen und damit sein »Eintrittsbillett zur europäischen Kultur« zu erlangen. Aber ob er sich nicht längst wie zwischen allen Stühlen fühle?

Da weiß Frieder nichts mehr zu fragen; das ist ihm alles viel zu fremd. Und auch Michael wandert nur noch still am nächtlichen Flussufer entlang und durch dunkle, oft unheimlich finstere Gassen, bis er Frieder schließlich bittet, doch auch über sich zu erzählen. Und dann fragt er immer wieder nach und will alles ganz genau wissen, bis der lange Zimmerer in Eifer gerät und ihm am Ende zu seiner eigenen Überraschung sogar von jenem Diebstahl erzählt, der ihn so beschämt, und wie er danach noch lange mit sich und aller Welt hadernd durch die eiskalte Stadt irrte.

Ein Grund für Michael, seine Gewissensbisse für lächerlich zu erklären. »Wer ist denn in Wahrheit der Dieb – der arme Hund, der vor Hunger einen Apfel stiehlt, oder derjenige, der nicht zulässt, dass er sich was verdienen kann und ihn auf diese Weise zum Stehlen zwingt?«

Darüber haben sie die Neue Friedrichsbrücke erreicht, an der ein einsames Frauenzimmer ihnen erwartungsvoll entgegenschaut; eine der vielen Dirnen, die um diese Zeit unterwegs sind. Vorsichtig schlagen sie einen großen Bogen, damit die Frau sie nicht anspricht. Die aber hat wohl schon zu lange auf Kundschaft gewartet. »Na, ihr strammen Hosenmatze!«, ruft sie laut. »Ist euch denn heute gar nicht lustig zumute?«

Die Stimme trifft Frieder wie ein Schlag: Guste? Erschrocken fährt er herum und da hat die Frau mit dem schräg in die Stirn gedrückten Blümchenhut, die ihnen ein paar Schritte nachgelaufen ist, ihn auch erkannt. Als wäre ihr der Leibhaftige begegnet, so entsetzt weicht sie zurück, murmelt nur noch was von »Verwechslung« und »Pardon! Pardon!« und ist schon wieder in der Dunkelheit verschwunden.

Michael lacht nur belustigt, Frieder aber ist froh, als der Student sich kurz darauf von ihm verabschiedet. »Also dann – bis morgen! Um acht vorm Möbelhaus. Und sei nicht zu schüchtern. Mein Onkel frisst keine Christenkinder.«

Im Treppenhaus ist alles finster und still. Vorsichtig tastet Frieder sich bis in den ersten Stock hoch, dann bleibt er zögernd stehen. Jette! Wie befreiend wäre es, ihr alles erzählen zu können – dass er vielleicht morgen schon Arbeit haben wird, wen er alles kennen gelernt hat, von der Thronrede, die er schreiben soll, und dass und wie er Guste begegnet ist. Und dass er sich nicht etwa für sie geschämt hat. Es war nur so überraschend gekommen; bevor er irgendetwas zu ihr sagen konnte, war sie schon wieder verschwunden.

Er denkt noch darüber nach, ob er nicht vielleicht doch bei ihr klopfen soll, obwohl sie ihm das ja strengstens verboten hat, da hat er sich schon bis an die Tür mit den zwei Stufen vorgetastet, die zur Zwischengeschosswohnung hochführen. Mit angehaltenem Atem legt er den Kopf ans Holz und lauscht.

Nichts! Kein Geräusch! Und trotzdem schläft oder wacht sie jetzt hinter dieser Tür, neben sich ihr Fritzchen. Ein warmes Gefühl überkommt ihn: Wie gern würde er jetzt an ihrem Bett sitzen und sie die ganze Nacht nur anschauen und mit ihr reden. Sachte fährt er mit den Fingernägeln übers Türholz, wie er es in jener Nacht tat, bevor er verhaftet wurde, kratzt aber schon bald lauter und klopft schließlich leise.

Endlich nähern sich nackte Füße der Tür.

»Frieder?«, flüstert sie.

»Ja.« Vor Glück, ihre Stimme zu hören, hätte er beinahe laut aufgelacht.

»Was willste denn? Ist doch längst tiefe Nacht. Und ich hab dir doch gesagt ...«

»Haste schon geschlafen?«

»Nicht so richtig. Aber ich hab dir doch ...«

»Meinetwegen?«

»Was – deinetwegen?«

»Ob du vielleicht meinetwegen nicht schlafen konntest?«

Sie versteht ihn immer noch nicht richtig. »Wieso denn? Ist wieder was passiert?«

Statt einer Antwort flüstert er nur: »Zieh dir lieber Pantoffeln an, sonst holste dir noch was weg. Muss dir viel erzählen.«

Eine Weile ist hinter der Tür alles still, dann fragt Jette verdutzt: »Woher weißte denn, dass ich barfuß bin?«

»Bin Hellseher.«

Sekundenlang rührt sich drinnen nichts, dann sind wieder die nackten Füße zu hören, entfernen sich und kommen angezogen zurück.

»Alles gut verpackt?«

»Ja.« Sie kichert leise und will dann endlich wissen, was er ihr so Wichtiges zu erzählen habe, mitten in der Nacht.

Da berichtet er ihr von seinem Besuch bei den Studenten, von Michael und seinem Onkel und zum Schluss von der Thronrede, die er schreiben soll.

»Und? Machste das?«, ist ihre erste Frage, als er wieder schweigt.

»Was?«

»Das mit der Thronrede.«

»So was kann ich doch gar nicht.«

»Warum denn nicht?«

»Weil ich Zimmerer bin – und kein Student oder Zeitungsschreiber.«

Eine Weile schweigt sie, dann widerspricht sie ihm eindringlich: »Doch! Du kannst das! Denk nur daran, was du mir auf dem Petriplatz alles gesagt hast.«

Götz hat ihn an die langen Zellennächte erinnert, Jette denkt an seine Schneepredigt. Und natürlich haben beide Recht; er weiß manches, was ihm nicht gefällt und geändert werden müsste. Aber etwas nur zu denken oder es aufzuschreiben, so dass Studenten und vielleicht sogar noch klügere Leute etwas damit anfangen können, ist ein himmelweiter Unterschied. Er sagt ihr das und sie sieht es ein. Aber nun klingt ihre Stimme sehr enttäuscht, als sie zurückflüstert: »Schade! Die Studenten wissen sicher nur, was sie sich wünschen.«

Das hat Götz sogar zugegeben. »Vielleicht ... vielleicht mach ich's ja doch«, flüstert Frieder ihr da mit einem Mal zu und weiß sofort, dass das nicht nur so dahingesagt ist. Und als sie sich über seinen raschen Sinneswandel wundert, erinnert er sie an Rackebrandt, der so viel mehr weiß als er, und sagt, dass der Altgeselle ihm bei seiner Rede sicher helfen wird.

Sie freut sich – und muss lachen. »Friedrich Wilhelm der Fünfte! Das klingt wie Karl der Große.«

»Oder Pippin der Kleine.« Er lacht mit. »Nur eben nicht von Gottes, sondern von Volkes Gnaden.« Und er verspricht ihr, sollte er die Rede wirklich schreiben, ihr alles vorzulesen, bevor er sie den Studenten zeigt. Danach erzählt er zögernd von Guste und davon, wie dumm ihre Begegnung verlief.

Gleich verstummt Jette. Als er aber ungeduldig wird und nachfragt, ob sie jetzt etwa böse auf ihn sei, beruhigt sie ihn. »Nein! Du kannst ja nichts dafür … Und Guste … hat sich sicher nur sehr geschämt.«

Und Jette schämt sich jetzt auch! Für ihre Schwester und dafür, dass er sie so erlebt hat. Frieder muss an Michaels Worte über die wahren Diebe denken und erklärt ihr feierlich, die Rede nun ganz gewiss schreiben zu wollen und dabei auch die Frauen nicht zu vergessen, die auf solche Weise ihre Familien ernähren müssen.

Jette sagt dazu nichts. Aber wie sie nun schweigt und wie sie ihm danach eine gute Nacht wünscht, verrät, dass ihr dieser Gedanke sehr gefällt.

## *Irgendwo am Weidendamm*

Es hat wieder geschneit. Satt liegt der Schnee. Wer durch die Rosenstraße stapft, hinterlässt tiefe Spuren; bahnt ein Fuhrwerk oder eine Droschke sich den Weg, schlägt der dick vermummte Kutscher mit lauten Anfeuerungsrufen auf seine Gäule ein, um nur ja nicht in all der weißen Pracht stecken zu bleiben.

Im Nachthemd, zwei Tücher um sich geschlungen, kniet Jette am Fenster, von dem sie zuvor mühselig die zu dicken Schichten angewachsenen Eisblumen fortgekratzt hat, und wartet auf Frieder; will ihm zuwinken, wenn er zum Lewinsohn geht. Doch wer kommt wieder mal zuerst: der Flatow! In seinem grauen Tuchmantel tritt er vor die Tür und pumpt tief die frische Schneeluft in sich hinein. Sofort verkriecht sie sich tiefer in die Stube. Es wird immer schlimmer mit dem Hausbesitzer. Gestern hat er ihr, als sie nur mal schnell beim Nikolaus ein Viertel Brot holen wollte, sogar im Haustor aufgelauert, hat seine Arme um sie geschlungen und sein nach Rasierwasser riechendes Gesicht an ihren Hals gepresst. »Jungferchen, goldiges!«, keuchte er dabei. »Sei doch nicht so dumm! Häng dich nicht an den Zimmerer, der vielleicht schon morgen wieder gesiebte Luft atmet. Komm zu mir, mach dein Glück! Wie eine Prinzessin kleide ich dich ein, Leckereien kaufe ich dir.«

Zu Tode erschrocken von diesem Überfall, wusste sie nicht, was sie tun sollte. Und der Flatow musste das falsch verstanden haben. Immer weiter redete er auf sie ein, immer erregter keuchte er ihr seine Versprechungen ins Ohr, bis sie ihn endlich in wilder Verzweiflung von sich stieß, aus der Haustür stürzte und nur noch hörte, wie er ihr ohne jede Rücksicht auf eventuell lauschende Hausbewohner mit vor Wut zitternder Stimme nachrief: »Und wenn deine Schwester dich mit Ketten ans Jungfernbett schmiedet, ich krieg dich doch, kleiner Teufel!«

Guste hörte das! Als sie, Jette, in sicherer Begleitung der von ihrem Wachdienst nichts ahnenden Frau Schwannecke später ins Haus zurückkehrte, lag die Schwester mit hochrotem Kopf im Bett und schimpfte: »Dieser dreckige alte Hauskater! Jetzt wird er nicht mehr von dir lassen, von nun an biste der einzige Milchtopf, der ihn noch interessiert.« Nur zwei Minuten später verteidigte sie sich: »Aber hätt ich dich denn verstecken können? Hätt ich dir irgend 'ne eklige Krankheit aufschminken sollen?« Schließlich sprach sie davon, dass sie nun wohl von hier fortziehen müssten. Fortziehen aber konnte nur Vogtland bedeuten, nichts anderes. Ein schrecklicher Gedanke! Also redete sie auf Guste ein, sie würde schon auf sich aufpassen und es sei ja auch noch gar nichts passiert, bis die Schwester sie zornig unterbrach:

»Aufpassen! Lehr du Kälbchen mich Kuh die Männer kennen! Steter Tropfen höhlt den Stein ... Nein, du dumme Liese! Will mir mit der eigenen Schwester nicht den Kuppelpelz verdienen. Fasst er dich noch mal an, bring ich ihn um. Das sag ich ihm bei nächster Gelegenheit. Und dass mir das ernst ist, wird er schon merken.«

Darauf entgegnete sie nichts mehr und auch Guste verstummte. Noch als sie am Abend fortging, kein einziges Wort, nur ein böser Blick, fast als nähme sie ihr übel, dass sie dem Flatow so sehr im Kopf herumspukte. Wie sollte sie da in der Nacht ein Auge zubekommen? Und weil sie nicht schlief, hörte sie Frieders Klopfen. Wie gern hätte sie ihm da alles erzählt! Doch er hatte ja selbst so viel zu berichten. Und dann ihre Angst, was er tun würde, wenn er von diesem Überfall erfuhr. Stellte er den Flatow zur Rede, würden ja zuallererst seine Mutter und er ihre Kammer verlieren ...

Die Wuttig stapft durch den Schnee. Klein und dick und bis über ihren Kapotthut gegen die Kälte vermummt. Hin zum Neuen Markt. Und die Bäckerei Nikolaus, in der schon lange der Schornstein qualmt, erwacht nun auch zur Straße hin zum Leben: Herr Nikolaus kehrt Schnee, Frau Nikolaus legt frisches Brot ins Schaufenster, Dietz trägt Brötchen aus. Alles wie immer. Für Frieder aber bedeutet dieser Tag eine große Hoffnung: Wenn er Glück hat, muss er sich bis zum Frühjahr keine großen Sorgen mehr machen.

Und da kommt er ja endlich, blickt gleich zu ihr hoch und winkt vergnügt. Sofort reißt sie das Fenster auf und streckt beide Fäuste vor, um ihm zu zeigen, wie sehr sie ihm die Daumen drückt. Er lacht, macht einen Kratzfuß und geht dann schnell davon in seinem für den Winter viel zu dünnen und schon sehr abgetragenen Rock.

Sie schaut ihm nach, bis er ihrem Blick entschwunden ist, dann kriecht sie zu Fritzchen ins Bett zurück. Der Kleine ist noch immer erkältet, glüht wie ein Ofen. Sie streichelt ihn und flüstert ihm zu, dass sie ihm zum Frühstück heiße Milch mit Honig machen wird, und steht dann auch wirklich bald wieder auf und geht an den Ofen. Guste freut sich, wenn sie es nach der langen Nacht in den eiskalten Straßen zu Hause gleich richtig warm hat. Und sie kann ja sowieso nicht mehr schlafen.

Jetzt hat es von der Marienkirche her Mittag geschlagen und Guste ist immer noch nicht zurück. Alle Augenblicke läuft Jette von ihrer Näharbeit fort, öffnet das Fenster und schaut in den sonnenglitzernden Schnee hinaus.

Was für ein wunderbar blauer Wintertag es geworden ist! Wäre nicht die Furcht um die Schwester, würde dieser Anblick sie freuen. So aber muss sie sich nach jeder vergeblichen Ausschau neu beruhigen. Gustes langes Fortbleiben kann sich ja als ganz harmlos herausstellen. Vielleicht ist sie mit einem besonders reichen Kunden mitgegangen, der sie länger um sich haben will. So was ist ja schon vorgekommen. Also wäre es viel besser, jetzt an Frieder zu denken. Der ist ja auch noch nicht zurück. Und das hatte er ihr in der Nacht doch versprochen: Sollte er wiederum Pech haben, wollte er nicht erst lange durch die Straßen laufen und an weitere Türen klopfen, sondern gleich kommen und ihr und seiner Mutter alles erzählen ...

»Wo bleibt se denn?« Fritzchens Schmolllippe ist längst einer kläglichen Angst gewichen.

»Sie wird schon bald kommen. Bestimmt ist der viele Schnee dran schuld.«

Eine dumme Antwort! Aber was soll sie sonst sagen? Und Fritzchen, der mit seinem Stuhl ganz dicht an den warmen Ofen gerückt ist, will ihr ja auch glauben.

»Vielleicht isse auf 'ner Schlitterbahn ausgerutscht und hat sich's Bein gebrochen.«

»Sag doch nicht so was!«, weist Jette ihn zurecht. Insgeheim aber schilt sie sich: Vielleicht ist ein Beinbruch gegen das, was wirklich passiert ist, ja noch eine ganz harmlose Sache.

Es klopft. Aber das wird Mutter Jacobi sein. Seit sie sich nicht mehr vom frühen Morgen an um Fritzchen kümmern muss, kommt sie immer erst um diese Zeit. Weil Guste vorher ja doch noch nicht wach ist.

»Guten Morgen!«, grüßt die kleine blasse Frau gut gelaunt, als Jette ihr geöffnet hat. Doch dann sieht sie ihr an, dass irgendwas passiert sein muss, und lässt sich gleich alles berichten. Und Jette erzählt ihr stockend, was Fritzchen und sie eben erst vermutet haben, nämlich dass die Schwester vielleicht im Schnee ausgerutscht ist, sich was gebrochen hat und nun in der Charité* liegt.

»Aber Jetteken, dann musste se doch suchen gehen!«, drängt Mutter Jacobi sofort ganz erschrocken. »Vielleicht braucht sie ja Hilfe. Oder Wäsche.«

Jette hat schon daran gedacht, dass sie nicht bis zum Abend zu Hause herumsitzen und warten darf. Doch sie hat Angst vor diesem Weg! All das Elend, das man in der Charité zu sehen bekommt! Und was, wenn sie die Schwester dort nicht findet?

»Kind, lauf los! Um euer Fritzchen kümmer ich mich schon«, bestürmt Mutter Jacobi sie da noch heftiger und wäre wohl am liebsten selbst losgelaufen. »Und deine Arbeit bleibt auch nicht liegen. Fürs Knopflöchernähen reichen meine Augen noch.«

»Ich will aber mit!«, heult Fritzchen auf. »Ist ja meine Mutti.« Und er stößt und tritt nach Mutter Jacobi, die ihn beruhigen will, bis die kleine Frau energisch wird, Fritzchen am Ohr packt und es herumdreht, dass er aufschreit. »Willste jetzt wohl stille sein!«, schimpft sie ihn aus. »So kleine Knirpse wie du dürfen ja überhaupt noch nicht in die Charité. Außerdem biste erkältet. Willste all den armen Kranken da etwa noch Schnupfen und Husten bescheren?«

»Loslassen!«, schreit Fritzchen nur und dann kriecht er heulend und schniefend wieder ins Bett und verbirgt den Kopf unter der Decke, während Jette sich schon die Stiefel anzieht, die warme Schute aufsetzt und sich die beiden Schaltücher überwirft.

Erst als sie schon an der Tür ist, fragt er hilflos: »Und wenn de nu auch nicht wiederkommst?«

»Dann hieße der liebe Gott nicht *lieber* Gott«, weist Mutter Jacobi ihn streng zurecht und setzt sich vorsichtshalber zu ihm ans Bett, um ihn notfalls wieder festhalten zu können, »dann hieße er Satan, Teufel oder Beelzebub. Und dann würde ich nie wieder in die Kirche gehen. Das verspreche ich dir.«

Das wirkt. Fritzchen weiß ja, wie wichtig Mutter Jacobi der sonntägliche Gottesdienst ist. »Aber beeil dich«, flüstert er nur noch, bevor Jette die Tür hinter sich geschlossen hat. »Sonst werd ich nämlich ganz bestimmt nie wieder gesund.«

Es ist ein weiter Weg bis zur Charité. Jette muss am Garnisonsfriedhof, am Schloss Monbijou und an mehreren Kasernen vorüber bis dicht vors Neue Tor laufen. Immer wieder weicht sie Leuten und vor allem Kutschen aus und manchmal auch einem Pferdeschlitten und sieht weder nach rechts noch nach links, bis sie das riesige Gebäude an der Luisenstraße endlich erreicht hat. Zaghaft klopft sie beim Pförtner und fragt nach Auguste Mundt, Rosenstraße 7. Der Mann, ein griesgrämiger Hagestolz, blättert lange in seinen Papieren und stellt tausend Fragen, Gustes Namen aber kann er nicht finden, und demzufolge ist die Schwester nicht hier eingeliefert worden.

Ein Weilchen steht Jette noch ratlos vor dem Krankenhaus, dann läuft sie an der Stadtmauer entlang, um die Torwachen zu befragen, und danach, auf dem Rückweg in die Innenstadt, von einer Polizeiwache zur anderen. Vielleicht wird die Schwester ja in einer der Wachen festgehalten. So etwas geschieht Straßendirnen öfter. Aber nein, nirgendwo weiß man etwas über Guste, fragt sie nur jedes Mal aus, was es denn Wichtiges gewesen sei, das die Schwester bei dieser Kälte nachts aus dem warmen Bett getrieben hätte. Dazu ein hämisches Lächeln: Wir können uns schon denken, was deine Guste für eine ist!

Irgendwann gibt sie auf. Sie schafft es ja doch nicht, auch noch die Stadttore und Polizeiwachen im Süden, Westen und Osten der Stadt abzulaufen. Auf einem freien Platz mit wenigen kahlen, dick verschneiten Bäumen bleibt sie stehen, sinnt kurz nach und schlägt dann mutig jenen Weg ein, den sie am meisten fürchtet – den zum Leichenschauhaus! Jeder und jede unbekannte Tote wird zuerst dort hingeschafft. Sie muss sich Gewissheit verschaffen, muss endlich wissen, ob jede weitere Suche überhaupt noch einen Sinn hat oder Guste in dieser Nacht etwas ganz Furchtbares zugestoßen ist.

Rotbraune Ziegel- und graue Schindeldächer, von denen immer wieder Schnee auf sie herabrieselt, lösen einander ab. Jette aber sieht nur wieder jene Szenen vor sich, die sie seit ihrer Kindheit begleiten und die ihr auch in ihren Träumen noch zusetzen: die ertrunkene Frau mit dem aufgespannten Regenschirm, die die Mutter und sie an der Paddengasse die Spree hinuntertreiben sahen – ganz dick war sie und die Mutter sagte, das käme vom vielen Wasser –, und den toten Säugling im Engelbecken nahe der Michaeliskirche. Die eigene Mutter habe ihn ertränkt, erzählten die Frauen, die das Becken umstanden; offenbar weil sie nicht wusste, wie sie ihre vielen Kinder noch ernähren sollte. Guste stand neben ihr und erzählte ihr danach den ganzen Heimweg lang von all den anderen Toten, die jeden Tag gefunden und ins »Türmchen« gebracht würden. Käme niemand die Toten abholen, würden sie schon am nächsten Tag in die Charité gebracht, geöffnet und untersucht, zerschnitten und studiert und danach auf dem Armenfriedhof bestattet. Sie hatte diese grausigen Schilderungen nie vergessen können, und Guste wohl auch nicht: Als sie im vorigen Jahr mal durch die Auguststraße zogen und an dem lang gestreckten, einstöckigen Gebäude mit dem kleinen Turm auf dem Dach vorüberkamen, zeigte sie durchs Tor auf ein kleineres, ebenfalls einstöckiges Haus im Hof und sagte, das sei das Leichenschauhaus, von dem sie ihr mal erzählt habe. Auf dem Rückweg gingen sie dann über den Armenfriedhof und betrachteten die vielen Gräber der namenlosen Toten.

Es waren trostlos wirkende, von der Sonne verbrannte Rasenstücke ohne Kreuz, ohne den Schatten eines Baums, ohne jeden Blumenschmuck, und sie musste der Schwester hoch und heilig schwören, niemals zuzulassen, dass sie oder Fritzchen so weggeworfen würden ...

Doch nun hat sie die Auguststraße erreicht und die Furcht vor dem, was sie vielleicht hier erfahren wird, wächst und wächst und würgt im Hals. Von Schritt zu Schritt wird sie langsamer, zögernder, zaghafter. Vielleicht ist die Schwester ja inzwischen längst nach Hause zurückgekehrt und wartet dort auf sie? Aber dann steht sie schließlich doch vor dem Haus mit dem Türmchen und weiß nicht weiter. Will sie das Allerschlimmste, falls es wirklich passiert ist, denn tatsächlich wissen? Und das auch noch ohne jeden Beistand?

Neben dem Tor hat ein Büchertrödler seinen Karren aufgebaut, als erwarte er gerade hier besonders zahlreiche Kundschaft. Neugierig guckt der Mann im dicken Schafpelzmantel sie an. »Na, Mamsellken? Wirst hier doch nicht dein Schätzchen suchen?«

Erschrocken schüttelt sie den Kopf und dann fühlt sie sich von den weiterhin so neugierig blickenden Augen des Mannes wie hineingeschubst in diesen langen Torweg, dem niemand ansehen kann, wohin er führt. Auch das verschneite Häuschen im Hof macht einen eher harmlosen Eindruck. Noch immer ein wenig unentschlossen, klopft sie an die Tür aus schwerem Holz und lauscht lange. Als nichts zu hören ist, drückt sie vorsichtig die Klinke herunter und schaut in einen schmalen Flur. Eine Tür links, eine rechts. Vorsichtig klopft sie erst links, als sich wiederum niemand meldet, rechts.

»Ja, bitte!« Eine Altmännerstimme. Da atmet sie erst mal nur tief durch, dann öffnet sie auch diese Tür und steht in einem kleinen, niedrigen und trotz des hellen Tageslichts, das durchs Fenster fällt, sehr dunklen Raum. Hinter einem hohen Schreibpult steht ein schmales Männchen im grauen Tuchrock und trägt, zuvor sorgfältig die zu viel aufgenommene Tinte vom Federkiel streifend, etwas in ein Buch ein. Als sie nichts sagt, hebt es den Kopf, schnarrt noch einmal »Bitte!«, und schaut sie mit kleinen, misstrauischen Knopfaugen abwartend an.

Und so oft sie nun schon nach der Schwester gefragt und immer dasselbe Sprüchlein aufgesagt hat, diesmal verhaspelt sie sich und fragt nach Henriette anstatt nach Auguste Mundt, erschrickt darüber und wiederholt alles noch mal.

»Mal nicht so uffjeregt, Frollein!« Der kleine Graue kommt hinter seinem Pult hervor und entnimmt einem der vielen Schränke, die an den Wänden aufgestellt sind, ein Schlüsselbund. Dann setzt er sich sorgfältig seinen schon sehr abgewetzten Zylinder auf und schiebt Jette sachte in den Flur zurück, um gleich darauf die gegenüberliegende Tür aufzuschließen; jene, an der sie zuerst klopfte. »Hab ja nur een Frauenzimmer hier«, sagt er beim Eintreten, wie um sie zu trösten. »Selbstmörderin. Heute morjen aus de Spree jezogen. Die ist schnell besichtigt.«

Jette wird es schwindlig. Aus der Spree gezogen? Hat Frieder nicht gesagt, dass er Guste an der Neuen Friedrichsbrücke traf?

»Wo ... wo hat man sie denn gefunden?«

»Irjendwo am Weidendamm. Jab 'n großen Ufflauf. Frauen haben nach de Polizei jerufen und die Jendarmen haben sie hertransportiert. War schon janz steif jefroren in all de Kälte, die kleene Spreemadame!«

Die Spree fließt von Südost nach Nordwest, das haben sie in der Schule gelernt. Also treibt, wer an der Neuen Friedrichsbrücke ins Wasser springt, in Richtung Weidendamm ... Aber weshalb hätte Guste so etwas tun sollen? Sie hatte ja zuvor noch um Kundschaft gebuhlt!

Klammen Herzens betritt auch Jette den Raum, der genauso niedrig und dunkel ist wie der vorherige. Doch befinden sich in diesem weder Schreibpult noch Schränke, sondern nur sechs in Doppelreihe aufgestellte Pritschen. Zwei davon sind leer, auf den übrigen zeichnen sich unter jeweils einem länglichen grauen Tuch menschliche Körper ab. Wieder wird ihr schwindlig und der kleine Graue, der das wohl schon befürchtet hat und sie keine Sekunde aus den Augen ließ, nimmt nun lieber ihre Hand. »Keene Angst, Frollein! Die sind janz friedlich. Niemals sonst sind de Menschen so friedlich wie in meinem Logierhaus.«

Und damit hat er Jette schon vor die Pritsche ganz links im Raum geführt und mit einer schnellen Bewegung das Tuch vom Gesicht der Frau gezogen. Entsetzt fährt Jette zurück: Das ist nicht Guste, die dort liegt – aber sie kennt die Frau mit den aufgelösten, noch immer feuchten Haaren: Es ist die Schneckenmarie, Gustes allerbeste Freundin ...

Das Männchen hat bemerkt, dass ihr die Tote nicht unbekannt ist. Sofort wird es amtlich. »Kennen Sie die Person?«

»Ja«, kann Jette nur flüstern und dann wendet sie sich schnell ab, um nicht noch länger in dieses starre, ausdruckslose Gesicht schauen zu müssen.

»Ist sie Ihre Schwester?«

»Nein.«

»Wer ist sie dann? Name, Alter, Wohnadresse?«

»Weiß nur, dass sie Marie heißt. Sie ... ist eine Freundin meiner Schwester.«

»Was für 'n Zufall!« Steil zieht der kleine Mann die Augenbrauen in die Höhe. »Isse vielleicht 'ne Dirne?«

Jette nickt nur.

»Aha! Und hat se 'nen Spitznamen?«

»Schneckenmarie.« Jette muss nun doch weinen. Wie oft war die Schneckenmarie bei ihnen zu Besuch, saß im Sorgenstuhl und machte ihr freundlich-schüchternes Gesicht. Und nun liegt sie hier und ausgerechnet sie, Jette, die immer wieder mal fortgeschickt wurde, wenn Guste und sie Frauengeschichten zu bereden hatten, muss sie so zu sehen bekommen.

»Schnecken-marie!« Der Mann betont den Namen, als könne er beim besten Willen nicht begreifen, wie ein Mensch sich so rufen lassen konnte. »Und Ihre Schwester? Die gewisse Auguste Mundt? Wie wird die genannt?«

»Die ... die hat keinen Spitznamen.« Das bringt sie nicht fertig, diesem grauen Zwerg auch noch von der Sternenkiekerguste zu erzählen.

Er glaubt ihr nicht, das sieht sie ihm an. Doch was kann er mehr tun als drohen? »Na jut! Dann nehmen wir das mal alles schön zu Protokoll. Wenn Se mir allerdings nich de Wahrheit sagen, hat das schwerwiegende Folgen – für Sie und vielleicht auch für Ihre Frau Schwester.« Und damit deckt er die tote Marie sorgfältig wieder zu, führt Jette in den Flur zurück und weist, nachdem er die Leichenkammer wieder verschlossen hat, mit strenger Miene auf sein Büro.

## *Zur Ledernen Flinte*

Sieben Uhr und Guste ist immer noch nicht zurück! Jette und Mutter Jacobi sitzen am Tisch und nähen Knopflöcher. Vom Nichtstun werden ihre Sorgen ja auch nicht kleiner. Fritzchen liegt nur still auf dem Bett und starrt zu ihrem Talglicht hin, von dem dick das geschmolzene Fett herunterrinnt und kleine Figuren bildet, weil die beiden Frauen heute immer ein wenig zu spät zur Lichtschere greifen. Den ganzen Tag ist er heute nicht richtig aufgestanden und hat kaum gesprochen; liegt nur da und guckt, als erwarte er jeden Augenblick eine böse Nachricht.

Mutter Jacobi hat immer wieder versucht, ihnen Mut zu machen. Dass Jette die Schwester nicht in der Charité, auf keiner Wache und auch in der Auguststraße nicht finden konnte, ist ihres Erachtens kein schlechtes Zeichen. Schlimm wäre es gewesen, hätte die Schwester tatsächlich auf den Tod krank in der Charité gelegen, und noch schlimmer, wenn Jette sie an Stelle der armen Marie im Leichenschauhaus gefunden hätte. Und wer weiß, vielleicht hinge Gustes Verschwinden ja sogar mit Maries Tod zusammen; vielleicht sei sie nur aus Kummer über das schlimme Ende ihrer liebsten Freundin nicht nach Hause gekommen? Also sollten sie jetzt noch ein bisschen warten. Gemeinsam mit Frieder könne Jette am Abend ja noch mal auf die Suche gehen und alle Dirnen, denen sie begegneten, nach der Schwester fragen. Vielleicht wussten die ja was.

Der einzig vernünftige Rat, wie Jette bald einsehen musste, und so wäre sie am liebsten gleich wieder losgelaufen. Aber natürlich darf sie das nicht. Mädchen, die nachts allein angetroffen werden und keine behördlich registrierten Dirnen sind, können wegen Liederlichkeit eingesperrt werden. Und bis sie nachgewiesen hätte, dass sie in Arbeit und Brot ist und nur ihre Schwester sucht, würde viel Zeit vergehen. So bleibt sie denn weiter neben Mutter Jacobi sitzen und näht Knopflöcher, und Angst und Hilflosigkeit in ihrem Herzen werden immer größer.

Als Frieder dann endlich kommt, wagen weder seine Mutter noch Jette ihm gleich zur Begrüßung von Guste zu erzählen, so glücklich schaut er aus. Den ganzen Tag hat er Möbel ausgetragen und dabei nicht schlecht verdient. Zwar war er zuerst ein wenig enttäuscht, hatte er doch gehofft, in der Tischlerei des Möbelhauses beschäftigt zu werden; Michaels Onkel aber, ein ernster Mann mit grauem Haarkranz, sang ihm bald das alte Lied vor: Ein Zimmerer sei noch lange kein Möbeltischler! Und wozu solle er ihn denn erst lange anlernen, da es ihn ja im Frühjahr doch wieder unter den blauen Himmel triebe? Seine Transporteure allerdings könnten noch Hilfe brauchen. Wenn er also wolle? Und natürlich wollte er, sah er dem Mann doch an, dass der ihn ohnehin nur seinem Neffen zuliebe nahm. Rasch bedankte er sich, auch bei Michael, und fuhr schon ein paar Minuten später mit zwei lustigen, baumgroßen und schrankbreiten Männern Möbel aus. Immer wieder quer durch die ganze Stadt, mal hierhin, mal dorthin. Schränke, Tische, Stühle und Kommoden mussten sie die Treppen hochschleppen. Weil aber die Kunden größtenteils wohlhabende Leute waren, gab es immer wieder den einen oder anderen Groschen Trinkgeld, den August, der Kutscher, mit selbstverständlicher Miene einsteckte, um nach der letzten Fuhre alle Münzen in seine Mütze zu werfen und redlich zwischen ihnen aufzuteilen.

Ja, jetzt ist Frieder wieder Mutter Jacobis Jungchen, so strahlt er und so deutlich ist ihm anzusehen, wie froh er ist, endlich wieder Geld zu verdienen. Selbstverständlich will er die Möbeltransportiererei nicht ewig machen, aber über diesen Winter und vielleicht auch über den nächsten und alle anderen, warum denn nicht? Lieber eine schwere Arbeit, die gut bezahlt wird, als gar keine, denn gar keine finde er immer wieder.

Er lacht, sein Scherz gefällt ihm. Als aber niemand mitlacht und Fritzchen in seinem Bett leise zu weinen beginnt, als passe ihm dieser gut gelaunte Frieder ganz und gar nicht, horcht er auf. »Wo ist denn eigentlich Guste? Ist sie heute früher weg?«

Da erzählt Mutter Jacobi ihrem Sohn, was passiert ist, und sogleich ist alle Heiterkeit aus seinem Gesicht verschwunden.

Jette ahnt, woran er jetzt denkt: an seine nächtliche Begegnung mit Guste und wie unglücklich die verlief. Weil sie aber nicht noch mehr Zeit verlieren will, unterbricht sie Mutter Jacobis weitschweifige Vermutungen über die Hintergründe dieses Verschwindens und bittet ihn, sie doch auf ihrer zweiten Suche nach der Schwester zu begleiten. Es wird ja immer später und wie sollen Fritzchen und sie diese Nacht überstehen, wenn sie nicht endlich etwas erfahren? Und obwohl Frieder sehr müde ist von der ungewohnt schweren Arbeit, steht er gleich wieder auf und will los. Mutter Jacobi muss ihn fast zwingen, zuvor erst noch ein Brot zu essen.

Danach laufen sie dann fast wie Geschwister durch die Straßen – Geschwister, die ihre Eltern suchen! Und natürlich zieht es sie als Erstes zur Neuen Friedrichbrücke hin, wo ja nicht nur Guste, sondern auch andere Dirnen gern auf Kundschaft warten. Zu ihrer großen Erleichterung entdeckt Jette am Droschkenstand sofort die Kutscherlotte. Und die strohblonde Frau mit dem derb geschnittenen Gesicht und dem bunten Federhut auf dem Kopf weiß tatsächlich allerhand zu berichten.

Ja, natürlich seien sie und Guste und noch ein paar andere Frauen am Morgen zum Weidendamm gelaufen. Es hatte sich ja in Windeseile herumgesprochen, dass dort die Schneckenmarie gefunden worden wäre. Kaum aber hätten sie vor der schon halb zu Eis gefrorenen Marie gestanden, habe Guste auf einmal einen Weinkrampf bekommen und geschrien und getobt, als wären zehn Teufel in sie gefahren. Und als man sie beruhigen wollte, habe sie wie wild um sich geschlagen und sei schließlich ganz einfach fortgelaufen.

»Und wohin?« Vorsichtshalber nimmt Frieder Jettes Hand.

»Weeß ick doch nich!«

»Aber wo könnte sie denn hin sein?«

»Wenn se nicht nach Hause jekommen is, hockt se sicher in irgend 'ner Kaschemme oder Polka-Bierhalle und trinkt sich ihr müdet Leben frisch.« Die Kutscherlotte kichert albern.

»Aber das hat se doch noch nie getan!« Jette will das nicht glauben. Was für ein Gedanke, die Schwester könne Fritzchen und ihr all die schlimmen Sorgen nur bereitet haben, um sich ihren Kummer fortzutrinken!

»Immerhin war Mariechen ihre beste Freundin!« Die verfrorene Frau zuckt die Achseln. »Wie Mutter und Tochter kamen mir die beeden manchmal vor.«

»Und welche Lokale kämen da in Frage?«, fragt Frieder weiter.

»Der Schmortopf in der Mulackgasse, Patzkopf in der Linienstraße, Monno in der Grenadierstraße, der Türkenkeller am Hack'schen Markt … und natürlich die Flinte in der Jerusalemer. Da jibt's immer Puppenspiel.« Wieder kichert die Kutscherlotte. »Det liebt die Juste doch so. Wenn se mal mit de Straße uffhört, will se ooch Puppenspielerin werden, hat se immer jesagt.«

»Danke schön!« Kurz entschlossen zieht Frieder die über jene letzte Auskunft nun erst recht befremdete Jette weiter. »Guste – 'ne Puppenspielerin?«, sagt sie noch, als sie die Linienstraße schon fast erreicht haben. »Das glaub ich nicht! Das müsst ich doch wissen.« Doch dann schweigt sie wieder. Weiß Guste alles von ihr? Weshalb sollte es umgekehrt anders sein?

Im *Türkenkeller*, im *Patzkopf*, in der *Monno'schen Tabagie* und auch im *Schmortopf* haben sie Guste nicht gefunden, bleibt nur noch die *Lederne Flinte*, ein übel beleumdetes Lokal am Hausvogteiplatz, das seinen Namen seinem langen, einem Flintenlauf ähnlichen Flur verdankt, den die Gäste passieren müssen. Weder Frieder noch Jette waren je darin, vom Hörensagen aber ist es in der ganzen Stadt bekannt.

Es ist Jette schrecklich, all diese Lokale betreten, durch dicken Tabaksqualm und über Gläserklang, Gelächter und Geschrei hinweg nach der Schwester Ausschau halten und dabei selbst viele Blicke erdulden zu müssen. Es sind ja nicht die angenehmsten Leute, die in diesen Lokalen verkehren. Diebe, Dirnen, Einbrecher, Hehler, tüchtige Bettler und andere unternehmungslustige Männer und Frauen sitzen hier beieinander. Im Gasthof der Eltern kehrten solche Leute niemals ein. Und sie ist ja nun auch schon sehr müde; es ist ja bereits das zweite Mal an diesem Tag, dass sie die halbe Stadt abläuft.

Frieder hingegen scheint es zu genießen, dass er so lange mit ihr zusammen sein darf. Ein Blick auf das von Öllampen beleuchtete Transparent mit der verschnörkelten Aufschrift *Zur Ledernen Flinte*, einer auf die Tafel darunter, die ankündigt, dass am heutigen Abend das Puppenstück *Die Spreekönigin* gegeben wird, ein langer zur Hausvogtei hinüber, dann betritt er schon den Flur, in dem mehrere muntere Vergnüglinge mit ihren Frauenzimmern beisammenstehen und Neuankömmlinge, die ihnen bekannt sind, per Handschlag begrüßen. Doch so hell das Transparent auf der Straße beleuchtet wird, so matt funzelt die Flurlampe, die beim leisesten Luftzug auszugehen droht. Nicht alle, die hier stehen, wollen erkannt werden und auch von dem, was sich zwischen manchen Paaren abspielt und Jette die Schamröte ins Gesicht treibt, soll nicht allzu viel zu sehen sein.

»Guck nicht hin«, flüstert Frieder ihr zu und dann zieht er sie rasch in den dunklen Hof, in dessen Ecke manche Paare noch geschäftiger zugange sind, und durch eine kleine Tür hinein in das Lokal. Rot getünchte, aber längst schwarz geräucherte Kalkwände empfangen sie, und wie nun schon geübt, bleiben sie gleich am Eingang stehen und lassen den Blick schweifen.

An der linken Seite des Saales befindet sich eine Reihe aus Brettern gefertigter Logen, gleich daneben ist die Schanktheke aufgebaut. Ansonsten stehen ringsherum nur Stühle, deren rote Kattunbezüge teilweise schon wie Lappen herunterhängen, an der Decke hängt ein Öllampen-Kronleuchter, an den Wänden flackern düstere Tranlämpchen. Auf der rechten Saalseite ist auf einer niedrigen Bühne das Puppentheater aufgebaut. Und hier, auf den voll besetzten Bänken, inmitten der wie Kinder lärmenden Menge, die den Beginn des Spektakels kaum noch erwarten kann, entdeckt Jette die Schwester! Zwischen mehreren bunt aufgetakelten Frauenspersonen sitzt sie, lacht und schreit und scheint genauso vergnügt wie die anderen.

Erst ist Jette nur erleichtert, dann steigt Zorn in ihr auf; ein Zorn, der ihr fast den Atem nimmt. Wie ist sie durch die Stadt gehetzt, zur Charité und von Wache zu Wache, bis hin zum »Türmchen« und am Abend von Lokal zu Lokal! Wie hat sie gelitten, als sie vor der toten Schneckenmarie stand! Wie bangt Fritzchen um seine Mutter! Und die Schwester sitzt hier und amüsiert sich, als wäre sie ganz allein auf der Welt? Tränen stürzen ihr aus den Augen und gleich will sie wieder raus aus dieser Spelunke.

Frieder hält sie fest. »Nicht!«, flüstert er. »Sie ist doch nur betrunken.«

Inzwischen ist ein schwammiger junger Mann mit weißblondem Backenbart und verpickeltem Gesicht vor sie hingetreten.

Erst mustert er sie nur verwundert, dann hält er Frieder ein kleines, blechernes Tablett vor die Nase. »Entreé zwee Silberlinge le personne!«

Wieder will Jette fort. Sie hat ja gar kein Geld dabei. Und hätte sie welches, würde sie nicht noch dafür bezahlen, dass sie Guste bis hierhin folgen musste. Doch Frieder hält sie weiterhin fest. »Wir woll'n nur ihre Schwester abholen«, erklärt er dem Pickelgesicht. Und dann winkt er Guste auch schon, die genau in diesem Moment zur Tür geschaut hat und vor Schreck und Überraschung ganz entgeistert zu ihnen hinstarrt.

Frieder winkt noch mal, Guste aber rührt sich nicht, guckt nur weiter so starr und dann dreht sie sich einfach weg, als gingen die beiden Neuankömmlinge sie nichts an. Seufzend greift der lange Zimmerer in seine Rocktasche und lässt vier Silbergroschen aufs Tablett klimpern. »Mein Trinkgeld von heute«, beruhigt er Jette. »Morgen verdien ich mir neues.« Und noch bevor sie irgendetwas dazu sagen kann, zieht er sie zu den Sitzbänken hin, grüßt freundlich und bittet die neugierig guckenden Frauen höflich, doch ein bisschen zusammenzurücken. »Wir gehören nämlich zur Familie.«

Die Frauen kichern und lachen, machen aber bereitwillig Platz und dann sitzt Jette mit einem Mal, Mantel und Schal auf dem Schoß, in ihrem verwaschenen alten Kattunkleid zwischen der Schwester und Frieder und all den bunt gekleideten Frauen und weiß nicht, was sie sagen oder tun soll. Sich etwa ebenfalls das Puppenspiel angucken?

»Ihr müsst ja viel Geld haben!«, zischt Guste ihr böse zu. »Erst auf 'm Weihnachtsmarkt damit rumschmeißen und jetzt auch noch durch de Kneipen ziehen.«

Also hat Fritzchen ihr doch von Frieder und den Mädchen mit den Dreierschäfchen erzählt! Und dabei hatte sie ihn so gebeten, den Mund zu halten. Aber dass Guste ihr ausgerechnet jetzt damit kommt? Als ob inzwischen nicht viel Schlimmeres, Schändlicheres passiert wäre. Wieder will Jette raus aus dem Lokal und erneut packt Frieder ihren Arm und hält sie fest. Und dann geht auch schon der Vorhang vom Puppentheater auseinander und aller Lärm weicht einer nur noch von unterdrücktem Gelächter unterbrochenen Spannung.

Es geht um eine weißhaarige Matrone mit goldglänzender Lorgnette, die in ihrer Jugend mal eine stadtbekannte Dirne namens Spreekönigin war und sich insgeheim noch immer in ihre »ach so scheene Jugendzeit« zurücksehnt. Nach außen hin aber gibt sie sich sehr moralisch, um ihre fünf Töchter, jede von einem anderen Mann, möglichst reich und ehrbar zu verheiraten und auch für ihr eigenes Portemonnaie noch etwas herauszuschlagen. Also stellen sich bald lauter reiche Käuze als zukünftige Schwiegersöhne vor: ein affektierter Adliger, der immerzu vom letzten Krieg und den ruhmreichen Heldentaten schwadroniert, die er und seine Braven darin vollbracht hätten; ein dickbäuchiger Bankierssohn, der ständig nur von den Häusern seiner Eltern und deren »knister-knister-knackend-schönen« Mieteinnahmen schwärmt; ein blasser Dichter, der auf jede Frage einen Antwortreim weiß, aber in Wahrheit gar nicht reich, sondern nur ein leeres Schnupftuch ist und selbst reich heiraten möchte; ein schüchterner Jüngling im kanarienvogelgelben Frack, der vor lauter Verlegenheit kein Wort zu sagen weiß, aber den anwesenden Damen im Publikum immer wieder verstohlen Kusshände zuwirft oder eindeutige Gebärden macht, die jedes Mal von zustimmendem Gekreisch begleitet werden. Danach ein Dragoneroffizier mit krummen Beinen, der ein neues »Pferdchen« sucht, ein Pascha, der gleich alle fünf Töchter für seinen Harem haben will, und als Schlusspointe ein schwerer Junge mit einer Unzahl von Ringen an den Fingern, der erzählt, er käme gerade erst aus der *Flinte* und müsse gleich wieder zurück, weil dort gerade ein höchst amüsierliches Puppenstück im Gange sei.

Jede neue Figur wird laut beklatscht, jeder Witz bejubelt und belacht. Und am wildesten, so erscheint es Jette, jubelt, klatscht und lacht Guste. Sie muss den ganzen Tag schon getrunken haben, so glasig stieren ihre Augen, so rot ist ihr Gesicht, so sehr schwitzt sie in dem warmen, schlecht gelüfteten Raum.

Als das Stück zu Ende ist und keine der fünf Töchter, wohl aber die Spreekönigin einen reichen Fürsten eingefangen hat, kommen die Marionetten noch ein paar Mal auf die Bühne getänzelt, um sich mit ausgebreiteten Armen zu verneigen und begeisterten Beifall zu empfangen. Erscheint der kanarienvogelgelbe Jüngling und macht seine frechen Gebärden, wird das Lokal zum Tollhaus.

»So!«, sagt Guste, als der Vorhang endlich geschlossen bleibt und sie sich mit einem Glas schwerer grüner Bowle zu einem der Stühle an der Saalwand begeben hat. »Jetzt kommt die Standpauke von Mama Jette.« Und dann prostet sie laut den anderen Frauen zu, unter denen Jette inzwischen auch das Polka-Humpelchen mit seinen roten Schnürstiefeln entdeckt hat, und schreit empört: »Na, und wenn schon! Liebe Welt, ick verachte dir!«

Hilflos steht Jette vor der Schwester. Wie soll sie mit dieser Guste denn reden können? Frieder hingegen erzählt ganz ruhig, welche Angst Fritzchen und sie den ganzen Tag um Mutter und Schwester hatten.

Als er Fritzchen erwähnt, wird die Schwester für einen Augenblick blass; als er von Jettes Besuch im »Türmchen« erzählt, wird sie wütend. »Wenn de in de Aujuststraße warst, weeßte ja schon allet«, fährt sie Jette an. »Wat soll ick dir da noch groß erzählen? Ihr habt euch auf 'm Weihnachtsmarkt amüsiert, ick amüsiere mir inne Flinte; jeder da, wo er hinjehört.«

Neugierig blicken die Frauen, die auch zuvor schon neben Guste saßen, zu ihnen hin. Eine alte, breite, Dickgesichtige in farbenprächtigem Kattunüberrock lässt besonders Jette lange nicht aus den Augen. Ihren Kopfputz bildet eine mächtige Tüllhaube mit knallrotem Seidenband, an den Ohren baumeln wuchtige Ringe mit großen Bommeln, in der einen Hand hält sie eine mächtige Zigarre, in der anderen ein volles Glas Grog, als wollte sie Jette jeden Moment damit zuprosten. »Das ist unsere

Hauptmännin«, flüstert das Polka-Humpelchen Jette stolz zu. »Die hat 'n Leben hinter sich, das könnten keine drei Pferde tragen.« Danach weist sie mit beinahe ängstlichem Gesicht auf eine nicht mehr ganz junge Frau mit rabenschwarzem Haar und gelbem Gesicht. »Das is uns're Madame Schornsteinfegerin. Die war schon zweimal tot und lebt immer noch. Wer ihr's nachmacht, kriegt 'nen Groschen.«

Die anderen Frauen, die Humpelchen ihr zeigt, heißen Talglicht, Blumencaroline, Leierkastenberta und Seidenrieke. Alle bemerken sie, dass von ihnen gesprochen wird, und gucken selbstbewusst: Hier ist es anders als auf der Straße, hier sind sie wer!

Guste hat sich währenddessen beruhigt und ihre Bowle ausgetrunken. Nun winkt sie einen pomadisierten jungen Mann heran, den sie den schönen Adolph nennt, drückt ihm ihr leeres Glas in die Hand und bittet ihn, ihr noch so 'n Juchtelfuchtel zu bringen, da der lecke Kessel noch lange nicht gefüllt sei. Kaum ist dieser Adolph weg, bittet sie einen kräftigen Mann mit langer goldener Uhrkette unter dem offen stehenden, schmuddligen braunen Rock, den sie wegen seiner weit vorstehenden Pferdezähne Raffzahn nennt, um den gleichen Gefallen. Seht her, wie bekannt und beliebt die Sternenkiekerguste ist, will sie den beiden, die sie gefunden haben, damit vorführen. Ihre Augen aber strafen sie Lügen. Nur Trauer, Leid und Hilflosigkeit kann Jette darin finden und da siegt endlich ihr Mitleid über den Zorn.

»Trink doch nicht so viel«, bittet sie die Schwester. Und als die zur Antwort nur verächtlich grunzt, fragt sie vorsichtig: »Was haste denn heute den ganzen Tag gemacht?«

»Gequatscht!« Sie lacht grell. »Gequatscht, gesoffen, gequatscht! Über Marie! Über uns! Über dieses ganze unsinnige Leben!« Gleich darauf jedoch verzieht sie das Gesicht, als wollte sie jeden Augenblick zu weinen beginnen. Ein Bauchredner, der sich in die Mitte des Saals gestellt hat und seine Puppe die zotigsten Straßenwitze reißen lässt, lenkt sie ab. Taumelnd steht sie auf und will zu ihm hin, doch da hat Frieder für Jette und sich schon zwei frei gewordene Stühle besorgt und baut sie so dicht vor Guste auf, dass sie nicht wegkann. »Warum hat diese Marie das denn eigentlich gemacht?«, fragt er vorsichtig.

»Warum? Warum?«, äfft die Schwester ihn nach, die nun innerhalb kürzester Zeit gleich zwei Gläser Bowle überreicht bekommt, da beide Bestellungen prompt erledigt wurden. Frech nimmt Frieder ihr erst das eine und dann das andere Glas ab, reicht eines Jette weiter und prostet Guste mit dem anderen kess grinsend zu.

Das gefällt der Schwester, darüber muss sie lachen. Dann aber starrt sie lange nur trübe vor sich hin und beginnt schließlich von der Schneckenmarie zu erzählen. Dass die Marie schon mit dreizehn in Stellung kam, mit vierzehn vom Bruder des Hausherrn geschwängert und daraufhin mit Schimpf und Schande aus dem Haus gejagt und von ihrer überfrommen Familie nicht wieder aufgenommen wurde. »Na, und danach? Strich! Kind krank! Kind tot! – Selber krank! Arbeitshaus! Zuchthaus! Und wieder Strich! Und wieder Kind! Und wieder tot! Und Männer! Alle eifersüchtig wie de Türken, aber schnell wieder weg, wenn sie 'ne Jüngere fanden, die mehr verdiente. Auch der Letzte, dieses lausige Karlchen … Ein lauwarmer Furz, ein welker Halm! Sie aber? Hing an ihm! Mit janzer Seele! Und dann war er weg und ihr blieben nur die ewijen Kopfschmerzen. Und 'n and'rer würde nicht mehr kommen, das wusste se janz jenau … Da wollte se nich mehr, da isse der Welt von de Schippe jesprungen.« Sie guckt böse, nimmt Frieder das Glas weg, trinkt es in einem Zug leer und seufzt: »In diesem Sinne – rin in die Rinne! Jurkensalat is ooch Kompott und schön doof is besser als schön hässlich.«

Da fragt Frieder nichts mehr und Jette weiß nicht, wie sie die Schwester trösten könnte. Gustes Zorn aber ist noch lange nicht verraucht. »Was du wohl so von uns denkst, du kleiner Anstandsbengel!«, fällt sie über Frieder her. »Glaubst sicher, wir sind Grisettchen, die auch noch Spaß an der Arbeit haben, was?

Nee, mein lieber Herr Jesu, was wir betreiben, ist 'n altehrwürdiger Beruf, der älteste der Welt, aber leider auch der erbärmlichste. Der saugt uns das Mark aus 'n Knochen, verstehste? Alle Krankheiten der Welt müssen wir ausbaden. Wir sind die ewigen Schmutzkübel, die niemals geleert werden!«

Ein Weilchen lauscht die Schwester ihren eigenen Worten nach, dann lächelt sie Frieder plötzlich mit ganz verschwommenem Blick zu, beugt sich weit vor und singt ihm zärtlich ins Ohr:

»Ick bin die bewusste
Sternenkiekerjuste!
Wer mit mir kommt,
den bedien ick prompt.
Wer mit mir jeht,
dem die Sache steht.

»Guste!« Schamrot im Gesicht ist Jette aufgesprungen.

»Wat haste denn, Kleene?« Die Schwester macht ein unschuldiges Gesicht. »Denkste, ick nehm dir deinen Bräut'jam weg? Der spuckt doch auf meine holde Liederlichkeit. Für den bin ick doch nur 'n notwendiget Übel. Willste die Tochter im Bette versenken, darfste die grindige Mutter nich kränken!«

»Das ist nicht wahr«, widerspricht Frieder heftig. Doch dann fragt er nur noch leise, ob sie jetzt nicht lieber gehen sollten. Natürlich ist Jette sofort dafür, nimmt Gustes Hand und erinnert sie noch mal an Fritzchen. »Seine Erkältung will überhaupt nicht besser werden. Und er wartet doch so auf dich.«

»Die brave Jette und der brave Frieder!« Störrisch zieht die Schwester die Hand zurück. »Woll'n mich einfach abschleppen, hin zu meinem kranken Kind! Da, wo so 'ne olle Mutti hinjehört.«

»Ja doch«, will Jette sie besänftigen, da beginnt schon die nächste Vorstellung. Ein langer, dünner Mann hat sich in die Saalmitte gestellt. Seine spindeldürren Beine stecken in fleischfarbenen Trikothosen, den eckigen Oberkörper bedeckt ein schwarzer, mit Silberborten besetzter Samtüberwurf. An den Füßen trägt er goldbestickte Atlasschuhe, die nackten Arme sind voll mit rot tätowierten Herzen, den Kopf ziert ein violettfarbenes Barett mit vielen farbigen, lang wallenden Federn.

»Der Tausendkünstler!« Begeistert klatscht die Schwester in die Hände. »Den muss Juste noch sehen, denn jeht se zu Fritzchen. Drei heilige Eide und een verlogenet Ehrenwort!« Sie lacht, will aufstehen – und setzt sich gleich wieder hin. »Hab 'n Tralala im Kopp! Bringt mich zu ihm, denn jehorch ick.«

Seufzend packt Frieder Guste links und Jette sie rechts und dann drängen sie sich mit der unsicher Schwankenden bis in die erste Reihe vor. Der Tausendkünstler balanciert gerade eine Pfauenfeder auf der Nase und macht dabei die seltsamsten Verrenkungen und Bewegungen, ohne dass die Feder herabfällt. Als er damit fertig ist, nimmt er mit hochmütiger Miene den Beifall entgegen, zaubert aus einem Kästchen ein paar metallene Kugeln und lässt sie sich über den ganzen Körper rollen: über Arme, Rücken und Kopf, ohne dass auch nur eine einzige herabfällt. Jetzt wird noch heftiger applaudiert und Guste wirft dem an seinem Erfolg offensichtlich völlig uninteressierten Mann verzückt mehrere Kusshände zu, während der schon wieder den nächsten artistischen Akt beginnt und danach noch einen und noch einen. Zum Schluss zieht er den ihn jubelnd umringenden Frauen unter Schwenken seines Zauberstabs Silbergroschen aus der Nase, findet unter dem Rock der vor Gelächter und Gekreisch japsenden Hauptmännin einen nicht enden wollenden Seidenschal und jongliert mit fünf rohen Eiern, ohne ein einziges davon fallen zu lassen. Zum Beweis dafür, dass die Eier tatsächlich roh und nicht etwa aus Kalk oder Stein sind, schlägt er eines davon an des schönen Adolph Stirn auf und lässt sich den Inhalt, als wäre auch dieses eines seiner Kunststücke, in den weit geöffneten Mund gleiten.

Wieder hagelt es Beifallsstürme, dann ist auch diese Vorstellung beendet. Sofort werden alle Bänke und Stühle beiseite geschoben und das Orchester, das inzwischen auf der Bühne seine Instrumente aufgebaut hat, schmettert gleich dermaßen los, als wollte es mit seinem Lärm den Saal zum Einsturz bringen. Schon haben sich die ersten Paare gefunden und dann hüpft und springt alles im Polkatakt im Saal herum. Da wird auch Guste wieder munter, will sich den beleidigten schönen Adolph schnappen und fordert auch Jette und Frieder auf, ein Tänzchen zu wagen.

Jetzt jedoch ist Jette mit ihrer Geduld am Ende. »Du hast versprochen mitzukommen«, schimpft sie die Schwester aus. »Wenn du dein Wort nicht hältst, geh ich noch heute Nacht mit Fritzchen fort. Bei einer Mutter, die den eigenen Sohn vergisst, darf unser Fritzchen nicht bleiben.«

Einen Moment lang lacht Guste nur ungläubig, dann lässt sie die Schultern fallen. »Bring mich weg, Jette! Bring mich weg. Bin 'n schlechter Mensch, weiß es selbst.«

»Was du nur immer redest!« Sofort hakt Jette die Schwester unter und Frieder holt nur noch schnell die Mäntel und seinen Überrock, dann packt er Guste unter dem anderen Arm.

»Adschö, Juste!«, ruft ihnen das Polka-Humpelchen noch nach, ohne ihre wilde Jagd auch nur für eine einzige Sekunde zu unterbrechen. »Und komm bald wieder. Ohne dich ist's halb so schön.«

Lachend will Guste zurückwinken, doch dann verzieht sie nur das Gesicht. »Raus! Raus hier! Bringt mich nach Hause. Zu meinem Fritzchen.«

### *Das Beste auf Erden*

Heiligabend – und Tauwetter! Die ganze Adventszeit über war es eisig kalt, lag Schnee in den Straßen, hingen Eiszapfen an den Dächern. In der Nacht zum 24. Dezember ist das Wetter umgeschlagen, der Schnee wurde zu Matsch, von den Dächern tropft es, Erkältungskrankheiten liegen in der Luft. Der alte Petrus, sagt Mutter Jacobi am Morgen, reiße manchmal seltsame Witze. Nicht mal der Geburtstag von Gottes einzigem Sohn sei ihm ein bisschen Mühe wert.

Den Vormittag über ist große Wäsche, wie es bei den Mundts am Heiligabend seit vielen Jahren Brauch ist. Erst wird alles in Mutter Jacobis großem Waschtopf gekocht, dann im Hof unter der strohgeschützten Pumpe gespült und danach auf dem Hängeboden direkt neben Jacobis Dachkammer aufgehängt.

Frieder und Fritzchen sind bereits am frühen Morgen, in aller Finsternis, zur Brennholzsuche auf die Felder hinter dem Schlesischen Busch hinausgezogen. Dort stehen an den Straßenrändern Bäume. Manche Äste liegen schon unten, andere fallen vom Angucken runter, wieder anderen müssen sie nur mal kräftig guten Tag sagen, dann fliegen sie ihnen ganz von selbst in die Säcke. Mit einem prall gefüllten großen und einem nicht ganz so vollen kleinen Beutesack wandern sie dann gegen Mittag wieder heim und stapeln alles neben dem Ofen auf.

Nach dem Mittagessen – Mutter Jacobi hat nur ein paar Stullen geschmiert, weil es ja am Abend noch eine schöne Suppe geben wird – kommen die Sandjungen. Jette hört ihr »Sand! Sand! Leute kooft Sand! Morjen is Weihnachten!« schon von weitem und winkt sie, als die beiden Jungen mit ihrem Bretterwagen vor der Nr. 7 halten, gleich herauf. Mit dem Spaten füllen sie die Molle, die dann der eine der beiden hochträgt, während der andere den Bretterwagen bewacht. Als Weihnachtsgeschenk bekommen sie von den Mürbchen, die Mutter Jacobi und Fritzchen an den Tagen zuvor gebacken haben. Gleich darauf wird mit dem Sand erst Jacobis Dachkammer und danach Jettes und Gustes Behausung gescheuert, bis die Dielen weiß und blank sind und Mutter Jacobi ihnen mit einer letzten Prise ihren Segen gibt.

Am Nachmittag geht's dann in die Marienkirche. Sogar Guste geht mit, für die Kirchenbesuche doch sonst nur vergeudete Zeit bedeuten. Es wird aber ein sehr schöner Gottesdienst, vor allem für Jette. Zwischen der Schwester und Frieder, Mutter Jacobi und Fritzchen fühlt sie sich geborgen; fast scheint es ihr, als wären sie fünf schon wieder eine kleine Familie. Frieder hingegen guckt nur nachdenklich. Die lustige Brennholzsuche mit Fritzchen, den dieses immerhin bei Geldstrafe verbotene Abenteuer so sehr begeisterte, dass er noch immer keinen Zentimeter von seiner Seite weichen will, hat auch ihm sehr gefallen. Jetzt aber sitzt er in der Kirche, von der Michael ihm auf jenem nächtlichen Spreebrücken-Spaziergang erzählte. – Hier, vor diesem Altar, wurden die beiden Juden getauft, die später, wie alle anderen ihrer Glaubensgenossen auch, auf so grausame Art und Weise ums Leben gebracht wurden. Das wird er nun wohl nie mehr vergessen können.

Zurück vom Gottesdienst, warten sie alle in Gustes und Jettes niedriger Stube auf die Wuttig, die ihnen die bestellten Geflügelreste für die Heiligabend-Suppe vom Markt mitbringen soll. Im Ofen knacken und qualmen schon die ersten, noch ein bisschen feuchten Äste, ein warmer Duft nach Wiesen und Feldern weht durch die kleine Wohnung. Zufrieden summt Mutter Jacobi vor sich hin. Holz sei doch ganz was anderes als der billige Torf, der oft so stinke, dass es einem die Tränen in die Augen treibe, sagt sie immer wieder. Aber wer hätte schon die Zeit, alle paar Tage so weit vor die Stadt zu laufen? Und was, wenn man beim Holzsammeln von der Gutsaufsicht erwischt würde?

Sie sagt das auch, um abzulenken, spürt die gespannte Stille, die trotz aller Wärme und Gemütlichkeit noch immer zwischen ihnen herrscht, will, dass der Abend in der *Flinte* wenigstens zu Weihnachten vergessen wird. Doch wie soll das möglich sein, solange Guste, nachdem sie weiß, was sie im Suff so alles geplappert hat, Frieder kaum noch anzublicken wagt?

»Eines hab ich in meinem langen Leben gelernt«, Mutter Jacobi lässt nicht locker, »'s gibt Leute, die gucken jedem frech ins Gesicht, obwohl sie eigentlich den Kopf zwischen den

Knien verstecken müssten. Andere schämen sich zu Tode, obwohl sie in Wahrheit gar keinen Grund dafür haben – weil sie nämlich die besten Menschen sind und der Heilige Christ das auch weiß.«

Guste hat sehr genau zugehört, dennoch tut sie, als wäre sie mit ihren Gedanken ganz woanders. »Wo die Wuttig nur bleibt?«, murrt sie, während sie Fritzchen hilft, die Weihnachtspyramide zusammenzustecken. »Bestimmt tratscht sie wieder irgendwo herum.«

»Sie wird schon bald kommen«, flüstert Jette vor sich hin. Noch mehr als der Abend in der *Flinte* bewegt sie, was die Kutscherlotte von der Schwester erzählt hat. Deshalb würde sie Guste gern fragen, ob es stimmt, dass sie am liebsten Puppenspielerin geworden wäre. Irgendeine Scheu aber hält sie davor zurück. Was, wenn das wirklich Gustes größter Wunsch ist und nur Sohn und Schwester sie daran hindern, sich einem Puppentheater anzuschließen? Es ist ja bekannt, dass die Puppenspieler allesamt große Hungerleider sind.

Doch dann kommt die Wuttig endlich. Schwer atmend steigt sie die Treppe herauf, keuchend klopft sie. Jette öffnet und gleich sitzt die kleine, dicke Witwe mit dem rot erhitzten Gesicht unter dem Kapotthut mit am Tisch und erzählt erst mal lang und breit, wie sehr ihr der Wetterumschwung zusetzt. Bis Guste ungeduldig wird und spottet, sie wollten vor dem Zubettgehen eigentlich noch essen. Da werden endlich die mitgebrachten Geflügelreste ausgepackt. Lauter Hühner- und Entenklein und ein prächtiger, fetter Gänsehals. »I sehn Se mal! Allet für fünf Silberlinge«, strahlt die Witwe. »Da hat niemand keen Grund zur Beschwerde.«

Nein, mit diesem Preis können sie zufrieden sein. Sie bekommen die Weihnachtsleckereien ja auch nur deshalb so günstig, weil die Wuttig auf dem Markt ihre Freundschaften hat und beim Einkaufen so geizt, dass sie jedes Mal kratzt und scharrt wie eine Henne, bis sie den niedrigsten Preis herausgehandelt hat. Dankbar werden ihr die fünf Groschen auf den Tisch gezählt, dann beginnen Guste und Jette auch schon, alles Fleisch gründlich zu waschen. Und damit könnte die Witwe ihnen ein frohes Fest wünschen, in ihre Wohnung hochsteigen und ebenfalls mit den Weihnachtsvorbereitungen beginnen. Doch die kleine, dicke Frau, die so gern bei andern Leuten die Stühle warm hält, weil sie in ihrer Wohnung immerzu mit sich allein ist, guckt nur alle an, als beneide sie jeden der fünf um sein neues Familienglück, dann beginnt sie auf einmal zögerlich: »I vielleicht sollt' ick's ja lieber für mich behalten! Aber wo ick den Frieder doch nun schon kenne, seit er mir's erste Mal mit krummen Beenen auf de Treppe entgegenkam?«

Sofort guckt Mutter Jacobi besorgt. »Aber was ist denn, Frau Gevatterin? Nu jagen Se uns doch am Heiligen Abend keinen Schrecken ein!«

»Schrecken? Nee, nee! I bewahre!« Zögernd fährt die Witwe mit ihrer kleinen, fetten Hand über den Tisch. »Es ist ja nur ...« Und dann erzählt sie umständlich vom kahlen Kerkau, der sich nun schon das zweite Mal bei ihr nach Frieder erkundigt habe. Weil man doch wissen müsse, was im Haus für Leute wohnten, hätte er zu ihr gesagt. Immerhin sei der junge Jacobi ja erst vor kurzem aus der Hausvogtei entlassen worden. Und wo sie doch das Königshaus so sehr liebe! Zuerst hätte sie ja gedacht, der Kerkau wäre nur neugierig, doch dann hätte sie ihn eines Abends Frieder folgen sehen und heute – »I kiek mal eens!« –, heute Morgen hätte sie beobachtet, wie der Kerkau auf dem Markt mit einem Mann tuschelte, von dem die Gemüseberta sage, dass er ein Polizeikommissarius sei.

»Er ist mir nachgegangen?« Frieder will der Wuttig, die ja immer sehr viel erzählt, nicht so recht glauben. »Wann denn?«

»Den jenauen Tag weeß ick nich mehr, Liebeken. Bin ja keen Kalender.«

»Aber weshalb tut er denn so was?«, wundert sich Jette.

»Weil er dafür bezahlt wird«, antwortet die Schwester sofort.

»Warum denn sonst? Bei der Wohnung und den vielen Gören ist so 'n kleiner Nebenverdienst als Achtgroschenspitzel sicher sehr nützlich.«

»Und ick, Teuerste«, pflichtet ihr die Wuttig sofort bei, »hab nie begriffen, wozu 'n Nachtwächter tagsüber so viel unterwegs sein muss. Hab immer gedacht, der arme Kerl kriegt ja jar keenen Schlaf.«

Eine Zeit lang ist es sehr still in der kleinen Wohnung, dann schüttelt Frieder nachdenklich den Kopf und seine Mutter zieht Fritzchen auf ihren Schoß, wie um sich an ihm festzuhalten. »Wenn das so ist«, gesteht sie kurz darauf leise, »hat er mich auch ausgehorcht. Hat sich seit neuestem ja immer so nett nach Frieder erkundigt ... Wie's ihm denn ginge, ob er schon wieder Arbeit hätte ... War richtig froh über sein Mitgefühl, dachte, ich hätt ihm bisher Unrecht getan ... Und da hab ich ihm schließlich erzählt, was für ein Glück wir mit dem Möbel-Lewinsohn hatten.«

Da muss Frieder lachen. Doch es ist kein fröhliches Lachen, nur eines voller Unverständnis und Wut.

»Tja!« Nun steht die kleine Witwe doch auf. »Tut mir Leid, das ausgerechnet heute auf 'n Tisch gebracht zu haben! Aber nachdem ick den Kerkau mit dem Kommissarius reden sah?«

»Aber nein! Wir sind Ihnen ja dankbar.« Guste bringt die Wuttig noch zur Tür, wünscht ihr ein frohes Fest und ruft ihr laut durchs Treppenhaus nach, sie solle den Kerkau, wenn er wieder mal Fragen hätte, das nächste Mal doch lieber gleich zu Frieder schicken. Für vier von den acht Groschen Spitzellohn erzähle der ihm dafür so schöne Sachen, dass ihm vor Grauen die Glatze beschlage. Das würde den Polizeikommissarius freuen und alle seine Vorgesetzten auch und die ganze Sache letztlich doch sehr vereinfachen.

Zur Antwort lacht die Wuttig nur, dann steigt sie weiter mit schweren Schritten die Treppe hinauf.

Jetzt riecht es nicht mehr allein nach frischem Holz, jetzt duftet es vor allem nach der Geflügelsuppe in der Ofenröhre und den Bratäpfeln, die Mutter Jacobi noch dazugelegt hat.

Und Fritzchen strahlt: endlich Bescherungszeit! An den beiden mit grünem Ölpapier umwickelten und mit roten Lackperlen verzierten Pyramiden brennen schon die teuren gelben Wachslichter und die Geschenke, noch mit einem Tischtuch abgedeckt, liegen ebenfalls bereit. Ein bisschen allerdings müsse er sich noch gedulden, hat Mutter Jacobi gesagt. Wenn nicht zuvor gegessen, gesungen und erzählt würde, ginge alles viel zu schnell.

Die meisten Weihnachtslieder kennt Fritzchen schon, da kann er zeitweise mitsingen. Das letzte, das Mutter Jacobi anstimmt, kennt er nicht, also hört er nur ungeduldig zu.

»Das Jahr geht still zu Ende,
nun sei auch still, mein Herz.
In Gottes treue Hände
leg ich nun Freud und Schmerz«,

singt Mutter Jacobi und weint danach leise. Es war ein schlimmes Jahr ohne ihren Frieder. Sie hätte es nicht überlebt, wenn die beiden Schwestern ihr nicht geholfen hätten. Sie wisse das wohl und habe ihnen ja auch schon mehrfach gedankt, vergessen aber würde sie ihnen diese Lebensrettung nie. Wenig später erzählt sie von früher, von jener Zeit, als Frieder noch ein Säugling war, die Cholera in der Stadt wütete und täglich viele Menschen der schlimmen Seuche zum Opfer fielen. Darunter auch Frieders Vater. »Viele verließen die Stadt. Aber wo sollten mein Jungchen und ich denn hin? Wir hatten ja niemand.«

Sie weint heftiger und sagt dann, dass sie an jenem Weihnachtsabend vor sechzehn Jahren am liebsten Schluss gemacht hätte. Nur weil sie ihren Frieder nicht allein lassen konnte, hätte sie es nicht getan.

»Und warum haste nicht wieder geheiratet, Mutter Jacobi?«,

will Guste da wissen und Jette muss daran denken, dass es der Schwester ja nicht viel anders ergangen ist. Vielleicht sogar schlimmer, hatte sie doch auch noch die kleine Jette am Hals.

»Hatte meinen Mann doch sehr lieb!« Nun ist Mutter Jacobi fast ein wenig beleidigt. Um sie abzulenken, bittet Frieder sie, für die Suppe und die Bratäpfel ihr gutes rheinisches Steinzeug aus der Dachkammer holen zu dürfen. »Wenn wir's sogar Weihnachten schonen, können wir's auch gleich wegwerfen.«

Und dann stehen endlich die Teller auf dem Tisch und die Suppe wird gelöffelt und das Fleisch von den Knochen genagt und alle strahlen, weil man, wie Mutter Jacobi glücklich seufzt, zu Jettes Suppe wirklich Sie sagen muss.

Fritzchen isst, bis sein Bauch zur Kugel angeschwollen ist und Mutter Jacobi schon befürchtet, dass kein Bratapfel mehr hineinpasst. Es passen dann aber sogar noch zwei hinein und darüber müssen alle lachen und sie bleiben so lustig, bis Mutter Jacobi wieder von ihrer eigenen Kindheit erzählt, als man kaum geschmückte Tannenbäume kannte. Da hätten bei Arm und Reich nur Pyramiden gestanden. Und am Heiligen Abend sei kein Christkind gekommen, sondern nur ein alter Mann, der erst Herr Winter und später Weihnachtsmann gerufen wurde.

»Kommt zu uns denn auch einer?« Fritzchen schielt zur Decke hin, unter der die Geschenke liegen.

»Aber er ist doch längst da!« Frieder macht ein geheimnisvolles Gesicht. Und als Fritzchen drauf reinfällt, sich ängstlich umblickt und zaghaft »Wo denn?« fragt, packt er ihn unter den Armen und lässt ihn sich im Spiegel über der Waschschüssel selbst betrachten. »Da! Das isser! Zwar ist er noch 'n bisschen klein, unser lieber, guter Weihnachtsmann, aber ganz sicher wächst er noch.«

Alle lachen, nur Fritzchen spielt den Beleidigten, bis Mutter Jacobi mit ihm an den Ofen tritt. Sie hat im Straßenmatsch ein paar Tannenzweige gefunden, abgewaschen und getrocknet; jetzt hält sie die kostbaren Stücke gemeinsam mit Fritzchen an die Glut, bis sie aufflammen und einen angenehmen Duft verbreiten.

Auch Frieder will die Bescherung noch ein bisschen spannender machen. Er zündet ein Talglicht an, pustet es gleich wieder aus und bläst danach so heftig gegen den noch glimmenden Docht, dass die Flamme wieder aufleuchtet.
Sofort will Fritzchen es auch versuchen, schafft es aber nicht. Nicht mal Jette und Guste haben so kräftige Lungen. Dafür hält Jette einen Teller, der nicht zu Mutter Jacobis rheinländischem Schatz gehört, mit der Rückseite übers Talglicht, bis er ganz schwarz geblakt ist, und kratzt danach mit einer Stricknadel Fritzchens Konterfei hinein. Und als Mutter Jacobi ganz begeistert von ihren Zeichenkünsten ist, werden auch sie und Frieder und Guste in den Teller gekratzt und zum Schluss muss Jette sich selbst zeichnen.
Dann reicht es Fritzchen endgültig, laut verlangt er, endlich beschert zu werden. Und da zieht Guste mit einem Ruck das Tischtuch weg und Fritzchens Augen leuchten auf. Das ist ja fast alles nur für ihn! Ein kleines Holzpferd, das Frieder aus einem krumm gewachsenen Ast geschnitzt hat; neue Fäustlinge, von Mutter Jacobi gestrickt; von seiner Mutter eine Pelzmütze; das warme Hemd hat Jette ihm genäht. Wie kann er sich so viel auf einmal freuen?
Es liegt aber noch ein Hemd da, aus dem gleichen Stoff geschneidert, das nur Frieder passen kann. Ganz rot wird er, als er es sich vor die Brust hält, weil die drei Frauen sofort sehen wollen, ob es auch nicht zu lang oder zu kurz geraten ist. Und noch verlegener wird er, als er Jette das riesige Pfefferkuchenherz überreicht, das er bei einem »echten Nikolaus« für sie bestellt und das der Bäckermeister mit einem selbst verfassten Gedicht verziert hat:

*Jetteken, ick liebe dir,*
*liebe dir, so wie du mir!*
*Wenn de mich mal nich mehr liebst,*
*weeßte, dass de Senge kriegst.*

Jette wird ebenfalls rot, muss aber lachen. Mutter Jacobi hingegen ist entsetzt. »Also weißte! Wo ihr doch noch nicht mal verlobt seid!«

Frieder hat aber auch für seine Mutter ein Herz anfertigen lassen. *Meinem lieben, tapferen Mamchen* steht drauf. Er hängt es ihr um, küsst sie und bedankt sich für den neuen Schal, den sie ihm gestrickt hat. Ansonsten haben sich die Erwachsenen nicht beschenkt. Das war so verabredet; nur nicht unnötig Geld ausgeben.

»Vielleicht hat Frieder aber doch noch 'n Geschenk für uns.« Sie trinken schon Punsch und Fritzchen mit der neuen Pelzmütze auf dem Kopf lässt sein Pferdchen über den Tisch hoppeln, da sagt Jette das. »Ein Geschenk für uns alle!«

»Was denn?«, will Fritzchen sofort wissen. Geschenke kann er nicht genug kriegen.

Frieder aber wehrt gleich ab: »Es ist nichts zum Anziehen, nichts zum Spielen, nichts zum Essen – es ist nur was zum Zuhören.« Und dann zieht er ein Stück Papier aus seinem Rock, rückt nahe an die Pyramide heran und verkündet feierlich: »Geneigte Damen, lieber Herr Fritz, die Thronrede von Friedrich Wilhelm dem Fünften!«

Guste muss lachen. »Na endlich! Jettes Kartoffelprinz warste ja nu lange jenug.«

Frieder jedoch fährt nur nachdenklich fort: »Womit ein König seine Thronrede beginnt, weiß ich nicht. Ich weiß nicht mal, wie eine Thronrede abgefasst wird. Deshalb sage ich nur: Liebe Landsleute!«

»Das ist schon mal sehr schön.« Guste will einfach nicht ernst werden. »Davon könnte dein Vorgänger was lernen.«

»Liebe Landsleute!«, beginnt Frieder von vorn und dann sieht er niemanden mehr an, sondern hält mit Feuereifer seine Rede: »Ich danke euch für euer Vertrauen. Ihr habt einen Zimmermann zum König gewählt. Das gibt's sonst nur im Märchen. Und jetzt soll ich, Friedrich Wilhelm der Fünfte von Volkes Gnaden euch sagen, wie ich Preußen zu regieren gedenke. Da muss ich gestehen, dass ich das noch gar nicht weiß. Ich weiß nur eines: Fast alles muss besser werden in unserem Land. Dazu gehört vor allem, dass jeder sagen und schreiben darf, was er will, und nicht nur, was dem König gefällt. Also verkünde ich als Erstes, dass jede Pressezensur aufgehoben wird und das Versammlungs- und Vereinigungsverbot ebenfalls.«

Er guckt hoch, sieht in Jettes stolzes, Gustes gespanntes und der Mutter erschrockenes Gesicht und fährt mutig fort: »Des Weiteren verkünde ich, dass fortan alle zehn Jahre ein neuer König gewählt wird. Und wählen dürfen alle, jeder erwachsene Mann und jede erwachsene Frau, egal, welchem Stand sie angehören. Das Volk ist ja nicht dumm, es hatte nur nie die Möglichkeit, sich genügend zu bilden. Die Kosten für die Schulen werden deshalb fortan vom Staat getragen.«

Das hat er von Michael und das findet er richtig so.

»Außerdem wird die neue Regierung dafür sorgen, dass die Arbeitszeit verkürzt wird. Kein Erwachsener soll länger als zehn Stunden, kein Kind länger als sechs Stunden arbeiten; Kinder am besten aber gar nicht. Der Sonntag bleibt frei. Und jeder soll ein angemessenes Lohngeld erhalten. Sein Einkommen muss für Mietzins, Heizung, Kleidung und Lebensmittel reichen. Wer keine Arbeit findet, obwohl er danach sucht, und wer zu alt zum Arbeiten ist, wird von denen, die Arbeit haben, unterstützt. Gleiches gilt für Frauen, die ihre Kinder allein großziehen müssen, und für Kriegsinvaliden und andere, die aus gesundheitlichen Gründen nicht arbeiten können. Außerdem werden alle Preise vom Staat kontrolliert und wer Wucher treibt, wird zur Geldstrafe verurteilt.«

»Schlari – Schlara – Schlaraffenland!« Guste kichert. »Wird das ein feines Leben!«

»Er ist noch nicht fertig!« Jette guckt streng und Guste hebt zur Entschuldigung beide Hände, kichert aber weiter.

»Alle politischen Gefangenen werden sofort freigelassen und

die Urteile derjenigen, die aus Not zu Verbrechern wurden, überprüft. Wer unverschuldet ins Elend geraten ist oder nur geringe Schuld auf sich geladen hat, dem ist von Staats wegen zu helfen. Denn der gewählte König hat sich zuallererst um die Benachteiligten zu kümmern. Das ist oberstes Gesetz.«

»Aber Frieder!« Mutter Jacobi, die zum Schluss mit immer größer werdender Bänglichkeit zugehört hat, will nicht glauben, was ihr Sohn da von sich gibt. »Wie kannste nur so was aufschreiben! Das ist ja ... demagogisch! So was ... darf doch keiner drucken!« Ganz verzweifelt blickt die alte Frau nun auch Guste und Jette an. »Dafür wird man doch bestraft. Willste denn wieder in die Hausvogtei? Schämste dich nicht, deine alte Mutter erneut der Barmherzigkeit anderer auszusetzen?«

»Und was soll ich sonst schreiben?«, verteidigt Frieder sich genauso erregt. »Den Mut zur eigenen Meinung zu haben, das habe ich inzwischen gelernt, das ist das Erste, was uns fehlt.«

»Nun lies doch erst mal weiter!«, unterbricht Guste Mutter und Sohn. »Streiten könnt ihr später.« Und dankbar nickend fährt Frieder fort, dass es sofort nach seiner Thronbesteigung eine Verfassung zu erarbeiten gilt, in der verfügt wird, dass alle Menschen, ganz egal, welcher Religion sie angehören, ob sie reich oder arm oder von Adel sind, die gleichen Rechte besitzen. Außerdem wird Preußen sich unter seiner Regierung mit allen Kräften darum bemühen, dass statt vieler kleiner Zwergstaaten mit Unmengen von Fürstenhäusern endlich ein großes und friedliches Deutschland entsteht. Über jedes einzelne Gesetz aber soll zuvor im Volk beraten werden.

»Na, das ist gut!« Mutter Jacobi lacht ärgerlich. »Wir armen Radieschen sagen der Sonne, wie sie zu scheinen hat!«

Guste macht erst mal nur ein nachdenkliches Gesicht, dann wiegt sie den Kopf. »Alles gut und schön, Herr Volkskönig! Aber wirste deine Versprechen denn auch halten, wenn de erst auf 'm Thron sitzt? König bleibt König und war er's vorher nicht, so wird er's noch. Hab noch nie einen Kerl erlebt, der, kaum war er was geworden, nicht seine alten Freunde vergessen hätte.«

Kluge Guste! Das ist ja genau das, was auch Frieder an seiner Rede stört: das Wort König! Ist ein vom Volk gewählter König denn überhaupt noch ein König? Oder ist sein Friedrich Wilhelm der Fünfte nicht nur eine Märchenfigur? Und ist er selbst, wenn er so denkt, nicht längst zum Republikaner geworden?

Jette hat Frieders Rede zuvor schon zweimal gelesen. Wie Michael und Rackebrandt mit Hinweisen und Ausdrücken, so hat sie ihm mit ihren Fragen geholfen. Für sie ist sein Friedrich Wilhelm der Fünfte kein Märchen-, sondern ein »Vorbildkönig« wie die drei guten und weisen Könige aus dem Morgenland. Gerade will sie der Schwester heftig widersprechen, als es plötzlich klopft. Von einer Sekunde zur anderen verspürt sie ein beklemmendes Gefühl. Wer macht denn am Heiligen Abend zu so später Stunde noch Besuche?

Auch Guste wird ganz bleich. »Wer ist denn da?«

»Bitte öffnen Sie! Was ich Ihnen zu sagen habe, dauert keine Minute.«

Der Flatow? Guste zögert erst, dann geht sie mit schnellen Schritten zur Tür.

Im langen, warmen, blaugrau geblümten Hausrock, ein schwarzes Samtkäppchen mit Eichenlaubgirlande auf dem Kopf, betritt der Hausbesitzer den Raum, wirft einen schnellen Blick in die Runde, grüßt betont höflich und sagt dann im gleichmütigen Tonfall, dass er leider gezwungen sei, den Schwestern Mundt mit Beginn des Monats Januar den Mietzins zu erhöhen. Bisher sei er ja immer sehr großzügig gewesen, doch ginge das nun nicht mehr. Die ewigen Besuche von Damen zweifelhaften Rufs in seinem Haus schädigten sein Ansehen mehr, als seine Geschäfte es vertrügen.

»Um wie viel?«, fragt Guste nur.

»Ums Dreifache.« Es gefällt dem Flatow offenbar, dass diese Art von Mieterhöhung leicht zu durchschauen ist.

»Ohne die üblichen Zuwendungen?«

»Ohne die üblichen Zuwendungen. Die sind mir in letzter Zeit langweilig geworden.«

»Langweilig?« Die Schwester lauscht dem Wort nach, als hätte sie es noch nie zuvor gehört. »Langweilig?«, sagt sie dann noch einmal. Aber jetzt klingt ihre Stimme schrill und dann lacht sie auch schon laut auf, schreit: »Dreckiger Mädchenschänder!«, schiebt den Flatow aus dem Raum und wirft die Tür zu, als wollte sie ihm die vor den Kopf schlagen. Wieder am Tisch, will sie über den Vorfall lachen, bricht aber in Tränen aus. Und Fritzchen, der gar nicht verstanden hat, was Herrn Flatows Worte für ihn, seine Mutter und Jette bedeuten, ahnt, dass etwas Furchtbares passiert sein muss, und weint gleich lauthals mit.

Frieder jedoch hat endlich begriffen, um wen es in Wahrheit geht. Geraume Zeit sitzt er nur starr da, dann springt er hochroten Kopfes auf und will zur Tür.

Jette ist schneller. »Nein!«, ruft sie und tritt ihm mit abwehrend erhobenen Händen in den Weg. »Damit machste ja alles nur noch viel schlimmer.«

»Aber der Kerl ist ein Schwein! Ein Lumpenhund!« Wütend schiebt Frieder Jette beiseite, um dem Flatow dennoch nachzueilen, als es zum zweiten Mal klopft. Einen Moment verharrt er nur erstaunt, dann reißt er die Tür auf, um den Mann davor zur Rede zu stellen, bringt aber kein Wort heraus, starrt nur immer den Geldbeutel an, den der Flatow ihm entgegenhält.

»Entschuldigen Sie, Herr Jacobi!« Der Hausbesitzer lächelt kalt. »Diese Verabschiedung ging mir etwas zu rasch. Hab da noch eine kleine Frage.« Und er macht zwei, drei Schritte auf Jette zu und hält ihr den perlenbestickten Beutel direkt vors Gesicht. »Gehört das gute Stück vielleicht Ihnen?«

»Nein.« Jette schafft es, ein ablehnend-gleichgültiges Gesicht zu machen. »So was Teures können wir uns nicht leisten – bei der Miete!«

»So? Das ist aber seltsam. An jenem Abend, an dem ich Sie

und Herrn Jacobi auf der Straße traf, fand ich das gute Stück nur ein paar Schritte hinter Ihnen. Sie müssen ebenfalls daran vorübergekommen sein.«

»Na und?« Endlich hat Frieder sich auch gefasst. »Haben Se denn nicht bemerkt, dass wir Besseres zu tun hatten, als uns um verloren gegangene Geldbeutel zu kümmern?«

Dem Mann vor ihm steigt das Blut in den Kopf. »Aber weshalb ist der Beutel leer? Wieso sollte jemand, der sich ein so kostbares Stück leisten kann, es ohne einen einzigen Pfennig spazieren tragen? Der Beutel ist ja nicht mehr neu, zum Weihnachtsgeschenk taugt er nicht.«

»Wie sollen wir denn das wissen?« Jetzt ist wieder Jette dran. Mit weit ausgestrecktem Arm weist sie zur Tür. »Und nun gehen Sie bitte! Sie stören!«

Ein abschätziger Blick, dann geht der Flatow tatsächlich. Im Treppenhaus aber dreht er sich noch einmal um. »Tja«, sagt er, Frieders und Jettes Gesicht ein letztes Mal prüfend, »dann werd ich mal auf der Polizeiwache vorbeischauen. Nur muss ich dann natürlich berichten, unter welchen Umständen ich den Beutel gefunden habe – und dass Sie an jenem Abend in unmittelbarer Nähe waren! Es macht Ihnen doch nichts aus, wenn ich Sie als Zeugen angebe?«

»Geben Sie an, so viel Sie wollen! Wir haben nichts gesehen und wissen auch sonst nichts.« Diesmal wirft Frieder die Tür zu.

»Was war denn das?« Ratlos blickt Mutter Jacobi ihren Sohn an.

»Na, was schon? Ein letzter Versuch, Jette einzuschüchtern.« Frieder setzt sich und lacht, als wäre das Ganze nur eine komische Theatervorstellung gewesen. Aber er schaut Jette dabei nicht an und auch Jette hebt nicht den Blick. Guste jedoch ballt verbittert die Fäuste. »Wieso hab ich dem Kerl nicht die Augen ausgekratzt? Weshalb hab ich ihm nicht die eitle Larve runtergerissen, damit das Tier sichtbar wird, das in ihm steckt?«

»Ach, Kindchen! So war's doch immer schon: Wo das Glück einzieht, setzt sich das Böse auf die Türschwelle!«

Ein seltsamer Versuch Mutter Jacobis, Guste zu trösten. Sie merkt es selbst und fügt seufzend hinzu: »Is ja noch nicht aller Tage Abend, Justeken! Vertrauen wir auf Gott!«

»Gott?«, höhnt Guste da so laut, dass Fritzchen ganz erschrocken die Augen aufreißt und nicht weiß, ob er wieder weinen soll oder lieber nicht. »Gott? Wo steckt er denn? Weshalb zeigt er sich nicht, wenn seine Anwesenheit doch so sehr jefragt ist? Und wieso steht er immer auf Seiten der Starken? Isser etwa kein Christ?« Und als Mutter Jacobi sich daraufhin nur schnell bekreuzigt, bittet sie Frieder, nur ja in seine Thronrede noch hineinzuschreiben, dass Hausbesitzer sich zukünftig gefälligst wie Menschen zu benehmen hätten und nicht wie blutrünstige Bestien. Und Jette ruft sie zu: »Weißte, was Marie immer jesagt hat? Das Beste auf Erden ist sterben oder gar nicht erst geboren werden? Das ist die einzige Wahrheit, die deine liebe Schwester Aujuste in ihrem janzen Leben je gehört hat. Und die Marie hat's richtig jemacht! Wozu Mühsal und Qual, wenn man doch viel besser allet verschlafen kann?«

Darauf wagt niemand etwas zu antworten und so ist es lange sehr still in dem kleinen, niedrigen Raum. Bis Mutter Jacobi traurig sagt: »Bestimmt hat er heute – am Heiligen Abend! – ganz allein in seiner Wohnung gesessen und immerzu an unser Glück denken müssen. Und da ist die Bosheit über ihn gekommen.«

»Setz noch seidene Flicken auf diesen Lumpensack!« Frieder kann über so viel christliches Mitleid nur den Kopf schütteln. »Ein Racheakt war's, nichts anderes! Und natürlich schmeckt der zu Weihnachten besonders süß.«

Danach ist wieder alles still, bis Fritzchen irgendwann leise fragt, wo sie denn schlafen sollen, wenn sie hier ausziehen müssen, und damit verrät, dass er doch einiges mitbekommen hat. So muss Guste sich zusammennehmen und schafft es tatsächlich, ein beinahe fröhliches Gesicht zu machen. »Na, wo schon, oller Bettwurm? Irgendwo, wo's schön ist! Scheiden und meiden, so geht's nun mal zu im Leben. Das is überhaupt nischt Besonderet!«

Und als der Kleine skeptisch bleibt, nimmt sie das Holzpferdchen, das Frieder ihm geschnitzt hat, lässt es über den Tisch hoppeln und verkündet feierlich: »Setzt das Schicksal Fritzchen aufs Pferd, muss er reiten! Also reitet er weiter, über Stock und Stein, Glück und Pein, rein in die nächste Wohnung, in der 's viel schöner ist als hier und große Leute sich nicht zu bücken brauchen.«

Zum Schluss tippt sie ihm mit dem Pferdchen noch auf die Nase. »Und fragt dich wer, warum, guckste nur dumm.«

# 3. Teil
# Um unser Leben

### Wunderschönes Paris

Der erste richtige Frühlingstag in diesem Jahr. Noch bis gestern war es kühl und nass und immer wieder rieselte dünner Märzschnee vom grauen Himmel; jetzt liegt helle Morgensonne über den Dächern und so beginnt diese Woche wie ein einziges großes Versprechen.

Frieder atmet noch einmal tief die schon einen Hauch Wärme verbreitende Luft ein, dann schließt er das kleine Dachkammerfenster und wendet sich wieder der Mutter zu, die wie jeden Morgen die Restglut nutzt, um Abwaschwasser aufzusetzen.

»Komm heute wieder später«, sagt er leise.

»Gehste zu Jette oder zu 'ner Versammlung?«

»Erst zur Versammlung, dann zu Jette.«

Die Mutter tut ihm Leid. Seit Silvester, seit Jette, Guste und Fritzchen vors Rosenthaler Tor gezogen sind, bleibt sie fast jeden Tag allein. Es ist zu weit für sie, bis ins Vogtland zu laufen; das machen ihre Beine nicht mehr mit. Und machten sie noch mit, sagt sie trotzig, würde sie dennoch ihr Fritzchen nicht besuchen. Weil sie nicht am helllichten Tag auf offener Straße erschlagen werden möchte. Da kann er ihr noch so oft erklären, dass im Vogtland nicht nur Verbrecher leben, sie tröstet sich über ihre schwachen Beine und ihre Sehnsucht nach Fritzchen hinweg, indem sie sich einredet, sie würde ja doch nicht hingehen in diese Lumpen-, Diebs- und Mördervorstadt.

»Wenn's nur gut ist, was ihr da macht.« Die Mutter seufzt. »Der König wird sich das freche Gerede nicht mehr lange gefallen lassen.«

»Er wird's sich gefallen lassen müssen, Mamchen!« Ein flüchtiger Abschiedskuss und schon ist er im Treppenhaus.

Die Mutter will es nicht wahrhaben, aber seit zwei Wochen, seit in Paris die Revolution ausgebrochen ist und sogar gesiegt hat, hat sich die Stadt verändert. Wenn in Paris die gesamte korrupte Regierung mit dem noch korrupteren König an der Spitze verjagt werden und der Thronsessel ihres nach England geflohenen Louis Phillipe auf offener Straße einem Freudenfeuer zum Opfer fallen konnte, weshalb sollte in Berlin alles so bleiben, wie es ist? Wird hier etwa nicht das Volk verachtet? Lebt hier niemand im Elend? Ein allgemeines Wahlrecht, Versammlungs- und Pressefreiheit, sogar das Recht auf Arbeit und das Recht zur Volksbewaffnung, Werkstätten zur Arbeitslosenversorgung und eine Arbeitszeitverkürzung auf zehn Stunden am Tag haben sich die Franzosen erkämpft. Sollen die Deutschen sich da weiter ducken? In Paris hat's gewittert, wie es jetzt überall heißt, und in Deutschland hat man's donnern hören. Und wenn sich nicht bald sehr viel ändert, wird man's auch blitzen sehen.

Schritte kommen ihm entgegen. Unwillkürlich wird Frieder langsamer. Das ist der kahle Kerkau, der noch immer alle Leute nach ihm ausfragt und von dem er nun schon ein paar Mal geglaubt hat, ihn auch in den Zelten gesehen zu haben. Es gibt längst keinen Zweifel mehr: Der Kerkau ist ein Polizeispitzel! – Aber was soll man gegen so einen machen? Ihn bei der Polizei anzeigen? Oder ihm ein dankbares Veilchenbukett auf die Nase pflanzen, wie Flips immer wieder rät?

»Morjen!«, knurrt der Kerkau nur und hält dabei die müden Augen geschlossen, als wäre ihm völlig egal, wer ihm da gerade entgegenkommt.

Frieder erwidert den Gruß nicht, läuft nur schnell an dem gedrungenen Mann vorüber und wird im ersten Stock wieder etwas langsamer. Er hat sich immer noch nicht an den Gedanken gewöhnt, dass hinter der Tür mit den Stufen nicht mehr Guste, Jette und Fritzchen wohnen, sondern nun schon seit über zwei

Monaten ein gichtiger, gallensteinkranker Lohndiener namens Ladenthin mit seiner überraschend jungen Frau. Die Wuttig hat überall herumerzählt, die blonde Franziska sei ein armes Waisenkind, das bei den frommen Frauen aufgewachsen wäre. Von dort hätte dieser grünspanige Leichenbitter sie fortgeheiratet. Warum der Flatow aber ausgerechnet diesem ungleichen Paar das Zwischengeschoss vermietet habe? – I das bedürfe doch wohl keiner Nachfrage!

Frieder interessiert dieser Ladenthin nicht und auch dessen junge Frau ist ihm egal, dem Flatow aber hat er nichts vergessen. Doch er muss vorsichtig sein, weiß ja nicht, welchen Zweck der Hausbesitzer mit dem Geldbeutel verfolgt. Hebt er ihn vielleicht auf, um ihm eines Tages damit zu kommen? Wo Jette abgeblieben ist, weiß dieser eitle Fatzke ja nicht. Und selbst wenn er es wüsste, im Vogtland nimmt man es mit der polizeilichen An- und Abmeldung nicht so genau; dort jemanden zu finden ist schwerer, als in der Lotterie zu gewinnen.

Auch auf der Straße hat die Sonne alles neu belebt. Keine griesgrämigen Regengesichter mehr, dafür ein kesser Rollwagenkutscher, der laut den Nähmamsells nachpfeift, und eine verwegen ausschauende Schar Jungen, die den Fabriken vor der Stadt entgegenstrebt. Dietz, der mal wieder die Straße fegen muss, ruft ihnen allerlei Spottworte nach und die Jungen, keiner älter als vierzehn, antworten: »Mehlwurm! Schrippenhengst! Kohlweißling!« Hoch über ihren Köpfen jagen die Dohlen um den Turm der Marienkirche, als spielten sie miteinander Einkriegezeck.

Froh gelaunt eilt Frieder am »Rasier-, Frisier- und Haarschneidekabinett« des Herrn Jacoby vorüber und wenig später an dem Buchladen mit den hebräischen Schriftzeichen über der Tür und den goldblitzenden Gottesdienst-Gegenständen im Schaufenster. Seit er mit Michael befreundet ist, erscheinen ihm diese beiden Läden nicht mehr so fremd und trifft er den frommen Buchhändler, den Y-Jacoby oder die Leute vom jüdischen

Waisenhaus auf der Straße, grüßt er jedes Mal freundlich. Inzwischen wundert das niemanden mehr und alle grüßen höflich zurück.

Oh, wunderschönes Paris! Wie viel Hoffnung, wie viel Mut haben die Nachrichten aus der französischen Hauptstadt gemacht! Als an jenem Sonnabend vor zwei Wochen die ersten Meldungen in den Zeitungen standen, rissen sich die Leute die Blätter gegenseitig aus den Händen und immer fand sich einer, der die Sache verkürzte, indem er den anderen die neuesten Nachrichten laut vorlas. Seither gibt es kein anderes Thema mehr! Die Republikaner sagen: Was die Franzosen konnten, können wir auch. Die Konstitutionellen meinen: Jetzt muss der König einlenken, will er kein zweites Paris. Die Konservativen aber haben gleich die Truppen nach Berlin gerufen und sollen seit neuestem sogar ihren Dienstboten großzügiger entgegenkommen; Vorsicht ist die Mutter der Porzellankiste!

Alles, alles, alles ist seither in Bewegung und von Tag zu Tag geht es rascher. Am Rosenmontag traf sich nur eine kleine Gruppe junger Leute in den Zelten, um endlich mal ihre Wünsche zu formulieren. Studenten waren dabei, Künstler, kaum Handwerker oder Arbeitsburschen. Hätten Götz und Michael ihn nicht mitgeschleppt, hätte er wohl erst am nächsten Tag davon erfahren. Am Faschingsdienstag kamen dann schon über fünfhundert Männer und Frauen aus allen Ständen und Altersgruppen in die Versammlung, obwohl sie doch eigentlich verboten war! Und jetzt wurden die Forderungen beratschlagt, die über Nacht ausgearbeitet worden waren; Forderungen fast so, als entstammten sie seiner Volkskönigsrede, doch noch viele andere mehr. Sogar eine sofortige Volksbewaffnung mit freier Wahl der Führer, eine allgemeine deutsche Volksvertretung und die schleunigste Einberufung des Vereinigten Landtags wurden verlangt.

Das Beste aber waren die Schlussworte der Adresse: »Nur die Gewährung dieser Wünsche wird imstande sein, die Eintracht zwischen König und Volk zu sichern.« Auf gut Deutsch: Lehnt der König diese Forderungen ab, machen wir es wie die Franzosen!

Götz war überaus begeistert von dem Papier und Michael gefiel es auch, obwohl er überzeugt war, dass der König auf diese Forderungen nicht eingehen würde. »Wozu denn?«, lachte er Götz aus. »Er weiß doch, dass wir Preußen sind und keine Franzosen. Wenn's drauf ankommt, haben wir noch immer pariert.«

Doch er behielt nicht Recht. Zwar empfing der König die Deputierten nicht, die ihm diese Adresse überbringen wollten, ließ gar den Polizeipräsidenten mit militärischem Einschreiten drohen, falls man versuchen sollte, ihm das Papier anders als auf dem Postwege zuzustellen; zwar empörte sich die konservative Presse laut über diese Unbotmäßigkeit und verlangte Pferdehufe und Gewehrkolben, um die »hochverräterischen Judenjungen« zur Räson zu bringen, die das arme, unwissende Volk aufhetzten – einschüchtern aber ließ sich niemand mehr. Schon am Donnerstag fand die dritte Volksversammlung statt. Und nun kamen gleich mehrere tausend Menschen in die Zelte!

Es war so voll, dass die meisten außerhalb des Lokals bleiben mussten. Ein Tisch wurde in die Nähe der offenen Tür gestellt, auf dem stand der jeweilige Redner, so dass er drinnen und draußen gleichermaßen gut zu hören war. Und sprachen sie nicht schon viel freier, eindringlicher und siegesgewisser als an den Tagen zuvor? Wurde nicht jede Kritik am Staat und jede Anspielung auf die Regierung mit donnerndem Beifall begleitet? Dem Professor Maurenbrecher wurde sogar ein »Lebe hoch!« dargebracht und auch der korpulente Journalist Winterstein, auf jeder Versammlung dabei, erhielt viel Beifall. Das Erhebendste für Frieder aber war, dass sich jetzt endlich auch Handwerksgesellen zu Wort meldeten. Darunter Rackebrandt. Als es darum ging, wie die Adresse, für die ja schon Tausende von Unterschriften gesammelt worden waren, dennoch vor den König gebracht werden könnte, schlug der Altgeselle vor, sie im Zuge einer großen Demonstration vors Schloss zu tragen, um dem König zu zeigen, dass eben nicht nur ein paar »hochverräterische Judenjungen« oder »Rinnsteinkinder«, sondern das gesamte Volk hinter diesen Forderungen stand. Viele schlossen sich diesem Vorschlag an, andere befürchteten gewalttätige Auseinandersetzungen und sprachen sich zu Rackebrandts Entsetzen und Michaels Schadenfreude dafür aus, dem König ihre Forderungen tatsächlich mit der Post zu schicken. Nach vielem Hin und Her kam man schließlich überein, die Adresse den Stadtverordneten in die Hände zu legen, damit diese sie an den König weiterbeförderten. Ein fauler Kompromiss, wie Michael sagte; ein Ergebnis jahrhundertelanger Erziehung, wie Rackebrandt schimpfte; eine Möglichkeit, Blutvergießen zu verhindern, wie Götz widersprach.

Wie faul der Kompromiss wirklich war, merkten sie erst später: Am Freitag wurde die Adresse den Stadtverordneten übergeben, Sonnabend berieten die Herren Bürgerbriefbesitzer darüber, fanden sie »unreif« und eine »Zumutung« und entschieden, dem König am heutigen Montag eine eigene, sehr abgemilderte Adresse vorzulegen. Bis auf die geforderte religiöse Gleichstellung, die Aufforderung zur Einberufung des Landtages und eine schamhafte Erwähnung des Wunsches nach einer Einigung Deutschlands allerdings ist kaum etwas von den ursprünglichen Forderungen darin enthalten. Zum Ausgleich dafür wird ein untertänigster Dank für das vage Pressefreiheitsversprechen abgestattet, das sich der König in der vorigen Woche abgerungen hat, um die Gemüter wenigstens ein bisschen zu beruhigen. Dennoch ist man in der Stadt sehr gespannt, wie der König auf diese Filzlatschen-Adresse reagieren wird, und so wurde für den Abend schon mal die nächste Volksversammlung angekündigt. Und diesmal wird halb Berlin in die Zelte kommen, davon sind Michael, Rackebrandt und Götz gleichermaßen überzeugt.

So traurig es ist, dass Jette, Guste und Fritzchen nun im Vogtland leben müssen, es gibt auch Grund zur Hoffnung. Weil endlich mal was passiert! Wer auf nichts mehr hofft, sagt die Mutter immer, übersieht sogar die dicksten Goldklumpen. Und wenn in Paris welche gefunden wurden, weshalb sollte es in Berlin keine geben?

Meister Langemann hat den Auftrag zum Ausbau eines Dachgeschosses bekommen. Auf ein zweistöckiges Haus in der Klosterstraße soll noch eine Etage draufgesetzt werden. Die Maurer haben ihre Arbeit schon beendet und auch sie, die Zimmerer, sind schon beim Sparrenwerk. Und alle arbeiten sie mit einem Spaß, als müssten sie aufholen, was sie in den langen Wintermonaten versäumt haben.

Es war ein Glücksfall, ein Geschenk des Himmels für Frieder, dass er dank Michael so gut über die stille Zeit kam. Für Miete und Essen, ein paar neue Wäschestücke und sogar für den wattierten Stoff, aus dem Jette und die Mutter ihm zum Geburtstag einen neuen Winterrock schneiderten, reichte sein Verdienst. Doch Arbeit ist nicht Arbeit. Auf die Dauer langweilte ihn das Möbelausliefern. Und bei ständig um sie herumschleichenden, zitternd um das neue Stück besorgten Hausherren empfand er diese »Dienerarbeit« fast schon als Strafe.

Mittagspause! Na, wenn's denn sein muss! Weiterhin so gut gelaunt setzt er sich zu den anderen zwischen die aufgestapelten Sparren, legt sich sein Brettchen über die Knie und breitet seine Pausenmahlzeit drauf aus. Dann beobachtet er sie mal wieder alle: Meister Langemann und seine *Berlinischen Nachrichten*; den alten Schorsch, wie er an seinem Priem kaut, zwischendurch immer wieder an der Branntweinflasche nippt und dabei so trübselig vor sich hin stiert, als käme sein Komet nun doch nicht mehr; Flips, der sich mal wieder über Nante lustig macht, weil der über Winter in einer Kohlenhandlung gearbeitet und davon Flipsens Meinung nach noch immer einen ganz schwarzen Hintern hat; Nante, den dieser Spott nicht im Geringsten zu rühren scheint; Roderich, der wie stets so langsam kaut, als wolle er jeden Bissen einzeln ehren; und nicht zuletzt Rackebrandt, der erst nur nachdenklich von seinem Bier trinkt und dann plötzlich wissen will, wer denn am Abend alles in die Zelte kommt.

Frieder hebt nur zögernd die Hand. Rackebrandt weiß ja längst, dass er kommen wird. Dem Altgesellen geht es vor allem um Nante und Flips, Schorsch und Roderich, die sich bisher an noch keiner einzigen Volksversammlung beteiligt haben. Nante wehrt denn auch gleich wieder ab, will nicht auf seinen gemütlichen Feierabend bei Frau und Kindern verzichten. Flips witzelt, er gehe nur mit, wenn auch hübsche Mädchen kämen, Schorsch nimmt als Antwort nur den nächsten Schluck aus seiner Flasche und Roderich reibt sich mal wieder unter der Augenbinde. »Palaver!«, sagt er dann. »Nichts als Palaver! Solange nichts Ernsthaftes unternommen wird, dürft ihr auf mich nicht zählen.«

Doch so schnell gibt Rackebrandt nicht auf. Ausführlich erzählt er von den vielen Truppenteilen, die »seit Paris« in Berlin zusammengezogen worden sind und Nacht für Nacht durch die Straßen patrouillieren, um »aufrührerische« Plakate abzureißen. Als dazu niemand etwas sagt, weil das ja keine Neuigkeiten sind, berichtet er von der Absicht der Regierung, die Strafgesetze weiter zu verschärfen.

»Todesstrafe allein reicht nicht mehr! Der abgehauene Kopf soll wieder aufgespießt und zur Warnung als Kaspar herumgezeigt werden. Dienstag vor zwei Wochen, die meineidigen Tischler, die sie zur Volksbelustigung auf 'm Molkenmarkt an den Pranger gestellt haben, das war nur der Anfang. Wenn wir nicht aufpassen, geht's zurück ins Mittelalter.«

Der Meister weiß, dass die letzten Worte ihm galten. Stirnrunzelnd bemüht er sich, nicht aus seiner Zeitung aufzublicken.

Der Altgeselle nimmt einen neuen Schluck aus seiner Weißbierflasche, dann fährt er fort: »Während wir hier sitzen, sind die Stadtverordneten mit ihren verwässerten Forderungen vielleicht gerade beim König. Aber zum Glück ist der nicht klug. Sonst würde er nämlich schnellstens darauf eingehen und wir wären billigst abgespeist.«

Da muss der Meister doch den Kopf heben. »Und du, oller Zijeuner? Was wünschst du dir? Krach? Brimborium? Säbelgeklirr? Vielleicht sogar Tote und Verwundete, Witwen und Waisen wie in Paris?«

Rackebrandt grinst. Er hat es also doch wieder mal geschafft. »Was ich mir wünsche, steht in *unseren* Forderungen. Wenn der König darauf eingeht, werde ich mich bis ans Ende meines Lebens damit zufrieden geben und die Republik, die ja doch irgendwann kommen wird, meinen Kindern und Enkelkindern anempfehlen.«

Er macht eine Pause, um dem Meister Gelegenheit zu geben, etwas zu erwidern. Als nichts kommt, fragt er ihn, weshalb die Stadtverordneten in ihrer eigenen Adresse wohl nur die religiöse Gleichstellung forderten, nicht aber die nach dem Besitz. »Weil die Herren Besitzenden ihre Privilegien nicht verlieren wollen«, antwortet er sich dann selbst, als der Meister nur den Kopf schüttelt. »Aus keinem anderen Grund, denn wir, die Besitzlosen, sind ihnen völlig schnuppe.«

Gleich darauf wendet er sich wieder Nante, Flips, Roderich und Schorsch zu. »Und die Vereinigungsfreiheit haben sie vorsichtshalber auch gleich unter den Tisch fallen lassen. Dabei ist das unsere wichtigste Forderung. Weil alle anderen dem König eventuell abgerungenen Zugeständnisse ohne das Recht, sich zu vereinigen, ja nur Papier sind. Weil wir dann im Ernstfall nie etwas durchsetzen können.« Und noch eindringlicher fügt er hinzu: »Jeder Einzelne von uns ist doch nur 'n schwaches Licht! Erst zusammen werden wir zur Flamme.«

»Flamme wollt ihr werden?«, höhnt da der Meister laut. »Wozu denn? Damit ihr alles niederbrennen könnt?«

»Damit man uns nicht mehr auspusten kann.«

Das hat Frieder gesagt. Er mag Meister Langemann. Der knorrig wirkende Mann war ihm in seiner Lehrzeit ein fast väterlicher Meister. Und im letzten Jahr hat er mitgeholfen, die Mutter zu unterstützen. Aber weshalb redet er stets so, als würden alle, die irgendwelche Forderungen stellten, ihm etwas wegnehmen wollen? Er soll seinen Bürgerbrief ja behalten dürfen – wenn allen anderen dieselben Rechte zugestanden werden.

»Was weißt denn du?« Jetzt wird der Meister ärgerlich. »Einen Staat zu lenken erfordert mehr Verstand, als durch die Straßen zu ziehen und Läden zu plündern.«

»Hab nicht geplündert!« Beinahe wäre Frieder vor Zorn aufgesprungen. So also denkt der Meister in Wahrheit! Dann hat er der Mutter nur Geld zukommen lassen, damit sie unter seinen »dummen Streichen« nicht litt?

Besänftigend legt Rackebrandt ihm die Hand auf den Arm. »Der Bursche weiß 'ne ganze Menge!« Und dann zählt er an den Fingern auf: »Erstens ist ihm bekannt, dass Borsig erst kürzlich vierhundert Arbeiter auf die Straße gesetzt hat und die nun nicht wissen, wovon sie ihre Familien ernähren sollen. Zweitens hat er am eigenen Leib erfahren, dass es in Preußen keine gerechten Richter gibt. Drittens weiß er, dass, was in Berlin debattiert wird, überall in Deutschland auf der Tagesordnung steht und dass es in Köln, Aachen, Düsseldorf, Koblenz und Bremen längst zu Unruhen gekommen ist. Viertens, dass in Baden, Nassau, Bayern und Darmstadt so manche unserer angeblich verbrecherischen Forderungen längst bewilligt sind. Fünftens, dass in vielen anderen deutschen Ländern bereits liberale Ministerien gegründet wurden. Und sechstens, dass alle diese Fortschritte mit der Androhung ›Paris‹ erzwungen werden mussten. Ändert sich die Situation, werden unsere lieben Zaunkönige ihre Zugeständnisse schneller widerrufen, als wir piep machen können. Was sozusagen Punkt sieben bedeutet.«

»Genug!« Mit der flachen Hand zieht der Meister einen Schlussstrich unter diese Aufzählung. »Was ihr nach Feierabend macht, ist eure Sache. Solange ihr bei mir auf 'm Bau seid, verbitt' ich mir jede weitere politische Quengelei.«

Rackebrandt tippt ungerührt auch den nächsten Finger an.

»Und achtens weiß unser Frieder, dass sich wehren muss, wer eines Tages menschenwürdig leben will. Und weil das außer ihm inzwischen sehr viele begriffen haben, wird unser Fritze noch diese Woche aus seinem Traum vom Gottesgnadentum erwachen oder sich nach einer anderen Arbeit umsehen müssen.«

»Au ja.« Flips ist das Gespräch schon lange viel zu ernst. »Und alle seine Minister, Richter, Gendarmen, Polizeispitzel und Zimmerermeister dürfen's ihm nachtun.«

Da muss selbst Meister Langemann lachen. »Und wer gibt euch Brauseköpfen dann Arbeit?«

»Der König«, antwortet Roderich wie selbstverständlich. »Weil er dann vielleicht auf 'n Bau geht.« Und Flips ergänzt frech: »Vielleicht wird er ja sogar Zimmerermeister und zahlt besser. Heißt doch immer, er hätt' so 'n weichet Herz.«

## *Ein falscher Schritt*

So voller Menschen war der Tiergarten wohl noch nie. Es ist ja nicht nur der erste schöne Frühlingstag in diesem Jahr, es ist auch blauer Montag, der Tag der Handwerker, an dem schon mal gegen Mittag Feierabend gemacht werden darf. Rackebrandt bedauert nur, dass nicht auch den Fabrikarbeitern ein solches Traditionsrecht zusteht, sonst wären sicher noch mehr gekommen. Es ärgert ihn noch immer, dass es ihm bis zuletzt nicht gelang, auch Schorsch und Roderich zum Mitgehen zu bewegen. Je länger er auf sie einredete, desto sturer guckten die beiden Alten.

Nante hingegen hat sich, kurz bevor Frieder und der Altgeselle losgingen, einen Ruck gegeben und sich ihnen doch noch angeschlossen. Er wolle sich nur mal anhören, was da so alles geredet und geschimpft würde, entschuldigte er sich beim Meister. Ginge es zu dreist gegen den König, würde er laut widersprechen. Und da wollte denn auch Flips mal gucken, was es denn da zu gucken gäbe.

So schlendern sie nun zu viert mit ihrem Werkzeugbündel über der Schulter unter den uralten Ulmen, Eichen und Linden und an den vielen hohen, dicht stehenden Büschen und Silberpappeln entlang und freuen sich über das helle Sonnenlicht in den noch kahlen Baumkronen. Ab und zu kommt ein Equipage die breiten Wege heruntergefahren oder Reiter und Reiterinnen preschen vorüber und machen kein Hehl daraus, dass sie die vielen störenden Menschen auf den Wegen am liebsten beiseite gekehrt hätten. Flips ruft ihnen jedes Mal eine übermütige Bemerkung nach, Frieder bedauert nur, dass Jette jetzt nicht bei ihm sein kann. Der Tiergarten ist um diese Zeit einfach zu schön: Auf dem schwarzbraunen Laub liegt noch ein letzter Hauch Schnee, an den roten Weidensträuchern sind schon die ersten Kätzchen zu entdecken und überall singen Vögel. Kleine Mädchen in schottischen Röckchen und mit langen weißen, gestärkten Spitzen an den Hosenbeinen lassen sich ihre Mäntel von sonnenschirmbewehrten Gouvernanten nachtragen, mit Zimbeln und Pauken ziehen Leierkastenmänner vorüber, die Fäden einer tanzenden Marionette in der Hand oder ein Äffchen auf der Schulter. Sogar einen Zigeuner, der seinen Tanzbären vorführen will, hat der beginnende Frühling schon in den Tiergarten gelockt.

Das Auffälligste an diesem schönen Sonnentag aber sind die vielen Gruppen von Männern und Frauen, die ebenfalls zur Volksversammlung wollen und schon erregt die neuesten Nachrichten diskutieren. Eine dieser Gruppen mit fast durchweg demokratenbärtigen Männern hat sich sogar zum Gesangsverein formiert.

»Frisch auf, mein Volk, mit Trommelschlag
im Zorneswetterschein!
O wag es doch nur *einen* Tag,
nur *einen*, frei zu sein!

Und ob der Sieg vor Sternenlicht
dem Feinde schon gehört –
nur *einen* Tag! Es rechnet nicht
ein Herz, das sich empört«,

schmettern sie unter einer riesigen alten Eiche.

»Herwegh!«, freut sich Rackebrandt und singt gleich lauthals mit, bevor sie zur nächsten Gruppe weiterwandern, und von der wieder zu einer anderen, um mal hier, mal dort zu hören, was es Neues gibt. Und so erfahren sie bald, dass der König die Stadtverordneten und Magistratsmitglieder, die ihm am Vormittag ihre Adresse übergeben wollten, ebenfalls nicht empfangen hat. Sie sollten morgen wiederkommen, seien sie beschieden worden. Außerdem wimmele es überall in der Stadt von Militär. Vor dem Potsdamer Tor, in der Leipziger Straße und rund um Zeughaus, Schloss und Schlossplatz stünden die Soldaten in so dichten Reihen, dass kein Wagen und manchmal kaum ein Fußgänger passieren könne. An bestimmten Straßenecken seien sogar Kanonen aufgefahren worden und der Kronprinz habe nicht nur demonstrativ fast alle Kasernen besucht, sondern sich vor den Truppen auch sehr kriegerisch gegen die Forderungssteller geäußert.

»Na bitte!« Rackebrandt nickt zufrieden. »Alles andere hätte mich auch sehr gewundert.« Und dann zieht es ihn zur großen Orchesterbühne hin, wo schon alles schwarz von Menschen ist und munter die eine oder andere schwarzrotgoldene Fahne geschwenkt wird.

Verblüfft starren Flips und Nante die ihnen unbekannten Farben an. Frieder jedoch ist bewegt. Seit dem Wartburgfest[*] war das Schwarzrotgold verpönt, wie Michael ihm erst gestern erklärte. Wer sich dennoch zu diesen Farben bekannte oder sich in schwarzrotgoldener Studententracht sehen ließ, wurde des Hochverrats beschuldigt und zu hohen Strafen verurteilt. Jetzt aber, vor drei Tagen erst, hat der Deutsche Bundestag zu Frankfurt am Main das dreißig Jahre lang verfemte Schwarzrotgold zu amtlichen deutschen Bundesfarben erklärt und sofort eine solche Fahne gehisst. Direkt vor dem Bundespalais und natürlich nur aus Angstmeierei, wie Michael meint. »Ein Krümelchen Zugeständnis dem freiheitshungrigen Volke, damit es erst mal ruhig bleibt!« Götz allerdings sieht darin einen ersten kleinen Sieg auf dem Weg zum Nationalstaat. »Je stärker wir werden, desto mehr solcher Krümel müssen sie uns hinwerfen – und irgendwann werden wir besitzen, was uns zusteht.«

Rackebrandt versucht, Nante die Geschichte der drei Farben zu erklären, der aber interessiert sich mehr für das Volk, das sich hier versammelt hat. »Is ja wie Königsgeburtstag!«, staunt er laut. Und dann fragt er, weshalb so viele Gutgekleidete gekommen seien. »Sind die nur wegen der Freiheiten hier, die ihnen fehlen?«

»Nur wegen der Freiheiten ist gut!« Rackebrandt muss lachen, obwohl er natürlich weiß, worum es Nante geht: In all den Adressen, die der König nicht lesen will, steht kein einziges Wort von Arbeit und Brot! Es ist in den vergangenen Tagen viel darüber diskutiert worden, ob auch diese Forderung gestellt werden soll, die Mehrheit jedoch war dagegen. Nicht zu viel auf einmal, hieß es, was man verlange, sei bereits starker Tobak genug. Dem Altgesellen gefiel das nicht, gegen die Mehrheit jedoch konnte er sich nicht durchsetzen. Vergessen aber hat er seine »Hauptforderung« nicht und so zieht er nun grinsend, als hätte erst Nantes Frage ihn daran erinnert, ein Exemplar von Götzens *Lumpengesindel* aus seiner Rocktasche und drückt es Frieder in die Hand. »Hier, Eure Majestät! Steht 'ne herrliche Thronrede drin! Mit allem, was unsern Nante bewegt. Der geneigte Verfasser wird sie nachher verlesen.«

Erschrocken starrt Frieder den Altgesellen an. Seine Thronrede? Die soll er diesen vielen tausend Leuten vorlesen? Ein schlechter Scherz!

»Wenn du's nicht tust, spiele ich Friedrich Wilhelm den Fünften.« Rackebrandt zuckt die Achseln. »Allerdings verderbe ich damit die ganze Sache. Heiße zum Glück weder Friedrich noch Wilhelm.«

»Kann's trotzdem nicht.« Allein der Anblick der vielen Menschen macht Frieder ja schon Angst. Mittendrin stehen und anderen zujubeln, die etwas Kühnes, Kluges, Freches oder Witziges sagen, ist etwas ganz anderes, als selbst das große Wort zu führen. Doch der Altgeselle denkt nicht daran, ihm die Zeitschrift wieder abzunehmen.

Auf der Orchesterbühne, wo die Lampen bereits angezündet sind, spricht inzwischen schon der erste Redner. Es ist der korpulente Bruno Winterstein mit dem wild wuchernden Demokratenbart.

»Die Krone lehnt jedes Gespräch mit dem Volk ab«, ruft er mit erzürnter Stimme in die Menge. »Die Deputation der Stadtverordneten und des Magistrats wurde von Seiner Majestät nicht ernst genommen. Morgen solln se wiederkommen, morgen! – Liebe Freunde, diese Reaktion auf unsere inzwischen viel zu weit abgemilderten Forderungen lässt eine solche Arroganz und Verkennung der Situation deutlich werden, dass man es lächerlich nennen könnte, würde auf diese dumm-böse Weise nicht ganz und gar verantwortungslos mit dem Feuer gespielt.«

Empörte Stimmen werden laut, Buhrufe ertönen. Der Journalist wartet, bis wieder Ruhe eingekehrt ist, dann fährt er mit geballten Fäusten fort: »Seine Majestät betreibt das altbekannte Spiel von Zuckerbrot und Peitsche! Das Heranholen der Truppen, die ewigen Drohungen des Kronprinzen, die angestrebte Verschärfung des Strafrechts, das, liebe Freunde, ist die tänzelnde Peitsche, die irgendwann auf uns herniedersausen wird, wenn wir nicht endlich parieren. Und das Zuckerbrot? Seine Majestät stellt in Aussicht, eine eigene Verordnung zur Zensurfreiheit zu erlassen! Was dabei herauskommt, wissen wir schon: Freies Schreiben für all jene, die den Missständen nicht auf den Grund gehen wollen, aber Maulkorb und harte Strafen für alle, die auch nur am Lack der Monarchisten kratzen. Und weiterhin? Der Vereinigte Landtag soll demnächst periodisch einberufen werden und nicht mehr nur nach Lust und Laune. Und das – hosianna, halleluja und hurra! – schon alle vier Jahre! Was bedeutet, unserer Forderung nach sofortiger Einberufung des Landtages wird in drei Jahren nachgegeben. Wie undankbar, wer da nicht glücklich ist!«

Wieder Pfiffe, Buhrufe und dann ein kräftiges Zischen der vielen jungen Burschen, die sich ebenfalls bis ganz nach vorn durchgedrängt haben und auf diese Weise ihre Verachtung für solche Art Politik ausdrücken.

»Saurer Zucker ist das, was Seine Majestät da vor uns hinstreut und wonach wir uns bücken sollen, damit das Militär uns umso leichter in den Hintern treten kann!«, ruft der empörte Journalist aus. »Aber da irren sich Friedrich Wilhelm und alle seine schlechten Berater! Wir leben nicht mehr im Mittelalter, sondern in der Mitte des neunzehnten Jahrhunderts!«

Für diese Worte gibt es kräftigen Beifall und auch Frieder klatscht heftig mit. Doch da hat Rackebrandt ihm plötzlich sein Werkzeugbündel abgenommen und an Nante weitergereicht und schiebt ihn mit aller Macht vor die Tribüne. »Zier dich nicht! Ich weiß, dass deine Rede gut ist.« Und bevor Frieder irgendwas entgegnen kann, tuschelt der Altgeselle schon mit Bruno Winterstein. Der schaut Frieder einen Moment lang prüfend an, dann nickt er und macht Platz.

Der junge Zimmerer spürt, wie ihm schwindlig wird. Er will nicht auf die Bühne! Aber nun steht er schon neben Rackebrandt über dem Meer von Köpfen und alle Blicke sind auf ihn gerichtet.

»Das ist der Frieder Jacobi!«, ruft Rackebrandt in die Menge. »Doch eigentlich heißt unser Freund Friedrich Wilhelm wie sein Namensvetter auf dem Thron. Er ist Zimmerer und hat im letzten Jahr acht Monate in der Hausvogtei gesessen. Und warum? Nur weil ihm die Kartoffeln zu teuer waren.«

Gelächter ertönt, Pfiffe gellen durch die Luft. Der Altgeselle hebt die Hand und alles wird wieder still. »Jetzt ist unser Friedrich Wilhelm noch frecher geworden und möchte die Kartoffelpreise künftig selbst bestimmen. Und warum denn auch nicht? Wer wenig fordert, ist nur maulfaul.«

Wieder Gelächter, wieder hebt Rackebrandt die Hand. »Hören wir uns also die Thronrede von Friedrich Wilhelm dem Fünften mal an. Was er zu sagen hat, wird vielen aus dem Herzen sprechen.«

Inzwischen hat Frieder die entsprechende Seite aufgeschlagen. Seine Hände zittern, im Magen wird ihm flau, doch nun kann er nicht mehr zurück. Auch wenn Rackebrandt auf lustig gemacht hat, was hier geschieht, ist kein Marionettenspiel und kein Kasperletheater; er muss, was er im Dezember voller Übermut schrieb, nun vor all diesen Leuten vertreten.

»Liebe Landsleute!«, zwingt er sich zum Reden, wird aber gleich unterbrochen. »Lauter!«, ertönt es mehrstimmig von unten. Und da ruft er plötzlich, von sich selbst überrascht, voll ingrimmiger Leidenschaft »Liebe Landsleute!« in die Menge und erntet dafür, wie auf jener Generalprobe am Heiligen Abend, den ersten Beifall.

»Liebe Landsleute!«, ruft er noch einmal und dann vergisst er alles um sich herum, lässt sich von Satz zu Satz mehr berauschen und schmettert seine ständig von Jubel, Beifall und »Jawohl, so ist es, so wollen wir es!«-Rufen unterbrochene Thronrede in die Luft, bis sein »Euer Friedrich Wilhelm der Fünfte« in ohrenbetäubendem Lärm untergeht und er völlig außer Atem wieder den Blick hebt. Da sieht er Rackebrandt, Nante und Flips stolz nicken, hört Michaels lautes »Bravo! Bravo!«, sieht Götz, Felix, Adam und all ihre Freunde, die nun ebenfalls ganz vorn stehen, heftig applaudieren, sieht Bruno Winterstein und den freundlichen Professor Maurenbrecher einverständnisvoll lächeln und guckt in all die anderen ihm freundlich gesinnten Gesichter – bis es ihn auf einmal trifft wie ein Schlag mitten ins Gesicht: der kahle Kerkau! Im Schatten einer Silberpappel und nicht sehr weit vorn steht er, aber doch nah genug, dass er ihn deutlich erkennen kann.

»Was ist dir?« Rackebrandt muss Frieder von der Bühne ziehen; es hat ja längst ein anderer das Wort ergriffen.

»Der Kerkau! Er hat alles mit angehört.«

Rackebrandt weiß über die Spitzelei Bescheid, so muss Frieder ihm nichts erklären und der Altgeselle will nur wissen, wo es denn stecke, dieses gemeine Stück Mensch.

»Verschwunden.« Frieder kann den kahlen Mann nirgends mehr entdecken. Aber vielleicht ist er ja schon zur nächsten Wache unterwegs?

»Beruhige dich!« Fürsorglich legt Rackebrandt ihm den Arm um die Schultern. »Glaubste etwa, nach dieser Rede kann man dich so einfach verhaften? Direkt aus unserer Mitte heraus?«

»Und auf dem Heimweg? Oder zu Hause?«

»Da reden wir später drüber. Jetzt lass uns erst mal weiter zuhören.«

Der dritte Redner ist ein temperamentvoller junger Mann mit Studentenmütze, der für die sofortige Volksbewaffnung eintritt, der vierte ein hagerer, streng wirkender Mann, der sich als Erstes bei seinem Vorredner Friedrich Wilhelm dem Fünften bedankt, weil der »ein König aus dem Volke« sei und nicht vergessen habe, wie viel Not und Elend es in Deutschland gebe. Dann berichtet er, dass in Paris von Fabrikanten *und* Arbeitern ein »Ministerium für Arbeiter« gegründet worden sei, in dem man gemeinsam über eine Linderung der gröbsten Not berate. Er schlägt vor, dem König eine Petition zu übergeben, in der für Preußen ein ebensolches Ministerium verlangt wird, zieht einen zerknitterten Zettel aus der Rocktasche und liest die bereits vorbereitete Petition laut vor.

»Allerdurchlauchtigster König! Allergnädigster König und Herr!«, beginnt er mit vor Aufregung zitternder Stimme. »In den schon seit Jahren für uns so schwerwiegenden und drückenden Zeit wagen die Arbeiter jeden Standes eine Bitte an Eure Majestät zu richten.«

»Ach, du heiliger Bimbam!«, ruft einer in langer, blauer, ungegürteter Arbeitsbluse dazwischen. »Fritze hat ja noch nicht mal unsere netten, fetten Stadtverordneten empfangen. Da wird er gerade auf Arbeiterbitten hören.«

Gejohle und beifälliges Gemurmel ist zu hören. Ein Grund für den Mann auf der Bühne, energischer zu werden und laut die Sicherstellung der Zukunft der Arbeiterschaft zu fordern. »Wir werden nämlich von Kapitalisten und Wucherern unterdrückt. Die jetzt bestehenden Gesetze sind nicht imstande, uns vor ihnen zu schützen.«

Für diese Sätze erntet er einerseits heftigen Beifall, andererseits verständnisloses Kopfschütteln. Vor allem die Bessergekleideten sind nicht mit ihm einverstanden. Rasch verliest der Hagere die letzten Passagen seiner Petition, in denen er vom König das schon angekündigte Ministerium für Arbeiter erbittet, weil nur eine solche Behörde in der Lage sei, das Los der Arbeiter zu verbessern und den Staat vor Gefahren zu schützen, schließt »in tiefster Untertänigkeit verharrend« und schaut sich erwartungsvoll um.

»Was soll das sein? Eine Forderung – oder eine Bitte um Almosen?«, ruft Michael ihm sofort entgegen. »Weshalb rutschst du die ganze Zeit auf den Knien herum? Steh auf und blicke deinem Gegenüber gerade in die Augen! Nur so kann man verhandeln.«

Er erntet dafür viel Beifall, und das ermutigt Nante, sich ebenfalls in die jetzt sehr aufgeregt geführte Debtte einzumischen. Er stellt sich auf die Zehenspitzen und donnert über alle Köpfe hinweg: »Wollen wir etwa was geschenkt? Wer den ganzen Tag anständig arbeitet, dem steht 'n anständiger Lohn zu. Oder will hier wer an Hungerpfoten saugen?«

Wieder wird Beifall geklatscht und Flips klopft Nante bewundernd auf die Schulter. »Kiek an, olle Nante! Hast ja heimliche Talente!«

»Na ist doch wahr!«, murrt der nur, fügt aber gleich hinzu: »Gegen den König geht das nicht, nur gegen die, die keine ordentlichen Löhne zahlen wollen.«

Der Hagere auf der Bühne hat inzwischen Flugblätter mit seinem Petitionsentwurf verteilen lassen. Frieder erwischt eines und will es gerade überfliegen, als es auf einmal von Mund zu Mund geht: »Der Polizeipräsident!«

Der Polizeipräsident? In den Zelten? Götz, Michael und ihre Freunde, die erst später kamen, haben berichtet, dass die Soldaten inzwischen bis ans Brandenburger Tor vorgerückt sind. Kürassiere hätten dort Aufstellung genommen und würden immer wieder Streifen in den Tiergarten schicken. Das klang schon bedrohlich genug. Und nun soll auch noch der Polizeipräsident gekommen sein? Zu ihrer Versammlung?

Er ist es tatsächlich! Umgeben von anderen Uniformierten schreitet er durch die Reihen und bleibt mal hier, mal dort bei einem der ehrerbietig Hut oder Mütze Ziehenden stehen. Frieder hat diesen Herrn von Minutoli noch nie zuvor gesehen, aber natürlich auch gern über ihn gespottet: Herr von Sekundoli, von Stundoli, von Tagoli, von Wocholi, von Monatoli. Wen man fürchtet, über den macht man sich lustig, wie Rackebrandt mal gesagt hat. Jetzt jedoch blicken fast alle wie Kinder, die bei einem Streich ertappt wurden. Und kaum ist der Herr von Minutoli vorn angekommen, steigt er schon auf die bereitwillig freigemachte Bühne, begrüßt die Versammlungsteilnehmer höflich und bittet alle Anwesenden, sich auch weiterhin friedlich zu verhalten. Ein paar leise Buhstimmen sind zu hören, lauter ertönt ein »Lebe hoch!«. Dankbar winkend verschwindet der Polizeipräsident mitsamt seinem Gefolge wieder in der Menge und geht, wie die sich rasch bildende Gasse verrät, zum Brandenburger Tor zurück.

»Was war denn das? Schwarzer Besuch am blauen Montag?«

Rackebrandt weiß nicht, wie er diesen Zwischenfall werten soll. Michael aber, der sich wie immer dicht neben Frieder hält, spöttelt nur: »Paris in Berlin? Da gehen wir doch besser gleich wieder nach Hause und senden dem dicken Fritze ein paar Ergebenheitsadressen.«

Auch die Gassenjungen ganz vorn, die doch sonst bei jeder Gelegenheit durch Pfeifen und Zischen auffallen, wissen nicht, wie sie auf diese Stippvisite reagieren sollen. Unruhig flüstern sie miteinander und schauen dabei immer wieder in die Richtung, in die der Polizeipräsident verschwunden ist. Bis schließlich der weißhaarige Professor Maurenbrecher die Tribüne besteigt. Sofort herrscht erwartungsvolle Stille.

»Liebe Mitbürger!«, ruft der Professor großzügig lächelnd aus. »Wir wollen Demokratie üben – und das heißt, dass man einander ausreden lässt. Also durfte auch Herr von Minutoli seine Bitte vortragen, obwohl ich sie, ehrlich gesagt, nicht so ganz verstanden habe. Wer von uns ist denn nicht friedlich gesinnt? Sind wir es, die Säbel in den Händen halten, oder sind es jene unfreundlichen Herren, die schon am Brandenburger Tor auf uns warten?«

Lauter Beifall unterbricht ihn. Er wartet ab, bis es wieder ein wenig ruhiger geworden ist.

»Unsere Forderungen sind gestellt, ob Seine Majestät sie nun morgen liest oder übermorgen oder gar nicht. Und es werden jeden Tag neue hinzukommen – wenn man sich also im Schloss nicht beeilt, wird man sich das Lesen eines Tages vielleicht ganz und gar ersparen können.«

Wieder Beifall, Gelächter.

»Es gärt ja nicht nur in Berlin, kocht nicht nur in Paris, es brodelt auch in Wien und in vielen anderen europäischen Städten. Was heute in der Welt geschieht, ist nicht mehr aufzuhalten, von keinem deutschen Zwergfürsten in seinem Schlösserparadies, von keinem preußischen König in seiner Hauptstadt Berlin. Wir aber, die wir uns heute hier versammelt haben, sollten eines nie vergessen: Die wahre deutsche Einheit kann nur ein freies Volk bewirken. Ohne wahrhaft demokratische Verhältnisse keine wahrhafte deutsche Einheit!«

Nun wird der Beifall zum Orkan und Frieder muss wieder an Jette denken: Wenn sie doch jetzt dabei wäre! Wenn sie doch nur diese Menschenmassen sehen und diesen alten Mann reden hören könnte! Und wenn sie auch ihn gesehen und gehört hätte! Sicher wäre sie sehr stolz gewesen. So bleibt ihm nur, ihr alles zu erzählen. Aber wie soll er seine Gefühle schildern? Geht, was er heute erlebt hat – diese vielen tausend Menschen, die etwas verändern wollen an den Zuständen, die sie bedrücken – nicht über jede Vorstellungskraft hinaus?

Es ist längst finster im Tiergarten und in den Ausflugslokalen brennen schon die Öllampen, als endlich auch der letzte Redner gesprochen hat und die von so vielen Ermutigungen froh gestimmten Menschen sich in dichten Reihen auf den Rückweg machen.

Frieder ist noch immer wie berauscht und auch Michael, der sich sonst doch nur von seinen eigenen, über alle anderen Ziele hinausschießenden Ideen mitreißen lässt, scheint innerlich zu glühen. »In ganz Europa!«, wiederholt er Professor Maurenbrechers Worte. »In ganz Europa haben die Menschen die gleichen Träume, Hoffnungen und Wünsche. Weshalb reden wir da immer nur von Deutschland? Sollte nicht ganz Europa sich vereinigen und eines Tages alle Länder dieser Erde sich zusammenschließen?«

»Mir wäre ein freiheitliches Deutschland erst mal genug«, spöttelt Rackebrandt.

»Aber warum denn nicht?«, beharrt Michael auf seinen Traum. »Wenn jedes Land eine Insel wäre, umgeben von Ozeanen, dann müsste man allein leben. Aber solange man Nachbarn hat, sollte man aufeinander zugehen. Dann gibt es vielleicht eines Tages keine Kriege mehr.«

»Und Armut und Elend sind ebenfalls für alle Zeiten ausgerottet!« Auch der Altgeselle mag den zierlichen, stets elegant gekleideten Studenten, der trotz der inzwischen recht herben Abendkühle seinen Mantel noch immer offen trägt und den heute eine besonders schöne Krawattennadel ziert: ein Mosaik aus verschiedenfarbigen Steinen, die im Mondschein oder im Gaslaternenlicht leuchten und mal ein Schwert, mal einen Fisch darzustellen scheinen. Dennoch streitet Rackebrandt gern mit Michael. Es seien die dick gefüllten Geldbeutel solcher »Söhneken«, die ihn zum Widerspruch reizten, hat er erst am Vormittag zu Frieder gesagt. »Diese Sorte Jungmänner hat nicht gelernt, auch nur 'nen einzigen Dreier selbst zu verdienen, bildet sich aber ein, selbständig zu sein, trägt im Kopf allerhand Klugheiten spazieren und fordert kühn die ganze Welt heraus. Doch sie müssen für nichts geradestehen, ihre Familien fangen sie immer wieder auf.«

Noch kritischer sieht Rackebrandt Götz von Werder. Ein Qualmkopf, für den es schon Fortschritt genug bedeute, sich vom arroganten Adligen zum Freund tüchtiger Bürger und Anwalt des »bemitleidenswerten Pöbels« entwickelt zu haben. »Fordert das Gleiche wie wir Demokraten und hofft auf die reuevolle Einsicht derer, denen was genommen werden muss, damit wir es bekommen können.« Aber Mitleid bohre nun mal nicht so tief wie eigene Erfahrung. Der Medizinstudent sei sicher nur deshalb ein so aufrührerischer Kopf geworden, weil er seinem Herrn Vater in den Allerwertesten treten wolle.

Frieder erscheinen diese Urteile zu streng und es tut ihm Leid, dass zwischen Rackebrandt und den Studenten keine wirkliche Nähe zustande kommt. Besonders von einem Gespräch zwischen dem Altgesellen und Michael hatte er sich viel versprochen. Irgendwie jedoch kann Rackebrandt, der sich jede Krume Wissen mit so viel Mühe und Kampf aneignen musste, nicht gerecht sein gegenüber den Studenten, denen das alles wie von selbst zufällt.

Michael, der spürt, wie Rackebrandt über ihn denkt, gibt sich alle erdenkliche Mühe, den Altgesellen mit immer neuen Träumen immer wieder neu herauszufordern, als der Zug mit einem Mal ins Stocken gerät und grelle Pfiffe, lautes Zischen und höhnische Rufe zu ihnen hindringen.

»Das geht gegen das Militär!« Sofort stürzt Götz voran und Felix, Adam, Julius, Wolfgang, Martin und Konrad bleiben ihm dicht auf den Fersen; aber auch Michael, Rackebrandt, Frieder, Flips und Nante laufen mit. Und dann sehen sie sie schon, die Kürassiere vor dem Brandenburger Tor. Mit drohend gezogenem Pallasch* sitzen sie auf ihren Gäulen und die an ihnen vorüberziehenden Gassenjungen pfeifen, zischen und grölen immer lauter. »Geht nach Hause!«, schreien sie und: »Auf eure Gäule wartet schon der Rossschlächter!«

»Würden sie doch nur ruhig bleiben!«, flüstert Rackebrandt besorgt. »Die hoffen doch auf jeden falschen Schritt, damit sie endlich mal so richtig auf uns eindreschen können.«

Und richtig, kaum hat er's ausgesprochen, will einer der Burschen einem Kürassier seine Empörung über diesen Empfang direkt ins Gesicht schreien. Dessen Ross wird unruhig und steckt andere an, das Hornsignal ertönt und die Reiter preschen los. Mitten hinein in die Menge. Und immer drauf auf die Köpfe; teils mit flacher, teils mit scharfer Klinge.

Panik entsteht, Frauen kreischen laut, Wutgebrüll bricht sich Bahn. Einige Beherzte stürzen vor, um die Dreinschlagenden aufzuhalten, andere laufen nur eiligst durchs Tor in die Stadt und dann immer weiter die Linden entlang.

Frieder sieht, wie Michael ganz bleich wird, dann fällt der zierliche junge Mann auch schon einem der sie bedrängenden Rösser ins Zaumzeug. »Ihr Hohlköpfe!«, schreit er den Reiter an. »Was tut ihr denn da?«

Zur Antwort hebt der finster blickende Kürassier nur den Pallasch und da wirft Frieder sein Werkzeugbündel zur Seite, springt den Reiter von der Seite an und zerrt an seinem Stiefel, um ihn von Michael abzulenken.

»Gesindel! Lumpenpack! Hochverräter!« Der Kürassier reißt sein wild schnaubendes Ross herum, um den neuen Angreifer unter die Hufe zu bekommen, doch da sind schon Flips und Nante, Konrad, Wolfgang und Martin bei Frieder und Michael und zerren mit vereinten Kräften so heftig an dem wütenden Mann, bis er schwer zu Boden stürzt. Kaum liegt er, entwindet ihm Nante, der sonst so königstreue Ferdinand Noiret, voll Empörung die Waffe, um sich damit an anderer Stelle in den Kampf zu werfen.

»Das war nicht klug von dir!« Endlich ist es Frieder gelungen, den widerstrebenden Michael ein paar Schritte aus dem heftigsten Getümmel herauszuziehen. Der Freund aber lässt sich nicht festhalten, stürzt gleich auf den nächsten Kürassier los. »Hundsfott!«, schreit er den riesigen Kerl an. »Bist du Christ oder Barbar?« Und wieder fällt er dem Reiter ins Zaumzeug, wieder wird der Pallasch erhoben, wieder muss Frieder dem Freund zu Hilfe eilen.

»Du bist ja nicht bei Sinnen«, schreit er ihn an und hat es noch nicht ganz heraus, da sieht er den blanken Pallasch schon über sich schweben. Vor Schreck und Überraschung bleibt er nur starr stehen; kein Wort, nicht mal ein Schrei kommt ihm über die Lippen. Und da geschieht das Wunder: Der Mann über ihm schlägt nicht zu, schreit nur: »Auseinander! Auseinander!«, und galoppiert weiter.

Frieder verspürt keinerlei Erlösung, der Schreck hält ihn noch immer gepackt. Nur der Hauch einer Sekunde – und der Pallasch wäre auf ihn niedergefahren.

Michael scheint es ähnlich zu ergehen. Auf einmal ist er ganz still geworden, schaut nur dem Reiter nach, bis Rackebrandt auf sie zugestürzt kommt und ihn und Frieder, der gerade noch sein Werkzeugbündel aufklauben kann, mit sich fortreißt.

»Das hat doch alles keinen Sinn!«, schreit er sie an. »Jede Gegenwehr freut sie. Wir werden ihnen ein andermal zeigen, wer wir wirklich sind.«

Es ist eine riesige Menschenmenge, die nun die breite Allee Unter den Linden hinunterstürzt. Überall in den dunklen Seitenstraßen steht Militär. Also müssen sie immer weiter geradeaus, aufs Schloss und die dahinter liegende Innenstadt zu; jedes Herausbrechen aus diesem Menschenstrom würde sie nur gefährden.

Frieder hastet neben dem vor Erregung wie blind voranstolpernden Michael her und bewahrt ihn ein ums andere Mal davor zu stürzen. Der Student, der so klug zu reden weiß; der Anblick der Gewalt hat ihn sehr verstört.

Auch Götz und Felix von Gerlach, dem es die Stahlbrille fortgerissen hat, jagen nur stumm neben ihnen her; und Konrad, Martin, Wolfgang und Julius, der gesehen haben will, wie Adam unter die Pferdehufe geraten ist, sind ebenfalls nicht weit. Aus allen Gesichtern spricht Bestürzung, Hilflosigkeit und Scham, dermaßen in Scharen getrieben zu werden.

Kurz bevor sie die Friedrichstraße erreicht haben, kommt auch Nante angelaufen. Wild schwenkt er seinen erbeuteten Pallasch.

»Flips?«, schreit Rackebrandt sofort. »Was ist mit Flips?«

Und Nante, der im Kampf seinen Zimmermannszylinder verloren hat und dem das verschwitzte rote Haar wirr in die bleiche Stirn hängt, berichtet keuchend, dass es Flips am Arm erwischt hat. »Ein Pallasch ... Und dann ... ist er gestürzt.«

Da will Frieder nicht mehr weiterlaufen. Weshalb bleiben sie denn nicht einfach stehen, fassen sich an den Händen und schauen den Soldaten mutig entgegen? Sie sind doch Tausende, was können die paar Kürassiere gegen einen solchen Wall aus Menschenleibern schon ausrichten? In sie hineinreiten und jeden Einzelnen niedermetzeln? Er denkt es noch, da gerät schon alles ins Stocken: Der jähe Ruf »Infanterie!« ist von der Schlossbrücke aus zu ihnen hergedrungen. Gleich darauf ist es wie in jener Nacht auf dem Opernplatz: Die Ersten drängen bereits rückwärts, während die Nachkommenden noch vorwärts laufen.

Frauen sinken zu Boden, verzweifelte Rufe gellen laut durch den Abend und dann sind die Pickelhauben heran. In breiten Reihen treiben sie die Menge mit aufgesteckten Bajonetten in verschiedene Gruppen auseinander.

Diesmal aber ist Frieder wacher als in jener Nacht. Einem Soldaten, der mit dem Bajonett auf ihn loswill, tritt er die Waffe fort, seinem Kameraden, der verhindern will, dass Rackebrandt sich das Gewehr schnappt, schlägt er das Werkzeugbündel um die Ohren, dass er hinstürzt. Erst danach folgt er Rackebrandt in die Oberwallstraße hinein, Michael und Nante mit dem Pallasch immer neben sich.

Hier wurden bereits Steine aus dem Pflaster gerissen, um damit nach den Pickelhauben zu werfen. »Ihr Hunde!«, ertönt es überall. Und: »Ist das des Königs Antwort an sein Volk?« Auch Götz, Felix, Julius, Konrad, Martin und Wolfgang sind unter den Steinewerfern; Rackebrandt aber läuft weiter, bis sie über viele Umwege den Alexanderplatz erreicht haben.

»Steine gegen Gewehre«, sagt er verschnaufend. »Was soll das für einen Erfolg bringen? Dennoch: Wir müssen ihnen dankbar sein! Jetzt haben wenigstens alle gesehen, welche Fallen man uns stellt. Ein paar schreiende Gassenbuben genügen, solch ein Exempel zu statuieren. So wenig rührt sie unser Blut.«

Michael hat lange einem abendlich erleuchteten Pferdeomnibus nachgeschaut, der in der Ferne davonwackelt, als sei dies nur einer von vielen friedlichen Abenden. Jetzt fragt er leise: »Und nun?«

»Wir sollten was daraus gelernt haben«, antwortet der Altgeselle mit fester Stimme. »Nämlich, dass wir uns die Forderung nach Volksbewaffnung von keinem Stadtverordneten, keinem Minister und keinem starrköpfigen König ausreden lassen dürfen, wenn wir irgendwann mal als freie Menschen leben wollen.«

Da fragt Michael nichts mehr, doch Frieder sieht ihm an, dass er anderer Meinung ist. Und er selbst? Er sieht noch immer den blanken Pallasch über sich schweben und spürt die furchtbare Angst, die ihn in jenem Moment ergriff. Wie sollte er Rackebrandt da nicht Recht geben?

## *Der schiele Siegmund*

Auch das Rosenthaler Tor ist an diesem Abend stärker besetzt. Vier Posten stehen davor und um die Lichter in den Wachtempeln sind sicher noch zweimal so viele versammelt. Freundlich, aber nicht etwa ängstlich wünscht Frieder einen guten Abend und sie lassen ihn trotz aller misstrauischen Blicke passieren, ohne nach Name und Weg zu fragen oder in sein Bündel zu blicken. So darf er für kurze Zeit aufatmen. Als er jedoch durch die schmutzigen, kaum von Öllampen und erst recht von keiner Gaslaterne beleuchteten grauen Vogtlandgassen schreitet, überfällt ihn neue Bedrückung.

Die Rosenthaler Vorstadt, wie dieser Teil des Vogtlands auch genannt wird, ist keine »Stadt« und auch keine »Vorstadt«, sondern nur ein Sammelsurium von über einhundert Jahre alten, zumeist einstöckigen Häusern, in denen der Schimmelpilz gedeiht und die so niedrig sind, dass man durch den Schornstein greifen kann, um die Tür von innen aufzuklinken, wie gern gespottet wird. Regnet es, versinkt alles in Schlamm, Dreck und Unrat. Die Kinder, die hier leben, fischen im stinkigen Wasser der immer wieder von toten Ratten verstopften Rinnsteine nach Lumpen; die größeren Jungen arbeiten für fünf Groschen am Tag beim Straßen- oder Eisenbahnbau und Picke und Schaufel müssen sie auch noch mitbringen.

In Armut geboren, in Not und Elend lebend, an den Sünden sterbend, so wird das Leben der Vogtländer oft beschrieben. Hier reiche König Hunger Kaiser Durst die Hand, seien alle Krankheiten der Welt zu Hause und herrsche die niedrigste Moral, sagt die Mutter oft. Und natürlich hat sie Recht, es gibt viel Verbrechen im Vogtland. Es wird aber auch gearbeitet. Kesselflicker, Holzhauer, Weber, Schuhflicker, Knochensammler, Fisch- und Obsthändler, Vogelsteller sind hier zu Hause. Und viele arme Juden; solche wie die Kleiderhändler vom Mühlendamm.

Michael, der schon früher oft hier war, sagt genau wie Rackebrandt: »Armut und Verbrechen sind Zwillingsgeschwister. Damit wenige in Pracht und Überfluss leben können, muss die Mehrheit darben.« Aber anstatt die Ursachen der Not zu bekämpfen, bevorzuge man es, sich an deren Opfern zu rächen.

Brunnenstraße 10. Jetzt hätte er gern eine Tragelaterne. Das »Haus«, in dem Guste, Jette und Fritzchen nun wohnen, liegt in einer besonders finsteren Gegend. Weit und breit kein einziges Licht; nicht mal in den wenigen, vor Schmutz blinden Fenstern ist eines zu entdecken. Früher stand nicht weit von hier der Galgen. Die Mutter hat ihn noch gesehen und erzählt, dass in ihrer Jugend die halbe Stadt herbeiströmte, wenn wieder mal einer »zappeln« musste oder auf dem Acker neben dem Hochgericht der Scheiterhaufen errichtet wurde. Vier bis zwölf Silbergroschen hätten die Leute je nach Platz dafür bezahlt, um an dem Vergnügen teilnehmen zu dürfen. Und wäre das Gelände nicht für die Eisenbahn benötigt worden, würden die abgeurteilten Verbrecher immer noch dort hingeführt werden.

Nein, er bleibt nicht gern über Nacht in diesem trostlosen Viertel. Aber Jette, Guste und Fritzchen müssen es schließlich auch aushalten. Und hat Rackebrandt nicht Recht? Sicher ist es besser, nach seinem Auftritt als Friedrich Wilhelm der Fünfte erst mal nicht zur Mutter heimzukehren. Es wäre zu schlimm, käme er, dank Kerkaus Bericht, noch in dieser Nacht wieder in die Hausvogtei.

Sein Werkzeugbündel so fest in der Hand, dass er notfalls damit zuschlagen könnte, überquert Frieder den düsteren, unebenen Hof, in dem, wie er aus Erfahrung weiß, schon mal der eine oder andere Haufen liegt und sich des Nachts ganze Scharen quiekender Ratten tummeln, und steigt an einer ehemaligen Scheune eine hölzerne Stiege empor. Oben angekommen, klopft er an eine morsche Tür, die sich schon beim leisesten Dagegenpochen von selbst öffnet, da sie weder einzuklinken noch abzuschließen ist.

Vier nur durch Schnüre und wenige Holzlatten voneinander abgetrennte Abteile gibt es in dem finsteren Raum dahinter. In einem der Verschläge lebt eine alte Lumpensammlerin, die dort auch ihre vollen Säcke gestapelt hat, in einem anderen eine Witwe mit drei Töchtern, von denen eine blind ist und eine grüne Brille mit schwarzen Scheuklappen trägt. In einem weiteren Verschlag hält sich fast unentwegt ein Mann auf, dem die zerlumpten Kleider wie Fetzen am Körper herabhängen und der wegen seiner tief liegenden, furchtbar verstellten Augen nur der schiele Siegmund genannt wird. Im vierten leben Jette, Guste und Fritzchen mit ihren für diese Gegend schon fast unanständig feinen Möbeln.

Frieder brauchte eigentlich nicht zu klopfen, er tut es trotzdem immer wieder. Als er eines Sonntags am helllichten Tag ohne anzuklopfen die Dachstube betrat, überraschte er den schielen Siegmund mit einer Frau. Und die beiden ließen sich nicht mal stören. Es ist auch tagsüber sehr dunkel unter diesem Dach und so blieben ihm Einzelheiten erspart; die Geräusche aber, die die beiden machten, dieses überlaute Gurren und Stöhnen, drangen ihm schmerzhaft in die Ohren. Obwohl dieser Siegmund weiß, dass seine Nachbarinnen alles mitbekommen, lebt er völlig ungeniert. Als Guste und die Pauline Krump, die Mutter der drei Töchter, ihn wegen seines Benehmens mal zur Rede stellten und ihn baten, doch wenigstens auf die Kinder Rücksicht zu nehmen, drohte er ihnen als Antwort nur Schläge an.

»Ah! Der junge Galan des niedlichen Fräuleins!« Auch jetzt liegt der schiele Siegmund wieder mit einem dicken, albern kichernden Wesen auf seinem Strohlager. Sie haben ein Talglicht brennen und eine Flasche Branntwein neben sich stehen, wenigstens aber sind sie nicht miteinander ins Geschäft vertieft.

»Guten Abend!« Rasch geht Frieder an dem Verschlag vorüber. Früher, so weiß Gretel, die Lumpensammlerin, zu berichten, gab es hier nicht mal diese Schnüre und Bretter. Da wurden die Abgrenzungen nur mit Kreide auf die Dielenbretter gezeichnet; was aber immer wieder zu Streitereien führte, weil manche Bewohner sie einfach nicht zur Kenntnis nehmen wollten.

»Guten Abend!« Auch Frau Krump, die mit ihren drei Töchtern wie jeden Abend bei der Arbeit ist, um aus billigem Holz Kinderspielzeug zu schnitzen, grüßt höflich zurück. Sie hat gleich drei Talglichter brennen, für jeden Arbeitsplatz eins; ein viertes braucht sie nicht, das blinde Mädchen kann auch im Dunkeln sehen, wie ihre Mutter gern sagt.

Die alte Gretel schmatzt als Gruß nur irgendwas vor sich hin. Im Lauf der Jahre ist sie selbst schon zum Bündel Lumpen geworden. Und wie fast jeden Abend hat sie eine mit Fleisch gefüllte Pfanne auf ihrem niedrigen, gusseisernen Öfchen stehen. Im Schein einer alten, verbeulten Blechlaterne rührt sie mit einem hölzernen Löffel darin herum. Das Fleisch stinkt sehr und Frieder weiß, weshalb. Jette hat es ihm erzählt: Die Alte isst nur schon fast verdorbenes Hundefleisch. Sie bekommt es irgendwo sehr billig, bereitet es am Abend zu und wärmt sich den Rest morgens auf. Der stinkt dann natürlich noch schlimmer und manchmal hat Jette deswegen schon geweint.

»Einen wunderschönen guten Abend, die Herrschaften!« Wie immer bleibt Frieder vor dem kleinen, engen Verschlag, in dem Guste und Jette all ihre Möbel aufgestapelt haben, erst einmal stehen und wartet darauf, dass ihm Platz gemacht wird. Jette, die mal wieder an ihren Hemden genäht hat, kommt ihm gleich mit dem Tranlämpchen entgegen; Guste auf ihrem Bett hebt nicht mal den Kopf, Fritzchen daneben blickt ebenfalls nicht auf. Er leidet furchtbar unter ihrem neuen Leben und zeigt das deutlich.

Wer sollte denn sonst Schuld an allem haben, wenn nicht die Erwachsenen?

Müde setzt Frieder sich in den Sorgenstuhl, den Jette ihm freigemacht hat, schiebt sein Bündel drunter und starrt erst lange in die Tranfunzel, die Jette, nun auf dem Bett hockend, zwischen vielerlei andere Dinge auf die Kommode gestellt hat. Erst als keinerlei Fragen kommen und auch sonst niemand etwas sagt, beginnt er zu erzählen, was sich im Tiergarten und zwischen Brandenburger Tor und Schlossplatz so alles abgespielt hat. Doch er tut es eher unlustig, weiß ja, die Jette aus der Rosenstraße hätte sich für seine Erlebnisse interessiert, die Vogtland-Jette hat andere Sorgen. Das hatte er, als er im Tiergarten an sie dachte, völlig vergessen.

Sie hört auch nur sehr teilnahmslos zu, allein Guste wird von dem Bericht ein wenig munterer. »Jehe nie zum Fürscht, wenn de nich jerufen wirscht!«, spottet sie, als sie von den vielen Verletzten erfährt.

Das ärgert Frieder und so erzählt er nur noch von Kerkaus Auftauchen und Rackebrandts Vorschlag, diese Nacht lieber nicht zur Mutter heimzukehren. Das reißt auch Jette aus ihren Gedanken. »Aber deine Mutter!«, gibt sie zu bedenken. »Die wird sich doch sorgen.«

Froh darüber, dass sie endlich den Mund aufgemacht hat, verrät er ihr, dass Rackebrandt zur Mutter wollte, um ihr alles zu erklären und sie notfalls zu beruhigen.

»Und deine Arbeit? Du musst doch zur Arbeit gehen.«

Das wird er auch tun. Der Altgeselle meint, dort wäre es keine große Sache, ihn zu verstecken oder ihm zur Flucht zu verhelfen. Außerdem glaubt er nicht, dass auf dem Bau nach ihm gesucht würde. Selbst wenn der Kerkau herausbekommen sollte, bei welchem Meister er arbeitet, die Baustelle, auf der sie gerade beschäftigt sind, weiß er deshalb noch lange nicht. Also müssten die Gendarmen erst mal nachforschen und so wichtig wäre ihnen ein Frieder Jacobi ja wohl doch nicht. Schließlich sei er nicht der einzige Redner gewesen und seine Volkskönigsrede stünde in jedem einzelnen *Lumpengesindel*-Exemplar.

Guste hat zuletzt nur still zugehört, jetzt fragt sie mit spöttischer Nachdenklichkeit: »Wenn ich meinen Herrn Schwager recht verstanden habe, will er mir auf diese Weise klarmachen, dass er beabsichtigt, in Abwesenheit meiner unwerten Person in unserem Palais zu übernachten?«

»In irgendeiner Ecke – ja.«

»Und dazu soll ick ja sagen?« Ein Weilchen schaut Guste Frieder aus dem Dunkel heraus nur an, dann seufzt sie ergeben: »Also jut! Von mir aus! Was kann unsereinem denn noch groß passieren? Wenn's Mord auf Brand kommt, tut ihr ja doch, was ihr wollt.«

»Es wird aber nichts passieren.«

Frieder sagt es und senkt den Kopf. Was er von Guste verlangt, wäre in der Rosenstraße unmöglich gewesen. Hoffentlich denkt sie nicht, im tiefsten Sumpf der Stadt interessierten ihn die üblichen Anstandsregeln nicht mehr. Jette aber, die erst jetzt zu begreifen scheint, was sein Ansinnen für ihren guten Ruf bedeutet, guckt nur herausfordernd. Fast so, als fände sie es lächerlich, sich in Gesellschaft des schielen Siegmund und der Lumpengretel solche Gedanken zu machen.

»Und du hast wirklich vor so vielen Leuten deine Thronrede gehalten?«, will sie dann endlich wissen.

Er hat seine Rede nur beiläufig erwähnt. Die Erlebnisse mit den Kürassieren vor dem Brandenburger Tor und den Infanteristen, die sie jagten, haben die Begeisterung über seinen Erfolg längst verdrängt. Jetzt erzählt er ausführlicher, berichtet, wie Rackebrandt ihn zu diesem Auftritt drängte, wie er gefeiert und beklatscht wurde und wie es wenig später sogar darum ging, vom König ein Arbeitsministerium zu verlangen.

»I kiek mal!«, ahmt Guste die Witwe Wuttig nach. »So musste's machen, Jettchen! Nimm Papier und Federkiel und schreibe: Eure Allergnädigste Majestät! Wir sind zwei arme Waisenkinder, denen das Leben übel mitgespielt hat. Bitte, lieber Onkel König, sorge doch dafür, dass wir innerhalb der nächsten drei Tage eine anständige, doch unserem schmalen Einkommen angemessene Wohnung beziehen können! Es darf auch gern eines jener schönen, neuen, wunderbaren, kaum überfüllten Familienhäuser sein. Wir armen Luders sind ja so einfach glücklich zu machen.«

Familienhäuser, so werden die großen, hohen, kasernenartig angelegten Gebäude genannt, die in den letzten Jahren vor dem Hamburger Tor errichtet wurden. In jeweils einem dieser Zinshäuser leben mehr Menschen als in einer kleinen Stadt, darunter viele durch die Fabriken in den Ruin getriebene Handwerksmeister. Wer dort wohnt, zieht jeden Morgen zur Arbeit, zum Betteln oder zu irgendwelchen anderen »Geschäften« in die Stadt und kehrt nur zum Schlafen in die bienenwabenartig angelegten Höhlen zurück. Für eine solche Wabe, in der zumeist sechs oder sieben Leute hausen, zalt man im Monat zwei Taler Miete, ist eine Kochnische dabei, drei. Für die meisten aber ist das weit mehr als ein Wochenlohn und so hat sich dort längst eine Armenkolonie herausgebildet.

Jette schlägt Guste dennoch oft vor, in eines dieser Häuser zu ziehen. Und zwar einzig und allein deshalb, weil dort wenigstens Wände zwischen den einzelnen Räumen sind und nicht nur mit Brettern verzierte Schnüre. Guste jedoch will dort nicht hin; sei man erst einmal dort, komme man nie wieder raus, sagt sie.

Frieder mag diesen ewigen Streit zwischen den Schwestern nicht, heute aber ist er froh, dass Guste damit begonnen hat. »Hab gestern mit Michael gesprochen«, bemerkt er vorsichtig. »In Moabit draußen wohnt eine Witwe, seine Milchmutter … In ihrem Häuschen stehen zwei Zimmer leer.«

»Moabit?« Guste hat mal wieder als Erste begriffen, worauf er hinauswill. »Wie soll ick denn da abends in die Stadt kommen und am Morgen wieder zurück?«

»Michael sagt, da draußen wär's sehr schön. Es gibt auch einen Garten. Und Kinder hat seine Muhme Hete nicht.«

Er möchte gern, dass Jette hier rauskommt. Und auch für Guste und Fritzchen wünscht er's sich. Aber natürlich: Sie müssen Geld verdienen!

»Und wenn wir nun beide als Näherinnen arbeiten?« Frieders Vorschlag hat Jette richtig aufschrecken lassen, bittend schaut sie die Schwester an.

»Dann musste mit deinen Hemden trotzdem jedes Mal bis in die Stadt laufen – und Juste darf hinterherzuckeln!«

»Aber ich kann deine Arbeit doch mitnehmen. Mir macht der weite Weg nichts aus.« Jette würde fast alles tun, um hier wieder auszuziehen. Wie eine Ertrinkende an eine hilfreich hingestreckte Hand, so klammert sie sich an diese zaghafte Hoffnung.

»Nähmamsell!« In Gustes Stimme liegt viel Verachtung. »Klingt ja fast wie jeadelt.«

»Klingt Dirne etwa besser?«

Nun ist es an Frieder zu erschrecken: Wie hart und böse Jette das gesagt hat! So hat er sie noch nie reden gehört. Und sie hat es gesagt, obwohl Fritzchen ihnen zuhört.

»Na, ist doch wahr!«, schimpft sie mit zornig blitzenden Augen. »Wie wir hier leben! Alles hungert, friert und krepiert! Und wer nicht bettelt, der stiehlt, raubt und mordet. Meine Schwester aber sitzt auf ihren Möbeln und jammert besseren Zeiten nach, anstatt endlich mal einen Schritt zu wagen.«

»Haste das jehört?«, flüstert Guste Fritzchen als Antwort nur zu und blickt ihn dabei prüfend an, um herauszubekommen, wie viel er verstanden hat. »Tante Jette schimpft mit mir. Hab noch nicht genug jetan, muss noch 'ne viel bessere Juste werden.«

»Jawohl! Das musste auch!« Jette will den Kampf nicht aufgeben. »So wie wir jetzt leben, geht's doch nicht weiter. Und wenn wir beide nähen und die Miete nicht zu teuer ist und diese Muhme Hete uns in ihrem Garten 'n paar Kartoffeln und 'n bisschen Gemüse anbauen lässt, dann brauchste nachts auch nicht mehr fortzugehen.«

Ein günstiger Augenblick für Frieder, den Schwestern seinen

ganzen Plan zu unterbreiten. Sie sollen ja nur das eine der beiden Moabiter Zimmer mieten, das andere würden die Mutter und er dann nehmen. So müsste er den Flatow und den Kerkau nicht mehr sehen, sie fünf wären wieder beisammen und hätten sogar drei Einkommen zur Verfügung.

Erst starrt Jette ihn nur entgeistert an, dann faltet sie die Hände, als wollte sie jeden Moment zu beten anfangen, damit nur ja alles so kommt, wie er es eben gesagt hat! Guste aber schweigt lange. Bis sie Fritzchen sachte durchs Haar fährt und leise fragt: »Und du? Möchteste gern zu Gänsen, Enten und Hühnern aufs Dorf? Willste 'n kleiner Bauer werden?«

»Ja.« Fritzchen weiß, dass seine Mutter keine andere Antwort erwartet hat.

»Nähmamsell!«, stöhnt Guste da nur wieder auf. »Aujuste Mundt – Nähmamsell!«

»Wenn ihr also einverstanden seid, redet Michael mal mit dieser Muhme Hete.« Frieder glaubt nun doch, dass sein Plan gelingen und sich alles zum Guten wenden kann.

»Ach ja!« Glückselig über diese unverhoffte Wendung wirft Jette sich der Schwester in die Arme und wiegt sie wie ein kleines Kind. »Wir wollen alles, alles, alles tun, um hier wieder rauszukommen! Bitte, Guste, versprich mir das!«

»Ach herrje!« Der schiele Siegmund, der, so leise sie auch sprachen, wohl das meiste mitbekommen hat, lacht laut. »So ein meschuggenes Gegacker! Leben heißt überall treten und getreten werden, Verehrteste, hier und in Moabit, in China, in Russland und in Amerika. Aber lasst nur, ihr traurigen Ziervögel, euer bissken Hoffen und Harren wird sich schon noch verwachsen.«

»Maul zu, Zähne dicht!«, ruft Guste als Antwort quer durch die Dachstube. »Mit Leuten, die aus Spandau kommen, unterhält unsereins sich noch lange nicht.«

Sie meint das Zuchthaus Spandau, in das nur Schwerverbrecher eingeliefert werden. Dort soll der schiele Siegmund lange in

Ketten gelegen haben, wie die Lumpengretel zu berichten wusste. Aber ob das stimmt oder nur eines der vielen Gerüchte ist, die im Vogtland wie die Fliegen durch die Gassen schwirren? Das kann nicht mal die Gretel mit Bestimmtheit sagen.

»Nutte!«, dröhnt es sofort zurück. »Dir werd' ick bei Jelegenheit mal 'n paar Jesichtszüge umsortieren. Denn is Essig mit große Kasse, denn klettert die Kundschaft, wenn se dir sieht, vor lauter Schreck gleich auf de nächste Jaslaterne.«

Das war zu viel. Erschrocken hält Guste Fritzchen die Ohren zu und Frieder will zu dem zerlumpten Kerl hin und ihm deutlich machen, dass er es mit ihm zu tun bekommt, wenn er sich nicht endlich zügelt. Mit all ihrer Kraft muss Jette ihn zurückhalten. »Nicht!«, flüstert sie. »Bist ja nicht immer da.« Und auch Guste schüttelt den Kopf. »Wie hat unser seliger Herr Vater immer jesagt? Der niedere Stand kennt nur niedere Jefühle. Ick dummet Ding hab ihm nicht jeglaubt. Also muss ick wohl bestraft werden.«

Das Letzte hat der Siegmund gehört. »He-he-he, liebe Madame Beinebreit!«, kräht er belustigt. »Wer hat denn hier bess're Jefühle? Stehlen und bestohlen werden, so dreht sich's im Kreise. Und die einen machen's leise, leise, leise, auf die janz besonders feine Weise, und die andern machen's laut – weil man ihnen immer wieder in die Fresse haut!« Deklamiert es wie ein Gedicht und lacht und lacht und findet kein Ende und die dicke Frau neben ihm kichert immer frecher mit.

Da will Guste endgültig nichts mehr erwidern und Jette schaut Frieder nur an, als wollte sie ihn bitten, gleich jetzt zu Michael zu gehen, um mit ihm und seiner Muhme zu reden.

Von irgendeiner Kirche her hat es zwölf geschlagen, Guste ist schon lange fort und Jette und Frieder liegen, Fritzchen in ihrer Mitte, noch immer schlaflos auf dem Bett und schauen still zu den Rissen im Dach hoch, durch die der Mond zu ihnen hereinscheint.

Natürlich hat der schiele Siegmund sich auch in dieser Nacht nicht zusammengenommen, hat seine Dicke gekitzelt und geknufft und sie erst lachen und dann kreischen lassen, bis Jette sich schließlich die Ohren zuhalten musste. Nicht mal das laute Schimpfen von Frau Krump, deren Töchter nicht schlafen konnten, und Fritzchens ängstliche Rufe, weil er glaubte, der Siegmund tue der Frau was zu Leide, hielten die beiden von ihrem Treiben zurück, bis sie müde ins Stroh zurücksanken, einschliefen und zu schnarchen begannen.

Ohnmächtig vor Wut hat Frieder die ganze Zeit nur daran gedacht, dass er Jette, Guste und Fritzchen unbedingt hier rausholen muss. Er kann dem schielen Siegmund ja nicht beweisen, wie Zimmererfäuste schmecken; Jette hat Recht, was soll sie tun, wenn er nicht da ist und dieser schmutzige Kerl sich an ihr, Guste oder Fritzchen rächen will?

Sie muss Ähnliches gedacht haben. »Wenn dir im Tiergarten was passiert wäre«, flüstert sie bedrückt, »müsste ich vielleicht für immer hier bleiben.«

»Mir passiert schon nichts«, flüstert er zurück. »Pass ja auf mich auf.« Und dann ergreift er über Fritzchen hinweg ihre Hand, hält sie fest und drückt sie, als wollte er ihr damit etwas versprechen, und ist nun doch froh, dass er so nahe bei ihr liegt, denn zuerst wollte er nicht mit aufs Bett. Nur weil es zwischen all den Möbeln in dem engen Verschlag keine einzige Ecke gab, in der er sich hätte ausstrecken können, ließ er sich von ihr dazu überreden. Und wie sollte sie denn auch Angst haben, dass er ihr zu nahe kommen könnte? Was sie eben mit anhören mussten, war viel zu schlimm; da kann er an gar nichts anderes denken als daran, dass er ihr unbedingt helfen muss.

»Willste dich nicht zudecken?«

Sie liegen alle drei in Kleidern auf dem Bett; Jette und Fritzchen, weil sie wissen, wie kalt die Märznächte unter dem löchrigen Dach noch sind, Frieder, weil er nicht wagte, mehr als Rock und Stiefel auszuziehen.

»Wenn ich darf«, flüstert er und dann beugt er sich rasch vor und zieht das dicke Bettzeug bis über ihre Köpfe.

Sie muss lachen. »Spielen wir jetzt Vater, Mutter, Kind?«

»Nein. Hier lieber nicht! So ein armer Vater möchte ich nicht sein.«

Sagt es und will dann nicht mehr reden. Es ist schön, mit Jette und Fritzchen unter einer Decke zu liegen. Denkt er noch länger über alles nach, stimmt es ihn nur traurig. Und dann heult er Jette noch ins Bettzeug, ohne überhaupt zu wissen, weshalb und warum gerade jetzt.

## *In der Fremde*

»Mach fort, Gretel! Mach fort!« Die alte Lumpensammlerin hat sich mit Jettes Hilfe ihre geflochtene Kiepe auf den Rücken geschnallt und den langen Stock mit dem Kratzeisen in die von der Gicht schon ganz und gar zu Klauen verkrümmten Hände genommen. Jetzt tastet sie sich, nachdem sie sich wie jeden Morgen selbst Mut gemacht hat, schwankend die steile Stiege in den Hof hinunter und Jette kehrt zum noch schlafenden Fritzchen in die Dachbodenfinsternis zurück und nimmt ihre Näharbeit wieder auf.

Seit zwanzig Jahren, seit ihr Mann an der Schwindsucht starb, zieht die Lumpengretel nun schon durch die Gassen. Heute dieses Viertel, morgen jenes. Begegnet sie einer Konkurrenz, kann sie sehr grob werden, wie Guste mal beobachtet hat. Nur die besseren Lumpensammler, die Lumpenmatze, die mit Hundekarren und Geschenksack durch die Straßen ziehen und mit der Querpfeife Frauen und Kinder anlocken, fürchtet sie. Der Plundermatz bietet zum Tausch gegen noch gut erhaltene Kleider allerhand schöne Sachen an: Ringe aus Messing, bunte Tücher, Näh- und Stricknadeln, Fingerhüte und Knöpfe, bunte Bildchen, Zinnsoldaten und sogar Bonbons. Das kann die alte Gretel nicht; sie durchstöbert nur den Kehricht. Wegen dieser »Räuber« aber werfe kaum noch einer was weg, jammert sie oft.

Ein unbegreiflich mühsames Leben! Ein Zentner Lumpen, an dem die Gretel drei Tage lang sammelt, bringt ihr nur zehn Silbergroschen. Also hat sie in neun Tagen einen Taler verdient, im Monat drei, im Jahr sechsunddreißig. Vier Taler kostet der Gewerbeschein für ein Jahr, bleiben zweiunddreißig. Zwei Taler Mietzins pro Monat ergeben im Jahr vierundzwanzig. Bleiben acht zum Leben. Für ein ganzes Jahr! Das geht eigentlich gar nicht. Nicht mal zwei Monate kann man von acht Talern leben. Die alte Gretel aber überlebt trotzdem. Und zieht sie durch die Wiesen-, die Acker- und die Bergstraße, wo ihre längst erwachsenen Kinder in Familienhäusern leben, lacht sie böse, denn ihre Kinder verstecken sich vor ihr. Sie befürchten, sie sonst miternähren zu müssen, wo sie doch die eigene Familie kaum durchbringen.

»Nein! Nein! Nein!« Fritzchen! Er heult im Schlaf. Gleich flüstert Jette ihm ein paar beruhigende Worte zu; Worte, die sie selbst eher beunruhigen: Wenn sie nun doch nicht mehr hier rauskommen? Was soll dann aus ihm werden? Wird er, wie so viele Kinder aus den Gassen ringsherum, schon in zwei, drei Jahren um fünf Uhr morgens in die Zigarrenfabrik ziehen müssen? Vielleicht sogar in die Flatowsche? Für vier Pfennig Stundenlohn? Sie hat diese Kinder ein paar Mal beobachtet, es sind hustende, schwindsüchtige Geschöpfe mit alten Gesichtern. Und die Gretel weiß immer wieder von welchen zu berichten, die nicht mehr leben wollten …

Jetzt fängt der schiele Siegmund wieder an zu schnarchen; jeden Morgen horcht er so lange an seiner Matratze herum. Und ist er wach, bleibt er noch ewig lange liegen und liest in immer demselben Buch. *Immergrün der Gefühle* heißt es. Sie weiß das, weil er Stellen, die ihm besonders gut gefallen – meist sehr rührselige, blumenreiche –, gern laut liest. Frühestens am Nachmittag zieht es ihn dann zu »Geschäften« in die Stadt.

Sie fürchtet diesen Mann und mit ihm das ganze Haus, in dem sie nun leben. Der Siegmund ist ja noch nicht mal der Übelste. Viel schlimmer sind die Ziesels, die direkt unter ihnen wohnen und stets in ehemals feinen, inzwischen aber total verschlissenen Kleidern herumlaufen und deren Wohnung ein solcher Dreckstall ist, dass im Sommer alle Fliegen der Stadt darin ihr Auskommen fänden. Jeden zweiten, dritten Abend stellen sie die Öllampe ins Fenster; dann kommen irgendwelche zwielichtigen Gestalten zu ihnen und es wird getanzt, getrunken und gegrölt. Und an manchen dieser Abende sollen die Ziesel-Kinder schon nackt durch die Wohnung gesprungen sein, wie die Lumpengretel zu erzählen weiß; nackt zwischen lauter nackten Erwachsenen! Steht keine Lampe im Fenster, warten die großen Ziesel-Mädchen und die großen Ziesel-Jungen zwischen all den anderen Jungen und Mädchen auf dem schmalen Verbindungsweg zwischen Hamburger und Oranienburger Tor auf Kundschaft, der sie für zwei oder drei Groschen gefällig sein können; die Mädchen in selbst geschneiderten engen Röcken, die Jungen in genauso engen, gewaltsam in die Höhe gezogenen Hosen.

Der alte Langanke in der Stube neben den Ziesels dagegen ist ein ordentlicher und ehrlicher Mann. Er war früher mal Schmied, doch dann erkrankte er an Rheuma und kann seither kaum noch einen Arm heben. Aber wie er lebt! Seine Stube hat nicht mal ein Fenster, da ist nur ein Loch in der Mauer, das er im Winter mit Papier und Lumpen zustopft. Und einen Ofen gibt's in seiner Höhle genauso wenig wie hier oben auf dem Dach. Trotzdem schickt er seine Kinder weder betteln noch stehlen, noch an die Stadttore; sie ziehen jeden Tag mit Kiepen auf die Märkte, wo sie den Hausfrauen für einen Dreier die Einkäufe nach Hause tragen.

Der Langanke hasst die Ziesels, nennt sie Abschaum der Gesellschaft und will mit ihnen nichts zu tun haben. Seine Nachbarin zur Rechten aber, die Läusepaula, kann gar nicht oft genug bei ihnen klopfen. Wenn dann getrunken, getanzt und gegrölt wird, ist sie die Lauteste. Im Arbeitshaus musste sie monatelang Schlämmkreide klopfen. Davon hat sie das spröde, helle Haar bekommen, dem sie ihren Spitznamen verdankt. Noch viel schlimmer aber sieht's in ihrer Stube aus. Da sind alle Wände voll mit grünlichem Schimmel. Und noch abscheulicher ist, dass sie selbst schon so säuerlich-muffig riecht wie dieser Schimmel und es offensichtlich gar nicht mehr merkt.

Auch in den anderen Räumen: lauter schlimmste Armut, lauter Schmutz, lauter seltsame Gestalten! Ein kleiner, buckliger Mann, der immer nur im Hof sitzt und trinkt und jeden, der an ihm vorüberkommt, mit ausdruckslosen Totenaugen anstarrt; eine spindeldürre Frau, die mit einem morschen Geigenkasten durch die Straßen zieht, nie lacht und nie weint und hin und wieder für ein paar Groschen Musik macht; eine Wassersüchtige, die kaum noch hinter dem Tisch hervorkommt, an dem sie von morgens bis abends sitzt und sich und anderen für einen »vermickerten Groschen« die Karten legt. Und so viele andere mehr. – Mittendrin sie, die Töchter der ehrbaren Wirtsleute Mundt mit ihrem traurigen Fritzchen und all ihren Möbeln aus der guten alten Zeit.

Jette muss das Nähzeug weglegen, ihr kommen mal wieder die Tränen. Wie schön war es dagegen doch in ihrer Bückeburg in der Rosenstraße! Wie sauber und gemütlich! Wie warm, selbst wenn es kalt war! Da konnten sie doch wenigstens manchmal lachen; da haben Guste und sie voriges Jahr um dieselbe Zeit noch Schüsseln aufs Fensterbrett gestellt, weil Märzschneewasser eine schöne Gesichtshaut macht; da hat sie vom Fenster aus die Bäckersleute und ihren Dietz, das alte Fenstergucker-Ehepaar und die verschiedensten Straßenhändler beobachten können. Hier gibt es nichts zu sehen außer Armut, Schmutz und bitterstem Elend; hierher verirrt sich kein Händler, hier lebt sie in der Fremde …

Bei der Frau Krump und ihren Töchtern rührt sich etwas. Das ist auch wie jeden Morgen. Weil sie stets bis nach Mitternacht arbeiten, schlafen die Kinder morgens lange. Es hätte auch keinen Zweck, allzu früh durch die Straßen zu ziehen; die Frauen, die ihnen aus Mitleid etwas abkaufen, sind noch längst nicht aus dem Haus. Wenn sie dann endlich losgehen, wird immer das blinde Mädchen vorangeschickt. Die beiden anderen tragen ihr die Ware nach und die Mutter passt auf, dass ihre kleine Anna nicht betrogen wird.

»Guten Morgen!«, grüßt Jette freundlich.

»Guten Morgen!« Ein müdes Lächeln, ein kleiner Wink zu ihr herüber, dann wendet sich die magere Frau wieder ihren Kindern zu, die nun aufstehen müssen, aber nur schwer aus dem Schlaf finden.

Es sieht leer aus im Verschlag der vier. Ein Brett, über zwei umgekehrt aufgestellte Eimer gelegt, bildet die Bank, auf der die Mädchen sitzen, wenn sie ihr Spielzeug schnitzen; zwei Holzkisten ersetzen den Schrank. Nachts liegen sie auf Stroh und decken sich mit groben Tüchern zu, an den Füßen tragen die Kinder auch im Winter nur Holzpantinen. Und erzählt ihre »Muttel« mal ein bisschen über sich, ist es stets die gleiche Geschichte: Ihr Mann ist ehrbarer Schlossergeselle gewesen und hat bei einem Arbeitsunfall seine Hand verloren. Da ist er arbeitslos geworden, hat angefangen zu trinken und ist in schlechte Gesellschaft geraten. Und nun sitzt er schon seit fünf Jahren in der Stadtvogtei und wird hoffentlich im nächsten Jahr entlassen, denn länger könne sie dieses Leben nicht mehr aushalten. Nur was ihren Mann für so viele Jahre in die Stadtvogtei gebracht hat, darüber spricht sie nie.

Doch so bitterarm Frau Krump und ihre Töchter auch sind, in ihrem Verschlag ist alles blitzsauber. Und manchmal singen die Mädchen bei der Arbeit sogar. »Ningel, ningel, leier, die Butter kost 'n Dreier«, alle Strophen vom König Salomo, der »uff 'm Baume saß und verfaulte Äpfel fraß« oder das Endlos-Lied »Nu reiß ick dir die Beene aus, die Beene aus, die Beene aus«; alles Lieder, die auch sie, Jette, als Kind oft gesungen hat. Deshalb wird ihr beim Zuhören jedes Mal ganz komisch zumute. Als sie so klein war, ging es ihr ja um so vieles besser.

»Wascht euch ordentlich!«, wird jetzt nebenan geschimpft. »Arm ist schlimm und schmutzig ist schlimm, aber arm und schmutzig zugleich ist zu schlimm.«

Sie wolle nicht, dass ihre Töchter hier verdorben werden, hat die Frau Krump mal zu Guste gesagt. Aber wird ihr das gelingen? Und wird es Guste und ihr mit Fritzchen gelingen? Wird er all den Schmutz, in dem sie nun leben, nicht eines Tages ganz normal finden?

Wieder überfällt sie diese namenlose Angst. Sie müssen hier raus! Fritzchen darf sich nicht an solch ein Leben gewöhnen! In Moabit wird es vielleicht wieder wie in der Vorweihnachtszeit sein, als die drei Mundts und die beiden Jacobis schon fast eine Familie waren. – Doch ob Frieder weiß, wie sehr sie ihn braucht? Ob er ahnt, dass sie ihn auch deshalb liebt, weil er sie vielleicht in ein besseres Leben mitnimmt? Und ob er ihr das übel nehmen würde, wüsste er, dass sie so denkt?

Guste! Endlich! Jette erkennt die Schwester schon an den müden Tritten, mit denen sie die steile Stiege erklimmt. Gleich legt sie das Hemd weg, an dem sie gerade arbeitet, und bittet Fritzchen, der noch immer im Bett liegt, nun doch endlich aufzustehen. Was soll seine Mutter denn sonst von ihm denken?

Er gehorcht nur lustlos. Wozu soll er sich waschen? Er legt sich ja doch gleich wieder hin. Die ersten Spritzer Wasser aus dem Eimer jedoch machen ihn munter. Vorsichtig späht er durch die halbdunkle Dachstube zur Tür hin. Ob die Mutter ihm wohl die Brezel mitgebracht hat, die sie ihm gestern, als er den ganzen Tag nicht mit ihr reden wollte, für heute Morgen versprochen hat?

Auch der schiele Siegmund hat die Schritte gehört. Rasch

steigt er in seine zerschlissene Hose und baut sich, das dichte Haar noch ganz wirr in der Stirn, mit über der Brust verschränkten Armen vor seinem Verschlag auf. »Wieder Aale stechen jewesen?«, fährt er Guste gleich an, als sie durch die Tür kommt.

»Tropf!«, murmelt die Schwester nur und will an ihm vorübergehen. Da springt er vor, packt sie am Arm, dreht sie zu sich herum und schlägt ihr mit der flachen Hand mitten ins Gesicht. Immer wieder. Links, rechts, links, rechts. »Denkst du olle Nutte etwa, ick lass mir von so 'nem Stück faulen Fleisch beleidigen? Glaubst du olle Vögeltante vielleicht, du bist wat Besseret!«

Guste ist so überrascht, dass sie sich lange nicht zu wehren weiß. Und auch Jette und Fritzchen sind vor Schreck wie gelähmt. Bis Fritzchen plötzlich laut aufheult und, das Gesicht noch immer voll Seife, zu dem Mann hinläuft und ihn von seiner Mutter fortzerren will.

Inzwischen hat Guste sich gefasst. Mit zornrotem Gesicht tritt sie dem wütenden Mann mit aller Kraft zwischen die Beine. Der schreit laut auf, japst nach Luft und presst sich die Hände vor den Unterleib. »Du Sau!«, zischt er mit Tränen im Gesicht. »Du dreckige Matratze!«

»Was haste gesagt?« Jetzt verteilt die Schwester Ohrfeigen. Hochaufgerichtet steht sie da und immer wieder schlägt sie dem vor Schmerz wie gelähmten Mann die Hand ins Gesicht. Als er endlich vor ihr zurückweichen will, stolpert er und fällt lang hin. Die dicke Frau in seinem Verschlag, die alles beobachtet hat, lacht laut auf. Jette hätte lieber geweint. Sie kann kaum glauben, was da geschieht.

Guste aber will von dem plötzlich so schwächlich wirkenden Mann noch immer nicht ablassen, tritt ihn mit den Füßen und macht dabei ein Gesicht, als ekle sie sich vor ihm.

»Genug!« Mit aller Kraft versucht Jette die Schwester von dem nur noch wimmernden Mann fortzuzerren. Und als Guste ihr nicht gehorcht, schreit sie ihr laut ins Gesicht: »Du trittst ihn ja tot!«

»Na und wenn schon!« Guste atmet schwer. »Dafür müsst ick heilig jesprochen werden! Zertrittste ihn, stinkt er wenigstens nicht mehr lange.«

»Red doch nicht so!« Die Schwester im Arm, an der Hand Fritzchen, kehrt Jette in ihren Verschlag zurück, nimmt Guste Hut und Mantel ab und bittet sie, sich doch erst mal hinzulegen. »Damit du ruhiger wirst.«

Die Schwester gehorcht und dann liegt sie auf dem Bett und starrt dumpf keuchend vor sich hin. Jette ist nur froh, dass die Frau Krump mit ihren Kindern schon auf Tour ist und sie deshalb nicht mitbekommen haben, was sich da eben abspielte; Fritzchen hat sich, ohne sich erst die Seife aus dem Gesicht zu waschen, gleich neben seine Mutter gelegt und presst nun, noch immer schluchzend, seinen Kopf an ihre Brust. So hören sie, wie der schiele Siegmund sich aufrappelt, laute Schimpfwörter und Verwünschungen ausstößt und dann als Erstes die Frau aus seinem Verschlag wirft, die über seine Not nur lachen konnte. Die übelsten Ausdrücke schreit er ihr nach, die Frau aber lacht nur immer schriller; sie weiß ja, wie sehr sie ihn damit verletzt.

Als der noch immer leise fluchende Mann sich dann endlich wieder hingelegt hat und Jette nicht mehr befürchten muss, dass er sich vielleicht doch noch einmal der Schwester zuwendet, setzt sie sich zu Guste aufs Bett, nimmt ihre Hand und streichelt sie vorsichtig. »In Moabit wird uns so was nicht mehr passieren.«

»Es gibt kein Moabit.«

»Und warum nicht?« Ungläubig starrt Jette die Schwester an. Am Abend zuvor hat Guste ja noch ganz anders geredet.

»Weil ich nicht Näherin werden will! Sechs Silberlinge für achtzehn Stunden Arbeit ... Fledermausaugen bekommt man davon und 'n krummen Buckel und 'ne einjefallene Brust!«

»Aber wir können doch auch Weißnäherinnen werden. Die verdienen mehr.«

»Ja, ja! Je magerer det Pferd, desto mehr Fliegen hocken drauf.« Die Schwester lacht böse. Und dann schreit sie plötzlich auf: »Herrgott im Himmel, Jette! Die armen Mädel verdienen so viel, dass se nachts jenauso über die Straße schippern müssen wie ick. Da kann ick doch gleich die olle Nutte bleiben, die ick bin.« Es ist ihr nun offensichtlich egal, dass Fritzchen alles mit anhören kann.

»Du sollst nicht immer so reden!« Gleich schießen Jette wieder die Tränen in die Augen. All ihre Hoffnungen, all ihre Pläne und Träume – Guste kommt nach Hause und will von nichts mehr etwas wissen.

»Wie soll ick denn sonst reden?« Wieder atmet Guste so schwer, als läge eine Zentnerlast auf ihrer Brust. »Denkste, ick weiß nich, dass dieser Dreckling da Recht hat? Und dass de dich heimlich für mich schämst? Und dein lieber Heiland, der täglich übers Wasser jeht und sogar die Armen beschenkt, obwohl er selbst nichts hat, jenauso?«

Jette hatte der Schwester am späten Heiligabend doch noch von dem Geldbeutel, dem verschenkten Geld und Flatows Verdacht erzählen müssen. Guste hätte sich nach Fritzchens Erzählung und Flatows Andeutungen sonst womöglich noch viel Schlimmeres zusammengereimt. Seither aber spottet die Schwester noch öfter über Frieder, ihren »Jesus Christus, der die Armen speisen will« und »ollen Grübelhans mit der vom vielen Denken schon ganz karierten Stirn«.

»Is doch so, Jetteken! Wozu sich selbst belügen? Bisher bin ick immer nach der Devise verfahren: Ick kann allet, wat ick will – weil ick nie mehr will, als ick kann! Zu jut deutsch: Keen Vogel fliegt höher, als sein Jefieder ihn trägt. Und da kommst du und willst mich zur Näherin machen! Zwischen Kräutern und Grashalmen! Immer lustig mit de Nadel, Juste ohne Fehl und Tadel!«

»Still!« Jette kann diese ewigen Guste-Wahrheiten nicht mehr ertragen. Fest entschlossen, sich durch nichts davon abbringen zu lassen, möglichst bald hier fortzugehen, springt sie auf und stellt sich mit vor Erregung geballten Fäusten vor die Schwester hin. »Wenn du jetzt aufgeben willst, nur weil dieser widerliche

Kerl dir dumm gekommen ist, dann ohne mich. Ich bleibe nicht hier, ich nicht!«

»Na und? Wenn's dich fortzieht – es gibt 'n altes Sprichwort: Willste Käse sein, stinke, willste Parfüm sein, verdufte.«

Da wäre Jette am liebsten gleich weggelaufen. Mit dieser Guste, das weiß sie aus Erfahrung, kann sie nicht reden. Doch wo sollte sie hin? Zu Mutter Jacobi – und damit zum Flatow zurück?

»Kennst det Leben noch nicht, Jetteken. Sonst würdeste längst wissen, dass jeder Mensch so verbraucht werden muss, wie er nu mal gerade ist. Kannst dir keene schön're, bess're, fromm're Juste backen.«

Nein! Darauf wird Jette sich nicht einlassen. Wenn Guste nicht anders kann, bitte schön! Sie, Jette Mundt, kann anders! Und deshalb wird sie hier fortgehen, bevor es zu spät ist. Sie sagt das und mit fester Stimme fügt sie hinzu: »Und damit du's weißt, wenn ich gehe, nehme ich Fritzchen mit!«

Überrascht blickt Guste auf. »Ehe ick mir so sehr wundere, glaub ick dir lieber.«

»Ja, denkste denn, ich will, dass er eines Tages auch so 'n schieler Siegmund wird?« Jette wartet auf Protest von dem Mann in seinem Verschlag; als nichts kommt, fährt sie fort: »Wer sich mit Kötern einlässt, kriegt Flöhe! Auch einer deiner vielen, ach so klugen Sprüche! Aber einer, der zufällig mal stimmt! Und ich will nicht, dass unser Fritzchen Flöhe bekommt!« Sagt es und staunt selbst über sich: Immer hat sie Angst gehabt, sie könnte eines Tages mit Fritzchen allein bleiben – und nun würde sie sogar mit ihm fortgehen?

»Moabit!« Plötzlich hat die Schwester Tränen in den Augen. »Du vertraust auf deinen Frieder, als wär er tatsächlich so 'ne Art Heiland. – Und wenn det nu allet bloß Hirnjespinste sind?«

»Bitte!« Sofort wird Jette wieder weich. »Wir müssen es doch wenigstens versuchen! Hierher zurück können wir immer.«

Da dreht die Schwester schnell den Kopf weg. »Und wenn ick nu wieder so 'n Kuckucksei in mir trage?«

»Wie kannste denn so was sagen?« Zuerst guckt Jette nur ungläubig, dann wird ihr schlagartig klar, dass Guste diese furchtbaren Worte bitterernst gemeint hat, und sie spürt, wie ihr vor Entsetzen alles Blut aus dem Kopf weicht.
»Hab da so 'n Gefühl ...«
»Aber warum haben wir denn keinen Weizen genommen, damit wir's ganz genau wissen?«
Darauf bekommt sie lange keine Antwort. Bis Guste schließlich den Kopf zurückwendet, Jette eindringlich anschaut und danach ganz fremd lächelnd sagt: »Steh nich so dumm rum mit de Zunge im Mund! Wollt's eben nicht!«
»Aber biste dir denn ganz sicher?«
»Ja.«
Einen Moment lang schaut Jette die Schwester noch an, dann senkt sie hilflos den Blick. »Und wie lange weißte's schon?«
»Befürchtet hab ich's seit 'n paar Wochen, seit heute Nacht bin ich mir sicher.« Die Schwester zuckt die Achseln. »So is das nu mal mit de Männer, kaum kiekste einen freundlich an, zappelt dir schon wat im Bauch.«
»Und warum haste nichts gesagt?«
»Weil's nischt jeändert hätte.«
Wieder sucht Jette Gustes Augen und als die Schwester schon nach kurzer Zeit den Blick niederschlägt, keimt ein furchtbarer Verdacht in ihr auf. »Weißte etwa, wer ...«
»Ja.«
Das kam so schnell, wie will Guste denn so sicher sein?
»Ist's etwa der ...«
»Ja.« Die Schwester nickt erst nur mit geschlossenen Augen, dann erzählt sie der nun völlig verstörten Jette, ohne ein einziges Mal den Namen Flatow zu erwähnen und so, dass Fritzchen sich unmöglich einen Reim darauf machen kann, wie sie am Tag vor Heiligabend ein letztes Mal versuchte, den Flatow von ihr, Jette, abzubringen. Und wie sie da besonders »nett« zu ihm war und er ihr Geschenk auch dankbar annahm. Die wahre Antwort auf

ihre Bitte aber habe sie tags darauf erhalten, als er ihnen nicht nur die Miete erhöhte, sondern sie obendrein auch noch mit Dreck bewarf.

Also ist die Schwester ihretwegen wieder schwanger geworden? Und in ihrem Bauch wächst ein kleines Flatow-Kind heran? – Dann ist alles noch viel schlimmer, als sie glaubte, dann bricht mit einem Schlag ihr ganzer Traum zusammen.

»Ach Jotteken, Jetteken! Nu heul doch nich die Laterne an, der Mond steht ja viel höher.«

»Aber ...«

»Nichts aber! Weiß ja, dass du das noch nich verstehen kannst! Bist ja noch viel zu jung.« Nun spielt Guste die Schroffe, die alle ihre Überlegungen und Fragen längst vorausgesehen und keine Lust hat, sich lange mit ihrer kleinen Schwester darüber zu unterhalten. Doch dann, ganz unvermittelt, bricht es aus ihr heraus: »Zum Teufel! Man braucht doch mal 'n Menschen! Immer nur's Kind am Rockzipfel, wer soll das denn aushalten? Und manchmal hatte er ja auch so 'ne Art ... Fast wie Vater! Und hatten wir bei ihm denn nicht wenigstens 'n Dach überm Kopf und lebten mit richtigen Menschen zusammen?«

Sie redet noch lange so weiter. Es wird eine endlose Entschuldigung. Jette aber denkt immer nur das eine: Jetzt werden sie den Flatow niemals mehr los, jetzt wird er für immer bei ihnen sein! Wie soll sie diesem Kind denn je verzeihen können, wer sein Vater ist? Wie soll sie es je lieb haben? Und Frieder! Wird er denn jetzt noch mit ihnen nach Moabit ziehen wollen? Wie viel Last soll er sich denn noch aufbürden?

»Es gibt nur eine einzige Möglichkeit«, unterbricht Guste sich da auf einmal selbst und ihre Stimme klingt erschrocken, obwohl sie sicher nicht das erste Mal daran gedacht hat. »Die Hauptmännin! Hast sie ja kennen gelernt. Die hilft uns manchmal ... Kostet natürlich was. Aber ... aber zuerst muss ick ja wissen, ob ick's überhaupt machen soll ...«

Noch so eine böse Überraschung! Wenn Guste sich diese Frage so ernsthaft stellt, muss sie den Flatow tatsächlich ein bisschen lieb gehabt haben. Dann erging es ihr mit Fritzchens Vater und diesem schuftigen Kerl nicht anders als der Schneckenmarie mit ihren Männern.

»Was ist?«, drängt die Schwester. »Was sagste dazu?«

»Weiß nicht.« In Jette ist auf einmal so viel Müdigkeit. Am liebsten würde sie sich ins Bett legen und nie wieder aufstehen.

Sofort ist Guste wieder die Alte. »Wenn de kein Wasser aufsetzt, kannste lange warten, bis es kocht. Sag, was de denkst! So was is schließlich kein Sonntagsvergnügen.«

Da kann Jette nicht anders. »Was geht mich das denn alles an?«, schreit sie voller Zorn. »Ich weiß nur eins – dass ich hier wegwill! Und solange ich noch hier bin und du Nacht für Nacht verschwindest und mich mit Fritzchen allein lässt, wird Frieder bei mir schlafen. Da hast du gar nichts mehr mitzureden! Weil du nämlich nicht meine Mutter bist! Und eine gute Freundin bist du auch nicht.«

Wie eine Gefangene, die an ihren Gitterstäben rüttelt, kommt sie sich nun vor. Und in Wahrheit tut sie ja auch nichts anderes. Die Schwester aber hat endlich begriffen, wie ernst es ihr ist, erwidert nichts mehr, streichelt nur Fritzchen, der noch immer Seife im Gesicht hat und die Augen geschlossen hält, als wollte er lieber in seiner eigenen Welt bleiben, und starrt nachdenklich zum Dach empor.

## *Ursache und Wirkung*

Den vierten Tag zieht Frieder nun schon durch die frühmorgendlich grauen Vogtlandgassen. Die Männer und Frauen vor und hinter ihm sind alles Arbeitsleute, die in die Fabriken wollen. Manche haben weite Wege vor sich, bis hin zur Köpenicker Straße oder gar zum Schlesischen Tor. Neben ihnen her laufen kleine, zerlumpte Gestalten, die schon auf sie gewartet haben und ihnen mit vor Hunger brüchigen Stimmen die Brote aus den Taschen betteln wollen. So kommt ihm die Pausenmahlzeit, die Jette ihm mitgibt, jedes Mal wie gestohlen vor. Doch wie sollte er den langen Arbeitstag hinter sich bringen, wenn er zwischendurch nicht mal was zu essen hat? Sind die Kinder weg, kommt ihn Wut an: Bevor er das Vogtland kennen lernte, hat er gar nicht gewusst, wie wichtig Arbeit und Brot wirklich sind.

Hinter dem Rosenthaler Tor ist ein Zettelankleber bei der Arbeit. In blauer Bluse, den Kleistertopf am Gürtel, steht er auf seiner kleinen Leiter, streicht ein Stück Hauswand dick ein und klebt eine Bekanntmachung darauf fest. Ein paar Männer in Arbeitshosen und Leinenkitteln, jeder sein Blechkesselchen für die Mittagspause in der Hand, stehen um ihn herum und ein Langnasiger, Schnurrbärtiger mit Bassstimme liest denen, die nicht lesen können, den Text laut vor. Er macht eine sehr wichtige Miene und liest wie in der Schule, als stünde der Lehrer mit dem Rohrstock hinter ihm.

Frieder überfliegt den Text rasch. Irgendwas von den Ereignissen der letzten Tage steht da, die es notwendig machen, die Versammlungen auf den Plätzen und in Straßen zu verbieten. In extra groß gedruckten Buchstaben folgt: *Wird der Aufforderung zum Auseinandergehen nicht augenblicklich Folge geleistet oder Widerstand versucht, so werden die Widerspenstigen gewaltsam auseinander getrieben oder verhaftet.* Unterschrieben haben die Bekanntmachung der Polizeipräsident und irgendjemand vom Königlichen Gouvernement.

Ein kleiner, dicker, sicher von vielen dünnen Suppen so aufgeschwemmter Mann guckt bestürzt. »Aussenander soll ick jehen? Aber wieso denn? Bin doch längst aussenander jejangen.« Und listig schmunzelnd zeigt er auf seinen Bauch.

Es wird gelacht und auch Frieder muss grinsen. Beim Weitergehen aber wird er wieder ernst. Diese Bekanntmachung war zu erwarten. In den letzten Tagen hat es immer wieder Zusammenstöße mit dem Militär gegeben: Unter den Linden, in der Brüderstraße und rund um den Schlossplatz. Sogar harmlose Spaziergänger wurden von den Soldaten angegriffen, Tote hat es gegeben und unzählige Verletzte. Er ist nicht dabei gewesen, weil er an den letzten Abenden immer früh zu Jette heimkehrte; Rackebrandt aber hat nichts versäumt und sich vor dem Meister über die königstreue Presse lustig gemacht, die sich seit neuestem ständig gegenseitig widerspricht: Mal liegt so einem Zusammenstoß ein bedauerlicher Irrtum zugrunde, mal wird vom heldenhaften Einsatz der Soldaten zum Schutz des Königs berichtet. Wenn es aber nur der »Pöbel« ist, der gegen das Militär aufbegehrt, weshalb trifft es dann so viele brave Bürger?

Wieder ein Trupp Soldaten? In Marschordnung, allen voran ein Leutnant mit Federbusch, streben sie irgendwohin. Frieder schaut ihnen ein Weilchen nach, dann seufzt er. Es macht ihn unruhig, dass so viel in der Stadt passiert und er jeden Abend zu Jette ins Vogtland heimkehrt. Das ist ein richtiges Opfer! Aber natürlich versteht er ihre Angst und Michael, der ihr, Guste und Fritzchen ja helfen will, kann doch jetzt, da die Ereignisse sich dermaßen überstürzen, nicht zu seiner alten Amme aufs Dorf hinauswandern.

Und die Mutter hat er seit seiner großen Rede auch noch nicht wieder gesehen! Nur Rackebrandt war bei ihr. Und Michael, dem sie frische Wäsche für ihn mitgab. Von beiden weiß er, dass der Kerkau, dieser Schleimling, sie schon wieder angesprochen hat: Er treffe ihren Sohn ja gar nicht mehr; es treibe den jungen Mann jetzt wohl mehr zur jungen Braut als zur alten Mutter? – Doch so dumm ist die Mutter nicht, sich auf dermaßen plumpe Art gegen Jette aufhetzen zu lassen. Kein einziges Wort habe sie sich entlocken lassen, hat sie Michael stolz berichtet, sondern den Kerkau nur von oben bis unten angesehen und sich dann das Taschentuch unter die Nase gehalten, als müsste sie sich vor einem ganz besonders schlimmen Rinnsteingeruch schützen. Am Sonntag aber, gleich nach der Kirche, solle ihr Jungchen zur

Burgstraße kommen. Dort, auf den Steinstufen, die zur Spree hinunterführen, wolle sie ihn endlich mal wieder in die Arme nehmen.

Die kleine, schmächtige Mutter als Geheimagentin? Vor wenigen Wochen hätte er über einen solchen Gedanken gelacht. Jetzt erscheint es ihm schon fast normal, dass er sich verstecken und die Mutter ihm dabei helfen muss.

»Wir werden heute nicht arbeiten.«

Rackebrandt sagt es zum zweiten Mal und da weiß der Meister, dass es ihm ernst ist. »Und warum nicht?« Er macht ein ratloses Gesicht. »Wollt ihr nach dem blauen Montag auch noch den grünen Freitag einführen?«

»Der blaue Montag war nur halb«, entgegnet Flips finster. »Heute machen wir ganz und gar blau.« Seit er den Hieb mit dem blanken Pallasch abbekommen hat, trägt er den Arm in der Schlinge, kommt aber – gegen ein Drittel seines sonstigen Lohnes – trotzdem jeden Tag, um kleinere Hilfsarbeiten zu übernehmen. Meister Langemann hat ihm das angeboten und dafür müsste Flips ihm eigentlich dankbar sein. Flips jedoch ist niemandem mehr dankbar. Böse Saat erntet böse Tat, lautet sein neuester Lieblingsspruch und er träumt davon, jenen Kürassier, der ihm den Hieb versetzte, mal ganz privat in die Finger zu bekommen. Doch dieser Traum wird nicht in Erfüllung gehen, er würde den Mann ja nicht mal wieder erkennen. Das ärgert ihn am meisten.

»Und die Arbeit? Wer erledigt, was heut Tagwerk ist?« Der Meister steht vor seinen Gesellen, die nur gekommen sind, um ihm zu verkünden, dass sie gleich wieder gehen wollen, und begreift die Welt nicht mehr. In den letzten Tagen ist so manches passiert, was er niemals zuvor für möglich gehalten hätte. Mit Säbeln und Gewehren gegen Unbewaffnete? Und es war des Königs Militär, das so erbarmungslos dreinschlug und schoss und Tote und Verletzte in Kauf nahm? Das durfte nicht so weitergehen. So hat er sich unverzüglich der neu gegründeten Schutzkommission der »Friedensengel« zur Verfügung gestellt, die zwischen Militär und Volk vermitteln will. Außer weißen Armbinden und kurzen weißen Stöcken aber hat man den Schutzbürgern – fast alles Beamte, Handwerksmeister oder Innungsvorsteher – nichts gegeben, um ihnen ihre schwierige Aufgabe zu erleichtern. Deshalb werden sie, wohin sie auch kommen, nur ausgelacht. Jede neue Ausschreitung des Militärs aber lässt den Ruf nach einer wahrhaften Volksbewaffnung lauter werden, wofür der Meister nun erst recht kein Verständnis hat. Ruhe und Ordnung seien jetzt das Allerwichtigste, sagt er immer wieder und dazu gehört natürlich auch, dass weitergearbeitet und nicht am helllichten Tag schon Politik gemacht wird.

»Nicht alle, die so heißen, sind die wirklich braven Preußen!« Rackebrandt versucht noch mal, dem Meister seinen Standpunkt klarzumachen und ihn vielleicht sogar zum Mitkommen zu bewegen. In der Stadt brodle es, an allen Straßenecken werde diskutiert, wie es nun weitergehen soll. Da könne man doch nicht einfach im Dachstuhl hocken, als wären in den vergangenen Tagen nur ein paar Milchkannen umgestoßen worden.

»Aber der König hat doch längst Einsicht gezeigt«, wehrt sich der Meister, »hat die Stadtverordneten empfangen und auch den Landtag einberufen. Und das nun schon für Ende April. Jetzt muss der Regierung doch erst mal Zeit gelassen werden zu tun, was gut und richtig ist.«

»Ja!« Rackebrandt lacht. »Der König hat uns mal wieder 'nen Krümel hingeworfen: Landtag nicht erst in drei Jahren, sondern schon nächsten Monat. Aber was ist das anderes als Taktiererei? Sein säbelrasselnder Herr Bruder Kronprinz ist da viel ehrlicher. Der will uns zusammendreschen, bis wir in unserem eigenen Blut ersaufen. Wem aber untersteht das Militär letztendlich? Herrn Zaghaft oder Herrn Eisenfaust? Beweisen die letzten Tage nicht, dass in Preußen längst der Hund mit dem Schwanz bellt?«

Den Meister überzeugt auch das nicht. »Wenn die eine Seite zu

Zugeständnissen bereit ist, muss auch die andere einlenken«, sagt er stur.

Da kann der Altgeselle nur verzweifelt den Kopf schütteln. »Brosamen sind das, keine Zugeständnisse!« Und er erzählt von Wien, wo längst die Revolution gesiegt hat, der Kanzler abdanken, eine Verfassung versprochen, die Zensur abgeschafft und eine bewaffnete Bürgergarde zugelassen werden musste. »Und da sollen wir in Berlin uns noch immer wie unmündige Kinder behandeln lassen? Nur wegen ein paar taktisch bedingter ›Zugeständnisse‹?«

»Wer nicht arbeitet, erhält keinen Lohn. Mein letztes Wort!«

Der Meister sagt es und blickt dabei insbesondere Nante, Roderich und Schorsch an. Diesmal jedoch stehen sie alle hinter Rackebrandt. Roderich braucht sich bloß Flips' Arm anzusehen, gleich juckt es ihm unter seiner Augenklappe. Und Schorsch hat in den letzten Tagen schon ein paar Mal gesagt, dass sein Komet ja vielleicht längst gekommen sei, nur auf eine ganz andere Weise, als er glaubte. Wenn überall in der Welt die Regierungen stürzten, was sollte das denn anderes sein als eine Art Kometeneinschlag? Nante aber, der sich seinen am Montag erbeuteten Pallasch zu Hause über den Herd gehängt hat, ist von seinem König enttäuscht wie von einer treulosen Geliebten. Wer solche Schändlichkeiten zulässt, dem muss er nicht mehr dankbar sein. Und da der Meister ganz offensichtlich anderer Meinung ist, kehrt sich sein Ärger auch gegen ihn. »Das mit dem Lohn ist auch so 'ne Sache«, erwidert er streng. »Über den müsste auch mal geredet werden. Meine Frau kommt damit schon lange nicht mehr aus.«

»Dann mach nicht so viele Kinder!« Nun platzt dem Meister endgültig der Kragen. »Kann nicht mehr auszahlen, als ich einnehme. Bin kein reicher Patron, bin nur Handwerksmeister. Und in schlechten Zeiten will nun mal keiner bauen. Und wer doch baut, zahlt wenig.«

»Wohnst aber in einem sehr schönen Haus«, murrt da auch

Schorsch. »Würdest nicht verhungern, bekäme jeder von uns 'nen Taler mehr die Woche.«

»Ach ihr! Aufgehetztes Pack!« Wütend macht sich der Meister an die Arbeit, während seine sechs Gesellen nun still davonziehen, Richtung Stadtmitte, hin zur Oberwallstraße. An der Ecke Jägerstraße liegt in der Beletage* eine Zeitungshalle, in der von morgens bis abends die neuesten Nachrichten diskutiert werden. Rackebrandt, der jeden Tag nach Feierabend dort hingeht, sagt, dass noch nie zuvor in aller Öffentlichkeit dermaßen frei politisiert worden sei wie jetzt gerade dort.

»Und wenn der Meister uns nun kündigt?« Sie haben noch nicht mal die Jüdenstraße erreicht, da fragt Schorsch das schon. »Auf einen Schlag finden sechs Zimmerer keine Arbeit.«

Er hat Recht: Es gibt einen Überfluss an Handwerksgesellen. Und besonders Zimmerer müssen lange von Baustelle zu Baustelle ziehen und nach Arbeit fragen, bevor sie etwas Neues gefunden haben. Schorsch aber ist viel zu alt, um noch woanders Arbeit zu finden.

»Keine Sorge!« Rackebrandt legt dem Alten die Hand auf den Arm. »Setzt er dich auf die Straße, gehen wir alle mit. Und sechs so tüchtige Zimmerer wie uns findet er auch nicht auf einen Schlag.«

In Wahrheit jedoch wissen sie alle, dass der Meister Schorsch erst ganz zuletzt entlassen würde. Er ist zwar ein Polterkopf, der Carl Ludwig Langemann, aber nicht herzlos, das hat er ihnen oft genug bewiesen.

Es ist ein schönes altes Eckhaus mit stuckverzierter Fassade, in dem die Zeitungshalle untergebracht ist. Und sie ist schon jetzt, am frühen Vormittag, mit debattierenden, streitenden und schimpfenden Menschen überfüllt. Die Treppe hinunter bis auf die Straße hinaus stehen die zumeist gut gekleideten Männer und wenigen Frauen, die den Weg hierher gefunden haben, um die neuesten Nachrichten zu erfahren. So können die sechs Zimmerer und alle anderen neu Hinzugekommenen den Gesprächen der Leute auf der Straße bald entnehmen, was alle so aufregt.

Am Abend zuvor hat es vor der Universität wieder Schüsse gegeben. Das machte viele zornig und so wurde auf dem Opernplatz heftig diskutiert, vor allem über den Kronprinzen und seine »Kriegspartei«. Ein Grund für die »Friedensengel«, diese »verbotene Versammlung« sprengen zu wollen. Doch sie wurden nur niedergezischt. Und als sie versuchten, ihre weißen Stöcke einzusetzen, ernteten sie Gelächter. Die Hüte wurden ihnen von den Köpfen geschlagen, die Stöcke fortgenommen und die weißen Binden abgerissen. So blieb ihnen nichts weiter übrig als davonzulaufen und Militär rückte an. Drei Trommelwirbel zur Warnung, danach zwei Gewehrsalven: die erste in die Luft, die zweite in die ungläubig dastehende Menge. Entsetzt flüchtete alles auseinander, zwei Männer aber blieben liegen, ein zu Tode Getroffener und einer, der nur wenig später starb.

»Wenn kein Militär angerückt wär, wären die doch friedlich auseinander gegangen.« Ein sich stocksteif gerade haltender Greis mit silbergrauer Samtweste, schwarzem Rock, schwarzer Halsbinde und schwarzem Zylinder guckt ratlos von einem zum anderen. »War doch schon sieben Uhr abends. Die hätten doch nicht die ganze Nacht da gestanden.«

»Da haben Sie zweifellos Recht, mein Herr!«, antwortet ein rotgesichtiger, bulliger Mann, der seinen neumodischen Strohhut weit in den Nacken geschoben hat. »Man will aber, dass wir kuschen, damit wir nicht nach der Pariser oder Wiener Musik marschieren.«

»Aber unsere braven Soldaten! Die gehören doch auch zum Volk«, widerspricht der Greis bekümmert. »Wenn's ganz schlimm kommt, schießt dann doch Bruder auf Bruder.«

»Kommt immer drauf an, wer zuerst schießt!« Flips hält sich den verwundeten Arm.

»Und wessen Befehle man befolgt!«, ergänzt Rackebrandt.

»Richtig!« Eine junge Frau im langen grünen Seidenschal

klatscht laut Beifall. »Und deshalb brauchen wir die Volksbewaffnung. Für wessen Ruhe und Ordnung diese lächerlichen Friedensengel sorgen, wissen wir schon.«

Ein nervöses Bleichgesicht mit langen, dünnen Koteletten hingegen verlangt, noch mal eine Deputation zum König zu schicken. »Das kann Seine Majestät doch gar nicht wollen, was Prinz Wilhelm da anstellt.«

Diese Äußerung wird von manchen mit bedächtigem Kopfnicken quittiert, andere lachen nur höhnisch; die junge Frau mit dem Seidenschal aber scheinen diese Worte sehr zu ärgern. Mit lauter Stimme fordert sie die Abdankung des Königs und die Gründung einer Republik nach französischem Vorbild.

»Ekelhaftes Frauenzimmer!« Ein dickbäuchiger Riese in flaschengrünem Rock, der die ganze Zeit nur griesgrämig blickend zuhörte, kann nicht mehr an sich halten. »Wieso reden Sie denn hier mit? Wird Ihre Küche frisch getüncht?«

»Sie hat aber doch Recht«, verteidigt Rackebrandt die Frau, die den Riesen nur voll Verachtung anblickt. »Ein König, der sich um die Nöte seines Volkes kümmert wie ein Kuckuck um sein Ei, sitzt zu Unrecht auf dem Thron.«

Das war zu schlimm, jetzt prallen die verschiedenen Ansichten noch heftiger aufeinander. Frieder, der den schwarz gekleideten Greis betrübt davonhinken sieht, ist wieder mal zumute wie an jenem ersten Abend unter den Studenten. Was ist die wünschenswertere Staatsform, eine vom Volk kontrollierte Monarchie oder Rackebrandts und Michaels Republik?

In all dem Durcheinander wird dann auf einmal der Ruf nach Waffen laut und der griesgrämige Riese, der längst in der Mitte der aufgeregt Debattierenden seinen Platz gefunden hat, ruft erregt aus, hier würde nach Blut geschrien. »Was wir aber nicht mit friedlichen Mitteln erringen, wird uns niemals gehören. So klug waren schon die alten Propheten.«

Ein junger Mann mit weißblondem Backenbart und dickem, rotweiß gepunkteten Leinenschlips, der bisher ebenfalls nur neugierig zugehört hat, gibt dem Riesen Recht und wendet sich dabei vor allem der jungen Frau zu. Ohne Gewalt, so sagt er, sei keine Republik zu erreichen. Jede Gewalt aber erzeuge Gegengewalt und so stünde ihnen eine lange Kette von Gewaltreaktionen bevor, sollte das Ziel der Mehrheit des Volkes tatsächlich die Republik sein. Am Ende aber würde die zunehmende Brutalität beider Seiten alles miteinander in den Abgrund reißen. »Wollen Sie das wirklich, Demoiselle? Ich vermute, Sie wissen gar nicht, was Sie da heraufbeschwören.«

»Und ohne den bewaffneten Kampf«, antwortet die junge Frau spöttisch, »sind wir weiterhin der mörderischen Gewalt der Monarchie ausgesetzt.«

Der junge Mann hat die Erwiderung schon auf der Zunge, doch die Frau, die offensichtlich genau weiß, was sie will, fährt ihm über den Mund: »Sie glauben, Gewalt an sich sei schon verwerflich, ganz egal, von welcher Seite sie ausgeübt wird. Das klingt sehr ehrenwert. Sie vergessen aber, dass man sich gegen einen tyrannischen Obrigkeitsstaat beim besten Willen nicht anders wehren kann. Jede Predigt für einen Verzicht auf Gegenwehr stärkt nur die Despoten.«

Da lächelt der Weißblonde mokant. »Demoiselle, ich sprach nicht über die Ursachen der Gewaltanwendung, nur über deren Auswirkungen.«

»Richtig!« Mit einer schnellen Bewegung hält Rackebrandt dem erschrocken Zurückweichenden die Faust unter die Nase. »Was ist das? Eine Blume? Ein Stück Watte? Eine Damenunterhose?« Er erntet Gelächter, bleibt aber ernst. »Nein, mein lieber Herr Dozent! Das ist die Faust, mit der uns seit Jahren ins Gesicht geschlagen wird, also Ihre sogenannte Ursache, die leider ziemlich weh tut. Sie theoretisieren über Gewalt und Gegengewalt wie ein Insektenforscher, für Praktiker stellt sich die Frage anders: Sollen wir weiterhin auch noch die andere Backe hinhalten? Oder vielleicht doch lieber mal zurückschlagen, damit die Ursache endlich mal erfährt, was 'ne Wirkung ist?«

»Ich verstehe Sie«, antwortet der junge Mann nach kurzem Nachdenken, »bevorzuge aber in jedem Fall eine gütliche Einigung.«

Da wendet Frieder sich ab. Ist ja immer dasselbe, was auf den Straßen geredet wird. Und hat sich je einer vom anderen in seiner Meinung beeinflussen lassen?

Nante und Flips sind ebenfalls enttäuscht von dieser Zusammenkunft und überlegen bereits, ob sie nicht woanders hinziehen sollen, wo vielleicht Handfesteres passiert. Frieder hört ihnen zu und beobachtet dabei die Leute, die sich hier versammelt haben – besorgte und erregte, erzürnte und ängstliche –, bis er auf einmal seinen Augen nicht mehr traut: der kahle Kerkau! Genau wie vor fünf Tagen! Steht da und spitzt die Ohren, hat ihn aber offenbar noch nicht entdeckt.

Ein Weilchen starrt Frieder den rundköpfigen Mann mit der tief in die Stirn gezogenen Schirmmütze nur fassungslos an, dann gibt er Flips und Nante ein Zeichen und zwinkert auch Schorsch und Roderich zu. »Der mit der Mütze. Das ist mein Spitzel.«

Mehr braucht er nicht zu sagen. Sie kennen alle die Geschichte von jenem Nachbarn, der im Tiergarten dabei war und sogar seine Mutter über ihn ausgehorcht hat. Unauffällig schieben sie sich in weitem Bogen durch die Reihen und kreisen den ganz auf die Gespräche konzentrierten Mann auf diese Weise langsam, aber sicher ein. Erst als er ihnen nicht mehr entwischen kann, tritt Frieder hinter seinem Rücken hervor. »Tag, Herr Spitzel!«

Von einer Sekunde zur anderen schreckensbleich im Gesicht, macht der Kerkau einen Schritt zurück und will nach links entwischen – da streckt Nante seine Pranke aus. Er will nach rechts – da blickt ihm der einäugige Roderich starr ins Gesicht. Und dann treten auch noch Flips und Schorsch mit düsteren Mienen auf ihn zu.

»Haben Sie's eilig?« Frieder spielt den Verwunderten. »Die Gespräche sind doch noch gar nicht zu Ende.«

»Was soll das? Was wollen Se von mir?« Hilfe suchend wendet sich der Kerkau an den alten Schorsch, von dem ihm die wenigste Gefahr auszugehen scheint. »Hab doch niemandem was getan.«

»Aber das wissen wir ja!« Frieder grinst und schweigt abwartend.

»Hab mir wirklich nichts vorzuwerfen.« Wieder wendet sich der immer ängstlicher guckende Mann allein an Schorsch. »Also bitte, lassen Sie mich gehen!«

Da reicht es Nante. »Nur was kriecht und ist kein Tier, dies Geschöpf verachten wir!«, zitiert er einen alten Spruch vom Bau.

»Aber wieso denn?« Immer wieder versucht der Kerkau, eine Lücke zwischen den fünf Männern zu entdecken. »Glauben Se doch nicht irjendwelchen dummen Verdächtijungen … Kann ja alles nur 'n Irrtum sein.«

»Irrtum? Det Wort hab ick in letzter Zeit schon mal jehört.« Als denke er ernsthaft nach, kratzt Flips sich mit der gesunden Hand am Kopf, doch dann greift er schnell zu, nimmt dem kahlen Mann die Mütze fort und reißt verzückt die Augen auf. »Na, dit is aber mal 'n Amüsiertablett! Soll ick dir die Scheibe massieren, bis dir wieder Haare wachsen?«

Erneut versucht der Kerkau vergeblich, sich zwischen ihnen durchzudrängen.

»Oder soll ick dir durch 'n Trauring pusten und auf 'm Neuen Markt als Jehacktes verkaufen?« Lustvoll seine Rolle weiterspielend, strahlt Flips den Kerkau an, als hätte ihm der liebe Gott da ein ganz besonders originelles Spielzeug beschert. »Mit den Knochen werfen wa denn im Herbst die Pflaumen von den Bäumen. Und nach 'm Trauerjahr jibt's Obstwein.«

»Noch nicht!« Frieder winkt ab. »In der Bibel steht, der Mensch ist besserungsfähig.« Doch dann blickt er dem Kerkau drohend in die Augen. »Sollte ich Sie aber noch ein einziges Mal in meiner Nähe entdecken oder sollten Sie auch weiterhin meine

Mutter belästigen, laden wir Sie zu einem Spaziergang ein. In der Spree gibt's 'n paar Stellen, die sind ziemlich tief.«

Inzwischen haben auch einige der Umstehenden mitbekommen, welch seltsamer Vogel da gefangen wurde. Sie kommen näher, um zu beobachten, was weiter geschieht. Da aber tritt Frieder schon zur Seite und der Kerkau nimmt Reißaus und Flips wirft ihm nur noch laut johlend seine Mütze nach.

Roderich jedoch kratzt sich mal wieder unter der Augenklappe. »Zu wenig! Viel zu wenig das Ganze!«

Er hat Recht. Doch was kann man gegen einen Polizeispitzel schon tun? Etwa tatsächlich in der Spree ersäufen?

### Hinter der Wand

»Was denn? Wollt ihr wirklich arbeiten?« Entgegen seinen sonstigen Gepflogenheiten ist Meister Langemann an diesem Morgen als Letzter gekommen. Und er trägt nicht seinen Arbeitsanzug, sondern einen frisch gebügelten schwarzen Bratenrock. Fast sonntäglich gewandet steht er da, weiße Binde am Arm, weißen Stock in der Hand, und betrachtet seine Gesellen verwundert.

»Keine Angst! Wir bleiben nur bis Mittag.« Rackebrandt zwinkert Frieder belustigt zu. »Wir wissen schon vom ungeheuren Mut unserer Friedensengel.«

Sie sind gestern noch lange durch die Stadt gezogen. Mal hier, mal dort haben sie einer der vielen lebhaft streitenden Gruppen gelauscht und sich manchmal auch eingemischt, als auf einmal überall Schutzbeamte durch die Stadt liefen und das kaum Glaubliche verkündeten: Ein großer Teil der Friedensengel hatte sich am frühen Nachmittag in der Köpenicker Straße ebenfalls versammelt und mit Mehrheit entschieden, dem König die wichtigsten Volkswünsche erneut vorzutragen. Diesmal allerdings solle keine Deputation bei ihm vorstellig werden, die vielleicht auch erst lange warten müsse, bis sie empfangen werde; diesmal sollten die Forderungen im Zuge einer riesigen, friedlichen Kundgebung überreicht werden! Und das wahrhaft Ungeheuerliche daran: Diese Kundgebung, vor der Polizeipräsident und Militär immer wieder dringendst gewarnt hatten, sollte nicht irgendwo, sondern direkt auf dem Schlossplatz abgehalten werden. Vor Seiner Majestät Haustür!

Wenn dazu nicht Mut gehörte! Und den hatten ausgerechnet die zuvor so verlachten Friedensengel aufgebracht? Lange wollte Rackebrandt es nicht glauben. Diese Demonstration war ja seine Forderung von Anfang an, doch nie hatte sich eine Mehrheit für diesen Plan begeistern können. Nach dem dritten oder vierten Schutzbürger, der genau das Gleiche verkündete, aber gab es keinen Zweifel mehr: Sonnabend, 18. März, zwei Uhr mittags auf dem Schlossplatz!

Den ganzen Abend wurde in der ansonsten ungewohnt friedlichen Stadt über nichts anderes mehr gesprochen. Überall hieß es: »Morgen geht's los!« Fragte wer: »Was denn?«, bekam er zur Antwort: »Na, die Revolution natürlich!« Dabei hatten die Friedensengel genau das Gegenteil im Sinn, wollten dem König nur zeigen, dass ganz Berlin hinter den von ihnen noch einmal festgehaltenen »allernotwendigsten« vier Hauptforderungen stand und dass er endlich einlenken musste, wenn er Schlimmeres verhindern wollte. Die Leute in den Straßen jedoch hatten nur gehört, was sie hören wollten: Endlich geschah etwas! Endlich wurde nicht mehr nur geredet! Endlich ging's direkt vors Schloss.

»Ihr werdet doch auch wirklich kommen?« Meister Langemann weiß nicht so recht, wie er seinen Sinneswandel erklären soll. Noch gestern stritt er mit seinen Gesellen, weil sie, anstatt zu arbeiten, »politisieren« wollten, jetzt muss der Schutzbürger Langemann sie sogar bitten, die Arbeit niederzulegen und in die Innenstadt zu ziehen.

»Aber klar!« Flips kichert. Dass der Meister sie auffordert

blauzumachen, hat er noch nicht erlebt. »Wenn wir dafür sogar bezahlt bekommen.«

Der Meister überhört die Spitze. »Aber ihr müsst friedlich bleiben! Gewalt und Mord sind keine Lösung. Es gibt bessere Wege, mehr Gerechtigkeit durchzusetzen.«

»Solange die Pickelhauben friedlich bleiben, sind wir's erst recht.« Nante guckt beleidigt. Flips aber witzelt weiter: »Sag dem König, er soll keene Angst haben, Meester. Wenn er mit allem einverstanden ist, darf er noch 'n bisschen weiterregieren.«

Das ist die große Frage, die sich nun stellt. Die Forderungen der Friedensengel lauten: 1. Zurückziehung des Militärs, 2. Bewaffnung einer Bürgergarde, 3. Gewährung der unbedingten Pressefreiheit, 4. Sofortige Einberufung des Vereinigten Landtags. Das ist nicht gerade viel, es fehlen die unabhängigen Richter, das freie Versammlungs- und Vereinigungsrecht, die Gleichheit aller, egal, welcher Religion sie angehören und was sie besitzen, und natürlich – aber wer hat darauf schon noch zu hoffen gewagt? – die Forderung nach Arbeit und Brot. Der letzte Satz der Adresse jedoch hat es in sich: »Wird uns dies gewährt, wird es uns *sofort* gewährt, dann garantieren wir den wahren Frieden unserer Stadt.« So haben noch nie preußische Untertanen mit ihrem König geredet. Das heißt ja nichts anderes als: Werden unsere Forderungen nicht erfüllt, können wir Schutzbürger der uns gestellten Aufgabe nicht nachkommen. Und was passiert dann?

»Dir genügt unsere Adresse natürlich nicht, was, Rackebrandt?«

»Nee!«, kommt die prompte Antwort von dem Altgesellen, der sich bereits an die Arbeit gemacht hat und hämmert und klopft, als sei dies für ihn ein ganz normaler Arbeitstag. »Wie soll ich mit dem Groschen zufrieden sein, wenn mir ein schöner blanker Taler blinkt?«

»Aber mehr ist nicht zu erreichen.« In all den Jahren zuvor hat sich der Meister stets nur sehr unwillig auf die von Rackebrandt herausgeforderten Diskussionen eingelassen, jetzt hätte er offensichtlich gern länger über alles gesprochen. Der Altgeselle jedoch arbeitet weiter, als wollte er dem Meister zeigen, dass ihn die große Kundgebung der Schutzbürger nicht allzu sehr beeindruckt.

»Na ja! Ihr wisst ja, was zu tun ist.« Der Meister lässt den Blick schweifen und Frieder kann ihm ansehen, dass er viel lieber bei ihnen auf dem Bau bleiben würde, um nachzuholen, was tags zuvor versäumt wurde, anstatt auf dem Schlossplatz Politik zu machen. Aber soll er, was dort geschieht, allein den Brauseköpfen überlassen?

»Wir wissen Bescheid, Meester!« Flips grinst und macht eine Handbewegung, die der Meister nicht sehen kann, um anzudeuten, dass er nun endlich verschwinden soll, hin zu den anderen, sicher längst durch die Stadt flatternden Friedensengeln.

Der Meister jedoch zögert immer noch. »Hab gedacht, wir stünden von jetzt an auf derselben Seite«, sagt er fast bittend zu Rackebrandt.

Der lacht. »Wir standen immer schon auf derselben Seite, Meister. Nur gucken wir jeder in eine andere Richtung.«

»Aber wer zu viel will, bekommt gar nichts.«

»Und wer zu wenig will, betrügt sich selbst.«

Nun hat Meister Langemann ihn also doch noch gehabt, seinen Disput mit dem Altgesellen. Zufrieden ist er dennoch nicht, und so geht er nur still den Kopf schüttelnd davon, und Rackebrandt blickt ihm lange nach, bis er fast verwundert sagt: »Wenn der alte Knaster wüsste, wie sehr er mir hilft! Immer wenn ich mir in irgend'ner Frage nicht ganz sicher bin, muss ich mir nur anhören, wie er darüber denkt. Und gleich weiß ich wieder, was richtig ist und was falsch.«

Endlich schlägt es eins. Rackebrandt sucht sein Werkzeug zusammen und alle wissen Bescheid: Feierabend! Es geht zum Schlossplatz.

Und dann ziehen sie auch schon zu sechst durch die an diesem Tag von Menschen überfüllte, breite Königstraße mit den vielen großen und kleinen Ladengeschäften und bunten Schaufenstern, jeder sein Werkzeugbündel über der Schulter und fest umschlossen von dem quirlig fließenden Menschenstrom, der nur ein Ziel kennt: den Schlossplatz! An der Ecke Poststraße leuchten die gelben Kragen der Briefträger, die nicht wissen, ob sie sich mit ihren schweren Taschen noch hindurchwagen sollen durch dieses Gewoge, das unterhalb der Langen Brücke, wo die Straße immer schmaler wird, längst Damm und Bürgersteig überflutet. Die Kutscher auf den Böcken der Droschken, die nur noch schrittweise vorankommen, scheinen auf der vielköpfigen Menschenschar zu reiten; Pferde und Wagen sind wie verschluckt. Und überall werden Hüte geworfen und lustige Sprüche gerufen, wird gelacht und gescherzt, liegt Hochstimmung in der Luft.

Lange beobachten die sechs Zimmerer diesen Festumzug nur verwundert, dann verrät ihnen ein frisch geklebtes Plakat den Grund für diesen Jubel. *Bekanntmachung* steht da wieder mal groß und breit. Darunter wird mitgeteilt, dass der Magistrat der Stadt *amtlich* davon unterrichtet worden sei, dass ein *auf freisinnigste Grundlagen sich stützendes Pressefreiheitsgesetz bereits unwiderruflich vollzogen* sei und der Magistrat *mit seiner ganzen Wirksamkeit für die Bewahrheitung dieser Regierungsmaßregel* bürge. Gleichzeitig sei Seine Majestät der König *mit der Vollziehung von Entschließungen beschäftigt, welche das Wohl des Vaterlandes auf dauernde Weise sichern werden.* Der letzte Satz lautet: *Der Landtag wird zum 2. April einberufen. Datum: 18. März 1848.* Unterschriften: *Oberbürgermeister, Bürgermeister und Rat hiesiger Königlicher Residenzen.*

»Guck an!« Anerkennend pfeift Rackebrandt durch die Zähne. »Bevor die Kanone nach hinten losgeht, schnell den Zünder raus!« Und dann liest er den Text noch einmal und staunt immer mehr: »Hat man so was je gehört? Der Magistrat verbürgt sich für den König! Das heißt nichts anderes als: Leute, glaubt uns, diesmal hat er euch nicht belogen!«

Auch Frieder kann, was er liest, kaum glauben. Jetzt soll der Landtag, der zuerst in drei Jahren und dann in sechs Wochen tagen sollte, also schon in zwei Wochen zusammentreten? Und ein auf »freisinnigste Grundlagen« sich stützendes Pressefreiheitsgesetz ist auch möglich? Roderich allerdings, der wie Schorsch mal wieder nur halbherzig mitgegangen ist, weil eine Kundgebung, die sogar der Meister mitorganisiert hat, seiner Meinung nach nicht sehr nützlich sein kann – Roderich weiß sofort Bescheid, was da passiert ist. »Alte Geschichte!«, knurrt er seltsam zufrieden. »Erst bellt der Köter, dann merkt er, dass ein viel größerer vor ihm steht, und er zieht den Schwanz ein.«

»Aber dass er das Militär zurückziehen will, hat der König nicht versprochen.« Flips bleibt misstrauisch. »Auch von Volksbewaffnung kein Wort.«

»Wenn man wüsste, was unter ›Entschließungen zum Wohl des Vaterlandes‹ zu verstehen ist!« Rackebrandt kratzt sich den Bart. »Eine viel zu nebelhafte Sache das Ganze, um sich so einfach zufrieden zu geben.« Außerdem, fährt er nach weiterem Nachdenken fort, könne er sich beim besten Willen nicht vorstellen, dass der Kronprinz und seine Offiziere diese Demütigung so einfach schluckten. Es müsse sie doch zutiefst verbittern, dass das Volk trotz all ihrer Warnungen in so großen Scharen vors Schloss gezogen kommt. Deshalb sei er nun erst recht neugierig, wie alles weiterginge. »Und wenn's nur Kasperletheater ist, ich guck mir das Stück an. Vielleicht wird's ja doch noch ganz lustig.«

Da nun auch Roderich und Schorsch am Fortgang der Sache interessiert sind, bleiben sie zusammen und ziehen weiter mit all den begeisterten Männern, Frauen und Halbwüchsigen über die Lange Brücke und an der Reiterstatue des Großen Kurfürsten vorbei, der, auf seinem gewaltigen Hengst mit den geschwellten Muskeln und der flatternden Mähne sitzend, sinnierend über sie hinwegzublicken scheint. Doch je näher sie dem riesigen Schlossbau mit den vielen ungleich hohen Dächern rücken, desto langsamer kommen sie voran, so sehr schiebt und drückt und drängelt alles dem Schlossplatz entgegen.

Als sie ihr Ziel endlich erreicht haben, können sie es kaum fassen: So viele Menschen! Sogar aus den entlegensten Stadtteilen müssen sie herbeigeeilt sein. Und damit auch jene, die einen Platz direkt vor den beiden Schlossportalen erwischt haben und also schon seit dem frühen Morgen hier stehen müssen, erfahren, was inzwischen in der Stadt angeschlagen steht, drängen sich nun überall Schutzbürger durch die dicht stehenden Reihen, um jedem Zehnten oder Zwölften eine solche Bekanntmachung in die Hände zu drücken. Hälse werden gereckt und rasch bilden sich um die Glücklichen, die eines der Plakate erwischt haben, kleine Gruppen.

Nicht lange und es ertönt auch hier Jubel, der immer lauter anschwillt und bald die gesamte Menschenmenge in einen wahren Begeisterungstaumel versetzt. »Wir haben gesiegt!«, schreit ein langbeiniger Herr in grün karierter Hose, braunem Frack und grünem Zylinder direkt neben Frieder; ein Friseur oder Barbier, wie der gewölbte Rücken verrät. Und die kleine, stämmig wirkende Frau in der rosa Samtmantille an seiner Seite nickt nur immer glücklich, als wollte sie sagen, sie habe ja gleich gewusst, dass der König in Wahrheit ein ganz vernünftiger Mann sei.

Rackebrandt betrübt dieser Jubel immer mehr. »Wenn der König sich so billig freikaufen kann«, flüstert er Frieder zu, »werden wir ihn lange nicht zu packen bekommen.« Bevor er aber noch was hinzufügen kann, wird er von donnerndem Beifallsgeschrei unterbrochen: Der, von dem er eben erst sprach, hat den Balkon betreten! In seiner ordenbehängten Uniform steht er zwischen seinem Gefolge, winkt den Versammelten leutselig zu und versucht, etwas zu sagen. Das Getöse jedoch, immer wieder von lauten Lebehochs unterbrochen, ist viel zu laut; kein Wort ist zu verstehen. So tritt schon bald der Bürgermeister Naunyn neben den König, nimmt ein Papier zur Hand und ruft ein paar Sätze ins Volk herunter.

»Was hat er denn gesagt?«, ärgert sich Nante. »Kann kein Wort verstehen.«

Auch Frieder hat nicht mitbekommen, was der Bürgermeister verlas. Dazu stehen sie viel zu weit hinten. Ihn interessiert auch mehr der König, der jetzt nur noch schweigend auf sein Volk herabschaut. Jener Tag, an dem der Tschech auf ihn schoss – nie wird er diese Szene vergessen! Der König ist seither noch ein bisschen dicker geworden und der runde Kopf mit der hohen Stirn noch etwas runder. Aber was denkt er, wenn er all die vielen Menschen anschaut, die ihm so laut zujubeln, obwohl er ihre Forderungen – wenn überhaupt! – doch nur gezwungenermaßen erfüllt?

Doch da zieht der König sich schon wieder zurück und Schorsch spuckt enttäuscht seinen Priem aus. »Da hätten wir doch lieber auf 'm Bau bleiben sollen. Solcher Jahrmarkt ist mir zu dumm.«

Wenige Minuten später jedoch erscheint der König erneut, winkt mit einem Tuch und versucht wiederum zu reden. Die Jubelrufe, mit denen er diesmal empfangen wird, aber hallen noch lauter über den Platz und so ist wiederum kein Wort zu verstehen.

Ärgerlich zieht Rackebrandt die Stirn kraus. »Das ist wirklich Kasperletheater! Der Kasper kommt, fragt: Seid ihr alle da? Und das Volk jubelt: Jaaa!«

Der Barbier, der Rackebrandts Einstellung zum König schon an seinem Bart erkennen kann, will das nicht so einfach hinnehmen. »Sie haben doch gar nichts verstanden«, empört er sich. »Weshalb beschweren Se sich dann?«

»Und Sie?«, fragt Rackebrandt zurück. »Sie haben doch auch nichts verstanden. Weshalb freuen Se sich so?«

Er erntet Gelächter und böse Blicke, besonders von der rosabesamteten Barbiersgattin, dann wenden sich alle wieder dem

Balkon über dem Schlossportal zu, wo der König seine Bemühungen inzwischen aufgegeben hat. Er verneigt sich nur noch dankend und winkt seinem Volk immer wieder zu, dann spricht ein Herr in Ministeruniform und es wird deutlich, dass jetzt alle wieder gehen sollen; jetzt, nachdem alles gewährt wurde, was das Volk sich wünschte.

König und Gefolge aber sind noch nicht vom Balkon, da ist schon bis ganz nach hinten durchgedrungen, was alles versprochen wurde: Nicht nur die auf den Plakaten verkündete Pressefreiheit, nicht nur die Einberufung des Landtages, auch eine Verfassung »auf den freisinnigsten Grundlagen« solle gewährt werden, und zwar »für alle deutschen Länder«. Und damit nicht genug, sollen nach dem Wunsch des Königs bald auch alle Zollschlagbäume innerhalb Deutschlands fallen und Preußen und der preußische König sich an die Spitze der Bewegung stellen, um Deutschland stark, einig, frei und unabhängig zu machen.

Jetzt kennt der Jubel endgültig keine Grenzen mehr. »Alles bewilligt!«, wird geschrien und beide Worte pflanzen sich immer weiter fort. »Alles bewilligt! Alles bewilligt!« Nicht viel und die Ersten hätten auf dem Schlossplatz Walzer getanzt.

Da wird es Rackebrandt zu dumm. »Alles?«, schreit er laut. »*Alles* soll bewilligt sein? Und was ist mit dem Rückzug des Militärs? Was mit unabhängigen Gerichten? Was mit Arbeit und Brot für alle?«

»Kommt noch! Kommt alles noch!« Der Barbier strahlt. »Immer hübsch einen Schritt nach dem anderen, Herr Zimmerer!«

»Und die Gefangenen?« Frieder starrt den Mann so wütend an, als wäre der eine Art Sprachrohr des Königs. Und er denkt dabei nicht nur an den Jurastudenten Adam, den die Kürassiere am Montag so böse über den Haufen ritten und der seither in der Hausvogtei sitzt, wie Götz herausbekommen hat; er denkt auch an Kaspar, Lorenz, Jobst Brennicke, P. P. P. und all die anderen, die schon viel länger in des Königs Gefängnissen sitzen und jetzt offenbar ganz vergessen sind.

»Kommt noch! Kommt alles noch!«, jubelt der Barbier weiter, doch dann wird er abgelenkt: Die Friedensengel verteilen bereits das nächste Papier, diesmal ein Extrablatt der *Allgemeinen Preußischen Zeitung*. Er erwischt eines, zwei stämmige Männer heben ihn auf ihre Schultern und triumphierend liest er all das, was nun bereits bekannt ist, noch einmal vor. Fast jeder Satz wird mit neuem Jubel begrüßt – bis hinein in die allgemeine Begeisterung vor den Schlossportalen auf einmal empörte Rufe zu hören sind: »Militär zurück!«, »Verrat!« und »Die Soldaten fort!«

Militär? Hier, auf dem Schlossplatz? Fast wäre der überraschte Vorleser zu Boden gestürzt, so schnell wird er von den Schultern gekippt, so hastig drängt alles zu den beiden Schlossportalen hin.

Und da, schon wieder! »Soldaten fort!«, hallt es weithin über den Platz. »Das Militär zurück!«

»Wusste's ja!« Rackebrandt nickt ingrimmig. »War ja alles viel zu schön, um wahr zu sein.« Und rücksichtslos zwängt er sich bis ganz nach vorn durch und Flips, Nante und Frieder drängen ihm nach, während Schorsch und Roderich lieber zurückbleiben; skeptisch blickend der eine, die dichten Menschenmassen scheuend der andere. Doch als sie mit vielen anderen zusammen das Portal, von dem die lautesten Rufe kamen, endlich erreicht haben, ist keine einzige Uniform zu entdecken.

»Wo sind se denn?«, schreit Flips.

»Na, da!« Mit zorngerötetem Gesicht weist ein Arbeitsmann in blauer Bluse auf die Schlosshöfe. »Dahinten, da stehen se Mann für Mann! Der König, der Misthund, hat uns verraten!«

Sofort drängt alles auf die riesige Schlosseinfahrt zu und tatsächlich, da steht sie, die vielköpfige, kampffertig aufgestellte Militärmaschine! Dragoner sind zu erkennen und auch Infanterie hält sich bereit.

»Siehste woll!«, stößt einer der Männer wütend aus. »Was de nicht freiwillig gibst, gibste in Wahrheit gar nicht. Vorne Orgeltöne, hinten Trompetenblasen!«

Inzwischen haben mehrere hochrangige Militärs den Balkon

betreten. Streng blicken sie auf das empörte Volk herab. Darunter ein Mann, in dem Frieder sogleich den Kronprinzen erkennt. Auch von ihm hing in der Schule ein Bild: ein in die Ferne schauender Uniformierter mit breitem Schnurr- und langem Backenbart. Er, der kleine Frieder, hatte bei »Prinz« immer an einen hübschen, blonden Märchenprinzen gedacht; Prinz Wilhelm erinnert mehr an einen unnachgiebigen General.

»Auf Befehl des Königs: Räumt den Platz!«, ruft einer der Männer nun laut.

Die Menschen aber drängen weiter gegen das Schloss vor und die Protestrufe dröhnen immer gewaltiger über den Platz, bis plötzlich einer der Minister in der Schlosseinfahrt auftaucht, sich steif vor den Vordersten aufbaut und mit befehlsgewohnter Stimme fragt, was man denn jetzt noch wolle? Der König habe doch gewährt, was man nur irgend wünschen konnte. Deshalb solle man jetzt endlich vernünftig sein, Vertrauen haben, den Platz räumen und den König arbeiten lassen.

Die Menge vor dem Schloss jedoch will sich nicht so einfach nach Hause schicken lassen. »Mi-li-tär zu-rück! Mi-li-tär zurück!«, schallt es zur Antwort über den Platz, bis der Minister lieber wieder in einem der Schlossaufgänge verschwindet. Nicht lange darauf übertönen Schreckensschreie alle Rufe, denn nun kommt von der Stechbahn her eine Schwadron Dragoner herangeritten. Vorneweg ein hoher Offizier mit weißem Tuch in der Hand, dahinter Rittmeister und Trompeter.

»Nicht zurückweichen!«, wird sofort überall geschrien. »Wir sind kein Vieh, das man mit Drohungen vor sich hertreibt.«

Dieser Aufforderung aber hätte es gar nicht bedurft. Vor Zorn über den Einsatzbefehl so laut schreiend, dass die erschreckten Pferde rückwärts springen, drängt die vielköpfige Menge auf die Reiter zu. Drohend reißt der Rittmeister seinen Säbel aus der Scheide und im Nu blitzt es auch in den Reihen hinter ihm in der Sonne.

»Was macht ihr denn da?« Rackebrandt will einem der Pferde

in die Zügel fallen. »Ihr gehört doch zu uns. Was wir fordern, fordern wir auch für euch, für eure Eltern, Brüder, Schwestern.«

Er denkt wohl an Paris und Wien, wo Teile des Militärs sich mit dem aufbegehrenden Volk vereinigten. Die Gesichter der Dragoner aber sind aus Stein, mit einem Schenkeldruck treiben sie ihre Gäule in den Galopp und dann wird irgendwo auch schon »Einhauen! Einhauen!« gebrüllt.

»Ihr Hunde!« Es ist Flips, der so schreit, Flips mit dem verwundeten Arm. »Ihr Mistkerle! Wollt ihr mir auch den zweiten Arm zerschlagen?« Und weitere wütende Rufe werden laut: »Volksverräter! – Ihr Charakterlosen! – Der König hat uns den Krieg erklärt!« Und: »Wir sind das Volk! Ihr seid nur des Königs Büttel!« Mitten hinein in die verzweifelte Wut ein erneuter Schreckensruf: »Grenadiere!«

Frieder fährt herum und da sieht er sie auch schon: Mit Trommelschlag und Gewehr sind sie bis an die Breite Straße vorgerückt. Nicht weit dahinter eine zweite Kompanie, die geradewegs auf die Lange Brücke zumarschiert.

»Sie kesseln uns ein!« Irgendwer hat es zuerst gerufen, andere sind mit eingefallen; jetzt versucht alles, den immer näher rückenden Soldaten zu entkommen. Die einen laufen wie besinnungslos davon, andere ganz bewusst in die umliegenden Straßen, um sich dort erneut zu sammeln. Rackebrandt, Flips, Nante und Frieder ziehen sich nur bis vor die Türen der Häuser zwischen der Langen Brücke und der Breiten Straße zurück. Von dort aus können sie alles beobachten. Wen aber hat es, zwischen vielen anderen, ebenfalls vor diese Häuser getrieben? Götz und Michael und die gesamte Studentenschar aus Götz' Freundeskreis. Alle haben sie schwarzrotgoldene Streifen an ihren Mützen oder Hüten und Julius hält sogar eine schwarzrotgoldene Fahne in der Hand.

»Hierher!«, ruft Götz ihnen zu. »Die Generäle haben den König verraten.«

Darauf hätte Rackebrandt am liebsten etwas sehr Heftiges

entgegnet, das sieht Frieder ihm an. Und auch Michael ist ganz und gar nicht Götz' Meinung; doch jetzt ist keine Zeit für lange Debatten und so schauen sie nur den immer noch fliehenden Männern und Frauen nach, während Felix drei Schutzbürgern, die sich ebenfalls hierher geflüchtet haben, die schlimmsten Vorwürfe macht. »Das ist der Lohn eurer Politik!«, schreit er sie an. »Jetzt seid ihr nicht mal mehr in der Lage, euch selbst zu schützen, ihr verdammten Schwanzwedler!«

Einer der drei, ein rundlicher Mann mit gütigem Gesicht, versucht eine Erklärung herauszustottern, ein anderer, fahlgesichtiger, nickt nur betrübt: »Es ist die schändlichste Verhöhnung! Alles versprechen – und hinter der Wand die Truppen bereithalten! Auf wen werden sie denn losgehetzt? Auf lauter anständige Bürger, die grade noch lauthals gejubelt haben und nur eben nicht unter der Knute verhandeln wollen.«

Im selben Moment nähert sich von der Breiten Straße her ein Schützenzug. Ein Leutnant will auch die letzten, die noch vor dem Schloss zurückgeblieben sind, von seinen Männern in irgendwelche Gassen treiben lassen.

»Nicht fliehen!« Götz breitet beide Arme aus. »Sie können uns nichts tun, wenn wir ganz ruhig stehen bleiben.«

Einige folgen seinem Aufruf, andere laufen hastig davon. Die Schützen aber kommen näher und näher und Frieder spürt, wie Michael sich an seinem Arm festklammert. »Jetzt wird uns wieder mal gezeigt, was für rechtlose Hanseln wir sind«, flüstert der Student.

Da fällt auch schon der erste Schuss! Sofort werden wilde Rufe laut und wütend drängt, wer noch zurückgeblieben ist, gegen die Soldaten vor. Erst ein zweiter Schuss bringt sie zur Besinnung.

»Nein!«, ruft Rackebrandt. »Auf diesen Leim gehen wir ihnen nicht.« Und damit läuft er allen anderen voran in die Breite Straße hinein. Von dort aber schallt es ihnen bereits entgegen: »Zu den Waffen!« Und: »Barrikaden! – Blut gegen Blut!«

*Schwestern*

»Was ist heute nur los mit dir?« Guste hat Siegmunds Abwesenheit genutzt, sich mal gründlich zu waschen. Wie ein blitzender Seifenengel steht sie vor Jette, die im Schein der Talgfunzel über ihren Hemden sitzt, obwohl es draußen noch heller Nachmittag ist. »Bist ja ganz grün um die Neese.«

»Weiß nicht«, murmelt Jette nur und das ist keine Ausflucht. Sie weiß wirklich nicht, was mit ihr ist. Seit Tagen verspürt sie eine ganz klägliche, unbestimmte Angst und heute ist es besonders schlimm. Richtig Bauchschmerzen hat sie. Und mit wem sollte diese Angst zu tun haben, wenn nicht mit Frieder? Über zwanzig Tote soll es in der letzten Woche in der Innenstadt gegeben haben, dazu mehr als hundert Verletzte. Wie war sie jedes Mal froh, wenn sie ihn am Abend auf der Stiege hörte! Gestern jedoch war er trotz all ihrer Bitten bis zum späten Abend in der Stadt unterwegs und heute wollte er mit all den anderen vors Schloss.

»Kindchen! Brüte doch nicht so vor dich hin. Ick bin's doch, die bald wieder 'n Ei legt, nicht du.«

Je bedrückter Jette sich fühlt, desto munterer gibt sich die Schwester, obwohl sie doch jeden Tag auf einen heimtückischen Racheakt vom schielen Siegmund gefasst sein muss. Aber vielleicht ist das der wahre Grund für ihre plötzliche Entscheidung, nun doch nach Moabit zu ziehen und ebenfalls Knopflöcher zu nähen. Immer wieder macht sie Scherze über ihr neues »Wiesenblütenleben«, lobt Frieder als einen, auf den man nicht nur Häuser, sondern ganze Stadtviertel bauen kann und gibt in träumerischen Momenten verschämt kichernd zu, dass sie sich inzwischen schon ein bisschen auf den »kleinen, rosigen, warmen, weichen Zankdeibel« freut, der da in ihrem Bauch heranwächst.

Was Guste jetzt noch Sorgen bereitet ist einzig und allein, dass dieses Kind ein Mädchen werden könnte. Ein Mädchen will sie nicht, sagt sie stets aufs Neue. Die seien ihr zu dumm, die würden anstatt mit dem Kopf nur mit dem Herzen denken. Und damit meint sie zuallererst wohl sich selbst.

Aber kann sie sich denn wirklich auf dieses Kind freuen? Und weshalb spricht sie neuerdings so oft vom Vater? Immer wieder erinnert sie sich daran, wie der Vater dieses oder jenes gesagt oder getan hat. Und als sie, Jette, sich mal darüber wunderte, antwortete sie nur, das sei immer so. »Kriegste 'n Kind, denkste immer öfter an die eigene selije Kindheit zurück.« Doch ist das die Wahrheit? Denkt Guste nicht nur deshalb so oft an die Vergangenheit, weil sie sich vor der Zukunft fürchtet?

»Nanu? Ist das schon die Gretel?« Von der Stiege her sind unsichere, schwankende Schritte und ein lautes Keuchen zu vernehmen. Rasch wirft Guste sich ihren Mantel über und knöpft ihn bis unters Kinn zu.

»Jette? Guste?«, dringt es gleich darauf von der Tür zu ihnen hin.

Mutter Jacobi? Ein verwunderter Blick, dann stürzen beide Schwestern gleichzeitig los. Doch das plötzlich wieselflinke Fritzchen, das zuvor nur trantütig auf dem Bett herumgelegen hat, ist noch vor ihnen an der Stiege.

Es ist tatsächlich Mutter Jacobi! An der Tür lehnt sie, hält sich das Herz und bringt vor Atemnot kein Wort heraus.

»Aber Mutter Jacobi! Was ist denn passiert?« Gleich ist Guste neben ihr, um sie zu stützen. »Weshalb haben Se denn so einen weiten Weg auf sich genommen? Und wie haben Se uns überhaupt gefunden?«

Jette jedoch wird es mit einem Mal so schwindlig, dass sie sich selbst anlehnen muss; sie ist überzeugt davon, schon im nächsten Augenblick etwas ganz Furchtbares zu hören zu bekommen.

Mutter Jacobi sitzt erst geraume Zeit in ihrem Sorgenstuhl, ringt nach Luft und streichelt Fritzchen, der sich an sie presst, als wollte er sie nie wieder loslassen, dann kann sie endlich berichten. Überall in der Stadt werde gekämpft, erzählt sie mit angstgeweiteten Augen. »Barrikaden haben se gebaut ... Auch an der Ecke Rosenstraße. Die Leute ... wollen sich nichts mehr gefallen lassen.«

»Und Frieder?« Jette hält die Ungewissheit nicht länger aus.

»Was ist mit Frieder?«

»Weiß doch nicht.« Mutter Jacobi bekommt feuchte Augen. »Deshalb bin ich ja gekommen. Dachte, er ist vielleicht hier.« Und dann weint sie vor Sorge um ihren Sohn und Fritzchen heult gleich mit. Darüber erschrickt die kleine Frau. Sie zieht ihr Taschentuch heraus, trocknet sich die Tränen und erklärt, dass ihr Jungchen ihr den Weg hierher mal ganz genau beschrieben habe. Für den Fall der Fälle. »Aber dass ich das noch schaffen würde mit meinen alten Beinen ...«

Da befiehlt Guste Mutter Jacobi kurzerhand, sich erst mal aufs Bett zu legen, zu verschnaufen und abzuwarten. Irgendwann werde ihr Herr Kronensohn schon wieder auftauchen. Etwas anderes könne sie jetzt doch nicht tun.

»Aber nein, nicht doch!«, sträubt Mutter Jacobi sich gegen diese Fürsorge und ihr Gesicht verrät, wie unheimlich es ihr hier ist. Guste aber lässt nicht locker und so liegt die kleine Frau doch bald auf dem Bett und Fritzchen weicht auch dort nicht von ihrer Seite. Kaum aber sind die beiden ein wenig zur Ruhe gekommen, sind neue, kräftigere, eiligere Schritte auf der Stiege zu hören.

»Frieder?« Sofort ist Mutter Jacobi wieder oben.

Doch es ist nicht Frieder, der da durch die Tür gestürzt kommt, es ist der schiele Siegmund. »Revolution!«, schreit er mit erhitztem Kopf. »Zu den Waffen!« Und schon hat er unter sein Strohlager gegriffen und kommt mit einer Pistole in der Hand auf sie zugestürzt. »Krieg ist! Arm gegen Reich. Der König hat das Volk verraten.«

»Und was ist wirklich passiert?« Wie immer, wenn etwas geschieht, das nicht sie selbst betrifft, bleibt Guste ganz ruhig. Nur dass sie mit dem Siegmund kein Wort mehr reden wollte, scheint sie vergessen zu haben. »Gibt's Tote, Verletzte?«

»Natürlich!« Der zerlumpte Mann strahlt mit erregt flackernden Augen. »Muss es ja geben, wo so viel geschossen wird.«

Jettes Bauchschmerzen sind kaum noch auszuhalten. »Wo denn?«, kann sie nur flüstern.

»Na überall! In der ganzen Stadt. Wer heute nicht mitmacht, darf sich selbst Leid tun.« Und damit ist der schiele Siegmund schon wieder auf der Stiege.

Nur zwei, drei Sekunden zögert Jette, dann wirft sie sich stumm ihr Wolltuch über, setzt sich die Schute auf und hetzt mit flatternden Bindebändern hinter ihm her.

»Jette!« Die unter dem Mantel noch splitternackte Guste läuft ihr ein paar Schritte nach. »Komm zurück! Komm sofort zurück! Hörste?«

Aber Jette hört nicht auf die Schwester. Sie muss Frieder finden und ihn bitten, doch vor allem an seine Mutter, Guste, Fritzchen und sie zu denken. Wie soll's denn für sie weitergehen, wenn sie ihn nicht mehr haben? Ihr aller Leben hängt doch ganz allein von ihm ab. Wie darf er das vergessen, wenn er sie wirklich lieb hat?

Der schiele Siegmund und Jette, die in vorsichtigem Abstand hinter dem noch immer begeistert schreienden Mann herläuft, sind nicht die einzigen Vogtländer, die an diesem Sonnabendnachmittag in die Innenstadt laufen. Wie ein Lauffeuer ist die Nachricht von der Revolution durch die Quartiere geeilt. Selbst Alte und Kranke sind auf den Beinen. Arm gegen Reich? Ja, wer ist denn arm, wenn nicht sie? Und muss, wenn Arm gegen Reich aufsteht, die schlimmste Armut nicht vorneweg laufen?

Vor dem Rosenthaler Tor kommt alles ins Stocken. Dort hat sich eine Menschentraube gebildet. Ein paar Halbwüchsige wollen den Wachen ihre Waffen abnehmen und bei den meisten ist ihnen das auch schon gelungen. Einer der Wachposten jedoch hält sein Gewehr noch immer fest umklammert.

»Gib's mir!«, schreit ein pickelgesichtiger Bursche und zerrt weiter an der Waffe. »Dann geschieht dir auch nichts.«

»Bin Soldat!«, verteidigt sich der Angegriffene. »Darf mein Gewehr nicht fortgeben!«

»Aber du wirst es mir ja doch geben müssen!«

Der Bursche will nicht aufgeben, der Wachposten ebenfalls nicht. Verbissen kämpfen sie um die Waffe, während die anderen Wachposten nur ratlos zu dem Kameraden hinblicken, der einfach nicht nachgeben will. Da tritt mit einem Mal ein anderer Halbwüchsiger auf die beiden Streithähne zu, zieht dem Wachposten den Säbel aus der Scheide und drischt ihm mit der flachen Klinge immer wieder auf die Hände. Der aber lässt trotzdem nicht los, verteidigt sein Gewehr mit schmerzverzerrtem Gesicht, bis plötzlich ein Schuss fällt und er lautlos zusammenbricht.

Entsetzt lässt der Pickelgesichtige die Waffe fahren. »Hab nicht geschossen«, flüstert er wie zur Entschuldigung vor sich hin. »Hab wirklich nicht geschossen! Es ... es ist von selbst losgegangen.«

»Na, und wenn schon!« Der andere nimmt zum Säbel auch noch das Gewehr und stürzt mit seiner Beute durchs Tor der Innenstadt entgegen. Der mit den Pickeln jedoch schlägt nur die Hände vors Gesicht und schluchzt: »Warum hat er denn nicht losgelassen? Warum hat er denn nicht einfach losgelassen?«

Unentschlossen verharrt Jette noch einen Moment in der bestürzt herumstehenden Menge, dann will auch sie weiterlaufen. In der Innenstadt fallen die Schüsse ja nun immer häufiger; manchmal ist es sogar nur ein einziges Geknatter, das zu ihnen herdringt. Schon nach zwei, drei Schritten wird sie an der Schulter gepackt und festgehalten.

Erschrocken fährt sie herum: Guste! Sie ist ihr nachgelaufen!

Aber da schlägt die Schwester schon zu. Einmal links, einmal rechts schlägt sie ihr die flache Hand ins Gesicht. »Komm zu dir!«, schreit sie dabei und: »Glaubste etwa, du kannst deinem Frieder helfen? Willste noch mehr Kummer und Leid über uns bringen?«

»Lass mich!« Beinahe hätte Jette zurückgeschlagen. »Bin alt genug, weiß, was ich tue.«

»Nichts weißte, dumme Liese! Wer klug ist, vernagelt seine Tür, anstatt mitten hineinzutrapsen in diese Hölle aus Blut und Eisen.«

»Dann bin ich eben nicht klug!« Abrupt will Jette sich umdrehen und weitergehen, Gustes Hände aber sind wie eiserne Klammern. »Jette!«, bittet sie nun. »Bist doch sonst so vernünftig! Verstehste denn nicht, dass ich Angst um dich habe? Und wie willste deinen Frieder denn überhaupt finden?«

Auch wenn sie Frieder nicht findet, will sie ihm wenigstens nahe sein. Doch wie soll eine wie Guste das verstehen können!

»Jetteken!« Wieder will die Schwester, die sich inzwischen angezogen hat, der aber die frisch gewaschenen Haare noch immer ganz strähnig in die Stirn fallen, auf sie einreden. Jette jedoch will nichts mehr hören. Mit aller Kraft befreit sie sich aus Gustes Griff und dann schreit sie zurück: »Wenn du unbedingt auf mich aufpassen willst, komm doch mit! Mit deinen zwei Kindern brauchste meinen Heiland ja noch viel mehr als ich.«

»Und Fritzchen?«

»Der ist bei Mutter Jacobi gut aufgehoben.«

Es ist nur der Zorn über ihre Hilflosigkeit, der Jette so reden lässt. Sie will ja gar nicht, dass Guste bei ihr bleibt; die Schwester würde sie nur behindern. Guste aber überlegt nicht länger, seufzt nur, zieht ihr die Schute zurecht und bindet ihr die Bänder unterm Kinn fest. »Gut! Dann muss ick eben mit! Hab deiner Mutter nun mal leider versprochen, auf dich aufzupassen.«

»Aber ...« Jette will widersprechen, doch da hat die Schwester sich schon bei ihr eingehakt. »Nichts aber! Will mir später nicht auch noch diesen Vorwurf machen müssen. Hab schon jenug zu tragen. Oder etwa nicht?«

War in der Innenstadt jemals solches Leben? Als ob die Erde sich geöffnet und Menschen ausgespien hätte, so hastet alles durch die Gassen und Straßen, in denen nun, wie von unsichtbarer Hand herbeigezaubert, viele jener schwarzrotgoldenen Fahnen zu sehen sind, von denen Frieder den Schwestern erst vor wenigen Tagen erzählt hat. Von Dächern grüßen sie herab, an Fensterbretter wurden sie genagelt, durch die Lüfte werden sie geschwenkt.

Und die Männer, Frauen und Kinder, die überall so eifrig zugange sind, scheinen ganz genau zu wissen, was zu tun ist. Dort werden über offenem Feuer Kugeln gegossen, da Lanzen geschmiedet; wer ein altes Gewehr besitzt, hat es längst vom Boden geholt; wer eine Axt sein Eigen nennt, trägt sie ebenfalls mit sich herum. Aber auch Eisenstangen, Mistgabeln, schwere Hämmer, Holzplanken, Zaunpfähle, alte Schwerter, Säbel und Pistolen werden durch die Straßen geschleppt. Und überall werden Barrikaden gebaut. Allein drei an der Rosenthaler Straße, eine an der Ecke Gipsstraße, drei dort, wo die Weinmeisterstraße auf die Alte Schönhauser trifft. Dazu wurden Droschken, Roll- und Omnibuswagen umgestürzt, die nun mit Wollsäcken, Balken, Ölfässern, zerstörten Brunnengehäusen, Torflügeln, Kirchentüren, Zäunen, Pfählen, aufgeschütteter Erde und Steinen aus dem Straßenpflaster verstärkt werden. Und über all diesem hektischen Treiben läuten die Kirchenglocken Sturm, als stünde jede Sekunde der Weltuntergang bevor.

Anfangs war es Jette, die führte. Doch je öfter sie stehen bleibt, um allem zuzuschauen, desto resoluter zieht die Schwester sie weiter. Bis Jette sich endlich losreißt. »Wo willste denn überhaupt hin?« Sie will doch zum Schloss, dort vermutet sie Frieder; Guste aber führt sie immer weiter durch die Königsvorstadt geradewegs auf den Alexanderplatz zu.

»Irgendwohin, wo wir sicher sind.« Die Schwester muss einem jungen Ulanen mit polnischer Mütze und erhobenem Degen Platz machen, dem ein begeisterter Trommler und mehrere entschlossen dreinblickende Fahnenträger folgen. »Es lebe die Freiheit!«, rufen sie laut, »Militär fort!«, und »Wir Völker sind alle Geschwister!«. Und der Trommler wirbelt dazu, als sei der Sieg bereits errungen.

»Aber ich will doch zu Frieder!«

»Dafür ist's jetzt viel zu spät.« Wieder zieht die Schwester sie vorwärts. »Vor dem Schloss ist ja längst niemand mehr. Da konnten sie ja gar nicht bleiben. Oder hörste nicht, wie da geschossen wird?«

Doch! Jette hört es immer wieder und von Mal zu Mal dringt ihr der Geschützlärm, der von der Königstraße her zu ihnen herüberweht, lauter in den Ohren. Aber bedeutet das nicht, dass sie nun erst recht dorthin muss, um Frieder wegzuholen? Erneut versucht sie sich loszureißen. Diesmal aber hält Guste sie fest. »Deinen Frieder kannste jetzt überall und nirgends finden«, schimpft sie. »Wenn der liebe Gott will, dass eure Wege sich kreuzen, wird er's schon einrichten. Und wenn nicht, dann eben nicht! Da lässt er sich doch von dir nicht dreinreden.«

Genau in diesem Augenblick kracht es laut. Und noch einmal! – Kanonenschläge!!! Und ganz nah! Da widerspricht Jette der Schwester nicht mehr, folgt ihr nur weiter, bis sie an der Ecke Dragonerstraße angelangt sind. Hier reicht die Barrikade bis in den ersten Stock und nur ein paar Schritte entfernt befindet sich ein großes Waffengeschäft. Mehrere Männer haben es gerade erst leer geräumt. Doch der Ladenbesitzer ringt nicht die Hände, schleppt nur weitere Munition heran.

Neben und vor dem Laden werden Steine aus dem Pflaster gerissen und von Frauen und Mädchen in Körben, Säcken oder Schürzen auf die Dächer hochgetragen, um dort genauso wie die vom Dach genommenen Ziegel als Wurfgeschosse aufgestapelt zu werden. Und wer da nicht alles mithilft beim Barrikadenbau!

Dort ein Herr in blauem Frack mit goldener Uhrkette und Tuchnadel, der zusammen mit einem Dienstmann einen Balken schleppt, hier ein zerlumpter Hausierer, der mit einer Horde Kinder leere Fischtonnen heranrollt; da junge Bürgerstöchter, die eifrig Erde schippen, nicht weit entfernt von ihnen zwei alte Frauen, die einer Dame mit Federboa helfen, eine aus den Angeln gehobene Tür zu tragen ...

Es stimmt also nicht, dieses Arm gegen Reich, auf das der schiele Siegmund hoffte! Hier stehen Arm und Reich zusammen – aber gegen wen? Gegen den König? Oder nur gegen die Soldaten?

Da – wieder Schüsse in der Königstraße! Und diesmal noch mächtigere Detonationen ...

»Komm!« Guste packt Jettes Hand noch fester und dann flüchtet sie mit ihr quer über die Straße hinter eine besonders hohe Barrikade. Und als Jette sich ganz erschrocken umschaut, weiß sie, dass sie sich nicht getäuscht hat: Guste ist mit ihr zur *Guten Luise* gelaufen, dem Gasthof, der einst den Eltern gehörte und der noch immer ihr einzig wahres Zuhause ist.

## *Blut gegen Blut*

In Reih und Glied und dumpfer Ruhe steht das Militär auf dem Schlossplatz. Gesichter waren von Anfang an keine zu erkennen, dafür sind die Marschblöcke viel zu weit entfernt; nur die Helme der Infanteristen, die dort auf ihren Einsatz warten, blinkten manchmal im Sonnenschein zu ihnen herüber. Jetzt aber hat sich längst Dunkelheit herabgesenkt und so sind nicht einmal mehr die einzelnen Blöcke voneinander zu unterscheiden. Wie eine schwarzgraue Nebelwand stehen die Soldaten mit den Pickelhauben und auf den Rücken geschnallten Tornistern vor dem Schloss – eine Wand jedoch, die sich irgendwann in Bewegung setzen und im Näherkommen zu Hunderten von Gesichtern werden wird; Gesichter, die Frieder fürchtet. Er hat ja nur seine Axt. Wie soll er damit angreifen, wie sich verteidigen? Etwa die Axt in eines dieser Gesichter hineinschlagen?

Immer wieder lässt er den Blick schweifen. Große, massive Häuser stehen hier, ein elegantes Ladengeschäft reiht sich ans andere. Kein Berliner, der die Breite Straße nicht kennt, keiner, der nicht gerne hier entlangspaziert. Und er, wann war er das letzte Mal hier? Im Winter! Als Weihnachtsmarkt war! Mit Jette und Fritzchen. Natürlich sind sie da auch am Cöllnischen Rathaus vorbeigeschlendert und er hätte nicht im Traum daran gedacht, hier nur ein Vierteljahr später hinter einer Barrikade zu stehen und vielleicht sogar sterben zu müssen.

Er darf diesen Gedanken nicht verdrängen, muss wissen, dass er vielleicht schon in der nächsten Stunde nicht mehr leben wird und auch, wofür er vielleicht sterben wird. So hat Rackebrandt es ihm geraten. Und doch erscheint ihm das alles noch immer so unwirklich, so fremd. Er will ja zu Jette zurück. Und zur Mutter! Doch Rackebrandt hat Recht: Sie müssen auf alles gefasst sein – oder weglaufen!

Gestern, der schwarz gekleidete Alte, wie er sagte: »Da schießt doch dann Bruder auf Bruder!« Und Rackebrandt, wie er auf dem Schlossplatz den Dragonern entgegenlief und ihnen zurief, dass sie doch zu ihnen gehörten ... Warum kann es in Berlin nicht so sein wie in Paris und Wien? Sie sind doch wahrhaftig alle Brüder! Zieht der Soldat den Militärrock aus, ist er Schuster, Schlosser, Schneider, Arbeitsmann. Bedeutet der Eid auf den König ihm denn mehr als der eigene Bruder?

Und die Schüsse auf dem Schlossplatz, was steckte dahinter? Erst so viele Forderungen erfüllt und dann blanke Säbel und Schüsse? Rackebrandt glaubt, dass der König nur aus einer momentanen Schwäche heraus nachgegeben hat; Paris und Wien hätten ihm Angst gemacht. Deshalb wolle er besänftigen, habe aber nicht umgedacht.

Frieders Blick wandert erst links, dann rechts die Barrikade entlang. In allen Gesichtern das gleiche Unverständnis, gleicher Zorn, gleiche Verbissenheit. Wir haben dem König vertraut, besagen die düsteren Blicke, zugejubelt haben wir ihm, er aber hat uns hintergangen und gedemütigt. Das lassen wir uns nicht gefallen. Soll er mit unserem Blut an den Händen leben, wir sind zum Letzten bereit ...

Wieder überkommt ihn diese abscheuliche Angst! Der Tod ist ein schneller Reiter, einmal losgeritten, holt ihn niemand mehr ein, hat Roderich mal gesagt, als er vom Krieg erzählte; der Tod ist kein Unglück für den, der geholt wird, sondern nur für den, der übrig bleibt, so die Mutter.

Wenn er fortliefe, zu Jette, Guste und Fritzchen, zur Mutter – niemand würde ihm Vorwürfe machen. Nach den ersten Kanonenschüssen, die aus der Königstraße zu ihnen drangen, sind viele geflohen. Andere aber sind neu hinzugekommen, Schorsch und Roderich zum Beispiel und sogar Vater Riese, der alte Gefangenenwärter aus der Hausvogtei, der zuerst in der Königstraße hinter einer Barrikade lag. Alle harren sie aus, um dieses Dreieck zwischen Breite, Scharren- und Gertraudenstraße gegen des Königs Truppen zu verteidigen; werfen ihr Leben in die Waagschale! Und da soll er, Frieder Jacobi, der im Gefängnis davon träumte, die Welt zu verändern, sie im Stich lassen?

»Wenn sie doch nur endlich kommen würden, die verfluchten Himmelhunde!« Ludwig, der alte Holzhauer, der ein Gewehr bekommen hat, weil er in seiner Jugend Soldat war, schimpft wieder. Er hinkt und ist so knorrig, als wäre er im Lauf der Jahre selbst schon zu Holz geworden, doch er rührt sich nicht von der Stelle. Die schwarzgraue Nebelwand vor ihnen jedoch will auch nicht vorrücken. Überall in der Stadt wird gekämpft, werden Hass und Wut durch das vergossene Blut immer wieder neu entfacht, nur hier will sich einfach nichts bewegen.

»Woran denkst du?«

Endlich macht auch Michael mal wieder den Mund auf; Michael, der ebenfalls nicht fortlaufen, aber auch nicht kämpfen will, wie er nun schon ein paar Mal gesagt hat.

»An die da!« Mit einer Kopfbewegung deutet Frieder auf die Nebelwand hin.

Der zierliche Student auf seinem leeren Ölfass, auf dem er abwechselnd sitzt und steht, um über die Barrikade blicken zu können, nickt erst nur still, dann beginnt er laut über den Soldatenberuf zu schimpfen, der jedes wahre Menschsein ersticke.

»Auf den einen Befehl hin marschierst du, ein anderer lässt dich jubeln, wieder ein anderer töten. Eigenes Denken? Verboten! Dennoch wird immer wieder von ›Soldatengeist‹ und ›ehrenvollem Waffenhandwerk‹ geschwätzt. Zu wessen Ehre wird dieses ›Handwerk‹ denn betrieben?«

Frieder will darauf nicht eingehen. Es ist ja nur Michaels Angst und Unsicherheit, die ihn sogar jetzt, in dieser ungewissen Situation, solche Fragen stellen lässt.

In der Ferne setzt nun lautes Peletonfeuer ein und mitten hinein krachen auch wieder ein paar Kanonen.

»Wenn mir nur einer sagen könnte, wozu das alles gut sein soll«, flüstert Michael da nur noch betrübt. »Verzweiflungstaten haben die Welt doch noch nie vorangebracht.«

Er hält nicht viel von ihrem Kampf, wie er deutlich erklärt hat, um seine passive Haltung zu verteidigen. Seiner Meinung nach könnte ihnen allein ein geplanter und gut bewaffneter Aufstand, der den König und all seine Getreuen ins benachbarte Ausland hinwegfegte, einen wirklichen Sieg bescheren. Hier eine Barrikade, dort eine Barrikade, auch wenn es zehnmal so viele wären, reichten nicht aus, um Dauerhaftes zu bewirken. Außerdem wollten die meisten derer, die hier stünden, ja gar keine wahrhafte Revolution. Sie seien nur empört. Wenn sie wirklich siegten, würden sie gar nicht wissen, wie es weitergehen soll.

Rackebrandt erwiderte darauf nur, sie könnten sich den Zeitpunkt ihres Kampfes nicht aussuchen. Nicht jeden Tag seien die

Menschen zu den größten Opfern bereit. Und ob Michael denn nicht verstehen könne, dass viele nicht länger ohne Hoffnung auf mehr Freiheit und eine Besserung ihrer Lebensumstände leben wollten.

Eine Antwort, die Michael lange schweigen ließ, bis er leise sagte, dass ja auch er gern eine Hoffnung hätte. Von einem verzweifelten Aufschrei aber erwarte er nur Leid und Trauer und deshalb könne er daran nicht noch mittun.

Ganz zu Anfang hatte es Versuche gegeben, den Kampf noch zu verhindern. Sie hatten gerade erst mit dem Barrikadenbau begonnen, da zogen zwei Friedensengel über den Schlossplatz, zwischen sich ein an Holzstangen befestigtes Plakat, auf dem in riesigen schwarzen Buchstaben zu lesen stand: *Ein Missverständnis! Der König will das Beste.* Der grün karierte Barbier, der sich zuvor so gefreut hatte, lief ganz aufgeregt voran. Wenig später erschien ein Graf von Arnim zu Pferde vor ihrer Barrikade und versuchte zu vermitteln. Es sei wirklich alles nur ein Irrtum, beschwor er sie, die beiden Schüsse vor dem Schloss hätten sich rein aus Versehen gelöst. Zur Antwort schallte ihm nur Hohngelächter entgegen und die Frage, ob jene zwanzig Toten und über hundert Verletzten der vergangenen Woche auch nur Irrtümern zum Opfer gefallen seien.

Von einem dritten und letzten Versuch, wenigstens ein weiteres Ausufern des Kampfes zu verhindern, berichtete Vater Riese. Als Schutzbeamter hatte er in der Königstraße miterlebt, wie die Soldaten die dort entstandenen Barrikaden mit Kartätschen beschossen; einer besonders grausamen Granate mit doppeltem Boden voller Flintenkugeln, die nach dem Einschlag in alle Richtungen auseinander spritzten, als wären hundert Gewehre auf einmal abgefeuert worden. Viele grässlich verstümmelte Tote waren die Folge. In ihrer Not liefen er und andere Schutzbeamte zu Herrn von Minutoli, und der Polizeipräsident erwies sich als vernünftiger Mann, der mit sich reden ließ. So zog er mit ihnen, dem Bischof Neander, einem Arzt, einem stadtbekannten Buchhändler und mehreren Stadtverordneten durch das vor dem Schloss aufmarschierte Militär und die von Ministern, Offizieren, Meldern und Ordonnanzen durchfluteten Gänge zum König. Mit entblößtem Haupt traten sie vor ihn hin und baten ihn dringlichst, die Truppen zurückzurufen, ein unermessliches Blutbad wäre sonst die Folge. Der König jedoch gab sich unversöhnlich. Jeder Rückzug seiner Truppen sei mit der militärischen Ehre unvereinbar, erklärte er streng. Und Verhandlungen mit Meuterern und deren Aufwieglern oder anderem lichtscheuen Gesindel würde er schon gar nicht führen. Erst müssten die Ruhestörer ihre Stellungen räumen, dann sei er bereit, den Frieden wiederherzustellen. Zum Schluss, so Vater Riese, führte er die zutiefst entmutigten Männer noch ans Fenster, wies auf die Königstraße hinunter, auf der zuvor die Kartätschen abgefeuert worden waren, und erklärte stolz: »Diese Straße ist schon mein und die übrigen werde ich auch nehmen.«

Da habe er zum ersten Mal gespürt, wie fremd sie sich waren, er und sein »Kenig«, dem er so viele Jahre lang treu gedient hatte, sagte Vater Riese. Und als er beim Verlassen des Schlosses sah, wie vor den Portalen weitere Kanonen in Stellung gebracht wurden, stieg eine solch wehe Wut in ihm auf, dass er, anstatt still nach Hause zu gehen, auf ihre Barrikade zulief, um an ihrer Seite weiterzukämpfen.

Ein Hausvogteibeamter, ein Gefängniswärter des Königs, im Kampf gegen dessen Militär? Rackebrandt hatte es zuerst gar nicht glauben wollen, dann aber lachte er und sogar Michael konnte ein erstauntes »Bravo!« nicht unterdrücken.

Natürlich hatte Vater Riese nach einem Leben voller Gefangenengesichter in Frieder nicht gleich jenen Häftling wieder erkannt, mit dem er mal gemeinsam ein Bier trinken wollte. Als er sich seiner schließlich doch erinnerte, freute er sich nicht, sondern sagte nur traurig: »Des mit dem Bier müsse mer aufschiebe, Jacobi. De liebe Jott jönnt uns keene Ruhe nich.« Und Frieder sah ihm an, wie er überlegte, ob er noch irgendwas Hoffnungsvolles hinzufügen konnte. Doch es fiel ihm nichts ein.

Es schlägt neun und Roderich macht seine dritte oder vierte Runde. Als einziger lang gedienter Soldat unter all den Männern hinter der Barrikade zeigt er denen, die noch nie ein Gewehr oder eine Büchse in den Händen hielten, immer wieder, wie sie die Waffe bedienen müssen und was sie beim Abfeuern zu beachten haben. Diese Aufgabe hat ihn verändert, sein sonst oft so mürrisches Wesen ist einer wachen Entschlossenheit gewichen. »Wenn ich nur wüsste, weshalb se immer noch nicht angreifen«, flüstert er Rackebrandt beunruhigt zu, der sich mal wieder zu Frieder und Michael gestellt hat. »Jetzt ist's doch wirklich dunkel genug.«

»Vielleicht hoffen sie, dass langes Warten uns zum Nachdenken bringt. Und langes Nachdenken macht mürbe.«

Rackebrandt stört vor allem, dass es zwischen den einzelnen Barrikaden keinerlei Verbindung gibt. Am Gefechtslärm überall in der Stadt ist zu erkennen, dass es viele, sehr viele Barrikaden geben muss; aber jede kämpft und fällt für sich allein und das gibt Michael Recht: Sie machen es den Militärs zu leicht, eine nach der anderen zu erobern.

»Und wenn wir mal 'n bisschen Leben in se reinkitzeln?« Roderich kratzt sich unter der Augenklappe. »Angreifen werden se uns über kurz oder lang doch. Weshalb soll'n wir warten, bis es ihnen in den Kram paßt?« Und dann verrät er ihnen auch schon den Plan, den er sich zurechtgelegt hat: »Wenn wir 'nen Angriff irgend'ner anderen Kompanie gegen unsern Rücken vortäuschen, halten se die Stunde für gekommen und stürmen los. Und weil se glauben, uns in der Zange zu haben, werden se unvorsichtig sein. Wir aber werden se mit dankbarer Jenugtuung empfangen.«

»Roderich, der Lederstrumpf!« Rackebrandt muss lachen.

Doch dann sagt er: »Warum nicht? Wer den ersten Schritt macht, bestimmt die Richtung.«

»Aber sie haben Kanonen, Kartätschen und Tausende auf den Tod dressierte Soldaten!« Michael hat ganz entsetzt zugehört. »Wie könnt ihr sie da zum Angriff herauslocken?«

Rackebrandt hingegen gefällt Roderichs Plan, je länger er darüber nachdenkt, immer besser. »Nach Hause gehen oder standhalten!«, antwortet er achselzuckend. Und Flips, der inzwischen herangekommen ist und Michaels Einwand gerade noch mitbekommen hat, spuckt nur voll Verachtung aus. »Wenn's drauf ankommt, sind die Herren Studenten nur Duckmäuser. Die einen laufen fort, der andere stänkert rum.«

Götz, Felix, Konrad und all die anderen sind nicht fortgelaufen; sie wollten Waffen besorgen. Und Michael lief nicht mit, weil er gegen diesen Kampf ist. Frieder kann den Freund nicht immer verstehen, weiß aber, dass es nicht Feigheit ist, die ihn zurückhält. Rackebrandt hat zu lange unter all dem Unrecht gelitten; er will endlich kämpfen und nicht schon wieder klein beigeben, egal wie groß die Chancen sind, zu siegen oder gar nur mit dem Leben davonzukommen. Michael denkt an die Opfer, die dieser Kampf kosten wird, und daran, dass sie nicht umsonst sein dürfen. Und dass Götz und seine Freunde bisher nicht wiedergekommen sind, besagt gar nichts. Es gibt sehr viele Waffenläden in der Stadt; andere werden auf dieselbe Idee gekommen sein. Und vielleicht liegen die Studenten ja auch längst hinter einer anderen Barrikade.

Unterdessen haben Rackebrandt und Roderich weitere Männer herangewunken, um ihnen ihren Plan zu unterbreiten. Darunter auch Vater Riese. »Die Kenigstraße hat's bewiesen«, stimmt der alte Mann sofort zu. »Se schenken uns nichts. Also sind Finten erlaubt.« Und ein Vogelgesichtiger mit dickem Schal um den Hals und leichtem Sommerhut auf dem Kopf sagt böse: »Wer zuerst zuschlägt, hat wenigstens den einen Schlag getan, bevor sie ihn zu Boden werfen.«

Michael kann über solchen Verzweiflungsmut nur traurig den Kopf schütteln und Frieder weiß ebenfalls nicht, ob er dieses Vorhaben nicht zu verwegen finden soll. Sie haben ja nur ganz wenige Gewehre und die meisten Säbel, die von irgendwelchen Dachböden geholt wurden, sind so stumpf, dass man auf den Klingen bis nach Potsdam reiten könnte. Fragend blickt er Rackebrandt an. Der zuckt die Achseln. »Wer wagt, gewinnt! Sie zu überraschen wird unser einziger Vorteil sein. Also müssen wir ihn nutzen.«

Bald darauf ist der Plan zur Gänze gereift und sofort beginnt ein Teil der Männer weit vor der Barrikade eine zweite zu errichten. Diese aber nur aus Brettern, Balken, Türen und anderem leicht brennbaren Zeug. Als sie hoch genug ist, um vom Schlossplatz aus ernst genommen zu werden, wird sie auch schon angezündet und als alles lichterloh brennt, ein paar Mal in die Luft geschossen, um einen Angriff von der Rückseite her vorzutäuschen. Und tatsächlich: Kaum sind die ersten Schüsse verhallt, ertönt vor dem Schloss Trommelwirbel!

»Sie sind drauf reinjefallen«, jubelt Flips aufgeregt. »Welt, jetzt kannste wieder losjehen!« Und er hält seinen alten Krummsäbel in der gesunden Hand, als wollte er jeden Moment damit über die Barrikade springen.

Da rückt die grauschwarze Wand auch schon näher und näher und die geschlossenen Reihen der Soldaten, die wie mechanische Puppen auf die brennende Barrikade losmarschieren, sind im roten Flammenschein deutlich zu erkennen. Frieder spürt, wie sich alles in ihm verkrampft. Mit zusammengepressten Lippen schaut er zwischen all den anderen jungen und alten Männern rechts und links von ihm über die Barrikade und weiß noch immer nicht, wie er sich verteidigen soll, sollte es zum Kampf Mann gegen Mann kommen.

»Abwarten! Rankommen lassen!« Wieder läuft Roderich von einem zum anderen, dann verschwindet er im Rathaus, wo in den Fenstern der oberen Stockwerke viele derjenigen postiert sind, die ein Gewehr oder wenigstens eine Jagdflinte besitzen. Die heranmarschierenden Soldaten aber haben bereits die Bajonette aufgesteckt, wie die Männer hinter der Barrikade sich mit viel Ingrimm in der Stimme gegenseitig zuflüstern.

»Ihr Hundsfotte!«, schallt es da auf einmal von den Dächern herab und schon prasseln die ersten Steine, Balken und mit Sand gefüllten Flaschen auf die Angreifer nieder.

»Zu früh!«, schimpft Ludwig. »Viel zu früh!« Und er hat Recht, die Wurfgeschosse trafen nicht. Doch jetzt blitzt in den Rathausfenstern und auf den Dächern ringsherum Mündungsfeuer auf. Einige Soldaten weichen zurück, die meisten jedoch knien nieder und legen ebenfalls an. Anders als die der Männer in den Fenstern und auf den Dächern, die dank des Feuers gute Sicht und freie Schussbahn haben, finden ihre in die Dunkelheit hinein abgefeuerten Kugeln aber nur selten ihr Ziel. Schon bald wird zum Rückzug geblasen und die Verletzten – oder gar Toten? – werden mitgeschleift.

Frieder rinnt der Schweiß am Körper herunter, sein Mund ist wie ausgetrocknet, sein Herz rast wie wild. Michael aber höhnt nur traurig: »Bravo! Zeit verronnen, nichts gewonnen!«

Flips und Nante haben es gehört. Zornentbrannt packt Nante den zierlichen Studenten an den Schultern und schüttelt ihn so kräftig durch, als wollte er auf diese Weise einen anderen aus ihm machen. »Du ungläubiger Thomas, du! Du Studentenmaul! Warum verschwindeste nicht? Sollen wir dich den Pickelhauben zum Fraß vorwerfen?«

Michael wehrt sich nicht und versucht auch nicht, sich aus diesem harten Griff zu befreien. Doch da wagt das Militär schon einen neuen Angriff und so lässt Nante den Studenten schnell fahren und wendet sich wieder dem Kampfgeschehen zu.

Der Angriff endet wie der erste. Flips und Nante und viele andere frohlocken, Frieder aber schaut nur voll Bewunderung zu dem semmelblonden jungen Polen hin, der es irgendwann hinter der Barrikade nicht mehr aushielt, sich von seinem Nachbarn, einem kleinen, eher zaghaft guckenden Männchen, den Säbel lieh und damit auf einen von dieser Attacke völlig überraschten Offizier losstürmte. Während er ihm mit der einen Hand die krumme, längst nicht mehr schneidescharfe Waffe vor die Kehle hielt, nahm er ihm mit der anderen Pistole, Munition und auch den Säbel fort. Als er danach hinter die Barrikade zurückflüchtete, riss ihm ein Streifschuss das halbe Ohr fort; dennoch steht er wieder zwischen ihnen, den Kopf mit einem Hemdsärmel verbunden, in der einen Hand den erbeuteten Säbel, in der anderen die Pistole.

Es gibt viele polnische Freiheitskämpfer, die sich nach Preußen geflüchtet haben. In Polen wurden sie verfolgt und die meisten von ihnen sitzen inzwischen in preußischen Gefängnissen.* Aber wie ist dieser Boleslav zu verstehen, der gesagt hat, er kämpfe in Berlin auch für Polen? Will er nur seine Kameraden befreien? Oder glaubt er, ein Sieg über den preußischen König nütze auch dem polnischen Volk?

Der dritte Angriff! Doch jetzt haben die Pickelhauben dazugelernt und ihre Linie rechtzeitig aufgelöst. Nur einzelne Schatten schleichen noch an den Häusern entlang und alle paar Meter verschwinden sie in einer Haustürnische oder in einem Kellerhals. Damit nicht genug, sind auch zwei Sechspfünder in Stellung gebracht worden. So prasseln schon bald immer wieder Kugeln und Kartätschenladungen auf die Verteidiger nieder. Während die Kanonenkugeln aber größtenteils weit vor der Barrikade einschlagen – sicher weil die Kanoniere den Befehl haben, die hinter der Barrikade liegenden Häuser nicht unnötig zu beschädigen –, spritzen die Kartätschenladungen überall herum, verletzen Nante an der Hand, Vater Riese am Kopf und viele andere Kämpfer mehr, zerstören aber nicht die Barrikade, was Flips und Boleslav zu einem lauten Jubeltanz veranlasst. Denn nun müssen die Pickelhauben unter dem Beschuss der Verteidiger und dem Steinhagel von den Dächern her zum dritten Mal umkehren und im

Nu ist es wieder still in der Breiten Straße. Nur das leise Stöhnen der Verletzten ist noch zu hören und der Geschützdonner, der von den anderen Stadtteilen zu ihnen dringt.

Frieder atmet tief durch. So hat er sich diesen Kampf nicht vorgestellt. Mit seiner Axt in der Hand steht er ja nur nutzlos herum. Und den Männern neben ihm ergeht es genauso. Sie können nichts tun außer abwarten. Um sie herum aber fallen Schüsse, gibt es Verletzte und auch schon den ersten Toten, einen Schlossermeister aus der Fischerstraße, der zum Nachladen seiner Waffe nicht tief genug in Deckung ging. Gerade will der junge Zimmerer seinem Unmut über diese nervenzehrende Untätigkeit Luft machen, als er erschrickt: zwei Pickelhauben! Sie kommen direkt auf ihn zugelaufen ... »Halt! Stehen bleiben!«, schreit er und packt seine Axt fester. Doch da rufen die beiden schon: »Nicht schießen! Gut Freund!«

Überläufer? Mehr verwundert als erleichtert lässt Frieder die Axt sinken und dann helfen Nante, Flips, Michael und noch ein paar andere den beiden Soldaten auch schon über die Barrikade und Rackebrandt und Vater Riese kommen herbeigelaufen, um sie zuerst gebührend zu bestaunen und danach herzlich zu umarmen.

»Wir gehören doch zu euch«, stammelt der eine der beiden nur verlegen. Der andere aber sagt sehr bestimmt: »Wir schießen nicht auf Landsleute.«

»Aber schießt ihr auf die?« Mit strengem Blick weist Flips aufs Schloss und die beiden noch sehr jungen Männer senken die Köpfe. »Nein!«, sagt dann der kleinere, entschiedenere der beiden. »Das können wir auch nicht.«

»Na dann: danke schön!« Sofort hat Flips ihm das Gewehr entrissen und es voll Bedauern Nante weitergereicht. Mit seinem verwundeten Arm kann er ja nicht schießen. Der andere Soldat, rundes Kindergesicht unter der Pickelhaube, zögert einen Augenblick, dann hält er sein Gewehr Michael hin. Und als der es nicht nimmt und Frieder zu lange zögert, greift Boleslav zu und strahlt vor Glück: Endlich hat er die richtige Waffe, endlich kann er wirklich kämpfen!

Die beiden Soldaten geben auch noch ihre Munition und die Säbel heraus, dann stehen sie mit ratlosen Gesichtern hinter der Barrikade.

»Jetzt lasst mal nicht die Köpfe hängen«, versucht Rackebrandt sie zu trösten. »Über jedem von Menschen gemachten Gesetz steht noch ein anderes – nämlich das des eigenen Gewissens!« Und er verspricht ihnen, dass niemand sie nötigen wird, gegen ihre Kameraden zu kämpfen. »Reicht schon, wenn ihr euren Offizieren nicht mehr gehorcht. Jede Prise Machtverlust für sie bedeutet für uns einen Gewinn!«

Da muss Michael gleich wieder spotten: »Also lautet die Frage am Ende nur, wer wie viele Prisen in die Waagschale zu werfen hat?«

»Am Ende?« Rackebrandt bleibt ganz ernst. »Ein Ende, lieber Herr Studiosus, wird's nie geben! Und deshalb war noch kein Kampf, solange es um Freiheit und Gerechtigkeit ging, je umsonst!« Gleich darauf wendet er sich wieder den beiden Soldaten zu, um für den Fall, dass ihnen etwas geschehen sollte, ihre Namen zu erfahren.

Boleslav ist das alles viel zu umständlich und so kürzt er die Vorstellung ab, indem er den Entschiedeneren der beiden kurzerhand »Paris« und den anderen »Wien« tauft, weil die beiden es genauso wie das Militär dort gemacht hätten. Er erntet dafür viel beifälliges Gelächter, mitten hinein in diese nun schon beinahe frohe Stimmung aber ertönt das Signal zum vierten Angriff.

Und wieder schlagen überall Kanonenkugeln ein; diesmal von zwei weit vorgerückten Siebenpfündern abgefeuert, wie »Paris« und »Wien« sogleich heraushören. Auch mit Kartätschenladungen wird nicht gespart. Schmerzensschreie, Wutgebrüll und wildes Zurückschießen aus den Rathausfenstern, hinter der Barrikade hervor und vom Dach des D'Heureuseschen Hauses herunter sind die Antwort. Dort, weit oberhalb der berühmten

Konditorei gleichen Namens, sind vier große Statuen aufgestellt, die zur Straße hin durch ein eisernes Gitter geschützt sind. Mit Brettern, Waschzubern und allem, was sich auf den Böden finden ließ, haben sich die Männer eine Art Dachbarrikade gebaut. Hinter der liegen sie nun und schießen ein ums andere Mal auf die Straße herab.

Wieder verspürt Frieder dieses ohnmächtige Gefühl, nicht in den Kampf eingreifen zu können. Er hat seine Axt längst gegen einen der Säbel der beiden Soldaten eingetauscht, aber was kann er mit dem anfangen, solange die Barrikade nicht gestürmt wird? Und dringen denn jetzt nicht auch vom Rathaus her immer öfter Schmerzensschreie zu ihnen hin? Das Feuer, das sie entfacht haben, nützt den neben den Häusern in Stellung gegangenen Pickelhauben mittlerweile mehr als ihnen. Die Schützen in den Rathausfenstern können die Soldaten, seit sie an den Türen und Kellerhälsen entlangschleichen, kaum noch sehen; die inzwischen hoch aufschlagenden Flammen ihrer nur zum Schein errichteten Barrikade aber tauchen das ganze Rathaus in ein rötlich zuckendes Licht.

»Des Feuer muss aus!«, schreit Vater Riese da auch schon. Und diese Aufforderung an Jüngere, Gewandtere, an wen sollte sie gerichtet sein, wenn nicht an ihn, Frieder Jacobi, der doch nur nutzlos herumsteht? Ohne sich lange zu besinnen, drückt Frieder Michael seinen Säbel in die Hand, gibt ihm auch den Zylinder zu halten und dann ist er schon über die Barrikade, als turnte er im Sparrenwerk eines Dachstuhls herum, und kriecht, flach aufs Pflaster gepresst, dem Feuer entgegen. Vier, fünf andere Burschen tun es ihm nach und dann schlagen sie von allen Seiten mit ihren Röcken auf das wild lodernde Feuer ein.

Beißender Qualm fährt ihnen in die Augen, die Hitze nimmt ihnen den Atem, Flammen versengen ihnen die Augenlider und immer wieder fallen Schüsse, von denen sie nicht wissen, ob sie ihnen gelten oder anderen. Doch keiner gibt auf, alle denken sie nur daran, dass dieses verfluchte Feuer gelöscht werden muss –

bis dem Burschen neben Frieder auf einmal der Haarschopf brennt. Entsetzt schreit er auf und im Nu ist Frieder über ihm und erstickt die Flammen mit seinem Körper. Der Junge aber wälzt sich übers Pflaster und schreit weiter, als könnte er die Schmerzen anders nicht ertragen, und da muss Frieder ihn unter den Armen packen und mit all seinen Kräften zur Barrikade zurückziehen.

Michael und Boleslav kommen ihm auf halbem Weg entgegengekrochen, um ihm den Jungen abzunehmen, und so kann Frieder mit den anderen zusammen erneut aufs Feuer einschlagen, bis auch das letzte Flämmchen erstickt ist. Als sie aber danach im Schutz der nun wieder eingekehrten Finsternis zur Barrikade zurückwollen, bewegt einer von ihnen sich nicht.

»Was ist mit dir?« Vorsichtig versucht Frieder den Kopf anzuheben – und zuckt entsetzt zurück: Er hat in Warmes, Feuchtes gegriffen ... Blut! Der Bursche neben ihm ist getroffen worden!

»He! Du! Lebste noch?«, schreit einer der anderen sofort und schiebt, als er keine Antwort erhält, sein Gesicht über den Mund des Burschen, um zu spüren, ob der noch atmet. Gleich darauf schüttelt er den Kopf und kriecht eilig zur Barrikade zurück. Die anderen beiden folgen ihm, nur Frieder bleibt bei dem Toten. Es widerstrebt ihm, den Burschen hier liegen zu lassen. Vielleicht wird sein Leichnam ja schon von der nächsten Kartätschenladung in tausend Stücke gerissen. Und ohne so recht zu wissen, was er da tut, zieht er den Toten unter all dem Pfeifen, Krachen und Zischen um sich herum zur Barrikade, bis Michael und Boleslav ihm erneut entgegenkommen. Gemeinsam heben sie den Burschen über den Schutzwall hinweg.

»Seid ihr denn ganz und gar verrückt geworden?« Rackebrandt, der alles beobachtet hat, hätte sie wohl am liebsten geohrfeigt. »Wollt ihr's ihnen denn so leicht machen?«

Als Antwort streicht Frieder sich nur den Rock glatt, Jettes Geburtstagsgeschenk, das jetzt bloß noch ein brandfleckenübersätes Stück Lumpen ist. Der Altgeselle hat Recht, es ist dumm, für einen Toten sein Leben aufs Spiel zu setzen. Trotzdem ist er froh, ihn dort weggeholt zu haben.

Ein fünfter Versuch, die Barrikade zu stürmen; und jetzt brechen die Pickelhauben sogar in die nicht verteidigten Häuser ein und feuern aus den Fenstern heraus.
Die Offiziere empfinden es offenbar als Schande, dass ihnen ausgerechnet diese, dem Schloss so nahe gelegene Barrikade dermaßen viel Mühe bereitet. Für die Verteidiger aber stellt sich immer mehr die Frage, wie lange sie diesem Ansturm noch standhalten können – und wie viele noch fallen werden, bis der Kampf beendet ist! Und als hätten diese Gedanken und Gefühle ihn zum Leben erweckt, steht seit geraumer Zeit auf den Stufen der Konditorei D'Heureuse ein junger Bursche, der unaufhörlich eine erbeutete Trommel rührt. Die Geschosse, die rechts und links von ihm einschlagen, kümmern ihn nicht. Unverwundbar scheint er zu sein, dieser Trommler in der ihm fast bis zu den Knien reichenden blauen Bluse, der seine Mütze so tief ins Gesicht gezogen hat und der nicht ablassen will von seinem Schlagen.
»Ein Verrückter!«, sagt Flips. »Einer, der vor Angst keine Furcht mehr kennt.«
»Ein dummer Bengel!«, schimpft der alte Schorsch, der es im Rathaus nicht mehr ausgehalten hat und mit seiner Flinte hinter die Barrikade gekommen ist. »Einer, der später mit seinen Heldentaten prahlen will.«
Ein Todesengel, denkt Frieder, einer, der dem Sterben den Takt schlagen will. Und Michael neben ihm, der den Burschen lange nur still beobachtet hat, beginnt plötzlich etwas Unverständliches vor sich hin zu murmeln. Es klingt wie ein Gebet.
»Mit wem redeste denn da? Etwa mit dem lieben Gott?«
»Mit meiner Großmutter.« Michael hebt nicht den Blick.
»Mit der jüdischen?«
»Mit der jüdischen! In der Not, so hat sie immer gesagt, hilft kein fremder Glauben.«

Frieder will erwidern, dass der wahre Gott doch alle Sprachen sprechen und alle Gebete verstehen müsse, schweigt aber lieber. Michael ist oft schwer zu verstehen. Wie er da auf seinem leeren Ölfass hockt, ein klägliches Bündel Mensch in viel zu eleganten Kleidern. Und im Widerspruch dazu der Michael, der ihm vorhin zweimal entgegenkam: Einfach rüber über die Barrikade, als hätte er dabei nicht jedes Mal sein Leben riskiert! Nante und Flips haben ihn dafür überschwänglich gelobt, in Wahrheit aber ist er ihnen seither noch fremder geworden: Wie kann denn einer, der kein Feigling ist und jene, gegen die sie kämpfen, fast noch mehr hasst als sie, sich nicht gegen seine Feinde wehren wollen?

»Du fragst mich gar nicht, für wen ich bete?« Michael möchte nun doch reden.

»Für uns alle – hoffe ich!«

»Ja!« Michael nickt. »Aber auch für die da!« Er weist mit dem Kopf hinter die Barrikade. »Auf dass sie nicht allzu grausame Rache üben.« Und er will noch etwas hinzufügen, als mit einem Mal Rackebrandt vor ihnen steht. Mit einem zweiten Gewehr in der Hand! Ohne lange Erklärungen führt er Frieder vor, wie die Waffe bedient wird. Erst als er ihm auch noch den Lederbeutel mit dem Schießpulver und die Munition überreicht hat, fragt er: »Du wirst das doch auch können?«

Frieder nickt nur stumm. Er wird es können! Muss es können!

Rackebrandt hat noch seine Zweifel. »Denk immer daran – die oder wir! Blut gegen Blut! Und wenn du jemanden schlimm treffen solltest – unsere Witwen weinen auch!« Damit schiebt er Frieder und Michael auch schon zum Rathaus hin. »Geht in die oberen Stockwerke. Da sind einige ausgefallen.«

Ausgefallen!, denkt Frieder, während er mit dem langen Vorderladergewehr in den Händen und dem Beutel mit dem Schießpulver über der Schulter der Haustür entgegenhastet. Ausgefallen! Und Michael, der ihm den Säbel nachträgt wie etwas, das er nur deshalb nicht fortwirft, weil es ihm nicht gehört, läuft hinter ihm her und wundert sich offensichtlich nicht mal darüber, dass Rackebrandt ihn, der doch noch immer kein Gewehr hat und auch gar keines will, mit ins Rathaus geschickt hat.

Auf der steilen Stiege des jahrhundertealten Rathauses liegen und sitzen Verwundete. Blechlaternen hüllen alles in einen gelbroten, flackernden Lichtschein. Eine alte Frau verbindet den immer wieder laut aufstöhnenden Männern ihre Wunden, benetzt ihre Gesichter mit Wasser, gibt ihnen zu trinken und schimpft sie gleichzeitig erbarmungslos aus: »Recht haben und Recht kriegen ist zweierlei! Nur Dummköpfe rennen gegen Eisenwände an.« Als Frieder und Michael sich an ihr vorüberzwängen, murrt sie: »Noch zwei Tollköpfe, die die Welt nicht begreifen wollen!«

Im obersten Geschoss ist alles finster, nur von den Fenstern her dringt ein wenig Mondlicht herein. Frieder sieht sofort, an welchem der Fenster kein Schütze mehr steht, und hastet dorthin. Dabei stolpert er über den Mann, der zuvor dort gestanden haben muss und in der Hitze des Kampfes nur zur Seite geschafft werden konnte. Ein elendes Gefühl überfällt ihn: Das ist nun schon der zweite Tote, mit dem er in Berührung kommt! Wann wird er so starr und stumm und unnütz daliegen?

Jetzt aber ist keine Zeit zum Nachdenken und so späht er nur atemlos vor Spannung auf die Straße hinunter und ist fast erstaunt über den Anblick, der sich ihm bietet. Von hier oben gesehen ist ihre Barrikade kein sicherer Schutzwall, sondern nur ein riesiger Gerümpelhaufen; und die Trommelschläge des Burschen vor der Eingangstür zur Konditorei klingen nur noch dumpf zu ihm herauf. Dafür ist das Mündungsfeuer vom Dach der Konditorei D'Heureuse ganz nah.

Mit zitternden Händen lädt er sein Gewehr, und im selben Augenblick kommt schon einer der Männer von den anderen Fenstern auf ihn zu, der wohl erkannt hat, dass sich ihnen ein Neuling zugesellt hat, und erklärt ihm hastig, dass er vorsichtig sein soll. Die Pickelhauben seien alle mit modernen Hinterladern ausgerüstet, könnten also in der gleichen Zeit viel öfter schießen als er mit seinem alten Vorderlader. Und er solle bloß nicht auf Helm, Tornister oder Lederzeug zielen, damit vergeude er nur Munition.

Schweigend nickt Frieder, dann blickt er sich nach Michael um. Der hat sich mit seinem Säbel irgendwo in den hinteren Teil des dunklen Raumes verkrochen. »Ruhig!«, flüstert er da sich selbst zu. »Ganz ruhig!« Und dann legt er – seitlich neben dem Fenster stehend, so dass er nur wenig Zielfläche bietet – die Waffe an und wartet auf das nächste Mündungsfeuer. Als er eines ausgemacht hat – aus einem der Kellerhälse muss dieser Soldat zu ihnen hochschießen! –, atmet er tief ein, hält die Luft an, zielt sorgfältig – und drückt ab!

Fast hätte ihn der Rückschlag der Waffe umgerissen. Doch er bemerkt es kaum, so heiß überflutet ihn der Gedanke, dass er tatsächlich geschossen hat. Auf einen Menschen, den er nicht kennt und von dem er nicht mal weiß, wie er aussieht! Mit brennenden Augen starrt er auf die Straße hinunter und ist beinahe froh, als er sieht, dass er den Soldaten nicht getroffen haben kann, denn da blitzt das Mündungsfeuer im Kellerhals schon wieder auf – und gleich darauf schlägt es neben ihm ein!

Zu Tode erschrocken taumelt er zurück. Nun hat sein eigenes Mündungsfeuer dem da unten das Ziel gewiesen! Dann aber wird ihm ganz kalt zumute: Die oder wir! Blut gegen Blut! Wieder macht er sein Gewehr schussfertig und erneut legt er an. Und dann stemmt er sich mit den Füßen fest auf den Fußboden, damit es ihn nicht wieder fortreißt, zielt noch sorgfältiger, drückt ab und wartet.

Kein Mündungsfeuer mehr in diesem Kellerhals.

*Christenpflicht*

Marschmusik? Also rückt das Militär schon mit klingendem Spiel an?

Der Trommler auf den Stufen der Konditorei, dem noch immer keine Kugel etwas anhaben konnte, wirbelt seine Stöcke schneller, doch nur noch schwaches Gewehr- und Büchsenfeuer empfängt die heranmarschierenden Soldaten. Es fehlt an Munition, mit den letzten paar Schuss muss sparsam umgegangen werden. Und Steine, Holzkloben oder Balkenstücke, die von den Dächern auf die Pickelhauben herabgeworfen werden könnten, sind auch keine mehr da. Seite an Seite stehen Frieder und Michael am obersten Rathausfenster und schauen auf die im hellen Mondlicht liegende Barrikade hinunter, wo Nante und Flips, Roderich und Schorsch, der Holzhauer Ludwig, Boleslav, der Pole, Rackebrandt und all die vielen anderen, deren Namen sie nicht mal kennen, sich längst für den Kampf Mann gegen Mann entschieden haben.

Und er, Frieder Jacobi? Noch drei Schuss hat er, die wird er noch abfeuern, dann wird er das Bajonett aufstecken und sich neben Rackebrandt und die anderen stellen, wohl wissend, dass ein Bajonett eine nicht minder grausame Waffe ist als eine Axt. Doch was sollte er sonst tun? Fliehen? Kaum einer der Männer, die so viele Stunden lang erbitterten Widerstand geleistet haben, denkt an Flucht. Das wäre ein zu trauriges Ende nach so lange erfolgreich geführtem Kampf.

Michael redet natürlich anders. So sei das nun mal mit einem Aufstand allein aus Wut und Empörung, hat er erst vorhin wieder gesagt. Niemand hat sich Gedanken gemacht, wie ein halbwegs geordneter Rückzug vonstatten gehen könnte. Alle wollten sie als Helden sterben. Doch welchen Nutzen brächte solcher Opfermut?

Frieder weiß auch jetzt nicht, ob ihr Kampf einen Nutzen bringt; er weiß nur eines: Wenn ein Haus Feuer fängt und die

Menschen stürzen hinein anstatt hinaus, um ihre Kinder zu retten, obwohl sie sehen, dass ihre Mühe vergeblich bleiben wird, wer würde das nicht verstehen? Und sind denn ihre Träume von Freiheit und Gerechtigkeit nicht ihre »Kinder«? Hätten sie sie verleugnen sollen, nur weil von vornherein keine große Hoffnung bestand, in diesem Kampf zu siegen?

Was war das? Eine laute Detonation direkt unter ihnen! Gleich darauf wütende Schreie und entsetzte Hilferufe …

»Die Tür!«, ruft einer der Männer an den unteren Fenstern. »Sie haben die Tür gesprengt!«

Ein kurzes Zögern, dann stürzt Frieder schon die mit Blendlaternen nur schwach beleuchtete Treppe hinunter. Erst oberhalb des ersten Stocks kann Michael ihn einholen und versuchen ihn zurückzureißen. »Nicht!«, schreit er. »Du läufst ja direkt in dein Verderben.«

Doch da hat Frieder die bereits bis zur Treppe vorgedrungenen Pickelhauben entdeckt. Wie die Berserker wüten sie, schießen auf die Rathausverteidiger, die ihre Gewehre nur noch als Prügel benutzen können, stechen mit den Bajonetten nach ihnen und schonen auch die wehrlos auf den Treppenstufen liegenden Verwundeten nicht. Wieder wird ihm so eiskalt zumute. Ganz ruhig legt er das schussfertige Gewehr an und dann schießt er mitten hinein in dieses Knäuel von Uniformen, lädt nach, schießt noch einmal und lädt wieder nach.

Die Pickelhauben waren nicht darauf gefasst, hier noch unter Feuer genommen zu werden. Im ersten Schreck haben sie sich auf die Treppenstufen und hinter Menschenleibern niedergeworfen. Jetzt erst sehen sie, dass da nur aus einem einzigen Vorderlader auf sie geschossen wird und sie zwischen den einzelnen Schüssen genug Zeit haben, den Schützen zu überwältigen. Der junge Zimmerer kann noch seinen dritten und letzten Schuss abfeuern, dann muss er sich der auf ihn Losstürmenden mit dem Gewehrkolben erwehren.

Inzwischen haben auch die anderen Fensterschützen den

Treppenabsatz erreicht, Schüsse fallen, Säbel klirren und in dem allgemeinen Durcheinander gelingt es Michael, den Freund aus dem Gewühl von Menschenleibern heraus- und in einen dunklen Gang hineinzuzerren.

»Was ist? Wo willste hin?«, keucht Frieder, der im Kampfgetümmel seinen Zylinder verloren hat. Michael jedoch hetzt nur weiter durch die Gänge und Flure und an Verwundeten und Toten vorüber, bis sie in einem weit entlegenen Seitengang eine hohe Tür erreicht haben.

»Wer da?«, ertönt gleich nach dem ersten heftigen Klopfen von drinnen eine Männerstimme.

»Meinecke! Michael Meinecke! Und ein Freund ... Bitte, retten Sie uns!«

Getuschel ist zu hören, dann wird die Tür geöffnet und ein kräftiger Mann mit weißem Haarkranz und genauso weißem Blücherbart steht im Türrahmen und mustert sie lange. »Meinecke?«, fragt er endlich. »Sie – bei diesen Leuten?«

»Werde Ihnen später alles erklären. Zuerst müssen Sie uns verstecken«, flüstert Michael bittend, während Frieder sich noch immer überrascht umblickt. Wo sind sie denn hier? Wer ist dieser Mann im dunklen Hausrock? Und wer der blasse Junge, der sich an den Mann lehnt?

»Bitte, Herr Rektor!«, versucht Michael es noch einmal. »Wir wissen, dass wir Sie in große Schwierigkeiten bringen, aber es geht um unser Leben!«

Da tritt der schwere Mann kurz entschlossen vor, nimmt dem überraschten Frieder das Gewehr und Michael seinen Säbel fort, öffnet das Fenster und wirft alles auf die Straße hinunter. »In den Eckschrank!«, befiehlt er gleich darauf. »Flach auf den Boden. Und wenn sie kommen, nicht atmen!«

Sofort ist Michael an der Schranktür und der mit Herr Rektor angeredete Mann weist die beiden Freunde an, sich unter all den darin hängenden Kleidern, Mänteln und Röcken auf den Boden des riesigen Schranks zu legen. Sie gehorchen und schon werden weitere Decken und Kleidungsstücke über sie geworfen.

»Wer ist das?«, will Frieder wissen.

»Rektor August«, flüstert Michael. »Vom Cöllnischen Gymnasium. Ein königstreuer Mann. Dem werden sie nichts anhaben.«

Er soll einem Königstreuen vertrauen? Gleich will Frieder wieder raus aus diesem Schrank. Michael muss ihn niederdrücken und hoch und heilig schwören, dass der August, ein Mann von strengem Ehrgefühl, niemals bei ihm Schutz Suchende irgendwelchen Häschern ausliefern würde. »Es ist eine Schulwohnung«, fügt er zur Erklärung noch hinzu. »Im Rathaus ist doch ein Gymnasium untergebracht. Hab auch hier gebüffelt.«

So langsam begreift Frieder: Michael hat von Anfang an gewusst, dass sie sich notfalls hierhin flüchten konnten, und ist vielleicht nur deshalb die ganze Zeit bei ihm geblieben! Aber darf er, Frieder Jacobi, sich so einfach retten lassen? Ist das nicht Verrat an all den anderen? Wird er sich nicht später dafür schämen müssen? Er will Michael sein Unbehagen gerade zuflüstern, als erneut an der Tür geklopft wird. Diesmal jedoch ist es ein sehr herrisches Pochen.

»Wer da?«, ist gleich darauf der Rektor zu vernehmen.

Ein barsches »Sofort öffnen!« ist die Antwort.

Schritte, die Tür wird geöffnet, wiederum Schritte! Diesmal von mehreren Männern, die eilig in den Raum dringen. Danach erneut Rektor Augusts Stimme.

»Meine Herren!«, erklärt er betont ruhig. »Sie befinden sich hier in der Dienstwohnung des Cöllnischen Realgymnasiums, dessen Rektor ich bin. Außerdem darf ich mich rühmen, ein mehrfach ausgezeichneter Veteran der Befreiungskriege und glühender Verehrer des Königshauses zu sein. Der Knabe an meiner Seite ist mein Sohn Franz. Bevor Sie nun meine privaten Räume durchsuchen, möchte ich Ihnen unter Hinweis auf meine Beamtenehre versichern, dass aus den Fenstern meiner Wohnung nicht geschossen wurde. Allerdings halte ich es für Christenpflicht, Verwundete aufzunehmen und, ohne zu fragen, auf welcher Seite sie gekämpft haben, erste Hilfe zu leisten.«

»Zum Teufel mit Ihrer Christenpflicht!«, ist wieder die befehlsgewohnte Stimme zu hören. »Wer geflohene Brandschatzer und Marodeure aufnimmt, ist nicht besser als seine Kumpane. Beiseite also, und das schnell!«

Wieder Schritte, ein Gerangel, dann ein schmerzerfüllter Aufschrei.

»Was unterstehen Sie sich?«, beschwert sich der nun zutiefst erregte Rektor. »Sie haben das Blut eines königstreuen Mannes vergossen. Ich werde mir diese schändliche Behandlung nicht gefallen lassen, ich ...«

»Die Schnauze halten werden Sie, alter Mann! Und zwar sofort und so lange ich es Ihnen befehle.«

Erneut ein Schrei, danach mehrere Schritte in verschiedene Richtungen, Verwünschungen und ängstliche Kinderrufe aus anderen Räumen. Dazwischen immer wieder der Rektor. Empört versichert er, dass er sich vom heutigen Tage an all seiner Kriegsauszeichnungen schämen werde; was in dieser Nacht in der preußischen Hauptstadt geschehe, bedecke die gesamte preußische Armee mit Schande.

Zur Antwort erhält er nur Hohngelächter und die Auskunft, Potsdamer Grenadiere seien nun mal keine dummen Schuljungen, die er nach Lust und Laune herumkommandieren dürfe. Außerdem habe er, der angeblich Königstreue, sich mit der Versorgung von verwundeten Aufrührern und Brandschatzern auf schlimmste Weise den Befehlen des Königs widersetzt.

Da wird der Rektor ganz leise und bittet nur noch, doch wenigstens seine Frau und vor allem die unschuldigen Kinder vor weiteren militärischen Maßnahmen zu verschonen.

Neues Gelächter antwortet ihm, dann ist wieder nur Gebrüll und lautes Kinderweinen zu hören, bis plötzlich der Schrank aufgerissen wird. Sofort beißt Frieder sich in den Handballen: Wenn jetzt ein Bajonett in die Decken und Kleider auf dem Schrankboden hineinsticht, dürfen sie nicht aufschreien, so schmerzhaft es sie auch treffen sollte. Es wäre zu schlimm, als zitternder und sich vor Angst krümmender Wurm aufgefunden zu werden, nachdem so viele andere mehr Opfermut bewiesen haben.

Doch zuerst werden nur die auf den Bügeln hängenden Kleiderstücke hin und her geschoben und als dann tatsächlich ein-, zwei-, dreimal ein Bajonett in den Haufen auf dem Schrankboden niederfährt, berührt es sie nicht, so weit seitlich haben sie sich an die Wände gepresst.

Gleich darauf fliegt die Schranktür wieder zu, das Kinderweinen wird leiser und auch Rektor Augusts Stimme, der noch immer für seine Familie bittet, entfernt sich.

Lange liegt Frieder nur wie betäubt da. Dann fragt er leise: »Hat er viele Kinder?«

»Drei erwachsene Töchter, den Sohn und noch zwei ganz Kleine«, flüstert Michael zurück.

Und die hat dieser Mann schlimmster Gefahr ausgesetzt, um seiner Christenpflicht zu genügen? Oder hat er nur die Folgen seines Tuns falsch eingeschätzt? »Wir müssen hier raus!« Rasch drängt Frieder alle anderen Gedanken beiseite. Rektor Augusts Sohn ist ja noch keine zwölf; und er hat doch gesehen, wie sie im Schrank verschwanden.

»Und wohin?«

»In den Schulhof.« Vorsichtig öffnet Frieder die leise knarrende Schranktür, dann huschen sie durch die finsteren fremden Räume dorthin, wo sie das Fenster zum Hof vermuten. Kaum haben sie hinausgespäht, zucken sie schon wieder zurück: zwei Pickelhauben! Direkt unter dem Fenster! Offensichtlich haben sie dort Posten bezogen.

»Und die anderen Fenster?«
»Führen alle zur Straße hin.«

Auf die Straße können sie nicht, da wimmelt es von Pickelhauben ...

»Der Dachboden!« Frieder flüstert es und Michael nickt nur stumm. Der Dachboden ist ihre letzte Fluchtmöglichkeit. Aber dorthin führt nur ein einziger Weg – der durchs Treppenhaus!

Es ist nun still in den Rathausgängen. Doch noch immer liegen überall Verwundete, die vor Schmerzen stöhnen, oder Tote, denen noch nicht mal die Augen geschlossen wurden. Blendlaternen, auf den Treppenstufen abgestellt, beleuchten das grausige Bild.

Vorsichtig die Füße setzend, schleichen die beiden jungen Männer Stufe für Stufe und Stockwerk für Stockwerk in den Rathausturm hoch. Erst nach einer ihnen ewig erscheinenden Zeitspanne haben sie ihr Ziel erreicht: die steile, schon ein wenig morsche Stiege, die vom Rathausturm auf den Dachboden führt. Schwere schwarze Dunkelheit umfängt sie hier oben. Ein Weilchen bleiben sie noch stehen und lauschen; als außer ihren heftig klopfenden Herzen nichts zu hören ist, tasten sie sich Sprosse für Sprosse die zu ihrem tiefen Entsetzen überlaut knarrende Holzstiege hoch, stoßen die Tür zum Bodenraum auf und lauschen erneut.

Nichts ist zu hören und kaum etwas zu erkennen, so wenig Mondlicht dringt durch das kleine Dachlukenfenster in den mit allerlei Schränken, Kisten und Körben voll gestellten Raum. Schon will Michael mit seinem Fixfeuerzeug Licht schlagen, da legt Frieder ihm die Hand auf den Arm. Knarrte da nicht eben ein Korb? Und sind das nicht unterdrückte Atemgeräusche?

»Ich bin der Frieder Jacobi«, sagt er leise. »Zimmermann, kein Soldat! Und der neben mir ist mein Freund Michael Meinecke, Student. Wir gehören zu euch.«

Keine Antwort!

»Ihr könnt uns trauen. Wären wir Militärs, würden wir nicht so viele Worte machen, sondern gleich dreinhauen.«

Da, endlich, eine Stimme: »Um Gottes willen, halt dein Maul, Zimmerer! Werden wir gehört, hat unser letztes Stündlein geschlagen.« An anderer Stelle jedoch nimmt jemand eine Decke von seiner Laterne, kommt auf Frieder und Michael zu und leuchtet ihnen lange ins Gesicht. »Ja«, sagt er dann. »Die hab ich gesehen. Also sucht euch ein Plätzchen, verhaltet euch still und betet drei Vaterunser.«

Frieder hat den kargen Lichtschein der Laterne genutzt, um sich in dem finsteren Raum umzublicken. Nun will er es kaum glauben: Das sind ja mindestens zwanzig Männer und junge Burschen, die sich hierher geflüchtet haben! Wie soll das gut gehen? Wird nach ihnen gesucht, müssen sie entdeckt werden!

»Habt ihr denn noch Waffen?«, fragt er leise.

»Waffen ja, aber keine Munition mehr«, lautet die traurige Antwort. Und der mit der Laterne spottet: »Herzlich willkommen in der Mausefalle! Nur gibt's hier leider keinen Speck.«

Er hat Recht: Der Dachboden ist eine einzige Mausefalle! Die Treppe runter und raus auf die Straße können sie nicht mehr, da steht das Militär, und über dem Dach ist nur der Himmel. Frieder wägt kurz ab, dann schiebt er Michael unter die Dachluke. Der weiß sofort, was er vorhat, und legt bereitwillig die Hände zusammen, damit der Freund über ihn hinweg durch die Luke aufs Dach steigen kann. Kaum ist der lange Zimmerer oben, taucht er mit Kopf und Oberkörper schon wieder in den Bodenraum, packt den zum Glück sehr leichten Michael an den Händen und zieht ihn zu sich herauf. Danach liegen sie flach aufs Ziegeldach gepresst und blicken auf die inzwischen von allen Lebenden verlassene Barrikade hinunter, während von den Dächern der Nachbarhäuser noch immer vereinzelte Schüsse fallen und auch ihr Todesengel sein Werk noch nicht beendet hat. Ihnen direkt gegenüber, auf dem Dach des D'Heureuseschen Hauses, steht er nun und unermüdlich wirbeln seine Trommelstöcke.

Und Rackebrandt, Vater Riese, Nante, Roderich, Flips und Schorsch, Ludwig und Boleslav, »Paris« und »Wien« und all die anderen? Wo haben sie sich hingeflüchtet, wenn sie überhaupt noch leben?

Auf dem Dachboden rührt sich was. »Seid ihr toll geworden?«, ruft einer der anderen Flüchtlinge durch die Dachluke. »Wir haben Vollmond. Da oben seid ihr die prächtigsten Zielscheiben.«

Das hat Frieder bedacht. Er weiß auch, dass sie auf kein anderes Haus hinüberflüchten können, da das Cöllnische Rathaus ein freistehender Bau ist. Immerhin befinden sie sich im Mondschatten des Turms und auf dem Dach gibt es nur diese ein Luke. Wenn sie auf die andere Dachseite hinüberflüchten, kann man sie von der Luke aus nicht entdecken. Und wozu ist er denn Zimmerer und damit einer, der sich auf Dächern zu bewegen weiß?

So deutet er zur Antwort nur zum Dachfirst hoch, gibt Michael ein Zeichen, auf ihn zu warten, und beginnt, vorsichtig jeden Ziegel mit Händen oder Füßen prüfend, sich Zentimeter für Zentimeter zum Dachfirst hochzuschieben. Als er sein Ziel endlich erreicht hat, legt er sich flach auf den First und streckt die Hand aus, um Michael ein weiteres Mal nachzuholen.

Die beiden Freunde liegen einander noch nicht lange gegenüber, um von all der Anstrengung zu verschnaufen, als sie schon schwere Stiefelschritte die Stiege hochpoltern hören. Wenig später dringt schwankender Lichtschein durch die Dachluke. Stumm treffen sich ihre Blicke und sie wagen kaum noch zu atmen, da dringt schon grelles Gelächter zu ihnen hoch. Schreckliche Flüche und entsetzte Schreie, die bald in erstickte Hilferufe, lautes Stöhnen, Wimmern und Flehen übergehen, folgen.

Frieder kommt ein heftiges Würgen an und Michael ergeht es nicht anders. Totenbleich, totenstarr liegen sie da, bis der junge Zimmerer sich endlich gefasst hat. Sie müssen vergessen, was unter ihnen geschieht, dürfen nur an sich denken! Und so gibt er Michael erneut ein Zeichen, ihm zu folgen, und lässt sich so leise wie nur irgend möglich an der hinteren Seite des Daches hinab, bis er wiederum schräg auf den Ziegeln liegt, sich nur noch mit den Händen an den Dachfirst klammert und gerade noch über den Balken hinwegspähen kann.

»Was ist?« Michael ist ihm nicht gefolgt.

»Das schaff ich nicht«, flüstert der Freund. »Hab nicht deine Kraft.«

Auch Frieder wird es in dieser Stellung nicht lange aushalten. Das Dach ist sehr schräg, er muss sich an die Ziegel pressen, als wollte er an ihnen festkleben. »Dann leg dich so flach wie möglich hin!«, wispert er dem Freund zu. Unter ihnen ist es inzwischen still geworden, auch das letzte leise Wimmern ist verstummt, also werden sie nun bald auf dem Dach nachschauen.

Michael drückt sich so fest auf den Firstbalken, als wollte er ganz und gar darin verschwinden, und in derselben Sekunde tauchen in der Dachluke ein Gewehr und eine Pickelhaube auf. Eifrig späht der Soldat um sich und hat Michael sofort entdeckt! Er legt an – und drückt ab! Der Schuss hallt laut durch die Nacht. Mit einem Schrei rutscht Michael vom Dachfirst und bleibt mit weit ausgebreiteten Armen auf den Ziegeln liegen.

Frieder hatte sich, als die Pickelhaube in der Dachluke auftauchte, noch ein wenig weiter am First heruntergelassen. In seiner ganzen Länge liegt er nun auf den Dachziegeln und erst nach einer ihm endlos erscheinenden Zeit, als es beim besten Willen nicht mehr geht, zieht er sich unter Aufbietung all seiner Kräfte auf den Dachfirst zurück – und zu seiner großen Erleichterung ist die Pickelhaube verschwunden! Dennoch wagt er kaum zu atmen, muss lauschen, lauschen, lauschen, um notfalls noch einmal wegtauchen zu können.

Schon nach kurzer Zeit hört er Stiefel die Stiege hinabpoltern und dazu laute Stimmen und ein zufriedenes Gelächter. Er wartet ab, bis alles ganz ruhig geworden ist, dann ruft er Michael leise beim Namen. Und zu seiner übergroßen Freude antwortet der Freund und seine Stimme klingt nicht, als hätte es ihn böse getroffen.

»Biste verwundet?«

Zuerst nur ein gehauchtes »Ja«, dann, ein wenig lauter: »Am Kopf. Aber es tut nicht sehr weh. Nur wie ich hier wegkomme, weiß ich nicht. Rühre ich mich, stürze ich ab.«

»Warte!« Rasch zieht Frieder seinen brandfleckenübersäten Rock aus und legt sich flach auf den Balken. »Pack ein großes Stück! Weiß nicht, wie viel er noch aushält.«

Zaghaft schiebt Michael eine Hand vor, dann krallt er seine Finger in einen der Rockschöße und wickelt ihn sich so fest um die Faust, als wollte er ihn nie wieder loslassen.

Zwei-, dreimal ruckt Frieder an, um zu prüfen, ob der Rock der Belastung standhält, dann zieht er Michael Zentimeter für Zentimeter zu sich hoch, bis der Freund mit blutender Kopfwunde und zu Tode erschöpft neben ihm liegt. Ein Wort der Dankbarkeit oder Freude aber will keinem von beiden über die Lippen; sie sind noch am Leben, ein Grund aufzuatmen aber ist das nicht.

### *Der hundertste Schafskopf*

Mitternacht ist längst vorüber, auf dem Alexanderplatz aber tanzt noch immer der rote Hahn, wie der alte Dabekow das weit hochschlagende und laut prasselnde und knackende Feuer genannt hat, dessen Widerschein auch in der Finsternis hinter Jette sein wildes Spiel treibt. Am obersten Fenster der *Guten Luise* steht sie, im vornehmsten Zimmer, das die Eltern je für Schlafgäste einrichteten, und kann keinen Blick von diesem gespenstischen Flammentanz lassen.

Am Nachmittag, nach dem Barrikadenbau, war es für kurze Zeit ganz still in diesem Teil der Stadt. Kein Mensch war mehr zu sehen, kein Ton zu hören; die unheimliche Stille vor dem Gewitter, wie Guste sagte. Dann marschierten plötzlich Soldaten heran und die ersten Schüsse fielen. Wenig später ein lauter Knall und danach ein Geräusch, als ob Hagelkörner auf ein Schieferdach prasselten – Kartätschen, wie der Dabekow schimpfte. Sofort wurde das Feuer von den verschiedenen Barrikaden und aus vielen Fenstern heraus erwidert, und am wütendsten und heftigsten von jener Barrikade her, die direkt vor der *Guten Luise* errichtet wurde und von allen die gewaltigste und am tatkräftigsten verteidigte ist. Grün uniformierte Männer von der Schützengilde haben hier Posten bezogen, Maschinenarbeiter aus den Fabriken vor dem Oranienburger Tor sind zu Hilfe geeilt und zum Schluss gesellten sich auch noch die Arbeitshäusler aus dem »Ochsenkopf« hinzu, die am Nachmittag aus ihren Kerkern befreit worden waren und die tollkühnsten Kämpfer von allen sind, haben sie doch die meiste Wut im Bauch. Links und rechts der Barrikade sind die »Anna« und die »Berta« aufgefahren worden, zwei Kanonen, die aus dem Schützenhaus geholt wurden und nun von »olle Justav«, einem lebenslustigen Drechslergesellen, und vom Fichtner, einem eher sanften Mann mit dichtem weißem Vollbart, bedient werden.

Wieder schlägt das Feuer fast bis zu den Sternen hoch, wieder stieben Funken durch die Nacht, als flögen Millionen kleiner Glühwürmchen über den Alexanderplatz. Es ist nur ein Holzschuppen, der dort angezündet wurde, das trockene Holz aber brennt so lichterloh, dass es den weiten Platz fast taghell erleuchtet und jede Pickelhaube rot aufblitzen lässt. Deshalb hat sich das Militär vorläufig zurückgezogen. Aber jeden Augenblick kann der schreckliche Kampf von neuem beginnen und dann wird sich Jettes Herz wieder zusammenziehen: Wie gern würde sie mitkämpfen! Das wäre ihr lieber, als die ganze Zeit über nur durch die vertrauten Räume zu streifen und traurigen Erinnerungen nachzuhängen. Aber wer vertraut einem Mädchen schon ein Gewehr an? Wer drückt ihr einen Säbel in die Hand? Beim Barrikadenbau haben Guste und sie noch mithelfen dürfen, jetzt bleibt ihnen nur, die Verwundeten zu versorgen, in der Küche Kaffee zu kochen und Brote zu schmieren. Anderes lassen die

Männer nicht zu, die ihre Frauen früh in Sicherheit gebracht haben und sogar ein wenig ärgerlich sind, sie beide nicht auch einfach fortjagen zu können, weil das nun längst viel zu gefährlich wäre.

Dabei ist es doch viel leichter, jemandem mit dem Gewehr oder dem Säbel eine schlimme Wunde zuzufügen, als ihn danach verarzten zu müssen. Ihr war über all dem Blut sogar schwindlig geworden. Guste musste sie wegschicken und so kommt sie sich nun noch nutzloser vor. Kämpfen aber, das weiß sie, kämpfen könnte sie! Und am liebsten würde sie es an Frieders Seite tun …

Schritte auf der Treppe! Aber diesmal ist Guste nicht allein, will sie ihr nicht nur zureden, sich doch endlich hinzulegen oder etwas zu essen oder zu trinken: Sie führt die Dame im schweren, lilafarbenen Seidenmantel und der Pfauenfeder am Samthut herein; eine Adlige, die zu ihrem Mann wollte und nur ein paar Straßen von hier von Barrikadenbauern, denen ihre Kutsche gerade recht kam, zu Fuß weitergeschickt wurde und prompt in den ersten Kugelhagel geriet.

»Soo!« Übertrieben zuvorkommend stellt Guste der Dame ein Talglicht auf den Nachttisch. »Jetzt machen Se erst mal 'n bisschen die Augen zu. Und versuchen Se, sich keine überflüssigen Sorjen zu machen. Hilft ja doch alles nichts.«

Die Dame gehorcht nur widerstrebend. »Wenn ich das gewusst hätte!«, seufzt sie. »Wenn ich das nur gewusst hätte! Dann wäre ich doch nicht ausgerechnet heute losgefahren.«

Bis es dunkel wurde, lief die lila Dame, die sich, wenn sie an einem der Verwundeten vorüberkam, stets ihr Spitzentaschentüchlein unter die Nase presste, noch alle halbe Stunde zur Tür, weil sie unbedingt weiterwollte. In die sicheren Arme ihrer Familie, wie sie sagte. In Wahrheit jedoch quält sie der Gedanke, ihr Mann, ein hoher Militär, wie sie Guste später gestand, könnte auf der anderen Seite der Barrikade stehen und Befehl zum Angriff geben. Dann würde er ja – natürlich ohne es zu wissen! –

auf seine eigene Frau schießen lassen. Was für ein schlimmer Streich des Schicksals!

»Kann hier denn auch nicht hineingeschossen werden?«, fragt sie nun ängstlich.

»I wo denn!« Guste lacht gutmütig. »Die *Luise* is'n festes Haus mit dicken Mauern. Wenn Se nicht ans Fenster jehen, kann Ihnen jar nischt passieren! Außerdem« – sie kichert belustigt – »war das hier schon immer det ruhigste Zimmer.«

»Woher wollen Sie das denn wissen?« Die Dame wird misstrauisch. Sie traut Guste wohl nicht zu, jemals in einem solchen Gasthof abgestiegen zu sein.

»Hab früher oft hier jewohnt.« Guste hat sichtlich Spaß an dem Theaterstück, das sie der Dame vorspielt. »Damals, als mein selijer Mann nocht lebte.«

»Sie sind Witwe?«

»Seit fünf Jahren schon«, schwindelt die Schwester munter weiter. »Mein Selijer war Pferdeschmied, draußen in Charlottenburg. Eines Tages hat einer der Gäule ausjeschlagen und ihn direktemang am Kopp getroffen. Da stand ick innerhalb von Sekunden allein da. Und das mit siebzehn, denken Se nur an!«

Leise will Jette das Zimmer verlassen.

Die Dame erschrickt. »Da ist ja noch jemand!«

»Nur meine Schwester!« Guste bleibt so gut gelaunt. »Von hier oben hat man nämlich den besten Ausblick.«

»Nach wem hat sie denn ausgeschaut?«

»Nach ihrem lieben Mann, 'nem tüchtigen Dragoner Seiner Majestät, der vielleicht schon bald – wir hoffen es jedenfalls sehr! – zum Rittmeister befördert wird. Aber jetzt, die schlimme Schießerei da draußen – wer weiß, ob er heil davonkommt!«

Da seufzt die lila Dame wieder. »Ist ja alles so schrecklich! Wer hat die guten Leute denn nur so aufgewiegelt? Der König will doch nur ihr Bestes.«

Jette verspürt Lust, dieser Frau, die ihnen noch nicht einmal ihren Namen genannt hat, etwas Verletzendes an den Kopf zu werfen, doch dann tritt sie nur aus der Tür und tastet sich rasch die steile, dunkle Treppe hinab. Hier muss sie nicht besonders aufpassen, hier kennt sie jede Stufe, jedes Knarren; nicht einmal der Geruch hat sich in all der Zeit verändert. Und auch in dem nur durch zwei Talglichter beleuchteten Gastraum, in dem die beiden schon gefallenen jungen Männer und die immer wieder laut aufstöhnenden oder leise vor sich hin seufzenden Verwundeten liegen, ist alles wie einst. Herr Bethmann, der neue Besitzer, wollte nichts verändern. Sogar den Namen des Gasthofs hat er beibehalten und auch die drei Luisen hängen noch immer an der Wand über dem Stammtisch. Guste hat ihm die beiden Porträts und die Birne damals geschenkt und sich jetzt sehr gefreut, als sie alles so wieder fand, wie sie es vor nun schon über anderthalb Jahren verlassen haben.

Der Bethmann hat sie auch sehr freundlich empfangen und so war es sicher richtig, dass Guste mit ihr hierher gelaufen ist. Hätte sie gewusst, dass es so viele verschiedene Kampfstätten gibt und es deshalb fast unmöglich ist, Frieder zu finden, wäre sie, Jette, ja trotz all ihrer Sorge sicher gar nicht erst losgelaufen. Sie dachte, irgendwo um den Schlossplatz herum würde gekämpft; dass die ganze Stadt zum Kriegsgebiet werden könnte, wäre ihr nicht mal im Traum eingefallen.

Still setzt sie sich auf einen der Stühle gleich neben der Treppe, lauscht auf den neu einsetzenden Geschützlärm und schaut zu, wie der schmale, aber nun doch schon sehr bierbäuchige Bethmann und der hagere, graubärtige Tischlermeister Dabekow gemeinsam mit ein paar alten Männern aus den Häusern ringsum Bleistücke schlagen; Futter für Anna und Berta, wie sie den Kanonenkugelersatz getauft haben. Zuvor haben sie Bleikugeln gegossen und – mit Jettes und Gustes Hilfe – zahllose aus allen möglichen Geschäften herangeschleppte Murmeln in Strümpfe gesteckt und fest verschnürt, um auf diese Weise ebenfalls Kartätschenladungen auf den Feind abschießen zu können. Hans und Martin, zwei dreizehnjährige Jungen, sind immer zwischen der Barrikade und dem Gasthof hin- und hergeflitzt, um alles nach draußen zu bringen. Doch wenn das letzte Blei verbraucht ist, womit soll dann geschossen werden?

Der alte Dabekow, der Guste und ihr damals beim Umzug in die Rosenstraße half und sichtlich erfreut war, sie so »gesund, frisch und munter« wieder zu sehen, ist der Geschickteste, aber auch der Mürrischste der Männer. Immer wieder sagt er, dass das ja alles keinen Zweck habe. Dennoch arbeitet er unermüdlich weiter. Der Bethmann hingegen ist noch immer wie beseelt von dem, was sich da direkt vor seiner Tür abspielt. Mittags, so hat er vorhin kopfschüttelnd erzählt, sei noch Hochstimmung in der *Guten Luise* gewesen und vor Freude über das einsichtsvolle Nachgeben des Königs sogar für die Armen gesammelt worden. Dann sei plötzlich von der Straße her Geschrei an die Tische gedrungen und innerhalb von Sekunden froheste Zuversicht in schlimmste Enttäuschung umgeschlagen. Wenn das Militär nicht zur Einsicht kommen will, muss es uns zu fühlen bekommen, sei die einhellige Meinung seiner Gäste gewesen. Und auch er, der rechtschaffene Gastwirt Bethmann, ganz gewiss kein Krakeeler und erst recht keiner dieser neumodischen Kommunisten, die alles Hergebrachte auf den Kopf stellen wollen, habe sofort gewusst, auf welche Seite er gehöre. Denn wenn ihm wer heimtückisch komme – egal ob Kaiser, König, Kronprinz oder General –, stelle er sich auf die Hinterbeine. Das sei nun mal guter preußischer Brauch und davon könne und wolle er nicht abrücken.

Wieder kommen Hans und Martin mit ihrem Wäschekorb zur Tür hereingestürmt. »Anna und Berta haben Hunger!«, schreien sie. »Wir brauchen mehr Munition! Viel mehr!«

»Können wir denn zaubern?« Der alte Dabekow runzelt die Stirn. »Oder fressen die beiden auch Bierseidel?«

Bekümmert werfen die beiden Jungen, was fertig ist, in ihren Korb und hasten wieder hinaus.

Jette schaut ihnen nach, bis sie aus der Tür sind, dann legt sie den Kopf zurück und schließt die Augen. Wie lange dieses Pfeifen, Knallen und Prasseln wohl noch andauern wird? Soll denn wirklich erst Schluss sein, wenn alle gefallen oder kampfunfähig geschossen sind?

Zu Anfang hatte Guste deshalb immer wieder mit den Männern hinter der Barrikade geschimpft und gesagt, ihr Mut sei größer als ihr Verstand. Doch je mehr Verwundete sie zu versorgen hatte, desto mehr Respekt bekam sie vor ihnen. Und die Männer freuen sich über ihre witzig-frechen Sprüche, die sie für kurze Zeit ihr Leiden vergessen lassen, und würden sie am liebsten immerzu bei sich behalten.

Weil die Schwester das weiß, hält sie sich auch jetzt nicht lange im oberen Stockwerk auf, sondern kommt schon bald wieder herunter, um erneut durch die Reihen der Verwundeten zu gehen, mal mit diesem und mal mit jenem zu flüstern und zu helfen, wo sie kann. Erst als sie alles ihr Mögliche getan hat, setzt sie sich zu Jette, seufzt bekümmert und will dann auch sie aufheitern, indem sie ein bisschen über die lila Dame lästert.

»Hält sich für 'ne Jebildete, diese Madame Huchjewatbinickfein! Als ob die Jebildeten uns groß was voraushätten, wenn's keene Unjebildeten jäbe.« Sie lacht. »Na, wenigstens ihre Kinder müssen se selber kriegen; allet andere lässt sich ›erledigen‹!«

Als Jette nicht mitlacht, seufzt sie wieder. »Eine verrückte Nacht! Als ob 'n Vulkan ausjebrochen ist. Und Groß-Justeken und Kleen-Jetteken immer mittendrin.« Darauf schweigt sie länger, bis sie auf einmal fragt: »Weißte noch, die schöne Geschichte von den Schafsköpfen, die Vater immer erzählt hat?«

»Ja.« Wie hätte Jette diese Geschichte jemals vergessen sollen? Der Vater hat sie so oft erzählt, dass alle seine Stammkunden, erst recht aber seine Töchter, sie auswendig kannten. Es geht dabei um die Sage vom Alten Fritz. Der soll es ja gewesen sein, der einst das Haus bauen ließ, in dem nun die Gastwirtschaft untergebracht ist. Und gleich nach Fertigstellung soll er es einem zudringlichen Lieferanten als Ausgleich für unbezahlte Rechnungen überlassen haben. Der jedoch hätte schon bald laut geklagt, dass sein Haus kein stolzes Wappen ziere, an dem man es sofort erkennen könne. Zornig über diese »treudeutsche Natur« soll der Alte Fritz eine große Menge Schafsköpfe an dem Haus anbringen lassen und den Querulanten danach gefragt haben, wie es denn nun mit seiner Zufriedenheit stünde. Der aber hätte Spott mit Spott beantworten wollen und geschimpft, die Stuckateure hätten den König betrogen. Er habe doch sicher hundert Schafsköpfe anbringen lassen wollen, es seien aber nur neunundneunzig. Auf diese Antwort, so der Vater, hätte der Alte Fritz nur gewartet. Es habe schon alles seine Richtigkeit, beschied er den Mann. Er solle nur selber recht oft aus dem Fenster gucken, dann wären jedes Mal die hundert voll.

Eine Geschichte, über die nur lachen kann, wer sie noch nicht kennt. Und die nicht wahr sein kann! Denn natürlich haben Guste und sie als Kinder die vielen Schafsköpfe am Haus immer wieder gezählt und sind nur auf vierundzwanzig gekommen. Und ob es tatsächlich der Alte Fritz war, der das Haus bauen und die Schafsköpfe anbringen ließ, bekam der Vater auch nie heraus. Guste aber macht nun, in Gedanken an den Vater und seine Lieblingsgeschichte, ein richtig glückliches Gesicht.

Erneut kommen die beiden Jungen mit ihrem Korb in den Schankraum gelaufen. »Justav will mehr Munition«, schreien sie. »Sonst jeht er nach Hause und legt sich ins Bett.«

»Denn sagt ihm, er soll de Wärmflasche nicht verjessen«, antwortet der alte Tischlermeister bedächtig. »Die hilft jegen überhitzte Köppe ebenso jut wie jejen kalte Füße.«

Die Jungen müssen lachen, dann sind sie mit dem nur halb gefüllten Korb schon wieder draußen.

»Der Justav! Det is ooch so eener!« Gleich hat die Schwester wieder eine lustige Geschichte aus alten Zeiten parat und der Bethmann, der Dabekow und die alten Männer rund um den Schanktisch, an dem sie arbeiten, nicken dazu: Ja, der Justav Hesse hat immer schon tolle Sachen angestellt! Mal im Suff und mal nüchtern, mal 'n bissken zu doll und mal 'n bissken zu bunt hat er's getrieben! Aber 'n ehrlicher Kerl war er immer schon. Und wie er jetzt die Anna bedient und der doch sonst so zartbesaitete Fichtner die Berta – also wirklich, alle Achtung!

Jette hört den Gesprächen lange zu, dann fragt sie sich, ob Guste in ihrer Erinnerungsseligkeit nicht auch an Fritzchens Vater denken muss. Es war ja ein Bursche aus dieser Gegend, der sie damals so böse im Stich ließ. Vielleicht war er sogar einer von denen, nach deren Wohlergehen sie sich vorhin so freundlich-uninteressiert erkundigte. Eine gute Schauspielerin war die Schwester ja schon immer; und wie soll sie denn in all den Stunden, die sie nun schon hier sind, nicht an ihn gedacht haben?

Drei Uhr morgens. Die Pendeluhr über dem Schanktisch zeigt es an und nun wird Jette über dem geringer gewordenen Kampfeslärm, der noch von draußen zu ihnen hereindringt, doch müde. Den Kopf an Gustes Schulter gelehnt, schließt sie die Augen und sieht Bilder vor sich: den Vater mit seiner bunten Troddelmütze und der Lederschürze hinterm Schanktisch oder beim Witzereißen in der Stammtischrunde; die Mutter, wie sie in der Küche hantiert oder Zimmer aufräumt; Guste und sie, wie sie ihr mal lustig, mal unlustig zur Hand gehen ... Mutter Jacobi hat mal gesagt, im Rückblick wird jedes Dreipfennigstück zum Taler, jede Gänseblume zur Rose, jede schlimme Zeit zum heldenhaft überstandenen Abenteuer. Geht es ihr auch so?

»Mein Bruder! Sie wollen meinen Bruder erschießen!«

Martin steht auf einmal mitten im Schankraum und starrt Guste mit angstverzerrtem Gesicht an.

»Was ist passiert?« Die Schwester hat endlich mal ein bisschen geschlafen. Jetzt fährt sie hoch und blickt sich um. Außer ihnen, den Verwundeten und den beiden Toten aber ist niemand mehr in der bis auf ein einziges Talglicht finsteren Gaststube. Seit der Dabekow, der Bethmann und die alten Männer kein Blei mehr hatten, um weitere Kanonengeschosse fabrizieren zu können, stehen oder liegen sie ebenfalls hinter der Barrikade.

»Sie ... sie haben ihn aus 'm Haus geholt ... und ... und ... jetzt wollen se 'n erschießen!« Der Junge wirft die Arme um Guste und weint noch heftiger.

»Hab euch doch gesagt, dass das Ganze kein Spaß ist!«, schimpft Guste ihn aus. Erst dann wird ihr klar, was sie da eben zu hören bekommen hat, und noch immer nicht ganz wach, geht sie zum Fenster, reißt es auf und öffnet auch den hölzernen Fensterladen, um hinausschauen zu können. Und noch bevor Jette die Schwester bitten kann, doch lieber vom Fenster wegzutreten, hören sie schon eine laute Männerstimme: »Gebt ihn frei! Sonst schießen wir.«

Als Antwort ist nur Gelächter zu hören und dann peitscht auf einmal ein einzelner Schuss durch die Nacht.

»Thomas!«, schreit der Junge und gleich will er wieder hinaus.

»Nicht!« Jette muss mit ihm ringen, damit er nicht mitten in den nun wieder heftiger werdenden Schusswechsel hineinläuft; ein leises »Ach!« aus Gustes Mund und kurz darauf ein dumpfes Poltern jedoch lassen sie herumfahren. Die Schwester! Rücklings liegt sie auf dem Fußboden und versucht wieder hochzukommen. Doch es gelingt ihr nicht ...

»Guste!«, schreit Jette auf und dann ist der Junge ihr auch schon entwischt und sie holt sich nur schnell das Talglicht, um der Schwester damit ins Gesicht zu leuchten.

Große, staunende Augen sehen sie an, ein verdutztes Lächeln spielt um Gustes Mund – unter ihrer linken Brust aber sickert Blut hervor!

»Guste!« Sofort stürzen Jette die Tränen aus den Augen und eine furchtbare Angst steigt in ihr auf. Die Schwester aber guckt nur ungläubig. »Haben die mich ... tatsächlich ... getroffen? So was ... Verrücktes!«

»Guste!«, schreit Jette wieder nur und dann möchte sie sich über die Schwester werfen und sie anflehen, sie nur ja nicht allein zu lassen, und ihr gleichzeitig die allerschlimmsten Vorwürfe machen: Wie konnte sie nur das Fenster öffnen? Im selben Moment schießt es ihr durch den Kopf, dass sie Hilfe holen muss. Taumelnd springt sie auf und stürzt mit dem Talglicht in der Hand aus der Tür. Schüsse peitschen auf und irgendwo wird laut geflucht, dann ist der Dabekow schon bei ihr. »Verdammtes Weibsvolk!«, schreit er. »Könnt ihr nicht hinterm Ofen bleiben?« Und sofort drängt er sie in die Wirtschaft zurück.

Wie besinnungslos versucht Jette sich dagegen zu wehren, stößt den alten Mann immer wieder von sich fort und schreit: »Ein Arzt! Wir brauchen einen Arzt!« Bis der Dabekow endlich fester zupackt, sie mit aller Gewalt in die Gaststube zerrt und gemeinsam mit ihr neben Guste niederkniet. »So leuchte doch schon!«

Sie gehorcht und sieht, dass die Schwester noch immer lächelt. »Nich nötig ... de Mühe! Was der liebe Jott will ... setzt er ooch durch!«

»Kindchen!«, kann der alte Dabekow nur flüstern, als er Gustes Wunde und das offene Fenster gesehen hat. »Kindchen! Wie konnteste nur so dumm sein?«

Die Schwester lauscht diesen Worten nach, dann lächelt sie wieder. »Der hundertste ... Schafskopp! Wenn det Vater wüsste ...!«

»Ein Arzt!«, fleht Jette wieder. »Bittebittebitte! Wir müssen doch einen Arzt holen.«

Da richtet der Dabekow sich steif auf, tritt ans Fenster und schließt erst mal die Läden. »Ein Arzt?«, fragt er dann mit zittriger Stimme. »Haben wir denn heute Nacht auch nur ein einziges Mal einen Arzt holen können?«

»Aber ...« Jette will sagen, dass Guste doch ihre Schwester ist und mit den Kämpfen der Männer vor und hinter der Barrikade gar nichts zu tun hat. Und dass sie ja überhaupt nur ihretwegen in die Stadt gelaufen ist. Doch was würde das ändern? Der Dabekow kann keinen Arzt herbeizaubern und sie kann es auch nicht. So weint sie denn nur noch, weint und weint.

»Flenn doch ... nich so!« Fast scheint die Schwester sich Jettes Tränen zu schämen. Doch dann schließt sie nur noch müde die Augen und bittet leise: »Schick ihn weg.«

Der Dabekow hat es trotzdem gehört. Still nimmt er sein Gewehr und verlässt mit gesenktem Kopf den Raum.

»Komm!« Guste will sie näher an sich heranwinken, schafft es aber nicht mehr. Und da legt Jette, die hilflose, in Tränen aufgelöste Jette, sich ganz dicht neben die Schwester, küsst sie voll Verzweiflung, streichelt sie und schluchzt ein ums andere Mal: »Aber du musst doch bei mir bleiben! – Brauch dich doch! – Und Fritzchen braucht dich auch! – Mach ja alles, was du willst! Wenn de nur bei mir bleibst!«

Die Schwester jedoch hängt längst eigenen Gedanken nach. »Fritzchen!«, flüstert sie irgendwann. »Du passt mir ... auf mein Fritzchen auf, ja?«

Natürlich wird sie auf Fritzchen aufpassen ... Wie kann Guste denn so etwas fragen! Dennoch verspricht Jette es ihr immer wieder. So darf sie wenigstens reden; so bleibt ihr das Gefühl, dass die Schwester noch immer bei ihr ist.

## *Gottes Gnade*

Bald wird der Morgen grauen, Frieder und Michael aber haben sich noch nicht heruntergewagt von ihrem Dach. Mal liegen sie auf dem breiten Firstbalken, mal richten sie sich kurz auf und hocken rittlings drauf; mal halten sie die Augen geschlossen, mal lassen sie sie aufmerksam wandern. Über ihnen der schon nicht mehr ganz so schwarze Sternenhimmel, unter ihnen die zerstörte Barrikade mit all den Toten und Verwundeten. Hoffnung und Hoffnungslosigkeit wechselten wie Hitze und Kälte in ihnen ab, Arme und Beine sind von der Märzkühle längst wie abgestorben, bleierne Müdigkeit hat sie überfallen.

Die Schießerei um sie herum wollte lange kein Ende nehmen. Wer noch Munition hatte und rechtzeitig aus dem Rathaus fliehen konnte, gab nicht auf. Im Café D'Europe verschanzt oder zu den Schützen aufs Dach des D'Heureuseschen Hauses hinaufgeflüchtet, wurde auf die Soldaten geschossen, wo immer sie sich zeigten – und ein paar Mal auch auf sie, die beiden dunklen Gestalten auf dem Dach.

Sie hatten sich gerade mal aufgerichtet und Kopf, Arme und Beine bewegt, um ihr Blut ein wenig in Fluss zu bringen, als plötzlich zwei, drei, vier Schüsse über ihre Köpfe hinwegpfiffen. Sofort lagen sie wieder flach auf dem Balken, die auf dem Dach gegenüber aber feuerten weiter auf sie, bis Frieder verzweifelt beide Arme schwenkte; immer in Gefahr, nun erst recht getroffen zu werden. Da wurde der Irrtum bemerkt, da erst hielten die Schützen erschrocken inne.

Nur wenig später waren auf dem Dachboden erneut Geräusche zu hören. Schritte näherten sich, dumpfe Schläge hallten zu ihnen hoch, dann entfernten sich die Schritte wieder. Sie guckten sich an, angstbebend, und wussten nicht, was das zu bedeuten hatte.

Jetzt liegt das alles schon wieder längere Zeit zurück und die Kämpfe sind beinahe gänzlich abgeflaut. Nur noch selten fällt irgendwo ein Schuss. Allein aus der Königsvorstadt dringt ab und zu heftiges Gewehrknattern zu ihnen hin. Doch das ist viel zu weit weg; was unter dem Dach geschehen ist und wie es jetzt dort aussieht, bewegt sie mehr.

»Kann bald nicht mehr.« Michael klebt das blutverschmierte Haar in der Stirn, sein Gesicht ist totenbleich, die dunklen Augen blicken mutlos.

»Die Wunde?«

»Die brennt nur 'n bisschen. Beine, Rücken, Arme, Hals ... Mir ist, als wär ich ein paar Mal übers Waschbrett gezogen worden.«

Es ist gut, dass der Freund noch scherzen kann; klagen nützt ja nichts. Solange die Soldaten nicht fort sind, dürfen sie sich nicht ins Treppenhaus wagen. Andererseits wird es nun bald hell und wenn dann die Soldaten immer noch da sind, werden sie hier oben auf jeden Fall entdeckt – und sind tatsächlich die schönsten Zielscheiben! Also müssen sie verschwinden, solange es noch dunkel ist; egal, wie gefährlich das ist.

Weitere, Frieder endlos erscheinende Minuten vergehen – vielleicht eine Viertelstunde, vielleicht eine halbe –, dann weiß er, dass sie nicht länger warten dürfen. Im Osten färbt der Himmel sich ja schon rot, bald wird man ihre Schatten von der Straße her deutlich erkennen können. »Probieren wir unser Glück«, flüstert er Michael zu. Und dann lässt er den Blick zum letzten Mal über die Straßen, Häuser und Dächer schweifen und hangelt sich danach, die Beine voran, so weit vom Dach herab, bis er auf dem Rahmen der noch immer offen stehenden Luke zu stehen kommt. Vorsichtig geht er in die Hocke, schiebt die Beine hinein, setzt sich hin und lauscht. Doch nichts, kein Laut dringt aus dem finsteren Bodenraum; eine dumpfe Stille liegt über allem. Er zögert noch ein wenig, dann fasst er Mut, klammert sich am Lukenrahmen fest und gleitet langsam in den schwarzen Raum hinein, bis seine Füße plötzlich etwas Weiches berühren. Er erschrickt, kann sich nicht halten – und fällt auf einen menschlichen Körper.

Michael, der ihm gefolgt ist, hat den erstickten Aufschrei gehört. »Was ist?«, flüstert er, Beine und Kopf schon in der Luke.

Frieder kann lange nicht antworten. Er hat, als er sich beim Fallen abstützen wollte, in etwas Feuchtes gefasst, das nur Blut sein konnte. Also war er auf einem Leichnam gelandet, ein Verwundeter hätte doch aufgestöhnt, als er auf ihn fiel. Sofort rollte er sich von dem leblosen Körper herunter – und prallte gegen einen anderen. Vor Schreck und Entsetzen kam ihn das Würgen an, er musste erst mal liegen bleiben und nach Luft ringen.

Jetzt steht er vorsichtig auf und wischt sich die Hände an der

Hose ab. Und das so lange, bis er endlich wieder einigermaßen klar denken kann. Dann flüstert er Michael zu, er solle aufpassen, direkt unter der Luke liege schon der Erste. Das Wort »Tote« verkneift er sich.

Einen Moment lang verharrt Michael still, dann lässt er sich ebenfalls an der Dachluke herab und Frieder packt gerade seine Beine, um ihn von den beiden Toten wegzuziehen, als eine heisere Stimme sie zusammenfahren lässt: »Seid leise, sonst hören sie euch noch.«

»Wer bist du?«, bringt Frieder als Antwort nur heraus.

»Einer von euch«, antwortet die Stimme, die aus der Nähe der Tür zum Treppenhaus kommt und einem sehr jungen Mann gehören muss.

Behutsam nähert Frieder sich der Richtung, aus der die Stimme kam, und stößt wieder gegen einen menschlichen Körper. »Sind denn alle anderen tot?«, fragt er leise.

»Ja«, antwortet der Junge von der Tür her.

»Und was hat dich gerettet?«

»Gottes Gnade.«

»Soll ich mein Feuerzeug anzünden?« Auch Michael wagt keinen einzigen Schritt mehr.

»Wenn du eins hast«, antwortet der Junge. »Hier ist eine Laterne.«

Da sucht Michael in seinen Rocktaschen nach dem Fixfeuerzeug, findet es und lässt es aufflammen. Gleich darauf verschlägt es Frieder und ihm den Atem: Überall um sie herum grässlich verstümmelte Leichen, überall Blut – und an der Tür ein Bursche, vielleicht fünfzehn, vielleicht sechzehn oder siebzehn, so blutverschmiert, als hätte er samt Kleidern in all dem dunklen Rot gebadet. Steif steht er auf und bringt ihnen die Blechlaterne. Mit zittrigen Händen zündet Michael sie an.

»Wer bist du?«, fragt Frieder dann noch einmal und der Bursche mit den wirr ins Gesicht hängenden Haaren und den großen, wie abwesend guckenden Augen sagt ihnen, dass er Bert-

hold heiße, Berthold Pietsch, und Malerlehrling sei. Dann schaut er die Toten an und sackt ganz still in sich zusammen.
Frieder fängt ihn auf und Michael hat ihm noch rechtzeitig die Laterne abgenommen. Gemeinsam schleifen sie den Burschen auf seinen Platz zurück. Dort ohrfeigt Frieder ihn, um ihn wieder zu sich zu bringen, während Michael nur wie gebannt ins Treppenhaus hinablauscht, bis er schließlich leise sagt: »Sie sind noch da! Wir sind zu früh gekommen.«
Frieder antwortet darauf nichts. Zu früh oder zu spät, was macht das jetzt noch aus?

Es dauert seine Zeit, bis der Bursche wieder bei Besinnung ist. Kaum hat er die Augen aufgeschlagen, beginnt Frieder ihn schon auszufragen und nach einigem Zögern gibt der Malerlehrling mit heiser flüsternder Stimme Auskunft.
Zweimal sind die Soldaten gekommen. Das erste Mal haben sie nur stumm mit dem Säbel dreingeschlagen, kein Flehen, keine Tränen konnten sie milde stimmen. Das zweite Mal kamen sie, um nachzusehen, ob nicht doch noch wer überlebt hatte, um den- oder diejenigen mit ihren Gewehrkolben gänzlich zu Tode zu bringen. Das erste Mal verkroch Berthold sich zwischen mehreren, übereinander auf dem Dachboden abgestellten Sofas wie in einem Mutterbauch, das zweite Mal wälzte er sich, als er sie viel zu spät auf der Treppe hörte, nur rasch im Blut seiner Kameraden und spielte den Mördern einen bereits Toten vor. Viel Verstellungskunst bedurfte es dazu nicht, obwohl einer der Soldaten zur Probe, ob er auch wirklich bereits hinüber war, ihm mehrfach mit den Stiefelspitzen in die Seite trat; nach all den grausigen Geschehnissen fühlte er sich wirklich kaum noch am Leben.
»Und alle anderen haben nicht überlebt?« Frieder möchte nicht prüfend durch die Reihen der so grausam Verstümmelten gehen. Wenn aber nun doch noch welche dabei sind, die ihre Hilfe benötigen?

»Nein.« Der Malerlehrling sagt, er sei im Finstern lange von einem zum anderen gekrochen und wisse, wie Tote sich anfühlten. Und dann stürzen ihm endlich die Tränen aus den Augen. »Weshalb haben se uns denn nicht einfach jefangen jenommen? Hat sich ja kein Einziger jewehrt!«

»Warum?« Michael lacht bitter. »Weil Töten und Morden nun mal ihr Beruf ist. Das haben sie gelernt wie andere das kleine und große Einmaleins. Und wer Gesetz und Staat auf seiner Seite hat, worauf sollte der Rücksicht nehmen müssen?«

»Lass das jetzt lieber«, unterbricht ihn Frieder. Es fällt ihm schwer, über ihre Flucht nachzusinnen. Doch wenn sie jetzt nicht an sich denken, liegen sie bald genauso da wie diese Toten. Woher sollen sie denn wissen, ob die Pickelhauben nicht ein weiteres Mal zurückkommen? Und ohne noch länger abzuwarten, steckt er sich die Laterne unter den Rock, damit nur spärlicher Lichtschein herausdringen kann, öffnet leise die Tür und lauscht wie zuvor Michael ins Treppenhaus hinunter.

Jetzt liegt über dem Rathaus nichts als Stille! Also haben die Pickelhauben die Flure und Räume endlich verlassen? Er holt noch mal tief Luft, dann geht er los und Berthold und Michael folgen ihm über die Stiege und später über die noch immer im Treppenhaus liegenden Toten und Verwundeten hinweg bis in den ersten Stock, wo nun doch Stimmen aus dem Erdgeschoss an ihr Ohr dringen. Kurz entschlossen schlägt Frieder den Weg zum Cöllnischen Gymnasium ein, den Michael und er viele Stunden zuvor schon einmal entlang hasteten, bleibt vor einer offenen Tür stehen und lugt in einen finsteren Raum hinein, in dem weit hinten ein Fenster zu erkennen ist.

Nachdem er längere Zeit kein Geräusch vernommen hat, schiebt er die Tür vorsichtig ein wenig weiter auf, nimmt die Laterne aus der Jacke – und erschrickt: verwundete Soldaten! Zwischen zur Seite geschobenen Schulbänken liegen sie und schauen ihnen genauso erschrocken entgegen.

»Was wollt ihr von uns?«, fragt einer von ihnen bang. »Wollt ihr uns abstechen? Tut das lieber nicht, wir rufen sonst Hilfe herbei.«

Da reitet Frieder der Teufel. »Wir sind nicht euretwegen hier«, entgegnet er scharf. »Wir wollen nur durchs Fenster auf die Straße hinunter. Ruft ihr, haben wir euch im Nu den Garaus gemacht. Genauso wie ihr zuvor die Unseren abgeschlachtet habt.« Wie sollen die Männer in dem finsteren Raum denn wissen, dass sie in Wahrheit völlig unbewaffnet sind?

»Wir haben niemanden abgeschlachtet.« Eine andere, sehr schwache Stimme ist nun zu hören. »Lauft, wohin's euch beliebt, aber lasst uns aus dem Spiel. Wir haben unser eigenes Päckchen zu tragen.«

»Dann tragt's gefälligst leise.« Die Laterne unter der Jacke, damit die auf dem Fußboden liegenden Männer nicht doch noch mitbekommen, dass sie gar keine Waffen dabeihaben, huscht der lange Zimmerer Michael und Berthold voran zum Fenster. Leise, sehr leise klinkt er es auf, beugt sich vorsichtig hinaus – und fährt sofort zurück: Soldaten! Auf den Stufen zur Konditorei D'Heureuse hocken sie – genau dort, wo zuvor der Todesengel trommelte – und sind sogar zu viert!

Was sollen sie jetzt tun? In diesem Schulraum voller verwundeter Soldaten können sie nicht bleiben. Und weiter durch die Gänge und Flure hasten ist genauso gefährlich. Sollen sie es also dennoch riskieren und ihrer Schnelligkeit vertrauen? Immerhin sind die Pickelhauben mindestens fünfzig oder sechzig Meter weit entfernt und besonders wachsam scheinen sie nach dieser langen Nacht der Kämpfe auch nicht mehr zu sein.

Michael muss Ähnliches gedacht haben. »Uns bleibt keine andere Wahl«, flüstert er mit fast versagender Stimme.

»Was meinst du?« Fragend blickt Frieder Berthold an. Und als der Malerlehrling nach kurzem Zögern nickt, pustet er zu allem entschlossen die Laterne aus, stellt sie zur Seite und legt sich der Länge nach auf den Fenstersims.

Sie müssen einen günstigen Moment abpassen, denn das steht

fest: Werden sie von den Soldaten entdeckt, bevor sie die Straße erreicht haben, ist ihr Leben zu Ende. Auf eine so kurze Entfernung ist ein Fehlschuss kaum möglich.

Er muss lange warten. Erst als die vier miteinander plaudernden Pickelhauben über irgendeinen Scherz in lautes Gelächter ausbrechen, ist es so weit. Leise lässt er sich am Fensterrahmen hinab, wobei er den Männern mit den Gewehren den Rücken zukehren muss. So bekommt er nicht mit, ob sie ihn schon bemerkt haben und vielleicht gar auf ihn anlegen; ein grässliches Gefühl! Ein Zurück jedoch gibt es nicht mehr und so lässt er sich immer weiter am Fenster herab und beobachtet die Gesichter von Michael und Berthold über sich, die keinen Blick von den Soldaten wenden, um ihm rechtzeitig ein Zeichen geben zu können. Legt der Erste an, muss er springen und, falls er sich nichts bricht, laufen, laufen, laufen; Michael und Berthold aber werden dann ganz bestimmt nicht entkommen.

Endlich! Lang ausgestreckt hängt er am Fensterrahmen und schaut zu Michael hoch, der aber noch kein Zeichen zum Absprung geben will. Der Schweiß läuft ihm in die Augen, die Finger kommen ins Rutschen, Übelkeit und Schwäche überfallen ihn. Doch da, das Zeichen, und während er abspringt, lässt Berthold sich schon am Fenster herab ...

»Halt! Stehen bleiben!« Die Soldaten sind aufmerksam geworden. Sein Aufsprung war nicht gänzlich geräuschlos geblieben. »Micha!«, ruft Frieder da nur noch laut, hat er die Soldaten doch nun bereits niederknien und auf ihn anlegen sehen.

In seiner Not springt der kleine Student vom Fenstersims direkt auf die Straße hinab und landet in Frieders weit ausgebreiteten Armen. Sie stürzen hin – und im selben Moment schlagen über ihnen schon die Kugeln ein. Allein ihr Sturz hat sie gerettet.

»Los!« Sofort ist Frieder wieder auf den Beinen und während die Soldaten neu anlegen, hetzen sie zu dritt die dunkle Straße entlang. Zwei, drei, vier Schüsse peitschen hinter ihnen auf und einmal verspürt Frieder einen heftigen Schlag an der linken

Hand, läuft aber weiter, bis wieder Schüsse fallen und Berthold plötzlich mit ganz überraschtem Gesichtsausdruck stehen bleibt, sich halb um sich selbst dreht und zusammensinkt. Vor Schreck ist Michael langsamer geworden und Frieder muss ihn mit sich fortreißen, bis der Freund sich wieder gefasst hat.

Weitere Schüsse fallen, aber jetzt haben die beiden Freunde schon den weiten, wie ausgestorben daliegenden Petriplatz mit dem neu begonnenen Kirchenbau hinter sich gelassen. In atemloser Hast stürzen sie über die Gertraudenbrücke und den Spittelmarkt hinweg in die kleine Spitalkirche hinein und werfen sich hinter dem Altar auf den kalten Steinfußboden, als wollten sie darin versinken.

»Offenbar sind sie uns nicht gefolgt«, keucht Michael, als sie lange genug stillgelegen und zur Kirchentür hingelauscht haben.

»Hatten wohl genug andere zum Totschlagen. Wozu sich wegen zwei mehr oder weniger noch große Mühe geben?« Sachte tastet Frieder seine linke Hand ab, die erst jetzt so richtig schmerzt – und spürt, wie ihm vor Schreck alles Blut aus dem Kopf weicht: der Ringfinger! Er ist weg! Zurückgeblieben ist nur eine schlimm blutende Wunde und ein von Sekunde zu Sekunde heftiger pulsierender Schmerz. »Mach mal dein Feuerzeug an«, bittet er den Freund mit belegter Stimme, und als der Lichtschein auf seine Hand fällt, weiß er, dass er sich nicht getäuscht hat.

»O Gott!« Vor Entsetzen über diesen Anblick hätte Michael sich beinahe verbrannt.

»Is ja nur 'n Finger«, will Frieder sich und den Freund trösten, doch dann spürt er, wie die Schmerzen übermächtig werden; fast so, als hätte auch seine Hand erst jetzt begriffen, was geschehen ist. Laut aufstöhnend bittet er Michael, ihm den Rock auszuziehen und ihm einen seiner Hemdärmel abzureißen, um die Wunde damit zu verbinden.

Michael gehorcht, bindet ihm aber zuerst die Hand ab, bevor er den Rest des Ärmels um die Wunde wickelt.

»Und deine Stirn?«, keucht Frieder, als der Freund endlich fertig ist und die Wunde dermaßen brennt und schmerzt, dass er sich zur Linderung am liebsten die ganze Hand abgeschlagen hätte.
»Ist nur 'ne Schramme.«
»Aber ein paar Zentimeter weiter …«
Ein, zwei Zentimeter weiter hätten den Tod bedeutet. Der Soldat in der Luke aber hatte nicht viel Bewegungsfreiheit und musste auch noch gegen den hellen Mond anzielen; nur das erklärt, weshalb er Michael auf diese kurze Entfernung nicht besser traf.
Der hat sich ebenfalls seine Gedanken über diesen Fehlschuss gemacht. »Gottes Gnade!«, sagt er mit bitterem Unterton in der Stimme und Frieder weiß, dass er nun an den Malerlehrling Berthold denkt, der von seinem Gott zum Schluss doch noch im Stich gelassen wurde. Er schweigt lange, dann fragt er leise: »Und welcher Gott war es, der dich und mich rettete? Dein jüdischer – oder mein christlicher?«
»Kommt ganz darauf an, an welchen man glaubt.«
Eine gute Antwort. Doch hat er, Frieder Jacobi, denn überhaupt je an irgendeinen Gott geglaubt? Hat er nicht immer gedacht, wenn es wirklich einen Gott gibt, müsse es dem doch ganz egal sein, ob man an ihn glaubt oder nicht, solange man nur nach seinen Regeln lebt?
»Wollen wir beten?«, fragt er leise und Michael antwortet gar nicht erst, flüstert gleich die fremden Worte seiner jüdischen Großmutter vor sich hin, während er, Frieder, leise eines jener vielen Gebete spricht, die er von der Mutter kennt, und dabei immer heißer spürt, wie sehr der fehlende Finger schmerzt und neue Angst ihn gefangen nimmt.

*Die eine und die andere*

Der Morgenwind weht Pulverdampf und Brandgeruch durch die Stadt. Eine Luft, die Jette beklemmt, mutlos stimmt und müde macht. Und die glutrote Sonne, die nun so träge hinter den Dächern und Türmen aufgeht, tut ihr Übriges. Woran kann sie nach dieser Nacht denn erinnern, wenn nicht an all das Blut, das geflossen ist?

Im Schatten der Barrikade, auf Anna oder Berta sitzend, bemüht sie sich, immer wieder an der Schwester vorbeizuschauen, die da so einsam und wie verfroren zwischen den anderen Toten liegt, die von überall herangetragen und vor der *Guten Luise* abgelegt werden. Wie konnte das alles nur geschehen? Wie fand die Kugel, die Guste traf, ihren Weg? Und wie kann denn jemand, der mit alledem so wenig zu tun hatte, dafür sein Leben lassen müssen?

Wieder wird ein Toter gebracht, ein großer, schwerer Mann. Die beiden jungen Männer, die ihn tragen, keuchen. Die Verwundeten wurden längst von Familienangehörigen oder Ärzten abgeholt und in Krankenhäuser oder ihre heimischen Betten geschafft; die Toten müssen hier bleiben, wie um zu bezeugen, was in dieser furchtbaren Nacht der Kanonen, Gewehre und Säbel Grausames geschah.

Nein, sie kann schon lange nicht mehr weinen; irgendwann versiegen auch die schlimmsten Tränen, das hat sie in diesen Stunden gelernt. Und sie weiß auch gar nicht, um wen sie mehr geweint hat: Um die Schwester? Um Fritzchen? Um sich selbst? Die Tränen flossen, bis sie begann sich Vorwürfe zu machen. Denn die eigentlich Schuldige daran, dass die Schwester jetzt dort liegt, ist ja ganz allein sie. Weil sie immer nur an Frieder dachte – und damit vor allem an sich selbst. An ihr Moabit!

Und noch schlimmer: Es ist ja nicht nur Guste, die dieser Kugel zum Opfer fiel. Auch das Kind in ihrem Leib musste sterben;

das Kind, das sie, Jette, nicht wollte, weil es für sie nur der oder die kleine Flatow war.

Eine Gruppe lebhaft gestikulierender Männer kommt über den Alexanderplatz. An ihrer Spitze eine riesige Gestalt in kurzem braunen Rock und hohen Stiefeln, mit lang wallendem Haar und Demokratenbart: der Tierarzt Urban, der die ganze Nacht über so beherzt gekämpft hat, dass sein Name bald in aller Munde war.

»Der Kampf ist aus!«, wird gerufen, »Wir haben gesiegt!«, und »Die Waffen schweigen!«

Hüte fliegen in die Luft, der Riese umarmt jeden, der ihm entgegenkommt, Bruderküsse werden ausgetauscht. Der alte Dabekow ist auch dabei, freut sich, dass ihre Barrikade standgehalten hat, und denkt nicht an die Toten oder an seinen Freund Bethmann, den es ganz zum Schluss ja auch noch traf; eine Kugel in die rechte Schulter, nicht lebensgefährlich, aber sehr schmerzhaft.

Jetzt hat der Tischlermeister Jette entdeckt. Sein Strahlen verfliegt. Still kommt er heran und kratzt sich den Bart. »Darfst uns nicht falsch verstehen. Wir betrauern die Opfer – aber wir haben auch einen Sieg errungen! Einen sehr großen sogar, wie der Sieg Davids über Goliath.«

Ja, der Dabekow, der Gustav Hesse, der tapfere Urban, der unermüdliche Fichtner, der brave Bethmann und all die anderen Männer, die hier eine ganze Nacht lang so todesmutig kämpften, haben einen Sieg errungen. Jene aber, die nun vor den Häuserwänden abgelegt werden – haben die auch gesiegt?

Jette hat den Gedanken noch nicht zu Ende gedacht, da wird erneut ein Toter herangetragen. Der Dabekow schaut ebenfalls hin. »Tja!«, seufzt er betrübt. »Viel Trost zu spenden gibt es nicht. Mut zum Weiterleben aber sollte man haben.« Und als Jette auch darauf nichts antwortet, bleibt ihm wieder nur zu schimpfen. »Wieso musstet ihr aber auch hierher kommen? Ihr habt hier doch gar nichts mehr verloren?«

Auch der Dabekow hat Schuldgefühle, verteidigt sich. Doch soll sie ihm von der ahnungsvollen Angst erzählen, die sie den ganzen gestrigen Tag verspürte und von der sie glaubte, dass sie allein Frieder galt? Soll sie ihm von ihrer Hoffnung berichten, bald mit Guste und Frieder ein neues Leben zu beginnen? Soll sie ihm verraten, wie zielstrebig die Schwester mit ihr zur *Guten Luise* lief, weil sie sich hier sicher fühlte? Der Dabekow ist doch nur ein fremder, alter Mann, der in Wirklichkeit kaum etwas von ihnen weiß.

»Tja! Hab noch zu tun.« Der alte Tischlermeister sagt es, geht aber noch nicht, sondern erklärt vorsichtig, dass sie die Toten vor allem deshalb zusammentrügen, um sie später gemeinsam vors Schloss schaffen zu können. »Er soll se sehen«, sagt er mit vor Groll heiserer Stimme, »soll ihnen ins Antlitz schauen. Auch deiner Guste!«

Mit »Er« meint der Dabekow den König. Doch was hat Guste davon, dass der König sie sieht? Wird sie davon etwa wieder lebendig?

»Wäre schön, wenn du mitkämst. Geteiltes Leid ist halbes Leid, 'ne alte Geschichte!«

Wenn die Männer ihre Toten vor den König tragen wollen, sollen sie das tun. Und natürlich wird sie mitgehen. Sie wüsste ja gar nicht, wie sie Guste sonst von hier fortschaffen sollte. Und auch nicht, wohin. Und die Schwester jetzt allein zu lassen wäre der schlimmste Verrat.

Die lila Dame kommt aus der *Guten Luise*. Müde blinzelt sie in die helle Märzsonne, dann entdeckt sie die Toten und darunter auch Guste, die gleich neben der Eingangstür liegt, und gerät ins Wanken. An die Hauswand muss sie sich lehnen, so sehr setzt ihr dieser Anblick zu. Und eigentlich müsste Jette nun zu ihr hinlaufen und sie stützen. So ist sie erzogen worden, höher gestellten Personen hat man behilflich zu sein. Doch sie bleibt auf ihrer Kanone sitzen und irgendwie erscheint ihr das auch selbstverständlich. Diese da ist eine Frau und sie ist eine Frau. Die eine hat eine Nacht voller Angst hinter sich, die andere hat ihre Schwester verloren. Für diese Dame jedoch wird alles nur ein Abenteuer bleiben, mit dem sie vielleicht morgen schon herumprahlt; für sie, Jette Mundt, hat sich die ganze Welt verändert.

Die Frau hat sie bemerkt. Zögernd kommt sie heran, murmelt etwas von »Beileid« und »Sie war eine so gutherzige Person« und entfernt sich rasch. Jette schaut ihr noch ein Weilchen nach, wie sie mit hochgerafftem Mantel über den Alexanderplatz eilt, dann blickt sie wieder nur in sich hinein, bis noch ein Toter gebracht wird, ein sehr junger, blonder Mann. Trüge er nicht einen so fremden, braunen Rock, hätte sie ihn für Frieder halten können. Neue Unruhe erfasst sie, sie steht auf, tritt an die Reihe der Toten heran und schaut sich den jungen Mann lange an.

Nein, da ist keinerlei Ähnlichkeit mit Frieder! Ein fremdes, sympathisches, »schlafendes« Gesicht; ein junger Mann, wie es so viele gibt. Für seine Eltern, seine »Jette« aber ist er nicht nur einer von vielen ...

Und die anderen Toten? Beherzt geht sie weiter, von einem zum anderen. Allen wurden schon die Augen geschlossen, alle scheinen sie zu schlafen. Kein stolz hervorgerecktes Kinn, kein Wutschrei mehr auf diesen Lippen.

Jener junge Mann dort, dem das dunkle Haar so strähnig in die Stirn fällt, ist Martins Bruder. Sie weiß es, seit der Junge seine Eltern herführte. Lange sieht sie ihn an und dann kommt ihr ein verrückter Gedanke: Hätten die Soldaten diesen Thomas nicht erschossen, wäre auch Guste noch am Leben! Da es aber passiert ist, sind die Schwester und jener junge Tote auf irgendeine geheimnisvolle Weise miteinander verbunden ...

Kirchenglocken! Doch das ist kein Sturmgeläut, das sind jene demütigen, getragenen, fast samtenen Töne, wie sie sie von der Beerdigung der Eltern her in Erinnerung hat; Trauergeläut für die vielen Toten dieser Nacht. Und damit auch für Guste. Und nun, endlich, wie unter dem schützenden Mantel des Glockengeläuts, zwingt sie sich, die paar Schritte zu gehen, die sie vor die Schwester bringen.

Gustes Gesicht! So ruhig, so friedlich; fast, als sei sie mit allem einverstanden. Nur der dunkle Fleck unter der Brust verrät, was ihr geschah.

Jette schaut die Schwester lange nur an, dann muss sie mit einem Mal daran denken, wie Guste als Kind so gern eine Tote spielte. Sie wollte ja immer als Räuberin fallen. Mal war sie Rinaldo Rinaldini, der große Räuberhauptmann, mal die tapfere Katarina Kornato, mal auch nur die schlaue Augusta Muntobene, die immer wieder ihre kleine Schwester Henrietta befreien musste. Aber fast jedes Mal endete das Spiel damit, dass sie im Kampf fiel. Und diese Szenen walzte Guste dann aus; ihr Tod dauerte stets viel länger als all die vielen, schrecklichen Kämpfe zuvor. Und nun? Nun hatte sie gar nicht gekämpft und war doch wie eine Räuberin gefallen.

Gebannt von diesen Gedanken und diesem Anblick, kann Jette noch immer keinen Blick von der Schwester wenden, sieht sie, die ungeschminkte, unfrisierte Frau, wie mit fremden Augen und bemerkt zum ersten Mal, dass Guste viel älter aussieht als sie nur geworden ist. Da liegt eine Frau, die wusste, dass sie vieles falsch gemacht hat, die sich geopfert und darunter gelitten hat und die dennoch stolz auf sich war. Ick bin ick und wer seid ihr?, scheint ihre gerade Haltung zu besagen.

Und da kommen Jette doch wieder die Tränen. Still geht sie zu ihrer Anna oder Berta zurück und dann starrt sie erneut in diese endlose graue Weite hinein.

### *Weitertanzen*

Sie liegen wieder auf dem Dachfirst. Diesmal aber ist es nicht Michael, der bei ihm ist, sondern Jette. Hand in Hand blicken sie auf all die Menschen herab, die da in wildem Kampf übereinander herfallen. Er tröstet sie, sagt, dass er ja bei ihr ist und ihr deshalb nichts geschehen kann. Aber belügt er sie damit nicht? Wie will er sie denn beschützen? Werden sie entdeckt, wird man auf sie schießen ... Und da kracht er auch schon los, dieser überlaute Schuss, den er die ganze Zeit über befürchtet hat. Verwundert blickt Jette ihn an und dann sackt sie mit einem Mal in sich zusammen, als wäre sie nur aus Sand.

»Jette!« Er will sie festhalten, doch seine Hand greift ins Leere – und ist nun auch gar keine Hand mehr, sondern ein einziger blutiger Klumpen. Und Jette verfällt immer mehr, bis nicht mal eine Silhouette von ihr zurückgeblieben ist.

»Jette!«, heult er laut auf – und wird an der Schulter gepackt.

Michael! Und sie liegen immer noch auf dem kalten Steinfußboden hinter dem Altar der Spitalkirche!

»Hast du geträumt?«

Frieder kann nur nicken, so verwirrt ist er von diesem grauenvollen und doch so wirklichkeitsnahen Traum.

»Was macht deine Hand?«

Sie schmerzt und der Verband ist ganz und gar verkrustet; wie ein rotbrauner Fäustlingshandschuh sieht er aus. Und wie heiß ihm nun ist! Dennoch sagt er: »Es geht.«

»Hab kein Auge zubekommen.« Düster starrt Michael zu den schmalen bunten Kirchenfenstern hoch, durch die nun immer helleres Sonnenlicht zu ihnen hereindringt. »Begreif mich selbst nicht mehr! Da bin ich um mein Leben gerannt, als wär's das höchste Gut auf dieser Welt! Und nun sieht es gar so aus, als ob ich heil davongekommen bin. Aber weshalb gerade ich? Was haben die auf dem Dachboden getan, dass kein Gott sich ihrer erbarmte?«

Sofort sieht auch Frieder die vielen grausam verstümmelten Leichen vor sich und hat Mühe, das schauderhafte Bild wieder abzuschütteln. »Wie spät es wohl ist?«

»Vorhin hat's neun geschlagen.«

Neun Uhr schon? Dann hat er länger geschlafen, als er dachte. Vorsichtig richtet Frieder sich auf und versucht die steifen Glieder ein wenig zu bewegen. Dabei hätte er vor Schmerz beinahe aufgeschrien. »Meine Hand«, flüstert er. »Ich darf sie nicht bewegen.«

»Wir müssen zu einem Wundarzt.« Michaels Stimme klingt besorgt.

»Ein sauberer Verband ist genug.« Soll er etwa zur Charité laufen, sich ausfragen lassen? Womöglich melden sie ihn noch dem Militär. Nein! Zuerst muss er nach Hause, nach der Mutter sehen, einen frischen Verband anlegen und saubere Kleider anziehen. Gleich danach wird er als neugieriger Sonntagsspaziergänger vors Cöllnische Rathaus zurückkehren, um herauszufinden, was aus Rackebrandt, Vater Riese, Flips, Nante, Roderich und Schorsch geworden ist.

Er sagt das so bestimmend, dass Michael nicht zu widersprechen wagt, sondern sich sogleich anbietet, ihn zu begleiten. Was sollte er denn jetzt zu Hause? Den empörten Eltern berichten, dass er mit zu jenen Verrückten gehörte, die ihr Leben aufs Spiel setzten, anstatt »klug und hartnäckig« einen Kompromiss nach dem anderen herauszuhandeln?

»Und deine Stirn?«

»Die brennt bloß 'n bisschen.«

Also bringen sie, so gut es geht, ihre Kleider in Ordnung und dann spähen sie von der Kirchentür aus in den hellen Tag hinaus.

Heftiger Brandgeruch empfängt sie. Rund um den Spittelmarkt aber ist es so still, als wäre an diesem Sonntagmorgen alles in den Betten geblieben – um versäumten Schlaf nachzuholen oder um nichts von all dem Schlimmen erfahren zu müssen, das dieser Tag vielleicht noch enthüllen wird.

Behutsam legt Frieder die schmerzende Hand in die gesunde, um sie auf diese Weise möglichst ruhig zu halten, dann gehen die beiden Freunde los. Immer dicht neben den Häusern entlanglaufend, schlagen sie einen weiten Bogen um die Breite Straße: Wallstraße, Waisenbrücke, Molkenmarkt, Neuer Markt. An zerstörten Barrikaden, aufgerissenem Straßenpflaster, abgebrochenen Gaslaternen, umgestürzten Fuhrwerken, zerschossenen Fassaden, vernagelten Fensterläden und zertrümmerten Türen laufen sie vorüber, über Steine, Holzkloben, verbogene Säbel und Blutlachen steigen sie hinweg. Im Schatten der Häuser sind immer wieder Tote aufgebahrt und liegen Verwundete, die, erschöpft und müde, den beiden Vorüberkommenden staunend nachschauen. Wo wollt ihr denn schon wieder hin?, scheinen sie zu fragen. Doch keiner ist allein gelassen, überall kümmert man sich um sie, während andere mit selbstverständlicher Miene die Barrikaden oder die zerschossenen Freiheitsfahnen neu befestigen.

Nein, meint Frieder in diesen Gesichtern lesen zu können, wir verzagen nicht. Wir sind nun noch mehr im Recht als je zuvor und deshalb geben wir nicht auf. Das lässt ihm das Herz bis zum Halse schlagen. Macht dieser ungebrochene Mut sie am Ende denn nicht doch noch zu Siegern? Da sollen die hochmütigen Herren Offiziere und ihre willfährigen Mordwerkzeuge ruhig glauben, die Oberhand behalten zu haben; solange niemand vor ihnen auf die Knie fällt, haben sie verloren!

Auch auf dem Neuen Markt sind Tote aufgebahrt und werden Verwundete versorgt. Vorbereitet darauf, vielleicht das eine oder andere bekannte Gesicht unter den Opfern zu entdecken, geht Frieder durch die Reihen, aber dann trifft es ihn doch wie ein Schlag: Der Mann, der dort neben dem Karren mit den drei Toten steht, als könne er einfach nicht begreifen, was hier geschehen ist, ist der Bäckermeister Nikolaus – und der tote Junge ganz rechts auf dem Karren niemand anders als sein Lehrling Dietz. Das noch so kindliche Gesicht der Sonne zugewandt, liegt er da, als wollte er jeden Augenblick wieder aufstehen und sich die Schrippenkiepe auf den Rücken schnallen.

Langsam tritt Frieder näher an den Karren heran. Da hebt der Bäckermeister endlich den Kopf und beginnt übergangslos zu erzählen: Wie der Dietz an der Barrikade zwischen Spandauer

Straße und Neuem Markt mit den Pickelhauben immer wieder seine Späße trieb und zum Schluss sogar über die Barrikade stieg, um, Rücken gegen die Soldaten, seine Hose runterzulassen, damit sie sähen, was sie ihn mal könnten. Und wie da auf einmal ein Schuss fiel, ein einziger nur.

Als Frieder nicht weiß, was er zu dieser so unbegreiflich unmenschlichen Tat sagen soll, fährt der noch immer zutiefst betroffene Bäckermeister fort: »Seine Eltern wissen noch gar nichts davon. Hab nicht gewagt, zu ihnen zu gehen.« Und die Bäckersfrau, die unentwegt frische Zweige über die Toten streut und von ihren scheu hin und her jagenden Kindern stets neue gebracht bekommt, nickt zu diesen Worten.

»Deine Wunde!« Michael zieht den Freund weiter und so gehen sie bald darauf durch die an diesem Sonntag wie ausgestorben daliegende Rosenstraße. Alle Bewohner scheinen auf dem Neuen Markt zu sein, die Verwundeten zu versorgen oder die Toten zu bewachen. Gerade diese Stille aber ist es, die Frieder ängstigt. So rasch er kann, stürzt er zur Nr. 7 hin, die, wie er auf den ersten Blick erkennt, keinen Schuss abbekommen hat, und die Treppe hoch. Im Dachgeschoss angelangt, weiß er sofort, dass er nicht umsonst so unruhig war: Weshalb steht ihre Wohnungstür denn offen? Was sind das für Männerstimmen? Leise tritt er vor die Tür und lauscht. Und Michael, sein Schutzengel Michael, hält ihn vorsorglich am gesunden Arm fest, als müsste er ihn jeden Augenblick vor einer Dummheit bewahren.

Doch da hat Frieder die Stimmen schon erkannt, reißt sich los und ist mit zwei Schritten in der Wohnung. Und der Flatow, der kahle Kerkau und der Ladenthin, dieser Leichenbitter, wie erschrocken fahren sie auf! Schränke und Betten aber haben sie bereits durchwühlt.

»Wer hat Sie zu uns eingeladen? Und wo ist meine Mutter? Sagen Sie mir sofort, wo meine Mutter ist!«

Der Flatow ist es, der als Erster seine Selbstsicherheit zurückgewinnt und den auch das kriegerische Aussehen der beiden jungen Männer, die da so plötzlich in die Dachstube gestürmt kamen, nicht länger erschreckt. »Verkennen Sie bitte die Situation nicht«, erklärt er kühl. »Hier sind weder Einbrecher am Werk noch persönliche Interessen im Spiel. Es geht um einen Polizeiauftrag. Herr Kerkau ist befugt, die Wohnung zu durchsuchen, und so habe ich ihm meinen Schlüssel zur Verfügung gestellt. Herr Ladenthin und ich sind zu Zeugen bestellt.«

Diese Frechheit verschlägt Frieder die Sprache. Während andere sich um die Toten und Verwundeten kümmern, benutzen diese drei traurigen Figuren die günstige Gelegenheit, ihm auf widerlichste Art und Weise nachzuspionieren? Wütend will er auf den Flatow los, Michael tritt ihm in den Weg. »Was suchen Sie denn überhaupt?«, fragt er an Frieders Stelle. »Vermuten Sie eine kleine Barrikade unterm Bett?«

Da schiebt der kahle Kerkau sich nach vorn, zeigt Michael ein Papier und erklärt mit strenger Miene, dass die bedauernswerten Vorkommnisse der vergangenen Tage allein auf die Rädelsführerschaft einiger weniger zurückzuführen seien, die friedliebende Bürger gegen König und Militär aufgehetzt hätten. Der Friedrich Wilhelm Jacobi sei zweifelsfrei als ein solcher Rädelsführer erkannt worden und habe es nur seiner alten Mutter zu verdanken, dass er noch nicht wieder in der Hausvogtei Logis genommen hätte. Jetzt allerdings sei weitere Milde fehl am Platz und so habe er den Auftrag zur Hausdurchsuchung bekommen.

»Meine Mutter!« Noch immer besorgt und wütend, schiebt Frieder den Freund beiseite, packt den kahlköpfigen Mann mit der gesunden Rechten am Kragen und drückt ihn dermaßen fest gegen den Schrank, dass die Türen nach innen aufspringen. »Was hast du elender Spitzel meiner Mutter angetan?«

Der Kerkau bekommt kaum noch Luft. Mit aller Gewalt versucht er sich aus diesem Griff zu befreien. Gegen den viel jüngeren und kräftigeren Zimmermann jedoch kommt er nicht an. Und als er etwas sagen will, drückt Frieder nur noch fester zu. Die furchtbare Nacht, die hinter ihm liegt, der nicht minder grauenhafte Anblick am Morgen und dann diese elende Schurkerei – das ist zu viel, um bei Vernunft zu bleiben!

»Nicht!«, bemüht Michael sich, ihn vor seinem unguten Zorn zu bewahren. »Mach dich doch nicht unglücklich! Das ist dieser Wurm doch gar nicht wert.« Und als seine Ermahnungen nicht fruchten, muss er sich mit dem Flatow und dem die ganze Zeit über betreten schweigenden Ladenthin verbünden, bevor er Frieder von seinem Opfer fortzerren kann.

»So nehmen Sie doch Vernunft an!«, schreit der Flatow, als könne allein Lautstärke den jungen Zimmerer wieder zur Besinnung bringen. »Wir wissen nicht, wo Ihre Frau Mutter abgeblieben ist. Das eine hat mit dem anderen gar nichts zu tun.!«

»Aber sie ist alt und krank und kann nicht weit laufen«, schreit Frieder unter Tränen zurück. »Irgendjemand muss sie fortgebracht haben.«

»I nee doch, Jungeken! Hab se ja jestern Nachmittag janz allein fortjehen sehen.« Die Witwe Wuttig steht plötzlich in der Tür. Der Lärm muss sie neugierig gemacht haben. »Hat sich schlimme Sorjen jemacht, die Frau Jevatterin. Aber wohin, nee, also wohin se jing, wollte se mir beim besten Willen nich sagen.«

Dann muss sich die Mutter zu Jette auf den Weg gemacht haben! Woanders kann sie nicht nach ihm gesucht haben. Aber diesen weiten Weg ganz allein? Verstört blickt Frieder von einem zum anderen und ist nur froh, dass Michael bei ihm ist; Michael, der trotz allem, was hinter ihnen liegt, noch bei klarem Verstand ist.

»Frau Wuttig!« Endlich hat sich der Kerkau so weit erholt, dass er wieder reden kann. »Ich fordere Sie hiermit auf, ebenfalls zu bleiben. Als Zeugin! Der Jacobi ist ja wahnsinnig geworden. Ein Menschenleben ist solchen Strolchen ja heutzutage keinen Pfifferling mehr wert.« Sagt es und ist vor Atemnot und Wut noch immer ganz rosa im Gesicht.

Und die Wuttig mit ihrer bauschigen Morgenhaube auf dem

Kopf, in Morgenschuhen und weitem, faltigen Morgenkleid, ist nicht unfroh darüber, auf diese Weise weiterhin Beobachterin sein zu dürfen. Mal Frieder, mal Michael, mal einen der drei Männer anblickend, bleibt sie mit über dem Busen verschränkten Armen an der Tür stehen und schaut neugierig zu, wie die einmal begonnene Schnüffelarbeit fortgesetzt wird. Bis der Kerkau endlich strahlenden Blicks Götz' *Lumpengesindel* mit der Volkskönigsrede in den Händen hält. »Na, bitte! Wer sucht, der findet auch.«

Erneut will Frieder auf den Kerkau los; Michael braucht alle seine Kräfte, ihn davor zurückzuhalten.

»I wat denn?« Die Wuttig kann nur staunen. »Nur so 'n Stück Papier? Sonst nischt?«

»Immerhin 'ne Druckschrift! Und 'ne verbotene dazu!« Mit wichtiger Miene blättert der Kerkau die Seiten um und reicht Götz' Zeitschrift, als er die Rede gefunden hat, an den Flatow weiter. Der auch an diesem Morgen sehr korrekt und farbenfroh gekleidete Mann überfliegt ein paar Zeilen und muss gleich darauf lachen. »Bildungsgleichheit? Ja, wozu muss ein Laternenanzünder denn rechnen können, wozu ein Kesselflicker was von Geographie verstehen?« Ohne weiterzulesen, reicht er dem Kerkau die Zeitschrift mit spitzen Fingern zurück und schüttelt besorgt den Kopf. »Wenn Se mich fragen: Politik is 'n schmutziges Geschäft! Ein anständiger Mann hat in seinem Beruf genug zu tun.« Und mit missbilligendem Blick auf Frieder fügt er, jedes einzelne Wort betonend, hinzu: »Leute, die andere aufwiegeln, sich gegen Recht und Ordnung zu vergehen, kann ich allerdings in meinem Haus nicht dulden. Das wird jeder rechtschaffene Mensch einsehen. Deshalb, Herr Jacobi, ganz egal, wie's mit Ihnen weitergeht, mein Haus ist ab sofort nicht mehr das Ihre!« Und damit will er ohne Gruß, den Kerkau und den Ladenthin im Gefolge aus der Tür.

Michael ist schneller. Mit freundlichem Gesicht tritt er so dicht vor den Kerkau hin, dass der unmöglich an ihm vorbei kann, und bittet ihn, ein zweites Mal jenes Ausweispapier sehen zu dürfen, das er ihm zuvor zeigte.

»Wozu?« Der kahlköpfige Mann macht einen Schritt zurück.

»War vorhin viel zu aufgeregt, um richtig hinzuschauen.«

»Das ist Ihre Schuld, nicht meine.« Mit einer flinken Bewegung will der Kerkau den kleinen Studenten beiseite drücken, doch da ist schon wieder Frieder bei ihm, packt ihn mit der gesunden Hand an den Rockaufschlägen und presst ihn mit seinem ganzen Körpergewicht gegen die Wand. »Sehen Se genau hin, Frau Wuttig! Auch wir brauchen Zeugen. Vielleicht erstickt er mir ja vor lauter Angst und dann heißt's noch, ich hätt ihn erdrosselt.«

Michael durchsucht derweil Kerkaus Taschen, hält das gesuchte Papier kurz darauf in der Hand, überfliegt es und lacht zufrieden: »Bravo! Seine Bestallung zum Nachtwächter! Und die erlaubt, Hausdurchsuchungen vorzunehmen?«

Vor Zorn drückt Frieder gleich noch ein bisschen fester zu, Michael aber ist über diese Amtsanmaßung dermaßen aufgebracht, dass er die Wuttig bittet, doch mal rasch zur Polizei zu laufen und zu melden, dass hier auf frischer Tat drei Einbrecher ertappt worden seien.

Darüber kann der Flatow nur lächeln. »Ja, bitte, liebe Frau Wuttig!«, unterstützt er Michaels Ansuchen. »Laufen Sie nur schnell! Und melden Sie bitte auch gleich, dass ich einen wunderschönen Geldbeutel gefunden habe, der offensichtlich keinen Besitzer hat. Auf diese Weise lohnt sich für die Herren Gendarmen das Herkommen vielleicht.« Und er zwinkert Frieder bei diesen Worten so vertraulich zu, als hätte er sein Geheimnis endlich entdeckt.

Vielleicht nur eine Finte, vielleicht die Wahrheit. Frieder ist es egal, sie haben sowieso keine Chance gegen diese drei. Ob die Hausdurchsuchung rechtmäßig war oder nicht, der Kerkau arbeitet auf jeden Fall für die Polizei; weshalb also sollten die Gendarmen ihnen helfen? So winkt er nur ab und Michael versteht und lässt die drei Männer gehen.

Die Wuttig aber bleibt noch, hat alles mit offenem Mund und bebendem Kinn mit angesehen und muss erst noch ihren Kommentar dazu abgeben. »I, is denn det richtig?«, fragt sie sich selbst. »Müssen wir Menschenkinder einander immer de Hölle auf Erden bereiten? Da krabbeln wir 'n paar Jahre an der frischen Luft herum wie die Käfer im Mist und dann werden wir einjebuddelt für alle Ewigkeit, aber anstatt sich jeden einzelnen Tag schmecken zu lassen wie so 'n Pudding von de Fürstentafel, is jeder des anderen fürchterlichster Deibel.« Bevor sie dann ebenfalls geht, bittet sie Frieder noch, seine Mutter zu grüßen. »Se war immer 'ne anjenehme Nachbarin. Det muss se wissen, falls se nich noch selber kommt, um ihre Möbel abzuholen.«

»Danke!« Frieder wartet, bis die Wuttig ins Treppenhaus hinausgewackelt ist, dann schließt er die Tür, wirft sich aufs Bett und presst den Kopf ins Kissen. Nichts mehr denken, nichts hören, nichts sehen, nichts fühlen! Am liebsten wäre es ihm nun, auch Michael ginge. Allein möchte er sein, ganz und gar allein mit sich und seinem Elend!

Doch der Freund geht nicht, steht nur schweigend neben ihm, bis er leise bittet: »He! Herr Volkskönig! Einschlafen gilt nicht. Draußen geht die Welt weiter.«

Als Frieder darauf nicht reagiert, setzt Michael sich schließlich zu ihm und dreht ihn langsam zu sich herum. So muss der lange Zimmerer, will er nicht kindisch-stur die Augen geschlossen halten, ihm ins Gesicht schauen.

»Willst du dich etwa von diesen drei Windlichtern zu Boden werfen lassen? Glaubst du immer noch, dass du dich für irgendwas zu schämen hast? Teufel noch mal! Hätt ich nur die Hälfte deiner Kraft, würd ich auf Kirchturmspitzen tanzen!«

»Und abstürzen!«

»Und abstürzen!« Michael nickt, fügt aber gleich hinzu: »Abstürzen, aufstehen und weitertanzen!«

Keine Stunde ist vergangen, da steigen die beiden jungen Männer schon wieder die Treppe hinab. Der junge Zimmerer hat die Kleider gewechselt, Michael bürstete die seinen nur kräftig aus und hat dem Freund danach auch noch, so gut er es vermochte, die Wunde gereinigt und mit einem in Streifen gerissenen, sauberen Hemd neu verbunden.

Die eigene Wunde hat der kleine Student unberührt gelassen. Ein Verband um die Stirn hätte jedem schon von weitem verraten, wo er die letzte Nacht verbrachte. Und noch wissen sie ja nicht, ob es klug ist, sich so deutlich zu ihrem Platz hinter den Barrikaden zu bekennen.

Auf der Straße erwartet sie ein wunderschöner Frühlingsvormittag. Richtig warm ist es inzwischen geworden, fast so, als wollte die Sonne die geschundenen und leidenden Menschen tröstend umfangen. Bereitwillig überlässt Frieder sich diesem Gefühl. Der Kleiderwechsel war sehr anstrengend; jedes Mal, wenn er den linken Arm bewegte oder aus Versehen gegen die Wunde stieß, schossen ihm Tränen in die Augen. Doch er will und muss »weitertanzen«; zumindest bis er weiß, was aus Rackebrandt und all den anderen geworden ist.

Auf dem Neuen Markt, dort, wo zuvor der Karren mit den drei Toten stand, hat sich in der Zwischenzeit eine heftig debattierende Menschenansammlung gebildet. Überall in der Stadt würden neue Plakate geklebt, berichtet der Y-Jacoby, der die Nacht offensichtlich ebenfalls hinter einer Barrikade verbracht hat. In dieser Bekanntmachung wende sich der König an »seine lieben Berliner« und behaupte noch immer, die beiden Gewehre auf dem Schlossplatz hätten sich rein aus Versehen entladen. Was danach geschehen sei, habe ganz allein eine Rotte von Ruhestörern und Bösewichtern zu verantworten. Die jedoch seien größtenteils Fremde und wollten jenen bedauerlichen Vorfall im Sinne ihrer argen Pläne und frechen Forderungen nutzen. So hätten seine siegreichen Truppen schließlich von der Waffe Gebrauch machen müssen. Jetzt aber sollten die Einwohner seiner geliebten Vaterstadt größerem Unheil vorbeugen, ihren Irrtum erkennen und die Barrikaden forträumen. Dann würde er auch die Truppen zurückrufen.

Bei den Zuhörern erzeugt dieses Ansinnen nur ärgerliches Gelächter. »Wer hat gesiegt?«, ruft einer laut. »Das Militär?« Und dann lacht er, als hätte jemand einen guten Witz gerissen. Ein anderer schreit: »Wer glaubt denn, dass wir so dumm sind, auf fremde Bösewichter und Ruhestörer zu hören?« Ein Dritter: »Fremde? Was für 'ne Lüge! War doch dabei, weiß genau, wer neben mir stand.«

Ein Vierter sagt: »Lasst ihn sein dummes Zeug nur schreiben! Ein bisschen Verstand und kluge Einsicht würden ihn und seinesgleichen ja vielleicht retten. Und will das denn noch wer?«

Gelächter ertönt und irgendwo ruft einer, es wären aber doch wirklich fast alles Fremde gewesen, die sich dem Militär widersetzten; er hätte die zweieinhalb Polen auch gesehen.

Wieder wird gelacht, dann verlangt einer der Männer, des Königs Ultimatum müsse umgekehrt werden. »Erst das Militär weg, dann die Barrikaden!«

»Aber er hat das Militär doch schon zurückgenommen«, widerspricht ein anderer. »Wie viele sollen denn noch sterben? Gütliches Nachgeben beider Seiten ist nun vonnöten.«

Diese Worte gefallen den Umstehenden nicht. Wer denn wohl dem König das Recht gegeben habe, eine solche Horde von Barbaren auf sie loszuhetzen und ehrliche Bürger und brave Arbeitsmänner so grausam abschlachten zu lassen, wird gefragt, und ob es denn nicht das Volk gewesen sei, das immer wieder gütlich nachgegeben habe? Der König möge endlich erkennen, dass sie freie Bürger und nicht länger nur Untertanen sein wollten.

»Aber wie soll er das denn erkennen?«, widerspricht Michael ärgerlich. »Aus einem eitlen Pfau wird nun mal kein kühner Flieger, in einer verfetteten Seele blüht kein fortschrittlicher Geist. Deshalb wird jeder König uns stets nur so viele Freiheiten zugestehen, wie wir ihm abtrotzen können.« Und ehe noch irgendwer etwas erwidern kann, fügt er hinzu, nach dieser Nacht des Blutopfers komme es vor allem darauf an, einen zielgerichteten Widerstand zu ersinnen, denn nur Dauerhaftigkeit bringe Erfolg, nicht Heftigkeit und Zorn oder gar wilde Wut.

Das findet nicht überall Beifall. »Was bist denn du für 'n schlaues Bürschchen?« höhnt ein junger, demokratenbärtiger Mann mit Stirnverband und Arm in der Schlinge. »Dauerhafter Widerstand? Wohl hinter Papas Rücken, was?« Und mit einer Handbewegung, die keinen Widerspruch zulässt, fügt er hinzu: »Kämpfen können wir nur, wenn wir Zorn in uns spüren. Fangen wir an nachzudenken und abzuwägen, schlafen wir langsam, aber sicher ein.«

Michael will trotzdem antworten, doch da zieht Frieder ihn schon weiter. »Mir ist so heiß«, flüstert er. »Im Augenblick ist mir jeder Streit zuwider.«

»Das ist das Wundfieber. Wir sollten doch zuerst zu einem Arzt gehen.«

»Nein! Erst muss ich wissen, was aus den anderen geworden ist.«

Frieder lässt sich in seinem Entschluss nicht beirren und so eilen sie weiter dem Schlossplatz entgegen. Bis sie in der Königstraße, in der die Reste der zahlreichen, vom Militär gestürmten Barrikaden ihnen den Weg erschweren und viele zerschossene Häuser einen traurigen Anblick bieten, an einem jener Plakate vorbeikommen, über die zuvor so erregt gestritten wurde. Sie überfliegen den Text der frisch geklebten Proklamation, dann liest Michael den letzten Satz mit staunend erhobenen Augenbrauen und viel Pathos in der Stimme laut: »Eure liebreiche Königin und wahrhaft treue Mutter und Freundin, die sehr leidend darniederliegt, vereinigt ihre innigen, tränenreichen Bitten mit den Meinigen!« Er lacht. »Was haben wir nur für einen herzerwärmenden König! Nicht die vielen Opfer seiner Politik sollen uns bekümmern, unsere leidend darniederliegende Landesmutter benötigt unseren Beistand.«

»Wozu das Gerede?« Ein kräftiger Mann mit Schirmmütze reißt das noch feuchte Plakat von der Wand, knüllt es zum Ball zusammen und wirft es weit fort. Danach sieht er Michael tadelnd an: »Es gibt Dinge, die sind so dumm, dass man nicht mal darüber spotten darf.« Sagt es und geht.
»Ein kluger Mann!« Michael kann seine Bewunderung nicht verhehlen. »Wer so denkt, kriegt bestimmt keine Grübelfalten.«
»Lass uns weitergehen. Bin voller Unruhe.«
Wieder treibt es Frieder voran, Michael aber bleibt schon nach ein paar Schritten erneut stehen. Erst guckt er ungläubig, dann flüstert er ergriffen: »Lesen Sie das, Herr Volkskönig, und es geht Ihnen gleich viel besser!«
*Bürgereigentum* hat da wer mit Kreide an den Eingang des Stadtgerichts geschrieben. Und was kann das anderes bedeuten, als dass die Bürger fortan über sich selbst zu Gericht sitzen wollen? Ein wahrhaft aufmunternder Wunsch und so sind die beiden Freunde für den Rest ihres Weges tatsächlich viel hoffnungsvoller gestimmt.
Auf dem sonnenüberfluteten Schlossplatz werden sie dann abermals überrascht: Von allen Seiten kommen Menschen herangeströmt – und auf den Karren, Brettern und Tragbahren, die sie mit sich führen, haben sie die Toten der Nacht aufgebahrt!
Bestürzt bleibt Frieder stehen. »Was findet denn hier statt?«, fragt er eine junge Frau, die zusammen mit zwei halbwüchsigen Burschen und einem steinalten Mann einen schmalen Karren schiebt, auf dem ein sicher von Säbelhieben so schrecklich entstellter junger Mann liegt.
»Wir wollen ihn dem König zeigen«, flüstert die junge Frau, als hätte Frieder ganz allein nach ihrem Toten gefragt. Der Alte aber schreit gleich los: »Das ist mein Enkelsohn! Seht nur, was aus ihm geworden ist!« Und als Frieder und Michael nur stumm den Kopf senken, ruft er mit zittriger Stimme: »Der König soll sehen, was er uns zugefügt hat!« Ruft es und weint wie ein kleines Kind.

Jetzt ist es an Michael, Frieder weiterzuziehen. »Das halte ich nicht aus«, sagt er düster. »Solches Leid macht mich zum Mörder.«

Auch in der Breiten Straße werden die Opfer der Nacht zum Schlossplatz getragen oder geschoben. Frieder und Michael lassen die ersten Karren und Träger still passieren, dann schauen sie lange zu dem Dachfirst hoch, auf dem sie so viele Stunden zugebracht, gelitten und gebangt haben und der nun so friedlich im Sonnenschein liegt, als wäre alles nur ein böser Traum gewesen. In der Holzverkleidung der Straßenpumpe, neben der sie stehen, steckt eine der Sechspfünder-Kugeln, mit denen auf sie geschossen wurde. Ein Scherzbold hat die Überschrift der Proklamation des Königs über die Kugel geklebt: *An meine lieben Berliner …* Ein guter, ein passender Witz! Doch wer kann beim Anblick so vieler Toter schon lachen?

Als Frieder endlich Mut gefasst hat und das Rathaus betreten will, um sich nach seinen Freunden zu erkundigen, werden gerade einige Tote herausgetragen und vor der zerstörten Barrikade niedergelegt. Gleich wird es ihm noch heißer. Bei hellem Tageslicht sehen diese so schändlich zugerichteten Männer ja noch schrecklicher aus als in der Nacht, als ihnen nur Michaels Feuerzeug und Bertholds Laterne leuchteten. Hilflos blickt er sich um und entdeckt schließlich Ludwig, den Holzhauer. Offenbar unverletzt steht er neben einer weinenden Frau und streichelt ihr immer wieder tröstend den Arm. Sofort will er zu ihm, um ihn nach Rackebrandt, Nante, Flips, Roderich, Schorsch und Vater Riese zu fragen, als er plötzlich eine Hand auf der Schulter spürt: Nante! Da steht er ja, ernst und bleich vor Übernächtigung, aber bis auf einen Kratzer an der Wange unversehrt …

Vor Freude über diesen Anblick laufen dem jungen Zimmerer die Tränen übers Gesicht. Als er aber den kräftigen Mann glücklich umarmt, lässt der es nur schweigend geschehen. Da erschrickt Frieder erneut. »Rackebrandt?«, fragt er. »Roderich? Flips? Schorsch?«

»Flips lebt«, lautet die leise Antwort. »Und Schorsch auch.« Frieder begreift sofort. »Und Rackebrandt? Und Roderich? Wo ... wo habt ihr sie hingeschafft?«

Nante macht ein paar Schritte zu einer langen Reihe von Toten hin, die im Schatten der Konditorei D'Heureuse niedergelegt wurden, dann bleibt er unschlüssig stehen.

»Wo?«, fragt Frieder noch einmal, schon ahnend, dass er gleich einen weiteren furchtbaren Anblick aushalten muss.

Stumm deutet Nante auf das zerschlagene Gesicht des Toten direkt zu seinen Füßen und verblüfft schaut Frieder den Mann an, bis er nach längerem Hinsehen endlich Roderich wiedererkennt, dem irgendjemand die Augenbinde fortgenommen haben muss. »Und Rackebrandt?«, kann er da nur noch herauswürgen.

»Daneben.« Schnell wendet Nante sich ab und der junge Zimmerer starrt nun jenen Mann an, der von allen am übelsten zugerichtet zu sein scheint. Sein Kopf ist nur noch ein blutiger Klumpen, der Oberkörper verstümmelt. Er erkennt die langen schwarzen Haare, den dichten Bart, den Zimmermannsohrring und Hose und Stiefel wieder und will irgendetwas sagen oder aus sich herausschreien, doch dann ist ihm, als legte sich ein schwerer, eiserner Reif um seine Brust und er sinkt still in sich zusammen.

*Was für ein Volk!*

Wieder stehen die Menschen dicht gedrängt unter dem Balkon, von dem tags zuvor der König zu ihnen sprechen wollte und nicht zu Wort kam, weil sie ihm viel zu laut zujubelten. Unzählige sind es, die ihre mit Blumen, grünen Zweigen und Lorbeer geschmückten Toten und Verwundeten auf Brettern, Bahren, Handkarren und Leiterwagen herbeigeschafft haben, um dem Herrn über ihre Geschicke vorzuführen, wozu er es hat kommen lassen und dass sie nicht gewillt sind, diese Strafaktion als gottgegeben hinzunehmen. Und während die einen bereits voll Ungeduld darauf warten, dass der König sich ihnen endlich zeigt, karren andere immer weitere Opfer dieser Nacht heran. Die Wunden sind bloßgelegt und oft sind die Menschen dermaßen zugerichtet, dass Frieder lieber den Blick abwendet. Er will nicht wieder zusammenklappen, muss Kräfte sparen; die Hitze in ihm wird ja immer schlimmer.

Zusammen mit Michael, Nante, Flips, Vater Riese und vielen anderen noch von den Kämpfen Gezeichneten hat er den Leiterwagen mit Rackebrandt, Roderich und weiteren, ihm unbekannten Toten so dicht wie möglich unter den Balkon geschoben. Wenn der König heraustritt, soll er vor allem auch Rackebrandts so grausig entstelltes Gesicht sehen. Er, Frieder, jedoch kann den Altgesellen noch immer nicht anblicken, will er keinen erneuten Schwächeanfall riskieren.

Nicht anders ergeht es ihm mit Roderich, dessen Wunsch es immer war, nicht im Krieg zu fallen, da er dem Teufel Krieg doch bereits ein Auge geopfert hat. Jetzt ist er doch in einem gefallen. Nicht in dem gegen ein anderes Land, »nur« in einem der Oberen gegen die Unteren. – Würde es ihn trösten, dass dieser Krieg mit einem Sieg der Unteren endete? Würde es ihn freuen, dass nun nicht mal mehr jene Proklamation gilt, die noch am Morgen die Gemüter erhitzte? Die Toten macht nichts mehr lebendig und die Grausamkeit, mit der sie umgebracht wurden, war das Letzte, was sie von dieser Welt mitbekamen.

Dennoch, dass ihr Kampf so siegreich endete, ist zuerst das Verdienst all jener, die sich mit ihrem Leben gegen die Niederlage stemmten. Ihnen haben sie es zu verdanken, dass der König nun doch ohne jede Vorbedingung die Truppen aus der Stadt schickte und mit diesem Abmarsch die Niederlage eingestand und eine große Demütigung auf sich nahm. Unter dem Hohngelächter der Menschen an den Straßenrändern sollen des Königs Helden, weiße Tücher schwenkende Offiziere an der Spitze, an den aufgebahrten Toten vorübergeritten sein. Und damit nicht genug, hat der König ihnen, die er nicht besiegen konnte, auch noch die zuvor so strikt abgelehnte Volksbewaffnung, eine Regierungsumbildung und die preußische Nationalversammlung versprechen müssen. Was doch nichts anderes heißt als die Gründung eines Parlaments und nichts weniger bedeutet als die Einwilligung zur Konstitution.

Die meisten Menschen, die jetzt hier stehen, sind nicht sicher, vielleicht doch nur Gerüchten aufgesessen zu sein, andere sind schon wieder bereit zu jubeln. »Alles bewilligt!«, flüstern sie froh ihren Nachbarn zu und es klingt, als wollten sie die Wirklichkeit beschwören, ihre Hoffnungen nicht zu enttäuschen.

Frieder hat keinen Anlass zu allzu großer Freude, er muss nur immerzu an Rackebrandts Worte von den Witwen denken, die weinen werden. Als der Altgeselle das sagte, hat er sicher auch an seine Frau gedacht. Er selbst hat die stille Frau seit dem Besuch bei Rackebrandt nicht wieder gesehen, weiß nicht, ob sie eines Tages verstehen wird, dass ihr Mann gar nicht anders konnte, als ganz vorn zu stehen in diesem Kampf. Eine Mutter muss ja zuerst an ihre Kinder denken. Wie soll sie die nun durchbringen, ganz allein? Und wird sie irgendwann einen neuen Mann finden oder wollen? Einen, der bereit ist, fünf fremde Bälger mitzuversorgen?

Das Werkzeugbündel zu seinen Füßen! Nante und Flips, die genauso wie Schorsch und Vater Riese noch rechtzeitig vor den heranrückenden Pickelhauben fliehen konnten, haben am Morgen alles Werkzeug zusammengetragen, das sie noch finden konnten. Von seinen eigenen Sachen hat er kaum etwas zurückerhalten, dafür aber Rackebrandts Stoßaxt mit dem eingebrannten R im vom Schweiß der Jahre dunklen Holzstiel. Er wird Frau Rackebrandt fragen, ob sie ihm die Axt verkauft; es gibt keine bessere Erinnerung an den Altgesellen als eines seiner ihm stets so heiligen Werkzeuge.

»Der König soll kommen!« Nun halten die Männer und Frauen neben den Wagen, Bahren und Karren das stumme Warten nicht länger aus. »Er soll die Leichen sehen! Wir stehen hier nicht zum Spaß herum!«, rufen sie und »König raus auf den Balkon! König raus auf den Balkon!«

Der letzte Ruf wird aufgegriffen. »Kö-nig-raus-auf-den-Balkon! Kö-nig-raus-auf-den-Bal-kon!«, brandet es vieltausendstimmig gegen die Schlossmauern an.

Und da betritt der König tatsächlich den Balkon. Inmitten vieler anderer, größtenteils ebenfalls uniformierter Würdenträger blickt er zögernd zu ihnen herunter. Sein Gesicht ist bleich, seine Bewegungen verraten Unsicherheit, der Generalsrock scheint ihm zu kurz zu sein.

»Na bitte!«, freut sich Flips. »Seine Brutalität pariert doch schon janz jut.« Hinter ihm aber schreit einer: »Na, Fritze, wäschste deine Pfoten in Unschuld?«

Weitere Rufe werden laut, doch schon bald übertönt einer alle anderen: »Die Gefangenen frei!« Eine Forderung, in die Frieder sofort einstimmt. Ja, die Gefangenen gehören frei! Und nicht nur jene der letzten Nacht, auch wer in den Tagen und Jahren zuvor verhaftet wurde und kein Verbrecher ist, muss endlich wieder auf freien Fuß gesetzt werden.

Ratlos zuckt der König die Achseln. Die Forderung nach Freilassung der Gefangenen aber schwillt immer lauter an; fast so, als wollten die Menschen auf dem Platz die Schlossmauern zum Einstürzen bringen. Sogar Vater Riese ruft mit: »Die unschuldigen Gefangenen frei!«

So etwas hat der König noch nicht erlebt. Immer weiter weicht er zurück, bis er schließlich mit den Männern rechts und links von sich einige Worte wechselt und sich danach weit über die Balkonbrüstung beugt. »Ich will se euch ja schicken!«, ruft er herab. »Ihr mögt selbst sehen, ob ihr sie haben wollt.«

»Weshalb soll'n wir se denn nich haben wollen?«, wundert sich Nante, während woanders schon wieder erstes beifälliges Gemurmel zu hören ist.

»Weil er immer noch glaubt, seine lieben Berliner wären nur verführt worden«, antwortet Michael achselzuckend. »Und nun sollen die Gefangenen die Verführer gewesen sein.«

Über so viel Naivität kann Frieder nur den Kopf schütteln. Sieht dieser dicke Mann auf dem Balkon denn nicht, dass halb Berlin vor seinem Schloss steht? »Ja!«, schreit er auf einmal so laut, dass der König es unbedingt hören muss. »Wir wollen die Gefangenen haben! Sie und unsere Toten, das sind wir selbst!«

Beifallsrufe ertönen und weitere Forderungen werden erhoben, dann ist der König schon wieder im Schloss verschwunden.

»War das die ganze Herrlichkeit?« Wütend blickt Flips von einem zum anderen. »Hat dieser dicke Kasper uns nicht mehr zu sagen?« Und dann ruft er plötzlich, seinen verbundenen Arm schwenkend: »Tragt die Verwundeten ins Schloss! Wir woll'n se auf Samt und Seide betten!«

Auch dieser Aufruf erntet viel Zustimmung. Sofort werden die ersten Verwundeten in den Schlosshof und die große Wendeltreppe hochgetragen und niemand wagt es, Flips und seinem Gefolge entgegenzutreten. Im Gegenteil, bereitwillig werden alle Türen geöffnet und ist jemand mit seiner Last überfordert, greifen Diener und Zofen und anderes Schlosspersonal zu und helfen. Nicht lange und Flips und Nante stehen in einem der gewaltigen Schlossfenster und winken. Es sollen möglichst alle Verwundeten ins Schloss gebracht werden.

Diese seltsam versöhnlichen, fast unwirklichen Szenen nehmen Frieder etwas von dem Druck, der auf ihm lastet. Jetzt kann er sogar Rackebrandt ins Gesicht schauen, fühlt er sich doch verpflichtet, diesem Anblick standzuhalten. Er will ja nicht nur den lebenden Rackebrandt, den klugen, streitlustigen, hilfreichen Rackebrandt, für alle Zeit im Gedächtnis behalten, er will auch dieses geschundene Gesicht nicht vergessen.

Wenig später geht er dann, wie um einem selbst erteilten Auftrag zu folgen, weiter durch die Reihen der mit Blumen und grünen Zweigen geschmückten Gefallenen, die da unter dem königlichen Balkon aufgebahrt sind, und Michael begleitet ihn still. Sie stehen lange vor dem Malerlehrling Berthold Pietsch, der zum bösen Schluss seiner langen Flucht vor dem Tod doch kein Glück mehr hatte, kommen am Bäckerjungen Dietz vorüber, der noch immer von den Bäckersleuten bewacht wird, und stehen schließlich vor dem Trommler, der unverwundbar wie ein Engel zuerst auf den Stufen und danach auf dem Dach der Konditorei D'Heureuse dem Tod den Takt schlug. Und als sie lange genug in das junge, freche, von dunklen Haaren umrahmte Gesicht geblickt haben, erkennen sie erstaunt, dass da kein Bursche, sondern ein junges Mädchen vor ihnen liegt. Sofort muss Frieder an Jette denken: Wenn ihr nun auch etwas zugestoßen ist? Wer sagt ihm denn, dass sie die ganze Zeit über brav in ihrem Verschlag geblieben ist?

»Weißt du, was dein Rackebrandt immer behauptet hat?« Michael spricht so leise, als hätte er Angst, die junge Tote in ihrer Ruhe zu stören. »Tyrannen wollen entweder geliebt oder gefürchtet, am liebsten aber geliebt *und* gefürchtet werden. Wer sie weder liebt noch fürchtet, ist schon ihr Feind.«

Berthold, der lustige Dietz, die unbekannte Trommlerin und die meisten der hier Aufgebahrten waren keine Feinde des Königshauses, sollen diese Worte besagen; sie wussten vielleicht nicht einmal um die Tragweite ihres Widerstandes, haben die Obrigkeit eines Tages nur nicht mehr gefürchtet und erst recht nicht geliebt. Deshalb und weil sie wussten, wohin sie gehörten, mussten sie sterben.

Und die Überlebenden? Nicht mal die sind »Feinde« geworden; jedenfalls nicht in der Mehrheit. Wollten sie den König stürzen, würden sie nicht so brav vor dem Schloss herumstehen.

Diese Gedanken im Kopf, sieht Frieder neben einem Leiterwagen plötzlich ein Mädchen stehen. Er sieht sie nur von hinten, sie hält den Kopf gesenkt und die Menschen um sie herum, mit denen sie offenbar gut bekannt ist, sind ihm alle fremd, trotzdem schießt ihm bei ihrem Anblick vor Schreck und Freude sofort das Blut in den Kopf: Jette! Das Mädchen dort ist Jette, seine Jette! Er hat sie hier nicht erwartet und weiß auch nicht, wie sie neben diesen Graubart kommt, doch es gibt keinen Zweifel und so schreit er ihren Namen mehr, als dass er sie ruft, und drängt sich mit aller Macht zu ihr durch.

Und Jette, die keinen der Toten anblickte, die hier überall aufgebahrt sind, immer in der Angst, das ihr so vertraute Gesicht darunter zu entdecken, wird von diesem Schrei bis ins Herz getroffen. Hastig fährt sie herum, aber da hat Frieder sie schon in die Arme genommen und alles Leid, das sich in ihrer Seele festgefressen hat, bricht aus ihr heraus.

Er wiegt sie, küsst ihr Stirn, Haar und Mund und flüstert ihr immer wieder zu, dass ihm ja gar nichts Schlimmes passiert ist. Und da verkriecht Jette sich noch tiefer in seine Arme und würde am liebsten für alle Zeit so festgehalten werden.

Als sie sich dann endlich ein wenig gefasst hat und er Fragen stellen will, weist sie nur stumm auf den Leiterwagen. Da ahnt er etwas und tritt näher an den Wagen heran, um gleich darauf wie zu Eis zu erstarren.

Sie aber kann und will jetzt nichts erklären. Und als er das versteht und sie nur hilflos streichelt, legt sie stumm den Kopf an seine Schulter. Bis sie endlich fragt: »Und was ist mit deiner Hand passiert?«

»Eine Schramme. Nichts weiter!« Auch er will jetzt nicht reden.

Wie lange sie so dagestanden und sich aneinander festgehalten haben, werden Jette und Frieder später nicht wissen. Es ergeht ihnen wie zwei Kindern, die sich in einem finsteren Schreckensreich aus den Augen verloren und erst nach vielen Irrwegen, furchtbaren Qualen und schlimmen Abenteuern wieder zusammengefunden haben. Und die sich nun nie mehr trennen wollen.

Irgendwann aber dringt das schmerzliche Treiben wieder an sie heran und Frieder erfährt von Jettes Suche nach ihm, von

Gustes Flucht in ihre Kindheit und von ihrem so unfassbar zufälligen Tod. Als Jette verstummt, berichtet er von Rackebrandt und Roderich und von Michaels und seiner Flucht aus dem Rathaus. Auf seine Frage nach der Mutter erzählt Jette ihm dann zu seiner großen Erleichterung, dass sie tatsächlich im Vogtland ist, bei Fritzchen. Danach schweigen sie wieder. Schweigen und schweigen, bis der alte Dabekow und seine Begleiter mit den Toten vom Alexanderplatz auf einen der Schlosshöfe wollen. Da heben Michael, Frieder und der alte Tischlermeister Guste vorsichtig vom Wagen, um sie zu Rackebrandt und Roderich zu tragen, so dass Frieder und Jette von nun an gemeinsam Totenwache halten können.

Vor dem Leiterwagen haben sich inzwischen auch Meister Langemann und der alte Schorsch eingefunden. Mit trüben Gesichtern starren sie vor sich hin. Schorsch weint um Roderich, mit dem er so viele Jahre Schulter an Schulter gearbeitet hat, weint um Rackebrandt, den er, der Ältere, stets respektierte, und er weint um all die anderen Opfer dieser Nacht. So alt sei er nun schon geworden, sagt er immer wieder, aber so etwas habe er noch nicht erlebt. Und Frieder sieht ihm an, dass er nicht weiß, ob das nun schon der Komet war, vor dem er sich stets so gefürchtet hat, oder ob er sich seinen Kometen jetzt erst so richtig herbeiwünschen soll.

Der Meister weint auf seine Art, stumm und ohne jede Träne. Bis er auf einmal den Kopf hebt, Rackebrandt lange anschaut und mit schwerer Stimme sagt: »Und wir stehen doch auf einer Seite! Auch wenn de mir's nicht glauben willst. Und diesen hohen Preis, oller Zijeuner, war die Sache nun wirklich nicht wert.«

Da muss Frieder widersprechen, für Rackebrandt und Roderich und all die anderen, die sich nicht mehr verteidigen können. »Nein«, sagt er. »Der Preis war nicht zu hoch. Denn hätten wir nicht gekämpft, hätten wir nicht gesiegt.« Er sagt das, obwohl Jette neben ihm steht und den Preis, den er hier verteidigt, ja auch Guste mitbezahlen musste.

Natürlich ist der Meister mit seinen Worten nicht einverstanden und auch Vater Riese macht ein Gesicht, als wollte er ihm einiges zu bedenken geben. Doch da langt erneut ein Leichenzug vor dem Schloss an und vier besonders grausam zugerichtete Tote, in denen kaum noch Menschen zu erkennen sind, werden an ihnen vorüber in den Schlosshof getragen. Sofort flackern neue Wut und Verbitterung auf. »Der König soll kommen und die Leichen sehen!«, ertönt es wieder überall. »Auf den Balkon mit ihm!« Und während dieser Ruf immer lauter gegen die Schlossmauern anbrandet, werden weitere Wagen mit Toten in den Schlosshof geschoben. Frieder und Jette, Michael und Schorsch, Vater Riese und Meister Langemann schließen sich dem freudlosen Zug an und schieben ihren Leiterwagen ebenfalls so nahe es geht an den Balkon im Schlosshof heran. Der kurze Auftritt vorhin war zu wenig; der König soll seinen Opfern in die Gesichter schauen.

Lange rührt sich nichts, dann betreten zwei Herren den Balkon. Erst schauen sie nur schweigend auf die erregte Menge herab, dann hebt der in der Ministeruniform die Hand. Als endlich ein wenig Ruhe eingekehrt ist, bittet er laut, man möge doch nun nach Hause gehen. Es sei ja alles bewilligt. Der König aber habe die ganze Nacht durchwacht und müsse sich schonen. Außerdem befehle Seine Majestät, auf den leidenden Zustand der Königin Rücksicht zu nehmen.

»Wenn die Liese Kartätschengeballer ertragen konnte, wird sie auch uns aushalten können!«, schallt es wütend zurück. Woanders wird geschrien: »Wer Blut vergießt, muss auch Blut sehen können.« Und: »Wenn der Fritze nicht gleich kommt, legen wir ihm unsere Toten auf den Frühstückstisch.«

Vater Riese, Meister Langemann und andere Schutzbeamte beobachten den neu entflammten Zorn mit Erschrecken. Der König habe doch nun wirklich fast alle Forderungen erfüllt, beschwören sie die Menschen um sich herum. Wer ein neues Blutbad verhindern wolle, müsse bereit sein, Frieden zu schließen.

Die bis ins Übermaß erregten Menschen aber können und wollen keine Ruhe geben. »Fünfzehn Jahre ist mein Sohn nur geworden«, schreit ein Mann mit anklagend erhobenen Händen. »Er soll nicht sang- und klanglos verscharrt werden.« Eine Frau ruft erbittert, sie sei jetzt Witwe mit sieben Waisenkindern, ob sie sich dafür etwa noch bedanken solle? Ein junger Mann beschwert sich, dass sie ihm den älteren Bruder niederkartätscht hätten wie einen feindlichen Soldaten; ein Bursche, nicht älter als siebzehn, schreit, sein Freund hätte sich ja längst ergeben und dennoch sei der Säbel auf ihn niedergefahren.

Immer mehr einzelne Stimmen werden laut, immer mehr Leid wird in die Menge getragen – bis der König tatsächlich noch einmal erscheint! Rechts und links von ihm andere Herren, an seinem Arm die bleiche Königin. Steif tritt das Königspaar an die Balkonbrüstung vor, mit steinernen Gesichtern schaut es auf die so entsetzlich Zugerichteten herab. Dann hat die Königin die ersten Leichen gesehen und taumelt erschrocken zurück.

Die vielen Menschen im Schlosshof aber hat der Anblick des königlichen Paares, das nun unentschlossen, irgendetwas zu sagen oder zu tun, auf dem Balkon herumsteht, nicht besänftigt. Im Gegenteil, neuer Zorn kommt auf: Die Herren aus der Begleitung des Königspaares haben vor den Toten den Hut abgenommen, der König hat seinen noch auf. »Flapps ab!«, ertönt es irgendwo und kurz darauf überall: »Hut ab, Fritze!«

Und da, nach einer Sekunde beleidigten Zögerns, geschieht das Unfassbare: Der König nimmt vor den Toten den Hut ab und steht nun da wie ein gescholtener Schüler vor seinen Lehrern; in der einen Hand den Hut, am anderen Arm die Königin, die nicht mehr wagt, den Blick zu heben.

Ein Bild, das Frieder in höchste Erregung versetzt. Heftig presst er Jettes Hand. Was sie jetzt miterleben, ist etwas so Großes, Bedeutungsvolles, wie es vor diesem Schloss, in dieser Stadt, im ganzen Land nie zuvor stattgefunden hat: Der König hat vor den Zimmerern Hermann Louis Rackebrandt und Roderich

Hauser, der Dirne Guste Mundt, dem Bäckerjungen Dietz, dem Malergesellen Berthold Pietsch und all den anderen Opfern seiner Politik den Hut gezogen! Der Monarch von Gottes Gnaden musste dem »Pöbel« seinen Respekt erweisen! Was für ein Sieg!

Die Menge jedoch will immer noch nicht gnädig sein. »Runterkommen!«, erschallt es von irgendwoher. »In den Hof!«

Und ein zweites Wunder geschieht: Nach einigen Sekunden erneuten Zögerns verlässt das Königspaar den Balkon und tritt nur wenig später zu seinem, vor Überraschung über so viel Gefügigkeit nun doch besänftigt stillen Volk in den Hof heraus. Und der fahlgesichtige König, dem irgendjemand noch schnell einen langen grauen Mantel über den Generalsrock geworfen hat, schreitet mit der Königin am Arm und dem Hut in der Hand vor die aufgebahrten Toten und verneigt sich steif. Die Königin folgt ihm wie eine Marionette. Doch lange hält sie den Anblick der so schauderhaft verunstalteten Toten nicht aus. Stumm sackt sie in sich zusammen und eilig tragen einige Herren aus dem Gefolge sie ins Schloss zurück.

Der König aber harrt aus, rührt sich nicht vom Fleck. Was Meister Langemann ganz und gar nicht gefällt. »Wenn nun einer auf ihn schießt«, flüstert er besorgt. »Haben ja so viele noch ihre Waffen dabei.«

Eine unnötige Befürchtung. Der Anblick des trauernden Königs und die Ohnmacht der Königin hat die Menschen im Schlosshof nun doch milde und manche sogar schon wieder dankbar gestimmt. Leiser Gesang hebt an und wird immer lauter. »Jesus, meine Zuversicht!«, singen die Menschen. Und der König hört sich alle Verse entblößten Hauptes mit an und spürt nicht die empörten Blicke derer, die keinen Grund für eine so rasche Versöhnung erkennen können.

Kaum ist der Choral verstummt, blickt Michael sich auch schon voll verhaltenen Zorns um. »Was für ein Volk sind wir nur?«, fragt er staunend. »Bei allen Engeln, Nonnen, Mönchen und falschen Göttern: Was für ein seltsames Volk!«

Böse Blicke treffen ihn. Doch der kleine Student hält ihnen stand. »Was wollt ihr?«, ruft er mit grimmiger Stimme, während König und Gefolge sich langsam wieder entfernen. »Pack schlägt sich, Pack verträgt sich! Ein Volk, das so leicht vergibt, muss der König wahrlich nicht fürchten. Und eure Toten wissen nun wenigstens, was sie euch wert sind.«

Das ist zu arg. Sofort wollen einige der Umstehenden auf Michael los. Frieder, noch immer Jette an der Hand, tritt ihnen entgegen. »Eure Zuversicht kommt zu früh«, verteidigt er den Freund. »Nach dem, was wir diese Nacht erlebt haben, vertraue ich weder großzügigen Versprechungen noch geheuchelten Kniefällen.«

»Wir waren auch nicht konditern«, gibt eine große, hagere Frau im brandfleckenübersäten Kleid zurück. »Aber jetzt ist's genug! Jetzt wollen wir Frieden! Der König hat uns die Hand hingestreckt; wir wären schlechte Eltern, Brüder und Schwestern, würden wir nicht einschlagen.«

»Aber merkt denn keiner, dass hier nur Furcht und kluges Kalkül die Lehrmeister waren?« Michael starrt die Frau an, als würde er ihr, die so viel gelitten und gekämpft hat, seine Worte am liebsten in den Kopf hämmern. »Fritze hat doch nur seinen Hut abgenommen. Der Kopf sitzt noch drauf und denkt weiter, was er bisher gedacht hat. Wir dürfen nicht so schnell vergeben und vergessen, müssen darüber nachdenken, wie wir uns eines Tages selbst regieren können.«

»Jonger Mann, Se sind e Feuerkopp!« Vorsichtig legt Vater Riese Michael die Hand auf die Schulter. »Aber merken Se sich eens: Auf de Dauer haben de Jutmütigen noch immer über de Starrköppe jesiegt. Und warum? Weil durch de juten Herzen nu mal mehr Blut fließt als durch de bösen. Bösartigkeit verengt, Jutmütigkeit weitet!«

Sagt es, streichelt Michael den Rücken und fügt großzügig hinzu: »Aber du bist ooch 'n jutet Kerlchen! Nur zu unjeduldig! Viel zu unjeduldig, falls de mich fragst.«

Inzwischen ist es Mittag geworden. Erste, regenverkündende Wolken hängen über der Stadt und nun leeren sich langsam Schlosshöfe und Schlossplatz. Jette und Frieder, Nante und Flips, Michael und Meister Langemann, Vater Riese und der alte Schorsch jedoch bleiben noch. Gemeinsam mit all den anderen, deren Verwandte oder Freunde mit Rackebrandt, Roderich und Guste auf dem Leiterwagen liegen, schauen sie dem Abtransport der Toten nach, die entweder über die Schlosshöfe zum Dom oder zu ihren Familien gebracht und dort aufgebahrt werden. Wie ein in viele Bäche verströmender See verteilt sich die riesige Mengenmenge über die Stadt; wer noch zurückbleibt, nimmt diesen Anblick in sich auf, als wollte er ihn für alle Zeiten bewahren.

Als dann die ersten Regentropfen fallen, schieben auch sie ihren Leiterwagen zum Dom und tragen ihre Toten in den Altarraum. Und dann setzen sie sich zu ihnen, Jette und Frieder Hand in Hand, und halten weiter Wache.

# 4. Teil
# Im Sommer des Sieges

## Wir Frauen

Es ist der Hahn, der Jette weckt. Jeden Morgen um die gleiche Zeit kräht er. Nicht lange darauf antwortet der vom Nachbarhof und dann kikerikien die beiden Gockel miteinander um die Wette. Natürlich kann sie dann nicht mehr schlafen und Mutter Jacobi auch nicht. Zwar bleiben sie beide noch still liegen, aber sie wissen voneinander, dass sie wach sind, blicken zur niedrigen, mattblau getünchten Zimmerdecke hoch oder zu dem weißen, runden Gipsofen hin, der im Sommer so seltsam unnütz erscheint, und lauschen dem Vogelkonzert im Garten. Finken, Drosseln, Stare, Spatzen, sogar ein Pirol; mit der ersten blassen Helligkeit vor dem Fenster ruft und tschilpt es in den Büschen und Bäumen und auf dem Dach, als gelte es, den erwachenden Tag wie den allerersten oder allerletzten zu feiern.

An diesem Morgen jedoch sind es nicht die Vögel, die Jette aus dem Schlaf holen. Es ist dieser furchtbare Traum, der noch immer in ihr nachklingt. Darin bekam sie von Frieder ein Kind und deshalb wollte er sie nicht mehr ansehen. Später standen Muhme Hete und Mutter Jacobi am Hoftor und wiesen sie mit kalten Gesichtern fort. Da ist sie mit dem Kind in den Armen auf irgendwelche herbstlich kahlen Felder hinausgewandert, immer weiter in eine neblige, graue Endlosigkeit hinein.

Sie beginnt zu schwitzen, wirft die Bettdecke von sich, steht auf, öffnet das Fenster und atmet tief die feuchtkalte Morgenluft ein.

Was für ein schöner Anblick, so ein früher Garten! Sogar die Bäume, Büsche und Sträucher scheinen nur schwer aus dem Schlaf zu finden. Es ist eine ganz andere Welt hier draußen; wären nicht all diese Erinnerungen und dazu auch noch die neuen Sorgen, dürfte sie sich freuen.

Diesen schlimmen Traum hatte sie ja nicht von ungefähr: Seit zwei Wochen ist ihre Blutung ausgeblieben und sonst kam sie bei ihr, im Gegensatz zu Guste, doch immer sehr regelmäßig ... Oh, wie sehr wünscht sie nun, es hätte jenen Nachmittag im Wäldchen nie gegeben! Doch darf sie Frieder einen Vorwurf machen? Sie war es ja, die ihn zuerst küsste. Und dabei hatte sie doch ganz deutlich gespürt, dass sie das gerade an diesem warmen Tag, als alles so nach Kiefern duftete und sie innerlich zu glühen schien, nicht hätte tun dürfen.

Danach hatte es sie dann einfach fortgerissen. Da war keine Scham mehr, keine Furcht, kein Zweifel. Wenn Wald und Himmel über ihnen zusammengestürzt wären, sie hätte es nicht mal bemerkt. Erst viel später, als sie nebeneinander auf dem Waldboden lagen und zu den Baumwipfeln hochsahen und Frieder so glücklich lachte, wusste sie, was passiert war. Der Schreck über ihre Schande ließ sie ganz steif und stumm werden. Wie oft hatte die Schwester sie gewarnt! Und sie hatte immer gedacht, ihr könnte so etwas nicht passieren! Nun war es doch passiert! Weil irgendetwas in ihr es mit aller Macht so wollte ...

Dennoch: Wie konnte sie nur träumen, Frieder würde sie im Stich lassen? Frieder ist doch Frieder! Hat sie denn ganz heimlich doch kein Vertrauen zu ihm? Weil auch er ein Mann ist?

»Jetteken?«

Mutter Jacobi! Jetzt hält sie ihr Schweigen nicht länger aus.

»Ja?«

»Haste gut geschlafen?«

»Ja.«

»Das ist schön.«

»Ja.«

Still legt Jette sich wieder hin und schließt noch mal die Augen, bis sie Muhme Hete über den Hof gehen hört, den Hühnern, Enten, Gänsen und Kaninchen Futter bringen. Gleich darauf meckert Käthe, Muhme Hetes einzige Ziege, die diese Schritte auch gehört hat und aus dem Stall gelassen werden will. Alles wie jeden Morgen in diesem Moabiter Gartenparadies, auch heute, am Sonntag.

»Du atmest so schwer. Quälste dich mit irgendwas? Denkste wieder an die arme Guste?«

»Nein!« Sie hat Mutter Jacobi immer noch sehr gern. Es macht ihr nichts aus, Bett an Bett mit ihr zu schlafen, und sie ist ihr dankbar dafür, dass sie sich um sie kümmert, als wäre sie schon ihre Schwiegertochter. Doch sie will nicht über jeden ihrer Gedanken reden müssen. Mutter Jacobi ist eine alte, fromme Frau, die schon viel mitgemacht hat und sich Gustes Tod allein mit dem Willen des Herrn erklärt, der, bei aller Trauer, nun mal zu respektieren sei. Wie soll sie verstehen, dass sie, Jette, anders darüber denkt? Ihr ist es zu einfach, dem Herrn alle Schuld zu geben. Schließlich war sie es, die die Schwester in den Tod geführt hat. Und nicht der Herrgott im Himmel hat sie dazu getrieben, sondern ganz allein ihr sturer Kopf.

Mutter Jacobi hat ein Weilchen still mit der auf ihrem Nachtkästchen immer bereitliegenden Stricknadel unter ihrer Nachthaube herumgestochert. Jetzt sagt sie leise: »Ihr müsst mal wieder zu den Rackebrandts. Der Mann hat mir voriges Jahr so geholfen, da dürfen wir seine Familie auch nicht ganz und gar vergessen.«

Ein ungerechtfertigter Vorwurf, der Jette zwingt, ihre Einsilbigkeit zu beenden. Frieder geht ja jede Woche zu Frau Rackebrandt, sitzt bei der bleichen, mageren Frau in der Küche und auf dem Tisch liegt, was er ihr mitgebracht oder Michael ihm an Talern oder Groschen zugesteckt hat.

»Sie hat's ja auch nicht leicht«, seufzt Mutter Jacobi, froh darüber, dass endlich ein Gespräch zustande gekommen ist. »Nun ist sie schon seit drei Monaten allein auf Almosen angewiesen – was für ein grausames Schicksal!«

Also hat auch Mutter Jacobi daran gedacht, dass heute wieder ein Achtzehnter ist; Sonntag, der 18. Juni, genau drei Monate nach jener Blutnacht ... Und natürlich hat Frau Rackebrandt es sehr schwer. Noch unerträglicher aber macht sie sich ihr Dasein, indem sie allein ihrem Mann die Schuld an seinem Tod gibt. Deshalb hat sie, als die Gefallenen vor dem Schloss aufgebahrt wurden, auch nicht nach ihm gesucht. Die ganze Nacht davor habe sie wach gelegen, gestand sie Frieder; jeder Schuss, den sie hörte, habe sie direkt ins Herz getroffen: Weshalb dachte ihr Mann denn nicht an seine Kinder? Liebte er sie etwa nicht? In den vielen Jahren, als er im Gefängnis saß und sie, zum Glück noch kinderlos, auf ihn wartete, war ihr das Überleben schon schwer genug gefallen; jetzt, mit all den Kindern am Hals, würde sie es nicht schaffen. Und so hat Frieder nach jedem Besuch bei ihr ein schlechtes Gewissen. Da sind zwei im Recht, sagt er, und keiner mehr oder weniger als der andere; und er steht zwischen ihnen, versteht beide und fühlt sich hilflos.

»Ist schön, dass der Frieder so auf dich hört.« Mutter Jacobi will ihr Morgengespräch immer noch nicht beenden. »In vielen Dingen sind die Männer ohne uns Frauen ja nur hilflose Kinder.«

Da ist er wieder, dieser verschwörerische »Wir Frauen«-Ton, den Mutter Jacobi seit neuestem so gern anschlägt, wie um ihr zu zeigen, dass sie jetzt beide auf derselben Seite stehen. Doch es stimmt nicht, dass sie Frieder erst zu Frau Rackebrandt schicken musste. Er betrachtet diese Besuche als seine Pflicht. Heute Nachmittag allerdings wird er einen Gang machen, zu dem sie ihn überredet hat. Doch von diesem Besuch darf Mutter Jacobi nichts wissen; es würde sie nur unglücklich machen. Und deshalb steht Jette nun lieber auf. Solange sie sich mit irgendwas beschäftigt, ist sie wenigstens mit sich allein, kann sie nachdenken, träumen und sich sorgen, ganz wie es ihr gefällt. Wie in einem eigenen kleinen Haus fühlt sie sich dann; da öffnet sie nur, wenn sie möchte.

Der Tag wird immer schöner. Bienen, Wespen und Hummeln summen durch die warme, nach Wiese, Kräutern und Blumen duftende Sommerluft, Schmetterlinge flattern umher, im nahen Wäldchen ruft ein Kuckuck. Muhme Hetes Stickrahmen vor sich, sitzt Jette im Schatten des niedrigen, efeubewachsenen Backsteinhauses an dem alten, von Regen, Sonne und Wind ganz rissigen Gartentisch und versucht sich an einem neuen Muster.

Muhme Hete hat ihr das Sticken beigebracht, gleich in jenen ersten Tagen hier draußen, als die Trauer um Guste und das furchtbare Gefühl des Verlassenseins ihr manchmal so zusetzten, dass sie nur stumm dahocken und in sich hineinstarren konnte. Die kräftige, herbe, unentwegt auf dem Hof oder im Haus herumwerkelnde Frau mit dem aschblonden, noch längst nicht grauen Haar wollte sie von ihrem Kummer ablenken. Und irgendwann gelang ihr das auch, die mühselige Arbeit fing an, Spaß zu machen, und sie flüchtete sich immer tiefer in die Welt ihrer Muster. Perlstickerei, Plattstickerei, Kreppstickerei, alles hat sie schon ausprobiert; feine englische und grobe Wolle und auch Seide hat sie schon verwendet und von Tag zu Tag wird sie flinker, wird ihr Stich gleichmäßiger und ihr Ehrgeiz größer.

Muhme Hete gab ihr auch die Adresse der beiden Schwestern Schmidt, die in der Dorotheenstraße die kleine Putzwarenhandlung führen. Nie wird sie den Tag vergessen, als sie den ältlichen Jungfern ihre ersten selbst bestickten Servietten vorlegte und die beiden zwar grämliche Gesichter machten, ihr aber doch zwanzig glänzende Silbergroschen dafür auf den Ladentisch zählten. Kein fürstlicher Lohn für so viel Arbeit, aber mehr, als die langweilige Knopflochnäherei einbringt. Sie wird ja auch immer schneller, immer geschickter und erfindet immer schönere Motive. Und die von Mal zu Mal freundlicher guckenden Schwestern nehmen ihr alles ab, egal, ob sie hügelige Landschaften mit kleinen, lindenbewachten Ziegelhäusern oder weite grüne Wiesen mit grauen und schwarzen Schafen neben einem alten Schäfer und seinem Hund erfindet oder sich nur Blumenmuster ausdenkt. Und nicht nur Servietten, auch Tischdecken, Gardinen und sogar Blusen hat sie inzwischen schon bestickt und so letzten Monat insgesamt fünf Taler verdient.

»Na, kommst du voran?« Muhme Hete ist aus den Beeten zurück, ein Körbchen mit Radieschen, Zwiebeln und Gurken im Arm. Und natürlich beugt sich die Frau mit den ewig blühenden Wangen, die im ganzen Dorf nur Muhme genannt wird, obwohl sie niemandes Tante ist, keine Kinder und sonstigen Verwandten besitzt, gleich tief über den Stickrahmen. Ihre Augen, so sagt sie immer, seien ihre größten Kummerapostel.

»Was sind denn das für Blumen?«, wundert sie sich nun. »Haste die irgendwo gesehen?«

»In meinem Kopf.« Jette lächelt vorsichtig. Es macht ihr Spaß, Muster zu erfinden, die mit der Wirklichkeit nicht viel zu tun haben. Phantasiegemälde nennt Frieder diese Landschaften oder Blumen oder »Jettes Träume«.

Muhme Hete ist nicht sehr begeistert. »Kannst du so etwas denn auch verkaufen?«

Die Schwestern Schmidt können ihre selbst erfundenen Muster sogar viel besser verkaufen als die anderen, die überall zu finden sind. Die vornehme Kundschaft bevorzuge alles, was aus dem Rahmen fällt, haben sie ihr erst gestern wieder, kopfschüttelnd über so viel Dummheit, erzählt.

»Na ja! Dem Glücklichen werfen auch die Ochsen Kälber. Aber wenn du's verkaufen kannst, soll's recht sein.« Nachdenklich trägt Muhme Hete ihren Korb in die Küche und kurz darauf hört Jette sie schon wieder rumoren. Einen Augenblick lang lauscht sie nur, dann stickt sie weiter an ihrem Muster.

Über Muhme Hete muss sie viel nachdenken. Spät verheiratet, ist sie früh Witwe geworden und kurz darauf starb auch noch ihr einziges Kind, ein erst wenige Wochen alter Säugling. Muhme Hete aber verzweifelte nicht, zog in die Stadt und verdingte sich als Milchmutter, bis der kleine Michael auch den letzten Tropfen aus ihr herausgesaugt und sie ihren Ersatzsohn genauso lieb gewonnen hatte wie zuvor ihren Sebastian. Danach kehrte sie ins Häuschen ihres Mannes zurück, verkaufte alles Land, das sie selbst nicht bewirtschaften konnte, und behielt nur den Garten, ein Kartoffelfeld und das Kleinvieh. Und so lebt sie nun, gräbt um, sät, erntet und schlachtet, backt Brot und weckt ein. Und immer ist ihr warm von der vielen Arbeit. Nicht mal im Winter, wenn eisige Stürme über den Hof fegen, würde sie mehr als ein Jäckchen überziehen, hat Michael erzählt, den zuerst Muhme Hete immer wieder besuchte und der nun sie besucht, weil er seine Milchmutter noch immer sehr mag. Frieder und Mutter Jacobi ergeht es nicht anders. Zwar machen die beiden Frauen sich gern übereinander lustig – Städterin und Landfrau –, in Wahrheit aber verbindet ihr beiderseitiges frühes Witwendasein sie enger, als sie zugeben wollen, und Mutter Jacobi murmelt jeden Tag drei Dankgebete vor sich hin, so froh ist sie, ihre alten Tage »direkt im Garten Eden« verbringen zu dürfen.

»Jette, guck mal!« Fritzchen kommt über den Hof gejagt. Frieder hat ihm schon vor Wochen aus dem Untergestell eines alten Kinderwagens eine »Pferdekutsche« gebaut. Dazu hat er einen Holzsitz aufs Gestell genagelt und aus Stricken und einem breiten Ledergürtel eine Art Pferdegeschirr gebastelt. Nun lässt Fritzchen sich immer wieder von seinem Schimmel Frieder ziehen und mit »Hühott« geht's rund herum und auch mal den staubigen Feldweg entlang.

»Was für verrückte Kerle! Als ob es nichts Nützlicheres zu tun gäbe.«

Mutter Jacobi hat Kartoffeln zu waschen. Rasch legt Jette den Stickrahmen beiseite und betätigt den Pumpenschwengel. Nach Mutter Jacobis Meinung übertreibt Frieder es mit Fritzchen, um ihn über den Tod seiner Mutter hinwegzutrösten. Sie findet, er sollte besser Vorbild und Vater für Fritzchen sein und nicht immer nur Spielzeug.

Als die Kartoffeln gewaschen sind und Jette zu ihrer Arbeit zurückgekehrt ist, hat Mutter Jacobi plötzlich viel Zeit. Die

Schüssel im Schoß, setzt sie sich zu ihr und lächelt milde in den warmen Sonnenschein hinein. »Ein schöner Tag, nicht wahr? Ein Tag, wie extra für uns gemacht!«

Sie will mal wieder mit ihr reden. Doch im Gegensatz zu ihrem morgendlichen Bettgespräch möchte sie ihr jetzt wirklich etwas sagen. Jette spürt das sofort, hebt aber nicht den Kopf, stickt nur emsig weiter.

Ein Weilchen summt Mutter Jacobi noch zufrieden vor sich hin und lässt ihre Augen die Bäume, Büsche und Beete entlangwandern, als mache dieser Anblick sie wunschlos glücklich, dann schaut sie wieder den laut herumjohlenden »Männern« nach. »Nicht wahr, wenn ihr erst eigene Kinder habt, wird's noch schöner?«

Jette hätte beinahe einen Fehlstich getan. Ahnt Mutter Jacobi etwas? Hat sie ihr vielleicht schon was angesehen? »Weiß ja gar nicht, ob ich überhaupt welche will.«

»Ach, Mädchen! Kinder kommen von Gott. Da wird man nicht lange gefragt.« Mutter Jacobi seufzt. »Es sei denn ...«

Es sei denn, man hält sich von Männern fern! Verschämt schaut Jette zu den Spinnweben in den Büschen hin, in denen so früh am Vormittag noch der Tau perlt.

»Es ist ja nicht nur wegen des Geredes«, beginnt Mutter Jacobi nach kurzem Sinnieren neu. »Die Leute reden immer und wo nichts ist, malen sie eben was hin. Aber nun hat mich sogar der Herr Pfarrer gemahnt. Zwei so junge Leute, die sich lieb haben, unter einem Dach ... Hab ihm gesagt, dass du ja mit mir in einem Zimmer schläfst, aber da hat er nur gelacht.«

Mutter Jacobi und ihr Pfarrer! So schwer ihr das Laufen auch fällt, bis in die kleine Moabiter Dorfkirche schafft sie's immer!

Wieder hat die kleine, noch immer schwarz gekleidete Frau eine Pause gemacht, als wollte sie ihr Gelegenheit geben, über alles nachzudenken. »Ich bin ja alt«, sagt sie dann, »lebe mehr in der Erinnerung als im Heute. Ihr aber müsst an die Zukunft denken. Und ist das denn nicht der ordentliche Weg – verliebt, verlobt, verheiratet? Wer sich aber lieb hat und nicht den ordentlichen Weg geht, dem blüht Schlimmes.«

Diese Worte sollen sie an Guste erinnern. Doch was würde Mutter Jacobi sagen, wüsste sie, dass Frieder und sie längst vom ordentlichen Weg abgekommen sind? Zwei Schwestern, eine verderbter als die andere, würde sie vielleicht denken …

»Der Herr Pfarrer würde euch beide lieber heute als morgen trauen. Du bist zwar erst sechzehn und mein Frieder ist auch noch nicht volljährig, doch es wurden schon jüngere Paare getraut, wenn es gut und richtig für sie war. Und wie sollte es denn für ein Waisenkind ohne Verwandte, die sie bei sich aufnehmen könnten, nicht gut und richtig sein, von einem lieben Mann geheiratet zu werden? Noch dazu, wo du ja ein Kind mitbringen wirst, das außer dir auch niemanden hat? Also vereinen sich alle Wünsche in einem einzigen und da sollten wir uns doch sehr freuen, bald eine richtige Familie zu sein.«

»Falls du wegen der Trauerfrist Bedenken hast«, Mutter Jacobi ist enttäuscht, keinerlei Freude in Jettes Gesicht zu entdecken und auch keine Antwort zu bekommen, »kann ich dich beruhigen. Zwar wäre bei einer so nahen Verwandten, wie es die leibliche Schwester ist, ein Jahr Wartezeit angemessen, Pfarrer Brieselang aber sagt, unter besonderen Umständen würden auch vier Monate reichen.«

Vier Monate? Da würde ja bedeuten, dass schon nächsten Monat Hochzeit wäre! Sollte sie also wirklich schwanger sein, wäre sie gerade erst in der achten Woche und käme dann das Kind, würden alle es für eine Siebenmonatsgeburt halten. Ist das nicht ihre Rettung? Weshalb zögert sie, Mutter Jacobi um den Hals zu fallen? Hat das Vogtland sie verdorben, weil dort so viele unverheiratete Paare zusammenleben? Sie hat Frieder ja wirklich lieb und würde lieber hungern, als die zwei Taler Traugebühren sparen zu wollen. Nur: Falls sie nun doch nicht schwanger ist, ist sie dann zum Heiraten nicht viel zu jung? Wenn Frieder und sie erst in einem Zimmer schlafen, werden ja ganz bestimmt bald Kinder kommen. Und die müssen dann alle ernährt und gekleidet werden. Und so viel können der tüchtigste Zimmerergeselle und die fleißigste Stickerin nicht verdienen, um nicht im Elend zu versinken, wenn die Kinder gar zu viele werden …

Ihr kommen die Tränen und da glaubt Mutter Jacobi, dass sie sich nun doch endlich freut. Lächelnd zieht sie sie an sich. »Ist ja gut, Kindchen! Ist ja gut! Mein Frieder kann sich ja gar keine Bessere wünschen. Und dein Fritzchen bekommt endlich richtige Eltern und sicher auch bald Geschwister. Wenn wir den lieben Gott auch nicht immer verstehen, zum Schluss fügt er doch alles zum Guten. Und dafür sollten wir ihn preisen, damit er uns dumme Dinger am Ende nicht noch für undankbar hält.«

## *Ein Geschenk*

Der Weg nach Berlin führt durch eine hügelige Sandwüste. Kaum Bäume, kaum Sträucher gibt es hier, nur ab und zu eine verkrüppelte Weide am Spreeufer, darunter eine einsame Drossel, die nach Würmern scharrt. Links des von Räderspuren durchfurchten Weges erstrecken sich sandige Kartoffelfelder, auf den Pfaden dazwischen haben sich Gräser und Disteln breit gemacht. An trockenen Tagen hat, wer in die Stadt will, schon nach hundert Metern staubige Stiefel und eine durstige Kehle, an Regentagen versinkt er bis über die Knöchel im Morast.

Ein mühseliger Marsch, den Frieder da jeden Tag zweimal auf sich nehmen muss. Eine gute halbe Stunde bis zum Neuen Tor, dann quer durch die Stadt bis zu der Baustelle, auf der sie gerade arbeiten. Inzwischen jedoch hat er sich an die täglichen Wanderungen gewöhnt. Fluchen nützt ja nichts. Und soll er an den Sonntagen etwa zu Hause bleiben? In Moabit lebt er wie hinterm Mond. Jette mag diese Idylle zwischen Hühnern und Radieschen, er nicht. Er ist Städter und will es bleiben. Aber natürlich müssen sie froh sein, eine so billige Unterkunft gefunden zu haben. Nur drei Taler Miete im Monat und ein bisschen Hilfe in Haus und Garten – besser als bei Muhme Hete könnte es ihnen nirgends gehen.

Ein Greifvogel kreist im weiten Blau. Habicht, Bussard oder Falke? Von hier unten ist das schwer zu erkennen. Aber wie wird der Vogel ihn sehen? Ein langer Stecken mit Zimmermannszylinder – zu groß, um ihn zur Beute zu machen, zu bodenverhaftet, um ihn fürchten zu müssen.

Nein, er geht den Weg nicht gern! Aber natürlich hat Jette Recht: Er muss ihn endlich loswerden, diesen Klotz am Bein, muss die Sache mit dem Geldbeutel ins Reine bringen. Wie schlimm, von einem Flatow erpresst werden zu können! Es ist ja völlig egal, ob er noch in seinem Haus wohnt oder nicht; irgendwann werden sie sich wieder begegnen – und dann muss er über Flatows Drohungen lachen können! Die Majorin war eine freundliche Frau. Vielleicht kann sie sogar Verständnis für seine damalige Not aufbringen und ist einverstanden, dass er ihr den Schaden Groschen für Groschen ersetzt. Auch wenn das natürlich sehr lange dauern wird.

Und wenn sie nicht einverstanden ist? Wenn sie die Gendarmen ruft? – Dann muss er eben weglaufen. Aber dann hat er wenigstens alles versucht und muss sich keine Vorwürfe mehr machen.

Sonntagsausflügler kommen ihm entgegen. Zumeist Handwerksburschen und Soldaten mit ihren Liebchen; schüchterne Dienstmädchen oder lustige Köchinnen, die ihren freien Tag genießen wollen. Manchmal ziehen aber auch ganze Familien samt Freunden und Bekannten grüßend an ihm vorüber. Das grüne Moabit ist ein beliebter Ausflugsort. In die irdenen Krüge oder Flaschen, die sie bei sich tragen, werden sich die vergnügten Wanderer dann Schafmilch füllen lassen; frisches Weißbrot in Schafmilch getunkt ist ja eine Frühjahrsdelikatesse, auch wenn es Mitte Juni eigentlich schon ein bisschen spät dafür ist.

Frieder grüßt jedes Mal höflich zurück und als einmal ein junges Mädchen ihn neugierig anschaut, muss er gleich wieder an Jette denken. Wie schön, dass sie sich haben! An den Abenden, wenn er, müde vom langen Tag, in Muhme Hetes Häuschen zurückkehrt und sie lächelnd von ihrer Stickerei aufsteht, um ihn zu begrüßen, überflutet es ihn oft ganz heiß. Sitzt er danach mit ihr, der Mutter, Fritzchen und Muhme Hete beim Abendbrot, egal, ob an einem schönen Tag draußen im Garten oder an einem verregneten am Küchentisch, wird ihm stets ganz ruhig zumute. Dann ist alles andere weit fort; nur dieser eine Abend ist noch wichtig.

Fast überkommt ihn Scham bei dem Gedanken, aber es ist nicht zu leugnen: Es geht ihm gut! Er hat Freunde verloren, Freunde, die er nie vergessen wird, er selbst aber darf sich über nichts beschweren. Der fehlende Finger behindert ihn kaum – und er hat Jette!

Jener Sonntagnachmittag im Mai, als sie miteinander im Garten saßen! Wie sie da plötzlich von ihrer Stickerei fortlief. Erst vor dem Wäldchen holte er sie ein, trocknete ihre Tränen und erzählte ihr ganz wirres Zeug von ihrer gemeinsamen Zukunft. Da küsste sie ihn auf einmal heftig. Und er küsste sie auch und verspürte ein ganz seltsames Flirren in der Brust. Nie zuvor hatte er so ein Gefühl empfunden. Was danach geschah, war wie ein Rausch, der über sie kam, und natürlich hatten sie hinterher schlimme Schuldgefühle; besonders Jette. Er versuchte sie zu trösten, sagte ihr immer wieder, dass sie von nun an bis an ihr Lebensende zusammengehörten und ihr wahres Leben ja erst jetzt beginne, denn alles, was zuvor passiert sei, hätten sie nur geträumt. Das musste ihr gefallen haben, denn mitten in seine Worte hinein beugte sie sich über ihn und küsste ihn so heftig und schmerzhaft, dass er erschrak. Dieser Kuss war wie ein Schrei gewesen: Ich gehöre dir, aber wenn du nicht auch mir gehörst, weiß ich nicht, was ich tue!

Die ersten sonntäglich stillen Holz- und Kohleplätze vor der

Stadt, dazwischen Fabrikneubauten und vor dem Neuen Tor die alten Häuser mit den schönen Gärten: sechs Fenster breit und einstöckig, Linden davor, Goldregen, der über die Zäune wächst, zwei Mädchen, die einer an einen Kirschbaum gebundenen Ziege frisch geschnittenes Futter bringen. Ja, hier würde er gern mit Jette wohnen! Nicht mehr in der Stadt, aber wenigstens nicht gar so weit draußen.

Jetzt das Stadttor. Seit den Märztagen kontrollieren Bürgergardisten, wer in die Stadt hinein- oder aus ihr herauswill. Milder als die alten Torwachen aber sind sie auch nicht, diese Männer, die sich ärgern, ohne einen Pfennig Sold ihre Arbeitszeit oder gar ihren freien Sonntag opfern zu müssen. Kaum will er grüßend zwischen den Wachtempeln hindurch, versperrt ihm schon eine der Wachen den Weg.

»Wohin?«

Ein untersetzter Mann im Gehrock und mit schwarzrotgoldener Kokarde am Zylinder ist es, der ihn angehalten hat. Mit der roten Erdbeernase und dem Gewehr über der Schulter erinnert er an einen der hölzernen Nussknackersoldaten vom Weihnachtsmarkt. Frieder grinst. »Zum dicken Fritze und seiner Liese. Tee trinken. Wohin denn sonst?«

»Willste mich zum Affen machen, du langer Filou?« Sofort nimmt der Nussknacker das Gewehr in Anschlag und auch die beiden anderen Wachposten kommen heran.

»War doch nur 'n Scherz.« Vorsorglich macht Frieder einen Schritt zurück, dann sagt er, dass er in Wahrheit nur einen Freund besuchen will.

»Name!«

»Meiner?«

»Der vom Freund!« Der Gewehrlauf kommt näher.

»Peter Paul Pumm.«

Jetzt wird der Mann endgültig böse. »Soll ich dich abführen? Willste hinter Gittern schmoren, du langes Frechmaul, du?«

»Er heißt wirklich so.« Wie muss er sich zusammennehmen,

um diesen aufgeblasenen Kerl nicht einfach beiseite zu schieben und weiterzugehen. »Und er ist Geselle beim Schuster Zuckerbrod in der Reezengasse.«

Wieder ein lustiger Name! Den wird ihm der Nussknacker auch nicht glauben. Frieder will schon zu einer längeren Erklärung ansetzen, da nickt einer der beiden anderen Bürgergardisten, ein schmaler, freundlich blickender Mann, seinem Wachkollegen abwiegelnd zu. »Den gibt's wirklich. Und 'nen neuen Gesellen hat er auch, 'nen jungen Burschen, den se im März aus der Hausvogtei entlassen haben.«

Frieder atmet auf, der Nussknacker bleibt unentschlossen. »Und was habt ihr vor, ihr zwei Galgenvögel?«

»Na, hör mal, Gottlieb!« Der Schmale guckt empört. »Das geht uns aber nun wirklich nichts an.« Und der dritte Bürgergardist, ein Kerl mit Pausbacken, erklärt großzügig: »Solange se sich ordentlich verhalten, dürfen se sich auch frei bewegen.«

Da nimmt der Nussknacker endlich sein Gewehr weg. »Wir wollen keine Unruhe in der Stadt«, knurrt er nur noch. »Jeden Tag passiert was anderes. Und wir müssen's ausbaden. Und wofür das alles? Für nichts und wieder nichts und noch 'n bisschen Nichts als Streusel obendrauf.«

Es ist schwül in der Stadt, Dunst liegt in den Straßen und aus den Rinnsteinen und Abwässerkanälen steigt es hoch, dass Frieder kaum zu atmen wagt. Und zu alledem kocht in ihm noch immer die Wut.

Volksbewaffnung nennt sich das! Wie lächerlich! Was da die Revolution schützen soll, ist in Wirklichkeit doch nur eine Polizeitruppe, die die wahren Revolutionäre kontrolliert. Wer kann es sich denn leisten, ohne Sold tage-, wochen-, ja monatelang Dienst zu tun? Doch nur die Bürgerbriefbesitzer, die andere für sich arbeiten lassen können oder genug Geld besitzen, um auch ohne neue Einnahmen nicht hungern zu müssen. Und natürlich die Beamten! Die paar Maschinenbauer und Handwerker unter den Bürgergardisten zählen nicht. Hätten die Maschinenbauer von Borsig nicht so zäh darum gekämpft, hätte man ihnen ja gar keine Waffen gegeben. Zu Hauptleuten jedoch hat sich die Mehrheit der Herren Bürgergardisten ehemalige Offiziere gewählt. Weil die ihr Handwerk verstehen!

Und dabei hatte alles so hoffnungsvoll begonnen! Morgens hatten sie den König gezwungen, den Hut abzunehmen, schon am Abend fand die große Siegesfeier statt. Wie da die ganze Stadt erleuchtet war! Eine solche Illumination hatte es zuvor nur bei großen Hoffeierlichkeiten gegeben. Und überall in den Straßen Jubelstimmung, lautes Singen und heitere, festlich gekleidete Männer und Frauen. Freudenschüsse wurden abgegeben, Feuerräder drehten sich, Raketen stiegen in die Luft. Da hatten Michael und er es im Dom nicht länger ausgehalten, da mussten sie weg von den Toten, rein ins Leben. Und trösteten sich damit, für Guste, Rackebrandt, Roderich, Felix und all die anderen Gefallenen mitzujubeln. Es war ja vor allem ihr Sieg, der jetzt gefeiert wurde!

Die Marschallbrücke. Gedankenverloren lehnt Frieder sich über das steinerne Geländer und starrt auf die im Sonnenschein glitzernde Spree hinab, als würden aus dem Wasser Bilder zu ihm hochsteigen.

Wie er am Morgen nach jener siegestrunkenen Nacht zu Jette in den Dom zurückkehrte und sie zur Mutter und zu Fritzchen brachte, die schon mit angstbleichen Gesichtern auf sie warteten! Wie sie dann allesamt vor Aufregung und Übermüdung nicht einschlafen konnten! Und Fritzchen! Die vielen Lügen, die sie ihm aufgetischt hatten, um ihm das Fernbleiben seiner Mutter zu erklären! Und sein Finger! Er war am Nachmittag mit Michael in der Charité gewesen, ein Arzt hatte ihm die Hand verbunden und auch was gegen die Schmerzen eingegeben. In der Nacht jedoch pulsierte und klopfte das Blut in seiner Hand, als wollte es ihn mahnen, wach zu bleiben. Irgendwann schlief er aber doch ein und viele wirre, seltsam schnelle, blaurote Träume wechselten einander ab, quälten ihn und ließen ihn immer wieder aufschrecken. Bis er endlich in einen tiefen Schlaf fiel. Als er daraus erwachte, war schon heller Vormittag und Jette hatte Fritzchen bereits angezogen, um mit ihm zu Guste zu gehen. Damit er endlich erfuhr, was wirklich geschehen war, und Abschied nehmen konnte. Sie durften ihm nicht bis in alle Ewigkeit Märchen auftischen. Er musste begreifen, dass seine Mutter nicht wiederkam; ganz egal, wie schlimm es ihn treffen würde. Weil alles andere ja nur eine noch viel grausamere Tortur bedeutete.

Er kümmerte sich währenddessen um die Mutter und erzählte ihr von all den Geschehnissen, bis er es unter dem düsteren Dach nicht mehr aushielt und erneut in die Stadt lief. Und wieder war da so ein Menschengewoge in den Straßen. Überall schwarzrotgoldene Fahnen und an den Hüten und Mützen schwarzrotgoldene Kokarden. Dafür weit und breit kein einziger Gendarm, kein Gardeoffizier, der auf stolzem Ross durch die Straßen galoppierte oder mit klirrendem Säbel Parade ging, keine glänzende Equipage, die so dicht am Straßenvolk vorüberfuhr, als wäre der Adel allein auf der Welt, kein Trommelwirbel am Brandenburger Tor und kein Ruf »Wache raus!«, weil irgendein Prinz oder eine Prinzessin in die Stadt wollte. War jetzt etwas zu hören, so waren es die Rufe der Buchhändler, die sich durch die Menge drängten, um Zeitungen, Broschüren und witzige, den König oder Kronprinzen verspottende Plakate zu verkaufen. An jeder zweiten Straßenecke klebte schon eines, an jeder dritten hielt einer eine Rede, an jeder vierten stand ein Tisch oder Stuhl mit einer Schüssel oder einem Teller, um für die Hinterbliebenen der Gefallenen zu sammeln. Und weder für die Maueranschläge noch für die Reden oder Sammlungen waren zuvor polizeiliche Genehmigungen eingeholt worden. Es war vorbei mit den tausend kleinlichen Gesetzen. Die Leute taten, was sie wollten. Und sie taten es mit einer solchen Selbstverständlichkeit, als wären seit jener Barrikadennacht nicht erst ein Tag, sondern als wären bereits Monate vergangen.

Am Mittag dann noch eine große Freude: Regierungsamtliche Plakate verkündeten eine Amnestie für alle politischen Gefangenen! Die galt für P. P. P., Jobst Brennicke, Lorenz, Kaspar, Adam und all die anderen erst kurz oder schon länger einsitzenden Gefangenen, sie galt aber auch für Boleslavs Freunde. Als die polnischen Revolutionäre am Nachmittag frei waren, fuhren sie auf festlich geschmückten Wagen zum Schloss und Tausende begleiteten sie. Gleich auf dem ersten der Anführer der Polen, ein polnischer Nationalheld, wie es hieß. Und was hielt er in den Händen: eine schwarzrotgoldene Fahne! Da spannte ihm die begeisterte Menge die Pferde aus und zog den Wagen selbst zum Schloss, wo sogar der König bereit war, die ihm zuvor so verhassten Polen zu begrüßen. Auf dem Balkon stand er und dreimal schwenkte er die Feldmütze. Da musste er, Frieder, auf einmal laut lachen, so komisch fand er diese Szene. Und vielen anderen ging es genauso: Sie hatten den König das Fürchten gelehrt, waren sie da nicht fast schon seine Meister?

Und P. P. P.? Der kam ihn bald besuchen, und zwar ausgerechnet an dem Tag, an dem sie mit Meister Langemanns Arbeitskarren nach Moabit umzogen. Sofort packte er mit an und seither treffen sie sich jeden Sonntag, um gemeinsam zum Kastanienwäldchen zu ziehen, wo sich nun täglich die Demokraten treffen und die neuesten Ereignisse diskutieren. So hat er den Nussknacker-Gardisten nicht belogen, nur ist der andere Weg, der zur Majorin, heute der wichtigere.

Noch einen Blick in den glitzernden Fluss, dann stößt Frieder sich vom Brückengeländer ab und biegt in die sonntäglich stille Dorotheenstraße ein, um am Putzwarenladen der Schwestern Schmidt vorüberzuspazieren. Jeden Sonntag, wenn er zu P. P. P. geht, nimmt er diesen Weg und besieht sich das Schaufenster mit all den Decken und Deckchen, Blusen, Kragen und Borten. An der runden Tischdecke dort hat Jette gearbeitet. Über zwei Wochen lang hat sie Hühner, Enten und Gänse auf die blütenweiße Decke gestickt. Aber auch wenn er ihr nicht hin und wieder dabei über die Schultern geblickt hätte, hätte er ihre Arbeit sofort erkannt. Wer sonst stickt roten, blauen und grünen Gänsen und Enten so große Schnäbel an und lässt jede dritte Ente kopfüber nach Nahrung gründeln? Wer sonst erfindet so bunt gescheckte Hühner? Wer sonst lässt Küken wie gelbe Wattebällchen den Saum entlangtanzen? Wer sonst hat so bunte Träume?

Sonntäglich gekleidete Kinder spielen in der Neuen Friedrichstraße. Einige wippen an Eisengittern, andere schieben Murmeln, schlagen den Ball, zählen einander ab, lassen Zinnsoldaten über den Rinnstein reiten oder sind mit Puppen und Decken Vater-Mutter-Kind.

Ein friedliches Bild. Aus irgendeinem Grund macht es Frieder Mut. Und so tritt er auf das Haus zu, das er zuvor nur beobachtet hat, geht durch den dunklen Hausflur und steigt langsam die Treppe mit dem geschweiften und geschnitzten Löwenkopfgeländer empor, bis er im zweiten Stock angelangt ist.

Die reich verzierte Tür, der perlenbestickte Klingelzug, das Türschild: *W. A. Lietzow*. Obwohl er nicht mal mehr die Hausnummer wusste, hat er wie blind hergefunden. Und nun? Jetzt heißt es klingeln. Und dann erklären, denn entschuldigen, das steht fest, kann und wird er sich nicht. Sonst müsste er dieser fremden Frau sein ganzes Leben erzählen.

Er nimmt seinen Zylinder ab, streckt die Hand aus und erschrickt: In seiner Angst, zu zaghaft zu klingeln, hat er zu heftig gezogen! Es trillert und klickert, als wollte er das ganze Haus herausschellen. Zwei, drei Sekunden lang hofft er, dass vielleicht niemand da ist und dieser Besuch sich damit für heute erledigt hat, doch dann nähern sich der Tür schon flinke Schritte und seine Hoffnung, dass vielleicht die Majorin selbst und nicht dieses dumme Dienstmädchen ihm öffnen könnte, verfliegt.

»Ja?« Durch den Türspalt schaut ein Dienstmädchen, aber es ist nicht jenes, an das er sich noch so gut erinnert.

»Guten Tag!« Jetzt bedauert er doch, dass nicht das andere

Mädchen geöffnet hat. Die hätte ihn sicher wieder erkannt und dann hätte er nichts erklären müssen. Diese kleine Brünette mit der weißen Haube auf dem Kopf guckt, als käme er geradewegs vom Mond.

»Mein Name ist Jacobi«, stellt er sich endlich vor. »Ich möchte zur Frau Majorin. Ist sie wohl zu sprechen?« Fragt es und hofft erneut, dass ihm Aufschub gewährt wird. Doch das Mädchen guckt ihn nur von oben bis unten an. »In welcher Angelegenheit möchten Sie denn zu ihr?«

Also muss er zuerst diesem fremden Mädchen beichten. Widerwillig beginnt er vom Winter zu erzählen und von den Reisekörben, die er die Treppe hochgetragen hat, und dass, na ja, dass dann etwas passiert sei, worüber er gern mit ihrer Gnädigen selbst gesprochen hätte.

Das überraschte Dienstmädchen, das nicht viel von dem verstanden hat, was er ihr beizubringen versuchte, will noch etwas fragen, da meldet sich weiter hinten im Flur eine zweite Stimme, in der Frieder sofort die der Frau Majorin wieder erkennt: »Öffne die Tür nur ganz, Rosa. Ich weiß schon, wer uns da besuchen kommt.«

Die kleine Brünette gehorcht und nur wenig später steht sie vor ihm, die Majorin. Leichte blaue Haube auf dem Kopf, in der Hand einen Palmrohrstock mit goldenem Knauf. Prüfender Blick aus grauen Augen. Verlegen will er ein paar Worte herausstottern, da unterbricht sie ihn schon: »Langsam, junger Mann! In meinem Alter verträgt man Überraschungen nicht mehr so gut.« Und dann guckt sie weiter so prüfend, bis sie schließlich nickt. »Hab ich mich also doch nicht getäuscht! Hab mir ja immer viel auf meine Menschenkenntnis eingebildet und hätte mir niemals von einem Diebsgesicht helfen lassen.«

Diese Begrüßung verwirrt ihn noch mehr. »Bin gekommen, Ihnen alles zu erklären«, stottert er heraus, ohne das ihn nun noch neugieriger anstarrende Mädchen länger zu beachten, »und Sie zu bitten, mir eine Wiedergutmachung zu gestatten.«

Eine Eröffnung wie von einem verarmten Grafen. Aber wie hätte er sich sonst ausdrücken sollen, ohne die Wörter »Diebstahl« und »Geldbeutel« in den Mund zu nehmen?

Wieder mustert ihn die Majorin erst lange, dann seufzt sie. »Meinen Beinen geht's nicht mehr so gut. Langes Stehen strengt mich an. Bitte kommen Sie doch herein. Im Sitzen kann ich besser zuhören.«

Das hatte Frieder nun ganz und gar nicht erwartet. Wer bittet denn einen Dieb in seine Wohnung? Nur widerstrebend folgt er der mühsam vor ihm hertappenden Frau durch den langen, teppichbelegten und mit Büchergestellen, Schränken und Schränkchen voll gestellten Flur, bis sie einen großen bildergeschmückten, rosa tapezierten Raum betreten. In der Mitte steht ein krummbeiniger Tisch mit bronzenen Beschlägen, der über und über mit eingelegten Blumenarbeiten verziert ist; auf zwei geschweiften Kommoden sind Porzellanfigürchen versammelt: Jagdszenen, Schäferinnen, eine Reifrockdame mit einem Mops auf dem Schoß, ein Liebespaar.

Steif setzt die Frau sich in den hohen Armlehnstuhl vor dem Fenster und stützt die von der Sonne beschienenen, altersfleckenübersäten Hände auf ihren Stock. »So«, sagt sie dann müde. »Jetzt dürfen Sie mir erklären, weshalb Sie gekommen sind.«

Und da erzählt er ihr doch fast sein ganzes Leben. Wie sollte sie ihn denn sonst verstehen? Von seinem Beruf berichtet er, von seinem früh verstorbenen Vater und wie die Mutter und er sich während seiner Lehrzeit durchschlagen mussten. Bis im vorigen Jahr alles so teuer wurde, dass sie und so viele andere Angst bekamen, nicht mehr überleben zu können. Wie er deshalb ins Gefängnis kam und erst einen Tag, bevor er ihr aus der Droschke half, aus der Hausvogtei entlassen worden war.

Er schämt sich nicht, während er ihr das erzählt, er empfindet sogar Stolz dabei. Immer haben die Mutter und er kämpfen müssen und sind nicht untergegangen. Was bedeutet dagegen dieses einmalige Schwachwerden? Vielleicht kann sich die Majorin, obwohl sie so ein ganz anderes Leben führt, ja tatsächlich vorstellen, wie ihm zumute war nach diesem langen, eiskalten Wintertag in den Straßen. Dass er den größten Teil des Geldes zum Schluss aber doch nicht für sich behalten wollte, erzählt er ihr nicht. Das hat mit seiner Geschichte nichts zu tun; sie soll nicht glauben, er wolle sich reinwaschen.

Die Majorin fragt auch nicht, was er mit dem Geld getan hat. Für sie ist es selbstverständlich, dass die Mutter und er es zum Leben brauchten. »Und Ihre Hand?«, will sie nur wissen, als er fertig ist. »Was haben Sie denn mit Ihrer Hand gemacht? Das ist mir ja damals gar nicht aufgefallen, dass Ihnen ein Finger fehlt.«

So muss er ihr auch noch von der Barrikadennacht und seiner morgendlichen Flucht erzählen.

Die Majorin hat ihm mit geschlossenen Augen zugehört. Jetzt nickt sie mehrmals. »Ich glaube dir deine Geschichte. Du wärst nicht zu mir gekommen, nur um mir etwas vorzulügen. Aber wie willst du den Schaden wieder gutmachen?«

Dass sie ihn plötzlich duzt, soll wohl zeigen, dass sie ihm vergeben hat. »Hab ja wieder Arbeit«, antwortet er zögernd. »Verdiene. Also werde ich Ihnen alles ersetzen. Obwohl das natürlich sehr lange dauern wird. Wir ... wir müssen ja auch leben.«

Minutenlang schweigt die Frau, dann sagt sie kopfschüttelnd: »Das mit dem Wiedergutmachen war nicht meine Idee. Deshalb« – sie verfällt wieder ins Sie – »lassen Sie uns die Sache so bereinigen, dass ich Ihnen den Beutel samt Inhalt zu Ihrem nächsten Geburtstag schenke. Damit ist Ihr Gewissen nicht mehr belastet und ich darf mir einbilden, eine großzügige alte Dame zu sein, die mit den Armen Mitleid hat und reuige Missetäter belohnt.«

Macht sie sich über ihn lustig? Aber nein, sie ist ganz ernst; und wenn da Ironie in ihrer Stimme lag, galt sie nicht ihm.

»Sollten Sie aber zu stolz sein, mein Geschenk anzunehmen, bleibt's beim Diebstahl.« Nun lächelt sie listig. »Denn so lange, wie Sie brauchen, mir den Schaden zu ersetzen, lebe ich bestimmt nicht mehr.«

Das ist raffiniert von ihr und dennoch die Wahrheit: Daran, dass die Majorin die Rückzahlung des Geldes vielleicht gar nicht mehr erleben könnte, haben Jette und er nicht gedacht. Verlegen stotternd bedankt sich Frieder, die Frau im Armlehnstuhl aber wischt alles mit ihrem Stock beiseite. »Quak! Quak! Quak! Danken Sie mir nicht! Blicken Sie lieber, wenn Sie in zehn oder zwanzig Jahren mal wieder durch die Neue Friedrichstraße kommen, zu meinem Fenster hoch und denken Sie an jene komische Alte, die dann schon längst auf dem Kirchhof draußen liegt.« Und als er darauf nicht gleich etwas zu erwidern weiß, hebt sie schmunzelnd den Zeigefinger. »Sie sehen, rein egoistische Motive leiten mich!«

»Ich werd aber trotzdem an Sie denken.« Endlich gelingt es ihm, auf ihren Ton einzugehen.

Da hält sie ihm die Hand hin, um ihn zu verabschieden. Und als er sie ergriffen hat, flüstert sie ihm verschwörerisch zu: »Und vergessen Sie nicht: Ungleiche Freunde sind selten!«

Er weiß es. Das ist es ja vor allem, was ihn so überrascht und dankbar stimmt.

### *Fremder Leute Lieder*

In der Reezengasse wohnt Schuster an Schuster. An warmen Werktagen kann man sie bei offenen Türen arbeiten sehen. In jeder Werkstatt zwei oder drei. Als Kind hat Frieder dann jedes Mal die Vielzahl der Stiefel bestaunt, die da Schaft an Schaft und so stark nach Leder duftend von der Decke herabhingen. Und natürlich wäre damals auch er gern einer der vielen frechen, stadtbekannt faulen Schusterjungen gewesen, die diese Stiefel austragen und sich dabei so herrlich viel Zeit lassen durften.

Kein Wunder, dass P. P. P. gerade hier Arbeit gefunden hat. Sein Meister aber ist ein kleines Wunder. *C. A. Zuckerbrod* ist das verrostete Blechschild über der morschen Kellertür beschriftet. *C. A.* steht für Cäsar Alexander, zwei seltsam gewaltige Vornamen für ein strubbelhaariges, zwischen all den rohen Lederstücken und Stiefeln selbst schon fast lederartig gewordenes Männchen mit viel zu breiter Leinenschürze und ewig schmutzig-beschlagener Nickelbrille. P. P. P. jedoch lässt auf seinen Meister nichts kommen. »Mein Rumpelstilzchen ist ein Philosoph«, sagt er immer wieder. »Der will die Welt nicht nur verstehen, der will sie ergründen.«

Der kleine, unbeweibte, kinderlose Mann hockt auch am Sonntag nirgendwo lieber als in seiner dunklen Werkstatt. Nach einer Weile des Zuschneidens oder Hämmerns nimmt er dann gern einen behaglichen Zug aus dem nur an den Sonntagen bereitstehenden Bierkrug, lässt sich über die plötzliche Sammelleidenschaft der Bürgerbriefbesitzer für arme Opfer aus oder meint sinnierend, dass die meisten derjenigen, die gleichsam über Nacht in so helle Begeisterung für die Revolution ausgebrochen sind, in Wahrheit nur guckten, in welche Richtung der politische Wetterhahn sich drehte, bevor sie endgültig Partei ergriffen.

Obwohl er seine Werkstatt fast nie verlässt, weiß Meister Zuckerbrod über alles, was in der Stadt passiert, bestens Bescheid. Es sind seine Kunden, die ihm die Welt in die Werkstatt tragen: Offiziere, die, während er ihnen neue Stiefel anmisst, über den dotterweichen König spotten und auf die eiserne Faust des Kronprinzen setzen; Bürgerliche, die immerzu mit dem Volk und einer zweiten Revolution drohen, um ihre nur ihnen nutzenden Reformen durchzubekommen, in Wahrheit aber selbst Angst vor diesem Volk haben, das ihnen seit neuestem so unheimlich ist; Handwerker und Arbeiter, die um jeden Dreier feilschen und mit ihrem Zorn über die ausbleibenden Erfolge ihrer Revolution nicht hinter dem Berg halten. Er aber, so Meister Zuckerbrod selbst, lasse alle reden und zwinkere ihnen obendrein auch noch zu, um mehr Wahrheiten über sie zu erfahren. Sei die Kundschaft dann weg, denke er über alles nach, vergleiche und sortiere die erhaltenen Auskünfte und komme so zu seinem eigenen Bild über die »verlotterte Menschheit«.

Frieder hört dem alten Mann gern zu. Vor allem, weil der nie lange um den heißen Brei herumredet. Auch heute wieder: Die inzwischen bekannt gewordenen »Verfassungsentwürfe« der königlichen Regierung – Witzblätter! Der Austausch der nach dem 18. März eingesetzten liberalen Minister durch erzkonservative – Konterrevolution durch die Hintertür! Der Adel – lauter feige Wichte, die nur darauf lauerten, das »aufrührerische Berlin« mal so richtig zusammenstampfen zu dürfen. Die Herren Oberdemokraten – Klugscheißer, von denen jeder sein eigener Gott sein wolle und die von ihren Feinden deshalb schon bald in alle sieben Winde auseinander gejagt werden würden.

Der junge Zimmerer kann dem alten Schuster nicht in allem Recht geben, ganz Unrecht aber hat Meister Zuckerbrod seines Erachtens fast nie. Und der kleine Mann macht kein Hehl daraus, dass er auch ihn, den ständigen Sonntagsbesucher, neugierig aushorcht, während er ohne Unterbrechung weiterarbeitet und nur selten den Blick hebt.

Da er nichts zu verbergen hat, gibt Frieder gern Auskunft. Über sein Auskommen als Zimmerer berichtet er, über das Leben auf dem Lande und was er denn so über alles denkt, »seit der König kein richtiger König mehr ist«. Die knarzige, bedächtige Stimme des Alten, die düstere Werkstatt, in der die kleinen Fenster zur Straße fast genauso blind sind wie des Meisters Nickelbrille, der strenge Leim- und Ledergeruch und dieses nie langweilige Gespräch entschädigen ihn dafür, dass er jeden Sonntag erst lange auf P. P. P. warten muss, weil der mal wieder bis zum letzten Augenblick mit seinem Meister mitgearbeitet hat. Wenn der Freund dann endlich kommt, verstummt Meister Zuckerbrod sofort. Vor P. P. P. hat er irgendwie Respekt. Vielleicht, weil sein Geselle ein ganzes Jahr Hausvogtei hinter sich hat, vielleicht, weil er erkannt hat, dass P. P. P. selbst klug ist, vielleicht aber auch, weil es P. P. P. nichts ausmacht, auch an den Sonntagen ein bisschen herumzuwerkeln.

Verabschiedet werden die beiden Freunde jedes Mal mit demselben Spruch: »Glück auf allen Wegen, die jungen Herren!«

»Wünsch mir Veilchen aufs Grab!« P. P. P.s ständige Antwort! Ein Scherz, zugleich aber auch ein Hinweis darauf, dass Innenstadtbesuche zur Zeit nicht ganz ungefährlich sind. Erst am Mittwoch hat es wieder mehrere Tumulte und zum bösen Schluss sogar zwei Tote gegeben.

»Wer mit der Hölle scherzt, den reitet der Teufel!« Aber auch das sagt Meister Zuckerbrod jeden Sonntag und so treten die beiden Freunde nur lachend in den Sonnenschein hinaus.

Frieder redet noch immer gern mit P. P. P., obwohl der apfelbäckige Schustergeselle nach wie vor in vielen Dingen eine strengere Auffassung vertritt als er selbst. Die sogenannte Kartoffelrevolution im vorigen Jahr, so sagt der Freund, sei nur eine Hungerrevolte gewesen, deshalb habe sie verloren gehen dürfen. In den Märztagen aber habe die große politische Revolution stattgefunden; wenn die verloren gehe, sei alles vorbei. Also sollten sie lieber heute als morgen neue Barrikaden errichten, denn ohne Barrikaden hätten sie, das Volk, keine Chance.

P. P. P. jedoch hat leicht reden, saß in der Zelle, als sie hinter den Barrikaden standen, hat nicht den vielen Toten in die Gesichter schauen müssen. Das gibt Frieder ihm immer wieder zu bedenken und so streiten die beiden Freunde auch weiterhin oft. Wirklich böse aber werden sie einander nicht; einfach, weil ja keiner von ihnen weiß, ob nicht vielleicht doch der andere Recht hat.

Heute allerdings geht es um keine »Krümel-Theorie«, wie P. P. P. ihre Dispute spöttisch nennt, heute will Frieder, während sie durch die schattigen Gassen dem Molkenmarkt entgegenspazieren, von dem Schustergesellen wissen, was denn nun am Mittwoch wirklich passiert ist. Und der Freund berichtet bereitwillig, wie er und andere die großen eisernen Gitter, die plötzlich vor den Schlossportalen angebracht waren, aus ihren Verankerungen rissen und eines davon gleich in die Spree warfen und das andere zur Universität schleppten, um es dort auszustellen. Als Zeichen dafür, dass sich das Volk nicht aussperren ließ. Schließlich sei es ein uraltes Recht der Berliner, die Schlosshöfe betreten und überqueren zu dürfen. Leider wurde aus dem Spaß bald blutiger Ernst, denn auf einmal hieß es, der Kronprinz stünde mit Truppen vor der Stadt. Und das, wo doch nun alle wussten, dass es Prinz Wilhelm war, der am 18. März den Befehl zum Einsatz der Kartätschen gegeben hatte und deshalb vor der Rache des Volkes gleich bis London geflohen und erst wenige Tage zuvor zurückgekehrt war. Sofort stürzte alles los, hin zum Zeughaus, um sich zu bewaffnen. Die Bürgerwehr verteidigte das Zeughaus, es flogen Steine, es floss But und dann gab es wieder zwei Tote und zahllose Verwundete. Diesmal aber waren es keine Soldaten, die geschossen hatten, es war die Bürgerwehr, eigene Leute! Das war zu schlimm. Wutentbrannt stürzte sich alles auf die Toten und Verwundeten, tauchte weiße Taschentücher in die Blutlachen, befestigte sie als rote Fahnen an Stöcken und lief damit durch die Straßen. Bis in den Abendstunden der Generalmarsch geblasen wurde – und die gesamte Berliner Bürgerwehr anrückte! Da war Eile geboten. Leitern wurden ans Zeughaus gelegt, Jungen sprangen auf die Fenstersimse und schlugen die Scheiben ein und er, P. P. P., und ein paar andere rannten mit einer Brückenbohle Tor und Türen ein.

Mit Fackeln zog die Menge danach durch das riesige Gebäude und jeder nahm sich an Waffen und Munition, was er nur tragen konnte. Einige aber stahlen im eigenen Interesse, stahlen, was sie tragen konnten, und zerstörten, was sie zurücklassen mussten; für viele Zeitungsschreiber ein Grund zu behaupten, nun regiere endgültig der Pöbel.

Von diesen Zeitungsartikeln hat Frieder bereits gehört; Angstmacherei, so nennt Michael sie. Wenn das Neue so schlimm sei, sollten die Leser denken, sei es wohl besser, alles bliebe beim Alten.

P. P. P. aber hat noch einen ganz anderen Verdacht: Was, wenn das Diebsgesindel im Zeughaus gar nicht im eigenen Interesse stahl und zerstörte, sondern nur fremder Leute Lieder sang und in Wahrheit von den Königstreuen geschickt worden war, um einen Keil zwischen die »ehrenwerten Konstitutionellen« und die »raubenden und schändenden Demokraten« zu treiben?

Keine so abwegige Überlegung, muss Frieder zugeben. Nach allem, was er seit dem 18. März an »Politik« erlebt hat, könnte es sogar sein, dass das Gerücht, des Kronprinzen Truppen stünden vor der Stadt, nur ausgestreut worden war, um sie zu unüberlegten Aktionen hinzureißen; Fallenstellerei, hatte Rackebrandt so was genannt.

Doch jetzt haben sie schon den Molkenmarkt erreicht, wo Kaspar Klemm und seine Freunde sich jeden Sonntag treffen und die rote Demokratenfahne sie bereits von weitem grüßt. Da will P. P. P. nicht länger Trübsal blasen. »Wer zweimal über denselben Stein stolpert, muss schon sehr dumm sein«, muntert er sich selbst auf. Und dann macht er einen »Charlottenburger Bauern«, indem er auf die Straße schneuzt, und grinst. »Oder unter dem Stein hat beim ersten Mal ein schöner, blanker Taler gelegen.«

Kaspars Trupp besteht aus lauter kessen Jungs. Mit schief ins Gesicht gezogenen Mützen stehen sie beieinander und rauchen. Seit in den Straßen geraucht werden darf, nuckelt ja jeder Säugling an einer Zigarre, wie Flips, der sein Geld nach wie vor lieber fürs sonntägliche Tanzvergnügen aufspart, gern spottet. Kaspar und seine Freunde rauchen natürlich nur »Fidele Hamburger«, billigstes Kraut, und lassen sie zwischendurch immer wieder ausgehen, damit sie sich die Stinker stets neu anstecken und möglichst lange damit imponieren können; wem das Geld locker sitzt, der winkt einen der vielen durch die Stadt laufenden Zigarrenjungen heran, um sich eine Havanna ins Gesicht zu stecken und damit die Linden entlangzuspazieren, als gehörten sie ihm. Neue Gesetze, neue Moden, wie P. P. P. dazu sagt, der sich in den letzten Wochen Hausvogtei sehr mit Kaspar angefreundet hat.

Als ehemalige Gefängniskameraden von Kasper werden Frieder und P. P. P. von diesen Jungen respektiert, ansonsten haben Kaspar und seine Freunde vor nichts mehr Respekt. Ziehen sie durch die Straßen, dann nur laut grölend ihre rote Fahne schwenkend. Ihr Hauptvergnügen aber ist die Katzenmusik. Egal, ob es sich um einen ihrer Meinung nach volksverräterischen Minister, betrügerischen Bäckermeister oder verlogenen Zeitungsredakteur handelt, haben sie den Feind erkannt, rauben sie ihm mit nächtelanger Katzenmusik den Schlaf.

Ein einziges Mal hat auch Frieder an einer solchen Katzenmusik teilgenommen. P. P. P. hatte ihn mitgeschleppt. Da beobachtete er staunend, wie Hunderte von diesen Jungen und auch ein paar Erwachsene die Straßen rund um den Gendarmenmarkt in Atem hielten, um alle diejenigen, die in den letzten Tagen negativ aufgefallen waren, gebührend abzustrafen. Einer blies auf einer Gießkanne, ein anderer machte eine Ofenröhre zur Trompete, wieder ein anderer trommelte auf einem Eimer. Metallkessel und Kasserollen wurden zu Pauken, Kinderpfeifen schrillten, ein absichtlich falsch eingestellter Leierkasten blökte laut. Und wer gar kein Instrument dabeihatte, übertönte alle anderen mit heiserem Bellen, kläglichem Miauen oder ohrenbetäubend grellem Pfeifen auf zwei Fingern. Der Lärm dauerte an, bis das Signalhorn ertönte und der Hauptfeind der Jungen – die Bürgerwehr! – anrückte.

Götz und seine Freunde nennen die Katzenmusikanten nur dumme Fohlen, die in ungewohnter Freiheit nach allen Seiten ausstießen; P. P. P. sieht es anders. »Es ist wichtig, sich nicht mehr alles gefallen zu lassen«, verteidigt er Kaspars Trupp immer wieder. »Selbst ihre unsinnigsten Streiche gefallen mir besser als die ewige Duckmäuserei ihrer Eltern.«

Da gibt es für Frieder nichts zu widersprechen. Wer weiß, wenn er zwei, drei Jahre jünger wäre, hätte er vielleicht seinen Spaß an dieser Art Protest gefunden. Kaspar aber, den er als Einzigen der Burschen wirklich kennt, macht ihm Sorgen. Der Junge, der im Gefängnis so oft weinte und sich an ihn hängte wie an einen großen Bruder, hat sich sehr verändert. Nicht nur, dass er ständig im ihm viel zu großen, ehemaligen Sonntagsrock seines Vaters herumläuft und sich seit seiner Freilassung eine so wüste Tolle wachsen ließ, dass ihm die langen, strähnigen Haare bis auf die Schultern herabfallen, er ist auch einer der Lautesten und Wildesten seines Trupps. Und er mag ihn, Frieder, nicht mehr, begrüßt ihn stets nur wie einen Lehrer, den man zwar respektiert, aber lieber gehen sieht als kommen. Und egal, was Kaspar sagt oder tut, ständig umspielt ein verächtlicher Zug seinen Mund. Jeder Versuch, ihn aufzuheitern, erntet kaum ein schales Lächeln; jede vertraute Geste lehnt er ab.

Lange verstand der junge Zimmerer diese seltsame Wandlung nicht, bis P. P. P. ihm folgende Begebenheit erzählte: In der Nacht der Barrikaden sollte auch die Hausvogtei gestürmt werden. Und zwar von ein paar besonders eifrigen und wohl auch dummen Revolutionären, die, um die Öffnung der Zellen zu erzwingen, sogar Feuer legten. So dass sie, die Eingesperrten, schließlich fürchten mussten, bei lebendigem Leib zu verbrennen. Denn die Wärter dachten nicht daran, sie freizulassen, bekämpften nur das Feuer und bekamen es endlich auch unter Kontrolle. Kaspar aber hatte die ganze Zeit über nur vor der Tür gelegen, mit den Fäusten ans Holz getrommelt und geweint und gefleht, man möge sie doch rauslassen. Die Gefahr war längst vorüber, da sei er immer noch wie betäubt von dem gewesen, was er miterleben musste. Und diese furchtbare Angst, vermutet P. P. P., stecke wohl noch in ihm.

Eine schlimme Geschichte, die Frieder sehr nachdenklich

werden ließ. Wie hätte er sich wohl in einer solchen Situation verhalten? Aber dass Kaspar deshalb nun auch ihn ablehnt? Nimmt er ihm übel, dass er zu jener Zeit schon entlassen war? Oder gefällt ihm nicht, dass er, Frieder, nicht so radikal denkt und redet wie P. P. P.? Will er seinen Hass ausleben und sich deshalb nur mit Leuten umgeben, die ebenso hassen wie er?

Auch was aus Jobst und Lorenz geworden ist, hat P. P. P. Frieder inzwischen berichtet. Diese beiden jedoch standen ihm nicht so nahe wie Kaspar. Und so bedauert er nur, dass er Jobst, der gleich nach der Entlassung aus der Hausvogtei zum Schlesischen Tor hinausgewandert sein soll, um in seine Heimat zurückzukehren, nicht noch einmal die Hand drücken konnte. Den buckligen Schneider hingegen hat es zu den Rehbergern verschlagen, wie die Arbeitslosen, die nördlich der Stadt mit Rodungsarbeiten beschäftigt sind, nur genannt werden. Frieder hat ihn schon ein paar Mal in der Stadt gesehen. Dem aber geht er lieber aus dem Weg. Sie waren vorher keine Freunde und werden es jetzt erst recht nicht werden.

Kaspar ist ein ganz anderer Fall. Es stimmt Frieder traurig, dass er ihn nicht mehr zum großen Bruder will. Aufzwingen aber kann er ihm seine Freundschaft nicht. Und zu dumpfem Hass ist er nicht bereit.

### *Angst vor dem Mut*

Es sind die unterschiedlichsten Leute, die das Kastanienwäldchen Unter den Linden zum Treffpunkt erkoren haben, um vor den Türen der Singakademie zu diskutieren, was hinter diesen Türen nicht oder zu wenig zur Sprache kommt: kämpferische Studenten mit flammendroten, lang wallenden Federn an den schwarzen Kalabreser-Hüten; Damen mit Sonnenschirmen; gut situierte Herren in ihren Sonntagsanzügen; arbeitslose Maschinenbauer, die eine rote Fahne mit sich führen, auf die ihre Frauen die Worte *Brot- und obdachlos* gestickt haben; junge Kaufleute, die mit den Ansichten ihrer Väter nicht mehr übereinstimmen; Handwerker und Lehrburschen und jede Menge Neugierige. Eher am Rande ein paar ältere, sehr gebildet wirkende Männer. Unter ihnen Professor Maurenbrecher in seinem altfränkischen Frack und der korpulente Winterstein, der seit neuestem nicht nur seinen wild wuchernden Demokratenbart zur Schau stellt, sondern auch einen der bei den Demokraten zur Zeit so beliebten weißen Filzhüte trägt.

Frieder und P. P. P. begrüßen als Ersten Michael, der, wie viele andere Studenten auch, aus Protest gegen die Politik der letzten Monate ein schwarzes Halstuch trägt. Dann drücken sie Götz und Adam, Julius und Konrad, Martin und Wolfgang die Hand und erneut wird Frieder schmerzhaft bewusst, dass Felix nicht mehr dabei ist; Felix von Gerlach, der ewige Pechvogel, der nicht einfach während der Kämpfe umkam, sondern, als seine Freunde und er aus einem geplünderten Waffenladen fliehen mussten, zuerst verwundet und dann aus nächster Nähe von einem aufgebrachten Leutnant erschossen wurde. Ein Offizier des Königs, ein Mann, dem seine Ehre doch eigentlich heilig sein musste, wie Götz damals sagte, hatte sich als erbärmlicher Mörder und Bluthund entpuppt und dafür gesorgt, dass das Unglück Felix' Familie treu blieb.

Adam, der wohl am engsten mit Felix befreundet war, ist das Leid noch immer anzusehen. Dennoch freut er sich über die Ankunft der vielen jungen Burschen in Frieders und P. P. P.s Gefolge. Götz wendet sich, kaum hat er P. P. P. begrüßt, gleich wieder ab. Der Schustergeselle hat nichts anderes erwartet, grinst nur schief und fragt laut, weshalb denn heute schon wieder so viele Konstitutionelle hier versammelt seien.

Er hat Recht: Im Kastanienwäldchen treffen sich vor allem Republikaner, Götz und seine Freunde aber sind nach langem Zögern dem »Konstitutionellen Klub« beigetreten, in dem sich das liberale Bürgertum versammelt, das vor einem »allzu stürmischen Fortschritt« und damit eben gerade vor dem »Demokratischen Klub« der Republikaner warnt. Zwar sind diese beiden nicht die einzigen Klubs, die in den letzten Monaten entstanden sind, es gibt noch mehrere, darunter sogar eine »Arbeiterverbrüderung«, angeführt von einem Drucker; aber diese beiden sind die größten und bedeutendsten.

Im Gegensatz zu den meisten anderen Mitgliedern ihres Klubs jedoch bemühen sich Götz und seine Freunde, jedes weitere Auseinanderdriften der beiden großen Klubs zu verhindern und eine gemeinsame Verständigungslinie zu finden. Damit ernten sie hier allerdings, egal, welcher der diskutierenden Gruppen sie sich zuwenden, kaum Beifall. Die meisten Demokraten sind genau wie Michael der Meinung, dass alles nur eine Interessenfrage ist. Sie wollen nicht allein freie Menschen sein, sondern auch Arbeit und Brot und damit die soziale Demokratie. Die Mehrheit der Konstitutionellen hingegen wolle nur ihre wirtschaftlichen und politischen Machtgelüste befriedigen und kümmerte sich nicht um die Besitzlosen.

Oder säßen in der Preußischen Nationalversammlung etwa Leute aus dem Volk? Von zuvor beeinflussten Wahlmännern gewählte Fabrikanten, Geheimräte, Prediger, Staatsanwälte, Hausbesitzer, Handwerksmeister und sogar waschechte Junker debattierten dort. Sie aber, die Studenten, Handwerker und Arbeitsmänner, die auf den Barrikaden gekämpft hätten, stünden draußen und dürften allein auf die wenigen Demokraten hoffen, die trotz aller Behinderungen dort hineingelangt seien. Wie aber sollen die sich durchsetzen gegen eine Mehrheit, die nicht mal willens ist, sich zu der Revolution zu bekennen, die allein ihre Versammlung ermöglichte?

Es erregt die Gemüter noch immer, dass der Antrag der Linken, die Revolution im Nachhinein parlamentarisch zu legitimieren, von der Rechten abgeschmettert wurde. Preußen verdanke seine neu erworbenen Freiheiten nicht dem Barrikadenkampf, sondern allein der Zustimmung des Königs, heiße es bei diesen verträumten Winkeladvokaten..

Und war das Wahlergebnis vom Mai etwa ein Wunder? Zwar durften zum ersten Mal alle Männer wählen und nicht nur die Bürgerbriefbesitzer, aber eben nur die volljährigen, also die ab vierundzwanzig. Auf den Barrikaden starben aber schon die Fünfzehnjährigen. Deshalb gehöre, wolle man jemals ein vernünftiges Parlament bekommen, zuallererst das Wahlalter gesenkt: auf einundzwanzig statt vierundzwanzig, um Wähler, und auf vierundzwanzig statt dreißig, um Gewählter zu sein.

Ein junger Kaufmann hat das gefordert und dafür lauten Beifall erhalten. Götz entgegnet ihm, solche Fragen seien im Moment doch Nebensächlichkeiten; bevor er jedoch fortfahren kann, fällt Michael ihm in die Parade. Wer zuvor die Nebensächlichkeiten nicht abkläre, könne später an den Hauptsachen nichts mehr ändern, hält er ihm entgegen. Denn das stünde seiner Meinung nach fest, sollten die Konstitutionellen sich durchsetzen, sei es ohnehin für lange Zeit das letzte Mal gewesen, dass auch der einfache Mann seine Stimme abgeben durfte. Das Besitzbürgertum würde schon dafür sorgen, dass es künftig wieder nach dem Einzigen gehen würde, was es dem »Pöbel« voraushatte: dem Besitz.

»Aber wenn wir nicht zusammenhalten, verlieren wir alles«, kämpft Götz weiter um »Verständigung« und »Einheit«, spricht von der »Volkspartei«, der sie schließlich alle angehörten, Konstitutionelle *und* Republikaner, und ruft zum Schluss fast flehend aus, ein kontrollierbarer König sei doch immerhin ein gestutzter Monarch, mit dem man leben könne. Wer zu viel verlange, fordere nur die Reaktion des Militärs heraus. Das aber habe am 19. März eine Schmach erlitten, die es noch lange nicht verwunden hätte, denn für das Militär gebe es nun mal keine tiefere Erniedrigung, als vom eigenen Volk besiegt zu werden. Deshalb scharrten die Rückschrittler längst mit den Füßen, um jede neu erworbene Freiheit recht bald wieder totzutreten. »All diese Grafen, Offiziere, Gutsbesitzer und sonstigen Stützen des Gottesgnadentums stehen uns in einiger Front gegenüber, um ihre längst überholten Rechte zu retten. Wir aber zanken und streiten und werden deshalb vielleicht nichts von dem behalten können, was wir so blutig erkämpft haben.«

»Ach ja!«, höhnt P. P. P. »Und wie kommt's, dass du, der du doch auch nicht gerade im Armenhaus zur Welt gekommen bist, so viel besser weißt, was gut für uns ist und was nicht?«

»Richtig!« Die Blaublusen nicken. »Nur wer auf Stroh schläft, weiß, wie's piekt.«

»Aber getrennt sind wir doch immer wieder gegeneinander auszuspielen.« Es ist Götz anzusehen, wie sehr er darunter leidet, stets aufs Neue in die Adelsecke geschoben zu werden. »Wir brauchen einander, wenn wir nicht eines Tages von einem absoluten Wilhelm I. regiert werden wollen.«

Da bricht Protest los. Allein der Gedanke, dass der Kronprinz, der sie am 18. März so böse niederkartätschen ließ, eines Tages über sie regieren könnte, versetzt die Umstehenden schon in allergrößte Wut. Dieser sture Wilhelm ist ja inzwischen nicht nur wieder nach Berlin zurückgekehrt, sondern hat gleich am Tag nach seiner Ankunft in der Preußischen Nationalversammlung geredet und sich in Generaluniform und mit Sporen an den Stiefeln »voll und ganz« zur konstitutionellen Regierungsform bekannt. Ausgerechnet er, in Wahrheit der hartnäckigste Verteidiger der absoluten Königsmacht! Eine Heuchelei sondergleichen! Doch zu machen war dagegen nichts, irgendein Landkreis Wirsitz hatte ihn zum Abgeordneten gewählt. Zwar wurden Protestplakate geklebt und in den Zelten erhoben viele tausend Menschen Einspruch gegen diese Wahl des Landkreises »Irrwitz«; gewählt aber ist gewählt und wenigstens hat sich der Kronprinz seither nicht wieder in der Singakademie blicken lassen.

»Ich bitte um Ruhe!« Professor Maurenbrecher tritt in ihren Kreis und da er einer der wenigen Abgeordneten der Nationalversammlung ist, die sich hin und wieder auch vor der Singakademie blicken lassen, ist ihm allgemeine Aufmerksamkeit sicher. Man könne ja täglich beobachten, wie die königstreue Partei jeden Zwist zwischen den Konstitutionellen und den wahren Demokraten fördere, um später auf altbekannte Weise dem Wunsch der Ruhebedürftigen nachkommen zu dürfen, ergreift er Götz' Partei.»Sind Arbeiter, Handwerker und Bürger jedoch einig, das wurde im März bewiesen, sind sie unbesiegbar. Wer, so frage ich, hat denn in diesem Kampf die Oberhand behalten? Ein paar tausend unvorbereitete, führerlose und schlecht bewaffnete, aber gemeinsam kämpfende Männer und junge Burschen.«

Beifall setzt ein, der Kreis um den Professor vergrößert sich und nach einiger Zeit fährt er mit erhobenem Zeigefinger fort: »Deshalb ist jetzt, da der Grundstein für ein großes Werk zu legen ist, jedes kleinliche Denken fehl am Platze! Wir haben alle unsere Träume – es kommt aber darauf an, ob sie erfüllbar sind! Die Rückschrittspartei wird die sozialen Gegensätze, die ja nun leider nicht von heute auf morgen zu beheben sind, schamlos ausnutzen, um eines Tages zum großen Schlag auszuholen. Also müssen wir Schulter an Schulter stehen und nicht der eine auf dieser Straßenseite und der andere auf jener.«

Michael hat sehr aufmerksam zugehört, doch im Gegensatz zu Götz und Adam, Konrad, Julius, Wolfgang und Martin und vielen der jungen Kaufleute, die nun begeistert klatschen, schüttelt er nur traurig den Kopf. Auch Frieder ist enttäuscht. Es ist wie so oft in der letzten Zeit, viele führende Demokraten, die einst strenge Republikaner waren, haben wohl Angst vor dem eigenen Mut bekommen und nähern sich in ihrem Denken immer mehr den Konstitutionellen an. Aber kommen sie, die Handwerker und Arbeiter, unter der Herrschaft des Geldes nicht vom Regen in die Traufe? Nachdenklich schaut er den Journalisten Winterstein an, der auch kein begeistertes Gesicht macht. Widersprechen aber will der sonst so wortgewaltige Journalist dem alten Professor offenbar nicht.

Dafür meldet sich endlich einer der Arbeitslosen zu Wort. »Einigkeit hin, Einigkeit her!«, schreit der hakennasige Mann mit der großen Schirmmütze. »Vielleicht redet ihr auch mal über unsere Sorgen. Wir haben nichts mehr zu fressen. Sollen wir unsere Kinder mit Bibelworten ernähren? Oder glaubt ihr, euer Geschwafel ist nahrhafter?«

Ein aufgeregt stotternder Mann mit bartstoppeligem Gesicht, der ebenfalls zu den Arbeitslosen gehört, benutzt die daraufhin einsetzende Verlegenheitspause, um sich lauthals über die Bürgerwehr zu beschweren. »Sie behandeln uns wie einen Dreck«, schimpft er. »Mit ihren Bajonetten treiben sie uns auseinander, wo immer es geht. Wir aber können uns ihrer nicht erwehren. Weshalb bekommen immer nur die Satten Waffen in die Hand, nicht aber die Hungrigen?«

»Ganz einfach«, antwortet Michael sofort. »Weil es sich bei der Bürgerwehr wie bei den Konstitutionellen um Besitzende handelt. Und weil Besitzende nun mal nichts so sehr fürchten wie Besitzlose.«

»Denn soll'n se dafür sorgen, dass wir alle wat besitzen, denn braucht keener mehr vor irjendwem zu zittern.«

Das hat Kaspar gerufen und natürlich erntet er dafür neben viel Kopfschütteln vonseiten der Professoren und Kaufleute auch herzliches Gelächter. Frieder aber zieht sich immer mehr in sich selbst zurück. Ist, was hier geschieht, nicht auch nur Katzenmusik? Tausend Sänger – und jeder singt sein eigenes Lied! Wie wollen sie auf diese Weise auch nur einen einzigen Schritt vorankommen?

Es haben noch viele Sänger gesungen, es wurde gestritten, gelacht und geschimpft. Und es wurde immer heißer. Sogar vor dem Schatten der dicht belaubten Kastanienbäume macht die Hitze nicht Halt. Frieder hat nun schon ein paar Mal daran gedacht, nach Moabit heimzukehren, um sich den Tag, der so gut begann, von all dem Hin und Her nicht verderben zu lassen, und will sich gerade von den Freunden verabschieden, als auf einmal lautes Beifallsgeschrei ertönt: Die Rehberger sind gekommen! Mindestens zwanzig, dreißig Mann. Und sie wissen, dass sie längst zur Attraktion geworden sind. In Viererreihen, einer den anderen untergehakt, marschieren sie heran, unternehmungslustig blicken sie sich um. Die meisten tragen Lumpen, wüste Bärte zieren ihre von Wind und Sonne gegerbten Gesichter, gelbe Strohhüte mit weißen Federbüschen sind ihr Erkennungszeichen.

Lorenz, der bucklige Schneider, marschiert gleich in der zweiten Reihe mit und winkt Frieder, P. P. P. und Kaspar lustig zu. Und Kaspar und viele andere winken zurück. Unter den Republikanern heißt es, die Rehberger seien noch die Einzigen, die sich dagegen wehrten, dass ihre Revolution verwässert würde. Das mag stimmen, Frieder aber missfällt an diesen verwegenen Gesellen, dass sie von fast allen Klubs umworben werden und mal für diese und dann wieder für jene Sache fechten. Es sollen sogar schon vornehme Herren zu den Rehbergen hinausgezogen seien, um ihnen für die Erledigung bestimmter Aufgaben Schnaps oder Geld zu spendieren.

Michael steht den Rehbergern nicht so ablehnend gegenüber, sagt, dass sich unter den Männern, die zur einen Hälfte von der Stadt, zur anderen vom Staat bezahlt werden, auch vernünftige Köpfe befänden: arbeitslose Handwerker, aus ihren Berufen vertriebene Lehrer, verelendete Studenten. Und die wilden Kerle schätzen den kleinen Studenten ebenfalls. Einmal waren sie mit Spaten und Äxten bewaffnet vor dem Oranienburger Tor aufmarschiert, um von der Polizei verhaftete Kameraden zu befreien, und die Bürgerwehr stand mit aufgepflanzten Bajonetten bereit, um sie nicht durchzulassen. Da hat Michael so lange und geduldig zwischen den Parteien vermittelt, bis die Rehberger schließlich auf den gewaltsamen Sturm des Stadttores verzichteten und die Bürgergardisten bereit waren, sie zwar nicht als geschlossene Kolonne, aber doch einzeln in die Stadt zu lassen. Nach erneuter Vermittlung durch Michael wurden dann auch die verhafteten Kameraden freigelassen und seither ist er für die Rehberger so etwas wie ihr guter Engel. Immer öfter holen sie seinen Rat ein und er wird auch jetzt sehr herzlich begrüßt.

Wenig später scharen sich alle um ihren riesigen Anführer, einen wahren Leuchtturm von Mann mit lang wallendem Demokratenbart und tiefer Bassstimme, der stets nur Arnulf gerufen wird, und lauschen dem Redner aus dem Kreis um Professor Maurenbrecher. Der, ebenfalls Abgeordneter der Nationalversammlung, hat sich gerade den arbeitslosen Maschinenarbeitern zugewandt, um sie zu bitten, doch zukünftig ohne jede Gewalt für ihre selbstverständlich berechtigten Ziele zu kämpfen. »Wozu immer mehr Waffen?«, ruft er emphatisch aus. »Damit wir bald noch mehr Opfer zu beklagen haben? Nein, nur wo die rohe Gewalt in Fesseln liegt, herrscht wahre Freiheit.«

»Schönschwätzer!« Dieser Arnulf braucht nicht lange, um zu begreifen, worum es gerade geht. »Wer nichts zu fressen hat, ist niemals frei.« Und ein eher besser Gekleideter aus seiner Schar ruft erregt: »Erst sollten wir den König machen lassen, jetzt die Herren mit den prall gefüllten Geldbeuteln oder der hohen Bildung. Aber wenn wir wegen Lohn und Brot auf die Straße gehen, ruft man uns Verbrecher.«

Im Kreis um den Professor werden mal wieder die Köpfe geschüttelt. Michael aber ruft erbost, dass sein Vorredner doch Recht habe. Den Adel durch die Bourgeoisie zu ersetzen bedeute für das Volk ja nur, den Wolf mit dem Tiger auszutreiben. »Modernisierung der Industrie? Freie Handelswege? Schön und gut! Aber wem nützt es? Dem Volk – oder nur ein paar Fabrikanten und Großhändlern?«

Viele nicken nachdenklich, andere pfeifen, wieder woanders wird nur gelacht und abgewunken. Der Journalist Winterstein jedoch ist ein wenig näher gerückt, um besser zuhören zu können. Und Michael fährt mit zorniger Stimme fort: »Dass die

Herren Revolutionsverwalter in der Singakademie keine echte Revolution wollen, wird inzwischen ja wohl selbst der Dümmste gemerkt haben. Denn hätten sie eine gewollt, hätten sie den Sturz der alten Gewalten befürworten müssen, anstatt sie auch noch zu stützen.«

Jetzt wird der Beifall schon etwas heftiger und Michael redet sich immer weiter in Fahrt, will offensichtlich endlich mal loswerden, was ihn ärgert und bedrückt. Mit weit ausgestrecktem Arm weist er auf die Singakademie. »Dort tagen sie jetzt, die Betitelten und Besternten. Aber nicht sie haben gehungert und gefroren, nicht sie sind an der Not krepiert, nicht sie haben bis zum Tod um die Freiheit gekämpft. Doch sie fahren die Ernte ein – und vor lauter schlechtem Gewissen beäugen sie die, die sie bestohlen haben, auch noch misstrauisch.«

»Aber die Verfassung sichert dem Volk Rechte.« Das war wieder Götz, der nun nicht mehr still zuhören kann.

»Mit deiner Verfassung kannst du dir den Hintern wischen, wenn du keinerlei Macht hast, sie durchzusetzen.« P. P. P. hat sich an Michaels Seite gestellt und hebt zornig die geballten Fäuste. »Nicht Rechte fordern wir, sondern Recht! Nicht Freiheiten, sondern Freiheit!«

»Und wenn das Blut kostet?« Das war Wolfgang.

»Dann wird es von denen vergossen, die schon immer zu leichtfertig damit umgegangen sind.« Jetzt hat sich zum ersten Mal an diesem Tag auch Frieder in die Diskussion eingemischt. Er mag Wolfgang und achtet seine Ideale, weil er weiß, dass der zukünftige Armenarzt es ehrlich meint. Wer aber vor jeder Gewaltandrohung zurückweicht, wird ewig unterlegen sein.

Ein Streit, der dem Professor gefällt. Lächelnd wendet er sich Michael zu und sagt milde, er gebe ihm Recht, jede Ordnung ohne wahre Freiheit bliebe blanke Despotie. Aber jede Freiheit ohne eine gewisse, das menschliche Zusammenleben regelnde Ordnung führe zu Anarchie. Was jetzt Not tue, sei Fuß vor Fuß zu setzen, abzuwägen und erst dann weiterzugehen.

»Dann laufen Se doch gleich hinterm König her, wenn er sich das nächste Mal Liebkind machen will.«

Das war erneut Frieder. Er kann dieses plötzliche, zaghafte Fuß vor Fuß des Professors, der noch vor wenigen Wochen ganz anders sprach, nicht mehr ertragen. Erst haben Leute wie er ihm und vielen anderen die Augen geöffnet, jetzt wollen sie plötzlich, dass sie sie zur Hälfte wieder schließen. Was P. P. P. über den Wert einer Verfassung gesagt hat, die man nicht durchsetzen kann, weiß er ja schon von Rackebrandt. Und wie wäre der Altgeselle wohl enttäuscht, wüsste er, dass der Professor, den er so schätzte, zu den Besänftigern übergelaufen ist! Rackebrandt jedoch ist tot, kann nicht mehr widersprechen, sie aber, die sich hier versammelt haben, leben – und ihnen genügt kein gedemütigter König! Sie wollen eine deutsche Republik, wollen die wahre Demokratie und das heißt Gerechtigkeit für alle.

Den Professor hat sein Zuruf verletzt, beleidigt murmelt er was von »Dumme Burschen!«. Andere lachen. Zwei Tage, nachdem sie ihm ihre Toten zu Füßen gelegt hatten, war der König in Uniform, mit Pickelhaube auf dem Kopf und am Arm das Band mit dem zuvor so viel geschmähten Schwarzrotgold durch die Stadt geritten. Hinter ihm Prinzen, Minister und Generäle. Und alle trugen sie die Armbinde mit den bisher verbotenen deutschen Farben. Von einer neuen, glorreichen Geschichte war an diesem Tag die Rede, von einer fortan wieder einigen großen Nation, stark, frei und mächtig, und von Preußens Friedrich Wilhelm IV, der sich zur Rettung Deutschlands an die Spitze des gesamten Vaterlands stellen wollte. Es war eine einzige Heuchelei aus Schwäche und Angst. Doch wer schritt neben anderen ehemaligen Revolutionshelden hinter dem König her? Der Tierarzt Urban, der Held vom Alexanderplatz! Und was trug er in den Händen? Eine selbst gemalte Kaiserkrone! Ist es da so falsch zu vermuten, dass vielleicht eines Tages auch der Professor hinter dem König herschreiten wird?

Götz will Frieder gerade irgendetwas erwidern, da pflanzt

sich mit einem Mal eine Welle empörter Rufe unter den Versammelten fort und wird immer lauter. Und dann sehen Frieder, seine Freunde und alle anderen um sie herum auch schon den Trupp zerlumpter Männer, der sich mitten unter die versammelten Gruppen gestürzt hat und wild mit dem Knüppel dreinschlägt.

»Provokateure!«, schreit P. P. P. und stürmt gleich vorwärts, um einem dieser Kerle mit geschicktem Griff den Knüppel zu entreißen und selbst damit dreinzuschlagen.

Auch alle anderen, die Studenten, Katzenmusikanten, Rehberger, Kaufleute und Blaublusen, setzen sich zur Wehr. Nur die älteren Männer um Professor Maurenbrecher und die wenigen Frauen in ihrer Begleitung ziehen sich bis vor die Universität zurück.

Frieder kommen diese Kerle, die ja immer wieder irgendwo auftauchen, in diesem Augenblick gerade recht. Endlich kann er Wut und Enttäuschung loswerden, endlich wird nicht nur geschwafelt, endlich ist da ein Feind, den man packen kann!

Er wartet eine günstige Gelegenheit ab, dann rammt er einem wuchtigen Kerl beide Fäuste in den Leib, wird zurückgestoßen und stürzt erneut vor, um ebenfalls einen Knüppel zu erbeuten. Als er ihn nach zähem Kampf schließlich in den Händen hält, blickt er sich voll Ingrimm um, wem er damit zur Hilfe eilen kann – als er plötzlich wie vom Blitz getroffen erstarrt: der Flatow! Auf den Stufen zur Singakademie steht er und ist gerade dabei, sich zu verdrücken. Doch nun, seinen Blick im Rücken, dreht er sich noch einmal um und weicht betroffen zurück. Gleich darauf aber zieht er spöttisch den Hut und geht gemessenen Schritts in Richtung Kupfergraben davon.

*Herr und Gescherr*

»Guten Tag!«

Der Flatow ist zum Schluss immer schneller geworden. Erst vor dem hohen Eingangsportal zum Finanzministerium hat Frieder ihn eingeholt und kann ihm in den Weg treten.

Verwundert bleibt der wie immer nach der neuesten Mode gekleidete Mann stehen. »Haben Sie einen Wunsch?«

»Ja.« Frieder packt den Knüppel fester. »Möcht' gern wissen, was Sie ins Kastanienwäldchen getrieben hat.«

»Die Neugier!« Der Flatow lässt den Knüppel nicht aus den Augen. »Die reine Neugier, Herr Jacobi! Schließlich spricht alle Welt von den klugen Debatten, die dort geführt werden.« Er lauscht auf die zornigen Schimpfworte und wütenden Schreie, die noch immer vom Kastanienwäldchen zu ihnen dringen, und lächelt nun sogar. »Ja, da sprühen die Funken, wenn so viele kluge Köpfe aufeinander treffen!«

Bei aller Ablehnung, allem Hass, den Frieder empfindet, kann er dem Flatow den Respekt nicht versagen. Der Mann vor ihm weiß ja, wie leicht er sich jetzt rächen könnte. Eine politische Auseinandersetzung, würde es heißen; wer sollte darauf kommen, dass hier einer sein privates Mütchen kühlen wollte? »Und Ihre genauso neugierigen Freunde, den Kerkau und den Ladenthin, haben Sie nicht mitgebracht?«

»Nein.« Dem Flatow wird das Gespräch langsam lästig. »Diese beiden, unter uns gesagt eher schlichten Gemüter, interessieren sich nicht sehr für Politik. Und im Übrigen sind sie nicht meine Freunde. Eine solche Unterstellung scheint mir eine arge Zumutung für einen ehrlichen Geschäftsmann.«

Das war zu dick, das glaubt Frieder ihm nicht. »Nun«, sagt er gut gelaunt, »ich hoffe, Sie haben nichts dagegen, dass ich Sie ein Stück begleite.«

»Wenn Sie nichts Besseres vorhaben.«

Achselzuckend geht der Flatow weiter und Frieder bleibt an

ihm dran, ohne so recht zu wissen, weshalb und wozu. Bestrafen kann und will er den Flatow nicht; er will ihn nur nicht aus den Augen verlieren, kann nicht glauben, dass dieser Elegante mit der weißen Halsbinde und dem geradkrempigen, grauen Zylinder tatsächlich nur aus Neugier gerade in dem Moment im Kastanienwäldchen auftauchte, als die Knüppelgarde auf sie losstürmte. Ist ja auch merkwürdig, auf einmal sind es der Kerkau und der Ladenthin, die sich nicht für Politik interessieren. Als er die drei beim Herumstöbern in der Dachkammer erwischte, sagte der Flatow noch von sich selbst, Politik sei ein zu schmutziges Geschäft, ein anständiger Mann habe in seinem Beruf genug zu tun.

Und richtig, je länger Frieder an ihm dranbleibt, desto gequälter wirkt das spöttische Lächeln in dem glatt rasierten, bläulichroten Gesicht. Kaum haben sie Kupfergraben und Mehlhausbrücke überquert, reicht es dem Flatow endgültig und er bleibt stehen. »Herr Jacobi!«, beginnt er feierlich. »Ich weiß, wir hatten im letzten Jahr einige Reibereien. Wenn's um Frauen geht, sind wir Männer ja immer wie die Hähne, nicht wahr? Und ich, nun ja, ich dachte, ich hätte die älteren Rechte. Deshalb habe ich Ihre Frau Mutter und Sie aber trotzdem immer sehr geschätzt. Fleißig, ordentlich, sauber, ein junger Mann so recht nach meinem Herzen! Aber jetzt, lieber Freund, treiben Sie es ein bisschen zu weit. Ich bin ein erwachsener Mann und gewohnt, allein meiner Wege zu gehen.«

Also doch! Der Flatow hat was zu verbergen. Sonst würde er ihn bis zur Rosenstraße neben sich hermarschieren lassen, um ihn, dort angekommen, als dummen Jungen auszulachen.

»Ach, wissen Sie!« Jetzt setzt Frieder zur Abwechslung das überlegene Flatow-Lächeln auf. »Ich hab sonntags immer so viel Zeit und da freut man sich doch, wenn man einen alten Bekannten trifft. Mit dem gekauften Pack werden meine Kameraden schon allein fertig.«

»Kameraden?« Flatows Tonfall wird schärfer, ärgerlicher.

»Das Gesindel aus den Reḥbergen nennen Sie, ein ehrlicher Handwerker, Kameraden?«

»Gesindel?«, schlägt Frieder zurück. »Was für 'n dummes Wort! So beschimpft doch jede Seite die andere. Wie soll man da am Ende wissen, ob man nicht selbst dazugehört?«

Nun verliert der Flatow ganz und gar die Geduld. »Kommen Sie mir gefälligst nicht dumm! Alle diese Judenjungen und Eckensteher, die die Macht im Staate anstreben und ihre Weltbeglückungstheorien wie Zuckerstangen unter die Leute werfen, verleugnen, verhöhnen und verachten doch das Heiligste, was unser Volk in Jahrhunderten hervorgebracht hat. Eine Kulturschande ist das!«

»Können Sie das näher erklären?«

»Das kann ich leicht, junger Mann! Ich gehöre zu denen, die alles geschaffen haben und es sich vom Pöbel nicht fortnehmen lassen werden. Wir, die tüchtigen Bürger nämlich, halten den Staat am Leben und ernähren den Arbeitsmann; niemand sonst! Deshalb stimme ich, wo es um den Adel und sein Versagen geht, ja auch völlig mit Ihnen überein. Der Pöbel aber ist an seinem Elend selbst schuld; Neid ist nun mal ein schlechter Ratgeber! Die Tüchtigen müssen an die Spitze, nicht die Untüchtigen, egal, ob aus Fürstenhäusern oder aus dem Vogtland. Dafür, lieber junger Freund, gilt es jetzt zu kämpfen, nicht für irgendeine Armenfürsorge, die nur weitere Arme schafft. Und weil ich für diese meine Überzeugung einstehe, bin ich in die Preußische Nationalversammlung gewählt worden und werde mit dafür sorgen, dass nicht die Schwätzer über Wohl und Wehe unseres Gemeinwesens bestimmen, sondern die Männer der Tat!«

Der unpolitische Flatow – Abgeordneter? Und hat sich vielleicht nur deshalb vor der Singakademie herumgetrieben? Dann ist er, Frieder, einem falschen Verdacht aufgesessen. Ist ja oft vorgekommen in den letzten Monaten, dass wer unschuldig verdächtigt wurde; ganze Wohnungen und Geschäfte wurden deshalb schon demoliert.

Der Flatow ärgert sich, vor einem so unbedeutenden Gegenüber wie Frieder eine solche Rede gehalten zu haben. Doch dann kann er sich nicht zügeln und fügt noch hinzu, ein Mensch, der nicht wisse, wer über und wer unter ihm stehe, sei ein verlorenes Geschöpf. Deshalb dürfe niemand je vergessen, wem er zu gehorchen habe. So sei die Welt nun mal eingerichtet. »Wer daran was ändern will, ist eine Gefahr für alle friedliebenden und sittsamen Bürger. Und dieser Gefahr muss mit aller Strenge begegnet werden.«

Vor Frieders Augen beginnt es zu tanzen: der Flatow – ein sittsamer Bürger! Der Flatow – Abgeordneter der Preußischen Nationalversammlung! Ein Rackebrandt opfert sein Leben, damit ein Flatow aufsteigen kann! – Das ist zu böse! Das ist zu lächerlich!

»Also dann: Guten Weg!«

»Aber nein! Ich muss Ihnen auch noch was sagen.« Wieder bleibt Frieder dicht neben dem Mann und lügt ihm mit kaum unterdrücktem Triumph in der Stimme vor, dass jener Geldbeutel, der ihm so viel Kopfzerbrechen bereitet habe, in Wahrheit ein Geschenk an Jette gewesen sei. Der aber hätte das viel zu vornehme Muster nicht gefallen und so habe sie das kostbare Stück vor Zorn über seinen schlechten Geschmack einfach fortgeworfen.

»Und das soll ich Ihnen glauben?« Der Flatow lacht. »Einen solchen Geldbeutel, der Sie drei Monatslöhne gekostet hätte, weggeworfen?«

»Ja, wenn ich ihn gekauft hätte!« Frieder lacht mit. »Hab ihn aber selbst geschenkt bekommen! Und zwar von einer netten alten Dame, deren Name, Straße, Hausnummer und Etage ich den Gendarmen gern verraten will, falls Sie immer noch die Absicht haben, die Polizei mit dieser Sache zu behelligen.«

»Die Welt kennt andere Probleme.« Erneut bleibt der Flatow stehen und will nun, da sie bereits die Neue Friedrichsbrücke erreicht haben, offenbar gar nicht mehr weitergehen. Missmutig nimmt er sein spitzenbesetztes Taschentuch heraus, wischt sich mit ärgerlichem Blick zur Sonne den Schweiß von der Stirn und will dann nur noch wissen, weshalb Frieder das alles nicht gleich zu Anfang gesagt habe.

Da ist der junge Zimmerer das verlogene Geplänkel leid. Wozu er einem so widerlichen Spion und ausbeuterischen Hausbesitzer denn Rede und Antwort hätte stehen sollen, fragt er, und schlägt sich mit dem Knüppel in die Hand. »Mit Ungeziefer führt man doch keine Debatten! Das erschlägt oder ersäuft man.« Für das Erste hätte er den Knüppel, für das Zweite die Spree, die hier zwar nur sehr behäbig unter der Brücke hindurchfließt, aber für einen Nichtschwimmer tödlich sein kann, wenn ihm nicht rechtzeitig jemand nachspringt. Das soll der Flatow jetzt denken, das und nichts anderes!

Und er denkt es! »Sie sprechen mit einem Abgeordneten der Preußischen Nationalversammlung«, droht er hilflos. »Ihre eigenen Leute haben mich da hineingewählt.«

»Das waren nicht ›meine Leute‹!« Immer schneller, immer heftiger fliegt der Knüppel in Frieders Hand. »Und schwimmen Abgeordnete etwa besser als Tabakfabrikanten oder Hausbesitzer?«

»Wollen Sie mir Angst machen?« Der Flatow versucht ein geringschätziges Lächeln, doch es wird nur ein gequältes Grinsen. Er merkt es selbst, wird unsicher und schaut sich nach eventueller Hilfe um. Die Sonntagsspaziergänger, die an ihnen vorüberkommen, jedoch beachten die beiden Männer nicht, die da offensichtlich Ernstes miteinander zu bereden haben. Alles blinzelt nur müde in die helle Junisonne.

Und wie Frieder sie da genießt, diese Furcht im Gesicht des so sittsamen Herrn Hausbesitzers, Tabakfabrikanten, Lotterievertreters und Abgeordneten Johann Christian Flatow. Wenn er ihm schon nichts anhaben kann, soll er wenigstens mal ein bisschen mit den Knien schlottern, dieser überaus anständige Herr!

Und der Mann vor ihm fühlt sich immer unbehaglicher in seiner Situation und will wohl gerade zu einer längeren, beschwichtigenden Rede ansetzen, als sein Gesicht sich mit einem Mal verändert. Aus Sorge wird Erleichterung, aus Furcht neue Arroganz. Seine Haltung strafft sich und laut beginnt er von den Folgen zu reden, die dieser ungehörige Angriff auf eine Person des öffentlichen Lebens haben kann.

Zuerst merkt Frieder nur verwundert auf, dann ahnt er etwas und will herumfahren, doch da bekommt er schon einen Schlag gegen den Kopf und stürzt zu Boden. Benommen will er sich wieder aufrichten, da fährt erneut ein Gewehrkolben auf ihn nieder. Und dann kann er nur noch die Arme vors Gesicht reißen und die Beine an den Leib ziehen, so viele Stöße, Hiebe und Tritte prasseln auf ihn herab, und das wilde Keuchen und zufriedene Fluchen der Bürgergardisten über ihm, unter denen er gerade noch den Kerkau und den Ladenthin erkennen kann, wird immer lauter …

Es sind zwei Frauen, die sich als Erste ganz besorgt über ihn beugen, eine Dame mit rosa Haube und dazu passendem Stockschirm und ihr Dienstmädchen.

»Junger Mann!«, sagt die Dame. »Was haben Sie denen denn getan? Weshalb haben die Sie so zugerichtet?«

Er will antworten, doch nur zusammenhanglose Wörter kommen ihm über die Lippen, so sehr dröhnt es in seinem Kopf, so schlimm sind die Schmerzen in seinem Leib. »Es … geht … schon«, bringt er schließlich heraus, als die beiden Frauen einfach nicht weitergehen wollen. Er will nichts erklären müssen.

»Geht schon ist gut!« Das ältliche Dienstmädchen mit dem großen Umschlagtuch über den Schultern und dem braven Federhut auf dem Kopf guckt vorwurfsvoll. »Die haben Sie ja halb totgeschlagen! Und wäre es Nacht gewesen, hätten sie's auch zu Ende gebracht. Da hat man sich ja gar nicht rangetraut, bevor die nicht wieder davongestoben sind.«

»Es ... geht ... wirklich schon.« All seine Kräfte zusammennehmend, richtet Frieder sich ein wenig auf und lehnt sich mit dem Rücken an das steinerne Brückengeländer, während die Dame mit der rosa Haube seinen Zylinder aufliest, abstaubt und ihm das zerbeulte Stück, weil sie nicht weiß, was sie sonst damit tun könnte, vorsichtig in die Hände drückt. Er nickt dankbar, dann schließt er wieder die Augen.

Oh, wie war er dumm! Wie konnte er sich nur ganz allein an den Flatow hängen! Und zum Schluss vor lauter Rachegelüsten auch noch vergessen, weshalb er ihn überhaupt begleitete.

»Junger Mann!« Die beiden Frauen wagen immer noch nicht, ihn einfach sitzen zu lassen. »Sollen wir Sie nicht lieber nach Hause begleiten?«

Er will nur den Kopf schütteln, doch der schmerzt viel zu sehr. Also muss er sich erneut ein paar Worte abquetschen. »Moabit ... viel zu weit! Danke!«

Moabit ist den Frauen tatsächlich zu weit. Sie gucken ihn noch einen Moment lang an, als mache ihnen ihr Gewissen zu schaffen, dann zuckt die Dame ratlos die Achseln und wünscht ihm gute Besserung und das bekümmerte Dienstmädchen bittet ihn, sich doch nie wieder auf so dumme Sachen einzulassen; dann gehen sie.

Frieder ist von all dem ganz übel geworden und in seinem Kopf dröhnt es noch heftiger. So schließt er, kaum sind die beiden Frauen ein paar Meter weg, gleich wieder die Augen und lässt alle anderen Spaziergänger an sich vorübergehen. Wird erneut jemand langsamer, guckt er ihn nur kurz an und schüttelt kaum merklich den Kopf, und der verunsicherte Passant, froh darüber, sich nicht mit ihm aufhalten zu müssen, erfüllt ihm seinen Wunsch und geht weiter.

Als es ihm endlich ein wenig besser geht, steigt neue Wut in ihm auf. Was für ein böser Witz: der Kerkau und der Ladenthin Bürgergardisten! Zwei, die in fremdem Besitz herumstöberten, als andere ihre Opfer beklagten – Schutzleute der Revolution!

Aber wenigstens hat er sich nicht getäuscht, der Flatow war keineswegs nur aus Neugier im Kastanienwäldchen aufgetaucht, sondern hatte irgendwie mit diesen Knüppelhelden zu tun. Und der Kerkau und diese ganze Bürgerwehrtruppe waren ebenfalls darin verstrickt, und der Flatow hatte gewusst, dass er an der Friedrichsbrücke erwartet wurde; deshalb wollte er nicht, dass er mitbekam, wer hier zu wem gehörte ...

Ihm wird wieder übel, er muss brechen. Mühsam zieht Frieder sich am Brückengeländer hoch, dann beugt er sich schnell vor und übergibt sich in die im Sonnenschein grell blitzende Spree. Passanten, die vorüberkommen, verziehen die Gesichter. Ein Betrunkener, werden sie denken, erst hat er sich geprügelt, jetzt füttert er die Fische.

Als nichts mehr kommt, versucht er die ersten Schritte zu setzen. Am steinernen Brückengeländer entlang tastet er sich den Weg zurück, den er gekommen ist. Das dauert seine Zeit. Als er endlich das Steueramt zwischen den beiden Brücken erreicht hat, muss er sich dort auf die Stufen setzen und verschnaufen. Irgendwann geht es dann weiter, über die Mehlhausbrücke und den Kupfergraben, hin zum Kastanienwäldchen, wo der Kampf bereits beendet ist. Da aber die anderen nicht besser aussehen, stellt niemand eine Frage. Alles dreht sich um den einen Gefangenen, der gemacht wurde. Man will die Auftraggeber für diesen Überfall erfahren. Doch aus dem Mann, einem Klotz mit schmalen Augen, ist nichts herauszubringen.

Es sind vor allem die Rehberger und ein paar von Kaspars Freunden, die den Mann umdrängen und immer wieder wüste Drohungen ausstoßen. Aber auch ein paar von den arbeitslosen Maschinenarbeitern gebärden sich wie toll. »Wenn du nicht sprichst, schlägt der Lenz dich tot«, schreit Lorenz, Blut im Gesicht, ein Auge zugeschwollen, den Rock zerrissen. »Er hängt dich in die nächste Kastanie, schlachtet dich ab, ohne Beil und Säge, reißt dir die Gedärme aus dem Leib.«

Der Mann jedoch hebt nicht den Kopf.

Da hält der bucklige Schneidergeselle plötzlich ein Messer in der Hand. »Der Lenz stößt zu, wenn du nicht endlich den Mund aufmachst.«

»Das werden Sie nicht tun!« Schützend tritt der Professor vor den Gefangenen. »Wir sind schließlich keine Barbaren!«

»Und die?«, schreit einer von Kaspars Freunden unter Tränen. »Sind die etwa keine Barbaren?« Und er muss nichts weiter sagen, so schlimm zugerichtet sieht er aus.

Der Professor beharrt dennoch auf seiner Meinung. »Wer sich besser dünkt, muss gutes Beispiel sein, nicht schlechtes. Deshalb dürfen wir ihn nur bitten, sein Gewissen zu erleichtern. Tut er's nicht, werden wir ihn den Gendarmen oder der Bürgerwehr übergeben.«

Bei dem Wort Bürgerwehr haben Michael, der sich offensichtlich bis zum Schluss nicht an diesem Kampf beteiligt hat, so unversehrt ist er geblieben, und P. P. P., an dessen neuem Sonntagsrock gleich beide Ärmel fehlen, einander nur zugelächelt. Götz jedoch, dessen Gesicht ebenfalls blutverschmiert ist, tritt vor den Gefangenen hin. »Fürchtest du die Bürgerwehr?«

Der Mann zögert, nickt dann aber.

»Fürchtest du die Polizei?«

Jetzt nickt er gleich und alle wissen, die erste Antwort war falsch. Das macht den korpulenten Winterstein neugierig, der anscheinend ebenfalls nicht mitgekämpft hat. Er greift in seine Rocktasche und hält dem von zwei Rehbergern festgehaltenen Mann einen Papiertaler vors Gesicht. »Gefällt dir das Scheinchen?«

Der Mann, dessen Augen beim Anblick des Geldscheines kurz aufleuchten, nickt verwirrt.

»Hast du für diesen Überfall so viel dafür bekommen?«

Wieder zögert der Gefangene, dann schüttelt er den Kopf.

»Wie viel dann?«

Keine Antwort.

»Gut! Beginnen wir anders: Ich bin Journalist und möchte

über diesen Überfall schreiben. Dafür muss ich mehr wissen als das, was ich zu sehen bekommen habe. Wenn du bereit bist, mir Auskunft zu geben, entlohne ich dich dafür mit diesem schönen Papiertaler. Dafür muss manch anderer drei Tage lang Baumstämme zersägen.«

Bisher haben die arbeitslosen Maschinenarbeiter und die meisten Rehberger schweigend zugehört, jetzt ertönen Protestrufe: »Was denn? Auch noch bezahlen für die Schandtat? Aufgeknüpft gehört so einer, nicht noch belohnt!« Und auch die jungen, jetzt gar nicht mehr so adrett gekleideten Kaufleute und viele Studenten sind empört: »Das ist fein! So erzieht man sich Mörder.«

»Bin kein Mörder!« Endlich macht der Mann den Mund auf. »Hab nur keine Arbeit. Schon seit vier Jahren.« Bittend huschen seine Augen von einem zum anderen. »Meine Frau, meine Kinder ... eins ist vor Hunger gestorben.«

»Denkste, uns geht's besser?« Der riesige Arnulf lacht gereizt und die Blaublusen nicken düster: Hunger ist keine Entschuldigung!

»Still!« Winterstein hebt die Hand. Als es dann wieder ein wenig ruhiger geworden ist, weist er auf seine füllige Figur und sagt dem Gefangenen, dass er ihn nicht verurteile, da er wohl wisse, dass ihm das nicht zustehe. Ihn interessiere allein, wo das Geld herkäme, das man ihm und seinen Genossen für diesen Überfall bezahlt habe. Und diese Information wolle er ihm vergüten.

Die Augen des Mannes flackern. »Und wenn nun morgen in der Zeitung über mich zu lesen steht? Wie soll ich mich danach noch auf die Straße trauen?«

»Will auch noch handeln, der Hund!« Wieder geht einer der Rehberger gegen den Gefangenen vor und muss von Adam, Konrad, Martin und einigen anderen Studenten zurückgehalten werden. Der Journalist aber zieht bereitwillig einen zweiten Papiertaler aus der Rocktasche. »So geht's nun mal zu unter solcher

Art Geschäftsleuten. Erst kauft der eine den anderen, dann wird er selbst verkauft. Nur bin ich leider kein reicher Mann, mehr als zwei Taler kann ich nicht bieten. Das ist nun aber schon ein Wochenlohn und den zahle ich nur, weil ich einsehe, dass deine Mitarbeit an meinem Artikel dich in gewisse Gefahren bringt. Wenn dir diese beiden Taler jedoch nicht genügen, gehe ich meiner Wege und andere werden dich befragen.«

Da sprudelt es mit einem Mal aus dem Gefangenen heraus. Er sei auf der Straße angesprochen worden, ob er sich nicht zehn Silbergroschen verdienen wolle. Auf dem Armenkirchhof in der Linienstraße hätten sie sich dann versammelt, Knüppel wurden verteilt und ein eleganter Herr, dessen Namen er nicht kenne, drückte jedem seine Silbergroschen in die Hand. Andere Männer führten sie danach hierher.

Bei den letzten Worten ist Frieder, der von Anfang an sehr aufmerksam zuhörte, dicht an den Mann herangetreten. Jetzt will er wissen, wie er denn aussah, dieser elegante Herr, und wird nicht enttäuscht: Die Schilderung trifft voll und ganz auf den Flatow zu!

»Und unter denen, die euch herführten, war da auch ein Kahlkopf dabei?«

»Ganz recht!« Überrascht blickt der Gefangene Frieder an.

»Ein Bürgergardist?«

»Jawohl!«

Also hatte er richtig vermutet: Deshalb trieb der Flatow sich hier herum! Deshalb warteten der Kerkau, der Ladenthin und die anderen Bürgergardisten auf der Neuen Friedrichsbrücke. Herr und Gescherr! Es sollte kein Verdacht auf sie fallen ...

»Du Heringsseele! Du Dreckskerl!« Schon hat einer der Rehberger dem überraschten Gefangenen die schwere Faust ins Gesicht geschlagen. Mit einem Wimmern bricht der Mann zusammen und hätten andere ihn nicht gehalten, wäre er hingestürzt.

Sofort springt Wolfgang vor und stößt den Angreifer wütend zur Seite. »Beherrsch dich, einen Wehrlosen zu schlagen! Ihr seid doch auch nicht besser, lasst euch sogar für Schnaps kaufen.«

»Studiertes Pack!« Ohne auch nur eine Sekunde zu zögern, stürzt der riesige Arnulf sich auf Wolfgang, ein paar Studenten verteidigen den Freund und gleich darauf sind alle Rehberger und Katzenmusikanten und Studenten miteinander im Getümmel. Die immer verständnisloser dreinblickenden Maschinenarbeiter und die wohl nur noch enttäuschten Kaufleute ziehen sich weiter zurück und Frieder sieht noch, wie der Journalist Winterstein dem Knüppelmann, den nun niemand mehr beachtet, die beiden Papiertaler in die Hand drückt, um sich danach ihm selbst zuzuwenden. Wahrscheinlich, um nun ihn zu befragen. Da erhält auch er einen Schlag ins Gesicht und es war Lorenz, der ihn geschlagen hat; Lorenz, dessen Gesicht so hassverzerrt ist und der ihn längst den Studenten zurechnet.

Wütend will er auf den buckligen Schneider los, Michael jedoch hält ihn zurück. »Wozu denn?«, fragt er traurig. »Der Kampf ist doch längst verloren.« Und dann zerrt er den Freund aus dem immer dichter werdenden Kampfgetümmel heraus und läuft mit ihm in Richtung Charlottenstraße davon.

## *Steinplatten*

Sie hat Fritzchen versprochen, mit ihm in den Friedrichshain zu gehen, will ihm zeigen, wo seine Mutter jetzt schläft. So hat sie Fritzchen den Tod erklärt: Alle Menschen müssten einmal für immer schlafen gehen und die tüchtigsten, die am meisten gearbeitet und für andere gesorgt hätten, würden zuerst müde. Doch das hat er ihr nicht geglaubt. Zwar weiß er, dass die Mutter jede Nacht unterwegs war, um für ihn zu sorgen, aber weshalb sind all die anderen gestorben, die mit ihr im Dom lagen? Haben die auch alle zu viel gearbeitet? Gefragt jedoch hat er nichts, nur seine Augen haben ihn verraten. Und seither guckt er sie oft so von unten herauf an, als wisse er alles, wolle die schlimme Wahrheit aber lieber gar nicht hören.

Ein heißer Tag! Das wenige Laub an den Büschen längst des Weges nach Berlin hängt reglos herab, keine einzige Vogelstimme ist mehr zu hören. Jette trägt ihr hellgrünes Sommerkleid und die Strohschute mit den gelben Bindebändern, Fritzchen hat sein bestes Hemd und eine frisch gewaschene Hose angezogen und hält einen Blumenstrauß in der Hand. Muhme Hete hat ihm den gepflückt und anfangs sah er voll und frisch aus. Jetzt, in der Hitze, beginnen die ersten Blüten schon zu welken. Das stimmt Fritzchen mutlos. Um ihn aufzuheitern und den langen Weg ein wenig zu verkürzen, erfindet Jette für ihn die Geschichte von Schniefke, dem Sandjungen, der immerzu Schnupfen hat und eines Tages beim Sandliefern einer Hausfrau, die gerade backt, in den Teig niest. Weil die Frau den Teig jetzt nicht mehr will, schenkt sie ihn Schniefke und Schniefkes Mutter backt daraus einen großen Streuselkuchen, der seltsamerweise ganz wunderbar schmeckt. Also essen die beiden ihn nicht selbst, sondern verkaufen ihn; das Stück für einen Sechser. Für das Geld kaufen sie Mehl und Eier, rühren noch einen Teig an und Schniefke niest wieder hinein. Sie backen – und wiederum schmeckt der Kuchen so herrlich! So wird erneut Stück für Stück verkauft und zum dritten Mal gebacken. Jetzt aber rühren Schniefke und seine Mutter gleich mehrere Kuchen an und Schniefke muss in jeden Teig hineinniesen. Und wieder wird verkauft, frisch angerührt, geniest und gebacken und noch mal und noch mal und ohne Ende und jedes Mal mehr Kuchen, bis Schniefke eines Tages sogar Hofkonditor wird. Da tauchen dann viele schlaue Neider auf, die sein Rezept herausbekommen wollen. Schniefke aber niest nur noch nachts in den Teig, wenn er mit seiner Mutter ganz allein ist, und wird immer berühmter. Sogar der liebe Gott kommt in Verkleidung und will ein Stück von seinem Kuchen probieren. Als Schniefke dann aber ganz reich geworden ist und sich immer schön warm anziehen kann, hat er eines Tages keinen Schnupfen mehr. Und ohne seine Nieser schmeckt der Kuchen nicht, also muss er wieder Sand verkaufen und ist bald genauso arm wie zuvor.

»Weil er sein vieles Geld nicht gespart hat«, sagt Fritzchen voll Mitleid.

»Ja.« Sie nickt – und ärgert sich: Nun ist ihr die Geschichte zum Schluss doch wieder misslungen! Und Fritzchen will auch gar nicht mehr über diesen Schniefke wissen, hat keine einzige Frage und auch keinen Hunger bekommen von all den vielen Kuchen in der Geschichte. So ziehen sie eher betrübt als heiter durchs Neue Tor und am Putzwarenladen der Schwestern Schmidt vorüber und haben bald darauf das Kastanienwäldchen erreicht, wo Jette sich aufmerksam umblickt. Vielleicht kann sie unter den vielen Männern, die hier beisammenstehen und so erregt miteinander diskutieren, ja irgendwo Frieder entdecken? Doch weit und breit kein Zimmermannszylinder, der alle anderen überragt, nur Männer und Burschen in nicht mehr sehr heilen Kleidungsstücken und mit teilweise blutenden Gesichtern und ein paar kesse Jungs, die unentwegt eine rote Fahne schwenken.

»Weshalb schimpfen die Männer denn so?« Endlich ist Fritzchen ein wenig munterer geworden.

»Sie streiten sich.«

»Und worüber?«

»Über das Schlechte im Leben. Sie möchten, dass alle Menschen viel besser leben können.«

»Und vertragen sie sich wieder?«

»Vielleicht.«

»Und wenn nicht?«

»Dann bleibt alles, wie es ist.« Was soll sie denn sonst antworten? Sie weiß ja auch nur, was Frieder ihr des Abends erzählt. Dabei wäre sie gern mal mit ihm gegangen, um selbst zu hören, was hier so alles debattiert wird. Muhme Hete und Mutter Jacobi aber redeten ihr das aus: Wozu sich in Männerkram einmischen? Von all dem Geschrei und Geschieße würde ja doch nichts besser. Und sie hätte doch nun wahrlich genug zu tun mit ihrer Stickerei, Fritzchen, Haus und Garten.

»Aber ist es denn so, wie es ist, nicht schön?«

»Nein!« Jette hat nur kurz überlegt. »Es ist nicht schön. Nicht für die Armen – und nicht für die Klugen.«

Das mit den Armen versteht Fritzchen, das mit den Klugen nicht. Doch bevor er noch etwas fragen kann, kommen von der Schlossbrücke her drei Blumenjungen angelaufen, um ihnen frische Sonntagssträuße anzubieten. Sie haben entdeckt, dass Fritzchens Gartenblumen schon ein bisschen welk sind. Ärgerlich scheucht Jette die Jungen, die wie lästige Fliegen um sie herumschwirren, immer wieder fort. »Deine sind viel schöner«, tröstet sie Fritzchen, der nun auch gleich wieder ein wenig verwelkt aussieht, als die drei endlich weitergelaufen sind. »Sie brauchen nur Wasser.«

Über die Schlossbrücke geht es, an den alten Häusern zwischen Schloss und Spree vorbei und nach links über den Schlossplatz. Und nun ist Fritzchen endgültig wach. Inbrünstig bestaunt er all die Schilde und Engelsfiguren über den Schlossportalen und die kleinen und großen, dicken und dünnen Bürgergardisten in ihren Sonntagsröcken, wie sie eher gelangweilt als stolz im hellen Sonnenschein Wache stehen. Jette aber sieht anderes vor sich: jenen Tag im März, als all die vielen Toten, darunter auch Guste, hier vorbeigetragen wurden! Die Stadt hatte die Kosten für die Bestattung übernommen. Alles sollte groß und schön, feierlich und versöhnlich werden. Behörden und Büros hatten geschlossen, in den Kirchen fanden Gottesdienste statt. Bereits in der Nacht zuvor waren die einhundertdreiundachtzig mit jungem Grün geschmückten Särge auf der großen Freitreppe der Neuen Kirche am Gendarmenmarkt auf einen riesigen Katafalk gestellt worden. Von überall her, aus Dom und Schloss, Kirchen und Privathäusern, sogar aus dem Vogtland waren sie herangetragen worden. In fünf Särgen lagen Frauen, in zwei etwas kleineren Jungen. In der Stadt ging das Gerücht, dass es in Wahrheit viel mehr Opfer gegeben habe, deren Angehörige nur nicht wollten, dass ihre Toten auf so heuchlerische Weise bestattet wurden. Ihr jedoch war es recht, dass die Schwester mit all den anderen beerdigt wurde. Weil sie ja irgendwie doch dazugehörte! So nannte sie dem Pfarrer, der die Verwandten der Opfer befragte und Namenszettel an die Särge heftete, bereitwillig Gustes Namen und gab als Beruf Näherin an. Das wäre Guste, hätte sie nicht so früh sterben müssen, ja bestimmt noch geworden. Dreiunddreißig der Männer in den Särgen aber kannte niemand. Das erschreckte und verwirrte die Leute auf dem Gendarmenmarkt: Wie war denn so etwas möglich, dreiunddreißig Menschen ohne Verwandte, die sie vermissten oder zu Gott heimbegleiten wollten?

Zur Totenfeier war dann fast die ganze Stadt gekommen. Überall wehten Banner und Trauerflore und gleich drei Geistliche sprachen – ein Protestant, ein Katholik und ein Rabbiner. Michael, der neben ihr und Frieder stand, lauschte mit besonderem Interesse den Worten des Rabbiners und auch ihr blieben die Worte jenes Mannes am stärksten in Erinnerung; einfach, weil er so schöne Bilder fand. Von den Menschen sprach er, die in Studierzimmern nachgedacht, in Werkstätten gearbeitet, am Schreibtisch gerechnet und in Läden feilgeboten hatten und gleichsam über Nacht zu Kriegern werden mussten. Und dass sie von ihren Mitmenschen erst richtig erkannt wurden, als sie schon wie Sterne verglüht waren.

Nach den Reden Kirchengeläut und Choräle, dann setzte sich der unendlich lange Leichenzug in Bewegung. Vorneweg ein Trauermusikkorps und die Schützengilden gleich mehrerer Städte, danach der Trauermarschall und der Bezirksvorsteher mit dem weißen Atlaskissen. *Den gefallenen Helden des 18. und 19. März 1848 – die Frauen und Jungfrauen des Neuen Markt-Bezirkes* stand drauf. Dahinter fünfzehn Mädchen, die ebensolche

Kissen mit grünen Kränzen trugen, und die Särge, getragen von jeweils sechs Freunden oder Gewerksgenossen der Toten. Frieder und andere Zimmerleute trugen Rackebrandts und Roderich Hausers Sarg, Michael, Götz und ihre Freunde, die sich zur Feier des Tages blitzende Säbel umgebunden hatten, den Felix von Gerlachs. Gustes Sarg und viele andere, darunter auch der vom schielen Siegmund, der der Lumpengretel zufolge hinter einer Barrikade an der Taubenstraße gefallen war, wurden von Fremden getragen; Männer, die helfen wollten, allen Toten den ihnen gebührenden Respekt zu erweisen.

Hinter den Särgen schritt die gesamte Geistlichkeit der Stadt, erst danach kamen die Angehörigen der Toten; sie, Jette, neben Frau Rackebrandt und ihrer ältesten Tochter. Wie fühlte sie sich da allein gelassen! Fritzchen hatte sie die Strapaze nicht zumuten wollen und Mutter Jacobi hätte es auf ihren kranken Beinen nicht mal bis zum Gendarmenmarkt geschafft. Mit den Angehörigen aber war der Zug noch nicht zu Ende. Auch die Herren von der Universität zogen mit, sämtliche Staatsbehörden und Künstlervereine, der Magistrat, die Stadtverordneten, Kommunalbeamte, Deputationen der Bürgerschaft und zum Schluss noch unzählige Arbeitsmänner, Handwerker und andere, die Seite an Seite mit den Gefallenen gekämpft hatten und deshalb, wie Frieder sagte, ihren Platz eigentlich ganz vorn hätten finden müssen. Und als sie über den Schlossplatz kamen, stand auch der König wieder auf seinem mit zwei schwarzen und einer schwarzrotgoldenen Fahne behängten Balkon und nahm wie all die anderen Männer um ihn herum seinen Helm ab …

»Warum weinste denn?«

Fritzchen! Ganz erschrocken ist er stehen geblieben.

»Mir tun die Füße weh.«

»Wir können ja ein bisschen ausruhen?«

Sie ist einverstanden und so lassen sie sich auf der Langen Brücke zu Füßen des Großen Kurfürsten nieder, der, Kommandostab in der Hand, Schwert umgebunden, mit wehendem Hermelin über den vier sich ums Fußgestell windenden, gefesselten Sklavengestalten stolz vorwärts reitet. Und während Fritzchen den gewaltigen, bronzenen Hengst mit der flatternden Mähne und den geschwellten Muskeln bestaunt, auf dem sich ganze Spatzenscharen niedergelassen haben, schaut Jette, auf den kühlen Marmorstufen sitzend, über den Brückenverkehr hinweg zum grauen Schlossgebäude hinüber. Mit der alten Burg und den von Efeu und wildem Wein umrankten Türmchen, Erkern und Balkonen wirkt es von der Spreeseite her längst nicht so wuchtig und imposant wie von Schlossplatz, Schlossfreiheit oder Lustgarten aus gesehen, sondern eher alt, friedlich und fast ein wenig gemütlich. Das Eckfenster im zweiten Stock, so hatte ihr die Mutter mal erzählt, soll des Königs Lieblingsplatz sein; weil er von dort aus so schön auf die Lange Brücke und seinen Vorfahr, den Großen Kurfürsten, herabblicken könne.

Also ist auch ein König ein ganz normaler Mensch, mit Lieblingsplätzen, Lieblingsgerichten, Lieblingsfarben? Muss es ihn dann nicht sehr mitnehmen, dass Menschen lieber sterben wollen, als sich weiter seiner Macht zu beugen? Oder zählen die vielen Toten vom März für ihn nicht, weil er ihr Leid, ihre Wut und ihren Trotz einfach nicht verstehen kann?

»Guck mal, Jette! Ein Äppelkahn, voll mit schönen Blumen.«

Fritzchen hat sich übers Brückengeländer gebeugt, um in die Spree hinabzuspucken. Und tatsächlich, unterhalb der Brücke hat ein Kahn festgemacht, voll beladen mit Blumen und umgeben von Jungen und Mädchen, die sich hier die Ware holen, mit der sie kurz darauf durch alle Straßen flitzen.

Wieder blickt Fritzchen seinen Strauß an. »Sind meine wirklich schöner?«

»Alles, was man selbst gesät und geerntet hat, ist schöner als Gekauftes.« Sie sagt es und zieht Fritzchen rasch weiter, damit seine Blumen nicht noch ganz und gar verwelkt sind, bevor sie den Friedrichshain erreicht haben.

Da ist sie wieder, diese ungeheuer große Grabstätte! Vor drei Monaten aber, als der Leichenzug endlich im Friedrichshain angelangt war, gab es die Steinplatten mit den vielen Namen noch nicht. Und die Sonne ging schon unter. Jetzt strahlt sie so hell auf den noch jungen Park mit seinem Grün aus Trauerweiden, Buchen und Ebereschen und dem hingesprenkelten Weiß der Jasmin- und Holunderblüten herab, als wollte sie die Toten trösten.

Jette rinnt ein Schauer über den Rücken. Nun ist sie wieder so nah bei Guste! Muss sie sich nicht schämen, dass sie noch lebt, dass es ihr gut geht und sie auch Frieder hat und Fritzchen, Mutter Jacobi und Muhme Hete, wo doch die Schwester so früh sterben musste und jetzt ganz allein zwischen so vielen fremden Toten liegt? Doch – ein verrückter Gedanke! – vielleicht sind all diese Namen auf den Steinplatten Guste ja gar nicht mehr fremd? Was macht es aus, dass die Menschen, die nun hier liegen, sich im Leben nicht kannten? Sie starben in derselben Nacht, wurden am selben Tag beerdigt und werden von nun an immer beisammenbleiben … Stumm zeigt sie Fritzchen, wo er die Blumen hinlegen soll; direkt auf die Platte mit Gustes Namen.

Mit unsicheren Schritten erledigt er den Auftrag, dann kommt er zurück und nimmt wieder ihre Hand. Er ist nicht zum ersten Mal auf einem Friedhof, vorigen Herbst waren sie zusammen auf dem Georgenkirchhof, um die Großeltern zu besuchen. Dort sah es anders aus. Dass jemand in einem kleinen, menschengroßen Grab schläft, kann er sich vielleicht vorstellen, doch in solch einem Riesengrab? Sie flüstert ihm zu, dass dieser Friedhof nur für ganz besondere Menschen gedacht ist und dass er stolz darauf sein darf, dass seine Mutter auch dazugehört. Dann sieht sie wieder die vier langen, quadratförmig angelegten Gräben vor sich, in die die Särge einer nach dem anderen hinabgesenkt und mit Blumen bestreut wurden. In der Mitte der Gräben, dort, wo jetzt die junge Buche steht, wurden die Grabreden gehalten. Erst sprach der Bischof Neander, dann der Prediger Sydow. Beide

Reden gefielen ihr nicht. Und Frieder und seinen Freunden auch nicht. »Zu wenig«, murmelte Frieder vor sich hin, der in diesem Augenblick wohl vor allem an seinen Rackebrandt dachte, und Michael schimpfte leise: »Beliebig, mein Bester! Sehr beliebig.« Als jedoch die Bürgerwehr über dem Grab die Ehrensalve abgegeben hatte, trat noch jemand vor, der ganz anders sprach. Mit geballten Fäusten beschwor er die Versammelten, die Errungenschaften der Märztage genauso tapfer zu verteidigen, wie jene es getan hätten, die nun hier lägen und niemals vergessen werden dürften. Da atmeten Frieder, Michael und all ihre Freunde richtig auf; solche Worte hatten ihnen gefehlt!

Eine sehr dicke Frau nähert sich dem kleinen Friedhof. An der einen Hand hält sie ein vier- oder fünfjähriges Mädchen, in der anderen trägt sie einen Blumentopf. Der sanfte Anstieg den Hügel hoch hat ihr sehr zu schaffen gemacht und so muss sie sich, schwer keuchend und nassgeschwitzt wie sie ist, erst mal auf die Holzplanken neben dem Eingangstürchen setzen, um ein Weilchen zu verschnaufen. Neugierig blickt Jette zu ihr hin – und hätte beinahe laut aufgelacht: Das ist ja die berühmte Madame 200, die Obstfrau vom Lustgarten! Sie wird so genannt, weil sie, die dickste Frau Berlins, wie es heißt, ihren Leichnam schon zu Lebzeiten an die Charité verkauft hat – zur Förderung der Wissenschaft, wie sie überall herumerzählt, für zweihundert Taler Vorkasse, wie andere wissen. Hat sie auch einen Toten hier liegen?

Die dicke Frau hat bemerkt, dass sie erkannt worden ist. Zufrieden grinsend nickt sie Jette zu. Die grüßt höflich zurück, dann geht sie mit Fritzchen die Reihen entlang. Vor der Steinplatte mit der Aufschrift *Carl Ludwig Kuhn, 12 Jahre, aus Berlin* bleibt sie einen Augenblick stehen, dann tritt sie vor den Namen *Albert Leitzke* hin. Das ist der taubstumme Junge, dessen Eltern auf dem Gendarmenmarkt so hemmungslos weinten. – Wie diese beiden Jungen wohl zu Tode kamen? Haben sie mitgekämpft oder wurden sie nur versehentlich getroffen? Es sind ja viele Unbeteiligte in dieser Nacht ums Leben gekommen: ein neunzehnjähriger Walkmühlengeselle, der neben seinem Prinzipal am Ofen stand, als die Kugel durchs Fenster kam, ein stadtbekannter Schirmfabrikant, der trotz der Kämpfe mit Mutter, Frau und fünf Kindern gerade beim Abendbrot saß, und noch andere, deren Geschichten nun von Mund zu Mund gehen.

Ein paar Schritte weiter steht *Hermann Schulz, Lehrling, 15 Jahre*. Ein Junge mit diesem Namen wohnte gleich neben der *Guten Luise*. Seine Mutter rief ihn nur »Männlein«. Ob das dieser Hermann ist?

»Was steht denn da?« Fritzchen wird ungeduldig.

»Die Namen all derer, die nun hier schlafen.«

»Haben die auch alle so viel gearbeitet?«

Jetzt ist sie heraus, die Frage, die Jette so fürchtete! Und sie macht es sich wieder mal einfach, sagt nur »Ja« und geht rasch weiter zu den anderen Steinplatten, liest die Namen und Berufe – Maschinenarbeiter, Konditor, Student, Kattundrucker, Buchhalter, Arbeitsmann, Tischlergeselle, Buchdrucker – und steht auf einmal vor der Inschrift *Siegmund Wachowiak, Seidenwirker aus Berlin*. Das kann nur der schiele Siegmund sein! Verblüfft starrt sie die Steinplatte an. Wer hat über ihn Auskunft gegeben? Sie dachte immer, der schiele Siegmund hätte niemanden. Und wieso hat sie denn nun ein schlechtes Gewissen? Wie hätte sie den schielen Siegmund denn mögen sollen? »Hat keinen sauberen Hals und keinen sauberen Charakter!«, war das Erste, was die Lumpengretel ihnen über diesen Nachbarn verriet. Und wie sie Guste und sie warnte: »Passt bloß auf, Meechens! Der stiehlt euch's Weiße aus 'n Augen, ohne dass ihr's merkt.«

Aber hat der schiele Siegmund sich sein Leben etwa aussuchen dürfen? Wenn man einen Menschen nur lange genug schlecht behandelt, wird er eines Tages selbst schlecht, hat Michael erst letztens wieder gesagt und: Wer immerzu geschlagen wird, schlägt irgendwann zurück! Wenn aber Guste und dieser Siegmund gewusst hätten, dass sie eines Tages so dicht beieinander ihre letzte

Ruhe finden würden, ob sie dann auch so miteinander umgesprungen wären?

Rackebrandts Grab! *Hermann Louis Rackebrandt, Zimmerer* steht da, weiter nichts. Gleich daneben die Steinplatte mit der Aufschrift *Roderich Hauser, Zimmermannsgeselle aus Berlin.* Frieder fand es sehr wichtig, dass die Berufe angegeben wurden, damit jeder sehen kann, dass es größtenteils Handwerker und Arbeiter waren, die in jener Nacht ihr Leben ließen, und nicht etwa die Herren Bürgerbriefbesitzer, die jetzt das große Wort führen.

Noch ein paar Gräber weiter der Name *Felix von Gerlach, Student*. Auch den hat Frieder gekannt. Nicht weit von ihm jener Thomas Krüger, der auf so unschuldige Weise Gustes Tod mitverursachte; Martins großer Bruder! Nach wenigen Schritten dann das Grab von Dietz, dem Bäckerjungen, den sie so oft vom Fenster aus beobachtet hat …

»Gehören die alle zu Ihnen?«

Madame 200! Mit dem kleinen Mädchen an der Hand, das Fritzchen neugierig anstarrt, steht die unförmige Frau in ihrem lang wallenden, schwitzfleckenübersäten Kleid hinter ihr.

»Nein. Ich gucke nur.« Jette wird rot. Die Frage sollte ein Scherz sein, sie aber hat ganz ernsthaft geantwortet, fast so, als schicke es sich nicht, vor Gräbern Witze zu reißen.

»Det is richtig, Kindchen! Se ham et alle verdient. Alle, die nu hier liegen! Es jibt so ville Dumme, die jammern nur noch über de Zeiten und darüber, dass der König nu in Potsdam sitzt und bei Hofe nischt mehr passiert und dass ihnen de Federbusch-Off'ziere fehlen, die ihnen früher so elejant über de Hühneraugen jeritten sind. Ihr beede aber kommt hierher und kümmert euch! Det is scheen!« Sie macht eine Pause, dann blinzelt sie Fritzchen listig zu. »Aber sicher habt ihr ooch Verwandtschaft hier?«

»Meine Schwester«, antwortet Jette schnell. Wenn Fritzchen von seiner Mutter erzählt, muss sie zu viel erklären.

»Jung?«

»Ja.«

»Schlimm!« Die dicke Frau mit dem dichten, strähnigen Haar nickt bekümmert. Gleich darauf aber seufzt sie zufrieden. »Ick hab keenen hier. Wir bringen unsern Blumentopp der janzen Jesellschaft, nich wahr, Klärchen?« Und das Mädchen nickt dazu ganz ernsthaft und trippelt stolz zwischen den Steinplatten hindurch, um ihren Blumentopf direkt unter der Buche abzustellen. Als sie zurückkommt, wird sie gestreichelt. »Haste schön jemacht, Klärchen! Freuen sich die Toten.«

»Tote können sich doch nicht freuen.« Fritzchen verzieht das Gesicht. Offenbar gefällt es ihm nicht, wie selbstsicher dieses Mädchen sich zwischen den Gräbern hindurchbewegte.

»Doch, Sohnematz!«, widerspricht die dicke Hökerin. »Die können sich sojar janz doll freuen. Aber se können ooch sehr traurig sein, nämlich wenn se von uns vajessen werden.« Und Jette zugewandt, fährt sie fort: »Wie schön, det se hier alle so friedlich beisammenliegen! Sonst streiten se ja immer von morjens bis abends, wer denn nu den richtigen lieben Jott hat und wer det beste Patentrezept kennt, de Welt bis über beede Ohren glücklich zu machen. Nu liegen se janz brav neben'nander und wundern sich, det et überall gleich duster is.«

Sie erzählt noch, dass Klärchen ihre Enkelin ist und sie jeden Sonntag mit einem anderen Enkelkind hier heraufspaziert, damit die »kleenen Kröten«, wenn sie mal tot ist, wenigstens noch wissen, wer hier begraben liegt. Dann geht sie freundlich grüßend weiter und Jette schaut noch nach den vier Frauen, die außer Guste hier begraben sind. Nach und nach entdeckt sie die Gräber dann auch. Aber welche von ihnen war jene Todestrommlerin, von der Frieder erzählt hat? Sie hätte gern mehr über sie gewusst.

Ganz zum Schluss stehen sie dann wieder vor der Steinplatte mit dem Namen der Schwester und Fritzchens welken Blumen und nun scheint es Jette, dass es dumm von ihr war, *Auguste*

*Mundt, Näherin* hineinmeißeln zu lassen. *Sternenkiekerguste, Dirne* wäre ehrlicher gewesen; Auguste Mundt kennt kaum einer, die Sternenkiekerguste kannten viele. Und hat die Kutscherlotte denn nicht erzählt, dass viele Dirnen, darunter auch sie selbst, mitgekämpft hätten und sogar verwundet wurden und dass unter den Frauen geredet würde, die Sternenkiekerguste sei ums Leben gekommen, als sie einem besonders wütenden Grenadier den Säbel wegnehmen wollte?

Sie hat der Kutscherlotte nicht die Wahrheit gesagt. Sollen die Frauen weiter stolz auf Guste sein. Es hat ja nur ein Schritt gefehlt, irgendeine Gefahr für diesen Martin oder Hans, und die Schwester wäre tatsächlich zu einer Heldentat fähig gewesen.

»Gehen wir jetzt endlich?«

Fritzchen! Er fühlt sich nicht wohl zwischen all den Gräbern, wünscht sich nach Moabit zurück, in Muhme Hetes Garten und zu Mutter Jacobi.

»Gleich«, sagt sie.

Da senkt er den Kopf und weint.

»Was ist denn?« Sie erschrickt. Aber Fritzchen antwortet nichts, weint nur immer heftiger und so verabschiedet sie sich schnell von Guste und lässt sich von ihm zum Ausgang ziehen.

Ein junger Soldat kommt ihnen entgegen. In Grenadiersuniform! Mit Blumen in der Hnd nähert er sich einem Grab. Verwundert bleibt Jette noch einmal stehen. Hat er einen Verwandten unter den Opfern? Oder Freunde?

Es war vorgeschlagen worden, die gefallenen Barrikadenkämpfer gemeinsam mit den gefallenen Soldaten beizusetzen. So als ob sie alle zusammen nur Opfer eines traurigen Irrtums geworden wären. Doch da brauste ein Sturm der Empörung durch die Stadt. Mörder und Ermordete Grab an Grab? Das durfte nicht sein. Also wurden die Soldaten auf dem Invalidenkirchhof beigesetzt und es kam zu einem zweiten Leichenzug von fünfzehn Särgen. Da aber nur vier Soldaten tags zuvor auf anderen Friedhöfen beigesetzt worden waren, stand an jenem Abend endgültig fest, dass die Zeitungen logen, die von fünfhundert, ja sogar tausend toten Soldaten geschrieben hatten, um aufzuzeigen, wie grausam die Revolutionäre gewütet hätten.

Frieder freuten die wenigen Toten und Verwundeten unter den Soldaten ganz besonders. Das beweise, dass die Männer hinter den Barrikaden nicht nur viel schlechter bewaffnet, sondern tatsächlich nur Verteidiger und nicht etwa Angreifer gewesen seien, sagte er.

Die einhundertdreiundachtzig Männer und Frauen aber, die vor drei Monaten hier beigesetzt wurden, blieben nicht die Letzten. Noch Tage danach wurden immer wieder Männer hierher gebracht, die erst später ihren Verletzungen erlegen waren. Jetzt sollen schon über zweihundertfünfzig gefallene Barrikadenkämpfer hier liegen.

Auch Fritzchen hat dem Grenadier lange nachgeschaut. »Hast du Angst vor Soldaten?«, fragt er leise.

»Nein. Warum denn?«

»Ich hab Angst vor ihnen. Aber wenn ich groß bin, will ich auch einer werden. Dann haben alle anderen Angst vor mir.« Sagt es und bekommt ganz große Augen, als empfinde er seinen Entschluss selbst als ein bisschen unheimlich.

»Aber dann lässte mich ja ganz allein.«

»Du hast ja Frieder. Und Tante Jacobi hat gesagt, dass ihr bald Kinder habt … Und … Und dann brauchste mich ja gar nicht mehr.«

»Aber wie kannste denn so was sagen?« Gleich zieht sie ihn an sich, küsst und streichelt ihn. »Wir werden dich immer brauchen. Frieder und ich, wir haben dich ja ganz furchtbar lieb. Und ich will ja auch noch gar kein Kind.«

Da verstummt Fritzchen für ein Weilchen, bis er sich plötzlich losreißt und Hals über Kopf den Hügel hinabstürmt, vorbei an der alten Windmühle und all den Sonntagsspaziergängern direkt auf das böhmische Brauhaus zu, dessen Schornsteine neben den gewaltigen Schloten der Patzenhoferschen Brauerei wie Türmchen wirken. Sie läuft ihm nach, holt ihn aber erst vor einem der Weißbierlokale ein, die hier so dicht nebeneinander liegen, als wollte eines das andere verdrängen. Unter den neugierigen Blicken der Ausflügler hinter ihren Bierseideln hält sie ihn fest und schimpft ihn aus. »Was biste nur für 'n dummer Aujust! Wenn ich dich nicht mehr hätte, hätte ich doch überhaupt niemanden mehr, der richtig verwandt mit mir ist.«

»Aber als Soldat brauche ich nicht zu arbeiten«, schreit er unter Tränen zurück.

Und dann muss er nicht früh sterben! Das geht ihm durch den Kopf! Ihre dumme Geschichte über Gustes Tod ist schuld daran, dass er jetzt solche Angst hat!

»Aber das war doch nur eines von meinen Märchen«, gesteht sie da endlich ein. »Dachte, du wärst noch zu klein, um alles wissen zu dürfen.« Und dann verspricht sie ihm hoch und heilig, ihm auf dem Rückweg die Wahrheit über diesen Friedhof zu erzählen. Und er sieht ihr an, dass sie jetzt ganz ehrlich sein will, nimmt ihre Hand und lässt sie, bis sie nach vielen Verschnaufpausen und unzähligen Fragen und Antworten endlich wieder in Moabit angekommen sind, nicht mehr los.

## *Meister Herz und Meister Kopf*

Im dichten Ufergras zirpt und wispert es, in den Büschen raschelt der Abendwind, in den hohen Tiergartenbäumen hinter ihnen rufen die Nachtvögel. Frieder und Michael sitzen zwischen zwei Haselnusssträuchern und werfen immer wieder kleine Steine oder Zweige in die Spree, die hier, wo sämtliche Abwässer aus der Stadt hinaustreiben, längst vom Schwan zum Schwein geworden ist, wie es seit alters her heißt, und blicken mal zum im Mondschein gelb leuchtenden Seitenflügel vom Schloss Bellevue hin, mal zum klaren, hellen Sternenhimmel auf.

Sie haben inzwischen über fast alles gesprochen, auch über Frieders Erlebnis mit Flatow, und sind dabei nicht klüger, sondern nur noch trauriger geworden. »Eine Wunde schmerzt nicht weniger, wenn man weiß, welcher Hund einen gebissen hat«, war Michaels einziger Kommentar zu Flatow. Aber muss es denn nicht auch »Hunde« geben, die hinter dem Flatow stecken? Er wird die zehn Silbergroschen pro Knüppelheld ja nicht aus eigener Tasche bezahlt haben. Und bei dem, was er an politischer Überzeugung offenbart hat, müssen es da nicht Konstitutionelle gewesen sein, die diesen Überfall angezettelt haben?

Lichter steigen am Himmel auf, es kracht und zischt und dann regnet es grün, rot und golden zur Erde nieder. In den Zelten ist mal wieder Feuerwerk, wie so oft an den letzten Sonntagen. Fast so, als lebten sie längst in einem glücklichen Land.

Michael schaut dem bunten Treiben gar nicht erst zu. »Wie hab ich all die Schlägereien satt!«, flüstert er, als er wieder den Mund aufmacht, nur vor sich hin. »Wie stört mich das viele Gerede! Wie hasse ich mich manchmal selbst, dass ich da immer noch mitmache!« Und als Frieder auf seine Worte nicht eingeht, verfällt er wieder in dumpfes Schweigen, bis er, wie zu einem Entschluss gekommen, plötzlich feststellt, alles, aber auch wirklich alles sei den falschen Weg gegangen und die ganze Revolution nichts weiter gewesen als eine kurz aufflackernde Begeisterung aus Wut und Trotz. »Die gerechte Republik des Volkes! Wer will die denn schon? Du und ich, dein Rackebrandt und vielleicht noch tausend andere hatten sie im Kopf. Allen anderen genügt das kleinste Zugeständnis, um Hosianna zu rufen. Und jetzt? Jetzt werden nur noch Erbsen gezählt. Die guten ins eigene Kröpfchen, die schlechten ins andere Töpfchen.«

Ist das derselbe Michael, der nur wenige Stunden zuvor eine so feurige Rede gehalten hat? Frieder ist selbst betrübt. Michaels Worte aber klingen nach Flinte ins Korn schmeißen und das stachelt seinen Widerspruchsgeist an. »Ganz umsonst war's aber nicht«, flüstert er zurück. »Wenigstens wissen wir jetzt, wozu wir in der Lage sind. Und das kann niemand mehr vergessen, ganz egal, wie alles weitergeht.«

»Aber das ist es ja gerade, was mich so hoffnungslos stimmt!« Nun kann Michael nicht mehr sitzen bleiben. Er springt erregt auf und sagt, so sehr er auch gegen eine ziellose, unvorbereitete Empörung gewesen sei, jetzt, nach diesem Sieg, hätte man das Beste draus machen und sofort die Republik ausrufen müssen – gerade weil man dazu in der Lage war!

»Aber dann hätte es weitere Kämpfe und weiteres Blutvergießen gegeben.« Auch Frieder ist aufgestanden.

»Ich weiß.« Michael nickt betrübt. »Doch hast du eine andere Wahl, wenn dir die andere Seite die Pistole auf die Brust setzt und du trotzdem als freier Mensch leben willst?« Und ohne eine Antwort abzuwarten, dreht er sich um und geht davon.

Frieder bleibt nichts anderes übrig, als dem Freund zu folgen.

Auch in der Stadt ist es dunkel. Im Sommer wird die Straßenbeleuchtung nicht eingeschaltet, der Mondschein muss reichen. Die Finsternis aber stimmt Frieder nur noch mutloser. Auf ihrem schweigsamen Weg kamen sie am ausgebrannten Zirkusgebäude vor dem Brandenburger Tor vorüber. Übereifrige Dummköpfe haben es angezündet in jener Nacht der Barrikaden. Nur die kreisrunde Arena ist noch erhalten. Nach Michaels Worten erscheint ihm diese dumme Tat wie ein Symbol für ihr ganzes, opferreiches Aufbegehren.

Erst an der Ecke Luisenstraße bricht der Student wieder sein Schweigen. »Ich bring dich noch nach Hause«, sagt er kurz entschlossen.

»Nach Moabit?«

»Wenn du inzwischen nicht umgezogen bist.«

»Aber dann musst du ganz allein zurück. Und dich sogar noch beeilen, sonst lassen sie dich nicht mehr durchs Tor.«

»Bin klein, mein Herz ist rein! Mich übersehen die Torwächter.«

Also will Michael noch mit ihm reden! Sonst würde er keinen so weiten Weg auf sich nehmen; erst recht nicht um diese Zeit. Still folgt Frieder dem Freund, bis der an der Ecke Dorotheenstraße erneut stehen bleibt und ein Weilchen zu einem kerzenbeleuchteten Fenster hochschaut. »Weißt du, wer voriges Jahr noch dort gewohnt hat?«

»Nein.«

»Die Gebrüder Grimm.«

»Die Märchen-Grimms?«

»Märchen haben sie nur nebenbei gesammelt. Hauptsächlich lehren sie an der Universität. Vorher waren sie in Göttingen, aber dort mussten sie weg, weil sie zusammen mit anderen Professoren dagegen protestierten, dass der dortige König die Verfassung außer Kraft setzte. Und jetzt schmückt sich unser dicker Fritze mit ihnen. Obwohl es hier viel mehr zu protestieren gäbe.«

Frieder wird immer unruhiger. »Wozu erzähltest mir das?«

»Weil wir gerade hier vorbeikommen – und weil auch ich dort weggehen werde, wo es mir eigentlich am besten gefällt.«

Rasch geht Michael weiter.

Eine Schrecksekunde lang starrt Frieder dem Freund nur nach, dann holt er ihn wieder ein. »Und wo willste hin?«

»Nach Amerika.«

Das klingt wie ein Scherz. Michael aber ist es bitterernst. »Hab schon lange darüber nachgedacht. Vorhin, an der Spree, hab ich mich endgültig dazu entschlossen.« Und als Frieder nur weitere Erklärungen abwartet, fährt er leise fort: »Für einen wie mich gäbe es, wenn ich hier bliebe, doch nur zwei Möglichkeiten: entweder ein Leben lang gegen eine Mehrheit von uneinsichtigen Starrköpfen anzukämpfen oder in all der Not und Unfreiheit um mich herum ein wohlgeordnetes, selbstzufriedenes Erwerbsleben zu führen. Vor beidem graut mir.«

»Und an deine Freunde denkst du nicht?«

»Doch! Deshalb hab ich ja so lange darüber nachgedacht.«

»Danke!«

Bitterkeit bricht sich in Frieder Bahn. Ist das, was Michael da vorhat, denn nicht simples Davonlaufen? Und das gerade jetzt, wo sie den Herrschenden doch immerhin Angst eingejagt haben und ja noch längst nicht alles entschieden ist?
Der Freund überhört den Vorwurf in Frieders Stimme. »Denkst du manchmal noch an Schlöffel?«, fragt er nur.
»Ja«, antwortet Frieder sofort. Das mit dem Studenten Schlöffel war eine Sache, die kann man nicht so einfach vergessen. Es begann am Gründonnerstag. Da wollten die Republikaner vom Alexanderplatz durch die Königstraße zum Schloss ziehen. Vorneweg Musikanten und Plakate mit der Forderung nach direkten Wahlen – Plakate, die nicht nur die Regierung, sondern auch die Bürgerwehr in helle Aufregung versetzten. Also wurde die angekündigte Demonstration kurzerhand verboten und als man sich trotzdem zum Alex begab, war dort bereits die Bürgerwehr aufmarschiert. Dieser Schlöffel, Michael und einige andere forderten laut, dennoch vors Schloss zu ziehen, die meisten aber verließ der Mut und so ging es nur zur einsamen Pappel auf dem Exerzierplatz vor dem Schönhauser Tor. Hier, auf freiem Feld zwischen Sand und Gräsern, hielten sie dann ihre Reden und Michael war vor Scham über diese Schmach drei Tage lang nicht ansprechbar. Doch es kam noch schlimmer: Tags darauf, am Karfreitag, wurde der Hauptredner verhaftet – eben jener in der ganzen Stadt bekannte Schlöffel, der schon Tage zuvor in einem Presseartikel eine zweite Revolution gefordert hatte. Wegen Vergehens gegen das Pressegesetz und versuchter Verleitung zum Aufruhr klagte man ihn an, dann wurde er in öffentlicher Gerichtssitzung zu sechs Monaten Festungshaft verurteilt. Und niemand protestierte! Nicht einmal die Republikaner. Nur Michael wollte etwas für den verhafteten Kommilitonen tun und stürmte alle Studentenbuden. Doch nichts, nur hohl tönende Worte, keine Taten. Erst recht nicht bei Götz, Konrad, Julius, Wolfgang, Martin und Adam, die in dem verhafteten Studenten ebenfalls nur einen Volksverhetzer sahen.

»Es kann eben jeder nur begreifen, was er begreifen will«, sagte Michael damals. Und eine Revolution in den engen Grenzen einer despotischen Gesetzlichkeit gebe es nun mal nicht. Deshalb habe das ungerechte Urteil gegen den Schlöffel letztendlich nur bewiesen, dass das alte Denken noch immer jede neue Idee aburteile. Denn selbst wenn die gesamte übrige Welt anderer Meinung sein sollte als dieser mutige Student, so müsste man ihn seine Ansichten doch laut vertreten lassen. Solange das nicht möglich sei, blieben wahre demokratische Verhältnisse nur ein Traum und der ganze Heldenmut vom 18. März sei für die Katz gewesen.

Frieder hatte Michaels Zorn über das kalte Denken der »Pantoffelrevolutionäre« damals gut nachempfinden können. Sollte diese Schlöffel-Sache aber ein Grund sein, aufzugeben und fortzugehen? Ein anderes Erlebnis fällt ihm ein: Wie da an einem sonnigen Apriltag eine Schar Allerärmster wie ein laut summender Bienenschwarm durch die Straßen zog und die Bäcker kontrollierte. Kinder waren dabei und viele alte Frauen und Männer und voran ging einer, der eine Waage trug. Vor fast jedem Bäckerladen hielt der muntere Zug und dann wurde das ausgelegte Brot gewogen. Ein Fünf-Silbergroschen-Brot muss neun bis zehn Pfund wiegen; die meisten wogen viel weniger. Bei Betrug gab's Katzenmusik und das als zu leicht entdeckte Brot wurde dem Bäckermeister an die Tür genagelt. Stimmte das Gewicht, wurde ihm ein Lebehoch dargebracht. Er hatte diesen Umzug ein Weilchen begleitet und zu seiner eigenen Überraschung plötzlich viel Stolz auf diese Armen empfunden.

Er erzählt Michael davon und der Freund lacht. »Die alte Geschichte: Der Pessimist ist zu warm angezogen, der Optimist zu leicht!« Gleich darauf wird er wieder ernst. »So unmenschlich dieser Gedanke auch klingen mag – es gibt noch längst nicht genug solcher Allerärmster. Und so können sie sich auch nicht wirklich wehren, denn die übergroße Mehrheit denkt anders als du. Für die ist jeder Arme, solange er keine Uniform trägt, nur ein Galgenstrick, der ruhig umkommen darf. Und hat wirklich mal einer ein schlechtes Gewissen, geht er noch lange nicht auf die Straße, sondern zieht seine heuchlerische Untertanenbequemlichkeit vor. Weil jede auch noch so verlogene Ordnung ihm lieber ist als der leiseste Hauch revolutionärer Unruhe.«

Nun hat Michael sich doch wieder in Fahrt geredet und erinnert Frieder, bevor der irgendwas entgegnen kann, an die Paulskirchenversammlung, in der auch nur übers, aber nicht mit dem Volk gesprochen würde. »Wen im Volk interessiert denn aber, was die Herren Bürgerbriefbesitzer für Ideale haben? Und die es dennoch interessiert, dürfen nicht mitreden oder werden verleumdet.«

Frieder hat von alldem, was in der Frankfurter Paulskirche vorgeht, nur mitbekommen, was in der Zeitung steht. Und wenn er ehrlich ist, muss er zugeben, dass ihn dieses Professorenparlament tatsächlich nicht besonders interessiert. »Großdeutsche« und »Kleindeutsche« streiten da miteinander. Die Großdeutschen wollen, dass Österreich zum neuen, einigen Deutschland dazugehört, die Kleindeutschen wollen es nicht. Die Großdeutschen verlangen ein großes Deutschland, weil sie in einem kleinen die Übermacht Preußens fürchten, die Kleindeutschen sind dagegen, weil Österreich zum Habsburger Reich gehört und dem auch noch andere Völker angehören wie Ungarn, Polen, Italiener. Mit denen aber will sich keiner der Frankfurter Parlamentarier vereinigen und die Österreicher wollen auf ihr eigenes Reich nicht verzichten.

Streiterei hier, Streiterei dort; Katzenmusik! Aber deshalb aufgeben, nicht mehr an die Zukunft glauben?

Das Neue Tor! Frieder erwartet, dass sie angehalten und nach Name, Beruf, Woher und Wohin gefragt werden. Doch die um diese späte Zeit schon sehr müden Bürgergardisten würdigen sie keines Blickes und so spazieren die beiden Freunde bald darauf durch die noch finsterere Vorstadt, denn hier brennt kaum irgendwo ein Licht. Dafür kläfft hinter jedem vierten, fünften Zaun ein durch ihre Schritte munter gewordener Hund, in der Ferne antwortet ein anderer und für kurze Zeit erweckt dieses aufgeregte Hundekonzert die nächtlich stillen Gassen zum Leben.

»Eigentlich wollte ich dich ja fragen, ob du nicht Lust hast mitzukommen«, sagt Michael da auf einmal.

»Wohin?« Frieder versteht nicht.

»Nach Amerika.«

Reißt Michael Witze? Aber nein, er hat das ganz ernst gemeint; diese vorsichtigen Worte sollen eine Einladung sein.

»Wozu?« Frieder muss sich bemühen, einen schroffen Ton anzuschlagen. Es spricht ja viel Zuneigung aus diesem Angebot. »Zur Büffeljagd? Zum Trapper-und-Indianer-Spielen?«

»Warum nicht?«

Hat Rackebrandt nicht mal gesagt, die meisten Menschen würden sich ihr Leben lang nur ducken oder vor allem davonlaufen, anstatt die Dinge anzugehen, die sie stören? So einer ist Michael nicht. Aber wie konnte er glauben, er, Frieder Jacobi, würde mit ihm mitgehen und Rackebrandt und Roderich, Jettes Guste und Felix und all die anderen Gefallenen im Stich lassen? – Und P. P. P., Nante, Flips und Schorsch und die beiden neuen Gesellen, die Meister Langemann eingestellt und mit denen er sich bereits angefreundet hat, gehören die etwa nicht zu ihm? Da braucht er Michael erst gar nicht zu fragen, ob er denn die Überfahrt für Jette, Fritzchen und die Mutter ebenfalls übernehmen würde; einer wie er gehört nicht nach Amerika, ganz egal, ob allein oder mit all seinen Lieben.

»Musst nichts mehr sagen. Weiß schon Bescheid.« Michaels Stimme klingt nicht enttäuscht, nur traurig. »Bist eben zu viel Herz, Herr Jacobi.«

»Und du zu viel Kopf, Herr Meinecke!«

»Bravo!« Michael nickt anerkennend, dann bleibt er neben einem riesigen Findling stehen und schaut lange zu einem Floß hin, das am Ufer festgemacht ist. Ein malerisches Bild: In der kleinen Hütte darauf kocht der Flößer auf sorgsam behütetem

Feuer ein Nachtessen, am Ufer neigt und biegt sich das Schilf und die Flößerin wird nicht müde, immer neue Wäschestücke durchs Wasser zu schwenken.

Auch Frieder lässt diese abendliche Szene auf sich wirken. Was gibt es denn jetzt noch zu sagen? Michael geht fort, weil er keine Hoffnung mehr hat; andere, in den Jahrzehnten zuvor Vertriebene, sind zurückgekehrt, weil sie wieder zu hoffen begonnen haben. Über sein Leben muss jeder selbst bestimmen, da kann der beste Freund nichts raten.

»Eigentlich hättest du ja Herr Lewinsohn sagen müssen«, flüstert Michael da auf einmal, ohne den Blick von den Flößern zu lassen.

»Wieso?«

»Weil ich in Amerika meinen wahren Namen annehmen werde.«

Zu dieser überraschenden Eröffnung weiß Frieder lange nichts zu sagen. Auch als Michael ihn fragt, ob er wisse, wie viele Juden den Märzkämpfen zum Opfer gefallen sind, schüttelt er nur den Kopf.

»Einundzwanzig«, beantwortet Michael sich die Frage selbst. »Also nur – oder immerhin! – jeder Zwölfte.«

»Ja und?« Frieder weiß immer noch nicht, worauf der Freund hinauswill.

»Und Polen?«

»Was?«

»Wie viele Polen waren unter den Gefallenen?«

»Keiner, glaube ich.«

»Und wie viele Franzosen?«

»Auch keiner!«

Jetzt begreift Frieder langsam. In vielen konservativen Zeitungen hatte gestanden, nur Juden, Polen und Franzosen seien es gewesen, die die braven Berliner zur Revolution hetzten. Die berühmte Rotte fremder Bösewichter! Also ist das der wahre Grund für Michaels Hoffnungslosigkeit?

»Aber das wissen wir doch, dass diese Schmierblätter lügen«, entgegnet er verächtlich. »Was hat das mit uns zu tun?«

»Sehr viel!« Michael lacht leise – und dann singt er dem Freund ein Kinderlied vor:

»Ist ein Jude ins Wasser gefallen,
hab ihn hören plumpsen,
wär ich nicht dazugekommen,
wär der Jud ertrunken.«

Erschrocken starrt Frieder ihn an. Er kennt das Lied! Die Mutter sang es ihm als Kind manchmal vor.

»Von eurem Fritzchen hab ich's«, klärt Michael ihn auf. »Hat vor einer Pfütze gesessen, ein Boot fahren lassen und immer wieder dieses Lied geträllert.« Er atmet tief durch. »Eine Rotte fremder Bösewichter, weil ein paar Polen die Freiheit nicht auf Landesgrenzen beschränkt sehen wollen und Franzosen sowieso für alles Schlechte taugen! Fremde auch wir ›Judenjungen‹, obwohl wir seit Jahrhunderten hier zu Hause sind! Und womit fängt's an? Mit Kinderliedern! – Weshalb ist denn kein Schneider ins Wasser gefallen, kein Schuster, Stellmacher, Töpfer, Tischler, Schmied? Wieso geht's nach der Religion? Weil ein ins Wasser gefallener Jud nichts anderes ist als eine ins Wasser gefallene Laus? Da müssen wir ja froh sein, dass die jüdische Laus am Ende nicht noch ersaufen muss.«

Während der letzten Monate hat Frieder von Michael viel über die Nöte der Juden erfahren, weiß, dass es Christen gibt, die keinen Juden unter ihr Dach lassen, egal ob getauft oder nicht, sterbenskrank oder halb verhungert, weiß, dass es Eltern gibt, die ihre Kinder lieber tot sehen würden, als die Tochter einem »Schacherjuden« oder den Sohn einer »Judenhure« anzuvermählen, weiß, dass diese ungerechte Ablehnung die Juden seit Jahrhunderten verfolgt und Michael jeder Gedanke daran zutiefst kränkt und beleidigt. Doch was soll er zu diesem dummen

Lied sagen? Dass er es Fritzchen, der es sicher von seiner »Tante Jacobi« hat, schon morgen wieder ausreden wird? Das ist so selbstverständlich, dass es albern wäre, es überhaupt zu erwähnen. Vor allem aber wäre es keine Antwort auf Michaels unausgesprochene Frage. »Willst du vielleicht nur deshalb weg?«, fragt er leise.

»Nein!« Der Freund hebt nicht den Kopf, scharrt nur mit den Stiefeln im Sand. »Aber es steht mit an erster Stelle, denn so richtig werden wir Juden hier nie anerkannt werden, nicht in der Politik, nicht im Beruf, nicht im Privatleben.« Doch dann lacht er wieder und sagt, es gebe einen Berg, den die Menschheit auch in Jahrtausenden nicht abtragen könne und über den sie nie hinwegkommen werde, dieser Berg heiße »Menschliche Dummheit« und reiche höher als bis zum Mond. »Und bist du zufällig als Mensch auf die Welt gekommen, musst du mit diesem Berg leben, ob es dir nun gefällt oder nicht, ob du in seinem Schatten erfrierst oder erstickst. Es gibt eben Dinge, für die sind nicht mal die Götter zuständig und wohl auch nicht die Teufel; die sind ganz allein Menschenwerk.«

Wieder sind sie weitergewandert, wieder haben sie lange geschwiegen. Jetzt stehen sie vor Muhme Hetes Gartenzaun und schauen zu dem stillen, hinter den vielen Bäumen wie versteckt liegenden Häuschen hin, in dem längst alle Lichter erloschen sind.

»Und wie wird deiner Meinung nach alles weitergehen?«

Frieder spürt deutlich, dass dies ihr Abschied ist. Egal, wie oft sie sich in den nächsten Tagen und Wochen noch sehen werden, der wahre Abschied findet jetzt statt, in diesem Augenblick!

Und Michael weiß auch, dass es so ist, und spricht lange von der Macht des Geldes, die seiner Meinung nach genauso wie die Kluft zwischen Besitzenden und Besitzlosen immer weiter anwachsen wird, bis eines Tages ein neuer Adel, nämlich der der

Herren von und zu Taler, alle politische Macht für sich beanspruchen und wohl auch bekommen wird.

»Und ansonsten kein Fortschritt?«

»Doch! Aber erst, wenn noch mehr Fabriken noch mehr Elend geschaffen haben und die vielen, vielen Ohnmächtigen erkennen, dass in Wahrheit sie die Stärksten und ohne sie alle Fabriken nur Totenhallen sind. Aber das wird dann einen ganz anderen Kampf geben, der ist mit Kartätschen nicht zu ersticken.«

»Na, immerhin!« Frieder lacht vorsichtig, fügt aber gleich darauf, wie um zu einer letzten Bitte anzusetzen, noch hinzu: »Sprichst wie ein Sterndeuter, willst aber nicht miterleben, wie alles kommt.«

Da schweigt Michael lange, bis er leise sagt: »Hier bleiben, auf Samtkissen sitzen und darauf warten, dass andere sich auf ihren harten Holzbänken endlich die notwendigen Splitter in den Hintern gerissen haben? Nein, das kann keine erstrebenswerte Zukunft für mich sein.«

»Und in fremden Ländern neue Abenteuer suchen«, antwortet Frieder mit der gleichen Bestimmtheit, »ist nichts für Frieder Jacobi. Der hat schon ein paar Splitter im Arsch. Auf einen mehr oder weniger kommt's dem nicht mehr an.«

»Schade, Meister Herz!« Fast ein wenig feierlich streckt Michael ihm die Hand hin.

Und Frieder schlägt ein. »Schade, Meister Kopf!«


### *Ein ganz anderer Himmel*

Wo Frieder nur bleibt? Es geht doch nun längst auf die Nacht zu!

Bis in den späten Abend hinein hatte Jette im Garten gesessen, gestickt und die Vögel beobachtet, die zwischen den Beeten hin- und herflogen, und auf Frieder gewartet. Doch die Sonne ging unter, erst orangefarben, dann rosa und zum Schluss so tiefrot, als würde es im Wäldchen brennen, und danach verschleierten sich die Bäume, wurden immer schwärzer und breiter, und er kam nicht. Vielleicht hätte sie trotzdem noch draußen gewartet, unter diesem Himmel, der so ganz anders ist als in der Stadt, viel weiter und höher, dunkler und sternenleuchtender, wenn zum Schluss nicht alle paar Minuten Mutter Jacobi gerufen hätte, es sei doch nun längst zu kühl und sie solle lieber hereinkommen, als noch länger auf einen so ungezogenen Stromer zu warten.

Zuerst wollte sie nur den Stickrahmen hineinbringen, sich ihr Tuch holen und wieder in den Garten zurückkehren. Doch dann kam Fritzchen, der nun alles weiß, aber noch längst nicht alles verstanden hat, und flüsterte ihr immer wieder Fragen ins Ohr. Da blieb sie bei ihm und antwortete bereitwillig. Es ist ja gut, dass er so viel fragt; gut für ihn und gut für sie.

Zur Schlafenszeit ging sie dann mit Mutter Jacobi mit. Doch natürlich konnte sie nicht einschlafen und so liegt sie noch immer wach und lauscht zum offenen Fenster hin. Erst wenn sie richtig müde ist, das hat sie Mutter Jacobi versprochen, will sie den Fensterladen verriegeln.

Die Geräusche aber, die von draußen zu ihr hineindringen, machen sie nur immer wacher. Zwar ist das Froschquaken vom nahen Wiesenteich inzwischen verstummt, die fernen Vogelrufe, das von Zeit zu Zeit laut durch die Nacht hallende Hundekläffen und dieses ununterbrochene Rascheln, Knistern und Knispeln im Garten jedoch nimmt kein Ende. Und den schwarzen Himmel mit dem heute so ungewöhnlich hellen Mond und all den blinkenden Sternen kann sie auch durchs Fenster sehen.

In der Rosenstraße und im Vogtland kam sie sich oft zu groß vor für die Welt, hier draußen fühlt sie sich nachts ganz klein und oft einsam. Nur wenn Frieder bei ihr ist, empfindet sie das nicht so. Er ist ihr einziger wirklicher Schutz. Doch jetzt ist er nicht da und sie muss warten; warten, wie sie es nun schon gewohnt ist, erst auf Guste, jetzt auf Frieder.

Nein, ein Kind kriegt sie zum Glück nicht! Was für eine Erlösung, als auf dem Rückweg vom Friedrichshain endlich das Blut kam! Sicher ausgelöst von der Anstrengung dieses langen Marsches nach und quer durch Berlin und wieder zurück. Aber von wie wenig es abhängt, ob eine in die Schande gestürzt wird oder nicht! – Gustes Schicksal! Nun hat es sie doch nicht getroffen!

Doch was, wenn es wieder geschieht? Die ewige Angst der unverheirateten Frauen, so hat die Schwester das monatliche Zittern und Bangen immer genannt. Ob sie aber, wenn sie erst verheiratet ist, weniger bangt? Wieder ein Kind und wieder ein Kind? Und immer einen dicken Bauch mit sich herumschleppen und nicht wissen, wie all die hungrigen Mäuler satt zu bekommen sind?

Mutter Jacobi hat vorhin wieder gesagt, junge Eltern bekämen die besten Kinder ... Also wünscht sie sich ganz ernsthaft, dass Frieder und sie, wenn sie erst miteinander verheiratet sind, viele Kinder bekommen?

Die Frau, die ihren Säugling im Engelbecken ertränkte, konnte ihre vielen Kinder nicht mehr ernähren. Oder die Kindsmörderin Anna Kruse, von der Guste so oft erzählte ... Schon das vierte Kind war zu viel. Und da wurde sie in der Spree ertränkt, wie das früher bei Kindsmörderinnen üblich war, und ihren Sack musste sie selber nähen. Die Anna aber machte nur ganz wenige Stiche, damit es schnell ging ...

Nein, sie, Jette, hätte gern nur ein Kind! Einen Jungen, genau wie Guste. Aber nicht, weil Jungen klüger wären als Mädchen, wie die Schwester oft sagte, sondern weil sie es leichter haben. Vor allem, wenn sie erwachsen sind. Da sind sie dann ja Männer, können machen, was sie wollen, und keiner findet was dabei.

Sie muss aufhören mit diesen Gedanken. Davon wird sie ja nur immer unruhiger. Frieder hat sie doch lieb und deshalb wird er gar nicht wollen, dass sie viele Kinder bekommt ...

Wie sie das denkt, hört sie endlich Schritte im Garten. Rasch steht sie auf und huscht ans Fenster. Und da sieht sie ihn schon auf der Gartenbank sitzen. Die langen Beine weit von sich gestreckt, den Zylinder in den Nacken geschoben, starrt er wie zuvor sie zum Himmel hoch. Gleich wirft sie sich ihr Tuch über und dann schleicht sie an der leise schnarchenden Mutter Jacobi vorbei aus dem Zimmer und durch den Flur in den Garten hinaus.

Er erschrickt nicht, hat vielleicht sogar gehofft, dass sie noch wach ist, nimmt sie in die Arme und küsst und streichelt sie lange. Doch als sie sich gesetzt haben und der Mondschein in sein Gesicht fällt, fährt sie zusammen: Was ist ihm geschehen? Wieso ist er so voller Beulen und Schrammen?

Frieder jedoch berichtet erst nur von seinem Besuch bei der Majorin, bevor er ihr seine Wunden erklärt. Und über den Flatow kann er nun sogar lachen. »Passt das nicht gut? Gehört er nicht genau in die Ecke, in der wir ihn erwischt haben?«

Sie antwortet nichts, weiß einfach nicht, was sie dazu sagen soll. Es ist wieder so viel passiert – und sie? Wenn sie nicht mit Fritzchen zum Friedrichshain gewandert wäre, hätte sie den ganzen Tag nur wartend über ihrem Stickrahmen zugebracht.

Wieder nachdenklich geworden, erzählt Frieder ihr dann auch noch von Michael und dessen Absicht, nach Amerika auszuwandern. Sofort muss Jette an Lotte Kriwanek denken, das etwa gleichaltrige Mädchen, das mal in der Rosenstraße wohnte und mit der ganzen Familie nach Amerika auswanderte. Die Kriwaneks jedoch gingen aus Armut, Michael will aus ganz anderen Gründen fort.

Unzufrieden mit ihrer Schweigsamkeit schildert Frieder ihr, wie heftig er dem Freund widersprochen hat, und sagt, dass er ihn in Wahrheit noch immer nicht ganz verstehen könne. Er wisse ja genau, wie sehr Michael an jeder einzelnen Spreebrücke hänge; was wolle der Freund denn in Amerika? Und was solle aus den Republikanern werden, wenn alle aufrechten Männer auswanderten? Und unsicher lachend fügt er hinzu, dass Michael ihn sogar eingeladen habe, ihn zu begleiten, und dass er vielleicht auch sie, seine Mutter und Fritzchen mitgenommen hätte, nur um dort ein paar Freunde um sich zu haben.

Weggehen?, denkt sie da. Sie alle zusammen? Weshalb denn nicht? Nur wegen der Spreebrücken?

Er versteht ihren nachdenklichen Blick falsch, lacht noch mal, küsst sie und sagt, sie solle keine Angst haben. Gerade jetzt würde er niemals fortgehen. Schließlich gehe es ihnen in Moabit doch gut und alles andere würde sich auch noch bessern; sie müssten nur Geduld haben.

Was soll sie darauf antworten? Michael ist sein Freund, ihn hat er eingeladen, nicht sie.

»Was ist? Warum biste so still?« Frieder weiß nicht, was er ihr sonst noch erzählen soll, um sie ein bisschen aufzuheitern. »Denkste etwa, ich bleib nicht gern?«

Da, ganz unvermittelt und ohne dass sie es so recht will, erzählt sie ihm von ihrer Furcht, ein Kind zu bekommen, und dass sie erst seit wenigen Stunden davon erlöst ist.

Vor Schreck springt er auf. »Aber wir haben doch nur ein einziges Mal ...«

Um darauf etwas zu antworten, hätte sie Guste sein müssen.

»Und jetzt ... befürchtest du es ... nicht mehr?«

»Nein.«

»Puh!« Er setzt sich wieder und schweigt lange, bis er auf einmal träumerisch sagt: »Und wenn wir nun wirklich mal ein Kind bekommen? Wie es wohl aussehen wird? Eine lange Bohnenstange mit deinem Gesicht? Oder 'ne kleine Hübsche mit meinem scharfen Verstand?«

Er will sie noch immer aufheitern. Das passt zu ihm. »Möcht' ich lieber erst gar nicht wissen«, entgegnet sie spitz.

Überrascht blickt er sie an. »Hast an Guste gedacht? Zwei Schwestern, ein Schicksal?«

»Ja.«

»Danke schön! Weiß ich wenigstens, was du von mir hältst!«

Lange jedoch bringt er es nicht fertig, den Beleidigten zu spielen. »Wir beide gehören doch zusammen, ob mit Kind oder ohne«, sagt er und dann beginnt er, von den Wünschen seiner Mutter und Pfarrer Brieselangs zu erzählen. Doch so holterdiepolter und huschhuschhusch wolle er nicht heiraten. »Will 'n richtiges Gartenfest mit Gästen und Hochzeitsbändern und Lampions in allen Bäumen, einem Braten auf den Tisch, Musik und Tanz. Und wenn danach Kinder kommen – am besten lauter Mädchen –, laufe ich vor Freude einmal rund um Berlin und komme über Hamburg wieder zurück.«

Er lacht verlegen, schwärmt aber gleich weiter: »Und aufwachsen sollen se hier draußen an der frischen Luft; Tomaten soll'n se werden vor lauter Sonne!«

Das ist schön, was er da sagt. Aber geht denn das, so lange zu warten, bis sie sich das leisten können? Leise fragt sie ihn das und als sie dabei rot wird und den Kopf senkt, weiß er, was sie meint.

Ein Weilchen schaut er in den blauschwarzen Samthimmel mit all seinen glitzernden Sternen hoch, dann sagt er: »Man muss immer versuchen, sich das Leben schön zu machen. Wozu ist man denn sonst auf der Welt?«

Das ist keine richtige Antwort auf ihre Frage. Aber sie weiß, was er meint – und muss sofort an Guste denken, Guste, die immer gesagt hat, Pläne könne man jede Menge machen, aber jede Menge Pläne wären noch lange nicht jede Menge Taler.

Sie sagt das und er muss lachen. »Aber vielleicht Dreier, Sechser und Groschen.« Und bevor sie noch mal widersprechen kann, zeigt er in den Himmel hoch. »Haste so 'ne schöne Nacht schon mal bei Tage gesehen?«

Da lacht sie endlich mit. »Nee! Und so 'n verträumten Nachtfalter auch noch nicht.«

# Nachwort

Das 19. Jahrhundert ist eine Zeit der Umbrüche. Dies gilt für ganz Europa und im Besonderen für das im Deutschen Bund nur lose zusammengeschlossene Deutschland der (1848) achtunddreißig deutschen Staaten.

Die »Zwangsanstalt« Deutscher Bund ist Hemmnis auf dem Weg zur freien wirtschaftlichen Entfaltung ihrer Mitgliedsstaaten, negiert jede Forderung nach sozialer Umgestaltung und missachtet den Wunsch der Deutschen nach einem einigen deutschen Staat und einer die Fürstenherrschaft eindämmenden Verfassung. Das mit Beginn des Jahrhunderts durch die immer stärker einsetzende Industrialisierung finanzkräftig gewordene Besitz- und Bildungsbürgertum aber drängt auf Mitspracherecht, während die konservativen Kräfte zur Abwehr jedes demokratischen Gedankens sich an längst überholte Werte klammern: Königtum, Kirche und ererbter Besitz gelten als gottgewollt; Not, tiefste Armut und schrecklichstes Elend der Besitzlosen ebenso.

In Berlin leben 1847/48 vierhunderttausend Menschen. Dreißigtausend – darunter viele Kinder – sind in Spinnereien, Kattundruckereien, Maschinen-, Werkzeug- und Porzellanfabriken beschäftigt. Zwanzigtausend Handwerksgehilfen arbeiten für siebenundzwanzigtausend Meister. Außerdem werden zwölftausend von ihrer Herrschaft völlig abhängige, schlecht bezahlte und menschenunwürdig behandelte Dienstmädchen gezählt, sechstausend Almosenempfänger, viertausend Bettler, sechstausend arme Kranke, zweitausend Zuchthäusler, tausend Arbeitshäusler, zwölftausend Groß- und Kleinverbrecher, fünfzehntausend Waisenkinder, zwölftausend Obdachlose und ebenfalls zwölftausend Frauen und Mädchen, die sich ihren Lebensunterhalt durch Prostitution verdienen müssen – etwa genauso viele wie heute, da die Bevölkerungszahl zehn Mal so hoch ist.

Mitte des vorigen Jahrhunderts gibt es in Berlin drei städtische höhere Schulen, drei höhere Mädchenschulen, drei Realschulen und zwölf Armenschulen. Der Rest der einhundertzweiundachtzig Schulen ist privat; seine Kinder dort hinzuschicken, kann sich nur der Adel (der aber zumeist Privatlehrer bevorzugt) oder das wohlhabende Besitzbürgertum leisten. So gehen von 66 000 schulpflichtigen Berliner Kindern 29 000 nicht zur Schule, sondern wachsen in Unwissenheit und Verwahrlosung auf, obwohl die städtischen Behörden ihre Eltern mit Geld- oder Gefängnisstrafen belegen können; Not lässt sich durch Verordnungen nicht eindämmen.

Die Kinder, die nicht zur Schule gehen, schinden Tag für Tag vom frühen Morgen bis zum späten Abend in den Fabriken, stehlen, betteln oder prostituieren sich. Selbstmorde unter Unmündigen sind keine Seltenheit. Die Eltern benötigen die Einkünfte ihrer Kinder zum Überleben, sind sie doch weder gegen Arbeitslosigkeit noch gegen Berufsunfähigkeit geschützt. (Erst 1853 wird die Kinderarbeit je nach Alter der Heranwachsenden »reglementiert«, 1883 die Kranken-, 1884 die Unfall-, 1889 die Invaliditäts- und Altersversicherung und mit Beginn des 20. Jahrhunderts nach und nach eine Arbeitslosenversicherung eingeführt.)

Die durchschnittliche Lebenserwartung beträgt noch 1876 für Männer 25, für Frauen 29 Jahre. Das Besitzbürgertum aber hält das »niedere Volk«, das bis zu siebzig Wochenstunden und manchmal noch darüber hinaus schwer arbeiten muss, für dumm, faul und politisch uninteressiert. Dennoch sind 1848 Arm und Reich für wenige Tage trotz unterschiedlicher Interessen Verbündete: Die Besitzlosen erhoffen sich von den angestrebten Veränderungen eine Verbesserung ihrer Lebensbedingungen, die Besitzenden benutzen den aufbegehrenden »Pöbel« als Faustpfand gegen den uneinsichtigen Adel.

Preußischer König ist zu jener Zeit Friedrich Wilhelm IV.; ein realitätsferner Mensch, der sich gern als liberal denkenden »Freund der Künste« und »Romantiker auf dem Thron« feiern lässt, seiner Zeit aber nicht gewachsen ist. Einige Tausend Zeichnungen und ein Romanfragment bezeugen die wahren Interessen dieses Königs, der von allen Zeitzeugen als schwach, wankelmütig und unentschlossen charakterisiert wird, der aber einem immens aufgeblähten Militär-, Beamten-, Justiz-, Polizei- und Spitzelstaat vorsteht.

Im Frühjahr 1848 erhebt sich Europa gegen seine Fürsten und nach dem so teuer bezahlten Sieg des Volkes über den bisher unangefochten regierenden Adel und dessen Militär entfaltet sich auch in der preußischen Hauptstadt eine einzigartige, demokratisch inspirierte Straßenkultur. Demonstrationen, Umzüge, Volksfeste, Volksversammlungen, politisches Straßentheater, politische Puppenspiele und eine Vielzahl debattierender Straßenklubs bestimmen das Bild. Keine Parlamentsdebatte, die nicht von den Berlinern durch Sympathie- oder Missfallenskundgebungen kommentiert wird. Die anzüglichsten, frechsten und scharfsinnigsten Flugschriften, Straßenplakate und Zeitschriften werden herausgegeben; Lohnerhöhungen, Arbeitszeitverkürzungen und die Finanzierung von Notstandsarbeiten werden durchgesetzt. Dem Absolutismus läuten die Todesglocken. Die alten Mächte jedoch setzen auf Zeitgewinn, um zum Gegenschlag ausholen zu können.

So endet die Februarrevolution in Paris bereits im Juni 1848, als das Militär nach einem vier Tage andauernden blutigen Krieg die nur schlecht oder gar nicht bewaffneten Aufständischen besiegt. In Wien kommt es im Oktober zu fast einwöchigen Auseinandersetzungen zwischen Militär und Volk. An deren Ende steht die Auflösung aller demokratischen und Arbeitervereine und die Vollstreckung zahlreicher Todesurteile. Ein Fanal für das reaktionäre Preußentum.

Wie hatte der preußische König noch am 25. März – eine Woche nach den Barrikadenkämpfen und der eingestandenen Niederlage seiner Politik – vor dem Potsdamer Offizierskorps verkündet? *Ich habe den gesunden und edlen Sinn meiner Bürger kennen gelernt ... Ich bin niemals freier und sicherer gewesen als unter dem Schutz meiner Bürger ... In Berlin herrscht ein so ausgezeichneter Geist in der Bürgerschaft, wie er in der Geschichte ohne Beispiel ist. Ich wünsche daher, dass auch das Offizierskorps den Geist der Zeit ebenso erfassen möge, wie ich ihn erfasst habe.*

Nicht mal drei Monate später, am 14.6.1848, schreibt Friedrich Wilhelm IV. an den preußischen Ministerpräsidenten: *Was not tut, ist die Zähmung Berlins.* Und im November 1848 hält er sich an den Titel einer Broschüre, die der Direktor des Allgemeinen Kriegsministeriums herausgegeben hat: *Gegen Demokraten helfen nur Soldaten.* Als die Preußische Nationalversammlung die Worte »von Gottes Gnaden« aus dem Verfassungsentwurf streichen lässt, setzt er zunächst ein neues, äußerst konservatives Kabinett ein, dann – am 10. November – ruft er die Truppen in die Stadt zurück. Es sind 50 000 Mann; dieselben Truppenteile, die am 19. März Berlin räumen mussten, danach im Deutsch-Dänischen Krieg (1848–1850)* eingesetzt und durch den Waffenstillstand vom 26. 8. 1848 dort abgezogen werden konnten.

Tage zuvor wurde die Verlegung der Preußischen Nationalversammlung von Berlin nach Brandenburg verfügt. Begründung: Die ständigen Demonstrationen würden die freien Erwägungen der Parlamentarier beeinflussen. Die inzwischen entstandene linke Mehrheit der Nationalversammlung lehnt die Verlegung ab, tagt, immer wieder vom Militär vertrieben, an verschiedenen Versammlungsorten innerhalb Berlins und fordert als Protest gegen die reaktionären Maßnahmen zum allgemeinen Steuerstreik auf. Die rechte Minderheit jedoch zieht nach Brandenburg um und will die »ungehorsame« linke Mehrheit ausschließen. Der Streit dauert an, bis Friedrich Wilhelm IV. die Nationalversammlung am 5. Dezember endgültig für aufgelöst erklärt und Preußen eine Verfassung aus eigener Hand aufoktroyiert.

Einen nennenswerten Widerstand gegen diese »Zähmung Berlins« gibt es nicht. Bereits einen Tag nach Einmarsch der Truppen ist die Bürgerwehr für aufgelöst und jede weitere Mitwirkung in deren Reihen zu Vaterlandsverrat erklärt worden. Die Bürgergardisten beschließen zwar, ihre Waffen nicht abzugeben, verzichten aber auf »aktiven Widerstand« und lassen auch die darauf folgenden Hausdurchsuchungen und Waffenbeschlagnahmungen still über sich ergehen. So kann am 12. November der militärische Belagerungszustand über die Stadt verhängt, die Pressefreiheit, der nur ein halbes Jahr beschieden war, wieder aufgehoben und eine strenge Polizeizensur aller Plakate, Zeit- und Flugschriften angekündigt werden. Gleichzeitig wird ein Verbot aller politischen Klubs und Vereine erlassen und Versammlungen mit mehr als bei Tage zwanzig und bei Nacht zehn Personen untersagt. Kontrolliert werden all diese Maßnahmen vom Militär und einer bereits im Juli neu eingeführten, zweitausend Mann starken Konstabler-Truppe: »Schutzbeamte«, deren Hauptaufgabe in den Folgejahren sein wird, die Bevölkerung zu schikanieren und einzuschüchtern, wann und wo immer es möglich ist.

Auch gegen diesen Staatsstreich der konservativen Kräfte gibt es in Berlin im Gegensatz zu Paris und Wien keine größeren Widerstandsaktionen. Einzig das »Berliner Bezirkskomitee der deutschen Arbeiterverbrüderung« mitsamt den 29 angeschlossenen Gewerkvereinen bot den Abgeordneten der Preußischen Nationalversammlung schon am 9. November an: *Die Arbeiter Berlins sind bereit und gerüstet, Eurem Rufe Folge zu leisten, wenn man es wagen sollte, die Rechte des Volkes in seinen Vertretern zu verletzen. Sie bieten Euch ihren Arm und ihr Herzblut gegen jeden Feind, der Hochverrat üben wollte an Euch und an den Freiheiten des Volkes.*

Eine Antwort darauf enthält der allerdings bereits einen Tag zuvor datierte Brief des Abgeordneten Schulze-Delitzsch an seine Eltern: *Wir kämpfen morgen einen entscheidenden Kampf, jedoch mit dem festen Entschluss, nur parlamentarische Waffen und nicht die gefährlichen Chancen eines Straßenkampfes zu brauchen. Wir werden das Volk besonders zur Ruhe ermahnen, für unsere Person aber nur der Gewalt der Bajonette weichen und den hartnäckigsten Widerstand allen Gewaltmaßregeln entgegensetzen.*

Alle Führer der politischen Klubs raten allein zu passivem Widerstand, der von der nach dem 18. März gegründeten Satirezeitschrift »Kladderadatsch« zornig in »aktive Feigheit« umbenannt wird. Wenn es aber den vom Militär erhofften bewaffneten Widerstand gegeben hätte, wäre es in Berlin auch in dieser Hinsicht zu einem zweiten Paris oder Wien gekommen und der starke Polizei-, Unterdrückungs- und Obrigkeitsstaat Preußen mit seinen zahlreichen Verhaftungen, Ausweisungen, Bespitzelungen, Presse- und Polizeischikanen, der in der Folge entsteht, wäre dennoch nicht zu verhindern gewesen. Noch sind die demokratischen Kräfte zu unentschlossen und zu schwach, um sich durchsetzen zu können.

Der beste Beweis: die Deutsche Nationalversammlung zu Frankfurt am Main.

Während in Preußen die Revolution längst erstickt ist, tagt man dort weiter und entpuppt sich immer mehr als unfähig, aktiv in die deutsche Politik einzugreifen. Die Versammlungsmehrheit fürchtet die Ansprüche der Besitzlosen auf Gleichberechtigung und Mitbestimmung mehr als die Fortdauer der Fürstenherrschaft. Zwar verabschiedet man im März 1849 eine »Verfassung des Deutschen Reiches« – eine Verfassung, in der fast all jene Grundrechte enthalten sind, die hundert Jahre später in die Verfassung der Bundesrepublik Deutschland aufgenommen werden –, jedoch entscheidet man sich gegen die Ausrufung einer Republik, die nur durch eine erneute Revolution möglich gewesen wäre, und erklärt die Erbmonarchie zur neuen Staatsform des geeinten Deutschland.

Wem aber soll nach dem Ausscheiden Österreichs aus dem deutschen Staatenbund die Kaiserkrone angetragen werden, wenn nicht dem König des damals zweitgrößten deutschen Staates und damit eben jenem Friedrich Wilhelm IV. der gerade erst das Berliner Parlament auseinandergejagt und die »demokratische Kaiserkrone« als »eisernes Hundehalsband« und »Reif aus Dreck und Lehm« bezeichnet hat? Mit knapper Mehrheit (290 Stimmen bei 248 Enthaltungen und keiner einzigen Gegenstimme) wird der preußische König zum deutschen Kaiser gewählt und eine 33-köpfige Delegation nach Berlin geschickt, um ihm diese, wie er es sieht, vom »Ludergeruch der Revolution« behaftete Krone anzutragen.

Friedrich Wilhelm IV. empfängt die Besucher, aber er ist empört. Als er versprach, sich an die Spitze der deutschen Einheitsbewegung zu stellen, schwebte ihm kein Staat von »Volkes Gnaden« vor, sondern einzig und allein eine Übereinkunft der regierenden Fürsten, die ihn zum Kaiser machte. Nimmt er die Paulskirchen-Krone an, macht er sich, nach seinem Selbstverständnis, zum »Leibeigenen« der deutschen Revolution. Und das nur wenige Monate, nachdem er die preußische Revolution niederschlug.

So lehnt der preußische König die Kaiserkrone weder ab, noch nimmt er sie an, sondern erklärt nur, dass das Frankfurter Parlament keine Befugnis habe, ihm diese Krone anzutragen. Damit aber hat er der Deutschen Nationalversammlung den Todesstoß versetzt. Denn natürlich schließen sich die Könige von Bayern, Hannover, Württemberg und Sachsen, die keine große Lust haben, den preußischen König als Kaiser vorgesetzt zu bekommen, dieser Auffassung an. Und damit ist das gesamte in Frankfurt ausgearbeitete Verfassungswerk in Frage gestellt.

Zwar erklären die gedemütigten und demoralisierten Paulskirchen-Abgeordneten die verabschiedete Verfassung noch für gültig und schreiben Wahlen zum ersten regulären Reichstag aus, die Antwort aus Preußen jedoch erfolgt prompt: Als es Anfang Mai in Dresden zur Rettung der Reichsverfassung zu neuen Aufständen kommt, lässt man sich von der sächsischen Regierung willig zu Hilfe rufen, um alles Aufbegehren innerhalb von sechs Tagen im Blut zu ersticken. Das Frankfurter Parlament verurteilt diese Intervention als Reichsfriedensbruch – und Preußen hat seinen Grund, ohne jede rechtliche Handhabe die Deutsche Nationalversammlung für »nicht länger auf gesetzlichem Boden stehend« zu erklären und die preußischen Parlamentsmitglieder aufzufordern, ihre Mandate niederzulegen. Als dann die Freie Stadt Frankfurt dem deutschen Parlament weitere Sitzungen in ihren Mauern versagt, ist das erste deutsche, freigewählte Parlament am Ende. Denn auch die einhundertvier linken und kleinbürgerlich-demokratischen, nach Stuttgart ausgewichenen Abgeordneten, die dort am 6. Juni ihre Beratungen aufnehmen, werden nur zwölf Tage später, am 18. Juni 1849, von württembergischen Dragonern auseinandergejagt.

Doch nicht nur in Sachsen, auch im Rheinland, im Ruhrgebiet, in der Pfalz und in Baden kommt es zu neuen Aufständen. Wut und Enttäuschung entladen sich in letzten verzweifelten Kämpfen. Besonders in Baden, wo 15 000 Mann der badischen Armee zu den Aufständischen übergehen, kommt es zu erbitterten, allerdings von vornherein aussichtslosen Kämpfen gegen die Armee des preußischen Kronprinzen. Fünfzigtausend Mann schließen die Reste des badischen Revolutionsheeres – noch etwa sechstausend Kämpfer – in der Festung Rastatt ein und zwingen sie nach dreiwöchiger Belagerung zur Kapitulation. Es kommt zu standrechtlichen Erschießungen, vielen Jahren Kerkerhaft und Emigrationen ins Ausland. Jener blutbefleckte, vielgehasste »Kartätschenprinz« Wilhelm aber wird 1857 – nach mehreren Schlaganfällen Friedrich Wilhelms IV. – Stellvertreter seines Bruders, 1858 Prinzregent und 1861, nach Friedrich Wilhelms Tod, preußischer König. 1871, nach dem im Krieg 1870/71 gegen Frankreich errungenen Sieg, wird er dann als Wilhelm I. zum deutschen Kaiser gekrönt und vereint Deutschland unter ganz anderen politischen Vorzeichen doch noch.

Über dreißig Jahre wird er regieren, dieser »Blut und Eisen«-Kaiser, drei Kriege wird er beginnen und gewinnen und fortan von einem Großteil des deutschen Volkes verehrt und geliebt werden. »Wir wollen unsern alten Kaiser Wilhelm wiederhaben«, wird noch heute in lustigen Stunden manchmal gesungen. So gern vergessen die Menschen, so wenig kennen sie die Geschichte ihres Landes.

*Das deutsche Volk hat seine Freiheit erkämpft im Jahre 1848, es hat sich die Knechtschaft erworben im Jahre 1849. Erworben durch seine Schwäche, erworben durch seine Tatenlosigkeit, erworben durch den größten aller politischen Fehler, durch sein Vertrauen und seine Gutmütigkeit.* So der Historiker und Volksschriftsteller Adolph Streckfuß im Jahre 1850.

Die Niederlage mündet in eine Restauration des alten, von allen Fortschrittlern gehassten Deutschen Bundes und – getrieben von der Angst vor einer erneuten Revolution – in eine erbarmungslose Unterdrückung aller Bemühungen der unteren Stände, sich neu zu organisieren.

Ein Ergebnis dieser Politik: Wanderten in den Jahren vor 1848 wegen übergroßer Not und mangelnder politischer Bewegungsfreiheit jährlich etwa einhunderttausend Menschen nach Amerika aus und 1848/49 infolge neuer Hoffnungen nur noch halb so viele, so steigt ihre Zahl in den Jahren danach auf jährlich eine Viertelmillion an. Und oftmals sind es gerade die tüchtigsten, mutigsten und unbequemsten Männer und Frauen, die ihr Vaterland verlassen.

Das Besitzbürgertum aber hat, obwohl nicht alle Träume in Erfüllung gingen, einen moralischen und vor allem wirtschaftlichen Sieg errungen, den es sich fortan nicht mehr nehmen lässt. Höhepunkt dieses Aufstiegs sind, nach dem Sieg im deutsch-französischen Krieg von 1870/71 und der Zahlung von fünf Milliarden Mark »Kriegsentschädigung« an Deutschland, die sogenannten Gründerjahre. Ein chauvinistisches, unsoziales Reich der Reichen wird da »gegründet«, in dem ein großer Teil des deutschen Volkes um »Recht und Freiheit«, wie es in der neuen deutschen Nationalhymne so schön heißt, ganz einfach betrogen wird.

Und der Traum von demokratischen Verhältnissen? Am 5. Dezember 1848 hat Friedrich Wilhelm IV. nach langem inneren Ringen Preußen endlich eine Verfassung »gewährt«. Die darin enthaltenen Zugeständnisse wie die Grundrechte auf Freiheit der Person, der Religion und Meinungsäußerung, das Recht auf Versammlung und Vereinsbildung, die Gleichheit vor dem Gesetz, Verantwortlichkeit von Ministern, Gewaltenteilung zwischen Regierung und Parlament und die Kontrolle über den Staatshaushalt jedoch werden größtenteils schon nach einem halben Jahr, als die Reaktion vollends die Oberhand gewonnen hat, wieder zurückgenommen. Sie sind dem König und seiner Regierung nun zu sehr »vom Zeitgeist des Liberalismus« durchdrungen. Dagegen betont die Verfassung Friedrich Wilhelms IV. das Gottesgnadentum der Monarchie und verleiht dem König die ausschließliche Kontrolle über die Exekutivgewalt. Die Ernennung von Ministern, Beamten und Offizieren bleibt sein alleiniges Vorrecht. Das Bürgertum aber, das anfangs nur die Vorteile dieser »halb wie ein Trinkgeld, halb wie ein Almosen hingeworfenen Verfassung« sieht (K.A. Varnhagen von Ense: »Journal einer Revolution«), arrangiert sich mit dieser engherzigen, wildwuchernden Militärmonarchie. Vorläufig will man nur die ökonomische Macht.

So ist es denn von Anfang an nur eine scheinkonstitutionelle Monarchie, die sich da selbst ins Leben gerufen hat. Zahlreiche Einschränkungen in dieser »Verfassung des Königs« belegen das immer wieder. Und nicht zuletzt verhindert das bereits im Frühjahr 1849 eingeführte Dreiklassenwahlrecht, das bis zum Zusammenbruch des Deutschen Kaiserreichs 1918 in Kraft bleiben wird, jede politische Mitbestimmung durch die übergroße Mehrheit der Bevölkerung.

Zwar ist nach diesem zutiefst undemokratischen Wahlrecht jeder männliche Preuße über 25 Jahre wahlberechtigt, aber die wahlberechtigte Bevölkerung wird nach ihrem Steueraufkommen in drei Klassen eingeteilt. In der ersten sind alle Höchstverdiener erfasst, in der zweiten Wähler mit immer noch sehr hohem Steueraufkommen, in der dritten der übergroße Rest aller sonstigen Wahlberechtigten. Jede dieser drei Klassen wählt die gleiche Anzahl von Wahlmännern, die dann die Abgeordneten zu bestimmen haben – was zur Folge hat, dass die etwa 80 Prozent Arbeiter, Handwerker und Erwerbslosen nur ein Drittel der Wahlmänner stellen, die 20 Prozent wohlhabenden Bürger aber zwei Drittel. Auf diese Weise ist im preußischen Abgeordnetenhaus die ständige Mehrheit des rechten Flügels der Bourgeoisie und der feudalen Oberklassen auf lange Zeit gesichert. (Frauen erlangen erst nach der erneuten Revolution von 1918, die den 1. Weltkrieg beendet und das Kaiserreich stürzt, das Wahlrecht.)

Es ist wahr, die Revolution von 1848 endete überall mit Niederlagen. Dennoch war sie nicht vergebens. Jenes beinahe zeitgleiche Aufbegehren in Frankreich, Österreich, Ungarn, Italien, Böhmen und Deutschland hat Wirkung hinterlassen, konnte nicht totgeschwiegen werden und ist Ursprung vieler europäischer demokratischer Parteien.

Auch der kleine, eigens für die Märzgefallenen angelegte Friedhof im Berliner Friedrichshain erinnert noch immer an jenen ersten großen Kampf für Demokratie und Freiheit, obwohl die bis 1918 herrschenden Hohenzollern mit allen Mitteln versuchten, diesen Wallfahrtsort der Berliner abzuriegeln oder unattraktiv zu machen: Spenden für ein würdiges Denkmal wurden beschlagnahmt, Kranzaufschriften zensiert, Besuchsverbote erlassen, Bretterzäune aufgestellt, die den Zugang versperrten, und sogar Särge ausgegraben und auf andere Friedhöfe verlegt. 1918 wurden hier auch die Opfer der Novemberrevolution bestattet, 1925 ließ der Bürgermeister des zu dieser Zeit SPD-regierten Bezirks endlich ein Eingangstor bauen. Während der zwölf Jahre andauernden Naziherrschaft versuchte man dann, diesen Teil des Friedrichhains der Vergessenheit anheimfallen zu lassen. Doch vergebens. Noch heute kann man immer wieder frische Blumen auf den Gräbern finden und es vergeht kein 18. März, an dem diesen Vorkämpfern der Demokratie nicht gedacht wird; musste jener Kampf, der da vor einhundertfünfzig Jahren geführt wurde, bis in unsere Gegenwart hinein doch immer wieder neu bestanden werden und gibt es doch auch heute politische Systeme, die ähnliche oder weit furchtbarere Unterdrückungsmechanismen aufgebaut haben und stets genügend willige Werkzeuge und Mitläufer finden, die sie am Leben erhalten.

Viele Zeitzeugen haben über die 1848er Ereignisse berichtet: Schriftsteller, Historiker, Maler, Politiker, Journalisten, Barrikadenkämpfer und eher unbeteiligte Beobachter. Ihnen allen habe ich zu danken. In manchen Fällen (Schüsse und Säbel am 18. März, Aufbahrung der Opfer am 19. März) lieferten sie – zum Teil durch den politischen Standort bedingt – in Einzelheiten unterschiedliche Bilder. Ohne dieses Mosaik aus Ansichten und Meinungen jedoch wäre eine ernsthafte Auseinandersetzung mit dieser Zeit nicht möglich gewesen.

Nicht zuletzt aber danke ich meiner Frau Jutta Kordon – für ihre unendliche Geduld, unermüdliche Mitarbeit und viele kritische Anregungen.

*Berlin, im März 1997*             *Klaus Kordon*

# Anhang

| | |
|---|---|
| *Metze* | Eine preußische Metze = 1/16 Scheffel = 3,435 Liter. |
| *Schute* | Hutartige Haube, deren gesteifte, vorn breite Krempe das Gesicht umrahmt (Kiepenhut). |
| *Hugenotten* | Wörtlich: Eidgenossen. In Frankreich übliche Bezeichnung für Reformierte, da die Reformation in der Schweiz ihren Ursprung hatte. – 1685 wurde in Frankreich das Edikt von Nantes aufgehoben, das neben der katholischen auch die reformierte Religion zuließ. Als Folge verließen Tausende von Hugenotten ihre Heimat. Kurfürst Friedrich Wilhelm (der Große Kurfürst) bot ihnen Asyl, so dass um 1700 jeder achte Berliner ursprünglich Franzose war. Viele ausgezeichnete Handwerker unter ihnen trugen zum Wohl der Stadt bei. |
| *Bürgerbrief* | Um das volle Bürgerrecht zu erlangen, musste Mitte des 19. Jahrhunderts ein Bürgerbrief erworben werden. Preis etwa 22 Taler – ein mehrfacher Monatslohn für Handwerker oder Lehrer, weit mehr als ein Halbjahreslohn für Fabrikarbeiter. So bewarben sich nur wohlhabende Gewerbetreibende, reiche Besitzbürger oder höhere Beamte um den Bürgerbrief, der ihnen zahlreiche Privilegien einräumte. |
| | An den Wahlen zur Stadtverordnetenversammlung durften nur Männer teilnehmen, die entweder Hauseigentum besaßen oder über ein Jahreseinkommen von zweihundert, später dreihundert Talern verfügten. In Berlin waren das nur 6,9% der Einwohner. |
| *zersplittertes Deutschland* | 1848 waren im Deutschen Bund 38 deutsche Fürstentümer und freie Städte vertreten. Jeder einzelne Staat war souverän und nicht an die Mehrheitsbe- |

schlüsse des Bundestages zu Frankfurt am Main gebunden. So hatte jeder Bundesstaat sein eigenes Münz- und Zollsystem und seine eigenen Gewichtseinheiten.

*Tanztabagie*    Gasthäuser, in denen geraucht und getanzt werden durfte.

*Vogtland*    Die Gründung des Armenviertels »Vogtland« (in der Schreibweise des 19. Jahrhunderts »Voigtland«) hinter und zwischen dem Hamburger und dem Rosenthaler Stadttor geht auf Friedrich II. zurück, der im ersten Jahrzehnt seiner sechsundvierzigjährigen Regierungszeit eine Vielzahl von bedeutenden Innenstadtgebäuden errichten ließ. Die dazu benötigten Bauhandwerker und Hilfsarbeiter überforderten die Kapazitäten der einheimischen Gewerke. Also wurden nichtzünftige Maurer und Zimmerleute aus Sachsen und vor allem aus dem Vogtland beschäftigt, die im Winter in ihre Heimatorte zurückkehrten und während der Saison in einer Arbeiterkolonie vor den Stadttoren – dem Neu-Vogtland – lebten. Friedrich II. jedoch tat bald jeder Taler Leid, der auf diese Weise außer Landes ging. So bot man den Wanderarbeitern einen Baukostenzuschuss an und befreite sie von der Militärdienstpflicht, um sie im Lande zu halten. Fortan vergrößerte sich die Arbeiterkolonie stetig. Später verloren die Erstbesitzer durch Schulden und Abhängigkeiten ihre armseligen Häuschen. Die Gebäude wurden abgeteilt, umgebaut und aufgestockt oder abgerissen und durch Neubauten ersetzt, und am Rande des Existenzminimums dahinvegetierende Weber, Spinner, Zeugmacher und Tagelöhner mieteten sich ein. Bereits um 1800 galt das Vogtland als Armenhaus der Stadt und in den Folgejahren wurde es auch als Verbrecherquartier berühmt-berüchtigt.

| | |
|---|---|
| *Kurrendeknaben* | An protestantischen Schulen bestehender Chor aus bedürftigen Schülern, die vor Häusern oder auf Begräbnissen gegen kleine Gaben geistliche Lieder sangen (lat. currere = laufen). |
| *Chambre garnie* | Möbliertes Zimmer zur Untervermietung. |
| *Bettina von Arnim* | (1785–1859) Schriftstellerin. Trat für soziale Ideen und für die politische und geistige Emanzipation der Frau ein. Veröffentlichte unter dem Titel »Dieses Buch gehört dem König« (1843) eine bittere Anklage über die Not unter den Armen des Berliner Vogtlandes. |
| *Karl Marx* | (1818–1883) Philosoph und Politiker. Mit Friedrich Engels Begründer des Marxismus (Gesamtheit der Lehren von Karl Marx und Friedrich Engels). Setzte sich ab 1842/43 als Chefredakteur, Herausgeber und freier Mitarbeiter an verschiedenen Zeitschriften immer wieder mit der staatlichen Zensur auseinander und verfasste in den Jahren vor 1848 Artikel über politische und soziale Fragen, die ihn in den gebildeten Kreisen der deutschen Universitätsstädte rasch bekannt machten. Im Februar 1848 erschien (unter Mitarbeit von Friedrich Engels) »Das Kommunistische Manifest«, eine programmatische Schrift und erste zusammenfassende Darstellung der marxistischen Theorie, die aber noch ohne Einfluss auf die nur einen Monat später stattfindende und von Marx und Engels als »kleinbürgerlich« abgelehnte deutsche Märzrevolution blieb. |
| *Charité* | Aus dem Französischen = Barmherzigkeit (lat. Caritas). Früher allgemeine Bezeichnung für kirchlich oder staatlich geführte Kranken- und Pflegeanstalten für Bedürftige. Die Berliner Charité wurde 1710 als Militärkrankenhaus gegründet und erlangte später als Universitätsklinik einen hervorragenden Ruf. |

| | |
|---|---|
| *Wartburgfest* | Zusammenkunft von etwa 500 Studenten aus elf deutschen Universitäten am 18./19. Oktober 1817. Demonstration patriotischer und liberaler Kräfte gegen die Reaktion. Die Jenaer Burschenschaftler setzten dabei ihre Tracht in Schwarz und Rot, mit Gold durchwirkt, und ihre gleichfarbige Fahne durch. Den Anstoß dazu gaben die Uniformen des Lützowschen Freikorps während der Befreiungskriege gegen die französische Fremdherrschaft: schwarz gefärbte Zivilröcke mit roten Samt- aufschlägen und goldenen Knöpfen. Durch das »Farbenlied« während der sogenannten Demagogenverfolgung entstand die Reihenfolge Schwarz-Rot-Gold, die allmählich einen politischen Symbolwert erhielt und zum Sinnbild der nationalstaatlichen Bewegung und republikanischer Zielvorstellungen wurde. |
| *Pallasch* | Etwa ein Meter langer, gerader Korbdegen; historische Stoß- und Hiebwaffe der europäischen Reiterei. |
| *Beletage* | Aus dem Französischen = schönes Stockwerk. Erster Stock, früher die bevorzugte Wohnetage. |
| *Polnische Freiheitskämpfer* | Im Februar 1846 erhoben sich die Polen gegen die Mächte der Heiligen Allianz (Gründungsmitglieder: Russland, Österreich und Preußen. Später traten bis auf Großbritannien und den Vatikan alle christlichen Mächte Europas diesem konservativen Ordnungssystem bei). Russland und Preußen gelang es rasch, den Aufstand in den von ihnen annektierten Gebieten zu unterdrücken, und in der Folge begann am 2. August 1847 in Berlin der große »Polenprozess«. Während dieser Verhandlung, in der 254 polnische Patrioten angeklagt wurden, ergriff die Berliner Bevölkerung eindeutig Partei für die polnischen Revolutionäre. Dennoch wurden acht Angeklagte zum Tode und etwa einhundert zu zum Teil langjährigen |

Freiheitsstrafen verurteilt, was unter der Berliner Bevölkerung so große Empörung erregte, dass die preußische Regierung nicht wagte, die Todesurteile vollstrecken zu lassen. Nach dem 18./19. März 1848 wurde dann eine Amnestie erlassen, unter die auch die polnischen Freiheitskämpfer fielen. Im Triumphzug wurden sie von den Berlinern bis vor das Schloss begleitet, wo Friedrich Wilhelm IV. ihnen seinen Respekt erweisen musste.

*Deutsch-Dänischer Krieg*  Bereits im Juli 1846 hatte der dänische König Christian VIII., der zugleich Herzog von Schleswig und Holstein war, den Anspruch erhoben, die deutschen Herzogtümer Schleswig und Holstein Dänemark anzugliedern. Am 21. März 1848, nur zwei Tage nach dem Sieg des Volkes von Berlin, annektierte Dänemark die beiden Herzogtümer, um die dortigen nationalen und demokratischen Bestrebungen zu unterdrücken. Daraufhin proklamierte die deutsche Nationalbewegung den offenen Widerstand gegen Dänemark und am 10. April des Jahres marschierten preußische Truppen in Schleswig ein. Eine willkommene Gelegenheit für den preußischen König, seine nationale Rolle zu betonen, der moralischen Unterstützung der neuen Volksbewegung sicher zu sein und gleichzeitig von innenpolitischen Schwierigkeiten abzulenken. Unter britischem und russischem Druck zum Waffenstillstand von Malmö gezwungen (26. August 1848), flackerten die Kämpfe nach Waffenstillstandsverletzungen wieder auf und endeten mit der dänischen Niederlage und dem Frieden von Berlin (2. Juli 1850).

*Inhalt*

*1. Teil: Des Königs Stiefel*

Rosenstraße 7  *5*
Zwischen den Türmen  *18*
Der arme Scherenschleifer  *32*
Kartoffeln  *43*
Eine lange Nacht  *56*
Wir Lumpengesindel  *65*
Geld und Brot  *83*
Seelenspeise  *92*

*2. Teil: Mitten im kalten Winter*

Das letzte Lehrjahr  *111*
Kutschfahrten  *122*
Wem's Herze brennt  *134*
Deutsche Krankheiten  *147*
Im Schlesischen Busch  *163*
Süße Mandeln  *174*
Friedrich Wilhelm V.  *191*
Alte Geschichten  *203*
Irgendwo am Weidendamm  *214*
Zur Ledernen Flinte  *224*
Das Beste auf Erden  *237*

*3. Teil: Um unser Leben*

Wunderschönes Paris  *255*
Ein falscher Schritt  *265*
Der schiele Siegmund  *282*

In der Fremde   *293*
Ursache und Wirkung   *305*
Hinter der Wand   *317*
Schwestern   *330*
Blut gegen Blut   *338*
Christenpflicht   *357*
Der hundertste Schafskopf   *367*
Gottes Gnade   *378*
Die eine und die andere   *388*
Weitertanzen   *392*
Was für ein Volk!   *407*

*4. Teil: Im Sommer des Sieges*

Wir Frauen   *421*
Ein Geschenk   *430*
Fremder Leute Lieder   *442*
Angst vor dem Mut   *450*
Herr und Gescherr   *462*
Steinplatten   *473*
Meister Herz und Meister Kopf   *487*
Ein ganz anderer Himmel   *498*

*Nachwort   505*
*Anhang   517*

## Klaus Kordon
## »Die Trilogie der Wendepunkte«

### Die roten Matrosen
### oder Ein vergessener Winter

Roman. Mit einem Nachwort des Autors
Gebunden, 524 Seiten (79714)
Zürcher Kinderbuchpreis »La vache qui lit«, Preis der Leseratten,
Roter Elefant

Berlin 1918/19. Nach vier Jahren Weltkrieg verweigern die Matrosen der kaiserlichen Marine in Kiel den Befehl zum Auslaufen und kommen nach Berlin. Die beiden Jungen Helle und Fritz freunden sich mit ihnen an, erleben die Revolution mit, den Sieg, die Niederlage.
»Wir danken Ihnen für die tiefe Menschlichkeit, die dieses Buch trägt, für die geschichtliche Genauigkeit und für ihr Nachwort.«
*Herbert Wehner in einem Brief an Klaus Kordon*
»Dieser Roman, eine besondere Art der Geschichtsschreibung von unten, ist ein Glücksfall: Kordon verkündet keine Thesen, sondern beschreibt Menschen, ihre Gedanken und Gefühle, witzig, nachdenklich, einfach, aber nicht vereinfachend.« *Anne Linsel, DIE ZEIT*

### Mit dem Rücken zur Wand

Roman. Mit einem Nachwort des Autors
Gebunden, 472 Seiten (79715)
Zürcher Kinderbuchpreis »La vache qui lit«, Preis der Leseratten,
Silberner Griffel

Berlin 1932/33. Wohnngselend und Arbeitslosigkeit haben ihren Höhepunkt erreicht, die Weimarer Republik geht ihrem Ende entgegen. In dieser Zeit lebt Hans, begeisterter Turner, Hinterhofkind. Die politischen Auseinandersetzungen spiegeln sich auch in der Ackerstraße 37 bei der Familie Gebhardt wider – Hans muß sich immer wieder entscheiden, auch für oder gegen seine Freundin Mieze.
»Ein bewegendes Werk.« *Erika Dieterich, Allgemeine Zeitung*
»Kordon zeigt politische Zusammenhänge auf, ergreift Partei. Doch er doziert keine Zeile lang. Er erzählt. Und die Fülle geschichtlicher Informationen ist naht- und mühelos in eine spannende und eindrückliche Handlung verpackt.«
*Regine Krentz, Luzerner Neueste Nachrichten*
»Kordon hat in einer spannenden Familiensaga zugleich Weltgeschichte eingefangen. Ein beachtliches Werk ... Kordon, der zu den wenigen genau schreibenden Romanciers eines sozialkritischen Realismus gezählt werden muß, ist wie Kästner ein engagierter Aufklärer und wie der Fallada der zwanziger Jahre ein genauer Schilderer des sozialen Milieus.« *Klaus Doderer, Frankfurter Rundschau*

### Beltz & Gelberg
Beltz Verlag, Postfach 10 01 54, 69441 Weinheim

*Der erste Frühling*
Roman. Mit einem Nachwort des Autors
Gebunden, 524 Seiten (79716)
*Buxtehuder Bulle*

Berlin, Frühjahr 1945. Die zwölfjährige Änne, die bei den Großeltern wohnt, erlebt die letzten Monate des Krieges und wie die sowjetische Armee die Stadt besetzt. Eines Tages steht ein Mann vor der Tür, den sie noch nie gesehen hat; es ist ihr Vater, der das KZ überlebt hat.
»Minutiös wie eine alles erfassende Fotografie ... bebildert der Roman einen kleinen Zeitabschnitt und erzählt dabei große Geschichte.«
*Katja N. Bode, Abendzeitung*
»Ein wichtiges Buch voller Dramatik und Menschlichkeit, kompakt wie ein Zeitraffer und zugleich prall von Details.« *Darmstädter Echo*
»Hinter Kordons Nüchternheit leuchtet Wärme. Ergreifende Szenen beherrschen den Roman, die den Begriff Geschichte von seiner Abstraktheit erlösen ... was dem Buch zu wünschen ist? ›Das mußt du lesen!‹«
*Reinhard Osteroth, DIE ZEIT*

Beltz & Gelberg
Beltz Verlag, Postfach 10 01 54, 69441 Weinheim

# Bücher von Klaus Kordon
*(Auswahl)*

## Brüder wie Freunde

Roman. Gebunden, 192 Seiten (79512), Gulliver Taschenbuch (78046) *ab 10*
Brüder streiten sich manchmal, aber sie helfen sich auch gegenseitig aus der Patsche. So ist es auch mit dem siebenjährigen Frank und seinem großen Bruder. Leider endet ihre Freundschaft tragisch. »Obgleich es von einem nichts beschönigenden Realismus ist, beglückt dieses Buch. Es schildert keine heile, aber eine menschliche Welt ... Ein Wunschtraum von einem Kinderroman.« *FAZ*

## Tage wie Jahre

Roman. 136 Seiten, Gulliver Taschenbuch (78052) *ab 10*
Berlin, 1953: Der zehnjährige Frank lebt im sowjetischen Sektor Berlins, wo er sich wohlfühlt und viele Menschen kennt. Es ist eine unruhige Zeit, in der er manchmal auch in den Westteil der Stadt fährt, um für seine Mutter Medikamente zu besorgen, oder ins Kino zu gehen. »Selten wurde das Kleinbürgermilieu so trocken und doch voll Berliner Humor gezeichnet.« *Deutsches Allgemeines Sonntagsblatt*

## Einer wie Frank

Roman. 168 Seiten, Gulliver Taschenbuch (78069) *ab 10*
Berlin, 1956: Als seine Mutter stirbt, ist Frank dreizehn Jahre alt. Außer seinen Freunden hat er noch Willi, seinen Stiefvater, mit dem er sich nicht immer versteht. Frank ist im Osten und Westen der zweigeteilten Stadt zu Hause und muß sich in einer schwierigen Zeit zurechtfinden.

## Das ist Harry

Erzählung. Mit Bildern von Theodor Eberle
Gebunden, 160 Seiten (79602) *ab 8*
Die phantasievolle Geschichte eines Jungen, der mit seiner Familie und seinen Freunden in der Nachkriegszeit aufwächst. Nicht nur sein Bruder Jochen will einen richtigen Jungen aus ihm machen, doch Harry hat seine eigenen Vorstellungen.

Beltz & Gelberg
Beltz Verlag, Postfach 10 01 54, 69441 Weinheim

### Die Reise zur Wunderinsel

Roman. Gebunden, 184 Seiten (79522), Gulliver Taschenbuch (78030) *ab 10*
Der Anlaß zur Reise auf der Suche nach der Wunderinsel ist eigentlich betrüblich: Silke ist krank. Aber dann passiert allerhand, und die Reise mit dem Schiff »Oma Breuer« kann wirklich stattfinden. »Es macht Mut, auch in scheinbar hoffnungslosen Situationen etwas zu wagen und nicht aufzugeben.«
*Neue Jugendbücher*

### Die Zeit ist kaputt

Die Lebensgeschichte des Erich Kästner
Gebunden, 328 Seiten (80838) *ab 14*
»Mit Sachverstand, Witz, Einfühlungsvermögen und gebührender Respektlosigkeit hat sich Kordon an die Verse des Wahlberliners geheftet ...« *Frankfurter Rundschau* »Ein Buch so klar und sachlich, so fair und neugiererweckend geschrieben ... und wirklich für jedermann.« *FAZ*
»Eine erstaunliche Biographie« *Lübecker Nachrichten*
*Deutscher Jugendliteraturpreis*

### Ein Trümmersommer

Roman. 192 Seiten, Gulliver Taschenbuch (76177) *ab 12*
Berlin 1947 – eine Stadt in Trümmern, in der weitergelebt werden muß. Pit und Eule und ihre Freunde spielen in den Ruinen und gründen eine Bande, die dann in einen Einbruch verwickelt wird. Die Jungen müssen fliehen, verstecken sich in einem Keller und werden verschüttet ...

### Monsun oder Der weiße Tiger

Roman. Gebunden, 424 Seiten (80025) *ab 12*
Die Geschichte der schwierigen Freundschaft zwischen dem armen Gropu und dem reichen Bapti – ein großer Roman über das heutige Indien.
*Friedrich-Gerstäcker-Preis, Preis der Leseratten*

### Wie Spucke im Sand

Roman. Gebunden, 324 Seiten (80183), Gulliver Taschenbuch (78758) *ab 12*
Die fesselnde Geschichte eines indischen Mädchens, das ihr Dorf verlassen muß, zu einer Rebellinnenbande in die Berge flieht und schließlich in der Großstadt einen neuen Anfang macht. »Ein fesselnder Abenteuerroman« *DIE ZEIT*
*Kinderbuchpreis der Ausländerbeauftragten des Berliner Senats u.a.*

Beltz & Gelberg
Beltz Verlag, Postfach 10 01 54, 69441 Weinheim

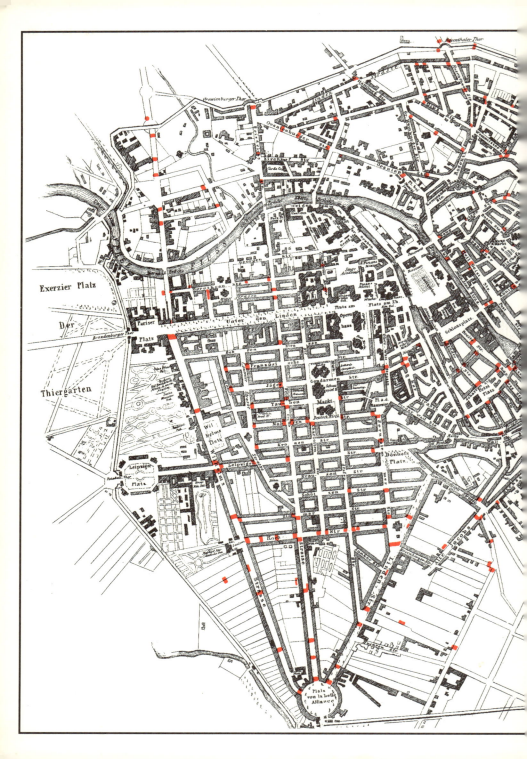